日露戦争 起源と開戦【上】

日露戦争

起源と開戦【上】　和田春樹

岩波書店

日露戦争　起源と開戦（上）

目次

目次

第四章　ロシアの旅順占領と租借（一八九六―九九）―――211

下巻目次

人物紹介

朝鮮・大韓帝国

高宗（一八五二―一九一九）　国王（一八六三―九七）、皇帝（一八九七―一九〇七）。伊藤統監に退位させられる。

閔妃（一八五一―九五）　王妃（一八六六―九五）。日本公使三浦梧楼に殺害される。明成皇后。

大院君（一八二〇―九八）　高宗の父。摂政（一八六三―七三）。一八八二年と九五年に擁立され政権をにぎるが、短命に終わる。

趙秉式（一八三二―一九〇七）　督弁交渉通商事務（一八八五）、独立協会を弾圧。一九〇〇年公使、日本派遣。

金允植（一八三五―一九二二）　督弁交渉通商事務（一八八五）、外部大臣（九五）、終身流刑（九六）、一九〇七年特赦。

金弘集（一八四二―九六）　総理大臣（一八九四―九六）。高宗の露館播遷時に街頭で殺害。

金玉均（一八五一―九四）　開化派。甲申政変主導、日本亡命、上海で暗殺。

李範晋（一八五二―一九一一）　親露派。一八八七年協弁内務府事、九五年農商工部大臣、一一月二八日事件でロシア公使館に避身、高宗の露館播遷を実現。法部大臣、駐米、駐露公使（一八九九―一九〇五）、亡命。併合に抗議し、自決。

朴泳孝（一八六一―一九三九）　開化派。甲申政変主導、日本亡命、一八九四年帰国、内部大臣、九五年日本亡命、一九〇七年帰国、宮内府大臣、解任配流。併合後日本により侯爵、貴族院議員。

徐載弼（一八六四―一九五一）　開化派。日本留学、甲申政変参加、米国亡命、一八九五年帰国、『独立新聞』創刊、九八年米国へ戻る。解放後、米軍政顧問。

高　宗

大院君

金玉均

閔泳煥

明治天皇

伊藤博文

山県有朋

李容翊（一八五四―一九〇七）　壬午軍乱以後、高宗を助ける。度支部大臣（一九〇二）、内蔵院卿をつとめ、日本の圧力に抵抗。日本へ強制出国（〇四）、乙巳保護条約と闘う。

朴斉純（一八五八―一九一六）　外部大臣（一八九八、一九〇〇、〇三、〇五）。第二次協約調印、乙巳五賊の一人。日本子爵。

閔泳煥（一八六一―一九〇五）　閔妃の甥。一八九五年駐米公使に任命、赴任せず辞職。九六年ロシア皇帝即位式に参加、九七年英独仏露伊など駐在公使、一九〇五年侍従武官長。第二次協約に反対し、自決。

李址鎔（一八七〇―？）　一九〇〇年宮内府協弁、〇四年外部大臣署理、日韓議定書調印。〇五年乙巳五賊の一人。併合後、伯爵。

日本

明治天皇（一八五二―一九一二）　天皇（一八六八―一九一二）。

伊藤博文（一八四一―一九〇九）　長州藩出身。英国留学、内務卿、首相（一八八五―八八、九二―九六、九八、一九〇〇―〇一）、韓国統監（一九〇五―〇九）。安重根に暗殺される。

山県有朋（一八三八―一九二二）　長州藩出身。軍人。陸軍卿、首相（一八八九―九一、一八九八―一九〇〇）。

井上馨（一八三五―一九一五）　長州藩出身。英国留学、外務卿、外相（一八八五―八八）、朝鮮公使（一八九四―九五）。

桂太郎（一八四七―一九一三）　長州藩出身。陸相（一八九八）、首相（一九〇一―〇五、〇八―一一、一二―一三）

【外相】

青木周蔵（一八四四―一九一四）　長州藩出身。外相（一八八九―九一、一八九八―一九〇〇）。

榎本武揚（一八三六―一九〇八）　幕臣。オランダ留学、箱館戦争、ロシア公使（一八七四―七五）、外相（一八九一―九二）。

陸奥宗光（一八四四―九七）　和歌山藩出身。欧州遊学、駐米公使、外相（一八九二―九六）。
西徳二郎（一八四七―一九一二）　薩摩藩出身。ロシア留学、ロシア公使（一八九六）、外相（一八九七―九八）。
西園寺公望（一八四九―一九四〇）　公家。フランス留学、外相代理（一八九六）、首相（一九〇六―〇八、一一―一二）。
加藤高明（一八六〇―一九二六）　尾張出身。東大卒。駐英公使、外相（一九〇〇―〇一）、首相（一九二四―二六）。
小村寿太郎（一八五五―一九一一）　日向出身。東大卒。米国留学、朝鮮（一八九五―九六）、米国（一八九八―一九〇〇）、ロシア（一九〇〇）、清国公使（一九〇一）。外相（一九〇一―〇五）。

【公使】

林董（一八五〇―一九一三）　幕府御典医養子。英国留学、榎本軍士官、外務次官、清国、ロシア（一八九七）、英国公使（一九〇〇―〇五）。外相（一九〇六―〇八）。
栗野慎一郎（一八五一―一九三七）　福岡黒田藩出身。米国留学、メキシコ、米国、イタリア、フランス、ロシア（一九〇一―

井上馨

林　董

青木周蔵

栗野慎一郎

陸奥宗光

小村寿太郎

三浦梧楼

秋山真之

林 権助

広瀬武夫

大山 巌

山本権兵衛

〇四）、フランス公使。一九二二年枢密顧問官。

大鳥圭介（一八三三―一九一一） 幕臣。榎本軍参加、明治政府に出仕、清国（一八八九）、朝鮮公使（一八九三―九四）。枢密顧問官。

三浦梧楼（一八四六―一九二六） 長州藩出身。軍人。朝鮮公使（一八九五）、閔妃殺害主謀者。一九一〇年枢密顧問官。

林権助（一八六〇―一九三九） 会津藩出身。東大卒。一八八七年外務省出仕、九六年英国公使館一等書記官、韓国公使（一八九九―〇八）、保護条約締結に働く。一九一六年中国公使。

杉村濬（一八四八―一九〇六） 盛岡出身。一八八〇年外務省出仕、朝鮮公使館一等書記官（一八九一―九五）、代理公使、閔妃殺害主謀、解任。九九年外務省復職、通商局長、一九〇四年ブラジル弁理公使、現地病死。

【軍人】

大山巌（一八四二―一九一六） 薩摩藩出身。フランス留学、軍人。陸相（一八八五―九六）、元帥、参謀総長（一八九九―一九〇四）、満州軍総司令官。

川上操六（一八四八—九九）　薩摩藩出身。参謀次長（一八八五）、日清戦争を指揮、参謀総長（一八九八—九九）。

井口省吾（一八五五—一九二五）　沼津出身。陸士、陸大卒。ドイツ留学、一九〇〇年参謀本部砲兵課長、〇一年軍事課長、〇二年総務部長、大本営参謀部第三課長、陸大校長、第一五師団長。

山本権兵衛（一八五二—一九三三）　鹿児島出身。戊辰戦争後、開成所、海軍兵学寮に学ぶ。海相（一八九八—一九〇六）、首相（一九一三—一四、二三—二四）。

東郷平八郎（一八四七—一九三四）　鹿児島出身。維新後、海軍士官、英国留学、「浪速」艦長（一八九四）、舞鶴鎮守府司令長官、連合艦隊司令長官（一九〇三）。

秋山真之（一八六八—一九一八）　松山出身。海軍兵学校卒。米国留学、米西戦争観戦武官、連合艦隊作戦参謀。

広瀬武夫（一八六八—一九〇四）　豊後出身。海軍兵学校卒。一八八八年任官、ロシア留学、駐在武官（一八九七—一九〇〇）、旅順港閉塞作戦で戦死。

【民間人】

近衛篤麿（一八六三—一九〇四）　公家。オーストリア、ドイツ留学、貴族院議員、同議長（一八九六—一九〇三）、一八九八年東亜同文会組織、一九〇〇年国民同志会、〇三年対露同志会結成。文麿は子。

柴四朗（東海散士）（一八五二—一九二二）　会津藩出身。一八八五年『佳人之奇遇』書く。衆議院議員（一八九二—一九一二）。三浦公使顧問（一八九五）、一九〇三年『日露戦争羽川六郎』書く。

内田甲（良平）（一八七四—一九三七）　福岡県出身。天佑俠に参加して、朝鮮で画策。一九〇一年黒龍会創立、『露西亜亡国論』出版。〇六年伊藤統監に協力、一進会顧問となり、合邦運動を展開。

島田三郎（一八五二—一九二三）　江戸出身。沼津兵学校、大学

近衛篤麿

内田甲（良平）

島田三郎

池辺三山

ニコライ2世

南校に学ぶ。『横浜毎日新聞』社員総代の養子となる。同紙に参加、立憲改進党結党に参加。一八九四年毎日新聞社社長兼主筆、衆議院議員(一八九〇―一九二三)。

池辺三山(一八六四―一九一二) 熊本出身。フランス留学、一八九七年『東京朝日新聞』主筆。

ロシア

アレクサンドル三世(一八四五―九四) アレクサンドル二世の子。皇帝(一八八一―九四)。

マリヤ・フョードロヴナ(一八四七―一九二八) アレクサンドル三世の妃。デンマーク王女。

ニコライ二世(一八六八―一九一八) アレクサンドル三世の子。皇帝(一八九四―一九一七)。ロシア革命で処刑。

アレクサンドラ・フョードロヴナ(一八七二―一九一八) ニコライ二世の妃。ヘッセン=ダルムシュタット大公の娘。

ヴラジーミル大公

アレクサンドル・ミハイロヴィチ大公

ヴラジーミル大公(一八四七―一九〇九) アレクサンドル三世の弟。一八五四年少尉補、六八年少将、近衛第一師団長、ペテルブルク軍管区司令官(一八八四―一九〇五)。

ピョートル・ニコラエヴィチ大公(一八六四―一九三一) アレクサンドル二世の弟ニコライの子、アレクサンドル三世の従兄弟。工兵総監(一九〇四―〇九)。夫人はモンテネグロ王女、オカルト狂のミリーツァ。

アレクサンドル・ミハイロヴィチ大公(一八六六―一九三三) アレクサンドル二世の末弟の子。ニコライ二世の妹と結婚、はじめ陸軍、のち海軍に転じ、一八八五年少尉、一九〇〇年大佐、〇三年海軍少将。

【蔵相・内相】

ウィッテ(一八四九―一九一五) 新ロシア大学卒。鉄道経営から一八八九年大蔵省鉄道局長、蔵相(一八九二―一九〇三)、ポーツマス講和全権、首相(一九〇五―〇六)。

シピャーギン（一八五三―一九〇二）ペテルブルク帝大卒。一八七六年内務省に入り、内相（一八九九―一九〇二）。暗殺される。

プレーヴェ（一八四六―一九〇四）モスクワ帝大卒、一八六七年検事、八一年内務省警保局長、八五年内務次官、内相（一九〇二―〇四）。暗殺される。

【外相】

ギールス（一八二〇―九五）ツァールスコエ・セロー・リツェイ卒。一八三八年外務省入省、ペルシア公使、七五年外務省アジア局長、七八年外相代行、外相（一八八二―九五）。

ロバノフ＝ロストフスキー（一八二四―九六）侯爵。アレクサンドル・リツェイ卒。一八四四年外務省入省、トルコ公使、六七年外務次官、内相代行、七八年トルコ公使、外相（一八九五―九六）。

ムラヴィヨフ（一八四五―一九〇〇）伯爵。ハイデルベルク大学聴講生。一八六四年外務省入省、デンマーク公使、外相（一八九七―一九〇〇）。

ウィッテ

プレーヴェ

ギールス

ロバノフ＝ロストフスキー

ムラヴィヨフ

ラムスドルフ

クロパトキン

ラムスドルフ（一八四四―一九〇七） 伯爵。ペテルブルク帝大聴講生。一八六六年外務省入省、外相秘書官、官房長、審議官、九七年次官、九八年外相代行、外相（一九〇〇―〇六）。

【陸軍】

ヴァノフスキー（一八二二―一九〇四） モスクワ幼年学校卒。一八四〇年少尉、七六年第一二軍団長、陸相（一八八一―九八）、文相（一九〇一―〇二）。

クロパトキン（一八四八―一九二五） 士官学校、陸大卒。一八六六年少尉、七四年トゥルケスタン軍管区参謀、露土戦争プレヴナ戦参加、九〇年ザカスピ海州長官、軍司令官、陸相（一八九八―一九〇四）、トゥルケスタン総督、同軍管区司令官（一九一六）。

オーブルチェフ（一八三〇―一九〇四） 幼年学校卒。一八四八年少尉、六三年参謀本部参謀。露土戦争で活躍。参謀総長（一八七九―九八）。

サハロフ

アレクセイ大公

サハロフ（一八四八―一九〇五） 士官学校、陸大卒。一八六六年少尉、七五年ペテルブルク軍管区参謀、プレヴナ戦参加、九〇年ワルシャワ軍管区司令官補佐、参謀総長（一八九八―一九〇四）、陸相（一九〇四―〇五）。

リネーヴィチ（一八三八―一九〇八） 中学校卒。一八五八年少尉補、一九〇〇年シベリア軍団長、〇三年沿アムール軍管区司令官、〇四年満州軍総司令官代行、第一軍司令官、〇五年満州軍総司令官。

サモイロフ 駐日武官（一九〇二―〇四、〇六―一六）。

【海軍】

アレクセイ大公（一八五〇―一九〇八） アレクサンドル二世の第四子。五七年海軍少尉、海軍総裁（一八八一―一九〇五）。

トゥイルトフ（一八三六―一九〇三） 海軍士官学校卒。一八五二年任官、太平洋艦隊司令長官（一八九二）、海相（一八九六―一九〇三）。

アヴェーラン（一八三九―一九一六）　海軍士官学校卒。一八五五年任官、軍令部長（一八九六―一九〇三）、海相（一九〇三―〇五）。

アレクセーエフ（一八四三―一九一八）　海軍士官学校卒。一八六三年任官、太平洋艦隊司令長官（一八九五―九七）、関東州長官（一八九九―一九〇三）、極東太守（一九〇三―〇四）。革命後、亡命。

ドゥバーソフ（一八四五―一九一二）　海軍士官学校卒。太平洋艦隊司令長官（一八九七―九八）。

マカロフ（一八四八―一九〇四）　一八六七年任官、地中海艦隊司令長官（一八九五―九六）、太平洋艦隊司令長官（一九〇四）。旗艦触雷して死亡。

ロジェストヴェンスキー（一八四八―一九〇九）　海軍士官学校、砲兵大学校卒。一八六八年任官、露土戦争参戦、駐英武官（一八九〇―九四）、海軍軍令部長（一九〇三―〇四）、一九〇四年第二太平洋艦隊司令長官。〇六年軍法会議無罪。

スタルク（一八四六―一九二八）　海軍士官学校卒。一八六六年任官、太平洋艦隊司令長官（一九〇二―〇四）。革命後、亡命。

トゥイルトフ

ロジェストヴェンスキー

アヴェーラン

スタルク

アレクセーエフ

マカロフ

ルーシン

ローゼン

イズヴォリスキー

パヴロフ

ルーシン（一八六一—一九五六）　海軍士官学校卒。一八六六年任官、駐日武官（一八九九—一九〇四）、海軍軍令部長（一九一三—一七）。革命後、亡命。

【公使】

シェーヴィチ　駐日公使（一八八六—九二）。

ヒトロヴォー（一八三七—九六）　駐日公使（一八九三—九六）。

ローゼン（一八四七—一九二二）　帝立法律学校卒。駐日公使館員（一八七七—八二）、公使（一八九七—九九、一九〇三—〇四）、駐清公使（一八九八）。

イズヴォリスキー（一八五六—一九一九）　アレクサンドル・リツェイ卒。一八七五年外務省入省、ヴァチカン公使、セルビア公使、駐日公使（一九〇〇—〇二）、外相（一九〇六—一〇）。

シペイエル　駐韓代理公使（一八九六—九七）、駐清公使（一八九八）。

ヴェーベル（一八四一—?）　箱館副領事（一八七一—七三）、横浜副領事（一八七四—七五）、天津領事（一八七六—八四）、駐韓代理公使（一八八五—九五）、メキシコ公使（一八九七—一九〇〇）。

マチューニン　駐韓代理公使（一八九八）。

パヴロフ　駐清一等書記官（一八九五—九八）、駐韓代理公使（一八九九—一九〇二）、公使（一九〇三—〇五）。

カッシーニ　駐清公使（一八九二—九七）、駐米公使（一八九八—一九〇五）、駐スペイン公使（一九〇六—一〇）。

レッサール　駐清公使（一九〇二—〇五）。

【特別職他】

ヴォーガク（一八五九—?）　騎兵士官学校卒。一八七八年任官、八九年参謀本部入り、駐清武官（一八九二—一九〇三）、駐日武官（一八九三—九六）。ベゾブラーゾフの協力者。駐英武官（一九〇五—〇七）。

ベゾブラーゾフ（一八五五—一九三一）　近侍学校、騎兵士官学校卒。近衛騎兵連隊勤務、主馬寮、イルクーツク総督特任官、鴨緑江利権をめぐり画策。皇帝の非公式補佐官、極東委員会委員(一九〇三―〇四)。革命後、亡命。

アバザー(一八五三―一九一五) 一八七三年第四海兵団入団、八四年海軍総裁副官、九九年近衛海兵団司令官、一九〇二年中央商船商港管理局次長、〇三年極東委員会事務局長。ベゾブラーゾフの協力者。

スヴォーリン(一八三四―一九一二) 七六年『ノーヴォエ・ヴレーミャ』紙を買い取り、社主兼主筆、大新聞に育てる。

ヴォーガク

アレン

スヴォーリン

袁世凱

清国・欧米

李鴻章(一八二三―一九〇一) 一八七〇年清国直隷総督、北洋大臣。下関条約、露清密約など締結。

慶親王(一八三六―一九一六) 乾隆帝の孫。総理衙門大臣、軍機大臣首席をつとめる。

メルレンドルフ(一八四八―一九〇一) 穆鱗徳。ドイツ人。李鴻章の指示で一八八二年より朝鮮の参議・協弁となり、外交

李鴻章

メルレンドルフ

顧問。露朝接近に努力、八五年解任。

アレン（一八五八―一九三二）　アメリカ人宣教師として一八八四年来朝、八七年朝鮮政府に仕え、のち駐韓米公使館一等書記官、九七年より公使、一九〇五年帰国。

袁世凱（一八五九―一九一六）　一八八二年軍人として来朝、八五年総理朝鮮交渉通商事宜となる。九四年帰国。のち直隷総督、軍機大臣をつとめ、一九〇九年退官。辛亥革命後、中華民国臨時大総統。

＊伊藤博文、山県有朋、井上馨、青木周蔵、陸奥宗光、小村寿太郎、林董、大山巌、山本権兵衛、秋山真之、広瀬武夫については、国立国会図書館ウェブサイトより画像転載。明治天皇は、高橋由一「明治天皇御肖像画」。

満州・朝鮮

*日露戦争開戦の頃

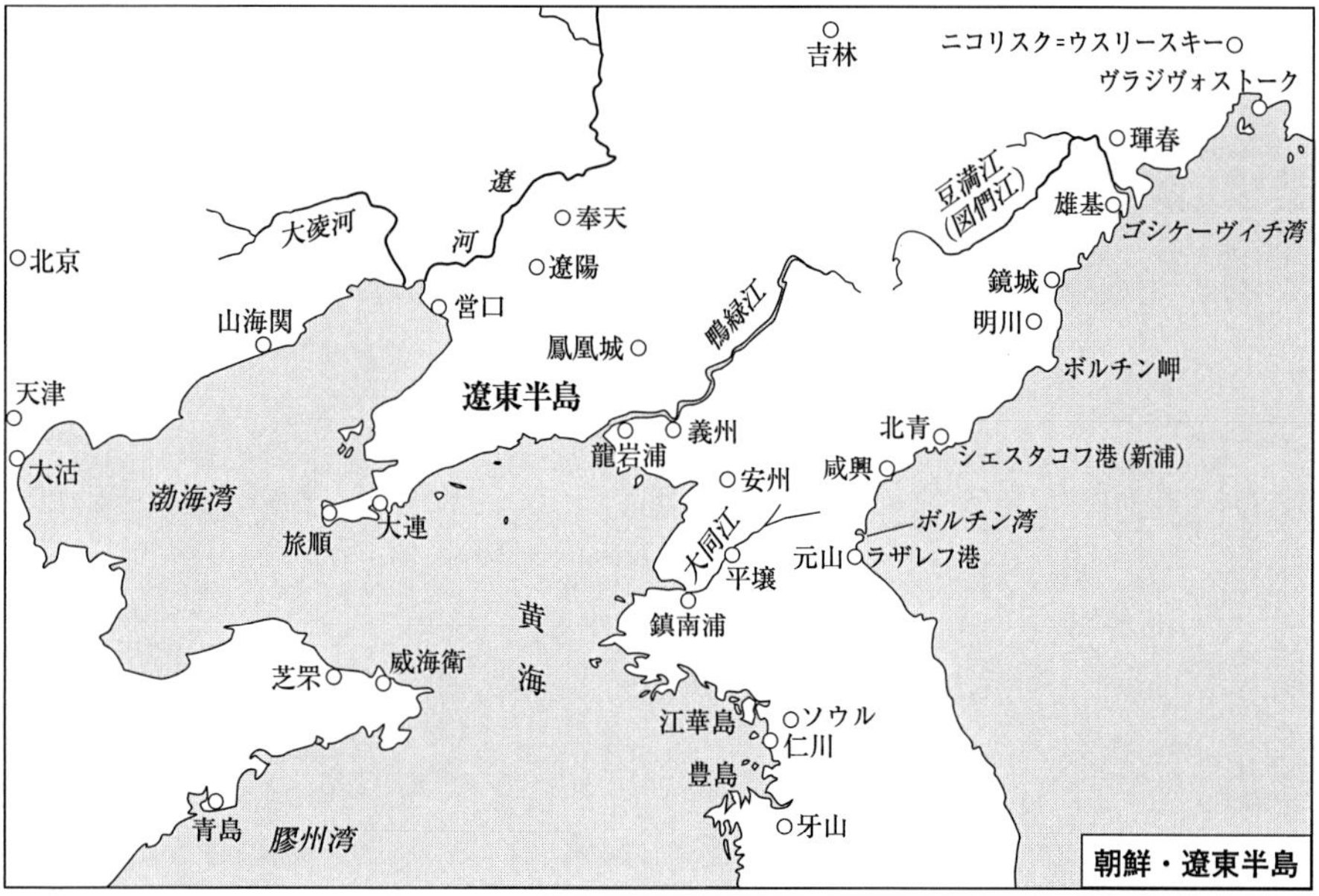
吉林
ニコリスク=ウスリースキー
ヴラジヴォストーク
琿春
豆満江
(図們江)
雄基
ゴシケーヴィチ湾
遼
河
奉天
大凌河
北京
遼陽
営口
山海関
鏡城
明川
鴨緑江
鳳凰城
ボルチン岬
天津
遼東半島
義州
北青
龍岩浦
シェスタコフ港(新浦)
大沽
咸興
安州
渤海湾
ボルチン湾
旅順
大連
大同江
元山
ラザレフ港
平壌
黄
海
鎮南浦
芝罘
威海衛
ソウル
江華島
仁川
豊島
牙山
青島
膠州湾
朝鮮・遼東半島

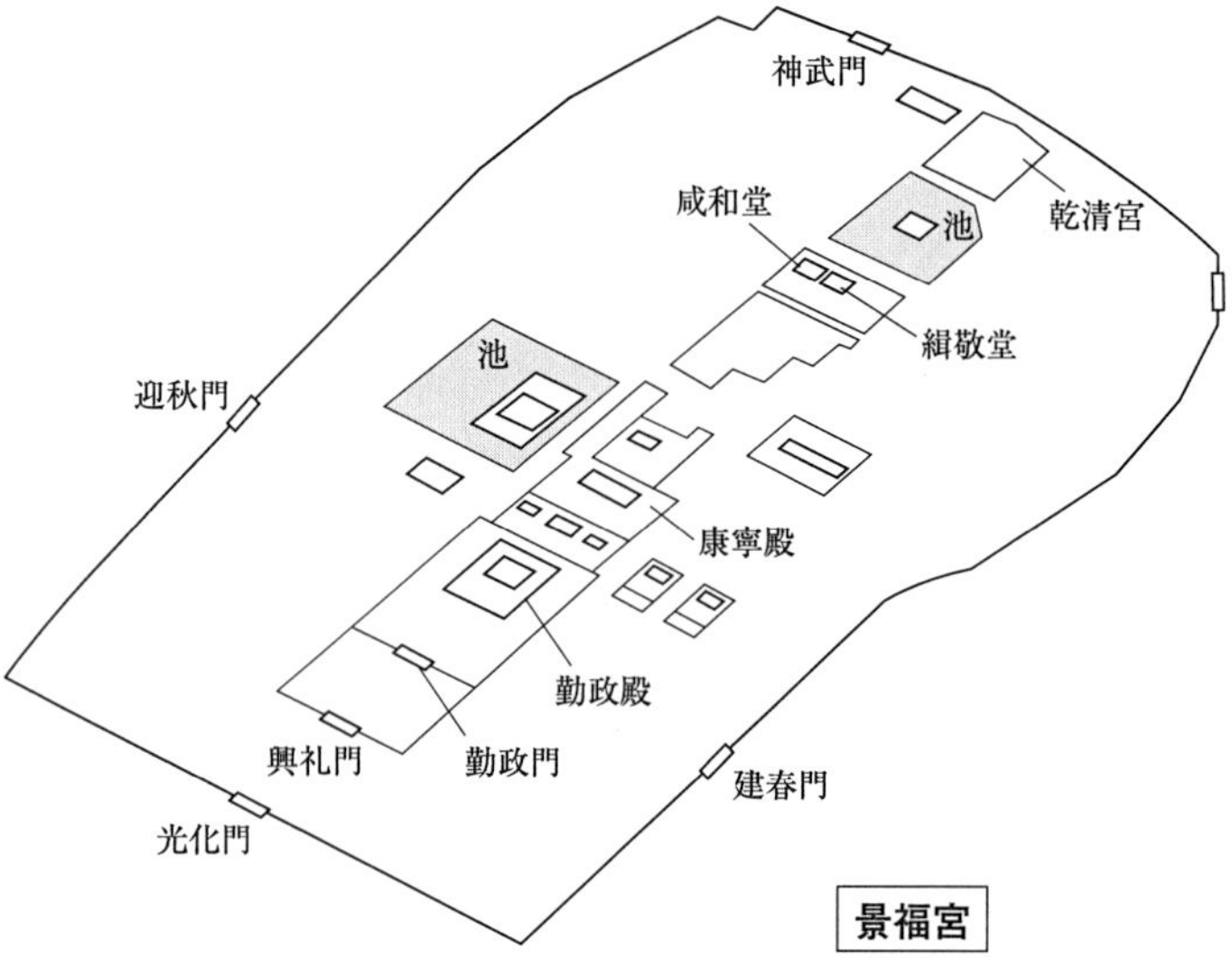
神武門
乾清宮
咸和堂
池
春生門
緝敬堂
池
迎秋門
康寧殿
勤政殿
興礼門
勤政門
建春門
光化門
景福宮

第一章　日露戦争はなぜ起こったか

司馬遼太郎の見方

現在わが国において国民の日露戦争認識を形成するのに大きな役割を演じているのは、文学者司馬遼太郎の作品『坂の上の雲』である。一九六八年春から『産経新聞』に連載がはじまったこの作品は六九年春から単行本として文藝春秋より出版されはじめたが、その第一巻のあとがきに司馬は次のように書いている。

「ヨーロッパ的な意味における『国家』が、明治維新で誕生した。……たれもが、『国民』になった。不馴れながら『国民』になった日本人たちは、日本史上の最初の体験者としてその新鮮さに昂揚した。このいたいたしいばかりの昂揚がわからなければ、この段階の歴史はわからない。(1)」

「政府も小所帯であり、ここに登場する陸海軍もうそのように小さい。その町工場のように小さい国家のなかで、部分々々の義務と権能をもたされたスタッフたちは世帯が小さいがために思うぞんぶんにはたらき、そのチームをつよくするというただひとつの目的にむかってすすみ、その目的をうたがうことすら知らなかった。この時代のあかるさは、こういう楽天主義《オプティミズム》からきているのであろう。このながい物語は、その日本史上類のない幸福な楽天家たちの物語である。……楽天家たちは、そのような時代人としての体質で、前をのみ見つめながらあるく。のぼってゆく坂の上の青い天にもし一朶《いちだ》の白い雲がかがやいているとすれば、それのみをみつめて坂をのぼってゆくであろう。(2)」

司馬はそういう楽天家三人をこの長編小説の主人公とした。四国の伊予松山出身の文学者正岡子規、日本海海戦の戦略戦術を立てた海軍軍人秋山真之《さねゆき》、その兄で、カザーク騎兵隊と戦った騎兵将軍秋山好古《よしふる》の三人である。正岡子規は一八六七年、秋山真之は六八年、明治維新の年に生まれた明治維新の子である。そして秋山好古も一八五九年の生まれで、明治維新の年には一〇歳になっていない。同じく明治維新の子だと言っていい。第一巻は日清戦争最後の威海衛の海戦まで、結核を病む子規が従軍記者として東京を出発するところまでが書かれている。ロシアとの戦争を戦うという目的のために懸命に努力した二人の軍人とその友である文学者の物語は、同じように「坂の上の雲」を見ながら必死になって坂をのぼっていった高度成長期の日本人にとって、まさにみならうべき先人の姿と受け取られたのである。この小説を読む人は爆発的に拡大した。

だが、司馬はこのように日露戦争を書きはじめながら、すでにその執筆過程で、この戦争で優勢勝ちを収めた日本が戦後に坂をくだりはじめ、最後はころげおちていく行く末を見通すにいたっていた。一九〇二年の子規の死を含んで、日露戦争の開戦前夜までを書いた第二巻のあとがきに、作家は一見性急とみえるほどの峻厳な結論を先回りして書き付けていたのである。

「要するにロシアはみずからに敗けたところが多く、日本はそのすぐれた計画性と敵軍のそのような事情のためにきわどい勝利をひろいつづけたというのが、日露戦争であろう。戦後の日本は、この冷厳な相対関係を国民に教えようとせず、国民もそれを知ろうとはしなかった。むしろ勝利を絶対化し、日本軍の神秘的強さを信仰するようになり、その部分において民族的に痴呆化した。」(3)

これは厳しい批判である。司馬の戦史の特徴は乃木の旅順攻略戦の指導を激しく批判していることである。そして、作品は日本海海戦の勝利で突然断ち切られたように終わっている。連合艦隊の観閲式の日、秋山真之はそれに列席せず、一人で子規の墓に参った。それが小説の最後の情景である。司馬はポーツマス講和の内容について一切述べなかった。講和の結果に不満な人々が起こした日比谷焼き討ち事件にもまったく言及していない。まるで戦後のことはすべて苦々しいことであり、語る気にもならないかのように。

『坂の上の雲』は一九七二年に新聞連載が終わり、単行本の第六巻がその年のうちに出て完結した。司馬は「楽天家たちの物語」を書くはずだったが、書き終えたときは、きわめてペシミスティックな気分になっていた。勝利が実に空しく、そのあとにくる歴史が暗いものであることが暗示されているのである。誠実な作家は自分の描いた対象の論理にしたがって自らの作品の構想を修正したごとくである。

この司馬の日露戦争観、とくに戦争の結果の評価はきわめて透徹したものである。この意味で、司馬のこの作品は日本近代史の栄光と悲惨を国民的に総括するためにきわめて重要な意味をもちつづけていると私は考える。

その上で、ひとつ問いうるのは、日本人が迫りくるロシアと戦うことを宿命的な国民的課題として考え、その戦争のために必死で準備したということがたしかに歴史の真実だとして、その認識は歴史的に見て正しかったのかということである。司馬はこの作品の中で、一貫して、ロシアが侵略欲をあらわにした結果、ロシア膨張の脅威が日本人に強く認識されたと強調している。

まず話は日露戦争の前の日清戦争にはじまる。その戦争について司馬はこう書いた。

「原因は、朝鮮にある。といっても、韓国や韓国人に罪があるのではなく、罪があるとすれば、朝鮮半島という地理的存在にある。」

「清国が宗主権を主張していることは、ベトナムとかわりがないが、……あらたに保護権を主張しているのはロシアと日本であった。ロシア帝国はすでにシベリアをその手におさめ、沿海州、満州をその制圧下におこうとしており、その余勢を駆ってすでに朝鮮にまでおよぼうといういきおいを示している。日本は、より切実であった。……朝鮮を領有しようということより、朝鮮を他の強国にとられた場合、日本の防衛は成立しないということであった。」

日清戦争では日本の姿勢はまだ「受け身であった」と司馬は強調している。「『朝鮮の自主性をみとめ、これを完全独立国にせよ』というのが、日本の清国そのほか関係諸国に対するいいぶんであり、これを多年、ひとつ念仏のようにいいつづけてきた。日本は朝鮮半島が他の大国の属領になってしまうことをおそれた(4)。」

日露戦争の前夜になると、あらためてロシアの「野望」が強調される。

「ロシア帝国が極東侵略の野望を露骨にあらわしはじめたのは、わが国の年代からいえば、江戸中期から後期にかけてである。……この時期になると、ロシア帝国の侵略熱はすさまじくなる。帝国主義の後進国であっただけに、それだけにかえって目覚めたとなると、かさにかかったような侵略の仕方をした(5)。」

「ロシアの侵略主義者にとっては、満州と朝鮮は奪《と》らねばならない。なぜならば、ロシアの極東進出の大いなる眼目のひとつは、南下してついに海洋を見ることである。不凍港を得たかった(6)。」

「満州に居すわったロシアは、北部朝鮮にまで手をのばしている。当然ながら日本の国家的利害と衝突する(7)。」

「ロシアは後世の史家がどう弁解しようと、極東に対し、濃厚すぎるほどの侵略意図をもっていた(8)。」

このようなロシアの侵略熱を前にしては、日本が朝鮮を確保するという方向に進んだのは当然だと司馬は説明する。

「日本が朝鮮にこれほど固執しているというのは、歴史の段階がすぎたこんにち、どうにも理不尽で、見様によっては滑稽にすらみえる。」しかし、「十九世紀からこの時代にかけて、世界の国家や地域は、他国の植民地になるか、それがいやならば産業を興して軍事力をもち、帝国主義国の仲間入りするか、その二通りの道しかなかった(9)」。

「日本は維新によって自立の道を選んでしまった以上、すでにそのときから他国(朝鮮)の迷惑の上においておのれの国の自立をたもたねばならなかった。日本は、その歴史的段階として朝鮮を固執しなければならない。もしこれをすてれば、朝鮮どころか日本そのものもロシアに併呑されてしまうおそれがある(10)。」

司馬はこのように書きながら、朝鮮自体についてはほとんど何も書いていない。

「韓国自身、どうにもならない。李王朝はすでに五百年もつづいており、その秩序は老化しきっているため、韓国自身の意思と力でみずからの運命をきりひらく能力は皆無といってよかった。」

基本的には、これだけである。つづけて東学党の乱にふれ、「東学の布教師のひとり」全琫準《チョンボンジュン》の名前を挙げているが、それがこの小説に出てくるただ一人の朝鮮人の名前である。[11] 日清戦争の前から日露戦争にかけてこの国の王であった高宗《コジョン》のことは名前すら出てこない。ましてその王妃であって暗殺される閔妃《ミンビ》のことも出てこない。

当然ながら戦争に向かうロシアの内部の動きが説明されている。はじめにベゾブラーゾフという人物の働きが強調される。

「ロシア皇帝の寵臣に、ベゾブラゾフという退役の騎兵大尉がいる。……ロシア皇帝ニコライ二世は、このロシア宮廷にあってはきわめてまれな雄弁の才と空想的経綸能力をもつ男をここ数年、たれよりも信用するようになっている。[12]」

「ベゾブラゾフは、ニコライ二世の虚栄心に訴えるべく、『朝鮮半島を得てはじめて陛下が欧亜にまたがる……帝国のぬしになられるということになります』と、そういった。……ニコライ二世はこれに乗った。[13]」

「まず宮廷と軍部が、極東侵略の熱にうかされてしまっている。宮廷では、……例のベゾブラゾフが、いよいよ皇帝の心にふかく食い入り、その権威をかさにきて大臣たちを小僧あつかいにするようにまでなっている。[14]」

いま一人の危険人物は関東州総督アレクセーエフである。極東太守という新設の職についたことについて、司馬はアレクセーエフが「極東に関するかぎり無限にちかい権能をもつ」にいたったと述べている。その「アレクセーエフはロシアの廷臣のなかでも侵略の急先鋒のひとり[15]」であったという。

「ロシア皇帝がまるでジンギス汗のような、とほうもない冒険にむかって本格的にのりだしたのは、このアレクセーエフとベゾブラゾフの二本立ての極東体制が確立してからである。[16]」

このようなニコライ二世、ベゾブラーゾフ、アレクセーエフの三人組に対抗したのは大蔵大臣ウィッテだとされる。

ウィッテは、「ロシア帝政政府における唯一の日露戦争回避論者[17]」であると司馬は説明する。ウィッテに比べると、外相ラムスドルフは実務家だが、「時代の侵略気分に乗ってしまっている」、彼の背後にいるのはクロパトキン陸相だとされている。クロパトキンはウィッテのような「日露平和論者」ではなかったというのである。

ロシア軍部の日本観については、司馬は「ふしぎなことに、ロシア軍人のひとりとして、日本の実力を正当に評価した者がいなかったばかりか、それを冷静に分析した者さえいなかった[18]」と言い切っている。例として挙げられているのは、まず「日本陸軍は、乳児軍である」、「日本陸軍が、ヨーロッパにおける最弱の軍隊の水準にまでたどりつけるだけの道徳的基礎を得るまでに、あと百年はかかるであろう」と言ったという駐在武官ヴァノフスキーである。それから、日本海軍は装備だけは調えたが、海軍軍人としての精神はとてもわれわれに及ばず、軍艦の操法、運用は幼稚だと語ったという「アスコリド」艦長グランマッチコフが挙げられ、最後に、日本との戦争は「戦争というよりも単に軍事的散歩にすぎないであろう」と言ったという陸相クロパトキンが挙げられている[19]。

そういう認識のもとでは、日露交渉がまともな交渉にならなかったのは当然だということになる。日本側は満韓交換論での妥結をもとめたが、ロシア側は満州を奪っていて、なお「朝鮮の北半分はほしい」と主張した。具体的には返答をおくらせておいて、「その間、すさまじい勢いで極東の軍事力を増大させた[20]」。

司馬は開戦にいたるロシア外交をまとめて、次のように述べている。

「後世という、事が冷却してしまった時点でみてなお、ロシアの態度には、弁護すべきところがまったくない。ロシアは日本を意識的に死へ追いつめていた。日本を窮鼠にした。死力をふるって猫を嚙むしか手がなかったであろう[21]。」

「いずれにせよ、日露戦争開戦前におけるロシアの態度は外交というにはあまりにもむごすぎるものであり、これについてはロシアの蔵相ウィッテもその回想録でみとめている[22]。」

総じて、司馬が与えた日露戦争の全体的な規定は次のようなものだった。

「日露戦争というのは、世界史的な帝国主義時代の一現象であることにはまちがいない。が、その現象のなかで、日本側の立場は、追いつめられた者が、生きる力のぎりぎりのものをふりしぼろうとした防衛戦であったこともまぎれもない。」[23]

司馬のこのようなロシア観は、後世の一九六〇年代からみた見方であるだけでなく、実は日露戦争を戦ったその時代の日本人のロシア観でもあった。そして日露戦争観全体も、日露戦争にかんする日本人のこれまでの著作の多くに共通してみられる見解なのである。朝鮮観についても基本的に同じことが言えるが、これについてはさらに説明すべき点がある。

『小村外交史』と『機密日露戦史』

日露戦争時の外務大臣小村寿太郎の外交について書かれた『小村外交史』という本がある。外交官出身の外交史家信夫《しのぶ》淳平が外務省の依頼を受けて、一九二〇年から外務省の文書を「縦横に駆使して」作成し、一五部印刷された稿本『侯爵小村寿太郎伝』を、第二次大戦後、外務省が増補改訂して、一九五三年に外務省編の『日本外交文書』別冊として刊行したものである（一九六六年に原書房から復刻）。小村外相の立場、外務省の見地からする公式日露戦争開戦外交史、終戦外交史だと言っていい。司馬はこの本を当然よく読んだ。さらに、陸軍大学校の教官谷寿夫のコンパクトな講義録『機密日露戦史』がある。これは一九二五年に謄写印刷で関係者のあいだに広められていたものだが、戦後の一九六六年に原書房から刊行された。これも代表的な本である。司馬はこの本も参考にした。

司馬が書いたロシア政府内の状況、ロシア軍部の日本観は、『小村外交史』と『機密日露戦史』に共通に出てくる叙述をほぼ写したものである。[24]この二著は、どちらがどちらを参考にしたのか、わからないほどよく似ている。両者は共通に、ウィッテ、ラムスドルフはもちろん穏健な考えで、クロパトキンも日本訪問の前後から「比較的穏健の意見」をもつにいたったとして、「真に露廷を動かし開戦に至らしめた」のはベゾブラーゾフであったとしている。アレクセーエフについては「両股主義」だと指摘している。

司馬は取り上げなかったが、この二著は元駐日武官ヴォーガクを、開戦を主張した人物としてとくに大きく取り上げている。まず旅順陥落後ステッセルの接伴役をつとめた川上俊彦《としつね》がステッセルより聞いた話として、アレクセーエフは開戦に反対していたのであり、開戦の「張本人はヴォガック少将である」と報告したと書いている。そして、次のように続けている。

「ヴォガック少将は、これより先在日露国公使館附武官としてわが国情をみ、日本軍隊など何かあらんとひそかに人に語ったことは、当時世に知れ渡っていた。彼は北京公使館附武官をも兼ね、清廷の満州密約談判にも参加し、清廷大官がこのような訂約を結ぶときは外国から重大な障碍に遭うことを避け得ないと述べるや、ヴォガックは『外国とはいずれの国なりや、日本のことか、日本か、……アハハ……』と呵々嘲笑したということである。彼れの眼中には日本なく、即ち開戦論者であることには誤りないであろう。(25)」

ベゾブラーゾフについては、この二著は「彼は露国の政権を一手に掌握するの匪望を抱き、先ず功を満州併呑に樹《た》てようと志し、それがためウィッテ、ラムスドルフらの平和派を排斥し、専《もっぱ》らアレキシエフ、ヴォガックを己の爪牙として萃《しき》りに主戦熱を宮廷の内外に鼓吹し、遂に国を誤らしめるに至った(26)」と指摘している。ロシア海軍も日本海軍の実力を軽視していたという例として、グランマッチコフの言葉がどちらにも紹介されている。(27)

なお、この二著に出てこないヴァノフスキーの日本軍評価は、ロシア参謀本部の公式戦史からとられたものである。日本の参謀本部は日露戦争史の編纂のため、多くの資料を集め、翻訳した。それらは『日露戦史編纂史料』三四巻四〇冊、『日露戦史史料』四六巻に収録されている。そのうち前者の第二三巻がロシア参謀本部の公式戦史第一巻の翻訳である。公刊された本ではないが、司馬はそれを手に入れて読み、そこからヴァノフスキーの評価を知ったのである。日本陸軍「乳児軍」評価も、同じ本に出てくる別のロシア軍将軍の言葉をもとに、創作したものであろう。(28)

ウィッテの『回想録』をめぐる状況

司馬の小説も『小村外交史』も、ロシアの侵略主義の背景の中でウィッテの平和主義をひとしく強調しているが、このような見解の基礎となったのは、名高いウィッテの『回想録』である。ウィッテは一九一五年にペテルブルクの邸で死んだ。死後彼の文書は皇帝の命令で封印され、没収されたが、生前に書かれた『回想録』はすでに国外に送られていた。この『回想録』はロシア革命後の一九二二―二三年にベルリンで刊行された。(29)ただちに世界各国語に訳され、ながらく、もっとも権威あるロシア帝政史の真実を語る書として読まれたのであった。

だが、ウィッテの回想は、ロシアでなされた、「開戦の責任は誰にあるか」という論争の中で、自分には責任がないと主張する執念の作業の仕上げの書であった。

日露戦争の開戦はロシア人にとっては思いがけない事態であり、戦争の結果はきわめて深刻であったので、開戦の責任者の追及はすでに戦争中からはじまっていた。「クトー・ヴィノヴァートイ(誰が罪か)」というロシア人のよくする問いである。

一九〇五年のはじめから、ベゾブラーゾフに対する責任追及が首都の新聞やヴラジヴォストークの新聞によってはじめられた。(30)それに対して、ベゾブラーゾフの盟友であった極東問題特別委員会事務局長アバザーは、一九〇五年に『特別極東委員会官房保管対日交渉資料』を「手稿の権利で」、つまり内部資料として、印刷し配布した。三九点の秘密資料を公開して、自分たちが日本との戦争回避にいかに努力したかと主張したのである。(31)

これに対して、ラムスドルフの外務省は反駁意見書を発行して対抗した。開戦直前ロシアが最後の回答を検討しているさい、アバザーが勝手に日本公使と接触し、鴨緑江の分水嶺を境界とする考えを伝え、中立地帯条項削除のために努力していた外相を妨害したと主張したのである。(32)これに対してアバザーは、一九〇五年一二月には長文の意見書「朝鮮でのロシア人の企て」を書いて皇帝に提出し、全面的な自己弁護を展開した。ここでは外務大臣ラムスドルフのみならず、陸相クロパトキン、蔵相ウィッテにも批判が向けられた。(33)ふしぎなことに、ニコライ二世文書にあるこのアバザー意見書はこれまでどの研究者も検討してこなかった。

なおラムスドルフの外務省は一九〇六年になると、『一八九五年から一九〇四年までの朝鮮問題に関する対日交渉概観』を二五点の付録資料とともに作成し、印刷した。おそらく公開はおさえられたのであろう。アバザー作成の『対日交渉資料』より広まっていない。外務省の自己弁護の書の第二弾である。(34)

論争第二ラウンドの主役は、開戦とともに陸相から極東軍総司令官となり、奉天会戦後解任されて第一軍司令官の地位にあったクロパトキンである。地上戦の失敗は誰の目にも彼の責任だと映ったので、戦争指導を自己弁護することがクロパトキンにとって死活問題だった。そこで、いまだ満州にいたときから、戦史研究をおこなって、参謀本部の将校の助けも得て、四巻本のクロパトキン上奏報告を書き上げたのである。一九〇六年はじめ満州から引き揚げてくると、彼はこれを皇帝に提出した。第一巻から第三巻までは、遼陽、沙河、奉天の各作戦を考察しており、第四巻は『戦争の総括』である。(35)この第四巻では、クロパトキンの自己弁護は日露戦争の前史からはじまっている。彼は、日本の勝利の「もっとも重要な原因は、われわれが日本の物質的な力、とくに精神的な力を評価せず、日本との戦闘に対して十分真剣に対処しなかったことにあると認めなければならない」と書いている。(36)自分自身は日清戦争以後「日本軍に対して敬意を抱き、その成長を不安な気持ちで見守ってきた」、日本を訪問した折りは、「日本の軍事力を正当に欧州レベルにあると評価し」、戦争をなんとしても回避すべきだと考えた、それでも自分も日本人があれほどの「行動のエネルギー、高い愛国心、勇敢さ」を発揮できるとは「完全には評価していなかった」[37]と弁明した。そしてロシア側の極東兵力の劣勢を憂慮していたが、大蔵省が軍事費を増やすことを認めなかったと、ウィッテの大蔵省を批判したのである。[38]その上で自分は「アジアでの積極活動の断固たる反対者」であったとし、次の六カ条を挙げている。一、西部戦線を重視するが故に、日本との戦争を回避するために全力を尽くした。日本との勢力圏分割は可能だと確信していた。二、ウィッテが進めた東清鉄道の建設は誤りであった。それには自分は関与していない。三、ムラヴィヨフ外相が推進した旅順の占領は誤りであるのみならず、致命的であったが、それも自分の陸相就任前に決定された。四、自分はベゾブラーゾフ派が推進した鴨緑江利権企業にはいつも反対していた。自分が極東に出発した後の会議で、ウィッテはベゾブラーゾフと意見の差がないと述べ、日本との決裂の危険を増した。五、自分は南部・北部満州からの早期撤退を主張した。義和団事件以後は鉄道防衛のためハルビンに兵力をおくことが必要だとした。六、日本との戦争を防ぐために、旅順と関東州を清国に返し、東清鉄道南満支線を売却するという決定的な方策を提案した。[39]クロパトキンは書いた。「にもかかわらず、私はいまも日本との戦争を防ぐために、自分のできる範囲のことをすべてやっただろうかと疑っている。私にも、他の皇帝陛下の補佐たちにも、日本との戦争を避けたいという陛下の堅いご希望は完全にわかっていた。しかし、われわれ、陛下の側近たちが陛下のご意志を実行しえなかったのである。[40]」すべてが自己正当化の言葉にすぎない。クロパトキンは開戦後の作戦指導についても自己を弁護し、部下の将軍たちを批判する記述をつらねた。

この上奏報告については、時のレジーゲル陸相は、「クロパトキン自身に対する頌詩であり、逆に軍全体、将軍、将校と兵卒たちに対して汚名を負わせるものだった」と酷評している。当然ながらクロパトキンのこの報告は出版禁止となり、数十部ないし数百部だけ印刷された。[41]しかし、国外に流れて出版され、また逆流入し、国内でも出版されるようになった。クロパトキンの思惑通りになったのである。

このクロパトキンの著作にもっとも強く反応したのが、ウィッテであった。彼はすでに一九〇六年から〇七年にかけて、タイプ打ち七六九枚の原稿「日露戦争の起源」を完成させていた。自分のもとにある文書を使い、ベゾブラーゾフ派の開戦責任を糾弾したものである。[42]ところがこんどはクロパトキンに公然と攻撃されたので、この原稿をもとに、クロパトキンへの反論をまず書くことになったのである。

ウィッテは一九〇九年に私家版で『日本との戦争に関するクロパトキン侍従将軍の報告に対するウィッテ伯爵の強いられた弁明』を出した。軍事費について、ウィッテは列強と比較して、ロシアの軍事費は少なくないとし、相当無理して予算支出したので、軍事費を軽視したとは言えないと反論した。[43]とくに戦争回避の努力について、クロパトキンが主張していることは彼が皇帝に対する上奏において述べた意見とくいちがうと指摘した。クロパトキンは、日本の攻撃は撃退できるし、戦争に勝利できると主張していたではないかと述べ、一九〇〇年三月二七日(ロシア暦一四日)と一九〇三年八月六日(七月二四日)のクロパトキンの上奏を引用したのである。[44]

ウィッテはさらに、クロパトキンが挙げた極東情勢緊張の要因の第一、東清鉄道の建設はクロパトキンものちに支持したではないかと述べた。[45]要因の第二、旅順租借については、クロパトキンが陸相になってから旅順租借の交渉がなされたのに、クロパトキンは反対せず、のちに占領は有益だったと発言したではないかと述べた。[46]要因の第三、満州撤兵問題で条件をつけたのはクロパトキンではないか、[47]要因の第四、鴨緑江利権会社については、蔵相はベゾブラーゾフの会社案に同調したというのは、五月二〇日(七日)の特別協議会議事録のミスにもとづくものだと反論した。[48]ウィッテはさらに、陸相は一九〇三年六月の旅順会議でベゾブラーゾフの会社の清算を要求したと言っているが、実際には純経済的な性格のものにせよと主張してベゾブラーゾフにまきかえされ、あいまいな結論に終わったではないかと逆に攻撃した。[49]

一九一四年になると、ウィッテは『歴史雑誌』にグリンスキーというジャーナリストの名を借りて、かねて書いてあった「日露戦争の起源」なる長大な原稿を「日露戦争の序曲（文書資料）」という題名で発表した。これは彼の死後、一九一六年にグリンスキー編『日露戦争の序曲――ウィッテ伯文書からの資料』として単行本で出版された[50]。

こうしたウィッテの反論と自己弁護の第三弾が『回想録』全三巻であった。ここにおいては、ウィッテはクロパトキンを批判するだけでなく、戦争責任追及の矛先を、皇帝ニコライ二世、プレーヴェ内相、ベゾブラーゾフ派に拡大し、自分だけがラムスドルフ外相の助けを借りて平和のために努力したのであり、いかんともしがたく日露戦争を防げなかったのだと主張したのである。ウィッテはロシアの改革派の政治家として権威が高かったので、彼の回想は刊行直後から各国語に訳され、帝政政治の内幕を伝えた真実の書と受け取られた。プレーヴェが語ったという次の言葉をクロパトキンから聞いたとして紹介したのは、とくに有名である。「革命をおさえるために、われわれはちょっとした勝利に終わる戦争を必要としているのだ[51]。」このプレーヴェの言葉は、嘘である。だが、みなが信じた。今日まで世界中で出ているロシア史のほとんどすべての本に引用されている。

そういうわけで、責任論争でウィッテは一人勝ちし、彼の物語が司馬にも受け入れられたのである。

戦争体験記の山

実はロシアでは、政治家の論争とは別に軍人たちも必死の総括をしていた。彼らにとってはこれは生死にかかわる問題であった。ステッセルら旅順防衛の指揮官たちや、ロジェストヴェンスキーら日本海海戦の指揮官たちは、軍法会議に引き出されていた。ステッセルは死刑判決をうけたのち、皇帝に赦免された。ロジェストヴェンスキーは無罪判決をうけた[52]。しかし、彼らはひとしく名誉を失った。満州で戦った多くの将校、連隊長や参謀たち、日本海海戦の生き残りの海軍士官たちは回想、体験記を書いた。みながひとしく批判的に敗戦の原因を考え、その責任を追及した。

その中でもっとも物議をかもしたのは、エヴゲーニー・マルトゥイノフの『悲しむべき日露戦争の経験より』(一九〇六年)であろう。彼は参謀本部大学校教官をしていて、戦争には歩兵連隊長として出陣し、のちに第三シベリア軍団参謀長もつとめた。戦争が終わると、彼は少将になり、その肩書きでこの本を書いたのである。

この本の中で彼は日本人と日本軍を激賞し、ロシア人とロシア軍を徹底的に批判した。彼の批判は真っ先にクロパトキンに向けられた。兵力の集結のために時間を必要とするロシア軍の司令官としては、日本軍に対して時をかせぐ戦略を採るのは当然だ。クロパトキンが当初決戦を避けたのはわかる。しかし、決戦を回避しているうち、ロシア軍の意識の中には日本軍とは戦えないという考えが根をおろしはじめた。一九〇四年九月、「攻撃の時がきた」という有名な命令を出したあとの沙河の会戦でまたもや退却したことによって、クロパトキンへの信頼は失われた。奉天の会戦は「彼の司令官としての器量への最後の幻想を雲散霧消させた(53)」。

マルトゥイノフはバルト海艦隊の回航についても、「これが成功のチャンスのまったくない企てであることは誰の目にも明らかだった」と言い切っている(54)。対馬の敗戦は、政府に講和を求めさせたが、そのときは陸軍の戦略的状態はずっと有利になっていたので、講和を急ぐ必要などなかったとしている。マルトゥイノフは、ロシアはしばらく海軍なしでやっていくべきだとまで極論している。陸軍に対する批判もさらにつづいた。敗戦の戦犯は将軍たちで、その任命はすべてコネで決まっていたのだ。将校たちの大多数は使命感をもたない。軍にのこるのは、少数の例外をのぞけば、「発達のおくれた、無気力な連中」ばかりだ(55)。兵士の質も日本に劣っている。「日本の兵士はみな字が読め、新聞を読む(56)。」日本では軍事教練は軍隊に入る前からはじまっている。

マルトゥイノフはくりかえし、「日本の強さはどこにあり、ロシアの弱さはどこにあるのか」と問い、「日本の国民は小学校から大学まで愛国主義の精神で教育されている」、日本人の夢は「招魂社」に祀られる英雄の仲間入りをすることであるのに(57)、ロシアでは愛国心は死語で、戦争は「犯罪ないし時代錯誤」であり、軍事は「恥ずべき業務」なのだと対比している[58]。

このようなロシア軍に対する糾弾の書は日本軍人を喜ばせた。この本がいち早く一九〇七年に偕行社から『悲痛ナル日露戦争ノ経験』として翻訳出版されたのは、けだし当然であろう。

別の極をなすのはアレクサンドル・スヴェーチンである。彼は第二二東シベリア狙撃兵連隊の将校で、九連城の戦闘で活躍し、のち第三軍参謀部で働いた。上層部と対立した彼は、首都にもどったあと、一九〇六年から毎年一冊のペースで回想記、戦記を書いた。そして一九一〇年には『一九〇四―一九〇五年の日露戦争――戦史委員会の資料による』を書いたが、これは個人の著書としてはもっとも優れた日露戦争史だと評価されている。彼はこの本の結びで書いている。

「本書は先の戦争の経験のうち、最重要なものをなんとかすべて叙述しようと試みたものではない。著者は自主的な、みのり豊かな作業に必要とされる全体的オリエンテーションを与えうる全体的概説を作成しようとしただけだ。肝心なことは、著者が警告を与えたいのは、敗北をもっぱら個々の指揮官の無能や敵の神がかり的な戦闘資質、あるいはロシア人の識字率の低さ、国内の騒乱状態でばかり説明しようとするような、過去の戦争への軽率な態度に対してだということである。戦犯もいらないし、偶像もいらない。どちらもわれわれの誤りを検討して、合理的にそれをただすことの邪魔になるだけだ[59]。」

戦史家としてのスヴェーチンのこの仕事には成熟した目を感じる。マルトゥイノフもスヴェーチンも、ともにロシア革命後、国内にとどまり、赤軍に協力することになる。

ロシア軍の公式戦史とシマンスキー調書

このような空前の批判的現場報告の山の上に軍当局の公式戦史が出された。陸軍の場合は、一九〇六年九月、参謀本部内に戦史委員会が設置された。ヴァシーリー・ロメイコ＝グルコ大将が委員長となり、委員として、八人の少将や大佐が任命された。この委員会は一九一〇年に九巻一六冊からなる『一九〇四―一九〇五年の日露戦争』を刊行した[60]。これも真摯で、批判的な日露戦争研究であった。

この公式戦史の第一巻は「日露戦争に先行した東方の諸事件とこの戦争の準備」と題されている。冒頭第一章はシマンスキー少将が担当した。この人の研究はとくに重要である。

シマンスキーは一八六六年の生まれで、プスコフの幼年学校から士官学校に進み、任官したが、一八九一年にニコライ陸軍大学校を終え、モスクワ軍管区で参謀として勤務した。歴史家の能力を発揮し、戦史研究に打ち込んだ。士官学校の教師になった一八九六年にはドイツ人フォン・ミュラー著『日清戦争』の翻訳に、注釈と付録をつけて出している。のち九九年にはスヴォーロフの伝記を出したり、一九〇三年には、露土戦争のさいのプレヴナ要塞攻略戦について本を書いた。一九〇二年にはモスクワの第一擲弾兵師団参謀長となったが、日露戦争には参加せず、〇四年六月からモスクワ市内のロストフ擲弾兵連隊長をしていた。彼の連隊兵士がモスクワ一二月反乱のさい発砲拒否をしたため責任を問われ、一九〇六年一一月軍法会議で禁固八カ月に処せられたが、皇帝の赦免を受けて、一カ月の営倉入りですまされた。そのような経歴があったにもかかわらず、彼は戦史家としての非凡な能力を見込まれて、一九〇七年二月に公式日露戦争史の執筆チームに加えられたのである[61]。ここでシマンスキーはおどろくほどの精力を投じて、一九一〇年まで外務省、陸軍省、海軍省の膨大な文書資料を渉猟し、関係者との面接、その個人文書の閲覧も行い、一九一〇年までに三巻本の調書『日露戦争に先行した東方の諸事件』を作成した。第一巻が一九世紀九〇年代における朝鮮での露日の闘い、第二巻が一九〇〇年から〇二年までの中国における露日の闘いを扱い、第三巻が「戦争前の最後の一年」として一九〇三年だけを扱っている。印刷総頁数は七九一頁ある。(62) これはおどろくべき本格的な分析であって、開戦過程の研究としては今日にいたるまで最高水準の作品だと言ってよい。

内容的には、シマンスキーの調書も、参謀本部の公式戦史も、クロパトキンに批判的で、ベゾブラーゾフやヴォーガクらの極東兵力増強必要論を評価する傾向を見せている。ここに重要なポイントがある。シマンスキーの調書はあまりに機密資料を使いすぎているという外相イズヴォリスキーの抗議で、出版がみとめられず、参考のため七部しか印刷されなかった。これは皇帝、陸軍省秘密文書課、外務省、東京公使館、北京公使館、ロメイコ＝グルコ大将と著者に渡された。(63) このためこの調書の存在は完全に秘匿され、のちの歴史家によってまったく利用されなかった。

海軍の場合も海軍軍令部に一九〇四―一九〇五年戦争海軍行動記述歴史委員会が一九〇八年に設置された。日本側の戦史も参照し、『一九〇四―一九〇五年の日露戦争』全七巻を一九一二年から一七年までに刊行した。(64) 資料編『海軍の行動』も全九巻で、こちらはやや早く、一九〇七年から一四年までに刊行された。(65) 内容は当然ながら海軍省とロジェストヴェンスキー軍令部長に対して、厳しいものである。太平洋艦隊として旅順を根拠地にした決定の当否、ヴラジヴォストークにすべきであったのではないかという論点も検討しており、かつ第二太平洋艦隊の回航についても中止すべきであったのではないかという論点も詳しく検討している。

シマンスキーはマルトゥイノフやスヴェーチンのように、革命ロシアにとどまることはしなかった。しかし彼も、彼らと同じように、無意味な戦争は回避できるようなロシア国家、そして戦争をすることになったら、勝利にすべての力を結集しうるロシア国家を望んでいたのである。ニコライ二世の帝政ではロシアは二〇世紀の戦争はできないというのが日露戦争の結論であったからである。だが、シマンスキーはついに彼の三巻本を亡命地で刊行しようとしなかった。彼の著作はそのまま歴史の闇の中に消えたのである。

日本における公式戦史と秘密戦史

日本でも公式の戦史が編纂出版されたが、戦争に勝利したという神話が早々と形成されたため、戦争の真実を伝える戦史は秘密にされざるをえず、公式の戦史の裏側に秘密の戦史が大々的に存在した。

戦争の研究は海軍軍令部と陸軍参謀本部によって戦後ただちにはじめられた。実は海軍では開戦の前から戦史編纂の準備に着手していた。軍令部次長伊集院五郎は一九〇四年一月二八日に海軍各部に、「日誌」を作成し定期的に提出することを求めたが、これは将来日露戦争史を作成する基礎とするためであるとの説明がなされた。戦後の一九〇六年一月、伊集院は「明治三十七八年海戦史編纂方針」を達示した。目的は「海軍部内ノ参考ニ資スル」ためとされ、「記事概《おおむ》ネ極秘ニ亘ルベキヲ以テ、材料蒐集及編纂ニ従事スル者ハ厳ニ秘密ヲ守ラザル可ラズ」と命じられた(66)。

陸軍では、戦後の一九〇六年二月に参謀総長大山巌名で「明治三十七八年日露戦史編纂綱領」が出された。そこでは、まず「精確ニ事実ノ真相ヲ叙述シ」た「草稿」としての「史稿ノ編纂」がめざされ、その上で、すべてを「修訂」し、「全部ニ渉リ分合増删シ且ツ機密事項ヲ削除シ」た上での「公刊」が考えられていた(67)。

ただちに大々的な準備がはじめられた。部内の作戦その他にかんする記録が集められるのは当然として、ロシア側の戦史、回想、また第三国武官の観戦記なども多く集められ、翻訳された。参謀本部では、「日露戦史編纂史料」として三四巻、「日露戦史史料」として四六巻がまとめられた。海軍軍令部では、ロシアの海軍軍令部の『露日海戦史』全七巻のうち六巻を完訳している(68)。

これらの研究の成果のとりまとめでは、海軍が先行した。小笠原長生中将を責任者としてまとめられた海軍軍令部の『極秘明治三十七八年海戦史』の全一二部、一五〇冊が一九一一年までに完成された。これは必要な部署に必要な冊数が配布されただけで、全冊をそろえて保持したのは皇居と海軍省文庫のみであった。完全な秘密戦史だったのである。第二次大戦後海軍省文庫のものは焼却され、皇居にあったものが防衛庁戦史部（現在は防衛省防衛研究所図書館）に移管されている。(69)この極秘戦史から公刊用の戦史が編まれ、海軍軍令部編『明治三十七八年海戦史』全四巻が春陽堂から一九〇九―一〇年に刊行された。

このように完全に秘密にされた『極秘海戦史』はイギリス政府には提供されていた。これを読んで書かれた最初の研究がジュリアン・コルベットの『日露戦争における海軍作戦』である。しかし、この研究も秘密扱いとされ、閲覧は英国海軍の高級士官に限定された。この研究が公刊されるのは一九九四年のことであり、日本で『極秘海戦史』が研究者に利用されるようになるのは一九八〇年代半ばのことである。(70)

陸軍では、参謀本部の『明治三十七八年日露戦史』全一〇巻の草稿本がまず完成され、そこから機密事項その他を削除した公刊本が編集され、偕行社から一九一二年に刊行がはじまった。これは一九一五年に完結した。この草稿本と刊本を比較した横手慎二によると、重要な事実が多く削られている。(71)この一〇巻本刊行ののちに、秘密部分を含めた『明治三十七八年秘密日露戦史』の編纂が進められた。大江志乃夫は『明治三十七八年作戦経過の概要』なる全九巻の謄写印刷本がその成果だと推測している。(72)ともあれ、この秘密戦史は、開戦に先立つ過程から開戦半年後の一九〇四年六月までを記述した三巻までの決定稿が仕上げられ、それが一九七七年に公刊されたとみられている。(73)

この秘密主義こそ日露戦争神話をつくりだし、司馬遼太郎が指摘したように「勝利を絶対化し、日本軍の神秘的強さを信仰するように」させ、「痴呆化」をもたらした仕組みであった。

ロシア革命後の研究

第一次世界戦争の中で、ついにロシアには革命がおこった。日露戦争で致命的な体制的欠陥をあらわしたツァーリ帝政は世界戦争の中で崩壊し、十月革命によってレーニンのボリシェヴィキ国家が生まれた。ロシア帝国とほぼ同じ領土に強力な統合国家が誕生したのである。

革命政権は隠されていた帝政政府の内部資料を公開した。クロパトキンは革命後もロシアにのこって郷里の村の学校で経済地理学を教えていた。その彼の日記の一九〇二年一一月から〇四年二月までの分が一九二二年にソヴェト政権の史料雑誌『クラースヌイ・アルヒーフ（赤色文書館）』に公刊され、翌年単行本で出た。[74] これはシマンスキーがクロパトキンの日記を書き写したものが、ソヴェト政権によって押収され、公表されたのである。[75] クロパトキン日記は他人に見せるために書いたもので、予定された最初の読者は皇帝であった。この日記の一九〇三年八月二二日（九日）の項には、皇帝とクロパトキンがベゾブラーゾフを窓から放り出すべきだという意見で一致したかのような記載がある。これは巧妙に計算された恣意的な記述であった。

またグリンスキーの名で書かれたウィッテの著作「日露戦争の序曲」の向こうを張って書かれたクロパトキンの手記「満州悲劇の序曲」が、一九二三年にソ連歴史学界の大御所ポクロフスキーによって公刊された。[76] この意見書がいつ書かれたものか、どのようにして革命政府の手に入ったのかは、不明である。解題を書いたポクロフスキーは、この手記がウィッテの『回想録』に対抗して書かれたものであることを示唆している。クロパトキンは一九二五年、郷里の村で盗賊に殺された。

革命後のソ連で日露戦争の起源の問題に取り組んだのは、歴史家ボリス・ロマノフである。彼は革命前にペテルブルク帝大を卒業した前近代史の専門家だったが、革命後、公開された文書を管理する歴史文書館で働くようになったため、このテーマを研究するようになった。彼が大蔵省文書をよく読んで、ウィッテの極東進出政策、ウィッテ的歴史像を批判的に再検討したのは当然だった。[77] 一九二八年、広く知られた著書『満州におけるロシア(一八九二―一九〇六)』が刊行された。この本は、ソ連時代に書かれた日露戦争開戦前史の唯一の作品である。一九三五年には日本語にも翻訳されている。[78]

ロマノフは、皇帝、ベゾブラーゾフ派、クロパトキンらに戦争責任があり、ウィッテは無罪だというウィッテの歴史像を批判して、むしろウィッテの極東政策がロシアの極東政策の土台をつくっており、ウィッテとベゾブラーゾフ派のあいだに本質的な差はないと主張した。「この政策の鼓吹者であったウィッテこそ、生前は可能なあらゆる方法で、死後はあの『回想録』で、彼の政策の『平和的』性格という神話の形成とそのもっとも広範な普及を図ったのであった。[79]」ロシア側は全体として戦争の責任を負うべきだというのがロマノフの結論であった。

この本はよく文書資料を調べた本であるが、おどろくべきことに、ロマノフは帝政時代の最高水準の研究であるシマンスキーの調書を知らなかった。したがって、ベゾブラーゾフ派の評価ではシマンスキーに及ばない面がある。それに文章が晦渋で、論旨がかならずしも明確でない。そして、帝国主義国ロシアの侵略性をきびしく批判した彼は、一九三〇年代のソ連社会では苦難に遭うことになった。一九三〇年、ロマノフは逮捕され、三三年に釈放されたが、三五年にはポクロフスキー史学の追随者として、ニコライ二世を免罪していると非難されてしまうのである。そこでロマノフは、三七年にはキーエフ・ルーシ研究にもどることを余儀なくされた。

ソ連は革命につづく内戦期に日本からもっとも長期間軍事干渉をうけたことを忘れることはなかった。一九二五年に国交が結ばれたあとも、日本に対する警戒は消えなかった。日露戦争で敗北したという記憶が帝政からソ連国家への革命的転換の根にあったものであれば、日露戦争はロシアの帝国主義的進出を批判するために研究するのではなく、むしろいま一度日本と戦争することになれば、日本の侵略性に目を向け、研究しなければならなかったのであろう。

一九三一年に日本が満州を侵略すると、日本との再戦が予想され、緊張が高まった。この面で帝政時代の日露戦争研究の専門家スヴェーチンの存在が大きくなった。彼は一九一八年のドイツ軍のロシア侵入ののち、トロツキーの要請で赤軍参謀総長を三カ月間つとめたあと、陸軍大学校の教官となっていた。彼が一九二八年に出版した『軍事技術の進化』第二巻は日露戦争についての分析が大きな部分をしめた。彼も一九三一年に逮捕されたが、すぐに釈放され、こんどは赤軍諜報局で働くことになった[80]。一九三二年の調書「過去と未来における日本軍」では、「新しい日本の創造の産物」である日本軍のプラス面とマイナス面を指摘したあとで、次のように結論した。

「一九〇四―〇五年の日本の勝利は日本軍にとって重荷となり、そうでなくても十分反動的な指揮幹部の新風に対する抵抗を強めた。日本人の誇りと不敗の確信は不可避的に……敵の過小評価に導いていく[81]。」

この結論は司馬遼太郎の日露戦争の結果の評価と一致する。

スヴェーチンはさらに一九三七年には『二〇世紀第一段階の戦略――一九〇四―〇五年における陸海戦の計画と作戦』を書き上げた。その中で、日本の「戦争の政治的計画」を論じて、「日本の計画はロシアのツァーリ体制の不安定性に大きな意義を付与しており、ロシアの銃後において政治的解体を増進するために大々的に努力することを想定していた」と指摘している[82]。これは日本でのラッセルの捕虜革命工作への支持や明石大佐の革命党工作などの日本の「革命化政策」に注目しているのである。だが、スヴェーチンの貢献は彼自身を助けなかった。スターリンはスヴェーチンの『軍事技術史』(一九二二―二三年)の読者だったが、一九三八年には彼を日本の手先として逮捕処刑させてしまうのである。

一九四五年五月、ソ連はナチス・ドイツとの死闘に勝利した。そして、八月にはソ連軍は満州の日本軍を攻撃して、日本の降伏に貢献した。日露戦争から数えれば、四度目の日本との戦争であった。ソ連は勝利を宣言する。スターリンは九月二日の対日戦勝演説で、次のように述べた。

「一九〇四年日露戦争の時期のロシア軍の敗北は人民の意識に重苦しい記憶をのこした。それはわれわれの国の汚点となった。われわれの人民は、日本が打ち負かされ、汚点が拭われる日がくるのを信じ、待っていた。われわれ旧世代の人間は、この日のくるのを四〇年間待っていたのだ。そして、ついにこの日がきた。(83)」

この戦争の結果、ソ連は三八度線以北の朝鮮を占領して影響下に置き、旅順と大連を獲得し、東清鉄道を取り戻した。領土的には南サハリンを取り戻し、全千島を獲得した。日露戦争で失ったものを取り戻し、さらにプラスアルファを得たのである。

戦後、ソ連の日露戦争観はスターリンの言葉に支配された。日本の侵略性が強調されるようになり、ソ連の歴史教科書には、伝統的な日露戦争観が復活した。日本が宣戦布告なしに戦争をはじめたことを「背信的」と非難することも復活し、全国民の意識に一層すりこまれた。しかし、日本の動きについての歴史的研究は進まなかった。

ロマノフはようやく戦後の一九四七年に、日露戦争にかんする第二作『日露戦争外交史概説　一八九五―一九〇七』を出したが、それを増補改訂することはスターリン死後の一九五五年までできなかった。その新著では、「ツァーリ政府は条約によって、実質的に、朝鮮を日本に譲る用意があった。条約の最後の案で、ロシア側は日本が朝鮮の領土を戦略目的に使わないことだけを主張していたのである」と書かれている。(84)

外交史の権威であったナロチニツキーが一九五六年、スターリン批判の年に出した九〇〇頁の大著『極東における資本主義列強の植民政策　一八六〇―一八九五(85)』は、考え方の狭さはあるものの、未公刊文書と欧米外交文書の徹底的な研究であり、このテーマではこれを超える研究は出ていない。

スターリン批判の後も日露戦争の前史についての研究をおこなう人はなかなかソ連にはあらわれなかった。ロシア人はこの政治的な問題に触れたがらないのである。日露戦争にかんする一定の水準の著作がようやく刊行されたのは、軍事史研究所員ロストゥノーフ編の『日露戦争史』(一九七七年)だけだった。[86] この間、戦争前史についての重要な研究はもっぱらソ連籍の朝鮮人学者によってなされた。イルクーツク教育大教授ボリス・パクの著書『ロシアと朝鮮』(一九七九年)は外務省文書を詳細に用いて、ロシアの一八八〇年代以降の対朝鮮政策を跡づけた貴重な研究であった。ボリス・パクはのちにモスクワの東洋学研究所に移り、この仕事の改訂新版を二〇〇四年に出した。[87] この間彼の娘ベッラ・パクが父の仕事を継承して、外務省文書をさらに詳細に研究し、『ロシア外交と朝鮮』第一巻(一八六〇—一八八八)、第二巻(一八八八—一八九七)を一九九八年と二〇〇四年に出した。[88] 彼女も東洋学研究所の所員である。この父子の研究はともに、ロシアが朝鮮に対して一貫して侵略的でなかったという結論を導いている。彼らも二〇〇四年以前はシマンスキーの研究を知らなかった。ともあれ外務省文書の本格的な研究として、パク父子の研究はこの面での基礎的な業績となっている。

なおパク父子が新版、継承の仕事を出す前に、朴鍾涍《パクジョンヒョ》『一九〇四—一九〇五年の日露戦争と朝鮮』が一九九七年にモスクワで出ている。[89] 彼は韓国人の研究者であるが、ロシアで研究し、ロシア語でこの本を書いた。彼の仕事の特徴は文書館にあるシマンスキーの本をはじめて読んだところにあるが、多くの史料をそこから再引用して書いているので問題がある。朴鍾涍はボリス・パクの主張に対して、ロシアの侵略性を過小評価しているという批判を加えている。

ロマノフの仕事を継承して、日露戦争にいたるロシアの対外政策を研究するロシア人研究者はようやくソ連崩壊後になってあらわれた。ペテルブルクの歴史研究所の研究員イーゴリ・ルコヤーノフである。彼は一九六五年生まれの新世代の歴史家で、ロマノフの伝統を継承しながら、新しく文書館を広く探査して、ロマノフの水準を超える研究を発表した。彼の最初の発表は二〇〇三年の北海道大学スラブ研究センターのシンポジウム「日露戦争再考」での研究発表であり、二度目が日露戦争一〇〇周年記念国際シンポジウム論文集での論文「ベゾブラーゾフ一派」である。[90] おどろくべきことに、彼もシマンスキーの研究を知らずに研究をおこなったので、この二つの仕事にはシマンスキーの研究は反映されていない。彼の論文の結論はロマノフの結論を深めたものである。

「日露戦争はロシアの侵略性の結果であるというよりは、むしろ専制の極東政策全体、その思想、その実現のメカニズムが紛争の底にある原因だとされるべきである。ウィッテ伯はロシアの政策を行き詰まりに導き、ベゾブラーゾフ一派の活動がその政策を戦争の瀬戸際にいたらしめた(91)。」

実はシマンスキーの調書は不幸なことに、一九九四年にゾロタリョフなる軍人歴史家によって奇妙な形で復刻されていた。表題も「二〇世紀の黎明期におけるロシアと日本――本邦軍事的東方学の分析的資料」と変えられており、扉の裏に、「本書の基礎には一九一〇年に……シマンスキー少将によって作成された分析的な著作がある」と書かれているだけである。さながらゾロタリョフらがシマンスキーの本をもとに書いた本であるかのような印象をあたえるのである(92)。ルコヤーノフはうさんくさく思って、この本を読まなかったと私に語った。今日でもパク父子もシマンスキーの著作は直接見ていない。使っているのはゾロタリョフ版である。

ルコヤーノフがシマンスキーの原書を読んで、あらたな資料を調査して書いた最初の論文は、実に二〇〇六年に出された、開戦にいたる日露交渉の研究である(93)。これははじめてロシア側から日露交渉について書かれた本格的な論文である。ルコヤーノフは二〇〇八年末にいたり、それまで書いた論文をまとめた論文集『列強に遅れをとるな――極東におけるロシア(一九世紀末―二〇世紀初め)』をペテルブルクで刊行した(94)。この本に収められた論文は旧稿に手が加えられており、また未知の論文もあるが、私が本書を基本的に脱稿したあとで寄贈されたため、最小限度の修正をとりこむことができただけである。

この他には、オムスク大学のレムニョーフが極東太守制について研究したよい仕事を出している。二〇〇四年に出た『極東ロシア――権力の帝国的地理学(一九世紀―二〇世紀初め)』である(95)。世紀末のロシア対外政策については、モスクワのロシア史研究所のイリーナ・ルイバチョーノクがハーグ平和会議についての著書を出すなど活躍しているが、[96]日露戦争の前史について本格的な研究が出ていない。

欧米と韓国での研究

欧米における研究も、すべてシマンスキーの研究を知らないまま、ロマノフの研究の影響下に生まれた。欧米での古典的な著作と目されるのは、マロゼモフの著書『ロシア極東政策 一八八一―一九〇四』(一九五八年)である。これはカリフォルニア大学バークレー校のカーナー教授のゼミで頭角をあらわし、若くして死んだロシア系アメリカ人研究者の遺著である。[97]当然ながら、シマンスキーは知らず、ソ連の文書館で未公刊文書を調査することができないままに、公刊資料を徹底的に読んでまとめており、欧米諸国の公刊外交文書を丹念に読んでいる。クロパトキンの日記を頼りにし、その一九〇三年八月二二日(九日)の項に、皇帝とクロパトキンがベゾブラーゾフを窓から放り出すべきだという意見で一致したかのような記載があることに着目して、主戦派のベゾブラーゾフは一九〇三年秋には失脚し、ロシア政府は全体として戦争回避を望んでいたという主張を出している。[98]ウィスコンシン大学のマクドナルドが一九九二年に出した研究、『ロシアにおける統一政府と外交政策 一九〇〇―一九一四』も資料的にはさほどの前進はなく、マロゼモフのこの説が取り入れられている。[99]日本では私が最初にこの説を取り入れ、いくつかの概説書に書いてきた。[100]このような主張の共通の含意は、開戦前夜、ロシアには主戦派はいなくなっていた、ロシアは戦争するつもりがなかったというところにある。この主張自体は正しいが、ベゾブラーゾフ理解もベゾブラーゾフ失脚説も、ともに誤りである。

マロゼモフのあとに出た本としては、この他にハワイ大学の外交史の教授ジョン・ホワイトの著書『日露戦争外交』(一九六四年)がある。[101]さらに日露関係史研究の巨人レンセンは日露戦争については研究を残さなかったが、『陰謀のバランス――朝鮮・満州をめぐる国際的角逐　一八八四―一九九』（一九八二年）と『露清戦争』（一九六七年）を残した。アジア関係日露外交官目録やさまざまな資料の公刊も含め、その業績は大きい[102]。しかし、やはり欧米の文献の中では、日英関係史の専門家、ロンドン経済大学教授イアン・ニッシュの『日露戦争の起源[103]』（一九八五年）が傑出した叙述をあたえていると言えるだろう。ニッシュは米英の外交文献についての広い研究に立って、日本語文献にも通じており、ロシア語の文献をも取り入れているので、もっともバランスがとれた、統合的な説明をあたえている。しかし、概して言えばロシアの膨張主義については厳しすぎ、日本の膨張主義については甘すぎる傾向をみせ、ロシアの内部事情についてはイギリスの外交官、ジャーナリストの見方の影響を受けて表面的にとどまり、朝鮮の内部事情にはほとんど注意を向けていないという限界がある。

新しい研究は、オランダ人の学者スヒンメルペニンク・ファン・デル・オイエの本、『旭日に向かって――ロシアの帝国イデオロギーと対日戦争への道』である。欧米の研究者としては、ロシアの文書館ではじめて本格的に史料を見て、注目すべき視野を提示している[104]。二〇〇一年刊のこの本にいたってシマンスキーの調書がはじめて参照されることになった。しかし、ベゾブラーゾフについてはまったく軽視しており、史料調査が生かされていない。さらに、アメリカのロシア軍事史研究者ブルース・メニングはロシアの陸軍省文書を長年深く研究し、その最新の論文「敵の力を誤算する――戦争前夜のロシア情報機関[105]」はすぐれた研究で、私は恩恵を受けた。

韓国では、早い時期に、漢陽大学教授辛承権《シンスングォン》の英文の著書『韓半島をめぐる露日間の闘争　一八七六―一九〇四』（ソウル、一九八一年）があった[106]。ソ連で公刊された資料と日本の外交文書を丁寧に使ったよい研究である。彼はロシアの政策が朝鮮に対して一貫して消極的であり、日本は一貫して積極的であったことを主張している。ロシアで、ロシア語で本を出した朴鍾涍は二〇〇二年になって、彼がロシアの文書館で調査して発見した韓国関係文書の内容の要約をソウルで刊行した[107]。その中のロシア帝国外交文書館の文書を収めた部分に、日露戦争前史にかかわる史料の紹介がある。一点一点の史料の短い紹介にすぎないが、これを系統的に利用して韓国、日本の史料とともに分析したのが、玄光浩《ヒョングワンホ》『大韓帝国とロシア、そして日本』(ソウル、二〇〇七年)である。[108] 努力の書ではあるが、玄はロシアの文献資料をまったく見ていないので、十分な研究にはなっていない。この点では、ロシアで長く研究し、ロシア語で出版した博士論文を基に韓国語で出した崔徳圭《チェドッキュ》『帝政ロシアの韓半島政策 一八九一―一九〇七』(二〇〇八年)は第一級の業績である。[109] ウィッテと露韓銀行、鴨緑江利権問題、馬山問題、海軍増強問題などについて文書資料にもとづいた研究をしており、新しい発見を含んでいる。

日本の研究

日本では、幕末から日清戦争にいたるまでの日本の対朝鮮政策について、記念碑的研究がある。一九四〇年に朝鮮総督府から、著者の名を秘して出版された『近代日鮮関係の研究』上下二巻、著者は田保橋《たぼはし》潔である。日本、清国、朝鮮だけでなく、ロシアの資料にも目をくばり、欧米の外交文書も見た本格的な研究であり、事実関係についての基礎認識を確立した本である。朝鮮国王高宗のロシア接近についても正面からとりあげている。この本は一九六三―六四年に復刻され、広く読まれるようになった。[110]

戦後の日本でも、日露戦争の研究は歴史家にはあまり好まれなかった。歴史家の代表的な本は、ともに一九六六年に出た古屋哲夫『日露戦争』(中公新書)と山辺健太郎『日韓併合小史』(岩波新書)であった。日本の侵略性を強調したこの二著が多くの人々にとって常識をかたちづくった。

同じとき、外交史家角田順の『満州問題と国防方針』(一九六七年)が刊行された。田保橋の本が問題にしたあとの時期、義和団事件と桂内閣の成立から日露戦争までの時期について、政治家の文書や欧米の外交文書を用いた本格的な研究だと評価されている。[111] 基本的には、角田の研究は日本の伝統的な歴史像をあらたに論証したものということができ、その点司馬の小説に対して学問的な裏付けを与えていると言える。その見方の前提は、ロシアの一貫した南下政策に開戦の責任があるとするもので、それに対抗して、日本側では、桂、小村らの少壮派が「元老の対露宥和論を抑えて、開戦をリードした」という図式を提示したと評される。

日清戦争については、一九六八年に中塚明『日清戦争の研究』(青木書店)が刊行され、一九七三年には藤村道生『日清戦争』(岩波新書)が刊行された。これらも日本の侵略性を指摘し、ほぼ歴史家の常識を形成した。

一九八〇年代になると、佐賀大学の佐々木揚が『クラースヌイ・アルヒーフ』に収録されたロシア側の資料を本格的に使い、イギリス、中国の外交史料をも渉猟して、日清戦争期のロシア外交についての基礎的な研究をつぎつぎに発表した。[112] 他方、森山茂徳は東京大学へ提出した博士論文を基に、一九八七年『近代日韓関係史研究——朝鮮植民地化と国際関係』を刊行した。[113] 当然ながら朝鮮関係の新しい外交資料を用いて、田保橋の研究を一段と引き上げたが、ロシアについてはマロゼモフの研究に依拠する以上のことはできていない。

一九九五年に京都大学の高橋秀直が『日清戦争への道』を上梓した。[114] これは司馬遼太郎にもみられる考え、日本の近代化と大陸国家化は不可分であるという見解に異を唱え、中塚、藤村の古典的な業績の修正をめざす問題作であった。高橋は、明治国家が大陸国家化を一貫してめざしていたのか、日本の資本主義化にとって大陸国家化は不可欠であったのか、日本をとりまく国際情勢は帝国主義国か、(半)植民地かの二者択一を迫るものだったのか、という三つの問いを立て、[115] そのいずれに対しても否定的な答えを出し、結論で次のように述べた。

「日清開戦直前までの明治国家の外交路線は、アジアへの政治的膨張、大陸国家化をめざすものではなかった。またその財政路線は、軍拡至上主義ではなく、健全財政原則を重視する『小さな政府』路線に立つものであった。日清開戦はここにいたるまでの明治国家の歩みの延長ではなく、むしろ断絶であった。そして開戦は、なによりも内政的要因により踏みきられたものであり、戦争の前途への展望も、今後の朝鮮政策も開戦にさいして政府は持っていなかった。[116]」

高橋は政策決定担当者の認識と判断の変化を資料によってこまかく跡づけることにより、この結論を導いた。だが政府部内に主流意見と傍流意見があるとき、主流意見に大きな意義をあたえて、両者をともに支えている共通の認識基盤があることには注意を払っていない。また主流意見がつねに本来の希望と当面の政策的現実主義の二重構造からなっていることにも無関心である。高橋の研究は綿密な検証が必要である。

同じころ日本政治外交史の千葉功と伊藤之雄が日露戦争にかんする角田の図式に挑戦して、研究を進めた。千葉と伊藤は一九九六年ごろに集中的に研究成果を発表した。昭和女子大学の千葉功は日露交渉を研究した論文の結論で、日露両国とも「満韓交換を望んでいたにもかかわらず、それを交渉相手国に公然と伝えることが出来なかった」ために、戦争が起こったと主張した。つまり、「日露戦争は、具体的な争点では妥協が可能であったが、コミュニケーションの不徹底から来る相互信頼の醸成失敗により引き起こされた戦争であった」と述べている。[117] 千葉はアバザーが公刊した極東委員会秘密文書集が『大阪毎日新聞』に翻訳紹介されているのを発見し、分析に取り入れるなど、日本史家として敬服すべき努力をしている。[118] 日本側内部の論争については、いわゆる満韓交換論と満韓不可分論とが対立的なものではないという主張を軸に立論し、桂、小村ら少壮派と元老派の対立は本質的でないと主張している。[119] 千葉説は井口和起によっても、原田敬一の岩波新書にも取り入れられ、影響力が大きい。[120] 千葉の一九九六年の二本の論文は、二〇〇八年に刊行された著書『旧外交の形成――日本外交一九〇〇―一九一九』(勁草書房)の中に収められた。海野福寿の『韓国併合史の研究』(二〇〇〇年)は日露戦争初期の日韓議定書成立の過程を明らかにした重要な業績であるが、千葉説を取り入れている。[121]

京都大学の伊藤之雄の研究は二〇〇〇年の著書『立憲国家と日露戦争』(木鐸社)にまとめられている。伊藤之雄は伊藤博文、山県有朋らの対露宥和路線と桂、小村ラインとの対立性を認めるが、伊藤、山県らの路線は充分成功する可能性があったとみて、「桂内閣や藩閥中枢など日本の主な政治指導者が日露開戦を覚悟し、ロシア側が対日態度を軟化させたメッセージを読み取れず、戦争回避の機会を失っていったこと、日露開戦の要因は、日露双方の動向と相互誤解にあった」と主張している。[122] 伊藤も千葉同様、角田のロシア観を強く批判している。

角田説批判の雰囲気はロシア史家の中にも及んでおり、稲葉千晴はいくつかの論文で、戦争は不可避ではなく回避できたとしたが、また日本が軍人主導で、「日本こそが積極的に戦争に踏み込んでいったことは疑いない」と述べている。[123] 他方で、イギリス外交文書を検討した論文の筆者広野好彦は、マクドナルド駐日公使に語った小村の言葉から、「ロシアとの開戦を望んだ訳でもなく、少なくともロシアの修正対案が来るまでは、小村は日露紛争の平和的解決を望んでいたことは断言できる」と主張している。[124]

これに対して、ロシア・ソ連外交の専門家、慶應義塾大学の横手慎二は二〇〇五年の『日露戦争史』(中公新書)において、世紀の末にロシアの遼東半島租借と馬山港地帯の借地の動きに接して、対露宥和論者山県の対露観が変化したこと、さらに「日本の政治指導部は戦争回避の可能性を追求していた」が、「日露両国の韓国をめぐる利害の対立は、最後まで克服されなかった」ことを強調している。横手は、この後者の現象を「セキュリティ・ディレンマ」という概念で説明した。「対立する二国の間では、一方が自国の安全を増大させようとすると、他方は不安を増大させ、悪循環を生みやすい状況が生じる。」日露はそのディレンマにおち、「地力で劣る日本側は戦争以外に有効な解決策を見いだせなかったのである」。[125] 当然ながら、横手は、千葉、伊藤の「修正主義」に批判的である。

なお日露戦争一〇〇年を契機とする出版としては、横手のもの以外では、同じく新書版ではあるが、山室信一『日露戦争の世紀――連鎖視点から見る日本と世界』[126] が視野の広さで際立っており、日露関係でも従来知られていなかった新しい事実を掘り出している。

私の歩み

私は日露戦争にながく関心をもってきた。私が一九七三年に出した最初の本は、日露戦争のさいロシア人捕虜に革命宣伝をするために日本に来たロシア人亡命者ニコライ・スジロフスキー＝ラッセルの伝記であった[127]。そこでは、日露戦争とロシアの国内の変革との関係に関心を向けた。扱ったのは日露の社会主義者の連帯と矛盾、戦争に勝つための明石・ツィリアクスの革命工作、日本陸軍省の承認のもとでのラッセルの捕虜収容所内革命工作などである。

日露戦争がどうしてはじまったかという問題はそのとき以来ずっと気になっていた。その点について、はっきりした認識を自分がもっていないことはロシア史家として致命的なことだという感じがしていた。一九八〇年代から現代朝鮮の研究も自分の専門分野にした私としては、日本とロシア、日本と朝鮮の関係に強い関心をもちつづけていたから、日本とロシアが朝鮮をめぐって戦争をした歴史についての明確な認識がどうしてもほしかったのである。一九八四年には、日ソ歴史学シンポジウムで、私は「日本人のロシア観――先生・敵・ともに苦しむ者」という報告をした。当然ながら「敵としてのロシア」のイメージは日本人の日露戦争観からはじまる。それで、司馬遼太郎『坂の上の雲』のロシア認識、朝鮮認識を批判的に検討した。そして、『坂の上の雲』の一〇年後に、司馬がリコルドと高田屋嘉兵衛の交渉を描いた『菜の花の沖』を書いたことを指摘し、「この文学者の歩みの中に私たちは希望をみる」と指摘したのだった。しかし、そのときはそれ以上に進むことはなかったのである[128]。

日露戦争についての研究を具体的にはじめることになったきっかけは、結局のところ、日露戦争一〇〇年だった。二〇〇三年一月、北海道大学スラブ研究センターで、日露戦争一〇〇年を念頭においた最初の日露戦争再検討のシンポジウムが開かれた。欧米とロシアから重要な専門家が参加した画期的な会議である。そこにペテルブルクからルコヤーノフがやってきて、「ベゾブラーゾフ一派」について報告し、私は感銘をうけた。

日露戦争一〇〇年記念の次のシンポジウムは、二〇〇四年三月の山梨学院大学ペテルブルク・シンポジウムであった。私はそれに参加して、「日本人は日露戦争をどう見たか」という報告をおこなった(129)。あらためて司馬遼太郎と向かい合った。二〇〇五年には二つのシンポジウムが予定されたが、私は横手慎二が組織する慶應義塾大学のシンポジウムに参加することになった。どういうテーマをえらんだら、新しい文書資料を発見して新しい論点を出せるか、悩ましい問題であった。

そこでもう一度『坂の上の雲』にもどって、「ふしぎなことに、ロシア軍人のひとりとして、日本の実力を正当に評価した者がいなかったばかりか、それを冷静に分析した者さえいなかった」と言い切っている司馬の言葉に注目した。これは正しいのか、それを検討すべきだと考えて、私は「汝の敵を研究せよ——日本におけるロシア駐在武官たち」というテーマを立てて、研究することにしたのである。コンスタンチン・ヴォーガクという日本軍を冷笑した駐在武官のことは『坂の上の雲』には出てこないが、『小村外交史』にも、『機密日露戦史』にも、特筆されている。さしあたりこの人物から調べてみることにした。

私はまずナウカが作成したロシア・ソ連日本研究関連資料マイクロ・コレクションを調べた。ナウカは戦後にソ連書籍を日本に輸入した業者のパイオニアで、先年会社は倒産したのだが、多くの文化的な事業を成し遂げた。中でもこのマイクロ・コレクションは賞賛に値する業績であり、ロシア・ソ連で刊行された日本関係の書籍、論文のすべてが収められている。その中に私はヴォーガクの日清戦争観察報告を発見した。それを読むと、ヴォーガクは日本軍がいかに強力に組織された軍隊であるかを畏敬の念をもって述べ、ロシアにとって特別な警戒を要する敵となると進言していた。日本側のヴォーガク観はまるで間違っていたのである。

ヴォーガクがベゾブラーゾフ派に加わったことはすでに知られていた。そこでただちに疑問がおこった。ヴォーガクがこれほどに日本を知る人であれば、どうしてベゾブラーゾフのような冒険主義者の仲間になったのか。そのとき、私は、ナウカのマイクロ・コレクションの中に僥倖のように含まれていたシマンスキーの調書、あの七部しか印刷されなかった幻の調書を発見したのである。それを読んで、そこでベゾブラーゾフ・グループについての新しい見方を学び、ヴォーガクがそのグループで重要な役割を演じていることを知るにいたったのである。それから、私はロシアの文書館で二〇〇四年九月、一一―一二月、二〇〇五年四月に調査をおこない、ヴォーガクと海軍武官ルーシンの資料をえて、二〇〇五年五月慶應義塾大学のシンポジウムで報告をおこなった。この報告は英文で報告書に収められた(130)。

この報告は、日露戦争の開戦過程全体についての新しい見方を導くものとなった。私はこの機会に、進んで研究を拡大させることにした。そのために、さらに二〇〇五年一一月、二〇〇六年四月、九月、二〇〇七年七月、九月にロシアの文書館で調査をおこなった。全期間を通じて検討したのは、ペテルブルクでは、ロシア国立歴史文書館の大蔵省官房文書、内務省大臣官房文書、ロシア国立海軍文書館の海軍軍令部文書、アレクセーエフ文書、ルーシン文書、モスクワでは、ロシア連邦国立文書館のニコライ二世文書、ツァールスコエ・セロー宮殿文書、ラムスドルフ文書、ロシア国立陸軍歴史文書館のクロパトキン文書、国立歴史博物館文書部のシマンスキー文書などである。この他、北海道大学スラブ研究センターおよび東京大学史料編纂所(保田孝一資料)が所蔵するロシア帝国外務省文書館文書のコピーを利用した。私自身は外務省文書館では調査をしなかったが、一九〇三年については基本的な文書はほぼすべて見ることができたと考えている。一九〇二年以前については、シマンスキー、ボリス・パク、ベッラ・パクの研究に負うところが大きく、外務省文書をある程度見ることができたという程度である。それでもロシアの未公刊文書の調査の面で、私はシマンスキー、ロマノフ、ルコヤーノフの研究に新しい発見を付け加えることができたと思う。

本書は、日露戦争はどうして起こったのかという問題に対して、主として、ロシアの側からの新しい情報と認識を加えたものといえる。朝鮮の側の情報や認識についても、ロシアの資料からえられるかぎりのものを取り出して、すでに利用できるようになっている朝鮮側の公刊文献、日本側の外交文書の検討と結合した。ロシア側の伝統的な戦争責任論争をぬけ出し、シマンスキーや参謀本部の研究の客観的な史料分析をうけついで、開戦に向かうロシアの動きをできるかぎり詳細に明らかにした。その上で、日本の側の開戦への動きについては、あらためて公刊史料を読み直し、再解釈を試みた。開戦当時の人々から司馬にいたる日露戦争開戦過程の理解の問題性が明らかになったと考える。朝鮮の側からの見方はほとんど国王高宗の見方を出ることができなかったが、その見方を検討した全期間において重視した。日本とロシアが戦争するにいたる歴史の過程を、両国の間に立つ朝鮮の側から見るということに努力したのである。

本書の内容の一部はロシア史研究会の二〇〇五年大会で報告し、『ロシア史研究』にも発表した。(131)そのさい加納格がクロパトキン文書から発見した重要な史料について発表し、(132)教えてくれたのはありがたいことであった。

第二章　近代初期の日本とロシア

幕末維新前夜の日本とロシア

ふつうのロシア人にとって、日本は遠い国だった。ただ日本に行くことができた少数の人だけがそれぞれ強い印象をもちかえり、印象的な旅行記をのこした。国後島で松前藩士にとらえられ、囚人となっていた艦長ゴロヴニンの『日本幽囚記』(一八一六年)と、日本との国交樹立、国境画定にあたったプチャーチン使節団に同行した作家ゴンチャロフの『フレガート・パルラーダ』(一八五八年)はとくに有名である。(1) 数世代のロシア人はこれらの本を面白い読み物として読んだが、日本という国に特別の関心は抱かなかった。

他方で、日本人の方は、鎖国時代から北辺に迫るロシアのことを気にして、警戒していた。ロシア人は清国領の北を東進して、カムチャトカ半島にいたり、一七世紀末そこを南下して、アイヌの島であるクリル諸島づたいに、日本に接近してきた。一八世紀後半には南からクリル諸島に進出した日本人は近づくロシア人を確認する。一七七一年カムチャトカを脱走したハンガリー人政治犯が、ロシアが日本侵略をねらっているとの警告文を長崎のオランダ商館長に送り、日本を揺るがすことになる。迫ってくるロシア、敵としてのロシアの登場であった。

そういう中で知識人たちはオランダの書物からロシアを研究した。ロシアに漂流して帰還した者からも聞き取りをおこなった。そのうちに、人々はピョートル大帝の事績を知り、幕府の体制をやぶる変革を求めるにあたって、ロシアを模範国、先生の国とみるようになった。

鎖国時代に日本はオランダ、ポルトガルとは長崎出島を通じて交渉をもちつづけたが、それ以外の国で日本に開国を求めてきたのはロシアであった。ロシアからの使節は一八世紀末のラックスマンにつづいて、一八〇四年、正式の国書をもってレザノフが来日した。しかし日本側は六カ月の滞在ののちに、拒否回答とともに使節を追い返した。レザノフは部下にサハリンと国後島の日本人の居留地を攻撃させ、怒った日本側が五年後、国後島に来た艦長ゴロヴニンを逮捕監禁するという事件が発生した。この事件はゴロヴニンの副官リコルドと商人高田屋嘉兵衛の努力で解決したが、以後交渉は長くとだえた。

一九世紀の半ば、ロシアは沿海地方を南下しはじめた。アムール川の北海への河口にニコラエフスク＝ナ＝アムーレという町ができたのは一八五〇年のことであり、別のアイヌの島であるサハリン島へ進出がはじまった。すでにこの島の南端には日本人が進出していた。

このとき、アメリカは使節ペリーを日本に送り、開国を求める動きに出た。ロシアも遅れることはできない。使節プチャーチンが送られた。ペリーは黒船を並べて、あくまでも威嚇的だったが、プチャーチンは紳士的だった。だから、幕府の役人は上は老中から下は長崎の通詞にいたるまで、ロシア人に好意的になった。安政の大地震のあとの津波で旗艦が沈没するという苦難にたえて、プチャーチンはねばり強く交渉した。そして、一八五五年についに日露通交条約が結ばれた。ロシアはアメリカ、イギリスにつづいて日本と国交をもつにいたり、このとき日本との国境画定の交渉をも部分的ではあれ成功させたのである。サハリン島では境界が決まらず、雑居となったが、クリル諸島においては、日本とロシアはエトロフとウルップの間で国境線を引くことで合意した。ながく北辺の脅威として意識されてきたロシアについて、敵としてのイメージが消え、以後日本とロシアの間には基本的には平和な時代が訪れるのである。(2)

しかし、日露間に新時代が来たとはいえ、問題は新しく、次々におこった。アムール川中流域にハバロフスクという町が生まれたのが一八五八年のことである。そして、日本では桜田門外の変があった一八六〇年にいたり、ロシアはプチャーチンの働きで、北京条約によって沿海地方全体を清国から獲得した。その年ロシア人は太平洋に開けている新領土最南端の湾内に「ヴラジヴォストーク（東方を征服せよ）」という名の拠点をつくったのだが、そこは中国人がそれまで「海参崴《ハイシェンウェイ》（なまこの丘）」と呼んでいた小さな漁村であった[3]。

ロシア人がヴラジヴォストークに立って南を見れば、海の向こうにはふたたび日本列島が横たわっていた。その日本を通り過ぎて太平洋、東アジアに出るには、サハリンと北海道の間のラ・ペルーズ（宗谷）海峡、北海道と本州の間のサンガルスキー（津軽）海峡、そして、朝鮮と対馬の間のブロウトン（朝鮮）海峡の三つの通路があった。その安全の確保がただちにロシア海軍軍人の関心事となった。

一八六〇年六月二日（五月二一日）、清国海域艦隊司令長官リハチョフは、これらの三地点の中立性を確保することが必要であり、それを可能にするには対馬にロシア海軍の施設をつくり、分艦隊の碇泊滞在を認めさせなければならないと海軍総裁コンスタンチン大公に提案した。大公は兄の皇帝アレクサンドル二世および外務大臣ゴルチャコフと協議し、「外交関係に発展させない範囲で、海軍が地元の日本当局と交渉する」という線で話を進めることを承認した[4]。

翌一八六一年三月一三日、ビリリョフ艦長が指揮するフリゲート艦「ポサドニク」号が対馬の尾崎浦に入港し、軍艦の修理場の設置、木材食料の提供を要求した。四月になると、リハチョフ司令長官の乗ったクリッパー艦「ナエズドニク」号が寄港し、それ以後ビリリョフの要求は一層強硬となった。水兵が上陸して、島の一角を占領さえした。緊張が高まった。ようやく六月になって、幕府の外国奉行が対馬に到着し、ビリリョフと談判をはじめた。外国奉行は、軍艦の修理は認めるが、修理場の租借は認められないと通告した。他方、イギリスはこのロシアの行動に反発し、八月、英国極東艦隊司令長官ホープが小艦隊を率いて、対馬にやってきた。ホープは、日露条約違反のロシアの行動は江戸で外国人一般に対する反感を強めている、ただちに「ポサドニク」号は退去してほしいと申し入れた。一八五五年条約では、日本とロシアは箱館と下田、長崎の三港の開港で合意したのではないかというのである。ホープはリハチョフにも同趣旨の書簡を送った。リハチョフは事が完全に外交問題となったことを理解し、「ポサドニク」号に退去を命じた。一八六二年三月「ポサドニク」号は対馬を去った(5)。

この事件はロシア側の朝鮮海峡の安全確保の関心に発しているが、オペレーションは安易な見通しに基づくもので、本質的に限定された意味しかもたない一種の情勢観測の行為であったと考えられる。もっとも日本にとっては、この事件はロシアの軍艦による侵略的行為であり、これに対して何もなしえない幕府への不信が一挙に拡大した。このことが、幕府の政治危機を深め、明治維新の直接的前提になったといわれる(6)。

明治維新とロシア

一八六八年、天皇をいただく新国家の樹立をめざす軍隊が旧幕府権力の首都江戸に入城し、維新革命が実現された。この革命をなしとげた指導者たちは、渡辺崋山や佐久間象山を通じてピョートル大帝の事績を学んだ人々であった。明治維新がなって直ちに、一八七一年一一月から新政府の要人たちは一年一〇カ月にわたり国を留守にして、アメリカ、ヨーロッパの諸国を訪問した。その岩倉使節団の企てをお抱え外国人が提案したとき、彼らがその案を受け入れたについては、ピョートル大帝が権力を掌握した直後に六カ月以上も国を留守にして、ヨーロッパを訪問した話が知られていたからであると考えることができる。一八七二年にスイス留学中の大山巌と会って、日本に教えにくるように求められたロシア人の革命的知識人レフ・メチニコフは次のように書いている。

「日本の維新を指導した少数の国家的人物――一八七二年から一八七四年にかけて、全欧州、アメリカ合衆国を歴訪した使節団の団長岩倉〔具視〕、さきの文部卿の木戸〔孝允〕、長いこと外務卿をつとめた副島〔種臣〕はじめその他多くの人たちが、今日なお『ピョートル・ベリーキイ』の熱烈なファンである。」[7]

だが皮肉なことに岩倉使節団はロシアに対する敬意の減退をもたらした。カムチャトカに漂着し、シベリアを横断して、ロシア帝国の首都ペテルブルクにたどり着いた江戸末期の商人大黒屋光太夫は、長い旅の果てに光り輝くエカチェリーナ女帝の都を見て、圧倒された。しかし、岩倉使節団は、まずアメリカに上陸し、ついでヨーロッパにわたり、ヨーロッパからロシアを訪問した。ロンドン、パリ、ベルリンを見たあとで、ロシアに入った岩倉使節団は、もはやロシアには驚きも畏敬の念もおぼえなかった。ヨーロッパ五大国のうち、「最モ雄ナル」ものが英仏とすれば、「最モ不開ナルヲ露国トス」と随員の一人が手記に書いている。ロシアは外剛内貧の国であるという認識が生まれた。敵としての恐怖感がなくなり、「虎狼心ヲ以テ露国ヲ憚ルノ妄想」を棄て、平和な関係をつくるべきだという考えが生まれた。[8]

ロシア側では、明らかに日本を新しい目で見る動きがはじまっていた。明治維新の直後から、正教信仰を日本に布教したニコライ主教、軍人探検家ミハイル・ヴェニュコーフ、東京外国語学校の教師となったメチニコフらが日本紹介の論文や著書を書いて発表した。[9]

サハリン問題

ところが、日本の周辺では問題がつづいていた。一般的にはロシアの新領土掌握は緩慢だった。北のニコラエフスク＝ナ＝アムーレからヴラジヴォストークにシベリア艦隊の基地が移されたのは一八七一年のことだった。名前だけは堂々としたヴラジヴォストークに移住する者もなかなかふえなかった。だが、サハリンの獲得にはロシアは積極的だった。他方、日本の樺太経営は明治維新の前後の時期には弱体化した。一八六九年には、ロシア兵が日本人の居住するアニワ湾の函泊《ハッコトマリ》に哨所をつくり、コルサコフと称した。ここにおいて日本は、サハリン、樺太における日本の領土主張を貫くか、それとも放棄するか、という問題に直面した。イギリスの公使パークスの助言もあり、アメリカに仲介を求める動きもあり、幕臣の反乱を鎮圧し北海道を掌握しなければならない新政府にとってサハリン問題はかなり悩ましい問題だったのである(10)。

一八七一年一月にいたり、前年開拓次官に着任した黒田清隆がサハリン島放棄の上書を提出した。それによれば、雑居を維持して、ついに放棄にいたるのは下策であり、分割協定にこぎ着けるのが中策だが、無用の地に力を用いることなく、棄てるのが上策だということになるのであった。この意見が次第に政府の中に支持を集めていくことになる(11)。

一八七二年ロシアの代理公使としてビュツォーフが着任し、サハリン問題での交渉を求めた。ロシアはサハリン全島の領有を日本にのませることを望んでいた。交渉は副島種臣外務卿との間にはじまった。副島はサハリン島の売却を提案したり、日本側による買い取りを提案したりした(12)。交渉の過程で一八七三年、副島は、朝鮮に出兵したいので、ロシア領を経由して兵を出すことを認めてほしいと折衝したこともあった(13)。サハリン現地では、ロシア軍が進出した函泊で衝突がつづき、一八七四年七月には放火事件で深刻な事態が出現していた(14)。結局、交渉はまとまらず、この年一一月ビュツォーフは清国へ去った。

ビュツォーフの後任として着任したのがストルーヴェであった。バルト・ドイツ人出身の外交官である彼が初代の正式公使である。このとき日本から初代の公使としてロシアに派遣されたのが榎本武揚である(15)。

榎本の人事の背後には開拓使長官となった黒田清隆がいた。彼は、箱館の五稜郭に立てこもって自分と戦った賊軍の将、榎本武揚をあえて開拓使庁でかかえ、自分の部下としてきた。その榎本をロシアへの全権公使に推薦したのは、サハリンでの衝突は負担であり、いまはサハリン島への関心を放棄して、北海道の開発経営に集中すべきだという意見の故であった[16]。榎本も、樺太の上に境界を立てロシアと分割できても、もともと「経済上の利益と防辺上の方略」になる「見込」みのある場所ではない、分割は「尚来〔将来〕の得策」ではない以上、「良き代物」と交換するのがいいと考えていた[17]。

榎本はロシア外務省アジア局長と交渉して、一八七五年五月七日ペテルブルク条約、世にいうところの千島樺太交換条約を締結した。日本はサハリン全島をロシア領と認め、その代わりにクリル諸島のうち、ウルップ島以北の部分の割譲を獲得した。この結果、すでに日本領となっていた国後、択捉、色丹島とあわせて、クリル全島が日本領となったのである。ロシア側はオネコタン島とパラムシル島の間のアンフェリト海峡がロシア船舶の通行のために必要だとして、パラムシル島の割譲には抵抗していたが[18]、最後は譲歩したのである。

ペテルブルク条約は双方の民間の一部には強い不満をよびおこした。北の海の無人島のいくつかとひきかえに大きな樺太をロシアにとられたという意識が、日本人の間に反感とともにロシアの拡張主義を印象づけたのである。のちの二葉亭四迷、長谷川辰之助がロシア語を学びはじめたのは、この条約に刺激されたロシア脅威の感情からだというのは有名な話である[19]。ロシアの側にも、これでは太平洋へ出る水路をすべて日本側に押さえられてしまうという不安が残った。チェーホフのサハリン紀行には、ロシアが気前よくクリル全島を与えてしまって、それがいまは日本の大きな収入源となっているという不満の感情が現れている[20]。

一八七五年七月、ロシアの若い外交官が千島樺太交換条約の批准書をもって日本にやってきた。この人が日露戦争開戦前夜に駐日公使をつとめることになるローゼン男爵である[21]。ストルーヴェ公使と同じく、バルト・ドイツ人で、ロシア国家に代々仕えた家系の人であった。一八四七年の生まれだから、まだこのときは三〇歳にもなっていなかった。帝立法律学校を卒業して外務省入りし、アジア局の日本担当としてやった最初の仕事が千島樺太交換条約のとりまとめであった。その彼がストルーヴェ公使を助ける代理公使に任命され、日本に来たのである。「この条約は両国の間の可能な摩擦の唯一の原因をとりのぞき、両国関係はもっとも円満であった」とローゼンは回想に書いている。ローゼンは明治政府の要人伊藤博文と知り合い、憲法研究について聞いている。(22)

なおこのとき、ロシア領のクリル諸島をひきわたすために日本に来た「理事官マチューニン」とは、沿海州の国境コミッサールで、朝鮮の代理公使もつとめ、のちにベゾブラーゾフ・グループの一員となるマチューニンである。彼はウルップ、シュムシュ、パラムシル島に日本側の担当官とともに赴いた。(23)

民間の一部に不満はあったにせよ、国境画定後は、日露国家間の関係は最終的に安定した。冬には凍結するヴラジヴォストークを母港とするロシアの太平洋艦隊は、以後ながく長崎港を越冬港にすることを認められた。一八七五年、ロシア海軍は長崎の民有地一一一五坪を一〇年契約で借り受け、軍人休養所(海軍病院、船具修繕所、浴室)をつくっている。この土地は稲佐の庄屋をつとめる志賀家のものであった。この契約は一八八六年に、面積を七四八坪に縮小して、一二年期限で再締結された。このときの志賀家の当主は、初期の日本側ロシア語通訳として活躍した志賀親朋《ちかとも》浦太郎である。稲佐にはロシアの海軍将兵を相手とする歓楽街が出現した。(24)長崎にはロシア領事が駐在した。

語学留学生一号として一八七五年に来日したコストゥイリョーフは一〇年間も公使館にとどまって、日本語をマスターした。彼は八五年に長崎総領事として赴任し、三年後に最初の研究成果、『日本史概説』を書き上げ、ペテルブルクで公刊した。ロシアでの最初の日本通史であり、明治維新までを叙述している。(25)

日本の朝鮮への関心とロシア

明治維新をなしとげ、近代化と富国強兵の道を歩みはじめた日本は、ロシアとの国境を画定するのと並行して、沖縄を領土にくりこむとともに、台湾にも出兵し、清国との間で領土の画定をはかった。朝鮮とは新しい国家関係の確立をめざしたが、維新の直後から交渉は難航した。明治維新による天皇制国家の成立を知らせようとして文書を送ったところ、その中に「皇」、「勅」の文字が含まれていたため、これらの文字は清国にしか認めないとする朝鮮側から受け取りを拒否されたのである。早くも一八七〇年には最初の朝鮮出兵論が提案され、一八七三年、政府使節の朝鮮派遣が決定された。それは、朝鮮側が使節を受け入れなければ軍隊を派遣するという征韓論にもとづく決定であった。だが、大久保利通ら欧州派遣使節が帰国すると、この決定は白紙にもどされ、西郷隆盛、板垣退助ら征韓論派が下野するという大事にいたるのである。その後政府の側も朝鮮との交渉には意を用いたが、朝鮮政府は引き続き応ぜず、国交は絶えたままであった[26]。

このように朝鮮との交渉が難航する時期は、サハリン問題で日本政府が悩んでいた時期でもあったから、朝鮮との交渉担当者の中には、ロシアが朝鮮に手を出してくる、あるいは朝鮮がロシアに接近するのではないかと懸念する向きもあった。一八七〇年に朝鮮に派遣された最初の調査員佐田白茅《はくぼう》の一行は、調査報告の中で、「朝鮮国ノ儀魯西亜ノ毒吻ニ心酔シ、陰ニ保護依頼スル風評」について調査したが、「魯西亜ニ依頼スル事情更ニ不相聞」と述べている[27]。一行のメンバー森山茂は自らの上書の中で、樺太全島を譲与して所得をえて、北海道開発に投じることが望ましく、かつ「樺太拓地ニ用フベキ金力ヲ朝鮮ニ換ヘ、更ニ国力ヲ茲《ここ》ニ尽サバ、数月ノ間不易ノ国利ヲ得ベシ」と述べ、「豈《あに》一島ヲ棄テ以テ二島ヲ保ツノ理ナラズヤ」とまで主張している[28]。実際には、ロシアの影は朝鮮には及んでいなかったということである。

森山は一八七四年には一人朝鮮に派遣され、調査から進んで交渉も試みたが、そのさい八月二八日、釜山の草梁公館を訪れた朝鮮側の官吏に対し、ロシアへの警戒を説いて、日本との国交の意義を主張している。「貴国徒《いたずら》ニ辺海ヲ防グヲ念トシ、毫モ後《しり》ヘヲ顧ミザルハ何ゾヤ」、「魯国山丹満州ノ地ヲ占メ、鴨緑江ニ沿フテ将ニ貴境ニ迫ラントス」、「今若《も》シ貴国魯人ノ為ニ害ヲ冠ムラバ、即我モ亦安キヲ得ズ」、「故ニ貴国ヲシテ兵力ヲ培養シ、以テ確乎堅守ノ実アラシメン事ヲ欲スル、是蓋《けだ》シ我邦ノ盛意ナリ」(29)。ロシアを直接の脅威とみてはいないが、朝鮮に関係を迫るためにロシアの脅威を持ち出していると考えられる。これは以後日本の対朝鮮政策の基調をなす論理である。

逆にロシアと千島樺太交換条約を結ぶにあたっても、日本側は朝鮮のことを考えていた。榎本公使は一八七五年一月一一日に寺島宗則外務卿に送った報告で次のように述べている。

「魯国の……大注目致居候は、……朝鮮境より満州海岸新領地に有之候に付、我防辺の要地は其咽喉の地たる対馬嶋とこれに向へる朝鮮の向岸にあり。」ロシアは、財力がないので、今後十数年はアジアに勢力をふるうには至らないだろうが、「魯の南侵」に対しては、あらかじめ注意をしておかなければならない。日本は朝鮮を「訓導」して、友好関係を深めさせるべきだ。もしもロシアに先んじられ、対馬の向かいをおさえられれば、「我防海の大目的」を失ってしまう。もしも朝鮮が「愚頑」で、日本に対して友好的でなければ、日本が「対馬嶋の向岸」を軍事的におさえるべきである(30)。

交渉の難航に悩んだ森山は一八七五年四月、測量の名目で軍艦を朝鮮近海に出動せしめて威嚇することを外務卿に提案した。榎本公使からの報告も読んでいた寺島外務卿はこの提案を受け入れ、海軍大輔川村純義と協議の上、「春日」、「雲揚」など三艦の派遣を決定した(31)。かくして千島樺太交換条約調印から四カ月あとの一八七五年九月、井上良馨《よしか》艦長は軍艦「雲揚」号を朝鮮西海岸の航路探究の名目で首都の海の玄関口に接近させた。井上は征韓論者だった。井上は、江華島付近で水兵を上陸させようとして砲撃を受けると、翌日、江華島砲台を攻撃し、これを破壊した。さらにそのまた翌日、永宗島の砲台を攻撃破壊した上、上陸して、村を焼き払った。三日間の作戦である。長崎に帰還した井上艦長は伊東少将にあて、「好機械《ママ》」であり、「是非早々御出兵ナラン事ヲ希望ス」と報告した。[32]

翌一八七六年二月、江華島事件の責任追及を掲げて、全権大使黒田清隆が副全権井上馨とともにソウルに乗り込み、日韓修交条規を締結させた。これは日本が欧米に押し付けられたと同じ不平等条約であった。かくして日本は世界のどの国よりも早く朝鮮を開国させることに成功したのである。つまり日本はサハリンをロシアに譲っておいて、朝鮮に対して手をのばしたのである。サハリンを明け渡して防衛線をさげて、朝鮮を制することによって、有事のさい朝鮮海峡を封じる道を求めたのである。黒田、榎本という北海道開拓使ペアの考えが対朝鮮政策を主導していたと考えられる。

他方、ロシアの側はサハリンの獲得によって日本との関係を調整できて、大いに満足していた。日本が朝鮮に対して野心をいだいていることはわかっていたが、大したことではないと考えていたのであろう。だから、ついに日本が朝鮮を開国させたということになっても、ロシア政府は動じなかった。朝鮮に対する従来の政策を変えないままで、国交樹立に動こうとはしなかったのである。一八七六年五月二五日(一三日)にゴルチャコフ外相はアレクサンドル二世に次のような意見書を提出した。

「朝鮮を対外通商関係のために開国させることは、隣接する沿海州が貧しく、人口が少ないが故に、わが国とこの国との隣国交渉の発展に直接的な損害をもたらすと判断し、朝鮮に対しては待機政策を堅持し、同国政府とはいかなる公式関係をも結ばないのがロシアの利害にもっともふさわしいと本省はみなしている。この行動様式の前提となるのは、本省の見解では、朝鮮臣民のわが領内への大量の移住によってわが沿海州の民政発展に多大の恩恵がえられていることである。この大量移住は朝鮮政府との条約と公式国交がないからこそ可能になっている。」「このたびの日本の条約もまた……何らかの新しい措置をとる必要性を喚起しなかったのであり、本省は以前からの待機政策を今回も堅持していこうと考える。[33]」

ロシアの新領土である沿海州には、一八六〇年から七〇年までの一〇年間に、四四四四人のロシア人が移民として中央部からやってきた。これに対して、一八六九年から翌年にかけて二年たらずのうちに飢饉の北部朝鮮から脱出した移住民は六五〇〇人にのぼった。[34] 朝鮮からの移民はロシアが沿海州を掌握するのに必要な農耕民を提供してくれるのであり、そのことが朝鮮自体への進出よりもロシアにははるかに重要であったのである。

ロシア皇帝暗殺と朝鮮の軍乱

一八八一年三月一三日(一日)、ロシアの皇帝アレクサンドル二世は首都の路上でテロリストの爆弾で殺害された。日本の国内では自由民権運動が前年に大きな高まりを迎えていて、この年一月三一日から民権派の新聞『東京曙新聞』は「魯国烈女ヴェラ・サシュリッチ糾問ノ記」と題する記事の連載をはじめ、二月一七日に終えたところだった。最終回は「烈女起而暴君酷吏慴焉、天の此の烈女を魯国に降すは其れ豈偶然ならんや」と結ばれていた。ヴェーラ・ザスーリチは日本でも熱狂の対象となっていくのだが、皇帝暗殺の指揮者はいま一人の女性革命家ソフィヤ・ペロフスカヤであり、彼女のことも日本に知られていくことになる。皇帝暗殺後『東京曙新聞』は三月一九日「暗殺論」を掲げ、次のように書いた。

「暗殺ハ人ノ私見ニ出ルモノニシテ……救フベカラザルノ禍ヲ為スヤ極メテ大ナリ。」だが、「世ノ執権者願クハ……無力ノ人民コソ彼ノ畏ルベキ暗殺ニ慣ルル者ナリト記憶シ、夙夜《しゅくや》其政道ニ戒慎スル所アラバ、幸ニ暗殺ノ弊害ヲ生ゼザルニ庶幾《ちかか》ラン乎[35]」。

日本政府は皇帝暗殺に衝撃を受け、国内に高まる民権運動に脅威を感じていた。参議の一人大隈重信はこの月のうちに、国会開設要求の国民運動に応えて、イギリス流の政党内閣制を内容とする憲法をただちに制定し、一八八二年末ないし八三年初に国会を開設せよとする意見書を提出した。六月、参議伊藤博文は、皇室の基礎を強固にし、天皇の大権を中心とする国家組織をめざすことを決意した。伊藤たちは開拓使官有物払い下げ汚職事件による混乱を利用して、一〇月一二日、混乱の責任を大隈一人に負わせて、彼を参議職から罷免するとともに、九年後の一八九〇年に国会を開設するとの詔書を発布したのである。

ロシアでは皇帝が暗殺されると三六歳の皇太子がただちに帝位を継承し、アレクサンドル三世となった。新帝は五月一一日(四月二九日)、元教育係ポベドノスツェフの起草した専制護持の詔書を発した。

「われらが大いなる悲嘆の真中にあって、神の御声は朕が統治の業において、雄々しく、神の御業を頼りとして、専制権力の力強く、真理なることへの確信に満ちて立つことを命じ給うた。国民の幸のために、あらゆる秘められたる意図と闘い、専制権力を確立し、守ることこそ朕の使命である。」

新帝はロリス＝メリコフ将軍らが用意して実現直前までいっていた政治改革案を廃棄し、改革派大臣たちを追放した。ロリス＝メリコフ改革の挫折で、専制権力にはいかなる修正も加えられないことになった(36)。つまり、ロシアは、内閣制も、総理大臣も、議会もないままに、二〇世紀に向かっていくのである。

新帝の外相には、前年から病気のゴルチャコフに代わって外相代行をつとめていたギールスが一八八二年四月から正式に就任した。ゴルチャコフもアレクサンドル二世の全治世において外相をつとめたが、ギールスも新帝の治世の終わりまで外相をつとめることになる。ギールスはロシア皇帝に仕えたスウェーデン人の貴族の孫で、一八二〇年生まれ、ルター派のプロテスタントである。ツァールスコエ・セローのリツェイ(名門貴族学校)を卒業し、一八歳のときから外務省一すじで働いてきた(37)。

一八八二年五月、アメリカが朝鮮との通商条約を調印した。六月にはイギリスとドイツがあいついで朝鮮との通商条約を調印した。こうなると、ギールス新外相も当然政策を修正しなければならなくなった。天津領事ヴェーベルがヴラジヴォストークに派遣され、露朝国交樹立の可能性をさぐった。このとき、彼は南ウスリー地方国境コミッサールのマチューニンとも会って、いろいろと情報をえている。

カルル・ヴェーベルは、こののちロシアと朝鮮の関係において重要な役割を果たす人物となる。一八四一年生まれのバルト・ドイツ人である。ペテルブルク帝大東洋語学部を終え、一八六六年から北京に留学して中国語に磨きをかけ、現地採用で外務省入りした人物である。七〇年代前半には日本で箱館、横浜の副領事をつとめ、七六年から現職についている。[38] 彼はこのときの沿海州旅行で見た、脱北してきた朝鮮人移民について、絶賛している。

「朝鮮人は清国人と反対に、よき移民のすべての特質を備えている。彼らは勤勉な働き手、すばらしい農夫であり、よき家庭人である。柔軟な受容心をもち、新しい慣習と秩序を容易にわがものにし、ロシア語を話すのを学ぶのも早い。[39]」

これはヴェーベルが朝鮮に好意をもちはじめた最初の機会であった。

ヴェーベルが天津に帰ったあと、朝鮮では、壬午軍乱とよばれる大事件が発生した。一八八二年七月のことである。国王高宗《コジョン》と王妃閔妃《ミンビ》が日本の圧力に応じて進めてきた開国政策に不満をもつ旧式軍の兵士が反乱を起こし、一〇年前に摂政の地位を追われた国王の実父大院君《テウォングン》を担ぎ出したのである。日本公使館は焼き討ちされ、新式軍の日本人教官は殺された。怒りの矛先を向けられた閔妃は王宮から脱出して、身を隠すにいたった。このとき長湖院に隠れた閔妃と王宮の高宗との連絡役をつとめた下級役人が、のちの高宗の側近李容翊《イヨンイク》である。復活した大院君は王妃の死亡を宣言し、国葬までとりおこなった。しかし、このままではすまない。花房公使は、最終的には一個大隊に達する護衛兵を率いてソウルに入る。事態を重視した清国側は宗主国の面目を立てるとして、それを上回る兵をソウルに入れた。緊張の中で、清国側は事態を収拾する方向に動き、大院君を拘束拉致して天津に連れ去り、高宗の権力を復活させ、閔妃を宮殿にもどさせた。花房は賠償の支払いと日本軍の駐留をもりこんだ済物浦条約を八月三〇日、朝鮮側に調印させた。[40]

このような激動が隣国で生じたのだが、ロシア政府は引き続き控えめな態度を維持した上で、国交を結ぶことを進めた。外相ギールスは、一八八三年一〇月二三日（一一日）付けで上奏意見書を提出し、「われわれがこの問題でとってきた待機的な行動様式」を変えるべきでないと主張した。「それこそがわれわれに将来の行動の自由を保証してくれるのである。」そう言いながら、彼はロシアもアメリカにならって朝鮮と国交を結ぶことを提案した。[41]

清国駐在代理公使に昇進したヴェーベルは独自に、かねて清国で知り合った朝鮮国王の外交顧問メルレンドルフと連絡をとり、準備を進めた。一八八四年七月、ヴェーベルは朝鮮を訪問し、金玉均《キムオッキュン》との間で国交交渉を開始した。七月一九日（七日）、ロシアと朝鮮との間の通商条約が調印され、両国は国交を樹立した。

ソウルから天津にもどったヴェーベルは朝鮮についての意見書を外務省に送った。「朝鮮は富んだ国ではない。しかし、そこには富裕な人は少ないが、中国にみられるようなあの貧困はない。」「現国王（とても気持ちのいい、共感のもてる人柄だ）のよき意図のもとで、民間サーヴィスの改造と官吏の侵害からの私的財産の保護が進めば、現在の国民的性格も変わるだろう。国民は健全だ。」[42]

日本のロシア警戒論

だが、このようなロシアの遅れた登場、「待機政策」がむしろ日本の指導者には不気味にみえた。朝鮮をねらっている日本としてはロシアが当然に朝鮮に手をのばそうとしているのではないかと考えて、政府部内で朝鮮をめぐる対露防壁策を議論しはじめたのである。

代表的な意見は、井上馨外務卿を助けて壬午事件処理にあたった参事院議官井上毅《こわし》が、山県有朋の意をうけて渦中の一八八二年九月一七日付けで書いた文章「朝鮮政略意見案」である。井上毅は、朝鮮のことは「将来東洋交際政略の一大問題」となるとして、次のように書いた。

「若し欧州の一国朝鮮に占拠して、安南又は印度の例に倣《なら》はんには、我国は頭上に刃を懸けたる如し。若し又不幸にして露国の為めに朝鮮を奪はれんには、東洋の大勢は全く為すべからざるに至らんとす。故に東洋の為に均勢を保つには、支那と我国とは力を極めて朝鮮の独立を保護し、露国の南侵を禦《ふせ》がざるを得ず。」

しかし、現実には、「朝鮮の実況を目撃するに迚《とて》も同盟合力すべきの国にあらず。又支那も亦与《とも》に謀るに足らず。故に三国同盟の説は一の夢想に過ぎざるなり」。したがって、のこる一策は「日清米英独之五国互に相会同して朝鮮の事を議し、朝鮮を以て一の中立国となし、……五国共に之を保護す」という策だというのである(43)。

朝鮮をロシアに奪われてはならない。ロシアをのぞいた五カ国の保障で朝鮮をベルギーやスイスのような中立国にするのが対応策となる。しかし、それは朝鮮を清国への宗属関係から解放する方策でもあったのである。

同じころ、お雇い外国人であったボアソナードも朝鮮の「永久中立」について意見書を出した。これもロシアへの警戒を前面に出した議論だったが、こちらは清国への宗属関係には触れずに日本、清国、ロシアを中心とした国々で朝鮮の中立を保障するという案であった。井上毅の意見は伊藤博文にも送られたが、さしあたり政策として取り上げられることはなく、朝鮮中立化案は山県の頭の中にのこった(44)。

山県はこのとき具体的には、朝鮮内部の独立派を積極援助する考えを政府部内で主張したと言われる。しかし、それは抑えられ、井上馨が推進した政府の方針は「東洋全局ノ太平ヲ保全」し、「我ガ国益ヲ将来ニ保護」することをめざし、「国家ノ害ヲ招カザル丈ケノ幇助ヲ与ユル」というもの、「消極的干渉」論であったと高橋秀直が論証している(45)。

しかし、このような方針は新しい現実にぶつかってつづけられなくなる。ロシアが出てくる前に、日本が乗り出して朝鮮の改革派をてこ入れし、朝鮮を親日改革派の国にしようとする方向が浮かび上がってくる。朝鮮の内部では、復活した閔妃が清国の庇護をうけて、王権の強化をはかっていた。これに対して、親日改革派が日本の援助を期待して、行動に出た。一八八四年一二月四日、金玉均、朴泳孝《バクヨンヒョ》らは日本公使竹添進一郎の支持と日本軍一五〇名の出動をえて、大院君を担ぎ出し、政治の実権を握る閔妃一派を排除するクーデターを断行する。閔台鎬《ミンデホ》、閔泳穆《ミンヨンモク》、趙寧夏《チョヨンハ》らは殺害される。これが甲申政変である。親日改革派政権が誕生したが、閔妃の要請で清国軍一三〇〇名が王宮を攻撃し、クーデターは制圧される。改革派政権は文字通り三日天下に終わった。金弘集《キムホンジプ》ら親清派が政権の座につく。金玉均、朴泳孝ら改革派は敗北して、日本に亡命した(46)。日本は井上馨を全権大使とし、二個大隊の軍隊とともに朝鮮に派遣した。朝鮮政府は日本人居留民の殺害、公使館の破壊に対する補償を支払うことを受け入れた。

日本の民間世論の中では、清国に対抗して日本が積極的に朝鮮の事態に介入すべきだという議論が高まった。一八八五年三月一六日の『時事新報』紙上に福沢諭吉が書いたいわゆる「脱亜論」は、「支那」も朝鮮も独立を維持できない、「数年を出でずして亡国と為り」、日本が「隣国の開明を待て共に亜細亜を興すの猶予」はない、「支那朝鮮に接するの法」は「西洋人が之に接するの風に従て処分す可きのみ」、「我れは心に於て亜細亜東方の悪友を謝絶するものなり」と述べていた(47)。とりあえず清国のことなど気にせずに、日本が単独で朝鮮の内政改革に乗り出し、それを通じて朝鮮を日本の影響下に置くべきだというのである。改革派が無力なら、日本が直接朝鮮を処分するという考えであった。

この方向での最初の動きが、いわゆる大阪事件である。一八八五年一一月、自由民権運動の指導的人物大井憲太郎と小林樟雄が語り合って、朝鮮に渡り反動的な要人を殺害して清国勢力を追い払い、朝鮮を純然たる独立国とし、改革へ道を開くという計画を立案した。これには景山英子も誘われて、同志に加わった。この企ては裏切りと内部分裂により、同年一一月には関係者が全員検挙されるにいたり、終わった(48)。

政府部内でも強硬論があったが、清国との正面衝突は回避されなければならなかった(49)。一八八五年四月、伊藤博文は全権大使として清国へ赴き、榎本公使とともに李鴻章と交渉し、四月一八日、いわゆる天津条約に調印した。次のような内容である。四カ月以内に双方は軍隊を撤退させる。両国は朝鮮国王に勧めて兵士の教練をおこなわせ、「他ノ外国ノ武弁一人或ハ数人ヲ選雇」させる。この後両国は「均シク員ヲ派シ、朝鮮ニ在リテ教練スル事勿《なか》ラン」。「将来朝鮮国若シ変乱重大ノ事件アリテ、日中両国或ハ一国兵ヲ派スルヲ要スルトキハ、応《まさ》ニ先ヅ互ニ行文知照スベシ。」(50)将来朝鮮に重大な変乱が生じたら、日中両国軍は出兵してよいが、そのさいは相手国に文書で知らせなければならない。そういう合意を交わしたのである。

高宗のロシアへの期待

朝鮮の王は高宗である。彼は一八五二年生まれだから、明治天皇と同い年、このとき三二歳である。一二歳で即位したが、父の大院君が摂政としてながく政治の実権をにぎっていた。彼の妃は閔一族の出で、気性の強い女性であった。高宗が父に背いて親政を宣言したのは一八七三年のことで、彼は二一歳であった。このことも閔妃の言うとおりにしたものとの見方がある。しかし、韓国の歴史家李泰鎮《イテジン》は、高宗は「暗弱」な人物で、閔妃に完全に牛耳られていたという通念を批判して、高宗を再評価することを主張している(51)。たしかに高宗には父大院君の政治に対する批判があり、開明性も備えており、民の暮らしへの配慮もあった。

しかし、高宗の親政はなかなか困難であった。一〇年たつと、すでにみたように立てつづけに、いずれも大院君を担ぎ出す、政治的には正反対の性格のクーデターが起こるに至ったのである。清国と日本という外国が国の政治に公然と干渉し、国王の権威はずたずたにされてしまった。

こういうとき、高宗は朝鮮の運命にとって決定的な政治的選択をすることになった。高宗は、日本と清国から押しまくられ、漂う中で、国と王の運命を救う道はもうひとつの強国ロシアに頼ることだと考えるに至ったのである。

高宗がロシアに対して密使を送った最初は、甲申政変以前、一八八四年五月のことだった。信頼する「金グァンスン」なる人物を南ウスリー地方国境コミッサールのマチューニンのところに送り、ロシアとの条約を早期締結したい、そのために代表を仁川に派遣してほしいと申し入れさせたのである。そのさい、使者は「現在清国と朝鮮の関係はまったく友好的でない」ということを繰り返し、隣国ロシアへの期待をにじませていた。高宗の親ロシア意識の最初の表明であった。(52)

さらにその方向を高宗に勧める人もいた。清国の推薦で国王の外交顧問につけられていたドイツ人のフォン・メルレンドルフである。彼は、同じドイツ人で、旧知のロシアの外交官ヴェーベルと一八八四年七月にソウルで話し合い、ある種の確信をもったと考えられる。通商条約調印を終えて天津に帰るヴェーベルに同行して清国に渡ったメルレンドルフは、北京駐在のロシア武官シネーウルに彼の最初の構想を伝えている。朝鮮をロシア、清国、日本の共同保障によりベルギーのような中立国にしてくれないか。清国と日本の信頼度には問題がある。清国駐在イギリス公使は朝鮮をイギリスの保護国にするという考えをもっている。ロシアによって併呑されるのを防ぐためとのことだ。こう言われて、シネーウルは、「朝鮮がロシアによる征服をおそれるなら、ロシアと友好関係を維持することがよい安全保障になる。ロシアは遠い辺境においては名誉ある平和の維持のみを願っている」と答え、多国間の共同保障は陰謀の場をつくりだすものだ、最善の道はロシアの保護国となることで、その例はブルガリアだと勧めたのである。(53)

メルレンドルフはさらにこの年九月にも、芝罘《チーフー》でロシアの太平洋艦隊司令長官クロウン少将に向かって、イギリスが朝鮮に自国の保護国にしてやると提案して、見返りに巨文島を渡すように求めていると知らせ、こんどは朝鮮に対するイギリス、ロシア、日本の共同「保護」という案を持ち出した。メルレンドルフの構想もなかなか決まらないことがわかる。クロウンの方は、シネーウルと同様、ロシア一国にまず話をもちかけたらどうかと答えている。[54]
ロシア外務省はこのことの報告を受けて、当然に面食らっている。メルレンドルフの話はあまりに雲をつかむような話である。疑いもおこる。そこで、とりあえず朝鮮政府に、イギリスの保護国になるべきではない、巨文島をイギリスに与えるべきではないと申し入れることだけやろうということになった。その連絡が一〇月一日に東京のダヴイドフ公使に打電された。[55]
メルレンドルフがいつ朝鮮をロシア単独の保護国にするのがいいと考えるようになったかはわからない。しかし、一八八四年一二月の甲申政変の激動のあとで、メルレンドルフと悩む高宗が話し合って、この案でいくしかないと選択したと考えて間違いないであろう。メルレンドルフは、長崎のロシア領事を通じて東京のロシア公使ダヴイドフに、朝鮮をロシアの保護国としてほしい、仁川にロシア艦隊を派遣して、国王を守ってほしいとの要請を伝えた。[56]
駐日公使から報告を受けた外相ギールスは大いに悩んだ。しかし、悩んだ末に、外相はついに一歩を踏み出す考えに到達した。朝鮮へイギリスの介入があれば、ロシアは「傍観者の役割」から出なければならない。しかし、清国と日本の争いにはあくまで中立を保つ。もっとも日本が朝鮮の港を占領しようとするなら、海軍を動かして、それを阻止するべきだ。外相の問い合わせを受けたシェスタコフ海相は中国近海にいるロシアの艦船を数え上げ、どのような命令にも応じられると回答した。[57]

このとき東京の公使館は、公使ダヴイドフ、一等書記官シペイエルという陣容であった。シペイエルもまたバルト・ドイツ人である。外相からの指示に基づいて、シペイエルの朝鮮派遣が決められた。一八八四年一二月二八日、シペイエルは軍艦「ラズボーイニク」号に搭乗して、仁川に到着した。シペイエルを迎えたメルレンドルフは「朝鮮政府は、ロシアが自国を保護国にし、ブルガリア侯国の立場においてくれるときに、はじめてらくに息がつけ、自国の未来について安心できるだろう。これが不可能ならば、朝鮮を中立化し、アジアのベルギーにする国際条約が調印されるように求めるだろう」と書いた文書を渡した。これが朝鮮にとって唯一可能な二つの道で、どちらをとるかはロシア次第だと書かれていた。メルレンドルフは代償として、ロシアに朝鮮の港、たとえばウンコフスキー湾(現在、浦項がある迎日湾)を提供できる、そこまでの軍隊の陸上移動を秘密条約で保証するとも言った。(58)

思い切った提案だったが、ブルガリア侯国の話は少々タイミングがわるかった。ロシアはその保護国を失ったばかりだったからである。ロシアは露土戦争でブルガリアをトルコから解放し、統治者も推薦し、憲法を制定するのも援助するなど、全面的に庇護してきた。しかし一八八五年九月、ブルガリアの内部で革命がおこり、トルコ帝国内の自治州にとどまっていた南ブルガリアとの統一を宣言した。アレクサンドル三世は、これに強く反発し、陸軍大臣を召還し、ブルガリア軍に勤務していたロシア人将校全員の引き揚げを命じた。この結果、ロシアはブルガリアを失い、ブルガリアはオーストリア＝ハンガリーの影響下に入ることになるのである。(59)

メルレンドルフが述べた考えがどこまで高宗と打ち合わせたものかはわからない。しかし、一八八五年一月一日にシペイエルがメルレンドルフに連れられて国王に拝謁したとき、高宗はメルレンドルフが伝えたのは自分の考えであることをほのめかした。アメリカとも親交を結んでいるが、「われらの強力な隣国との友好をどれだけ高く朕が評価しているか、比較にならない」と述べたのである。(60)しかし高宗からは明示的な保護の要請はなかった。

シペイエルが訪朝するのとほぼ同時に、一八八四年一二月三〇日、井上馨外務卿が甲申政変の事後処理のため軍隊を率いてソウルに来た。しかし、彼は露朝間に接近の動きがあることなどまったく感知していなかった。(61)このロシア、朝鮮の秘密交渉は、ここまでは完全に日本には知られずに進められてきたのである。

だがシペイエルの報告を受けても、ロシア外務省は簡単にメルレンドルフの要請に応ずることにはならなかった。

ギールス外相は一八八五年一月二〇日(八日)の上奏報告書で、ロシアが朝鮮を保護国としたら、清国、日本との衝突に引き込まれるのではないかということをまず考える必要がある、そのためにする努力や犠牲は朝鮮で首位に立ったことでえられる「比較的小さな利益」とひきあわない、さらに朝鮮は自国を守るためにどれだけの手段を有しているのかということをよく考えてみなければならない、われわれの負担があまりに大きすぎると主張した。他方で外相は、朝鮮が接しているロシアの太平洋岸の地方が経済的にも軍事的にも発達がおくれていることを指摘し、朝鮮に外国の優位が確立されることがないように配慮しなければならないとも述べている。結論は、ロシアの保護の下においてほしいという朝鮮政府の要請には「引き続き曖昧な答えをして、いかなる意味でも積極的な約束はしないが、またわれわれの支持の可能性に対する期待を彼らから奪わないようにすべきである」というものだった。皇帝アレクサンドル三世はこの結論を承認したが、ギールスの意見書の上に次のような言葉を書き付けた。

「これはすべて大変結構だ。くりかえして言うが、こういう機会をのがしてはならない。全力をつくし、朝鮮人たちを手中からのがさないようにせよ。[62]」

皇帝は大臣の慎重さに物足りなさを感じていることをほのめかしているのである。しかし、それを政策化せよと命じているわけではない。

翌二月、高宗は別ルートで、ロシアに日本の侵略的な行動を抑えてほしいとの要請をおこなった。南ウスリー地方の国境コミッサールのベネフスキー大佐のもとに二人の使者を送ったのである。沿アムール州総督コルフの報告によると、使者の口上は次のようなものだった。

「日本とすべての国はロシアの公正さを承知している。」「日本にわれわれを脅かす行為をやめさせるよう、東方における公使たちに伝えて下さるようにお願いする。」「清国軍に応援を求めれば、完全な隷属に陥ることをおそれるが故に、王はロシアにのみ応援をお願いする。これだけが危険な状態から救ってくれると信じるからである。[63]」

これはメルレンドルフが知らない動きだろう。メルレンドルフは翌月、外交使節の一員として東京を訪問した。彼は正式にロシア公使ダヴイドフと会い、ドイツ語の口上書を渡した。

「朝鮮の側からは提案をまとめることは困難である。露朝関係を確定し、日清に対抗して朝鮮の中立と領土保全を保護する協定にするか、それとも日清と共同でその種の協定を結ぶか、あるいは軍事的防衛の協定にするか、あるいは朝鮮の領土保全を保護する一般的保護国制にするか、意見を表明するのはロシア政府にまかせるほかない。どの場合でも朝鮮でのロシアの影響力を高めるのが有益である。」

口上書はさらに、日清両軍の朝鮮からの撤兵のあとには、朝鮮の軍隊組織とヨーロッパ人の教官の招聘が必要になる、四大隊二千人の軍隊をつくるには四人の将校、一六人の下士官が必要だが、ロシアからその人材を招けば、今後の朝鮮の進路がはっきりすると述べていた(64)。

口頭ではメルレンドルフは、ロシアが巨文島のハミルトン港を占領したらどうかと促した。以上の案のどこまでが高宗との合意の上なのか、どこからがメルレンドルフの勇み足なのかはわからない。

日本から帰ったメルレンドルフが、督弁交渉通商事務金允植《キムユンシク》と金弘集にロシアに軍事教官の派遣を要請することを進言すると、これらの大臣は賛成しなかった。彼らは親清派であってみれば、当然の反応である。それでもメルレンドルフはこのあともコルフ総督に軍事教官の派遣を求める書簡を送っている(65)。

一八八五年四月は、先に述べたように、伊藤と李鴻章の会談で甲申政変の後始末の天津条約が結ばれた月である。日清両国は撤兵を約束し、将来必要があれば、互いに通知した上で出兵できるとの条約を四月一八日に結んだ。完全に朝鮮を無視した条約である。条約調印八日後の四月二六日、イギリス艦船が巨文島を占領した。朝鮮はまさに列強に分割されかねない危機に直面した。この事態で、ロシア政府は黙ってはいられない。イギリスが撤退しないならば、ロシアも朝鮮のいずれかの島を占領することになるぞと威嚇する方針がペテルブルクで採択された。五月一八日には、シペイエルを再度朝鮮に派遣して、イギリスの占領が既成事実化するのを防ぐことが指示された(66)。外務大臣ギールスは、軍事教官を派遣する用意があると朝鮮政府に表明することを皇帝アレクサンドル三世に進言した。皇帝は「すでに二カ月以上が過ぎた。時間をむだにしないようにシペイエルにこのことを任せるように朕は提案する」と回答した(67)。ロシアとしては、宿敵イギリスの行動積極化には実力行使も辞さず、朝鮮に対する積極政策に転換せざるをえなかったのである。シペイエルへの訓令には、軍事教官派遣を約束して、彼らの朝鮮滞在案を作成することがもりこまれた。しかし、案づくりは朝鮮国王からの正式の要請があってからだと念が押され、かつ協定をまとめて、調印する全権はあたえられていなかった(68)。

しかし、ロシアを活気づかせたイギリスの行動は朝鮮を怯えさせた。イギリス艦船を撤退させるには、当面清国の力がたよりである。高宗は動揺した。

シペイエルが六月九日にソウルに到着し、折衝を開始すると、そのことは直ちに明らかになった。メルレンドルフは、李鴻章が、清国軍撤退にあたって、ドイツ人の軍事教官を招いたらどうかと朝鮮政府に助言した、朝鮮政府はアメリカ人教官を招く話が進行中だと回答したとシペイエルに告げた。これに対してシペイエルは、アメリカ人とロシア人が協力することはできないとして、ロシア人教官の単独派遣がロシア政府の考えであると答えた。しかし、アメリカ人教官を招くという朝鮮政府の案は李鴻章の支持を受け、ロシア人教官を招く案に対立するものになっていく。六月一八日には、高宗の通訳がシペイエルに、アメリカとの約束に縛られているのでロシアに要請することはできないという王の内意を伝えてくる。シペイエルは驚いてメルレンドルフに説明を求めると、彼は、王の意を受けて自分は交渉してきたと述べた。六月二〇日には、高宗から三人の使者が来て、謁見の際には軍事教官問題にふれないでほしい、アメリカには、ロシア政府の提案は受け入れないと言いながら、教官を派遣してくれるなと言うつもりだ、シペイエルが離朝するさいに、王の署名した文書を渡す、それには、ロシアの教官のみを受け入れる、ロシアの教官が朝鮮に到着し次第、政府にこの件での協定に調印するように命じるということが述べられるだろう、と伝えた。

謁見は六月二二日に行われた。謁見のさいシペイエルはあえて、ロシア政府の提案を説明した。高宗は政府に交渉するように命じると答えた。その日の夕方、一人の官吏がシペイエルを訪ねて、政府のメンバーを説得してほしいとの王の要請を伝えた。シペイエルは二四日、督弁交渉通商事務金允植と交渉し、ロシア人軍事教官の派遣はロシア政府ではすでに決定ずみであり、朝鮮政府が進んで同意すれば直ちに実行されると述べて、はっきりと圧力を加えた。シペイエルのしていることは明らかに訓令違反であった。結局、七月一日、朝鮮政府部内で協議がなされ、ロシアの軍事教官は謝絶することになった。シペイエルは七月一三日にソウルを去ったが、ついに高宗からの署名入りの文書は届かなかった。(69) シペイエルの訪朝は完全なる失敗に終わったのである。それとともにメルレンドルフのゲームが明るみに出て、怒った李鴻章の命令で外交顧問を解任されることになった。

清国を宗主国として、それに従い、日本という新帝国の野望の前に立たされている無力な朝鮮の王としては、第三の国ロシアに庇護を求めることは一つの選択肢ではあったが、それはまた危険な道でもあった。日本がそのことを知れば、日本との関係は決定的に悪化する。しかも政府部内の大臣たちの中に支持をえられず、外国人外交顧問とだけ組んで、政府に秘密に話を進めたのも無理なことであった。ロシアの力を借りて、政府を説得しようとしたのも論外であった。やりだしたら、徹底的にやらなければいけないのに、ロシアに話をかけて、応じてきたら、話をとり消すということでは、高宗の決断力のなさを印象づけただけであった。

なお、朝鮮の若手官僚の中には朝鮮中立論を構想する意見が出ていた。一八八一年に日本に留学した兪吉濬《ユキルジュン》が八五年一二月に出した「中立論」である。これはロシアの脅威を強調し、日本に対しても多少の警戒を示した上で、清国の属邦であることを認める中で清英仏日露との条約で朝鮮の中立を認めてもらうという案であった。(70) これは井上毅案にむしろ近いと評価され、高宗・メルレンドルフのロシア保護国化案とは正反対のものである。

日本政府の激烈な反応

露朝の接近が進んでいたことに日本政府はなかなか気づかなかった。ようやく一八八五年六月はじめ、メルレンドルフが朝鮮をロシアの保護下に入らせようとしていること、国王に近侍する内官と謀って国王に勧め、ヴラジヴォストークに密使を派遣したとの報告が近藤真鋤《ますき》代理公使より東京に届いた。井上外務卿はこれを重大視し、六月五日、清国公使徐承祖を招き、会談した。[71]

井上は「朝鮮国王君臣ノ間、政治ノ体、其所為殆ンド小児ニ類スル者アリ」、「深ク憂慮致居候」ところ、驚くべき知らせを受けたと述べ、内容を語って聞かせた。そして、「片時モ捨置可ラズ」、両国が協力して「防阻ノ法ヲ謀ラザレバ、該邦外交ノ拙《つた》ナキヨリシテ、禍ヲ貴我両国ニ惹キ及ボスハ旦夕ニ在リ」、「故ニ朝鮮王ノ臨政ヲ少シク拘束シ、外交上ニ妄為ナカラシムルヲ要ス」と切り出した。清国公使が朝鮮王を「拘束セント云フハ甚ダ面倒ナラン」と消極的な反応を示すと、井上はさらに朝鮮の政治の混乱ぶりを付言し、自らの朝鮮訪問の印象を語った。

「拙者前日朝鮮ニテ王ト対顔ヲ得シトキ、親シク風采ヲ窺フニ、今年約《およ》ソ三十四五歳ト見ユ。此年齢ニシテ其事ヲ処スル此ノ如ケレバ、仮令《たとい》他ヨリ賢良ナル人ヲ送テ、諄々ト勧諭スルトモ、其進善去悪スル能ハザル事知ル可キナリ。[72]」

井上のこのような感情に対して、これまでの研究者はまったく注意を向けてこなかった。[73]井上は高宗に対して激昂し、決定的な不信をいだいたのである。ロシアと結ぼうとする朝鮮王はなんとしても抑え込まなければならない。矯正不能、改良不能だと見限っているのである。これは決定的な転換点であった。井上はつづけて清国にとって境を接するロシアの脅威を説き、彼が考える対処案、のちにみる八カ条の大筋を説明した。

その後六月一〇日、ロシア、イギリスに対抗して、清国と共同で朝鮮の内政改革に乗り出すという方針をかためた井上は、北京の榎本公使に対して、次の八カ条を李鴻章と交渉するよう命じたのである。

第一　朝鮮ニ対スル政策ハ総テ最秘密ノ手続ニテ、常ニ李鴻章ト本官ト協議ノ上、李氏之ヲ施行スベシ。
第二　朝鮮国王ヲシテ現今ノ如ク、内廷ニ於テ自ラ政務ヲ執ラシメズ、且内官ノ執権ヲ剝ギ、其政務ニ関スルノ途ヲ絶ツベシ。
第三　挙国第一等ノ人物ヲ撰ンデ、之ニ政務ヲ委任シ、之ヲ進退スルニハ国王必ラズ李鴻章ノ承諾ヲ得ベシ。右第一等ノ人物トハ金宏集、金允植、魚允中《オユンジュン》ノ如キ其人ナルベシ。
第四　右ノ人物ニ委任スル政務トハ外交、軍事、会計ノ三務ヲ以テ主要トス。
第五　可成速《なるべく》ニモルレンドルフ氏ヲ退ケ、至当ノ米国人ヲ以テ之ニ代ラシムベシ。
第六　陳樹棠ハ篤学ノ人物ナレドモ、才力足ラズ、他ノ有力者ヲシテ之ニ代ラシムベシ。
第七　右陳氏ノ跡役ヲ李鴻章ヨリ任命シ、米国人ヲ朝鮮ニ推薦シタル上ハ将来ノ政策ニ付十分ノ訓令ヲ与ヘ、其者ヲ日本ニ送リ、本官ニ面会セシムベシ。
第八　陳氏ノ跡役ハ京城ニ在留ノ日本代理公使ト深ク交誼ヲ結ビ、諸事協議シテ事ヲ執ルベシ。(74)

もっとも、のちに榎本が李鴻章に示したとき、第三項の末尾には、「中堂〔李鴻章〕ハ再タビ井上伯爵ト斟酌ス」という言葉が加えられていた。(75)文中、陳樹棠とは清国の朝鮮における代表者、総弁朝鮮商務委員であった。その交代を井上は要求しているのである。

なお、このとき井上は、榎本がかねて主張していた朝鮮に対する「日清両国合同保護」案にあらためて反対し、日本はあくまで朝鮮の独立を求めるので、これを属国視する清国とは立場が違う、現在提案する措置は緊急の秘密計画であると説明している。(76)むしろ井上の考えの方が日本単独の干渉に道を開くものであったとみることができる。

井上の訓令をうけた榎本は李鴻章と七月二日から会談を行った。李は「御尤《ごもっとも》ノ立案ナリ」とは言ったが、清国としては「勧告」するに止まると述べた。さらに同意できないところもあるとして、第三項の末尾の部分、人事については井上の同意を要するという部分を挙げた。「予ハ井上君ノ指揮ヲ奉ズル地位ニ陥入ルニ似タリ。」榎本はこれでは合意はできないものと判断した。(77)

そこで井上も提案を撤回せざるをえなくなった。七月一五日、彼は榎本に対し、清国への八カ条「全体ノ発議ヲ撤回スル」ことが必要である、「此上ハ我ニ於テモ朝鮮ニ対スル政略ヲ一変シ、之ヲ放任シテ自然ノ成行ヲ傍観スルノ外致方無之」と書き送った。(78)しかし、だからといって、日本政府としては朝鮮に対する関心を捨てるはずはない。朝鮮国王の行動を抑え込んで、朝鮮の内政に決定的に介入しなければならないという方針を実現することが当面不可能であるので、時節を待つということにしたにすぎないと考えられる。

高宗のロシア接近第二幕

しかし、ひとたび決断したロシアはシペイエルの失敗にも落胆せず、さらに前進した。第二幕に向かうのである。第二幕の主役になるのは初代朝鮮代理公使としてソウルへ向かうヴェーベルである。彼に対する訓令が一八八五年五月七日(四月二五日)付けで出ていた。そこには、「われわれの努力の最終目的は他の強国がえているものと同一の立場を獲得することではなく、この国において優勢なる影響力を確立することである」と明確に新しい方針が述べられていた。「われわれの影響力の確立を許さないために……なされる策動に効果的に対抗するためには、何よりもまず朝鮮政府の完全な信頼を獲得し、彼らがわれわれにその関心事と提案のすべてをうち明けるようにしつける(priu-chit')ことに努めなければならない。この点に鑑み、貴官には、最初のうち、朝鮮の王とその大臣たちに対して、帝国政府が朝鮮の運命にもっとも活発に関与すること、この国の独立ないし領土の保全を脅かしかねない事態になれば、精神的にも、物質的にも実際的援助を行う用意がつねにあることを保証することが委ねられる。[79]」このような言い切りも新しいことであった。

さらにこの訓令は、清国が朝鮮に手を出してこないのは満州への漢族の流入を防いでいるからであり、満州に漢族が殺到すれば、清国は朝鮮の獲得に動く可能性があると指摘している。さらに列強の集団的な保障により朝鮮の独立を維持することも難しいと指摘し、「アジアのベルギーの地位は朝鮮には適用されえず、朝鮮の安全の唯一の保障はできるかぎり緊密なロシアとの接近にある」と述べている。具体的にはロシア人軍事教官の派遣についてふれ、清日条約の規定と矛盾しない、と楽観的である。メルレンドルフが説明した「よりデリケートな問題、すなわち、朝鮮に対するわが国の保護国化の宣言と朝鮮の一港の譲渡」については、有利な事態が必要であり、平和の維持が条件であると述べている。国王とメルレンドルフはロシア側の態度を知ろうとするだろうが、こちら側としてはまず朝鮮側がどれほどそれらの提案において真剣かを秘密裏に探る必要があると指摘している。[80]この訓令のどこにも日本に対する配慮ないし警戒が出てこないのである。イギリスに対する対抗心から転換したロシアの積極策が全面的に展開されているとみることができる。

ロシアと朝鮮の接近の動きは、清国の側からみれば、「背清引俄政策」ということになる。不快感をいだいた李鴻章はメルレンドルフを朝鮮国王外交顧問の職から解任させ、かつ高宗を牽制するために、清国に幽閉していた大院君を帰国させた。高宗と閔妃は大院君を自宅軟禁状態に置くことを余儀なくされた。[81]これが一八八五年一〇月のことであった。

まさにこのとき、一〇月六日、ヴェーベルがロシアの初代代理公使としてソウルに着任した。清国の朝鮮への干渉は一層明らかになっていたので、先の訓令は相当に現実とずれていた。そのため外務省からは、追加の指令が旅の途中でヴェーベルのもとに届けられていた。朝鮮を保護国化するとか、軍事教官を派遣してほしいとかの朝鮮側の要請については、「自分のイニシアティヴで交渉に入らない」ようにし、要請がふたたび出されたら、本省に伝達せよ、という指令だった。[82]

高宗は清国の反発を無視した。ヴェーベルがソウルに着くと、高宗の使者が訪れ、王は清国がしかけるクーデターを恐れている、ロシアが数隻の軍艦を仁川港に常駐させてほしいと伝えた。ヴェーベルは文書での要請を求めたが、届かなかった。ヴェーベルは使者が王から送られた者であることだけを確認して、本国に要請をとりつぎ、軍艦二隻の派遣を提案した。しかし、ロシア政府は一〇月二八日(一六日)、これを拒絶することを打電した。[83]

ヴェーベルは、朝鮮の情勢を観察し、最初の意見書を一一月二日にペテルブルクへ送った。次のような内容である。朝鮮が開国したとき、この国には日本を見習って新秩序を導入しようと考える「日本党」が生まれた。しかし、「日本の政策も、日本人商人たちも、朝鮮人の信頼をかちえることはできなかった」。甲申政変後は日本はその威信を失った。そのころからロシアが朝鮮を保護国としようとしているとの噂がイギリス人によって流された。これが清国政府を刺激し、イギリスに接近をはかるように仕向けている。だから、イギリスの巨文島占領に清国側の反応が弱いのだ。そこから大院君の帰国もなされた。大院君は親露派の高宗に取って代わる義務を負っている。[84]

一一月、清国は陳樹棠に代えて袁世凱をソウル駐在の政府代表、総理朝鮮交渉通商事宜として派遣した。袁世凱は高宗と朝鮮政府を締め付けていった。ヴェーベルの報告を重視したロシア政府は一度は断った軍艦派遣案の検討をつづけた。海相シェスタコフは、政治的に必要なら、軍艦二隻派遣も可能だとの意見を外務省に伝えた。ギールスは検討結果を皇帝に上奏し、裁可をえて、ヴェーベルに一八八六年一月二八日(一六日)、新たな訓令を発した。朝鮮にかんする清国の立場はロシアよりもずっと有利であるので、そのような利点が発揮される事態を避けねばならないとしている。

「この政府が朝鮮に武力介入することは、この国の併呑をもたらしかねないので、われわれにとってきわめて不利であり、われわれを清国との衝突に導きかねない。」「大清帝国とのあらゆる衝突はわれわれに多大な犠牲を要求するのであり、その犠牲は戦闘の結果によっては到底つぐなえない。[85]」

軍艦の派遣については、朝鮮政府に幻想を抱かせるなどとして、全否定はしていない。イギリスの巨文島占領に反対する朝鮮政府をあらゆる方法で支持することが命じられている。[86]

清国の圧力にたまりかねた高宗は、ロシアの支持に期待して、一八八六年八月五日、皇后の従兄弟である閔泳翊《ミンヨンイク》をヴェーベルのもとに送った。袁世凱の圧迫を訴え、ロシアの援助を要請させるためである。閔泳翊は「万国のうちでロシアだけが朝鮮を出口なき状態から救うことができる。ロシアとの緊密な同盟に王は平和と安静の定着と国の発展のための唯一の手段を見ておられる」と語った。そして高宗の手紙をうけとってくれるように求めた。ヴェーベルが承知すると、八月九日に高宗の手紙がひそかに届けられた。[87] ロシアの歴史家ベッラ・パクが外務省文書の中からこの手紙を発見した。ロシア語に訳されたテキストである。次のような内容である。

「われらが国家は異国の影響に屈し、一方に偏ってしまった。一人独立する君主がいるが、他の強国に服従するのを避けることができない。朕は王として、恥じ入り、このことを悲しむ。現在朕は力を強め、向上し、いまの事態を全的に改め、これからは決して他国に服属しないようにし、このことと関連した不安や憎しみを恐れないために全力をつくすことを願っている。しかし、わが国と貴国の友好と協調が、唇歯輔車のごとくに一層強化されれば、朝鮮の他国との関係にも変化が生じるであろう。朕は深く期待する。貴官が貴国政府に報告して、ロシア政府が朕に庇護を与え、決して朕を見捨てることはないように、秘密を守りつつ、全力をつくしてくれることを。朕が王として、存在する君主とならび、ひとしい権利と地位をもつように。もしも別の国と不和が生じたら、貴国が朕の安全を一時的に保障するために軍艦を派遣してくれることを期待する。[88]」

この手紙は袁世凱が入手して、李鴻章のもとに送ったもの[89]とほぼ内容が合致している。他ならぬ閔泳翊が袁世凱に「背清引俄」の動きありとして、この手紙を渡したのであった。

袁世凱は怒って、李鴻章に直ちに報告するとともに、「暗君を廃し」、別の者を王位につけるべきだと画策しはじめた。候補になったのは高宗の実兄李載冕《イジェミョン》の子李埈鎔《イジュンヨン》であった。袁世凱に非難された高宗は、手紙は偽造されたもの、引俄の策は政府のあずかり知らぬことだと否定し、その責任を四人の高官にかぶせて流刑した。袁世凱はヴェーベルに渡した手紙をとりもどせと要求し、ロシア側がそのような手紙は知らないと述べると、李鴻章はロシア駐在清国公使に打電して、手紙は本物でないと声明するようロシア政府に申し入れさせた。[90]

日本がこの事態にどのように反応したかがわからない。第一次の際には、井上がいきり立って、高宗の外交を「拘束」すべきだとして、清朝政府に強硬措置を求めたことを思えば、この第二次の動きでは、一層高宗不信を強めたと考えられる。しかし、清国がこのように強硬になったのを見ると、別の不安が生じたかもしれない。日本は沈黙を守った。

このような緊張した状況の中で、事態を打開したのは、露清直接交渉であった。李鴻章はここにきて、露朝結合の動きを抑えるためには、ロシアと協定を結ぶことが重要だと考えた。一八八六年九月から、天津で李鴻章とロシア公使館一等書記官、臨時公使ラドゥイジェンスキーとの交渉がはじまった。交渉でロシア側は清国の朝鮮占領にも反対し、ロシアも朝鮮を占領するつもりはなく、その独立を尊重すると強調した。李鴻章は「日本が朝鮮侵略の動きを示したら、ロシアに連絡し、朝鮮占領がおこなわれないようにしよう、そうすれば、日本も侵略の手を引っ込めるだろう」と述べ、朝鮮の現状維持と領土保全を清露両国が保証する協定を結ぶことを提案した。ラドゥイジェンスキーが応じて、覚書の交換の合意が生まれたが、結局清国側が朝鮮に対する宗主国たることを文案に含めようとしたので、覚書の交換はならずに、一〇月二四日交渉は終わった。もっとも巨文島問題では、ラドゥイジェンスキーは、イギリスの巨文島占領に反対するよう強硬に申し入れ、イギリスが撤退すれば、ロシアは朝鮮のどの地点の占領もおこなわないとの口頭保証を与えた。清国がこれに応じて交渉した結果、イギリス艦船は一八八七年二月二七日、巨文島から退去した(91)。

ロシアの方は一八八六年にはふたたび慎重論にもどっていた。極東ロシアの当局者たちは引き続き消極的だった。一八八六年一〇月に沿アムール州総督コルフがアジア局長ジノヴィエフに送った手紙から、極東ロシアの当局者の姿勢がうかがわれる。コルフは、朝鮮におけるロシアの政策は「いかなる利己的な目的をも追求すべきでなく、望みうる唯一のことは、朝鮮の保全とできるかぎりの独立である」と述べていた。彼は、元山に不凍港を獲得するという考えにも反対している。そうするためには、ロシア領と元山とを地上でつなげなければならず、元山のみならず朝鮮の全領土を併合しなければならなくなるからだと説明した(92)。

元山はロシアではラザレフ港と呼ばれていたが、この獲得については海相シェスタコフも強く反対し、一八八六年一二月二四日(一二日)の大臣協議はシェスタコフの原案通り、ヴラジヴォストーク以外の港を求めることをしないとの結論にいたった(93)。

一八八七年二月七日(一月二六日)には、極東情勢にかんする特別協議がおこなわれたが、そこでもコルフが朝鮮への領土拡大に反対する意見を述べている。もっとも清国ないし日本による朝鮮の獲得も好ましくないので、反対しなければならない、反対するのは平和的な手段にかぎるというのである。しかし、協議は極東兵力の強化を決めた。年末までに海軍力を倍増する、戦闘艦を一二隻までふやすということになった。四月二九日(一七日)にはギールスは、朝鮮の運命に列国が無関心であり、清国の強い意志の前で、ロシアが衝突することはまったく望ましくない、と皇帝に上奏している(94)。

この年八月、清国からの自立を求める高宗は朴定陽《パクジョンヤン》を駐米公使、沈相学《シムサンハク》を英独露伊仏公使に任命した。はじめての外国への公使派遣であった。しかし、清国はこれに反対し、朴定陽は一年で召還されてしまい、沈相学は渡欧することもできなかった。(95)この件でヴェーベルは一八八七年一〇月、朝鮮政府を支持する方策について外相の考えを問い合わせているが、ギールスは「公使派遣の権利を朝鮮に認めるよう清国にうながすことは、朝鮮に自己の利害をもったすべての他の列国が……同じようにすると決断する場合にのみ、ロシアもなしうる」と回答した。(96)完全に消極的であった。

一八八八年五月八日(四月二六日)、外相ギールス、アジア局長ジノヴィエフはコルフ総督の参加をえて、朝鮮問題について協議をおこなった。その協議の内容をまとめた意見書には次のように述べられていた。まずロシアによる朝鮮領有の当否について論じて、領有論を否定している。

「朝鮮の獲得はわれわれにいかなる利点も約束しないばかりか、きわめて不利な結果をかならずまねく。」朝鮮は貧しく、市場としての価値がない。鉱物資源はありそうだが、開発費がかさむ。戦略的にはロシアにとって有利な拠点になりうるが、防衛は極度に難しい。「朝鮮を領有することは、清国のみならず、同じくその国に意図をもっている日本とも、わが国との関係を破壊するだろう。われわれの立場は清日連合を考えれば、あらゆる面で困難になるだろう。(97)」

次に朝鮮の側から危険が迫っているとみるべきかについて考察している。「朝鮮は、その弱さの故に、その隣国のいずれかの支配下に入れば、われわれに敵対的な目的の道具になりうる。」日本は一八八四年の甲申政変のさい清国からうけた抵抗で、朝鮮観を変えることを余儀なくされた。天津条約によって紛争も除去された。「そのときからミカド政府は、朝鮮に対するあらゆる独自のたくらみを断念したばかりでなく、一時はこの国の未来の運命に対して完全なる無関心さえ見せていたが、ようやく最近になってあらためて清国の侵略からこの国を守る手段について関心を見せるようになった。」「このような日本の政策の方向はわれわれの見解と完全に合致しており、われわれはこの方向で東京政府を支持するように努めるべきである。[98]」日本についてのこの認識は、明らかに誤っている。

清国は朝鮮にはるかに強い影響力を行使しており、朝鮮の内政さえも自らの統制に従わせ、時とともに、この国を自国の領土に繰り込もうとしている。このように見て、袁世凱の政策に強く反発しているのである。とはいえ、「ロシアと公然たる衝突に至る可能性があるという懸念」があるので、清国は「朝鮮隷属化」策をとるのを引き続きひかえている。李鴻章は一八八六年一〇月の協定で、露清とも「朝鮮の不可侵性」を尊重することを約束した。ロシアにとっては、清国と公然と対抗するのは望ましくない。ロシアの側からは「いかなる挑発的行動」もおこなわず、ロシアは朝鮮に意図をもっていないことを清国に説得する。朝鮮に対する庇護の政策が伝統的な清韓の結びつきを守ることに限定されているならいいが、それには条件がある。朝鮮が欧米諸国と結んだ条約で与えている恩典の享受をさまたげないことだと伝える必要がある。清国が朝鮮に軍隊を常駐させ、勢力を確立しようとしていることが明らかになれば、「清国に対する圧力を加える」方向に進まざるをえない。露清国境で圧力をかけるという策もある。しかし、清国との戦争は望ましくない。「ロシアができる極限政策は、清国領海内で海軍のデモンストレーションをするか、……朝鮮の沿岸のどこか一地点を占領し、清国が朝鮮より撤兵すれば、われわれも占領地から撤退すると声明を出すということだ。[99]」

明らかにベッラ・パクが指摘するように、ロシアの外務省は、「朝鮮の独立の主要な敵は清国である」と見ており、「日本の侵入の脅威を過小評価していた」のである。[100]

朝鮮政府に対しては、保護国化の試みを全否定している。「われわれにいかなる利益も約束しないのに、朝鮮の利害をわれわれが専一的に保護することは、われわれを困難に引き込みかねないので、朝鮮政府が対外関係において支持を求めてきたら、ソウルのすべての外交使節に援助を訴えるように助言する。わが国の朝鮮の内政への干渉は極度に慎重にし、国内困難と内乱に対処する場合のみに厳格に限定されるべきである。[101]」

明治初年の日本とロシア

このころの日本では、一般にロシアに対する警戒感は弱かった。ロシアに対する関心も低かった。ロシア語の教育はようやくはじまったところだと言っていい。一八七三年に、正教布教にあたるニコライ主教がロシア語教授を東京ではじめており、東京外国語学校が開設され、ロシア語教育がはじまった(102)。ニコライの神学校でロシア語を学んだ者の中からは、のちにはロシアの駐在武官のために通訳をする者が出ているが、東京外国語学校からは、長谷川辰之助、のちの二葉亭四迷のような人物が現れた。彼は明治維新の四年前に生まれた人で、子規・真之の世代である。一八八一年に入学し、八六年、五年生になったところで退学している。彼はロシア文学に魅了されており、ロシア文学作品の翻訳をするとともに、小説を書きはじめた。その彼が一八八九年、内閣官報局に入り、ロシアの新聞記事の翻訳にあたることになった。彼がどのような記事を翻訳したかを直接知りうる資料は残っていないが、『官報』に掲載されたロシアの新聞記事の一覧をみると、一八八九年が三三点、一八九〇年が九二点、一八九一年が一二七点と急激に増えている。そのうちシベリア鉄道関係は最初の二年間は各一点であったものが、一八九一年には九点に急増しているのである(103)。

これをロシアと比較すると、ピョートル大帝の命でイルクーツクに日本語学校が設置されたのは一八世紀のことである。ペテルブルク帝大では日本人教師による日本語教育が一八七〇年からはじまっていた。しかし、東洋語学部に日本語講座が設置されたのは一八九七年のことであった。同じとき、ヴラジヴォストークに東洋各国語および東洋各国事情の教育研究をおこなう東洋学院が開設された。開設の政令が出たのは一八九九年のことであった(104)。

駐在武官の派遣も日本の方が相当に早かった。陸軍武官は一八七九年より三年間、海軍武官は一八八〇年より四年間派遣された。しかし、その後は中断され、海軍武官は一八九〇年より、陸軍武官は一八九二年からふたたび派遣されるようになるのである。ロシアからは一八九三年まで派遣されていない。

日本帝国憲法制定とロシア

この間日本では、一八八五年に内閣制度が採用され、伊藤博文が初代の内閣総理大臣となった。当初は総理大臣の権限がとくに強かったが、一八八九年の内閣官制で総理大臣の権限が弱められ、各国務大臣が個別に天皇を補佐し、連帯責任をもたない単独補弼責任制がとられた。内閣の上には枢密院があったし、総理大臣は元老の会議で選ばれていた。それでも、天皇と対等に話のできる元老、そしてその中から輪番制で選ばれる総理大臣は政治体制を強固にしたということができる。伊藤のもとで準備された大日本帝国憲法が一八八九年二月公布され、帝国議会の選挙は一八九〇年七月におこなわれるのである。明治維新で生まれた近代国家がさらなる歩みを開始し、日本は総理大臣制、内閣制度と議会制度をもつ国家となった。

他方ロシアは専制統治体制のままであった。皇帝が専制君主として、最終的にはすべてを決定していた。大臣は一人一人皇帝にのみ責任を負い、大臣たちを統括指揮する総理大臣は存在しなかった。重要な問題は皇帝の指示で、数人の大臣の協議にかけられたが、多くの決定は個別大臣の上奏を皇帝が裁可すれば、それで実施された。

皇帝には秘書もなく、正式な補佐官もいなかった。重要な大臣には謁見の上、上奏報告を直接聞き、意見を述べ、その他はすべて文書による上奏報告である。大臣のものもあれば、外国に派遣されている公使や、辺境の総督からの報告もある。それらを読み、それに感想の言葉をつけて差し戻した。大変な労働量である。補佐官や顧問が不可欠だったが、それを置くことは専制権力の本性からして許されないと考えられていた。

問題だったのは、皇帝の旅行である。アレクサンドル二世もアレクサンドル三世も、毎年八月には首都を離れ、ドイツの皇帝などと会ったのち、クリミアのリヴァジヤ宮殿に向かい、ほぼ二カ月をそこですごし、一〇月に首都に戻るのである。皇帝がリヴァジヤ宮殿に滞在している間、陸軍大臣、外務大臣はクリミアに来て、皇帝の諮問に応じるのがつねであった。

そしてこの国には選挙で選ばれた国民代表を集めた協議機関、議会は存在しなかった。日刊新聞も、総合雑誌も存在したが、皇帝にせよ、大臣にせよ、新聞の論調に注意をはらうことはほとんどなかった。懼れられているのは、ゼムストヴォ関係者を中心とする自由主義運動と反体制社会主義者の革命運動であった。

一八八〇年代後半、日本に駐在したロシア公使はシェーヴィチだった。彼は一八八七年一二月四日(一一月二二日)に議会召集をめぐる困難に日本政府が逢着していることを報告した。この報告の余白に皇帝アレクサンドル三世は「彼らに議会召集に着手するよう強いた者は誰なのだ——彼らは、共和国に行きつくおそれがある。これはほとんど間違いない」と書き込んでいる。(105)憲法公布の一週間前、一八八九年二月四日(一月二三日)、シェーヴィチは黒田清隆首相と交わした会話を本省に報告した。黒田は憲法の制定を誇った。「この憲法のおかげで日本は国民の真の必要と発達の程度に完全に合致した代議制の統治形態をもつであろう。」この報告の余白に皇帝アレクサンドル三世は「不幸な、ナイーヴな馬鹿者どもだ」と書き込んでいる。(106)シェーヴィチ自身も立憲制の導入によって行政権力が弱化し、社会的な混乱がおこると報告していた。(107)皇帝の感想を彼は予想していたのだろう。

皇帝は一八八一年にロリス＝メリコフの改革案を斥けて、立憲制へのあらゆる前進を阻んだときと同じように、議会制度は悪なりという考えをいささかも変えていなかった。ロリス＝メリコフは一八八八年に死んだが、生前彼は新聞記者に、ロシアは日本と将来戦争するようになるだろうと語り、「再生した日本」の力に注目し、ロシアの「警察国家はあまりに旧式だ」と嘆いたと知られている。(108)ほぼ一〇年前にチャンスをのがした痛いつけをロシアはこののちほぼ一五年後に支払うことになるのである。

そういうロシアでも、総合雑誌は日本の変化にある程度注意を向けていた。自由主義的な『ロシア思想（ルースカヤ・ムイスリ）』の実質的編集長ヴィクトル・ゴリツェフは国際情勢欄を毎号担当していたが、一八九〇年四月号では、日本の小学校数、教員数を紹介し、「日本が一部のヨーロッパの諸国を追い越すのはありえないことではない」、いまや日本には「世論」があり、本年「ミカドは議会を召集することを人民に約束した」と書いている[109]。一一月号では哲学者ソロヴィヨフの論文「日本――歴史的性格付け」を引用して、日本文明の開放性を指摘し、キリスト教に対しても完全なる寛容があると述べている[110]。

ウィッテの登場とシベリア鉄道案

ロシアの極東政策の変化はまったく別の方角から生じた。それはロシアの大臣の中できわめて個性的な人物が登場したところから始まっている。

一八八九年三月、ロシアの大蔵省鉄道事業局長にセルゲイ・ウィッテが任命された。彼はそれまで南西鉄道という私鉄会社の総支配人であったが、ただの経営者ではなかった。オランダから来てツァーリに仕えた技術者の子孫であり、母はロシアの名門貴族の令嬢であった。一八四九年に生まれて、オデッサの新ロシア大学を卒業した。彼は経済学の素養が深く、国の進路についての経綸ももっていた。この八九年に、著書『ナショナリズムによせて――国民経済学とフリードリヒ・リスト』を刊行している。この人物がロシアの中央政府に現れたところで、シベリア鉄道計画が現実化し、ロシアの極東政策があらたな展開をみせることになるのである[111]。

シベリア極東における鉄道建設の考えは一八五〇年代に外国人企業家によって提案され、七〇年代には最初の部分的な調査作業も行われた。一八八四年には交通相ポシエットがサマラからヴラジヴォストークまでの鉄道の案を作成した。[112] 八六年、西シベリア、東シベリア総督がトムスク―イルクーツク、バイカル―スレチェンスク間の鉄道の戦略的必要性について、問題を提起した。八七年にはウスリー区域の鉄道建設のための財源確保が主張された。しかし、財政建て直しに全神経を集中させていたヴイシネグラツキー蔵相の率いる財政当局は終始消極的であった。その消極的な態度が一変したのは、一八九〇年九月に清朝政府が南満州の鉄道敷設のためにイギリス人技師による調査を行ったときである。八七年に出ていたウスリー鉄道の建設案が交通相ギュベネットからあらたに持ち出され、アレクサンドル三世が早期建設を指示した。外相ギールスも「中国におけるロシアの地位」という観点からシベリア鉄道建設を主張しはじめた。この件で大臣協議が行われ、その結論が一八九一年二月、大臣委員会でさらに検討された。ここでは、戦略的見地からウスリー鉄道のみならず、シベリア鉄道全線の建設に即時着手せよとの主張が大勢を占めた。[113] この過程を強力に推進したのが大蔵省鉄道事業局長ウィッテであった。一八九一年三月二九日(一七日)、アレクサンドル三世は大シベリア鉄道建設の方針を宣言する勅書を世界一周旅行中の皇太子ニコライにあてて発した。

「いまや自然の恵み豊かなシベリアの諸州を内陸部の鉄道網と結合する全シベリア貫通の鉄道の建設に着手することを命じた朕は、東洋の異土の国々を視察したのちに、ロシアの地にふたたび入国するにあたって、汝に朕のそのような意志を告示することを委任する。それとともに、国庫資金により、政府の直接の命令で敷設することを許可された大シベリア鉄路のウスリー地区の定礎をヴラジヴォストークで行うことを汝に課する。

朕が企てる真に国民的な事業の開始に汝が意義深く参加することは、帝国の他の部分とシベリアとの交流を容易にし、朕の心に近いこの地方に対して、その平和的繁栄へのこの上なく心ある配慮を明らかにしたいという朕の心の切なる志向のあらたな証拠となるであろう。[114]」

もとよりこの勅書のことがただちに日本に伝わったわけではない。しかし、シベリア鉄道構想のことはとうに日本では知られていた。日本でシベリア鉄道のことが話題になった最初は、四年も前の一八八七年のことであった。ロンドンの『タイムズ』がその年六月二四日の紙面に、いまだ幻のシベリア鉄道案について報じた。それをいち早く『朝野新聞』が八月二日号に「西伯利亜鉄道の敷設」として訳載した。その上で、八月一二日、一三日には「西伯利亜大鉄道と東亜三国との関係」と題する論説を載せたのである。筆者は、「此鉄道の為めに生ずべき社会上及び貿易上の変化の如きは事の抑《そもそ》も末なるものなり。露国の主眼は用兵上に在つて、其影響の最も深く日清韓三国に及ぶべきものも亦兵事上の点に在り」と述べている。そしてここにおいて、「日本は英清と合従して露国に当るべき乎、将《は》た孤立して三国の抗争を傍観すべき乎、抑も又た露国と連衡して自衛の計を施すべき乎、三者の中其の一を取て我国是政略を定めざるべからず」と言い放っている(115)。

日本では、シベリア鉄道の建設が具体化されるはるか前から警戒する動きが出はじめたのである。

ロシア皇太子の世界一周旅行

皇帝アレクサンドル三世がシベリア鉄道建設の勅書を発したとき、皇太子ニコライは世界一周旅行の最後の目的地日本に向かうフリゲート艦「アゾフ記念」号の艦上にいた。

この旅行はもともと父帝の意思によって計画されたものであった。東方の隣国インドと清国を訪問せよ、帰りはアメリカをまわって帰ってもいいし、シベリアを横断してもよいというのが最初の案だったが、そもそもこのような大旅行が可能であるかどうか自体から議論になったのである。だが、一八九〇年の春から夏にかけて、話が実現に向かって進み、最終目的地は日本と決定された。秋一〇月、二二歳のニコライは三歳下の弟ゲオルギーとともに教育係の軍人ダニーロヴィチらにつきそわれて、ロシアを出発した。はじめはウイーンに行き、そこからギリシアに下り、ギリシアの第二王子ゲオルギオス、愛称ジョルジと合流して、一緒に旅することになる。ジョルジの父ギリシア国王ウィルヘルム(ゲオルギオス一世)はデンマークの王室の出で、ニコライの母の兄にあたる。ニコライとジョルジの従兄弟は年が近く、仲がよかった。[116]

一行は、まずエジプトに入った。エジプトではカイロの周辺からナイルの上流も見て、さらにギザのピラミッドも念入りに見て、スエズ運河からインド洋に出た。一二月二三日(一一日)にはインドのボンベイに到着した。インドとセイロンで二カ月をすごすことになる。ところが、弟のゲオルギーはインド滞在中高熱を発し、フリゲート艦「コルニーロフ」号でそのまま帰国した。[117] 同艦の艦長がのちの極東太守アレクセーエフである。[118] ゲオルギーは結核であった。彼は八年後に二八歳で死んでしまう。

帝国議会開会日の不祥事

皇太子ニコライが世界一周旅行の最後の目的地に日本を選んだということは、日本との間に外交交渉を必要とした。一八九〇年一〇月にはシェーヴィチ公使は交渉を進め、その過程で外相青木周蔵に対して皇太子の身の安全を保証してくれるように要請した。なにしろ一八八九年には文相森有礼が暗殺され、外相大隈重信がテロリストの爆弾で片足を失うという事件があったばかりであった。もちろんロシアの皇太子に対してそのようなテロがなされることを心配する理由は存在しなかったから、最初は型どおりの要請であったはずである。だが、ここに一つの事件がおこった。

一八九〇年一一月二九日、日本の帝国議会の開会日である。天皇は貴族院に行幸した。木造の議事堂は日比谷に建てられていた。ロシア公使館が今日の財務省のところにあったことから事件はおこった。桜田門から外務省前通り、ロシア公使館脇にかけては路上の見物人がもっとも多かった。このとき公使館の中にいた一人のロシア人女医はのちに出版した日本訪問記の中で、この日目撃したことを次のように書いている。

「公使邸でわれわれは当地の欧米の外交官と会った。集まった人々の会話の話題はもちろんこの日の主要な事件である議会の開会とわが国公使館の建物の脇でおこった事件のことであった。……つまり、こうであった。天皇の馬車は議会からの帰途、わが公使館の角を曲がるはずで、この角の高い塀の内側には築山があり、その上に亭があって、公使館のご婦人方が行列を見ようと集まっていた。天皇は亭のそばを通りすぎ、公使夫人に気づいて、帽子をとり、深く一礼された。ところが、陛下が角を曲がるやいなや、群衆の中の誰かがロシアの婦人たちの方に石を投げつけた。築山の上にいた公使の召使いが軽率にも同じように石を投げ返した。すると、亭には雨霰と石つぶてが飛んできて、ご婦人たちは命からがら逃げ出さざるをえなくなった。同時に群衆は公使館の鉄の門から押し入ろうとした。かけつけた強力な警官隊がようやくのことで秩序を回復し、荒れ狂った群衆を解散させた。[119]」

彼女は、どうしてこんなことがおこったのか理解できなかった、壮士が関係したことではないかと言われたが、なぜロシア公使館が狙われたのかわからなかったと書いている。のちに英字新聞で、天皇の行列を高いところから見下ろしてはならないという慣行があるためだという説明を読んで、すこし納得したとしている。[120]

日本の新聞が伝えるところも、さほど違いはない。実際のところ、この場で逮捕されたのは二三歳の青年と芝飯倉の大工の二人であったが、おとがめなしで、釈放されている。[121] シェーヴィチ公使はこの処分に反発した。公使館の中から最初に投石があったと日本の警察が主張したことにも抗議して、長いやりとりをしたと記録されている。[122]

重要なことは、皇帝アレクサンドル三世がこの件でのシェーヴィチ公使の報告に、「このような反外国人の悪意ある行為は皇太子の日本訪問のさいに少々朕を不安にする」と書き込んだことである。[123] シェーヴィチがあらためて皇太子来日のさいの警備、安全の保証に万全を期すよう強く申し入れることになったのは当然である。

ときの外務大臣は青木周蔵である。彼は一八四四年生まれ、長州の出で、明治維新の年にドイツに留学し、外交官となり、ドイツ公使をつとめたあと、一八八六年に外務次官となった。シェーヴィチはこの青木外相にこまかく交渉した。のちに大津事件がおこった翌日、青木外相とはじめて顔を合わせたさい、シェーヴィチは次のように述べている。

「日本ノ情形上不安心ノ廉アリト思考セシヲ以テ、皇太子殿下ノ御到着ニ先ダチ、予《あらかじ》メ皇太子殿下ハ安全ニ国内ヲ旅行セラルル事ヲ得ルノ保証ヲ与ヘラルベキヤヲ……問ヒシニ」、大臣は「此保証ヲ与ヘタリ。……其後廿九日ノ事アルニ逢ヒ、其時モ重ネテ右ノ保証ニ関シテ要求ヲ為シタルニ再ビ其保証ヲ与ヘラレタルニモ拘ラズ……」[124]。

保田孝一がロシア外務省文書から発見してコピーした資料[125]を見ると、次のことがわかる。シェーヴィチは一八九〇年一二月一四日、青木外相に公使館事件について犯人の裁判結果を通知してほしいと申し入れた[126]。一八九一年はじめ、シェーヴィチは「壮士」と呼ばれる人々の活動、政府がそれを取り締まることができない様子に強い不安を感じていた。このままでは皇太子が到着したときに問題がおきないだろうか。「私は当地の政府が高貴な旅行者の安全を無条件で保護するために必要な方策をとる完全な準備があることを疑わないが、にもかかわらず閣僚、とくに外相には……迫りつつある事件に対する一定の無関心が認められる。」シェーヴィチは警戒心を高めてほしいという思いから、日本の雑誌『天則』に載った外国人襲撃を煽動する論文について、取り締まりを要求する秘密書簡を一八九一年一月八日、青木外相に送った。そこであらためて皇太子の身の安全の明確な保証を要求した[127]。

青木外相は一二日後の一月二〇日に返事を出した。「貴国皇太子殿下御渡来」については、「我皇帝陛下ハ御恐悦ニ御切望」なされている。本大臣も「両国間ノ輯睦《しゅうぼく》ハ之ガ為メ愈《いよいよ》増進可致儀」と考えている。そこで「本大臣ハ閣下ノ御希望ニ従ヒ、帝国現時ノ有様ニ於テ外国人ノ安寧上疑懼ノ念ヲ起サシムベキモノ毛頭無之旨保証シ得ルハ、甚ダ満足ニ存候」。『天則』論文については、「相当ノ箝制ヲ加フル為メ、我主管庁ニ於テ、適法ノ手続ヲ漏ナク執行可致ハ、本大臣ノ確信スル儀ニ有之候[128]」。

シェーヴィチはこの手紙の内容は「相当に満足させるもの」だと見た。[129]ところが、その直後にシェーヴィチは、一一月二九日事件の処分結果の通知を催促した。期限付きで回答をもとめたようである。[130]

これに対して青木外相は一月三一日に極秘の返書を送った。あらためて日本刑法には外国使節に対する侮辱暴行に適用すべき条項がないことを確認している。その上で官憲が一一月二九日事件の「主煽動者ヲ探知セントスルモ……多数ノ人群集セシヲ以テ容易ニ探知スベカラズ」、投石や公使館内に闖入せんとした者全員を罰しようとすれば、「公衆ノ物議ヲ惹起スルヲ免レザルベシ」と述べ、日本政府は「強イテ探索処罰ヲ為サザルヲ可トスルノ意見」であり、ロシア政府が「此ノ真実ナル弁明ヲ以テ満足セラレンコトヲ希望スルモノナリ」と述べている。それだけではさすがに不十分だと考えた青木は、日本政府としても法の不備をうめるために帝国議会に提出した刑法改正案の中に新しい条項を入れているとして、その条項を紹介している。

「第百五十一条　日本国ノ賓客タル外国ノ君主皇族大統領又ハ日本国ニ駐在スル外国使臣ニ対シ侮辱ヲ加ヘタル者ハ第百五十六条ノ例ニ擬シテ処断ス」

第百五十六条には、官吏及び議員をその職務執行のさい侮辱した者は十一日以上二年以下の禁固とするとある。そして、ロシア政府はこれ以上のことを望まずに、日本政府の公文を受け取ってほしいと求めている。その公文は、一一月二九日事件を「深ク遺憾トスル」、事件結果は日本政府にとって「心外ニ堪ヘザル」もの、不満足なものであった、ロシア政府としてはこの説明で、「該事件ハ露西亜帝国政府ニ満足ヲ与フル的《ママ》ニ終結セルモノ(l'incident en question serait regardé comme définitivement clos à la satisfaction du Gouvernement Impérial de Russie)ト見做サレンコトヲ希望スル」という内容になると説明された。[131]

シェーヴィチは翌日回答した。「説明の率直であること、新しい立法措置にかんする日本政府の決定が時宜にかなっていることを認め」、送ってくれた資料を本国外務省に転送する。本省が資料を慎重に検討した結果、貴大臣が「提案された解決(soliutsiia)に同意し、日本政府に対して抱いている和睦の精神と友好的感情をいま一度証明することを期待する」。[132]

そこで二月六日、先の趣旨をもりこんだ公文が青木から公使あてに出されたのである。結びには、「今終ニ臨ミ反復茲ニ申陳《もうしのべ》度《たき》事ハ客歳十一月二十九日ノ偶然タル出来事ハ帝国政府ノ深ク遺憾トスル所ナリトノ事ニ有之候」とあった。[133]

このような手紙のやりとりをさせられたことについて、青木はシェーヴィチに対する反感を強めていた。シェーヴィチの方も、このようにまとめなければならなかったが、実は日本政府と青木に対する不信を抑えきれなかった。彼は二月八日の長文の電報で、「日本政府はそもそもの最初から私の要求を履行する意図はまったくもたず、私が結局は……精神的な満足感だけでよしとする宿命的な必然性にこれ以上反論せずに従うだろうと期待していたのだ」と書いている。[134]

シェーヴィチがこれだけ公使館事件にこだわったのは、皇太子訪日のさいの日本政府の対応に不安を感じていたこと無関係ではないだろう。しかし、当面はあくまでも公使館事件に関連して、日本政府は刑法改正案の意義を強調したのである。[135]第百五十一条で予定されている罰則は最高二年の禁固にすぎなかった。

ロシアの民間がこの事件にどのような反応を示したのか、新聞報道を調べられなかったが、総合雑誌では、『ロシア思想』誌はいかなる反応も示していない。一八九〇年一二月号ではゴリツェフは、日本の最初の議会選挙結果を伝え、「欧州リベラル思想と欧州科学のよき影響のもとで日本国民の国家的発展が極短期間にどれほどの成功を収めたかについて十分に正確な認識をもつため」として、日本の学校教育の発展、教育予算についての数字をふたたび挙げている。「このような政治生活と国民教育の急速な成長があれば、日本が巨大な世界的役割を演じるようになる時は遠くはない。」[136]いうまでもなく、これはロシア政府の現状に対する自由主義者の偽装した批判であった。

ロシア皇太子の日本到着

皇太子一行は旅をつづけた。一八九一年三月二〇日にはシャムのバンコクに寄港した。五日間のシャム滞在中、国王ラーマ五世の歓待をうけた。国王はロシアと結びつくことによって東のインドシナを支配するフランスからの圧迫を抑えることを考えていたのである。二五日、出発の日、国王は船に同乗してニコライを見送ったが、そのさい八月には弟のダムロンをペテルブルクに派遣するという願いを表明した。[137] もちろんニコライには、シャム国王の願いはわからなかった。ついで一行は清国に寄港し、広東に上陸した。そこから日本へ来たのである。ニコライには、地理学者でアジアにおけるロシアの使命について一家言のあるウフトムスキー公爵[138]が同行していたが、この旅行はニコライにとって、エキゾティックなアジアをまわる漫遊に他ならなかった。そのような旅の終わりに日本に来て、ニコライは大いに日本が気に入るのである。

ニコライは一八六八年の生まれであるので、まさに司馬遼太郎の作品の主人公、正岡子規、秋山真之とほぼ同い年であった。秋山真之はこのとき海軍兵学校を出たところで、少尉候補生になって「比叡」に乗り組んでいた。子規の方は東京帝国大学の一年生になっていた。

一八九一年四月二七日(一五日)、ニコライの艦隊は長崎港に入った。ニコライのその日の日記には次のようにある。「ついに午前七時すぎ、すばらしい陽光にあふれた天気の中、ながく待ち望んだ日本の高い岸が見えた。みなが甲板に駆け上がったのも当然だ。パペンベルク島を通りすぎたが、言い伝えによれば、そこはかつて日本のカトリック修道僧を海に投げ込んだところだ。左に曲がって、美しい狭い水路に入った。湾の奥には長崎の町が見えた。ここに、軍艦『ヴラジーミル・モノマフ』号、『ナヒモフ提督』号と義勇艦隊の新しい汽船『オリョール』号がいた。その他に日本の船も三隻投錨していた。『オリョール』号からはロシア語の『ウラー』の大歓声が上がった。ヴラジヴォストークへ向かう一四〇〇人の新兵たちだ。それには提督ペレーシキンが観光客として乗っていた。さらにヴラジヴォストーク—ハバロフスク間の鉄道建設開始のために鉄道委員会が乗っていた。[139]」

長崎はロシア極東艦隊の越冬港となっていた。佐世保を母港とする日本海軍の艦船はここには姿を見せない。だから、長崎は一見したところロシア化されていたのである。到着したニコライにはいかなる緊張感もなかった。この日は日本人の来訪はなく、ニコライも上陸はせずに、「オリョール」号を見に行っただけであった。夜はニコライの船室を長崎にいる海軍士官たちが訪ねてきた。八人ほどであった。

「みな少尉たちで、稲佐のロシア村に住んでおり、そこですでに現地妻をえていた。正直なところ、私もみなの例にならいたいと強く思った。しかし、復活祭前の受難週間が迫っているのを思い、恥ずかしくなった。[140]」

まさに夢の国に来たという感じであった。翌日は日本の接待役、有栖川宮威仁《たけひと》がニコライの艦にやってきたが、この親王はすでに一八八九年にガッチナを訪問してニコライに会ったことがあった。ニコライはこの日は二時からゲオルギオスらと上陸し、人力車であちこちの店をまわって、相当な買い物をした。

「長崎の通りと家並みは、すばらしく心地のよい印象をあたえた。どこもみな大変きれいに掃除されていて、こざっぱりしている。家に入るのがたのしい。実に日本人は男も女も親切で、愛想がいい人たちだ。清国人とはまったく正反対だ。私をとくに驚かせたのは、ロシア語を話す人が多いということだ。……昼食後、右手に龍の入れ墨をすることを決心した。これは夜の九時から明け方四時まで七時間かかった。[141]」

日本はエキゾティックであり、きわめて気持ちがいい。ニコライの気分は完全に観光客のそれである。

五月四日には長崎での公式行事を終え、六日(四月二四日)には鹿児島を訪問して、旧藩主島津忠義のあたたかい接待を受けた。翌日、鹿児島を出発し、五月九日(四月二七日)、神戸に上陸するのである。

ニコライは幸福な気持ちで旅をつづけたが、日本人の側は緊張していた。ニコライの到着前から、露国皇太子ニコライの訪問は、日本侵略のための下見であるという風説が一部で流されていた。大陸に進出しようという志向を抱いている日本人はロシアという巨大な帝国との衝突が必至であると考え、心理的な緊張に陥っていた。シベリア鉄道の話もこれに結びついていた。そのような緊張の中で生まれた流言の一つが、西南戦争で死んだ西郷隆盛は実は死んでおらず、シベリアに逃れて、ロシアの庇護を受けていた、このたび露国皇太子とともに日本に帰ってくるという話であった。その風説は鹿児島の新聞の記事の転載という形で『東京朝日新聞』の一八九一年四月一日号の一面に載っている(142)。

あまりの風説、怯えの雰囲気がおこったため、『東京朝日新聞』は世論の沈静化のために努力した。四月一日には、「露国皇太子殿下の御来遊」について「色々の風説」があり、「外賓を款待する敬情に於て有るまじき言」をなすものがある、訪問に他意はない、「漫遊」だと説明した。四月五日には、「何ぞ偏《ひとえ》に畏怖するや」という論説を掲げている。

「西比利亜の鉄道其工を進むと聞きては之を畏れ、……皇太子の来遊を聞きては之を怖れ……苟《いやし》くも丈夫、何が故に只偏に畏れて、而して之を祝せざるや。」

「西比利亜鉄道の我国家の前途に関するは当然なり。東洋の形勢如何に関係するは当然なり。然れども豈啻《た》だ漫《みだり》に之を畏怖すべけんや。西比利亜鉄道の成るは、即ち欧亜交通の便を増す所以に非ずや、欧亜貿易の利を与ふる所以に非ずや。」

このような理性的な意見も存在していたのである。しかし、恐怖からくる事件のおこることは防げなかった。

大津事件

神戸に上陸したニコライはその日は京都に泊まった。京都の宿も、芸妓も、西陣織りの工場も、すばらしかった。そして、五月一一日(四月二九日)、ニコライは同行したギリシアの皇太子ゲオルギオス、駐日公使シェーヴィチらとともに、三井寺と琵琶湖の見物に出かけ、最後に滋賀県庁を訪問して、帰途についた。一行は一人ずつ人力車に乗っていた。ニコライ、ギリシア皇太子、有栖川威仁親王の順であった。一行が大津町の小唐崎を通行中に、事件が起こった。警護の警官がサーベルを抜いて、皇太子ニコライの人力車に迫り、ニコライに斬りつけたのである。ニコライの日記にはその事件のことが冷静に書かれている。

「われわれは左折して、道の両側に群衆が立ち並ぶ狭い道に入った。そのとき私は頭の右側、耳の上に強い打撃を感じた。振り向くと、巡査のいまわしい面が見えた。彼は両手でもったサーベルを振りあげて、二度目に斬りつけようとした。私はただ『何をする』と叫んで、人力車から道に飛び降りた。この変質者が私の方へ向かってくるのに、誰も彼をとめようとしないのを見て、私は傷口から流れ出る血をおさえながら、走り出した。私は群衆の中に隠れたかったが、できなかった。日本人たちは自身ひどくうろたえて、四方八方に逃げ散ったからである。走りながら、いま一度振り返ると、私を追ってくる巡査をゲオルギオスが追いかけているのが見えた。ついに、六〇歩ほど走って、道の角で立ち止まり、後ろを見た。そのときは、やれやれ万事終わっていた。ゲオルギオスが――私の救いの神だ――自分の杖の一撃で変質者を倒したのである。私が近づくと、われわれの人力車夫と幾人かの巡査がこの男の足をもって引きずっていた。一人が彼のサーベルで彼の首のところに斬りつけていた(143)。」

ニコライの恐怖は相当なものであったろう。かなりの出血があり、傷は頭蓋骨には達していなかったが、九センチと七センチの二カ所であった。後に包帯をとってみると、ニコライの額の上部に傷跡がのこった。[144]

ニコライの日記の記述をはじめて紹介した保田孝一は、ニコライが、この事件にもかかわらず、日本に対する感情は変わっていないと日記に書き付けていることに注目した。[145] 事件の二日後、五月一三日（一日）の日記には「日本のものはすべて、いまも四月二九日（ロシア暦。西暦は五月一一日）以前と同じように私の気に入っており、日本人のうちただ一人の狂信者がいまわしい振舞いをしたからといって、善良な日本人たちに対して少しも腹を立てていない」と書いている。[146] 私は長い間、他人に見られる皇太子の日記には、かならずしも本心を率直に述べていないのではないかと考えていたが、ニコライの書き方を全体として見ると、自分の感情を隠している様子はない。

彼がこのとき、こだわったのは、群衆の誰ひとり凶漢に飛びかからず、みな逃げ散ったということだった。「私が理解できなかったのは、どうしてゲオルギオスと私とその狂信者が通りの真ん中に取り残され、群衆のうち誰も飛び出して、私を助け、巡査をとめようとしなかったのかということだ。[147]」群衆は犯人が取り抑えられたあと、また通りに戻ってきた。「通りの人民は私を感動させた。大多数が跪いて、合掌して、遺憾のしるしとしていた。[148]」ニコライは日本人がおとなしい、荒々しいところがまったくない人々だと見たのである。彼は、有栖川宮をはじめ青ざめた顔をしている日本人の随行者に同情して、腰もおろさず、立ったままで、平然たる風を保っていた。

ロシア公使シェーヴィチは、事件当日、本国に打った電報に次のように書いている。

「傷は骨まで達していたが、われわれの侍医の言うところでは、ありがたいことに、危険ではない。陛下はほがらかにしておられ、御気分はよく、旅行をつづけることを望んでおられる。陛下は御自身の冷静さですべての者を感激させた。[149]」

取り抑えられた犯人は滋賀県巡査津田三蔵、三六歳であった。警察の取り調べに対して津田の妻は、三蔵が精神的に異常をきたしたことがあると供述しているが、滋賀県での過去一二年間の勤務中にはそのようなことは認められていない。一方妻の兄は、津田は西南戦争の賊軍鎮圧作戦に参加して勲七等をえた者であり、西郷を庇護し、日本に連れてきたというロシア皇族の警備を命令されたのが不満で、凶行に及んだのではないかと供述している。[150] 西郷帰国説も一つの要素として、国民の中に広まる対露緊張感が津田のような人間を押しつぶし、衝動的に襲撃にかりたてたのであろう。

日本政府は真底驚愕した。政府の意をうけて、明治天皇は二日後には京都に見舞いに赴いた。ニコライは「ミカド」に会った印象を次のように書いている。「彼はとても興奮して恐れていた。姿はひどい変ちくりん(strashnyi urod)だった。大将の軍服を着て、ぼんやりした表情をうかべていた。[151]」ニコライは例外的に、このときの明治天皇に対して反感に近い印象をもった。

ニコライは滋賀県のあとは、静岡・神奈川両県を訪れ、東京に行き、さらに東北の諸県をも訪問することになっていた。皇帝アレクサンドル三世は五月一二日(四月三〇日)のシェーヴィチの電報を読んで、犯行が単独犯か、陰謀で他に共犯者がいるかどうかをはっきりさせることによって「息子のこれ以上の日本滞在」が可能か否かが決まると書き込んだ。[152] 二日後、シェーヴィチは、天皇が謝罪特使をロシアに派遣することを命じたと報告しつつ、皇太子ニコライに対する特別待遇が「愛国主義の狂信者の怒りをよびおこしている」ため、皇太子のこれ以上の滞在は「危険なしではない」と考えると具申した。皇太子自身も数日後にヴラジヴォストークへ出発することに傾いておられるようだと付け加えた。[153] 皇帝は「そういう状況なら滞在をつづけることは不可能だ」と判断し、旅行をうち切り、帰国するように命じたのである。[154]

五月一六日、ニコライは父帝の命令で一九日に帰国すると天皇に知らせた。[155] これより先、五月一三日、天皇は馬車にニコライと同乗して京都駅へ向かい、汽車で神戸まで行き、埠頭でニコライが「アゾフ記念」号に戻るのを見送った。

帰国の日、五月一九日(七日)、ニコライは明治天皇を「アゾフ記念」号艦上の朝食に招いた。日本国民の中には、そのままロシア側が天皇を拉致するのではないかという恐怖を感じた人々がいた。しかし、ニコライの見るところ、ロシア艦上の「天皇は上機嫌で、足どりも元気だった。足は明らかに前よりよく動いていた」[156]。ロシアの皇太子はついに日本の天皇を滑稽な存在とみる姿勢から抜けなかった。ニコライは、二人がこれから一三年後に宣戦布告を出して、戦うことになるとは夢にも思っていなかったのであろう。

かくしてニコライは長崎、鹿児島、神戸、京都、大津を見ただけで、名古屋、横浜、東京を見ずに帰国することになった。東京を見なかったことは、日本の近代化についてイメージをもちえなかったということである。出発した日の日記に彼はあらためて、「そもそもの最初からすべてが気に入ったこの興味深い国を去るのはさびしさを禁じ得ない。四月二九日事件すら悲哀も不快感のかけらものこさなかったのだから」[157]と書いている。彼は最後まで呑気だったのである。

一方日本の国民はなお恐怖の中にあって、ロシア側の怒りを解こうと必死だった。ニコライ一行が去った翌日、五月二〇日、京都府庁前で一人の女が剃刀でのどを刺して自害した。この女性は千葉県出身、二四歳の畠山勇子で、離婚して婚家を出てきて、東京の魚屋で住み込みで働いていた。露国御官臣様と日本政府様と書かれた二通の遺書がのこされており、津田の犯行への日本人の恐縮を表明した行為であった。「行ヒハ魯ノ為、尽スハ帝国ノ為」と書かれていた。また山形県のある村では五月一三日に、今後村民は津田の姓、三蔵という名を付けることはできないという条例を制定した。[158]

政府も引き続き窮地に立っていた。政府は津田をなんとしてでも極刑にしないとロシアの怒りが解けないだろうと考えた。しかし、それには刑法一一六条による天皇、皇后、皇太子に対する危害は死刑という規定を適用しなければならない。政府はそのことを決めて、五月一二日、大審院院長児島惟謙に同意をもとめたが、児島はこれを拒否した。そこで五月一八日、松方首相はあらためて内閣に児島を呼びだして、次のように説得した。すなわち、皇太子の訪日が通知されると、ロシア公使は、もし日本滞在中に日本人より「不敬ノ行為アリタル時ハ、貴国ノ刑法中之レヲ所罰スルノ正条ナシ。依テハ、勅令ヲ以テ該法律ヲ設定セラレタシ」と申し入れてきた。そこで「閣議ノ上」青木外相から、勅令による新法は必要がない、「万一斯《かく》ノ如キ事態ヲ生ゼバ、我皇室ニ対スル法律ニヨリ処断スベシ」と回答した。このたびの事態となって、「国際上食言スル」ことはできないので、閣議決定をして、青木外相からロシア公使に皇室に関する刑法規定を適用すると通知したのである。この内閣の希望をきいてほしい[159]。

明らかに松方は児島を説得するために、ロシア側に要求されて、すでに皇室規定の援用を約束していると嘘をついたのである。この嘘は、刑法改正案に外国貴賓侮辱に対する処罰規定をもりこむという話をシェーヴィチにしていたのを基にしたのだろう。青木はシェーヴィチを嫌っていた。だからシェーヴィチが尊大な要求をしてきたと嘘をついたのである[160]。

青木外相は自伝の中で、事件の後にロシア公使が犯人を重刑に処してほしいと書簡をよこしたと書き、自分はそのことに一貫して反対したかのように述べているが[161]、これも嘘である。五月一六日の時点で、シェーヴィチ公使に、犯人への死刑適用を要求する文書を提出してほしいと口頭で求めたのは青木の方であった。シェーヴィチ公使は、青木からそのように求められたが、津田に対する死刑の適用を日本政府に直接要求することは拒否するつもりであると本国に請訓した。皇帝はそれでよいと伝えさせたのである[162]。

衆知のように、児島大審院院長はあくまでも国権と司法権の独立の観点から内閣の要求を拒み通し、一般の通常謀殺未遂として裁くよう、大津地方裁判所で開廷した大審院特別法廷を指導した。公判は一八九一年五月二七日に開廷し、非公開で行われ、即日無期徒刑の判決が下された。

やはり津田が死刑にならなかったことはロシア側には不満であった。外相ギールスは六月三日(五月二二日)、皇帝の意を汲んで、「津田巡査に対する裁判の全経過と判決は政府の弱さを証明している、政府は自国の主人になっていないと述べることが必要だ」と不快感を示すように駐日公使に求めた。(163) シェーヴィチは日本の外相にその旨を伝える文書を渡した。巡査津田三蔵に「彼が負う最高刑として懲役刑を宣告した事実」については、ロシア政府は「状況の主人に十分なりえていない(ne point être suffisamment maître de la situation)ように感じさせる日本政府の弱さ(la faiblesse du Gouvernement Japonaise)の徴を見いだざるをえない」と書かれていた。(164) このとき青木外相は責任をとって辞職していたので、榎本武揚が外相になっていた。榎本は、このような言葉を文書に入れて日本側に渡さないでほしいと強く求めた。あまりに侮辱的な表現で、日本の世論を刺激すると考えたのである。シェーヴィチは、親ロシアの榎本の言うことだからとして、文書にして渡さなくてよいとの許可を求めている。外相も皇帝もそれでよいとした。(165)

犯人を取り抑えた二人の車夫に対しては、日本政府より勲八等、白色桐葉章が与えられたが、ロシア側でも同格の小鷲勲章を授与し、二五〇〇ドルずつを与え、さらに終身年金一千円ずつを約束した。六月には、明治天皇の命により、大津事件の現場にロシア皇太子が奇跡的に死を免れたことを記念する碑を建てるための募金がはじまった。犯人の津田三蔵は公判の前にすでに絶食して、自殺を企てていると見られていたが、下獄した網走の監獄でこの年九月二九日肺炎で死亡した。(166)

シベリア鉄道の着工

日本からの帰途、ヴラジヴォストークに戻った皇太子ニコライは、一八九一年五月三〇日(一八日)シベリア鉄道委員会の委員長として、シベリア鉄道の一部、ウスリー鉄道の起工式にのぞんだ。

ニコライが乗った艦がヴラジヴォストークに入港したのが五月二三日（一一日）である。ニコライは二九日（一七日）には極東ロシア獲得の功労者ネヴェリスコイ提督の記念碑の除幕式に出て、三〇日（一八日）には、ニコライ名称の乾ドックの起工式にも出た。このうち自分の名前が付けられたドックには特別の思い入れがあったようだ。「このドックは私にとって未来の偉大な港ヴラジヴォストークに強く結びつけられる絆となるだろう。[167]」ところで、ニコライはシベリア鉄道にはさほど強い関心をみせず、極東の地を文明化するロシアの使命と結びつけて考えるにはいたっていなかった。五月三一日（一九日）、ウスリー鉄道起工式の日の日記には次のようにある。

「かなり寒い日で、風が身にしみた。一〇時に市外のペールヴァヤ・レーチカに出かけた。そこからヴラジヴォストークまでの二・五露里の間に兵士たちと囚人たちが最短期間で線路を開通させたのである。祈禱のあと、手押し車で土を運んだ。新しいウスリー鉄道の汽車に乗って、ヴラジヴォストークまで行った。汽車のうしろをすべての労働者と中国人が走って、追いかけてきた。未来の停車場ムラヴィヨフ＝アムールスキーに着くと、汽車から降りて、短い祈禱のあと、この大シベリア鉄道の終点に要の石を立てた。本当に重要な出来事である。鉄道技師のところで朝食をとったあと、大きなテントの中で、私はパパのシベリア鉄道定礎についての勅書を読みあげた。この他コルフ男爵がとても適切な挨拶をした。[168]」

ヨーロッパ・ロシアと極東ロシアを結ぶ壮大な事業であるシベリア鉄道の建設はかくして、満天下に宣言された。この事業のエンジンとなっていた大蔵省鉄道事業局長セルゲイ・ウィッテは一八九二年二月、交通相代行に任命され、九月には大蔵大臣に任命された。この年一一月一八日（六日）、ウィッテは上奏報告「大シベリア鉄道建設の方法とこの事業を審議する協議会の任命について」を皇帝に提出した。このかなり長文の報告は、皇帝に承認をうけた。それに基づいて協議会が召集されるのに向けて、一一月二五日（一三日）、ウィッテはさらに長大な意見書「大シベリア鉄道建設の方式と方法について」を作成し、配布した。この二つの意見書がウィッテのシベリア鉄道観を説明している。第二意見書でみていこう。

ウィッテは、シベリア鉄道は「わが祖国のみならず、全世界において今世紀の最大かつ最重要な企画の中で第一等の地位を占める権利をもつ事業」であるとする。「『全シベリア横断』鉄道は、言葉のひろい意味で国家的な事業であり、この場合唯一正しい観点からして、シベリア幹線鉄道の敷設は完全に裏付けがとれるだけでなく、それが解決されれば、わが祖国の経済、文化、政治上の最大の成功となるはずの第一級の意義ある課題だと認められるべきである。[169]」

ウィッテは、シベリア鉄道がシベリアをヨーロッパ・ロシアと結びつけ、一四二万平方ヴェルスタの地、ドイツ、オーストリア＝ハンガリー、オランダ、ベルギー、デンマークを合わせたほどの地の開発を促す効果をあげるとした。シベリア鉄道はシベリアの農業発展に意義をもち、シベリアへの移民を促す、さらに豊富なシベリアの天然資源、鉱物資源の開発も進む、とくに金採掘も進むだろう。そして、それを超えて、シベリア鉄道は「ヨーロッパと太平洋およびアジア東方とのあいだの切れ目なき鉄道連絡を確立し、かくしてロシア商業のみならず、世界商業にとっても新しい道、新しい地平を開く」とした。これによって、ロシアが「アジア東方とヨーロッパ西方の生産物の交換の仲介者としての利点だけでなく、アジア的東方の諸国民にどの国よりも近く位置する大生産者、大消費者としての利点をも享受しうるし、しなければならない[170]」。

ウィッテは、とくに中国、日本、朝鮮は総人口が四億六千万人以上だが、国際商業に占める取引額は五千億金ルーブリにすぎず、ヨーロッパとの貿易を十分発達させていないと指摘し、シベリア鉄道の開通はロシアと中国との通商関係を大いに飛躍させると言い添えている。最後にウィッテはシベリア鉄道の戦略的意義について触れ、通商関係の発展が平和友好関係を増進する、よい関係が望めるアメリカと近くなる、そして太平洋艦隊を支えることができるという三点を指摘した[171]。

ウィッテは、シベリア鉄道の建設は工区を分けて同時に開始するという方針を明らかにしている。第一は、西シベリアのチェリャービンスクからオビ川のあいだの一三二八ヴェルスタ（一ヴェルスタはほぼ一キロメートル）の工事、オビ川からバイカル湖西岸のイルクーツクまでの一七五四ヴェルスタの工事、それに一八九一年からはじまったヴラジヴォストークからグラフスカヤまでの三七八ヴェルスタの工事である。これを基本的に一八九三年からはじめて一九〇〇年までに完成させる。第二は、グラフスカヤからハバロフスクまでの北ウスリー鉄道（三四七ヴェルスタ）とザバイカルのムイソーヴァヤからスレチェンスクまでの一〇〇九ヴェルスタである。これは一八九五年にはじめて、前者は九八年に完成し、後者は一九〇二年に完成させる。第三は、環バイカル湖線二九二ヴェルスタとスレチェンスクからハバロフスクまでの二〇〇〇ヴェルスタであるが、この部分の着工、完成の時期は未定とされている[172]。

ウィッテは第一グループの総建設費として一億五千万ルーブリをはじき出した[173]。この財源は内外債の起債でまかなうことはできないとされ、ウィッテは紙幣の増刷により資金をつくりだすという非常措置を提案している。

大臣たちの協議会はウィッテの報告を承認し、建設費の支出もみとめた。議事録は一八九二年一二月二一日（一〇日）に皇帝に提出され、承認された。一八九三年一月二六日（一四日）、シベリア鉄道委員会の設置が布告され、議長には皇太子ニコライが任命された。のちに議長代理には元大蔵大臣ブンゲ、事務局長にはクロムジンが任命された[174]。いまや全面的に建設がはじまったのである。

シベリア鉄道の建設開始は、ロシア帝国内でもアジアにおけるロシアの使命という議論を刺激した。ブリャート＝モンゴル人のジャムサラン・バドマーエフの考えが知られている。彼はバイカル湖の近くで育ち、ペテルブルク帝大の東洋語学部を出て、ロシア外務省につとめた。そのかたわら、兄から習ったチベット医術で多くの患者を治療していた[175]。その彼が一八九三年二月、ウィッテに接近し、アレクサンドル三世にアジア的東方におけるロシアの政策について意見書を差し出した。東洋の諸民族、モンゴル、チベット、漢族は満州王朝の支配から脱して、ロシア帝国、「白いツァーリ」の庇護を求めているとして、ロシアの東方における使命を強調した。具体的には、使命の実現のために、シベリア鉄道から甘粛にまで支線を敷設するように提案したものだった。(176) ウィッテは自分の意見を添えて、これをアレクサンドル三世のもとへ送った。ウィッテとしても、バドマーエフの考えを採用するつもりはなかったが、シベリア鉄道の意義を補強する一つの材料と考えたのである。(177) 皇帝は「これはすべて新奇で、ありふれていない、ファンタスティックなもので、成功の可能性は信じがたい」と書き込んでいる。(178)

シベリア鉄道の建設にロシアが着手したというニュースは、大津事件で衝撃をうけた日本の政府と国民の注意をさらに引き付けた。しかし、その反応はさまざまであった。

この一八九一年八月、ヨーロッパ帰りの政論家稲垣満次郎が『西比利亜鉄道論』を刊行すると、年のうちに再版が出るという売れ行きであった。(179) 彼は東方問題での英露の対立が東洋に及んでくることに関連させて、日本の外交課題を論じた英語の本をイギリスで著し、その日本語訳、『東方策』を一八九一年の六月に出版していた。その本ですでに、「我日本人は魯国西比利亜鉄道の布設を恐るるや甚し」と指摘し、「此鉄道にして布設成就せば、我日本人は徒に之を恐るるより寧《むし》ろ之を利用するの勝れるに若《し》くはなし」と述べ、この鉄道の開通により、「日本は全世界の中点に立つことを得、東洋の航海其他諸般の全権を握るに至るは実に容易なりと云ふべし」(180) と宣言している。

『西比利亜鉄道論』の方は相当に詳細な分析の書であって、その上で日本がこれに対してとるべき政策を論じている。稲垣は「魯国の東洋に対する政策は英国を間接に攻撃するの政略なる而已《のみ》。魯国の目的とするところは日本にあらず、支那にあらず、正しく英国にあり。故に西比利亜鉄道の成功は我日本人たるもの敢て懼るるに足らず」と述べ、(181) ロシアは「財政上の困難」などをかかえて、政略上日本と和親する以外にない、「彼の魯国は決して悪むべき国にあらず、又恐るべき国にあらず、否な之を恐るるが如きは愚の甚だしきものなりと謂はざるを得ず。我国は宜しく之を利用して、……英国の如きものを抑制するの大策を講ずべきなり。故に余は西比利亜鉄道成功の速かならんことを希望するものなり[182]」と指摘している。

この考えは、先の『東京朝日新聞』四月五日の論説とも通じ合うものであった。このような冷静な日露協調論、日露同盟論がシベリア鉄道と関連して説かれ、広く関心を集めていたことを忘れるべきではない。

他方で、シベリア鉄道をヨーロッパ・ロシアから極東へ軍隊を送り込む戦略鉄道線だと考え、不安にかられる人々もいた。そのような警戒論の代表例は、総理大臣山県有朋が一八九一年三月に草した「外交政略論」である。山県はその中で、一国には「主権線」と「利益線」があり、「我邦利益線ノ焦点ハ実ニ朝鮮ニ在リ」と述べ、次のような議論を展開している。

「西伯利鉄道ハ已《すで》ニ中央亜細亜ニ進ミ、其数年ヲ出ズシテ竣功スルニ及デハ、露都ヲ発シ十数日ニシテ馬ニ黒龍江上ニ飲《みずか》フベシ。吾人ハ西伯利鉄道完成ノ日ハ、即チ朝鮮ニ多事ナルノ時ナルコトヲ忘ル可カラズ。又朝鮮多事ナルノ時ハ、即チ東洋ニ一大変動ヲ生ズルノ機ナルコトヲ忘ル可カラズ[183]。」

そこで、山県は「我邦ノ利害尤緊切ナル者朝鮮国ノ中立是ナリ」とし、「朝鮮ノ独立ハ西伯利鉄道成ルヲ告ルノ日ト倶ニ、薄氷ノ運ニ迫ラントス」とした。それに対する対策としては、日清両国は天津条約を維持するか、「更ニ一歩ヲ進メテ聯合保護ノ策ニ出テ、以テ朝鮮ヲシテ公法上恒久中立ノ位置ヲ有《も》タシムベキカ」を考えるべきだとした。日本が主導して、朝鮮中立化をはかるのは難しいので、英独二国に日清間の仲介者になってもらうのがいい。このことが実現すれば、間接の利益も大きい。「日清両国ハ、朝鮮ノ共同保護主タルガ為ニ東洋ノ均勢ヲ生ジ、其交誼期セズシテ親密ナルベク、……琉球問題ノ……如キモ、亦自然ニ消滅シテ痕ナキニ至ラン[184]。」

一八八二年の井上の朝鮮中立化案がなお生きているわけだが、シベリア鉄道への警戒論から現実のものと主張されるロシアの侵略への対抗手段として、清国の属国とされる朝鮮の運命に日本が積極的に介入するという姿勢が重要である。(185)

他方で、山県内閣の外務大臣青木周蔵は山県より六歳若かったが、露骨な侵略主義者だった。この年五月一五日、大津事件の直後に書いた意見書「東亜細亜列国ノ権衡」において、ロシアを敵とみる、はるかに露骨な膨張主義の論を展開していた。「欧州各国中最モ鷙悍《しかん》ニシテ常ニ危険ノ根源タルモノハ即チ露国ナリ」と断じて、「サイベリヤ」鉄道が極度に危険だとしている。彼も、日清が「協和聯合シテ」露国を「サイベリヤ」から去らしめんとすることが大事だという。ところで、清国はロシアと対抗するなら、「サイベリヤ」の全土を「清帝ノ版図」とするほかない。日本が清国と組むなら、「成功ノ秋《とき》ニ方《あた》リ其過分ナリシ負担ト責任ニ対シ亦過分ナル報酬ヲ要求スルノ権利」を有するのは当然である。その報酬とは「日本ガ亜細亜ノ大陸ニ運動ヲ試ムルノ基礎ヲ創定スル」ことである。(186)具体的には、東経一二四度での「サイベリヤ」の分割であり、その基礎のためにまず「朝鮮ヲ以テ日本ノ版図ニ帰スル」ことであるとしている。(187)一二四度というと、バイカル湖の東、ヤクーツクのやや西である。

青木は、ロシアとは戦争になるだろうが、清国とドイツ、もしくはイギリスと同盟すれば、問題ないとした。しかし、戦争は先の話であり、当面は朝鮮に対する政策が問題であった。青木は朝鮮に対しては、「強硬手段ヲ取リ、干渉主義ヲ施行シ、其目的ハ朝鮮政府及人民ヲシテ益々日本ニ結託依頼スルノ利益アル事ヲ知ラシメ、終ニ之ヲシテ日本ノ救援ヲ乞フニ至ラシムル事是ナリ」と言う。また「彼ノ園夫ガ果木ヲ培養スルノ方法ヲ学ビ、我利ヲ朝鮮ニ植ヘ、我恩ヲ其人民ニ施シ、時節到来セバ、平穏ニ之ヲ我掌裏ニ収ムルニアリ」とも述べている。(188)

青木はこの意見書を閣僚たちに配ったが、逓信大臣であった後藤象二郎以外には賛成する者はなかった。さらに青木は、陸軍の参謀次長川上操六、陸軍次官桂太郎にも配った。のちに陸軍の中から青木の意見に賛成だという言葉を聞いたと自伝に書いている。(189)青木の後任の外相陸奥宗光は青木と同年である。

露仏同盟の成立

日本とロシアの関係が皇太子の訪日とシベリア鉄道の起工をめぐって大きな展開をみせた一八九一年という年は、ヨーロッパでは、ロシアとドイツの関係が最終的に解消され、ロシアとフランスの同盟関係が生まれた決定的な転換の年となった。専制君主制の国ロシアとフランス革命から生まれた共和制の国フランスが同盟するという展開は意外なものであったが、ある意味では必然的であった。普仏戦争に敗れたフランスはドイツに対する強い敵意をもっており、その対抗の論理からして、ロシアとの同盟を求めたのは自然であった。外相時代にロシアとの同盟の道を求めたフレシネーが九〇年に首相となったことが決定的だった。(190)

ロシアはドイツと久しく同盟国であり、皇帝も外務省も伝統的に親独的だった。外相ギールス、その補佐ラムスドルフも個人的に親独的であった。専制を護持するには戦争を避けなければならず、それにはドイツとの同盟が不可欠だと考えられたのである。(191)しかしながら、一八八〇年代のブルガリア危機の結末は、ロシアが戦争までしてその独立を援助したブルガリアがオーストリア、ドイツの勢力圏にくりこまれてしまうというものであり、反発を強めた。さらにドイツとの貿易面での対立が加わった。(192)皇帝アレクサンドル三世は保守的だが、落ち着いた、バランスのとれた人物であり、大臣たちの意見をよく聞いた。ドイツぎらいのデンマーク王家出身の皇后の影響も反ドイツに傾かせたのである。(193)

一八九〇年一月から二月にかけてロシアの外債がパリで売り出された。金融的な結びつきは決定的であった。一八九一年八月三日(七月二二日)、外相ギールスはフランスとの協定を皇帝に提案した。翌日、皇帝はこの上奏報告を承認した。(194)外相とフランス外相の交渉がはじまった。交渉は夏休み返上で進められた。九月八日(八月二七日)に露仏協定のテキストがまとまった。最終協定文は両外相の往復書簡の形をとっており、両国が平和を脅かす問題について協議すること、平和が危険にさらされた場合に、直ちに、同時にとることが必要な措置について、両国は協定を結ぶことを約束することがうたわれている(195)。

露仏同盟の成立はロシアにとってドイツ、オーストリアを牽制し、西方国境の安全保障を高める措置であり、その意味では、極東、東北アジアでロシアがある程度積極的な行動をとることを可能にするものであった。だが、最終的には、この同盟はロシアとドイツ、オーストリアとの戦争を導くものでもあったのである。

第三章　日清戦争と戦後の日本・朝鮮・ロシア関係

駐在武官ヴォーガクと東学農民叛乱

このころロシア軍の側でもようやく極東の軍事情勢についての関心が高まり、情報収集のために駐在武官を清国に派遣することになった。最初に赴任したのがコンスタンチン・ヴォーガク中佐である[1]。彼は一八九二年四月、辞令を受け取り、やってきて、天津に滞在した。そして、翌九三年三月、彼は日本駐在武官をも兼務せよとの辞令をうけたのだった。

ヴォーガクは一八五九年の生まれで、このとき三四歳であった。スウェーデン出自の貴族である。父イッポリト・ヴォーガクは海軍中将、バルト海艦隊の司令長官代理までつとめた人であった[2]。ヴォーガクはニコライ騎兵士官学校を卒業して、一八七八年に任官し、近衛ウランスキー連隊に配属になった。三年後ニコライ参謀本部大学校に入学、八四年に卒業したのちはヴィリノ軍管区で参謀として勤務した。八九年から参謀本部の軍務局員をつとめていて、そこから極東へ派遣されたのである。

ヴォーガクは天津に常駐していて、一年のうち二カ月間だけ日本に滞在した。彼が最初に日本に来たのが一八九三年のいつごろかは確定できない。ヴォーガクは日本にあるニコライ主教のロシア正教会に援助を求め、通訳を確保し、情報蒐集を開始したと考えられる。

当時のロシアでは、駐在武官の報告は参謀本部兵站総監部統計課に集められた。ヴォーガクの報告もそこに出され、参謀本部軍務局が出している『アジアに関する地理、統計資料集』に収録されている[3]。ヴォーガクは一八九五年以前、極東におけるただ一人の駐在武官であったので、当然ながら観察の対象には清国、日本、朝鮮が含まれた。彼の天津からの報告で公表されたものの最初は一八九三年五月二八日（一六日）付けのものだが、それは朝鮮の大反乱の動きを知らせるものだった。

「当地で受け取った最初の情報では運動は主として宣教師、とくにアメリカ人に向けられていると言われた。だが、最新の情報によれば、まったくそうではなく、朝鮮の争乱ははるかに広い領域をとらえていることが明らかになった。問題の騒擾はすでに本年のはじめにはソウルで感じられた。のちに明らかになったところによれば、これは東学党なる結社を先頭にするいくつかの秘密結社の仕業であった。東学党はわずか四、五十年前に創立されたばかりだが、会員はすでに二〇万人近くに達している。会員の大多数は熱烈な狂信者で、宗教的であると同時に政治的な目的を追求している。この結社は仏教、儒教、多神教の混合である新しい宗教を説く一方、朝鮮をすべての外国人から解放することを要求している。[4]」

運動は地方で起こり、中央政府へ要求を伝えるために、二四人の総代がソウルに派遣された。彼らが全員逮捕されると、四月には一万人の会員が首都につめかけた。このように説明されている。これは不正確な情報であったが、一八九三年三―四月に東学教徒の行動が起こったのはたしかである。ヴォーガクは日本の動きにも目を向けている。彼によれば、日本は一八八〇年代の半ばに朝鮮を併呑する勢いであったが、清国の介入で天津条約が結ばれて、日本の動きにはブレーキがかかった。しかし、日本の経済進出はとどまることなく、この面で防穀令事件が起こり、日本側の補償要求で日朝間は緊張している。日本では、議会の多数派も有力紙も、政府の対朝鮮政策は弱腰だと非難している。彼らは朝鮮から清国の影響力を一掃するように求め、ロシアについては「北からおしよせ、朝鮮王国を併呑しようと準備している案山子《かかし》、敵」だと見ている。

発生した騒擾事件に対して朝鮮政府は「高度に消極的な態度」をとっている。弾圧する力がないので、清国の李鴻章に援助を求めている。ヴォーガクは得られた情報から結論的なことは何も言えないとした。ただ、「これらすべての事情はその本質において、ある程度悪化すれば、朝鮮問題の発生、より正確に言えば、朝鮮問題の再生を導きかねない種類のことだとだけは言えるだろう(5)」。

日本の朝鮮出兵決定

ヴォーガクの分析は先見の明をみせていた。一八九四年はじめから東学農民叛乱は本格化し、朝鮮問題はまさに全極東、東北アジアの焦点となっていった。朝鮮の南部全羅道の諸地域を制圧した反乱部隊が北上して、道の首府全州を占領したのは一八九四年五月三一日のことであった。六月一日、朝鮮政府が清国に出兵を求めたという杉村濬《ふかし》代理公使の電報が日本外務省に届いた。陸奥宗光外相は、このままでは朝鮮は「清国の為すが儘に任するの外なく」なってしまうとして、清国が出兵するなら、日本も天津条約に基づいて、相当数の兵を派遣しなければならないと主張した。六月二日の閣議は、参謀総長と次長の臨席を求めて、陸奥外相の提案を聞き、公使館と居留邦人を保護する目的で朝鮮に出兵することを決定した。派遣兵力は混成一個旅団である(6)。朝鮮政府の依頼で清国が出兵するという事態に対抗して、朝鮮政府からの依頼がまったくないのに軍隊を朝鮮に送り込むことを決定したのである(7)。

この閣議決定の前の晩、外務省に川上操六参謀次長が陸奥大臣を訪ねてきた。陪席した次官林董《ただす》の回想によれば、「十五年〔壬午軍乱〕・十七年〔甲申政変〕の後れを回復する為に、此度は是非に勝利を収むるを必要とす。牙山の清兵多く積もりて、五千人位なるべし。……我出兵を聞けば、必ず彼より来撃すべし。其時に必勝を期するには、我六、七千の兵を要す。故に先ず混成旅団を送れば足れり」という話があった。「如何にして戦を興し如何にして勝つべきかというを相談したるなり(8)。」

この回想には疑問もある。六月一日には清国兵はまだ牙山には到着していない。しかし、外務省と軍部が出兵の中身を決めたのはありうることと思われる。一八八二年の壬午軍乱のときは一個大隊五〇〇人、八四年の甲申政変のときは二個大隊千人が送り込まれた。このたびは混成一個旅団八千人が考えられた。飛び抜けた兵力で、完全に戦争の構えだったのである。

ヴォーガクの次の報告は六月四日(五月二三日)に出ている。こんどは三月に上海で起こった朝鮮人亡命者金玉均《キムオッキュン》の暗殺についての詳しい報告である。金玉均は「一八八四年の革命運動の頭目の一人」であり、挙事が失敗した後、日本に亡命した。朝鮮政府が彼の引き渡しを要求したが、日本政府は政治犯だとして、小笠原諸島、北海道に住まわせた。その後東京に出てくることが認められたが、朝鮮政府の手先李逸植《イイルシク》に上海に誘い出され、そこで李が付き添わせた洪鐘宇《ホンジョンウ》に殺された。金玉均の遺体は清国政府によって、朝鮮政府に引き渡された。ソウルでは、公開の場で金の遺体の四肢を切り離して、さらした上、頭以外は川に流された。頭はさらに地方でもさらされていたが、やがて何者かに盗まれ、発見されていない。こういうことをヴォーガクは詳しく記述している。

「日本ではこの殺害は大変なセンセーションを呼び起こした。すでに久しく政府に対して敵対的な気分になっている、すべての自由主義派の新聞雑誌、すべての自由主義派は一致して、日本の保護下にあった人物の殺害に不法にも弱腰の態度しかとらないと政府を猛烈に非難しはじめた。彼らはこの件での朝鮮と清国の行動様式には憤激に足る恥ずべきものがあると声高に指摘し、今も指摘している。(9)」

ヴォーガクは、このような反応が日本社会の気分をよく示しているものと考えている。また、金玉均の殺害が、はじまっている朝鮮内部の騒擾を一層刺激すると予想している。

報告の後半は、つかんだ清国の朝鮮出兵の情報の分析にあてられた。袁世凱の要請にこたえて、李鴻章が派兵の準備を命令したというのである。「朝鮮の沈静化のための清国軍の派遣からこの王国の占領までは一歩の差にすぎない。」ヴォーガクはこの事態がロシアにとってはっきりと「好ましくない」と指摘した。日本がかならずこれに対して反発する。「政府は世論に譲歩することを余儀なくされ、帝国の尊厳によりふさわしい朝鮮問題への関与に移行せざるをえなくなる。」日本が釜山を占領でもすれば、ロシアは「朝鮮で起こる事態の単なる傍観者にとどまる」ことはできなくなるだろう。[10]ヴォーガクは、朝鮮問題が「きわめて重大な、先鋭な局面」に入っており、かりに今回は衝突にならなくとも、早晩「朝鮮問題は、この解体しつつある王国の運命に関心をもつ列国の参加をえて、最終的に解決されざるをえなくなるだろう」と見た。しかし、清国軍が派遣されれば、朝鮮問題解決の先延ばしは「もはや不可能となる」と結んでいる。ヴォーガクは日本政府がすでに朝鮮派兵に動き出していることは知り得なかったが、事態の展開についての彼の見通しは正確であった。[11]

清国の兵は東学勢力の鎮圧のため、六月八日ソウルの南、忠清道の牙山に上陸した。約二五〇〇人である。これに対して混成一個旅団八千人の出兵を決めた日本側では、先発の一個大隊が六月九日、日本を出発した。この先発隊千人は一三日、仁川に上陸して、ソウルに進撃した。つづく本隊の第一陣三千人は六月一〇日から一一日にかけて宇品を出港し、一六日に仁川に上陸したが、ソウル進撃はしばらくとどめられた。後続四千人の日本出発も抑えられていた。これはソウルに帰任した大鳥圭介公使の判断であった。[12]

大鳥は一八三三年生まれ。洋式兵法を学び、幕府の歩兵奉行となり、榎本軍に合流して箱館で官軍と戦った。のち許されて新政府に仕え、清国公使をつとめたあと、九三年から朝鮮公使をしていた。[13]

ヴォーガクは六月一四日(二日)の報告では、休暇をとる清国駐在公使カッシーニの代理としてソウルから北京に来たヴェーベルと李鴻章が会った様子を伝えている。李が、朝鮮の王の要請で派兵したと説明すると、ヴェーベルは、王がそのように要請したのなら、それはもっぱら袁世凱の主張によってしたのだと確信すると言い放った。そして、「朝鮮の不可侵性は清国によっても、ロシアと日本によっても、ひとしく尊重されなければならない」と言い、清国の朝鮮介入政策は、「よいことにはならない」、遅かれ早かれ朝鮮に関心をもつ第三国の介入を招くとして、派兵をとりやめるように求めたのである。(14) なお、出兵の要請は袁世凱が強制したものだということは今日の韓国の歴史家たちによって確認されている。(15)

いまやヴォーガクは日本の出兵決定についても、日本の清国駐在武官や東京にいる彼の情報源からつかんで報告している。日本の駐在武官は邦人保護のための出兵だと説明したが、ヴォーガクは「日本の朝鮮派兵は……また朝鮮に関連して日本が清国に抱く羨望、ねたみに発しているという意見を変えない」と言い切っている。(16)

日本政府の基本方針

もっとも日本政府の中にも、陸奥外相の意見に危惧を感じる者がいた。他ならぬ伊藤首相がその人だった。彼は六月一三日の閣議に対して、日清両軍は共同で反乱鎮圧にあたり、反乱鎮圧の後は、日清両国が常設委員を派遣して、朝鮮の内政改革を行うという日清協調案を提案した。陸奥外相は、この日は決定を保留とさせた上、六月一五日の閣議で、清国との交渉がどうなるにせよ、朝鮮内政改革の結果をみるまでは、撤兵しない、清国が同意しないときは、日本単独で朝鮮の改革を進めるとの二条件を伊藤の提案に付け加えて、決定させた。(17) これにより日清協調案は清国に対決して朝鮮を支配する案へ意味を変えたのである。陸奥の強硬路線が伊藤の協調路線を制した瞬間であった。

この閣議決定に基づいて、日本はひとまず清国に対して共同で朝鮮政府に内政改革を求めようと提案した。清国政府は六月二一日、反乱は鎮圧されたので、両軍は撤収すべきであり、改革は朝鮮政府に任せるべきだと回答した。これに対して陸奥は、朝鮮が「独立国たるの責守」を全うしていない、日本は朝鮮に重大なる利害をもつので、袖手傍観するのは「隣邦の友誼」に反し、「我国自衛の道」にもとる、だから撤兵はしないと通告した。陸奥はこれを清国に対する「第一次絶交書」と呼んでいる。[18]
日清間はいまや決定的な対立の道に入ろうとしていた。

戦争回避へ動くロシア

ここまでのところ、ロシア政府は事態を観望していた。東京の公使は、前年に着任したばかりのミハイル・ヒトロヴォーであった。彼はポルトガルの大使から、急に日本に振り向けられた人であり、極東情勢にも日本政治についても明るくなかった。しかし、この事態の中で、彼は懸命に陸奥外相との会見をもとめた。六月七日、彼ははじめて陸奥に会い、説明を聞いている。陸奥は、日本は天津条約に基づいて出兵したのであり、その目的は「在留邦人の生命財産の保護および日本の公使館、領事館の防衛だけ」であると説明した。しかし、日本人は反乱運動に同情しており、それに血の弾圧を加える清国軍との間で中立を保てるかどうかわからない。「それに多年にわたる清国政府と朝鮮政府に対する日本人の憎しみが、上海での朝鮮人亡命者金玉均の殺害と東京でなされた別の朝鮮人亡命者朴泳孝《パクヨンヒョ》に対する暗殺未遂によって最近強く刺激された。」だから、日清両軍の間でちょっとしたきっかけから衝突が起こる可能性がある。陸奥のこの話をヒトロヴォーは、コメント抜きで露都に報告した。[19]

六月二二日（一〇日）に欧州からカッシーニ駐清公使が帰任した。彼は北京へ向かう途中、天津で李鴻章に会った。李はカッシーニに、ロシア政府が日本に対して日清軍同時撤退の線で交渉してほしいと要請した。[20]二日後、カッシーニが李鴻章と二度目に会うと、李は次のように言った。

「日本は幾度となく清国に共同で朝鮮の内治をにぎろうと提案してきた。この提案には日本が朝鮮に最終的に勢力を確立する決然とした意図をもっていることがはっきりと見て取れた。清国は一八八六年にロシアに対して口頭の約束をしたところを誠実に守るつもりなので、日本にはっきりとノーだと言ったのだ。いまや日本は上記の提案が受け入れられないかぎり、自国の軍隊をソウルから撤退させないと宣言した。事態は極度に緊張している。清国はロシアの決定を平和的な活路をうる唯一の希望として一日千秋の思いで待っている。」(21)

李鴻章は、いまや清国軍を派遣したことがどのような紛争を呼び起こすことになったかを理解するにいたったのである。(22)

報告をうけた外相ギールスは皇帝の支持をえて、ヒトロヴォー公使に李の要請通りに日本政府に働きかけよと訓令した。(23) ヒトロヴォーが六月二五日、陸奥に会うと、陸奥は「日本はいかなる保証もなしに軍隊を撤退させられない」、「いかなる場合でも清国から直接挑発されないかぎり、日本は軍事行動をはじめない」と述べた。ヒトロヴォーのうけた印象は、「現内閣は日本において燃えさかっている朝鮮問題にあまりに深入りしているので、見た目のいい口実か、偽りでも成果がなければ後退はできないだろう」というものだった。(24)

同じ日、六月二五日、督弁交渉通商事務趙秉稷《チョビョンジク》は国王の命令により、南部での反乱が終息したこと、外国軍隊が駐留していると騒擾がおこる可能性があること、日清両国の合意により撤兵するのが望ましいことを外国使節に伝え、本国政府に報告してくれるように求めた。六月一〇日、全州の東学軍と政府軍のあいだに和約が成立し、東学軍が全州から撤退したことがこの要請の背後にあった。この朝鮮政府の要請にかんする報告がロシア政府にも届いた。(25) これを受け取った外相ギールスは、李鴻章の求める正式の仲介については、争う両者の合意がえられないので見合わせることにして、この朝鮮政府の要望を支持するとだけ日本政府に通告したいと、皇帝の許可を仰いだ。(26)

六月三〇日、ヒトロヴォーはギールス外相の指示により、朝鮮政府の要望を伝え、その要望に従って撤兵を促す文書を陸奥外相に渡した。文書には、「朝鮮政府ハ、同国ノ内乱既ニ鎮定シタル旨ヲ、公然同国駐箚ノ各国使臣ニ告ゲ、又清兵幷《ならびに》日本兵ヲ撤回セシムル事ニ付、該使臣等ノ援助ヲ請ヘリ。因テ本官ノ君主タル皇帝陛下ノ政府ハ、本官ニ命ジ、日本帝国政府ニ向テ朝鮮ノ請求ヲ容レラレン事ヲ勧告シ、且ツ日本ガ清国政府ト同時ニ在朝鮮ノ兵ヲ撤回スル事ニ付、故障ヲ加ヘラルルニ於テハ、重大ナル責ニ任ズベキコトヲ忠告致候」とあった[27]。これは明らかなる威嚇を含んでいた。

日本軍のソウル占領

このとき派遣日本軍は、六月二三日に仁川にいた本隊第一陣がソウル龍山に入ったのに続いて、混成第九旅団ののこりの部隊が二七日仁川に上陸し、二九日には龍山に入っていた[28]。いまやソウルを占領した日本軍は八千人に達した。この兵力を背景に、日本側は朝鮮政府に対して、決定的な要求を突きつけたのである。

陸奥は加藤増雄外務書記官に大鳥あての訓令をもたせて、混成第九旅団ののこりの部隊に同行して朝鮮に向かわせた。その訓令には、朝鮮の改革の実施を勧告して、将来の失政がないように「厳談」せよとあったが[29]、実は口頭で内訓を伝えることが加藤に委ねられていた。その内容は「今日ノ形勢ニテハ、行掛上開戦ハ避クベカラズ」、「如何ナル手段ニテモ執リ、開戦ノ口実ヲ作ルベシ」というものであった。これが陸奥の真の指令であった[30]。大鳥の方は、改革問題を朝鮮政府と掛け合っていたが、清国への宗属問題が解決しないかぎり改革は進まないだろうとして、宗属問題を前に出した方がいいという意見だった[31]。

陸奥が行動に出たのは六月二七日であった。この日の御前会議で大鳥公使あての訓令案が閣議決定された。日本は朝鮮との「旧交」、「隣好」を重んじ、率先して条約を結び、「平等ノ権利」を確実にし、朝鮮が「独立国」たることを世界に明らかにした。しかるに、朝鮮は「旧章」を墨守し、「宿弊」を除去せず、内乱がつづき、ついに「自主独立ノ根基」を瓦解し、「大憂ヲ東洋大局ニ及ボス事アルニ至ルベシ」。そこで日本政府は朝鮮政府に対し、「独立自主ノ実ヲ挙ゲ、王室ノ尊栄ヲ永遠ニ維持スル長計」を求めるものである。それ以外に、以下の事項を勧告する。一、地方官吏の矯正、一、対外交渉の専門職尊重、一、裁判の公正、一、会計の厳正化、一、兵制改良、警察制度採用、一、幣政の改定、一、交通の改善、鉄道、電信線の敷設。(32) この日のうちに、機密訓令が大島公使に送られた。

ソウルでは六月二七日に到着した加藤書記官から陸奥の内訓を聞いて、大島公使も緊張し、二八日、朝鮮政府に迫る二つの案を立てた。まず甲案。朝鮮政府に対して、六月六日清国政府文書にある「保護属邦」の四文字を認めるかどうかをただし、属邦でないとの回答を得た場合は、清国軍は朝鮮の独立を侵害するものであるから、国内より撤退させるべきだ、独力ではやれないなら、「我兵力ヲ以テ貴国ヲ助ケ、之ヲ逐払フベシ」と朝鮮政府に迫る。清国公使に対しては、軍隊を撤退させよ、もし躊躇するなら、「我兵力ヲ以テ之ヲ引払ハシム可キ旨通知ス可シ」。朝鮮政府が、清国の属邦だと回答すれば、日本を欺いた罪を責め、補償をとる。ついで乙案。国王に内政改革の必要を申し入れ、政府に改革案を提示して、実行する意志を確かめる。朝鮮政府が大島公使の改革勧告に従わなければ、「条理ノ許ス限リハ恐嚇手段ヲ執リ、其実行ヲ促ス可シ」である。(33)

大島はこの提案を人便で本省に送ったので、これが本省に着いたのは七月五日であった。本省から回答をもらう前に、大島は自分の判断で、六月二八日当日、朝鮮政府に「保護属邦」問題で問い合わせをおこなった。回答を翌日までにせよという強引な掛け合いである。回答がこないので、三〇日、杉村濬一等書記官が外務督弁に面会を求めると、朝鮮政府は、朝鮮は「自主の邦」であり、中国に援助を請うたのは、「我国自由之権利」であると回答した。(34)

ここで日本からは六月二八日付けの陸奥の電報が入る。属国という言葉を公式文書から除けと要求すること、清国軍を追い払うことは「現下ノ政略ニ背ク」として、いまは改革問題を朝鮮政府に突きつけよというのである。(35)

通信の具合がわるく、本省とソウルの公使館はばらばらに動いているのだが、これは陸奥が大島公使にブレーキをかけてきたというより、大島により積極的な行動を求めてきたとみるべきである。

ロシア政府の申し入れへの反応

ロシアが朝鮮政府の要請を伝え、履行しなければ日本の責任を問うとの申し入れをしてきたのは、まさにこの時点であった。陸奥は極度に緊張した。彼は大鳥公使に「暴力的な措置を取る前にさらなる訓令を待て」と打電しておいて[36]、伊藤総理のもとに出かけた。事態を説明すると、伊藤は「吾人は今に及び、如何にして露国の指教に応じ、我軍隊を朝鮮より撤去し得べきや」ときっぱり言った。陸奥は大いに喜び、今後のことは二人で責任をとりましょうと言って、伊藤のもとを辞したのであった[37]。

ヒトロヴォーは陸奥との会談で受けた印象を次のようにギールスに報告している。「言葉の上の説得は無意味である。自分の意見に酔った日本人を正気にもどす教訓は清国から不可避的に与えられるほかない。彼らは一時の成功は得られるかもしれないが、最後に勝つのは清国軍だ[38]。」ヒトロヴォーは戦争になれば、清国軍が勝つだろうと思っていたのである。ヒトロヴォーは、問題の解決はソウルでのみ可能だとして、「朝鮮政府が日本軍の撤退を要求し、自分から清国、日本、ロシアの三国のコミッサールの監督下で内政改革をやると提案するのがいい」と述べている。

カッシーニの方は、七月一日、李鴻章と再度話した結果を外相に報告した。李は、朝鮮の内政改革の必要性は認識しているが、この問題はソウルか天津で、ロシア、清国、日本の全権代表の間で協約を結ぶことで解決できると述べた。これはロシアにとって有利だが、日本はロシアを排除する気だろう。カッシーニはこの件での指示を求めた[39]。しかし、この日の第二電でカッシーニは、李からさらに、日本が朝鮮国王に対して、清国の代表を国から逐い出し日本の保護国となるのを認めよという最後通牒を突きつけたという話を聞いたことを報告した。「事態はほとんど出口なしとなりつつある」と彼も暗い気分であった[40]。

陸奥はロシア政府への正式の拒否回答を準備していた[41]。ソウルでは大鳥公使が陸奥の指令をうけて、いま一度改革要求に切り替え、日本政府が先に閣議決定した朝鮮内政改革案を七月三日、朝鮮政府に要求した。朝鮮政府はなかなか回答しなかった[42]。

天津のヴォーガクも細心の注意を払って情勢をフォローしていた。七月六日(六月二四日)の報告で、朝鮮から聞こえてくる情報によると、日本の公使は朝鮮国王に対して、清国の保護を拒絶して日本の保護下に入るようにせよ、袁世凱は帰国させよ、と要求しているようだと述べている。

「日本は朝鮮に対して日本の保護国となることを認めよと直接的に要求している。いまや日本の戦争準備は進んでおり、国中に強い興奮が支配していて、国民が政府に、四半世紀前に進歩の道に入ったばかりの日本がどういう国になったか、全世界に示せと要求しているので、日本はとても妥協的にはなりえず、極東のわが代表にとって事態を結構な結末にいたらしめるという課題は極度に困難である[43]。」

ヴォーガクは日本政府の考えているところを完全に見破っていた。

ロシアは日本政府の回答を受け入れる

ロシアの政府部内では、清国に譲歩させるべきだという考えもあったようで、一八八八年の協議会の議事録にみられる、朝鮮の沿岸の地点を占領して、清国に圧力をかけるというアイデアが想起されていた。外相はそんな必要はないとの意見を六月二六日(一四日)に陸相ヴァノフスキーに書き送ったが[44]、陸相は七月一日(六月一九日)に外相に返事をよこし、清国が危険でないというのはわかったが、清国と日本に駐在する武官の報告、すなわちヴォーガクの報告によれば、朝鮮情勢が極度に重大であるから、もしも陸軍のデモンストレーション的作戦が望まれる場合は、具体的に動かすべき兵員の数など、具体的に検討をはじめようと申し出た[45]。

日本政府の回答は七月六日にヒトロヴォーに渡された。次のような内容である。ヒトロヴォーの申し入れはもっとも慎重に検討された。朝鮮政府の声明は時期尚早であり、反乱の原因は除かれておらず、反乱自体もなお鎮圧されていない。措置を講じなければ、再発する。朝鮮に平静がもどったと確信すれば、日本軍は撤退する。ロシア政府の親切な、友好的助言に感謝する。ヒトロヴォーはこの内容を本省に報告し[46]、カッシーニにも伝えた。カッシーニは「日本は慇懃だが、断固としてわれわれの申し入れを拒絶している」とし、日本は「ロシアと清国の参加を排除して、朝鮮の運命を自分勝手に支配しようとしている」のだと見た。日本のこの動きを認めることができるかどうか、決めるべき時が来たと述べ、「日本は疑いもなくわれわれにとって望ましくない大陸上の隣人である」と言い切った。ふたたび彼は本省の指示を要求した[47]。

ギールス外相は、なおも日清両国の衝突を回避したいと願っていた。しかし彼は、ロシアが両国に加わって、朝鮮の改革にコミットすることが合目的だとは考えていなかった。その趣旨をカッシーニに対して、七月七日にも、七月一〇日にも書き送っている[48]。彼は七月九日、日本政府に侵略的目的がなく、速やかに撤兵する用意があることを知って満足である、日本は清国とただちに交渉すべきである、朝鮮の事件に無関心ではおれないが、日清の衝突の可能性を除去することを心から望んでいると日本政府に表明するように、ヒトロヴォーに指令を出した[49]。日本との衝突を回避しようという気持ちだった。

ヒトロヴォーは七月一三日になって陸奥にロシア政府の回答を伝えた。陸奥は「帝国政府が彼の声明に示した信頼に深い感謝をあらわし、ただちに天皇に私の口上書の内容を伝えると言った[50]」。ロシアの申し入れには緊張したが、こうなればロシアを気にすることはないと陸奥は考えたであろう。

だが、このとき、ロシアの積極的な介入を警戒したイギリスが、日清両国政府に直接交渉をおこなうことを勧告する連合干渉を仏独露米の四国に申し入れた。しかし、列国はこれに反応を示さず、イギリスの提唱はみのらずに終わるのである。[51]

朝鮮政府への日本の要求

ようやく七月七日になって、朝鮮政府は大鳥公使に対して、三名の改革取調委員を任命したという連絡をしてきた。大鳥はこの日さらに文書を送って督促した。[52] 七月一〇日、大鳥は、陸奥に送る決定的な方針の提案を起草した。朝鮮側が日本の要求に満足できる回答を出さない場合には、「総テ我勧告ヲ拒絶シタルモノト見做シ」、日本軍によりソウルの各門と王宮の各門を制圧して、要求を通すという案である。提起する要求としては、甲案は、朝鮮の「内政不整頓」は日本に「危険」を与えるので、「内政ノ改革」を要求するというものであり、乙案は、清韓の宗属関係を除去することと清国に与えている権利特権を日本にも与えることを要求するというものであった。大鳥は甲乙両案とも無理な案だということはわかっているが、どちらかといえば乙案で頑張る方がよいかと思うと書いていた。王宮制圧の方針は、公使館とソウル郊外を占領した日本軍との協議の結果出てきた案であろう。この機密信を東京に送るのには、時間を要した。[53] この間、七月一〇日から改革取調委員と大鳥公使の会談が実現していた。

ここでロシア、ついでイギリスの介入から解放された陸奥がソウルの行動をせかせてきた。彼は「何時迄も此不定の状態を継続する能はざるべし」と思い、「此際如何にもして日清の間に一衝突を促すの得策たるべき」だと感じるにいたったのである。[54] 七月一一日、陸奥は大鳥に対して、要求を一括して提起せよ、要求は「朝鮮に圧力を加えるだけでなく、清国を挑発する手段としても」とられるべきだと訓令を出した。[55] 一二日には、「英国ノ仲裁失敗シタルコトヨリ今ハ断然タル処置ヲ施スノ必要アリ」、「世上ノ批難ヲ来サザル或ル口実ヲ択ビ、之ヲ以テ実際運動ヲ始ムべシ」と連絡し[56]、さらに同日、改革要求を進めるとともに、ソウル—釜山間の鉄道と電信の建設、木浦の開港などの「物質的権益の確保にも努力を惜しむべきでない」とも打電した[57]。

大鳥と改革取調委員の会談は一五日まで三回おこなわれたが、七月一六日に外務督弁と取調委員から文書で回答があった。前者は、日本が撤兵すれば、改革に着手するとの内容であり、後者は、日本が撤兵し提案を撤回すれば、改革に着手するとの内容であった。大鳥はこの「不満足ノ回答ニ付ケ入リテ……第二手段ニ相移リ候方」が「好方略」だと一八日に書き送った[58]。

一九日、大鳥は朝鮮政府に対して、日本軍のために兵営を建築してほしいと要求し、さらに二〇日には、「属邦保護ノ口実ヲ以テ、清国兵ノ永ク朝鮮国内ニ駐屯スルハ朝鮮国ノ独立ヲ侵害スルモノナレバ、之ヲ駆逐スベシ」と要求した。そして回答期限として七月二二日を指定したのである[59]。これが彼のいう第二手段であった。改革要求は断られたので、清国との絶縁、清国との対決を要求したのである。これはまさに強盗の論理であると言わざるをえない。

東京の陸奥は一八日付けの大鳥の電報を受け、「閣下ハ自ラ正当ト認ムル手段ヲ執ラルベシ」と指示し、かつ「我兵ヲ以テ王宮及漢城ヲ固メルハ得策ニ非ズト思ハルレバ、之ヲ実行セザル事ヲ望ム」と一九日に打電した[60]。王宮制圧案は大鳥が七月一〇日にまとめて陸奥に送った案で、それが一七日に本省に届いたものである。陸奥がやるなと言ったのは、外務大臣としては反対しておいたが、現地の判断でやってしまったという形をつくるために述べた言葉だと考えられる。他に大鳥の案はない以上、自分の判断でやってくれというのは、王宮占領へ進めということであろう。

この陸奥の電報には、清国軍の援軍が朝鮮に追加派遣されるという情報について述べ、そうなれば、清国軍が敵対してくるということになり、これに対する手段を「執ルノ外ナカルベシ」と書き添えられていた。この事態からも決定的な軍事作戦が出てくることになるのである。

この状況をロシア側は観察していた。七月一五日(三日)、ヴォーガクは清国と日本の戦争準備について報告している。「清国人は軍事面で日本はどのようなものか、日本の陸海軍はどの程度のものかについて完全に無知だ。」「どんなに清国人が行動しようとも、彼らは日本との一騎打ちで敗北するということは私には不変の真理だとみえる。」（強調は原文。以下同じ）他方で、日本では、「未曾有の興奮が支配している。すべての県で、朝鮮に行きたいと望む志願兵の部隊がつくられている」。「すべての新聞が政府の政策を是認し、一部の新聞は、日本が極東問題で大きな声を出す権利をもっていることを世界に示すために、政府はもっと大きな精力を注げと要求している。[61]」

ヴェーベル代理公使は七月一八日ソウルから次のような電報を本省に送っている。「友好的な仲介は成功していない。日本軍は市の各門を占領した。戒厳状態がはじまっている。物不足、パニック、逃走。国王と民は唯一の希望をロシアのとりなしにかけている。これ以上の無為はわれわれの威信を台無しにするだろう。[62]」

カッシーニは北京から李鴻章の言葉を二一日に報告している。日本がイギリスに仲介を頼んでいるようだが、清国はロシアに仲介を頼んだと明言する。イギリスが直接言ってきても、同じことを答えるだろう。日本が撤兵しなければ、戦争は不可避だ。[63]

七月二三日事変――朝鮮戦争の開始

一八九四年七月二三日、ついにソウルの日本軍は作戦行動をおこした。この行動を陸奥は回想の中で次のように説明している。

「大鳥公使は……我権利を伸張する為め兵力を使用するも計られずと言明し置き、他の一面には大島旅団長と協議を凝らし、翌二十三日の払暁を以て、龍山に在営する若干の兵員を急に入京せしめたる際、王宮の近傍に於て突然韓兵より先づ発砲したるを以て、我軍は之を追撃し、城門を押開き、闕内に侵入したり。朝鮮政府の狼狽は名状すべからず。[64]」

このような説明が虚偽の説明であることは、今日完全に明らかになっている。参謀本部の日清戦争史草稿を検証して、このことを明らかにしたのは、中塚明である。[65]

『明治二十七八年日清戦史第二冊決定草案』によれば、この行動は次のように準備された。七月一九日、混成第九旅団長大島義昌少将に大本営からの内意が伝えられた。東京より帰任した福島中佐が伝えた内容は「清国将来若シ軍兵ヲ増発セバ、独断事ヲ処スベシ」というものだった。牙山の清国軍を攻めることにほとんどすべての関心を集中させてきた旅団長は軍隊を南下させる計画の策定を進めた。ところが、七月二〇日午後になって、公使館の本野一郎参事官が大鳥公使の意を伝えてきた。

「頃来《けいらい》朝鮮政府ハ頓《とみ》ニ強硬ニ傾キ、我撤兵ヲ要求シ来レリ。因テ我一切ノ要求ヲ拒否シタルモノト看做《みな》シ、断然ノ処置ニ出デンガ為メ、本日該政府ヲ向テ清兵ヲ撤回セシムベシトノ要求ヲ提出シ、其回答ヲ二十二日ト限レリ。若シ期限ニ至リ確乎タル回答ヲ得ザレバ、先ヅ歩兵一個大隊ヲ京城ニ入レテ之ヲ威嚇シ、尚ホ我意ヲ満足セシムルニ足ラザレバ、旅団ヲ進メテ、王宮ヲ囲マレタシ。然ル上ハ大院君《テウオングン》ヲ推シテ、入闕セシメ、渠《かれ》ヲ政府ノ首領ト為シ、由テ以テ牙山清兵ノ撃攘ヲ我ニ嘱託セシムルヲ得ベシ。因テ旅団ノ出発ハ暫ク猶予アリタシ。[66]」

この連絡の直後に大本営からも電令があった。

「我艦隊ハ二十三日佐世保ヲ発シ、朝鮮西海岸豊島、若ハ《もしく》安眠島ニ根拠ヲ占メ、清国、若シ朝鮮ニ増加兵ヲ送ラバ、進ンデ其軍艦運送船ヲ破砕スベキ事ヲ命ジタリ。[67]」

大院君を誘い出すのは、杉村一等書記官を中心に準備が進められていた。夜のうちに岡本柳之助、穂積寅九郎、鈴木重元、通訳鈴木順見を大院君のもとへ派遣して、萩原警部が護衛となり、歩兵一個中隊に守らせて、王宮に向かわせる段取りが決められた。しかし、岡本による大院君の説得はなかなか成功せず、二二日になっても承諾はえられていなかった[68]。

この命令を受けて、大島旅団長は七月二〇日、各部隊長を集めた秘密会議で、計画する行動を「朝鮮王宮ニ対スル威嚇的運動」と名付け、その計画を下達した。歩兵第十一聯隊の三個大隊と第二十一聯隊の二個大隊が主力部隊とされたのである。計画の核心は、第二十一聯隊の第二大隊と工兵一小隊を動かし、「之ヲシテ不意ニ起リテ王宮ニ侵入シ、韓兵ヲ駆逐シ、国王ヲ擁シ、之ヲ守護セシメルニ在リ」と説明された。中塚の研究では、第三草案では、「国王ヲ擁シ」という言葉は「国王ヲ擒《とりこ》ニシ」とあったというので、そちらが原案であったと考えられる[69]。

七月二二日、回答期限の日の夜半一二時、朝鮮政府の回答が出された。その趣旨は次のようなものであった。「我国ハ自主ノ邦タルハ朝日条約ニ載スルガ如シ。且我国内治外交ノ自主タルハ清国モ素ヨリ之ヲ知レリ。清将ノ告示条中ニ保護属邦等ノ文字アルハ朝鮮政府之ヲ知ラズ。清軍ハ我請ニ因テ来援シ、……未ダ退カザルコト猶貴兵ノ今尚住留スルガ如シ。更ニ清国政府ニ請フテ速ニ退兵セシムベシトノコトナルモ、我照会ニ対シテハ其要領ヲ得ズ[70]。」

この拒否回答をえて、日本軍の攻撃作戦の断を下したのは、大島公使と杉村一等書記官であった。杉村は大院君に影響力ある人物を監禁の身から救出し、公使館に連れてきて、大院君の説得方を依頼した[71]。

七月二三日当日の行動は次のように進行した。午前零時三〇分、大島旅団長は公使よりの連絡を受け、部隊に出動の命令を下した。自らは幕僚をしたがえ、公使館に入った。

武田中佐が率いる歩兵第二十一聯隊の第二大隊は西大門方面から、宮殿西側の迎秋門に向かった。到着すると、「門扉固ク鎖サレテ入ル能ハズ。……因テ迎秋門ヲ破壊スルニ決シ」た。工兵が爆薬で爆破しようとしたが果たせず、斧を用いても目的を達せず、そこで梯子を壁にかけて門内に入り、内から開けようとしたが、うまくいかず、「遂ニ内外相応ジ、鋸ヲ用ヒテ門楗ヲ截断シ、然ル後斧ヲ以テ門扉ヲ破リ、辛フジテ開門シ得タルハ午前五時頃ナリ」。

そこで第七、第五中隊が門内に進入し、とくに「第七中隊ハ吶喊シテ直チニ光化門ニ進ミ、守衛ノ韓兵ヲ駆逐シテ、之ヲ占領シ、内ヨリ開門セリ」。さらに建春門に進み、開門した。「此間守備ノ韓兵ハ一モ抵抗スル者ナク、皆北方ニ向テ逃走シタリ。」

別動の第六中隊は南大門方面から、午前四時二〇分に宮殿東側の建春門に達していたが、「門外ニ韓兵アリ。之ニ向テ射撃ス。中隊乃チ応射シ在リシガ」、五時過ぎに第七中隊の兵が中から門を開けたので、門内に入った。第六中隊は王宮内部を北進し、王宮東北角の春生門に向かったところ、北方の松林の中から韓兵の射撃を受け、応射した。この激しい銃声を聞いた光化門の武田聯隊長は、山口大隊長に第五中隊を率いて応援に向かわせた。「第五中隊ノ赴援スルヤ、従来第六中隊ニ向テ抵抗セシ韓兵ハ陸続北方王宮囲壁ヲ出テ、白岳（北岳山）ノ方向ニ敗走シ、双方ノ発火漸ク緩徐ナルニ至レリ。」午前七時半のことであった。「已ニ概ネ王宮内ノ韓兵ヲ駆逐シ去リ、囲壁ハ四周皆日本兵ノ占領スル所ト為レリ。今ヤ此核心ノ動作ノ剰ス所ハ唯々王宮内部ヲ捜索シテ、国王ノ所在ヲ発見シテ、之ヲ擁スルニ在リ。」

高宗と閔妃は銃声に不安を感じながら、王宮奥の咸和堂にいた。山口大隊長が捜索を命じると、第五中隊長が帰ってきて、「国王雍和門内ニ在リ。韓兵之ヲ守護ス」と報告した。雍和門は王たちのいた建物がある区郭の門であろう。山口大隊長が雍和門にいたると、朝鮮側官吏は、いま外務督弁が大鳥公使のもとに行って談判している、彼が帰るまで、門内に日本軍を入れないように希望すると述べた。山口は、「門内多数ノ韓兵ヲ見ル。若シ其武器ヲ我ニ交付セバ、求メニ応ゼン」と、武装解除を要求した。朝鮮側は拒んだ。すると、「大隊長乃チ剣ヲ抜キ、現兵ヲ麾《さしず》シ、叱咤シテ、門内ニ突入セシメントス。渠等《かれら》大ニ驚キ、之ヲ支ヘ、国王ノ裁決ヲ得ルマデノ猶予ヲ請ヒ」、すぐに出てきて、武器の引き渡しを認めた。王宮の守備兵はかくして完全に武装解除されたのである。

山口大隊長は門内に入って、国王高宗に対面し、次の口上を述べた。「今ヤ図ラズモ両国ノ軍兵交戦シ、殿下ノ宸襟ヲ悩セシハ外臣ノ遺憾トスル所ナリ。然レドモ貴国兵已ニ其兵器ヲ我ニ交付セリ。我兵玉体ヲ保護シ、決シテ危害ノ及バザルヲ期スベシ。殿下幸ニ之ヲ諒セヨ。」高宗がどう答えたかは記録されていない。国王は日本軍の虜となったのである。

日本軍は朝鮮兵の一掃と武装解除を完了し、宮殿の周囲に哨兵を配した。かくして午前九時過ぎには国王と王妃は確保され、王宮、景福宮は日本軍によって完全に制圧された(72)。

通常日清戦争と呼ばれる戦争はまさにこのときはじまったのである。古くは檜山幸夫、最近では原田敬一が、この王宮攻撃のことを「日朝戦争」、ないし「七月二三日戦争」と呼んでいる(73)。私は「朝鮮をめざした戦争」、「朝鮮での戦争」という意味で「朝鮮戦争」の開始と呼びたいと思う。

大院君の説得は困難をきわめた。王宮での戦闘が終わった後、杉村が自ら大院君邸に赴いて、重ねて日本の行動は「朝鮮ノ中興」のため、「東洋ノ平和」のためだと説得した。大院君は最後に「貴国ノ此挙果シテ義挙ニ出デナバ、貴国皇帝陛下ニ代リ、事成ルノ後、我寸地ヲ割カズト云フコトヲ約束シ能フヤ」と迫った。杉村は大鳥公使に代わって誓約するとして、誓約文を書き、署名捺印して渡すことをした。大院君はようやく動くことに同意したが、王命がなければだめだということで、その工作が進められた(74)。

王宮を占領された高宗は日本公使の参内を求め、協議せんとしたが、大鳥公使の参内は遅れ、午前一一時ごろに王宮に到着した。そのときには、大院君も王宮に到着しており、大院君が高宗の政治を非難し、高宗が詫びるという事態となっていた。大鳥が高宗に拝謁する前に、大院君が出てきて、「自分ハ大君主ノ命ニヨリ自今政務ヲ統轄スベキニ付、当国内政改革ノ事ハ追テ委シク貴公使ト御協議」に及ぶべしと言った。そこで大鳥公使は高宗に会わずに、そのまま退出した(75)。敗北した朝鮮には、日本の望んだ大院君執政が実現したのである。

ロシア人の観察

ヴォーガクはこのとき朝鮮にいた。彼がソウル市内を観察して、仁川にもどったのは七月一四日(二日)のことである。彼は仁川に常駐している砲艦「コレーエッツ」の艦長に、ソウルの日本兵がどの程度、どこにいるかを伝えている。兵士の総数は約一万一千人、電信敷設部隊が一二〇〇人、人夫が約三〇〇人である。兵士は漢江沿いとソウルのまわりの三カ所の陣地にいる。市内では公使館の構内にいる。(76) ヴォーガクはそのまま仁川に一〇日間とどまった。何か体調不良でもあって、休んでいたのかもしれない。

七月二三日、日本軍の攻撃の日、ソウルのヴェーベル代理公使は朝の五時に銃声の連続音で目がさめた。急いで服を着て、寝室から出ると、国王の顧問ル・ジャンドルからの手紙が届いたところだった。「日本人が王宮を攻撃している。」ヴェーベルは「哀れな王はどこにいるのか」と思ったと書いている。何が起こったかがわからないまま、九時になると、高宗から王宮へ来てほしいという招待が米露独英仏の公使に届いた。午後三時に王宮へ向かうと、市内は人通りもなく、警備の日本兵の姿しか見えなかった。王宮に到着して、日本兵に許されて国王のもとに向かうと、その場の光景はまさに「われわれは捕虜の客にきたという印象」であったとヴェーベルは書いている。「とうとうわれわれは国王に拝謁した。それから大院君にも会った。国王は非常に青ざめており、明らかに朝の事件から強い印象をうけていた。彼が着ていたのは普段の部屋着で、王の公式の服ではなかった。……彼はわれわれに、外国の諸国家が自分を助けてくれ、朝鮮を現在の出口のない状態から救い出してほしいと哀願した。(77)」

この日の午後、仁川にソウルの領事館書記官ケルベルクがヴェーベル代理公使の要請を伝えにきた。「コレーエッツ」艦長の報告には次のようにある。

「ソウルでの日本軍の王宮攻撃について、ケルベルクから次のことを聞いた。日本の公使大鳥は……他の列国の外交代表の質問に対して、日本軍は攻撃することなど考えていなかった、ソウルの反対側の陣地を占領するために軍隊に市を縦断させたのだが、朝鮮警備隊の銃撃をうけたので、攻撃に移らざるをえなくなったのだと語った。日本人は王とその家族が彼らの捕虜となっているということを否定しており、外交団の代表者たちに王との謁見を許した。しかし、王はこのときまったくみじめな格好だった。形式的には朝鮮政府は存在しつづけている。しかし、総理大臣から出てくる書類の内容からは、これは日本人が口述筆記させたものであることが明らかだ。大鳥公使の振舞いの特徴はもっとも恥知らずな嘘であり、日本人が朝鮮での自分の役割を限定すると他の列国の代表者にした約束に対する信頼を最終的にこわすものである。日本人のすべての行動に顕著にみえるのは、朝鮮では誰からも積極的な抵抗をうけないので自信過剰となり、丁寧で控えめだという仮面をかなぐり捨てて、アジア人的なむき出しの粗暴さを発揮しているということである。(78)」

ヴォーガクも話を一緒に聞き、この認識を共有したであろう。七月二五日(一三日)、彼は連絡の命をおびて、フランス軍艦「リヨン」で芝罘に去った。二六日、水兵四〇人が仁川ソウルの公使館防衛のために送られた。ケルベルクら五人は馬でソウルへ帰った。(79)

朝鮮戦争から日清戦争へ

日本軍の王宮占領ののち、高宗と王妃は王宮内の東辺の一宮殿に住み、隣の宮殿には大院君が入った。その区郭は韓兵が警衛していたが、それ以外の王宮の区郭には日本軍が駐屯し、統制していた。日本軍が統制している中に政府の建物があるという具合であった。日本軍は七月二三日からはじめて韓兵の各部隊の武装解除、武器の押収を進め、二五日までに完了した。「一時朝鮮政府ニハ王宮護衛兵ガ所持セシ外、一ノ武器ヲ有セザリキ」と評されている。[80]かくして朝鮮は完全に被占領国、敗戦国の様相を呈するにいたった。

大院君と日本公使の指揮下に、まず政府が改造された。最高実力者閔泳駿《ミンヨンスン》をはじめ多くの閔一族が政府の要職から解任され、遠島その他の処置で追放された。大院君は閔妃を廃妃することを企てたが、大鳥、杉村ら日本側が反対して実現されなかった。代わって政権の中心についたのは日本派、改革派の面々で、金弘集《キムホンジブ》がまず領議政となった。さらに金鶴羽《キムハクウ》、朴定陽《パクジョンヤン》、趙義淵《チョウィヨン》、安駉寿《アンギョンス》、金宗漢《キムジョンハン》、金允植《キムユンシク》、魚允中《オユンジュン》、金嘉鎮《キムカジン》、兪吉濬《ユキルジュン》、李允用《イユンヨン》らが登用され、彼らを集めた合議体の行政機関、軍国機務所会議が設置された。この会議の員外書記は日本公使館の塩川書記生であった。[81]

日本はこの新政権に清国からの独立を迫った。七月二五日、大鳥公使は大院君と趙秉稷《チョビョンジク》に交渉したが、二人はなかなか決断しえなかった。しかし、大鳥の強硬な要求によって、二人はついに屈服し、この日のうちに清国の代表に、清韓通商三章程の破棄を通告した。清国代表は即日仁川より帰国した。

次の課題は朝鮮国内に駐留する清国軍の追放を宣言させ、その実行を日本政府に依頼させることであった。趙秉稷はあくまでも同意を与えなかった。しかし大鳥は、独立の宣言がなされたことはこのような依頼があったと見なせると判断し、外務督弁の記名調印をもって依頼があったと大島旅団長に七月二六日通知した。そのような記名調印した文書は存在しない。[82]陸奥は「遂に七月二十三日の事変に乗じ韓廷より牙山に在る清国軍隊を国外に駆逐するの委託を強取するに至りたる[83]」と認めている。

ここにおいて、朝鮮戦争は日清戦争に進んでいくのである。二日後、七月二五日、軍事衝突はまず海上で起こった。牙山近くの豊島沖で補充の清国兵一一〇〇人を輸送する英国船籍のチャーター船とそれを護衛してきた清国海軍の戦艦「済遠」と「広乙」に対して、日本海軍の巡洋艦「吉野」、「秋津洲」、「浪速」の三隻が攻撃を加えた。「済遠」は逃げ、「広乙」は座礁して降伏した。この戦闘については、清国側から最初に発砲があったので、日本側が応戦したと公式的に説明されてきたが、原田敬一はそのような説明は虚偽であったと論証している。(84)

戦闘終了後、清国兵を乗せた英国船には「浪速」に随航するよう司令官命令が出されたが、清国兵は船長にそうすることを許さなかった。そこで「浪速」は警告の上水雷を発射し、この船を撃沈した。その場で「浪速」が救助したのは英人船長以下三名にすぎなかった。近くの島まで泳いでのがれた一六〇〇人程度を除き、のこりの九〇〇人以上の清国兵は海中に消えた。(85)

陸軍はソウルの第九旅団の二個聯隊三五〇〇人が七月二五日から南下して、七月二九日、牙山の北、成歓《ソンファン》の清国軍二五〇〇人を攻撃した。清国軍は死者一〇〇人、負傷者四〇〇人を出して、北の平壌に向けて逃走した。(86)この戦闘で銃弾に当たってもラッパを手から離さなかったラッパ手の美談が生まれた。このラッパ手の名は白神源次郎と報じられたが、一〇年後の修身の教科書からは木口小平の物語と変えられる。(87)これらの戦闘はすべて宣戦布告前の出来事である。

日本が清国に宣戦を布告するのは、牙山戦の三日後の八月一日のことであった。近代日本国家が発するはじめての宣戦布告、開戦の詔勅である。(88)次のようにはじまっている。

「天佑ヲ保全シ万世一系ノ皇祚《こうそ》ヲ践《ふ》メル大日本帝国皇帝ハ忠実勇武ナル汝有衆ニ示ス。朕茲《ここ》ニ清国ニ対シテ戦ヲ宣ス。」

閣議で審議した六個の案文中、二つは「清国及ビ朝鮮国ニ対シテ」となっていたというが、結局清国のみに対して宣戦布告するということになったのである。(89)開戦の詔書の核心部分は次の通りである。

「朝鮮ハ帝国ガ其ノ始ニ啓誘シテ列国ノ伍伴ニ就カシメタル独立ノ一国タリ。而シテ清国ハ毎《つね》ニ自ラ朝鮮ヲ以テ属邦ト称シ、陰ニ陽ニ其ノ内政ニ干渉シ、其ノ内乱アルニ於テ……兵ヲ朝鮮ニ出シタリ。」

「朕ハ……兵ヲ出シテ変ニ備ヘシメ、……先ヅ清国ニ告グルニ協同事ニ従ハムコトヲ以テシタルニ、清国ハ……之ヲ拒ミタリ。帝国ハ是ニ於テ朝鮮ニ勧ムルニ、其ノ秕政ヲ釐革《りかく》シ、……外ハ独立国ノ権義ヲ全クセムコトヲ以テシタルニ、朝鮮ハ既ニ之ヲ肯諾シタルモ、清国ハ終始陰ニ居テ、百方其目的ヲ妨碍シ……更ニ大兵ヲ韓土ニ派シ、我艦ヲ韓海ニ要撃シ、殆ド亡状ヲ極メタリ。……帝国ガ率先シテ、之ヲ諸独立国ノ列ニ伍セシメタル朝鮮ノ地位ハ之ヲ表示スルノ条約ト共ニ、之ヲ蒙晦ニ付シ、以テ帝国ノ権利利益ヲ損傷シ、以テ東洋ノ平和ヲシテ、永ク担保ナカラシムルニ存スルヤ疑フベカラズ。熟々《つらつら》其ノ為ス所ニ就テ深ク其ノ謀計ノ存スル所ヲ揣《はか》ルニ、実ニ始ヨリ平和ヲ犠牲トシテ其ノ非望ヲ遂ゲムトスルモノト謂ハザルベカラズ。事既ニ茲ニ至ル、朕……亦公ニ戦ヲ宣セザルヲ得ザルナリ。汝有衆ノ忠実勇武ニ倚頼シ、速ニ平和ヲ永遠ニ克復シ、以テ帝国ノ光栄ヲ全クセムコトヲ期ス。」

朝鮮の「独立」、朝鮮は「独立国」という言葉が三回も使われ、それを清国の圧迫から防衛するために宣戦布告したかのごとくである。朝鮮の首都を占領し、王宮を占領し、国王を「擒」にし、その軍を武装解除した日本が出す詔勅はまさに欺瞞的であった。

同じ日に清国の開戦の宣言も出ているが、こちらは事実を淡々と述べている。

「朝鮮、我大清ノ藩屏《はんぺい》ト為ル二百余年。……近十数年、該国時ニ内乱多シ。朝廷、小ヲ字《あわれ》ミ、懐ト為シ、畳次兵ヲ派シ、前往戡定《かんてい》ス。……本年四月ノ間、朝鮮又土匪変乱有リ、該鮮国王、兵ニヨル援剿《えんそう》ヲ請フ。情詞迫切、当ニ即チ李鴻章ニ諭令シ、兵ヲ撥シテ赴援セシムベシ。甫《はじ》メ牙山ニ抵《あた》レバ、匪徒星散ス。乃《そこで》倭人故無ク、兵ヲ添ヘ、漢城ニ突入セリ。」「日本ハ朝鮮ト約ヲ立テ、国ト係属スルモ、更ニ重兵ヲ以テ欺圧シ、強イテ政ヲ革《あらた》メシムルノ理ナシ。各国公論皆日本ノ師出ハ名ナク、情理ニ合ハズトシ、撤兵和平商弁ヲ勧令ス。乃竟《つい》ニ悍然顧ミズ。」そして、われわれがさらに兵士を送ったところ、「倭船多隻有リ、我ハ備ヘザルニ乗ジテ、牙山口外海ニ在リテ、砲ヲ開キ、轟撃シ、我運搬船ヲ傷ケタリ。」

この宣言は、「該国ハ条約ニ遵《したが》ハズ、公法ヲ守ラズ、意ニ任セテ鴟張《しちょう》シ、専ラ詭計ヲ行フ」と非難している。(90)「鴟張」とは、三国呉志の「卓罪を怖れず、鴟張大語す」から来ている。フクロウが羽を広げて猛烈な勢いを示すことをいうのである。

いまや日本と清国は朝鮮の領土内につぎつぎに兵を送っていた。第九旅団を出したのこりの第五師団が釜山に上陸して北進し、つづいて第三師団の別動枝隊が元山に上陸することになる。清国軍は平壌に集結することをめざしていた。陸奥は書いている。「朝鮮国土を南北両大部に分割し、日清の両軍各自に其一半を占領する姿となり。当該各地方は行軍の準備、軍需の徴発の為め擾乱繁忙を極め、朝鮮全土殆ど戦場に異ならず。(91)」

朝鮮戦争が朝鮮戦争として日清戦争に転化したのである。

日本の朝鮮取り扱い方針

日清が戦う段階に入る中で、朝鮮に清国からの独立を宣言させたあと、日本が朝鮮をどうするかの基本方針を明確にすることが必要になっていた。大鳥公使は八月一日に「日韓両国ノ関係ハ去月二十三日ノ事変已来局面一変シ」たので、すみやかに仮条約を結ぶべきだと考え、前日より以下の案で交渉をはじめたと報告してきた。その案とは、日本政府の改革勧告の実施、日本政府による鉄道建設、日本政府建設の電信の存置、日本人政務法律顧問、軍務教師の採用、七月二三日の件を不問に付すること、「独立保護ニ関スル一切ノ事」を両国代表が協議決定することなどがもりこまれていた。(92)この報告を受けた陸奥はまず八月七日、閣議決定案を伊藤総理に送った。「七月廿三日ノ事変以来……朝鮮軍隊ノ兵器ヲ取上ゲ、且ツ其警察権ヲモ幾分カ箝制シタル姿ト相成、事実上一国ノ独立権ヲ侵犯セシ形跡有之」、この点にロシア政府が批判の目を向けている。「朝鮮ノ独立ニ関シ変動ヲ生ズルガ如キ事」あれば、「露国ハ決シテ黙視セズ」ということである。だから、「朝鮮国独立ノ体面ヲ全フシ、併セテ同盟ノ実ヲ挙グル事ハ眼前ノ急務ト存候」。この旨を朝鮮現地に通達することが必要である。閣議はこれを受けて、朝鮮への武器の返却を決定した[93]。

そして陸奥は八月一五日に、さらに進んだ閣議決定案を伊藤総理に提出した。いまや「実際ニ於テハ朝鮮国ハ恰《あたか》モ日清両国ノ戦場、若クハ戦場ニ達スベキ通路ノ如キ姿ナル」が、日本軍は国際公法上、「他強国ノ非難ヲ招キ」説明に苦しむようなことは避けなければならず、さらに「今日朝鮮国ノ地位ハ我ガ同盟ニシテ敵国ニ無之候」、「其独立国タル面目ヲ著シク毀損スルガ如キ行動、及其疆土《きょうど》ヲ実際ニ略取シタルガ如キ形跡ハ可成之《なるべく》ヲ避ケ」、朝鮮政府が不満のあまり各国公館に訴えるようなことになってはいけない。注意事項は次の三点である。一、「朝鮮国ノ独立権ヲ侵害スルガ如キ行為」は軍事上不便があるとしても「可成之ヲ避クベキ事」、二、朝鮮政府に対する請求は「朝鮮政府独立ノ体面」上「堪ヘ得ベキ度合ヲ限トシ」、ついに「堪ヘザルノ感ヲ起サシメザル様充分注意スル事」、三、軍事上必要な物品に対しては代償をあたえ、「侵掠ノ形跡無之様深ク注意スル事[94]」。この案も閣議で採択され、陸奥は八月二三日に大鳥に訓令として送っている[95]。

しかし、それではなお不十分だと考えた陸奥は、二日後の八月一七日に三度閣議決定案を起草して、伊藤に送った。そこでは、朝鮮に対する四つの案が明確に提示され、検討されている。

甲、（日本勝利後も朝鮮を）依然一個ノ独立国トシテ、全然其自治自主ニ放任シ、我ヨリ干渉セズ。

乙、名義上独立国ト公認スルモ、帝国ヨリ間接ニ直接ニ、永遠若クハ長時間、其独立ヲ保翼扶持シ、他ノ侮ヲ禦《ふせ》グノ労ヲ取ル。

丙、朝鮮領土ノ安全ハ日清両国ニ於テ之ヲ担保スル。

丁、朝鮮ヲ以テ世界ノ中立国ト為サン事ヲ我国ヨリ欧米諸国及清国ヲ招致シ、（ベルギー、スイスのような地位に立たせる）[96]。

それぞれの案の一長一短が説明されたが、閣議は決定を下すことができなかった。「僅に当分の内は……先づ乙策の大意を目的となし置き、他日更に廟議を確定する所あるべしと議決したり。[97]」乙案すなわち、保護国案である。

この間に大鳥公使は、朝鮮政府との間に両国関係を定める仮条約を結ぶことをめざして交渉していたが、八月二〇日、外務大臣金允植と暫定合同条款を締結した。その内容は、一、日本政府は朝鮮政府が改革することを望む、一、ソウル—釜山間、および仁川—ソウル間の鉄道建設は朝鮮の財政逼迫のため、日本政府ないし民間企業と「訂約」し、起工させることを望む、一、ソウル—釜山間、および仁川—ソウル間に日本軍が架設した軍用電信はのちに条約を訂約して、その存留をはかるべし、一、七月二三日事件は「彼此共ニ之ヲ追究セザル可シ」、一、日本政府は朝鮮の「独立自主の業」の成就を望み、「将来朝鮮国ノ独立自主ヲ鞏固ニスル事」については協議する、一、「時宜ヲ酌量シ、大《たい》闕《けつ》護衛ノ日本兵員ヲ以テ一律撤退セシム可シ」というものであった。[98]この最後から二番目の項は八月一日の原案では、「将来朝鮮国ノ独立保護ニ関スル一切ノ事」となっていたものを、「保護」という言葉をきらった朝鮮側の抵抗で、このように修正したものである。最後の項の「大闕」とは王宮のことで、王宮占領の解除を言っているのである。これは八月二一日に実施された。[99]

さらに日本軍の存在について、「日本国は清国に対し、攻守の戦争に任じ、朝鮮国は日兵の進退、及びその糧食準備のため及ぶだけ便宜を与ふ」ことを規定した「大日本、大朝鮮両国盟約」が八月二六日調印された。[100]

改革の促進については大鳥公使は困難につきあたっていた。軍国機務所は七月二八日開会の当初は連日のように会議を開き、旧弊打破の方策をつぎつぎと決定したが、日本公使が軍事力の威嚇のもとに改革の要求をつきつけても、まず政府のトップについた七一歳の大院君が日本のいうことに簡単に従うことはなかった。したがって、政府の中心に登場した金弘集らの親日的な開明派が大いにやる気を出すと、大院君と衝突することが多かった。さらに実権をうばわれている高宗と閔妃も抵抗を強めた。この他に保守的な古参官僚もサボタージュした。一〇月三一日、ついに法務大臣代理であった中立派の金鶴羽が暗殺されるにいたった[101]。

大鳥公使も開戦前に一時日清間の衝突回避をめざしたため、評判がわるかったが、開戦後は軍人たちの批判が一層厳しくなった。「因循」とか、「老耄」とか決めつけられていた。結局日本政府は、混乱の一因は大鳥公使の無能力にありとして彼を更迭し、内相井上馨を後任に送り込むことを決めた[102]。

井上馨は長州の出身、山県有朋や伊藤博文よりも年上であり、早くイギリスに留学して帰国、四国艦隊の下関砲撃事件の事後処理に活躍した。倒幕運動に参加し、明治維新後は地租改正、秩禄処分などで活躍した。第一次伊藤内閣では外務大臣をつとめた。一八八五年にはロシアに接近した高宗に強い反感を抱き、その外交の「拘束」を策したことはすでに紹介した。元老の一人であり、朝鮮外交を担当してきたそのような大物が伊藤総理の要請で朝鮮に赴任することになったのである。井上は一〇月二五日、仁川に到着した。

開戦とロシア

ロシアの仲介も功を奏さず、戦争がはじまったとき、ロシア政府の考えは急速に変化した。この戦争がロシアの利害を傷つけることを阻止する方向に動き出したのである。

ギールス外相は八月七日(七月二六日)、開戦とともに修正されるべきロシアの政策判断について上奏意見書を作成した。「われわれは日本が朝鮮半島を完全に攻略し、かくしてわれわれから日本海からの出口を切り取ることを許すことはできない。」日本が勝利するなら、この点で日本と協定を結ばなければならない。戦争は局地化され、清国におけるロシアの権益は守られなければならない。ロシアは日清両国に対して、軍隊を朝鮮の北部に入れず、ゴシケーヴィチ湾(雄基港をふくむ)とラザレフ港(元山)を擁する咸鏡道内では軍事行動をしないように要求する。日本がロシアの国境に近い朝鮮の沿岸の海軍拠点を占領しないことを求めることが必要だとした。「日本海におけるわれわれの最重要の利害は対馬—釜山間のブロウトン海峡〔朝鮮海峡〕航行の自由である。」この海峡は「極東のボスポロス」だと見なされている。ロシアの同意なしに太平洋への自由航行問題を決定しないことを日本に約束させる必要があり、そのためにはロシアは、戦争している日清両国の「不和」に介入しない、朝鮮のいかなる部分も占領しないことを「われわれの約束」とする。[103]この意見書に皇帝は「多くの点が正しい」と書き込んで、賛意を示した。

八月二一日(九日)、特別協議会がひらかれた。参加したのは外相ギールス、陸相ヴァノフスキー、海相事務取扱チハチョフ、蔵相ウィッテで、それに外務次官シシキン、アジア局長カプニストが加わった。[104]冒頭外相は協議の目的を、戦争に対してロシアがどのような行動様式をとればよいか、勝者が出て、朝鮮の領土的保全を傷つける挙に出たらどうするかを論議することだと述べた。ギールスは、李鴻章の要請で、在東京公使が日本政府に働きかけをしたが、日本側に拒否されたことを報告した。李鴻章はロシアも朝鮮の内治に関与させようと願っていたようだが、ロシアは「朝鮮の改革に直接介入することを適切でないと考え」、李の提案を拒絶したとも述べた。日本が要望に応えないので、欧米政府とも連絡を取ったところ、イギリス政府は、日清両国に兵力を朝鮮の南北にひきはなすよう勧めることも含めて、衝突回避につとめることに賛成した。しかし、その間に両国が宣戦布告を出し、開戦してしまったのである。ロシアはこの戦争には参加せず、すみやかに両国が停戦して平和協定を結ぶように働きかけていく。「協定の基礎には朝鮮の status quo の維持をおく」ことが必要である。「日本が朝鮮半島の南部を攻略するようになれば、……ブロウトン海峡は日本の手に握られる。それは、われわれにとって、日本海通行の自由の維持を考えても、許し難いことである。しかし、日清両国とも、……朝鮮の領土保全を破壊することを望んでいない以上、朝鮮の status quo の維持は実現可能であると見える。[105]」

ウィッテ蔵相は、戦争に介入しないということには賛成したが、戦争の結果、勝者が成果をうるとき、イギリスが利己的な目的で介入してくることがありうる、「この介入は許してはならず、したがって、イギリスが利己的なもくろみを表した場合には、反撃する準備をすべきである」と主張した。チハチョフ海相は、イギリスが介入してきた場合、ロシアは対抗上、朝鮮領内のゴンチャロフ島（馬養島）を占領することが可能だが、朝鮮に領土を獲得することは大きな益がなく、かえって経済的には大きな負担となるので、できれば回避すべきだと述べた。陸相ヴァノフスキーは、「朝鮮における status quo の維持が極東におけるわが国の現在の政策の主要な課題とならねばならない。日本による朝鮮の征服はわれわれにとって特に不利である」と述べたが、一方で極東ロシアの兵力増強をはじめるべきだと主張した。[106]

協議会は結論として、日清戦争に介入しない、しかし、中立は宣言しない、戦争の帰結としては朝鮮の status quo を求める、軍備増強については陸相と蔵相の協議をもとめるということとなった。[107] ロシアの態度は慎重な、どちらかといえば、消極的なものであった。

ヴォーガク最初の印象と平壌大会戦

仁川から芝罘へ渡ったヴォーガクはそこで豊島沖海戦について聞いた。彼は急いで仁川の「コレーエッツ」艦長に、日本海軍によって清国の商船が沈められたと手紙を送った。[108] 天津でその後の戦争の様子をみた上で、八月の後半に彼は東京へ向かった。このときロシア海軍も急いで、シヴァンク中尉を臨時駐在武官として東京に派遣してきた。ヴォーガクは東京でシヴァンクに会い、自分の朝鮮での観察も伝え、通訳を引き合わせた。[109]

ヴォーガクは日本の徹底的な秘密主義に悩まされながらも、川上操六参謀次長に会って資料をもらい、分析している。彼は観戦を望んでいたのだが、ロシアの武官に第一線部隊の作戦を見せるのをためらう陸軍首脳部によって東京にひきとめられていたのであろう。

参謀本部への東京からの第一信は九月一〇日(八月二九日)に出ている。朝鮮に派遣された清国軍の兵力の分析である。「私は、これらすべての部隊が平壌に到着しているかどうか報告できない。清国軍は平壌に集結され、大同江のほとりの強力な陣地で日本軍に反撃を加えるだろうと期待している。」[110]

他方で、ヴォーガクは日本軍についてのまとまった判断を九月一五日(三日)、北京のカッシーニ公使に書き送った。これが外務省からまわされて、皇帝アレクサンドル三世の目にも入った。

「私は思うが、われわれは日本という極度に危険な隣人をもっているということだ。この国のことを将来においてなんども重視しなければならなくなり、ある条件のもとでは、この国はわが国に多くの迷惑をかけ、困難をつくりだすだろう。いままでは、いつも、主として清国と英国に対抗して、極東でのわが国の地位を強化する必要があると考えてきた。いまや、私の見るところ、少なくとも事態は変わったように見える。日本が当地における主要な、きわめて重大な存在(dannaia)なのだ。日本において極東の今後の運命に巨大な影響をもつであろう新しい力が生まれたのだ。」

この手紙を読んだ皇帝は、この最後の言葉に傍線を引き、「まったく正しい」と書き込んだ。

ヴォーガクはさらにつづけて書いている。「日本の参謀本部はわれわれが当地でどれほどの兵力をもっているか、知っている。日本が朝鮮問題でわれわれを無視しているかのごとくしているという状況がこのことを裏付けるのでなくて何であろう。私は政治には関わらず、純軍事的側面に関わるだけだ。日本は満州で作戦をおこなうつもりである。それでいてロシアの側に備えることを心配していない。日本は彼らの作戦ラインを脅かすものは誰もいないと確信しているごとくである。この確信がわが国との条約に立脚していない以上、われわれが中立を宣言していない以上、それは沿アムール地方におけるわが国の軍事状態を日本が知っているということだけで説明がつくのだ。日本が今後も、講和条約締結のさいもわれわれを無視しつづけるとしても、驚くことがあろうか。」

皇帝はこのパラグラフ全体に傍線を引き、「きわめて実務的で、明快だ」と書き込んでいる。[111] ヴォーガクがこの電報を発信した九月一五日は、朝鮮戦争最大の会戦、平壌大会戦がおこなわれた日であった。

大同江のほとりの平壌は高い城壁に守られた都市であった。鴨緑江を越えて南下した清国軍は平壌に集結していた。牙山での戦闘から逃れた部隊もここに集まっていた。清国軍の兵力は一万五千人に上った。平壌の市内と周辺には二七の堡塁ができていた。のちにここを視察したヴォーガクは、準備次第では、平壌は日本軍にとって露土戦争のさいの難攻不落の要塞プレヴナとなった可能性があると結論している。しかし、清国軍は六週間の猶予を生かせず、そのような要塞に平壌を変えることをしなかったのである。[112]

日本軍は、南の中和から大島少将の率いる混成第九旅団、その背後からは野津中将の率いる第五師団本隊が進んだ。元山に上陸した大迫少将の第三師団の支隊が陽徳から成川をへて北から、東からは朔寧から遂安をへて攻め上った立見少将率いる第一〇旅団が平壌に接近した。総勢は一万六五〇〇人であった。

攻撃は九月一五日の未明から、大島隊の砲撃ではじまった。ついで立見隊が突進したが、清国の堡塁からの猛烈な砲撃で、退却を余儀なくされた。北から攻めた大迫隊は現在空港のある順安を落とし、北側の牡丹台の堡塁を攻め、ついに玄武門を破って陥落させた。このとき、門の壁をよじのぼって道を開いた原田重吉なる兵士の勇敢な行動が喧伝された。清国軍の北面の司令官左宝貴は勇敢に戦い、戦死した。大島隊は平壌の南にあるオイソンの堡塁をはげしく攻め、それを落とすと、次に大同江の左岸船橋里の堡塁を攻めた。堡塁の壁は約五メートルもあり、これを破るのは容易なことではなかった。戦闘は一〇時間にわたりつづき、ついに夕方五時、清国軍総司令官の葉志超提督は降伏した。清国軍は武器引き渡しの猶予を求め、その間に逃走した。のこされた死者は二千人、負傷者は四千人、捕虜は七〇〇人であった。日本側の犠牲は死者一〇二人、負傷者四三八人、行方不明三三人であった。[113]

中秋の名月が陥落した平壌の上に懸かっていた。

長き夜の大同江を渉りけり
進め進め角《つの》一声月上りけり
野に山に進むや月の三万騎

これは、病いのゆえに従軍できずにいた新聞『日本』の記者正岡子規が平壌の戦闘を想ってつくった句である。[114] 別の作家も書いている。

「私は戦争を思い、平和を思い、砲煙の白く炸裂する野山を思った。自分も行ってみたいと思った。牙山の戦、京城仁川の占領、つづいて平壌のあの大きな戦争が戦われた。月の明るい夜に、十五夜の美しい夜に……。[115]」

平壌会戦での勝利は日清戦争の勝敗を決めたものであった。日本では「平壌大捷」として、国民的な記憶にきざみこまれた。原田重吉は国民的な英雄となった。

二日後、今度は海軍が黄海会戦で勝利した。日本の艦隊は丁汝昌提督の北洋艦隊主力と遭遇し、一二隻中四隻を撃沈した。日本側は一隻も沈んでいない。

ヴォーガクの日本軍従軍観察

この日本軍連勝の報道に接したあと、ヴォーガクは一〇月四日(九月二二日)、参謀本部への第二信で、日本軍の戦時体制をくわしく紹介している。

「動員と軍隊の鉄道・海上輸送が端的にすばらしく行われ、どの西欧強国もうらやむほどだということはまったく疑いをいれない。陸軍省は予備役と地方軍の召集においていかなる困難にも逢着していない。不出頭者の比率は予想より遥かに少ない。多くの志願者が詰めかけたし、詰めかけている。これは現在の戦争が国中に呼び起こした熱狂の結果である。」

「鉄道はすばらしく働いている。」「乗車は私がいまだかつて見たことがないほどの完全なかたちでなされている。[116]」「軍隊の海上輸送もうまくいっている。」「要するに、万事が油を引いた上を行くように進んでおり、日本の参謀本部は達成された結果を文字通り誇ることができるのだ。」

ヴォーガクは九月にカッシーニに書き送った言葉をくりかえした。「私は、日本においてわれわれは危険な隣人をもっていると考える。……日本において極東の運命に大きな影響をもつであろう新しい力が生まれたのだ。[117]」

ヴォーガクは、この戦争で「日本が勝利者となる」と結論を出した。日本は「シベリア鉄道の完成前に、日本をしてわれわれを恐れさせるのに十分な力をわれわれが手にする前に」積極的な力となろうとしているとみた。日本の参謀本部はロシアの兵力を知るために、多くの「秘密日本軍人エイジェント」をロシア領内に送り込んでいると述べている。「日本人は敵とその力についての知識がもつ巨大な意義を非常によく認識するにいたっている。[118]」

この直後、ようやくヴォーガクは参謀本部がつけた池田中佐とともに東京を出発して、広島の大本営へ向かった。一〇月九日(九月二七日)のことだった。

広島から、ヴォーガクは参謀総長に伝えてほしいと公使館に打電してきた。「天皇に非公式に拝謁した。日本人は極度に愛想がよく、かつ警戒心がある。川上〔参謀次長〕は、ロシアが日本の戦闘能力を信じて、注目に値すると認めてほしい、さらに極東での自然な国境を認めてほしいと言った。なぜなら共通の敵はイギリスだからだ。[119]」ヴォーガクは参謀本部への通信の中で、明治天皇が彼に向かって、中国の地での戦争の仕方について助言してほしいと言った

と書いている。(120)

一〇月一五日、宇品で第一師団の乗船がはじまった。輸送船は三三隻が集められていた。それを観察したヴォーガクは、「日本人はこの分野でもヨーロッパのどの国の陸軍と比べても遜色ない」とみた。乗船の過程は「落ち着いた、静かなもの」だった。(121) 一〇月二〇日(八日)、ヴォーガクは大山巌の第二軍に属する第一師団に同行して、輸送船姫路丸で宇品を出発した。(122)

ヴォーガクは船で五昼夜をすごした。日本の兵士たちはおどろくほど静かで、歌もうたわず、賭事も喧嘩もなく、多くの者が戦況を伝える冊子を読んでいた。(123) 仁川に着くと、ソウルの公使館から書記が来て、朝鮮の情勢を聞かせてくれた。日本がもくろんだ改革は住民の反発と不満で難航している。失敗の原因の第一は、日本人が金弘集ら日本派をたよりにして国王を無視していることだ。ソウルの情勢は深刻だ。ロシアの影響力は毎日のように損なわれている。(124) ヴォーガクはそのまま同じ船で大同江の河口まで進んだ。すでに第一師団は遼東半島に上陸をはじめていた。ヴォーガクは鴨緑江渡河作戦を観戦したいと願っていたが、それも一〇月二五日(一三日)には終わっていた。日本軍は渡河を終え、満州に入り、清国軍は奉天方面に退却中であると聞いた。そこで、平壌の戦闘跡を参観することにして、船を下りた。一〇月二九日(一七日)、ヴォーガクは平壌市内を視察した。(125) いろいろな人から聞き取りをして、彼は平壌戦闘の評価を行い、一一月一五日(三日)に報告している。ヴォーガクは野津第五師団長の作戦指導についても批判的な意見を述べているが、清国軍に対してはきわめて否定的な評価を下した。「明らかにみなが、将軍から一兵卒にいたるまで自分のことしか考えていない。戦闘の目的も、味方の兵を救うことも、彼らには関係ないのだ。敵が離れている間は敵に発砲する。……しかし、敵が近づいてくるや、最初に考えることは逃げ出すということだ。(126)」ようやく一一月一〇日(一〇月二九日)になって、ヴォーガクは鴨緑江に到達し、九連城に至った。(127)

戦争はこれから満州で戦われるのだが、朝鮮の内部では、全琫準《チョンボンジュン》の率いる東学の第二次農民叛乱が抗日・反開化の旗印の下で起こっていた。これに対して、日本軍は南小四郎大佐が率いる後備歩兵独立第一九大隊を、朝鮮軍とともに鎮圧に出動させた。川上操六兵站総監は一〇月二七日に「東学党ニ対スル処置ハ厳烈ナルヲ要ス。向後悉ク殺戮スベシ」と命令を発している。農民軍は一〇月、一一月と二度にわたり、数万の兵力で忠清道の重要都市公州を攻めたが、ついにこれを落とすことはできず、敗北に追いこまれていった。農民軍参加者は日本軍によって徹底的に殺戮された。一二月には全琫準が裏切りによって捕らえられ、日本軍に引き渡された。この作戦は朝鮮戦争のもっとも残酷なページである。(128)

井上公使の改革指導

一八九四年一〇月二六日、ソウルに到着した井上馨公使は自らの高い地位と声望、強い自負心をもって、日本占領軍の力を背景に、朝鮮政府の改造を強力に推し進めんとした。井上は二七日まず外務大臣金允植と会い、「日清事件ノ原因」は、朝鮮の独立を助けることにあり、「内政改革ノ挙ニシテ実効ヲ収ムル能ハザランカ」。目的が達成されないと強調した。朝鮮政府は「協和一致、赤誠ヲ以テ国事ニ尽シ、互ニ私党ヲ樹テ猜疑争闘国家ノ大業ヲ誤マル」ことがあってはならないと申し入れ、高宗への内謁見を求めた。(129)二八日には、宮殿に伺候して、高宗との公式の謁見が許された。井上としては、一八八五年ロシアへの接近をはかる高宗の動きを知って怒りに震え、その行動を拘束すべきだと決心したときから一〇年近い歳月が流れていた。今は日本がこの国を占領し、高宗も日本への屈服を誓っている。状況が変わった以上、新しい考えで高宗を操縦していこうというのが井上の気持ちであったろう。高宗に向かって、井上は「東洋ノ大勢」から説きおこし、ロシアの脅威を強調した上で、英独仏の動きを説明した。そのような環境の中では「貴国ノ内政速ニ改良ヲ加ヘ、独立ノ実ヲ挙ゲ、其基礎ヲ鞏固ナラシメザルニ於テハ」、不幸が生じうると言った。井上がここで、内政改革にあってはまず王室を強固にすることが重要だと強調したことは、高宗には好ましい印象をあたえた。高宗は、維新の元勲である井上に期待する、経験に基づき助言してほしい、自分は井上の「奏言ヲ嘉納シ、今後顧問官トシテ屢々《しばしば》……引見スルノ日多カルベシ」と応えた(130)。

一〇月二九日には、井上は公使館で大院君と会見した。井上は大院君に対して厳しい態度でのぞみ、態度と考えを改めるように求めた。大院君は井上の主張をはぐらかす態度に終始し、井上をいきり立たせた。井上は、最後に「若シ不幸ニシテ閣下ト議ノ相容レザル事モアランニハ、今後如何ノ結果ヲ生ズベキヤ予ジメ計リ難シ」と威嚇した(131)。井上は一一月二日には、総理の金弘集と会い、大院君が勝手に政治に介入することがないようにしなければならないと特に強く申し入れた(132)。

一一月四日は、いよいよ高宗との内謁見となった。内謁見とは大臣たちを退席させ、高宗と皇太子だけとの会見のことである。井上は途中で閔妃と話をさせてくれるように求めた。高宗が許したので、閔妃は次のように語った。井上が自国に「忠愛」の士であること、「我国ニ対スル衷情」もよく知っている。王は井上の言葉を聞き、「其ノ苦甘ニ論ナク、一ニ必ラズ之ヲ励行セラルルコトナレバ」、諒解してほしい。自分としては「君権ノ重大ナル事」が一番の関心事である(133)。さらに高宗と閔妃は、こもごも、この国が「重病人ナリトノ比喩」は「今日ノ時勢ニ適当セリ」と同意し、井上について「我国ニ一ノ良医ヲ得タルト同様ナリ」と賞賛した(134)。

このような会談を一通りすませた上で、井上は、まず手始めに大院君を政治に関与させないようにすることから着手した。井上は大院君が東学党と通じ、これを教唆している証拠をつかみ、さらに日本軍が平壌占領時に、清国将軍に送られた大院君の手紙を押収したものをも使い、これを朝鮮政府に突きつけた(135)。大院君もさすがに恐縮し、屈服した。一一月一二日、井上公使に会い、手紙の件を謝罪し、「一切ヲ御依頼ヲ致シマスカラ何《ど》ウナリト始末ヲ付テ下サイ」、「私ハ老人デアツテ……不案内デアルカラ政事上ニ容喙セズ、閣下ニ御依頼致ス次第デアル」と表明した(136)。

ついで井上は、一一月二〇日に総理以下各大臣列席のもと、高宗に拝謁して、改革綱領を突きつけた。まず次の九カ条であった。

第一　政権ハ総テ一ノ源流ヨリ出ヅル事(つまり高宗の「親裁」によるべきこと)。
第二　大君主ガ政務御親裁ノ権アルト同時ニ、法令ヲ守ラルルノ義務アラセラルル事。
第三　王室ノ事務ヲ国政事務ヨリ分離スル事。
第四　王室ノ組織ヲ定ムル事。
第五　議政府及各衙門ノ職務権限ヲ定ムル事。
第六　租税其他一切ノ貢納等ハ度支衙門ノ統一ニ帰セシメ、人民ニ課スル租税ハ一定ノ率ヲ以テシ、外ニ何等ノ名義方法ニ係ラズ之ヲ徴収スベカラザル事。
第七　歳入歳出ヲ計リ、財政ノ基礎ヲ定メ、王室並各衙門ニ要スル費用ノ額ヲ予定セラルル事。
第八　軍制ヲ定ムル事。
第九　百事虚飾ヲ去リ、誇大ノ弊ヲ矯《た》ムベキ事(137)。

翌二一日には、「第十　刑律ヲ制定スル事」以下「第十九　留学生ヲ日本ニ派遣スル事」までの十カ条がさらに突きつけられた(138)。たしかにこれらはすべて国家として必要な改革である。高宗は井上の項目一つ一つについて、「尤モナル事ナリ」、「至極尤モナリ。ソースベシ」などと述べ、すべて採用すると回答した。

この結果に満足した井上が、大臣たちに「同主義ノ人ヲ集メテ」大臣協弁、次官を任命させようとしていたところ、一一月二七日、四人の協弁、次官が発令された。これは高宗、王妃の独断でなされたものであって、大臣たちもまったく承知していなかった。井上は高宗に拝謁して、「大君主ハ最早本使ヲ信用不相成モノト認メラレ」、自分も「貴国ノ事将来望ナシト」断念している、改革も中止にしようと申し入れた。高宗は井上に向かい、この任命は誤りであった、今後は「必ズ王妃ヲシテ政務ニ干預セシメズ」と表明し、改革を助けてほしいと述べた。しかし、この日は井上は折れなかった。[139]一二月八日の内謁見において、井上は閔妃が聞いているところで、「王妃の国政への関与は政治的混乱の原因である」と述べ、「自分が述べたことを守るかぎり」、王妃と皇太子にいかなる危険もないと保証するとした。「王妃は今後政治に関与しないと断言し、王は改革を実施する決心を固めたように見えた。」かくして、妥協が成立し、高宗は朴泳孝、徐光範《ソグワンボム》らの甲申政変関係者の赦免をおこなうことになった。[140]

一二月一七日、内閣改造がなされ、人事が改められた。総理大臣金弘集、外務大臣金允植、度支大臣魚允中、学務大臣朴定陽は再任され、趙義淵が軍務大臣、赦免された朴泳孝が内務大臣、徐光範が法務大臣となった。[141]日本軍の占領の下、井上公使の指揮によって、ついに朝鮮に改革政府が生まれたように見えた瞬間であった。

ロシア皇帝の死と新帝ニコライ

ロシアでは、重大な事態が生じていた。一八九四年一一月二日（一〇月二一日）、皇帝アレクサンドル三世が急死したのである。腎臓病であった。即日皇太子ニコライが即位して、ニコライ二世となった。二六歳の若さであった。祖父アレクサンドル二世は即位したとき三七歳、父の三世も三六歳だったのに比べれば、明らかに人間的に未熟であり、政治経験も不足していた。[142]しかもようやく婚約したところで、まだ結婚もしていなかった。ポベドノスツェフが教育係で、専制君主たるべきことは教えられたが、専制君主はいかにあるべきかはまだ学んでいなかった。軍務につき、世界一周の観光旅行をしただけで、政治的訓練はほとんどなかったのである。

婚約者はドイツのヘッセン＝ダルムシュタット公の娘アリックス、イギリスのヴィクトリア女王の孫の一人であった。彼女は気性が強く、すでに父帝が危篤であるとき、ニコライの日記に「毅然となさい（Be firm）」と書き込んでいた。(143) アレクサンドル三世が死んだ翌日、彼女は正教に改宗し、アレクサンドラ・フョードロヴナとなり、葬儀が終わったあとに、内輪の結婚式が行われた。それでもこの時期は、皇后は政治的な問題には一切関わらなかった。

ニコライを取り囲んだのはかつてない数の大公たちであった。その中では、父帝の弟たち、つまり叔父たちが重要だった。ヴラジーミル大公(一八四七年生)は陸軍大将で、近衛軍とペテルブルク軍管区の司令官である。アレクセイ大公(一八五〇年生)は海軍総裁、セルゲイ大公(一八五七年生)は陸軍中将で、モスクワ総督、パーヴェル大公(一八六〇年生)は陸軍少将で、近衛騎兵連隊長である。祖父の兄弟の系列では、ニコライ・ニコラエヴィチ大公(一八五六年生)が陸軍中将で、近衛第二騎兵師団長をしていた。アレクサンドル・ミハイロヴィチ大公(一八六六年生)はまだ海軍中尉であったが、ニコライの妹クセニヤと結婚しており、ニコライとはとくに親しかった人物である。

ニコライは父の大臣たちをそのまま受け継いで政治をはじめた。七二歳の陸相ヴァノフスキーは父の治世の最初からすでに一四年間その地位にあった。きびしい財政事情から軍事費が最小限に抑えられている下で、兵力現状維持の路線でやってきた保守的な老人であった。他方で四五歳の蔵相ウィッテは在任三年目だが、すでに政府部内で重きをなしていた。在任五年目の内相イヴァン・ドゥルノヴォーは元軍人、一八七〇年に県知事、八二年に内務次官になった人だった。国内には新帝に政策の転換、とくにゼムストヴォ抑圧策の転換から進んでゼムストヴォ代表の意見の国政への反映を求める動きがおこった。トヴェーリ県会はこの年年末、自治機関が意見を述べる可能性と権利を求めるロジチェフ起草の請願書を採択した。これに対して政府ははげしく反発し、ロジチェフは懲罰を受けることになった。

年が明けて、一八九五年一月二九日(一七日)、ニコライは貴族団、ゼムストヴォ、都市自治体の代表たちに向かって演説した。「朕は知っているが、最近、一部のゼムストヴォ県会で、内治へのゼムストヴォ代表の参加について馬鹿げた夢想に熱中する人々の声が聞かれた。」「朕は民の幸のために全力を捧げつつ、朕の忘れえぬ亡父と同様に、専制の原理を、毅然として、たゆみなく守護するであろう。」「馬鹿げた夢想」という表現は人々にショックを与えた。

若い知識人が起草した「ニコライ二世への公開状」という文書が流布したが、そこには、この演説が「もっとも控えめな希望」すら打ち砕いたと指摘されていた(144)。

専制権力の原理に忠実だという点では、ニコライは父アレクサンドル三世と変わりはなかった。頭の程度も父とさほどの違いはないであろう。だが、人格的にはニコライにはどっしりしたところがなく、人の影響を受けやすく、気が変わりやすかった。この点で彼は父とはまったくの別人だった。

新外務大臣

ところで、一八七六年から実質的に外務大臣の役割をつとめていて、故帝の全治世を通じてその職で仕えたギールスは、まるで皇帝のあとを追うように、九五年一月二六日(一四日)死んだ。七五歳であった。不思議なことに、これまでは皇帝ごとに一治世、一外相の体制がつづいていた。変わらぬ外相は外交政策の安定性を保証していた。ニコライ一世の外相はネッセリローデ、アレクサンドル二世の外相はゴルチャコフ、アレクサンドル三世の外相はギールスという具合である。したがって、これまでのほぼ八〇年間に外相になったのは三人だったのだが、これ以後の六年間には三人の外相が現れることになるのである。

めまぐるしく変わる外相の一番手として出てきたのはロバノフ＝ロストフスキー公爵である。一八九五年三月一〇日(二月二六日)に任命された。アレクセイ・ロバノフ＝ロストフスキーは公爵家に生まれ、家庭教師に学んだだけで、学校教育というものは受けたことがない。二〇歳で外務省に入り、一二年つとめて、トルコの臨時公使までやったところで、一八六六年内務省に移され、翌年には内務次官に任命された。一〇年後外交畑にもどり、トルコ公使となった。それからはイギリス公使、オーストリア公使、ドイツ公使を歴任して、外相に任じられたのである。経歴は申し分なかった。

ウィッテは、彼は「堂々たる風采の持ち主であり、あらゆる面で人物であったが、彼を外相に選んだのは、私の意見では失敗だった。なぜなら彼はとてもまじめな外相にはなりえなかったからである」と評している[145]。ウィッテは、この人事は国家評議会議長のミハイル・ニコラエヴィチ大公が自分の片腕ポロフツォフの推す人物を推薦したのだろうと書いている。当のポロフツォフの日記を見ると、アレクサンドル三世が即位したときから、すでにロバノフ＝ロストフスキーを外相に推す人がいたし[146]、大臣になったギールス自身が再三「後を頼むのはあなたしかない」と語っていたことがわかる[147]。ポロフツォフはたしかにロバノフ＝ロストフスキーと親しく、彼のことを「もっとも大事な、古い友人」と呼んでいるが[148]、二人は、ロシアの内外政治の「悲しむべき状況」についても語り合う仲であった[149]。ロバノフ＝ロストフスキーは、ロシアが「ヨーロッパで完全に孤立していて」、戦争もできない、わが国を攻撃することなど誰も考えていないと書き送っている[150]。アジアのことはまったくわかっていないというウィッテの批判は当たっていると考えられるが、ロバノフ＝ロストフスキーが判断力のある、しっかりした人物であったことは間違いないだろう。問題は皇帝にあったのである。

こののち極東情勢は激動する。ロシアの政治と外交ははげしい震動にみまわれる。若いツァーリは慎重さを欠き、安易な変化を求めていくのである。

戦争の幕引きをめぐる動き

すでに一八九四年一〇月には、イギリスが、強国による朝鮮の独立の保障と清国が軍費を日本に償還するとの二条件で、戦争をやめるように日本に提案するという考えをいだき、独仏露と接触するとともに、日本政府にも打診を試みたことがあった。だが、ドイツが参加を拒否し、ロシアもイギリスの提案には消極的だった。強国による朝鮮の独立保障といっても、それはイギリスの介入を本格化させる手段になるのではないかという危惧が先に立ったのである。ロシアは待機の姿勢をとりつづけた。[151]

日本はイギリスからの打診を受けると、列強がどのように反応するかをさぐった。東京の公使たちは本国から何も訓令がないと答えた。陸奥はとくにヒトロヴォーの態度について述べ、ロシア公使は「英国の提案は其主意頗る空漠にして、日本政府も之に応じ難かるべしと冷評し」ていたと書いている。[152] 陸奥は伊藤総理と協議した上で、一〇月二三日をもって、戦争はなお継続中で、「戦争を終結しうる条件に関する意見を発表することはひかえざるをえない」との回答をイギリスに送った。[153]

一一月一二日になると、ロシア駐在の西徳二郎公使が、ロシア政府が心配しているのはただ一点で、「日本が朝鮮を永久占領するのか否か」ということであり、とくに軍人のあいだではこれに対する反対論が強い、この点で「面倒をおこさない」ように注意してほしいと打電してきた。[154] さらに一二月一日の長文の電報では、ロシアの外務次官が内密に語ったところによると、清国公使がロシアに戦争の仲介を求めてきたので、列国の同意がなければ仲介はできないと断ったと伝えてきた。一一月三〇日、外相ギールスを訪問したところ、「日本政府は朝鮮の独立と賠償金の支払いだけでは満足しないように見える」と述べ、そのさい諸国の利害が損なわれないようにすることが必要だと考えていることをうかがわせた。日本に好意を持っている友人の幾人かは、領土獲得は他の列国の干渉で難しいだろうから、早期に停戦してできるだけ多くの賠償金をとるのがよいという意見である。「本使ノ見ルトコロニ依レバ、戦争ヨリ過当ノ結果ヲ収ムルコトハ疑ハシ。……我国ノ利益ヲ謀ルトキハ、清国ト和ヲ結ビ、及ブ可クンバ、軍事報酬中ニ台湾ノ譲与ヲ加フノ機ヲ速カニ占ムルヲ以テ得策トス。露国政府ハ台湾ノ譲与ニ付テハ異存ヲ抱カザルベシト本使ハ思考ス。[155]」

これが妥当な意見だということはできないが、外交官として節度ある判断だとはいえるだろう。これならロシアの立場を刺激しないと見ているのも正確である。

一二月二二日に陸奥はヒトロヴォー公使と会談した。ヒトロヴォーは、本国外相から電訓をえた、日本が出す要求については、「朝鮮国ノ独立ヲ害セザル限リハ之ニ干渉」しない、個人的意見だが、台湾の占領には異議をさしはさまないだろう、と述べた[156]。陸奥の方は「日本はいまやすでに朝鮮の独立と賠償金の支払いだけでは満足できない」ことを理解させようとした。会見から帰ったヒトロヴォーは呑気に、「朝鮮の自主性への侵害を心配する理由はない」、日本は台湾の割譲を要求するだろうと報告している[157]。

戦闘の終結

この間一八九四年一一月には、日本軍は遼東半島の旅順と大連を占領した。最後の作戦は威海衛の占領だった。一八九五年一月、日本軍は山東半島の海軍基地、威海衛の攻略作戦を開始した。一月一九日、大連湾を出発した陸軍部隊はその日のうちに上陸し、三一日までにすべての砲台を占領した。この上陸作戦を参観したヴォーガクは二月はじめ、旅順から東京に「すばらしく実施された上陸作戦を観察した。日本軍は威海衛の北と東のすべての堡塁を制圧した」との報告を送った[158]。

ヴォーガクは途中の旅順の戦闘についても、くわしく報告している。大きな問題となった旅順虐殺事件について触れている。彼は、日本軍が「まったく無益な、本当の殺戮をやったことは疑いない」、虐殺が戦闘最終日におこっただけでなく、その後二日間つづいたというのも事実だと認めている。しかし、兵士たちが清国兵の捕虜凌辱に激昂したのは無理もないと見て、怒った兵士たちが無差別殺戮に向かったのだとしている。ヴォーガクは報道は誇張されていると見ていて、事件を大きく報道したアメリカ人ジャーナリストのクリールマンにも会ったが、彼も女性の死体は二体しか見なかったと認めていたと書いている。ヴォーガクはこのようなことはすべての軍隊におこりうることであるとして、同じ事を以後二日間もつづけるのを制止しなかった第二連隊司令官は譴責に値するが、一連隊の行動で日本軍全体を非難すべきでないと述べている。「いわゆる『旅順の虐殺』はどの軍隊にもおこりうる悲しむべき部分的な事例にすぎない」というのが彼の結論である(159)。

戦争の終結に当たって、ヴォーガクは、一八九五年二月二八日(一六日)の報告において、日本軍の力について最終的な評価を出した。

「私にとって、日本においてわれわれの側からして完全な注意を向けるべき隣国をもっていることはいかなる疑いものこさない。……日本軍はすでに現在すばらしく組織された、大変よく訓練され、教育された優れた兵士からなり、自己の任務に完全に献身し、職務にうらやむべき愛情と合理的熱情をもって対する将校が指揮する印象深い力である。軍隊における責任感、愛国主義については何も言うことはない。日本人にはこの資質は生得のものだ。これは国民の特徴である。私は日本軍が冬期に極度に困難な条件のもとで行軍しているのを見たし、中国兵が相手ではあれ大変激しい砲火をあびながら戦っているのも見た。そして彼らに対して心からなる敬意と完全な賞賛をもって評する以外になかった。後方の組織、輸送サーヴィス、作戦の事前準備は、とくに戦場の困難な条件と主要な基地からの距離を考えに入れれば、ほとんど言うことはない。すべてがあらかじめ考えられ、すべてが整えられ、何ひとつ見落としがない。現代的作戦のもっとも複雑で、デリケートな諸問題をかくもあざやかに解決していることは、どこのヨーロッパの軍の参謀本部でも疑いなく敬意を表するだろう。医療隊は比類がない。ヨーロッパのどの軍にも、戦場で医療援助を与える面で、病院の開設、後送等々の面で、これほどのものはない(160)。」

このののち彼は広島へ引き揚げることになる。戦争は日本の勝利に終わったと言えるところにきた。いまや講和の内容が問題となるときであった。

戦争終結の条件

戦争が終わるとなると、日本としても、朝鮮の処分と清国との講和条件が問題となる。朝鮮を実質的保護国としているつもりでも、国際公法上は独立国として遇する以上、軍隊をそのまま駐留させるわけにはいかず、撤退させなければならない。また建設した電信線の権利や鉄道敷設の権利確保が問題となる。

日本政府はこの段階で、日韓新条約案、もしくは鉄道電信条約案を閣議決定して、一月一七日、井上のもとに「日韓電線設置条款続約改正案」を送り、交渉を求めた。さらに二一日には鉄道に関する「日韓条約草案」を送り、交渉を求めた。(161) 電信については、朝鮮側で「業務ヲ適当ニ施行シ得ルニ到ルマデノ間」日本政府が「朝鮮政府ニ代リ」、すべての既設線、これから建設する線を「管理シ、及通信ノ業務ヲ施行スベシ」とされている。朝鮮政府が建設した電信線は代価をえて「日本政府ニ譲渡スベシ」としている。朝鮮の電信事業は日本が完全に独占するという案である。鉄道については、釜山—京城間、京城—仁川間の鉄道は日本政府ないし日本政府が指定する会社が建設する。所有権は朝鮮政府に属するが、建設費用を償還するまでは日本が管理する。利益の一部は朝鮮政府に贈与することになっていた。つまり、すでに「暫定合同条款」で得ているものを国家間の恒久的条約にしようとしたのであるが、井上がこれを朝鮮の外務大臣と交渉すると、鉄道条約については異議をとなえなかったが、電信条款改正案については、「不充分ナガラ従来我国ニ於テモ生徒ヲ養ヒ、取扱ハシメ来レバ、今後トテモ取扱ノ出来ヌ事有之間敷ト存ゼラレ」る、このような「朝鮮ノ独立権ヲ毀損」する条約では、「我内閣ノ同意ヲ得ル事……甚ダ案ゼラルル」と言われた。井上は鉄道も電信もとるということは「朝鮮人ノ感情ヲ害スル」として、電信については財政の整理がつき次第、すべて譲渡することにし、秘密条約で戦時必要な場合は「臨時我官員ヲ派シテ管理スル」ということにしたらどうかと二月二五日に提案してきた。その内容に変えた新条約、「朝・日電信条約」案がそえられていた。[162]

これに対して陸奥は三月一日、自分の見るところでは、「将来ノ政略上電信丈ケハ是非トモ此際我手ニ取入置候事必要ト信ジ」る、「今日ノ好機会ニ乗ジ、朝鮮ノ全電信線ヲ我管理ノ下ニ置ク」ため、談判してほしいと要請する電報を送った。[163] しかし、井上はこの考えに従わなかった。[164]

井上はロシアの主張に注意をはらっていた。その点では陸奥も同じであった。東京のロシア公使とはそのような話をくりかえしていたからである。ヒトロヴォーは三月二日(二月一八日)、次のようにペテルブルクに書き送った。「陸奥は私に伝えた。日本政府は満足の意をもって私の伝達を受け取り、朝鮮に対する日本政府の政策はいかなる変化もなく、日本政府は名目上も実質的にも朝鮮の独立を認めると言明することを躊躇しない。[165]」

このころ井上は朝鮮政府に資金をあたえることを考えていた。彼は一八九五年一月八日、陸奥外相に、政府は軍人に五カ月も給料を払っていない、これでは改革も進まない、緊急に五〇〇万円を軍事費から支出して貸し付けることを考えるべきである、議会については事後承諾でやれると提案した。井上は、"Answer me simply yes or no. If no, I could not do any thing more."と無遠慮に結んだ。戦争して、朝鮮にのりこんでいるのだ。これぐらいのことができないはずはないと考えたのだろう。[166] しかし陸奥は、総理とも相談する、結論を待ってくれと一〇日に返電した。[167] 井上は一二日には、もうこの「国債出来ザルトキハ朝鮮政府ハ年ヲ越ルコト難ク、公使自ラモ其位地ニ居ルコト能ハズ」と電報する有様だった。[168] ようやく二月三日になって、陸奥から朝鮮公債は「最早疑ナク出来ルベシ」との電報が入った。[169] しかし、それからも難航した。

朝鮮の政府の中も混乱がつづいた。一八九四年一二月の政府の改造で、日本の勢力を背景として政府に入った朴泳孝、徐光範らの新派は高宗、閔妃にも接近して、その信頼をえた結果、政府部内で著しく勢力を強めた。朴らは政府部内の旧派と激しく対立した。一八九五年二月になると、旧派と新派の軋轢は「両立セザル有様」となった。斉藤修一郎内部顧問官と星亨法部顧問官などの日本人顧問たちもこの過程で、自らの思惑で動き、「黒幕ト為リ、其政権ヲ掌握セントノ希望ヲ懐キ」、旧派を倒して、新派に政権を独占させようとした。その戦術として、彼らは朴泳孝らに内閣総辞職を勧めた。旧派も、これが井上公使の指示によるものと思い、辞表を出す方向に向かった。[170] しかし二月一二日、内謁見の場で井上公使は口をきわめて、この総辞職の動きを非難した。「本使ハ此ニ至ツテ殆ンド貴国ノ事ハ嫌厭ニ堪ヘザラシメタリ。」国の主人たる大臣が見込みなしとして去るなら、「客タル本使ガ……之ヲ如何スベケンヤ」。井上は、国王は総辞職を認めないと言い、総理に、井上と会ってその意見をきけと命じるように求めた。[171] 金弘集が井上に会ったところから、辞職騒動は消え、大臣たちは留任することになった。

結局朝鮮公債案はうまくいかず、二月二二日に陸奥は日本銀行からの貸し渡し金で三〇〇万円を処理するという案を伝えている。これが議会に出されて承認され、三月三〇日に朝鮮政府と協定が結ばれるに至った。[172]

四月八日には、井上は「日清平和後ニ於ケル対韓方針ヲ定ムル義」について意見書を陸奥に送った。従来の方針は、「清国ノ干渉ヲ根底ヨリ芟除《さんじょ》シ」、「朝鮮ノ独立権利ヲ保全スル」にあった。そのためには「将来朝鮮国ハ富強ニ赴キ自ラ其国ヲ守ルニ至ル迄ハ、我国ノ義務トシテ之ヲ保護セザル可カラズ」。だから、鉄道も電信も日本が架設管理し、守備兵も存置しなければならず、政治は腐敗しているので、多数の顧問官を採用させ、「強迫的ニ之ニ干渉セザル可カラズ」。だが、これは「多少朝鮮ノ独立権ヲ損傷スルニ相違ナキ」故に、日本は「表面朝鮮ノ独立ヲ唱フレドモ、其実之ヲ属隷トスル野心アリトノ疑心ヲ懐カシメ」、列国の非難をうけかねない。そこで、井上は、守備兵の撤去をやるのか、鉄道電信条約をあくまで獲得するのか、内政改革から手をひくか、つづけるか、の三点について政府方針を決めてほしいと求めたのである。[173]

講和交渉とロシア

このときロシアの大臣たちは一八九五年二月一日(一月二〇日)に二度目の協議を行った。[174] こんどは海軍総裁アレクセイ大公が主宰した。ギールス外相が死んでから一週間しかたっておらず、この協議には、外相代行のシシキンが出席した。戦争はすでに終わりに向かっており、ロシアにとって、講和をひかえて、これまでと同じ慎重な態度をとりつづけるのか、それとも独自行動をとるのかということが協議の主たる内容である。

協議会では、陸相ヴァノフスキーが、もしも講和条件でロシアの利害が損なわれるなら、巨済島(カルゴド島)でも対抗上占領するのが合目的だが、これは「非常の場合にのみ」実施できるものなので、慎重に考えるべきだと述べた。これに対して、外相代行シシキンはそのような占領案には反対であると述べた。チハチョフ海相は、旅順か威海衛が日本の手におちれば、ロシアの極東での利害が損なわれる、まして日本の朝鮮領有はロシアの利益に反すると一般的な意見を述べただけだった。ところが海軍総裁アレクセイ大公がカルゴド島の占領案を支持し、そのためには陸海軍の増強が必要だと述べると、海相はたちまちカルゴド島占領案に賛成し、さらにもっともいいのは満州の一部占領だと述べた。これには陸相が牽制をかけた。参謀総長も占領案に反対した。蔵相は講和にあたっての日本の対清要求がいまだ明らかになっていないところで議論することは無意味であり、当面ロシアは「不介入」の立場を堅持すべきだと主張した。[175]

これに対してアジア局長カプニストが、次のように述べた。日本の要求はわからないが、もしもそれがわれわれの「本質的な利害」に触れるものであれば、「不干渉政策」はつづけられない。しかし、日本に「権威ある働きかけ」を可能にするに十分な兵力がわが国にはないので、他の列国、とくにイギリスと協調するのが望ましい。朝鮮の独立をすべての列国が保障することもありうる。この意見に対して海軍総裁からは、イギリスにとっては日本の朝鮮占領は大した意味を持たないのではないかという疑問が出されたが、カプニストは、日本がなんども表明した約束に鑑み、日本が朝鮮の独立を奪うことは「蓋然性が低い」、一時占領がなされる場合は、列国とともに期限をつけさせることができると楽観的な意見を述べている。陸相も参謀総長もイギリスとの協調に賛成だと述べたが、注目されるのはウィッテ蔵相さえ、カプニストの意見に賛成する、「当面はイギリスと協力して行動するほかに手はない」と述べたことである。ただし、海相だけは、イギリスは日本が朝鮮を征服しても、経済を発展させれば反対はしないだろうと述べ、欧州列国の朝鮮共同保護になると、ロシアとして朝鮮の港に軍艦を碇泊させることが難しくなると難色を示した。日本政府の新しい規則では、長崎に一度に碇泊できるのは二隻までということになることが紹介された。カプニストはこの意見に対しても、イギリスの誠意を疑う根拠はないと斥けている。[176]

結論は、外務省がイギリスとの協定が可能だというのなら、外務省にまかせようというアレクセイ海軍総裁の言葉で決まり、次の三点が確認された。一、極東海軍を日本海軍を凌駕するように増強する。二、外相には、日本が講和においてロシアの重要な利害を損なう要求を出す場合、イギリス、フランスなどと協調して、日本に圧力をかけることを準備することを委任する。三、そのような努力が失敗した場合、ロシアの極東での行動様式をどうするか、新たな協議会で検討する。[177]

日本と清国との交渉は下関で三月二〇日からはじまった。二四日には李鴻章清国全権が暴漢にピストルで撃たれるという事件が起こり、人々を驚かせた。ヴォーガクは広島にもどっていたが、彼は「李鴻章に対する狙撃事件と旅順での虐殺はこの戦争の過程での日本の二大失敗であることは疑いない」と報告している。[178] 李鴻章の傷はさいわいにして大したことにならず、交渉はつづけられ、まず休戦協定が三月三〇日に調印された。ついで講和交渉がはじまった。四月一日、陸奥外相は以下のような日本側の要求を提示した。一、清国が朝鮮は「完全無欠ナル独立自主ノ国タルコトヲ確認ス」、二、遼東半島を含む南満州、台湾全島および澎湖諸島の割譲、三、賠償三億両の支払い、四、日清新条約の締結、五、三カ月後の撤兵、六、賠償支払い終了までの奉天府と威海衛の保障占領。[179] これはあまりに強奪的な要求だった。李鴻章はこの内容をただちに英露仏三国公使に伝え、日本の要求を批判した。割譲を要求された南満州は鳳凰城、岫巌、遼陽、鞍山、牛荘、営口がそっくり入る広大な地域であった。

この要求について、陸奥外相は、海軍は「遼東半島の譲与よりは寧ろ台湾全島の譲与を必要とし」ていたが、陸軍は「遼東半島は我軍流血暴骨《ばくこつ》の結果之を略取したるものなり」とし、さらにこの半島は「朝鮮の背後を撫し、北京の咽喉を扼し、国家将来の長計上是非とも」領有しないわけにはいかないと主張したと書いている。[180] 戦場での勝利に得意になって、軍が強引な領土要求を主張したのに、内閣が屈したのである。

この日本の要求に対して四月五日、清国側はただちに長文の反論を送った。朝鮮の独立については日本も認めるとの規定を入れること、領土の割譲については、「清国国民の怒り」をかきたて、日清両国の平和的関係を損なう、首都をおびやかすところに軍事基地を与えることや、祖先の地を渡すことはできないこと、賠償については、本来賠償要求は不当であるが、「理性的な賠償」条項は受け入れることなどを主張した。[181]

日本の要求を知ったロシア政府もただちに検討をはじめた。四月六日(三月二五日)、ロバノフ＝ロストフスキー外相は二つの上奏書を提出した。遼東半島の割譲は「北京にとっても、朝鮮にとっても不断の脅威となる」。「われわれの利害の見地からすれば、それは極度に望ましからざる事態である。」これを日本に断念させるには、「なんらかの強制的な措置」が必要になる。しかし、イギリスも、フランスも、ドイツも、力の行使には消極的である。したがって、当面はかぎりなく友好的な調子で、日本を説得するほかない。[182]「われわれは他の諸列国、とくにイギリスとともに、日本が強くなりすぎないように心配を表明することができる。同時に他の列国とは違って、日本に対してあれこれ敵対的な働きかけをおこなうのは差し控えるべきである。」皇帝ニコライはこの上奏書に次のように書き込んだ。「ロシアには、一年中自由で、開かれた港が無条件で必要だ。この港は大陸(朝鮮東南部)になければならず、わが国のこれまでの領地とかならず陸地で結ばれていなければならない。[183]」

四月一四日(二日)にも外相は重ねて上奏書を出して、フランス公使モンテベッロとの会話の内容を伝えている。フランスは日本が澎湖諸島を獲得することに不満であり、ロシアと共同で日本に圧力を加えることに賛成だが、そうした場合、イギリスを日本の側に追いやらないか不安だというのである。そこで、もしも日本の講和条件獲得に抵抗しなかった場合には、なんらかの補償をそれぞれ獲得するという考えもあるという意見であった。[184]

この上奏書にもニコライは補償を獲得するという案に賛成だとし、「フランスと一緒に、日清講和条約の実施に抵抗しないで、なにがなんでも自由港という形でわれわれの願う補償を受け取るという第二案に賛成だ[185]」。

この間四月八日、ロバノフ＝ロストフスキー外相は各国に日本の旅順等の獲得に反対する意見を伝えていた。四月九日、李鴻章は講和会議で清国側の対案を出した。一、中日両国は朝鮮の独立自主を認める、二、譲地は奉天省南辺の安東、寛甸、鳳凰城、岫巌の四県庁州と澎湖諸島に限る、三、賠償金は一億両とする、というのがその主な内容であった[186]。つまり、遼東半島と台湾の割譲は受け入れられないとしたのである。日本側はただちに一〇日、再修正案を出した。朝鮮の独立については、清国による承認という原案は修正しない、領土については、台湾はあくまで要求する、奉天省南部については、鳳凰城から海城、営口を含むところまでと限定して、遼東半島をあくまで要求する、賠償金は二億両、保障占領は威海衛のみとするという内容であった[187]。

干渉のための大臣協議

各国の反応を確認した上で、ロシア政府は四月一一日(三月三〇日)の特別協議会でふたたび態度を協議した。この協議会に向けて、参謀総長オーブルチェフは意見書を作成した。(188) オーブルチェフは一八七九年から参謀総長の職にあった。「ロシアのモルトケ」と評された切れ者だった。老人の陸相ヴァノフスキーを支えて、自分がロシア陸軍に責任をもっていると自他ともに認めていた。彼の意見書は、ロシアの太平洋岸における立場を安定させるために、この機会に乗じて、「スンガリー川〔松花江〕流域をふくめた北部満州と、豆満江の流域とシェスタコフ港〔新浦〕をふくむ北部朝鮮の一部分の占領」を実現することが必要だとしている。清国には、北部満州の占領は一時的なものと説明する、日本には、南満州を占領してもいい、朝鮮の本体を保護国としてもいい、それを認めるからロシアの行動も認めよと言えばいいと言う。オーブルチェフはロシアが動かせる兵力では日本を朝鮮、満州から追い出すこと、日本本体をたたくこともできないと判断している。かりに「一時的な成功」を収めたとしても、「われわれは日本という最悪の敵をつくりだすだろう」。ロシアにはヨーロッパと中央アジアに十分な敵がいる。西方とカフカースでは戦略的安全が保証されていない以上、極東での紛争は極度に危険である。だから「現在われわれは日本と喧嘩すべきでなく、日本との協定に依拠して、われわれの利害を可能なかぎり満足させるのが妥当だという結論になる。日本に満州から撤退すべきだと友好的に忠告して、それが拒絶されても、イギリスの手中に身を投じるように日本に強いることは絶対にないようにしながら、……見返りについての交渉をはじめるように試みるべきではないか」。この意見書は陸相と海相、海軍総裁アレクセイ大公に見せられたと考えられる。

オーブルチェフの意見は日本が南満州と南部朝鮮、ロシアが北満州と北部朝鮮をとるという分割案であった。オーブルチェフは後に見るように、当時トルコを攻めてボスポロス海峡を占領するという意見書を作成していた。彼にとっては黒海海峡問題の方がはるかに重要であったのである。

四月一一日の協議会では、ロバノフ＝ロストフスキー外相は、イギリスは介入に不参加であることがはっきりしたが、ドイツが突然積極策に変わった、フランスは従来通りロシアに同調すると報告した。会議を主宰したアレクセイ大公は、日本との良い関係を保たなければならない、そうしてこそ「われわれの敵イギリス」に対抗できると対日宥和論を説いた。他方で不凍港の獲得は重要で、シェスタコフ港（新浦）がふさわしいと言った。これはオーブルチェフ意見である。陸相ヴァノフスキーは、朝鮮の独立が重要で、日本が南満州を占領するのなら朝鮮から出ていくことを日本に要求せねばならないと言った。他方で、「日本の南満州占領はロシアにとっての直接的脅威である。この地域は日本側がわが沿アムール地方に対して行動するさいの基地となるからだ」と強く主張した。日本を満州に入れるくらいなら、朝鮮の南部を日本に譲り、ロシアは朝鮮の沿岸のどこかの港を一つ占領することにした方が有利であると言った。外交的にそれができなければ、力に訴えるべきだというのである。陸相は参謀総長意見に基本的には賛成しなかったのである。アレクセイ大公が日本との協力論をふたたび説くと、外相が反対して、「日本との友好に期待することはどんな場合でも不可能だ」と主張した(189)。

しかし、ここでウィッテ蔵相が系統的な意見を述べて、強い印象を与えた。

「ウィッテは日本が企てた戦争はわれわれがはじめたシベリア鉄道の建設の結果であると考えている。すべてのヨーロッパ列強、そして同じく日本も明らかに、近い将来中国の分割がおこるだろうと意識しており、シベリア鉄道が、そのような分割のさいわれわれのチャンスを極大化させるとみている。日本の敵対的行動は主としてわれわれに向けられている。日本が提案している南満州の占領はわれわれにとって脅威であり、おそらく全朝鮮の日本併合をもたらすであろう。清国から六億ルーブリの賠償金を獲得すれば、日本は占領した地域に根を下ろし、きわめて戦闘的なモンゴル人と満州族を味方につけるだろう。そして新しい戦争をはじめるのだ。そういう事情であれば、数年後にミカドが清国の皇帝になるのもありえないことではない。もしもいまわれわれが日本を満州に入れるなら、わが領土とシベリア鉄道の防衛のためには数十万の軍隊とわが海軍の大増強が必要になる。なぜなら、遅かれ早かれわれわれは日本との衝突に不可避的にいたるからである。ここから問題が出てくる。われわれにとってどちらがいいのか——日本の南満州占領を受け入れて、シベリア鉄道の建設終了後になんらかの補償をえるか、それともいまそのような占領を積極的に妨げることに踏み切るか。蔵相の意見では、われわれにとっていままさに積極的な行動様式をとり、……われわれは日本による南満州の占領を許すことができない、われわれの要求が履行されない場合には、われわれはしかるべき措置をとることを余儀なくされるだろうと決然と声明するのがより有利である。……もしも期待に反して、日本がわれわれの外交的な主張に耳をかさなかったなら、わが海軍に……日本海軍に対する敵対的行動をはじめ、日本の港を砲撃するように命ずるべきである。[190]」

外相はこの整然たる強硬論に押されて、ロシアの陸海軍兵力は日本と戦えるのかと陸相に尋ねた。これに対してヴァノフスキー陸相は、目下一万二千ないし一万五千人の陸軍を動かせるにすぎないが、「日本の地上軍もわれわれにとっては現在無害である。なぜなら十分な輸送手段をもたず、騎兵もないので、彼らは一歩も前に進めないからである」と答えた。これは日本陸軍の力に対する誤った過小評価である。チハチョフ海相も日本は信用できないと述べ、「わが太平洋艦隊は強く、日本艦隊に対して精神的な優位を有している」と主張した。[191]

アレクセイ大公を支持する形で、日本と戦争になってはならないと力説したのは参謀総長オーブルチェフであった。彼は一万露里はなれたところにある人口四千万、発達した工業をもつ文明国と戦争するのは不可能だとした。西側でもカフカースの側でも安全が確保されていないとき、極東で戦争はできない、だから外交的手段をとり、日本と協調せよと主張したのである。この発言に対してヴァノフスキー陸相が反論したが、無責任な発言であった。[192]

しかし、このようなやりとりのあとでも、ウィッテの意見は変わらなかった。彼は主張した。「戦勝国日本に台湾、澎湖諸島、旅順さえも与えることができる。極端な場合には、朝鮮の南部をとってもいい。しかし、満州をとるのだけはだめだ。」さらに彼は言った。「われわれが決然とした言葉を述べれば、日本は自発的にわれわれの要求に同意するだろう。[193]」すっかりウィッテに押された外相が、平和的な交渉では満州について日本と協定に到達することは疑わしいと述べて、ウィッテを間接的に支持した。

結論は、日本に満州の南部を占領することを断念させる、日本が拒絶すれば、行動の自由を確保し、自分の利害にそって行動すると宣言する、このことを欧米諸国、清国に伝えるということとなった。[194] ウィッテの提案が採用されたのである。

オーブルチェフ意見書について言えば、彼の案で満州についてはは日露間の妥協がはかれたかもしれないが、朝鮮については、朝鮮の独立を錦の御旗として戦争をしている日本が北部朝鮮まで占領しているこの時点では、ロシアが朝鮮の一部の占領に向かえば、日露の衝突になりかねない。この点では、ウィッテ案の方が当面の要求としては現実性があった。しかし、日英接近を警戒し、日露の協調をいうオーブルチェフ案のすじは現実的な路線であり、ウィッテ路線の危険性に対する十分な警告であった。それが斥けられたのである。

四月一六日(四日)、ニコライのもとで、アレクセイ海軍総裁、外相、陸相ヴァノフスキー、海相チハチョフ、蔵相の五人の協議会がひらかれた。参謀総長がはずされた。ウィッテの回想には、こうある。「私はふたたび自分の意見を繰り返し、他の者はまったく反論しないか、反論してもきわめて弱かった。結局陛下は私の意見をとることに同意された。[195]」ニコライは日本が満州の南部をとるのなら、ロシアは朝鮮のどこかに不凍港をえるということで補償をうるという考えをロバノフ＝ロストフスキーの意見書に書き込んでいた。しかし、ここでウィッテの強硬な意見に押し切られたのである。皇帝は明らかに不安であった。皇帝は日記に書いている。

「日本が満州南部と旅順から撤退することを精力的に主張し、もしもその助言が聞かれなかったら、力でそれを強制することを決定した。神よ、戦争には引き込まれないようにして下さい。一時間の協議会ののち、散歩した。[196]」

ロシア海軍、芝罘に集結す

実は、二月の協議会の結論に立って、アレクセイ海軍総裁は皇帝の承認をえて、その月のうちに先の太平洋艦隊司令長官トゥイルトフ中将を司令長官とする連合艦隊を芝罘で編制することを命令した。ここに太平洋艦隊に加えて、地中海艦隊が合流することとなった。長崎港に碇泊する巡洋艦「アゾフ記念」号にはトゥイルトフ提督の旗が掲げられた。ロジェストヴェンスキーが艦長となった巡洋艦「ヴラジーミル・モノマフ」は二月七日にピレーイを出発、四月二六日(一四日)に芝罘に到着した。あらたに太平洋艦隊司令長官に任じられたアレクセーエフが山東半島から芝罘に来た。彼はロジェストヴェンスキーの艦に自分の旗を掲げるようになる。さらに地中海艦隊司令長官マカロフは戦艦「皇帝ニコライ一世」で四月一八日に長崎に到着していた。一八八九年進水、九一年就役の排水量九五九四トンの一等戦艦であった[197]。地中海艦隊からは、他に巡洋艦「ナヒモフ提督」、「コルニーロフ提督」、「ルインダ」、「ラズボイニク」が到着した。太平洋艦隊の巡洋艦「ザビヤーク」も来た。これらの艦船が四月の後半芝罘に集結し、一大デモンストレーションを行ったのである。これが日本に強い印象を与えることになった。

当時の日本海軍は戦艦をもたず、連合艦隊を構成する旗艦「松島」以下、「厳島」、「橋立」、「吉野」、「浪速」、「高千穂」、「秋津洲」などはみな巡洋艦だったが、ほとんどが無装甲艦にすぎなかった。だから、ロシア海軍のこの集結は圧倒的な印象を与えたのである。

なおこれと関連して、一八九五年四月三日(三月二二日)にアレクセイ海軍総裁の主宰で、一八九六年から一九〇〇年までの建艦計画についての特別協議会が行われた。一八八一年の特別協議会で議された一八八三年から一九〇三年までの建艦計画では、中心は黒海艦隊の増強に置かれていた。これを転換することが議されたのである。協議会に出されたローメン中将の意見書には、日本海軍の太平洋艦隊の増強にこそ対抗すべきであると指摘され、「すべての建造ずみの戦艦と建造中の戦艦を太平洋に回航し」、「太平洋艦隊の艦数と戦闘力を日本海軍に対して無条件の優勢をうるまでに持っていく」ことが必要だと結論されていた。協議の結果、蔵相と海相の上奏で、一八九六年の海軍予算を五七五〇万ルーブリとし、以後毎年一九〇二年まで、年間五〇万ルーブリずつ増額していくことが決められた(198)。

三国干渉

四月一二日、李鴻章は日本の再修正案について、賠償額が下げられたことを歓迎しながら、なおその額が清国に過大な負担を強いるものであることを指摘し、日本兵が足を踏み入れていない台湾を要求すること、南満州をなお要求することも批判した(199)。しかし、結局清国側の抵抗はここまでで、四月一七日、日本の再修正案をもとにした下関条約が調印されるのである(200)。日本国民は新領土獲得の歓喜にひたった。

六日後の四月二三日、ロシア、ドイツ、フランス三国の公使がそれぞれ書簡を日本の外務次官に手交し、遼東半島獲得の放棄を要求した(201)。いわゆる三国干渉である。ロシアの申し入れは、次のように指摘していた。遼東半島を日本が握ることは「清国の首都に対する不断の脅威であり、同時に朝鮮の独立を幻想としてしまう。したがって、それは極東における恒久平和実現の不断の障害となるであろう」。したがって遼東半島を確定的に領有することを放棄するように忠告するのは、ロシア帝国政府の日本政府に対する「誠実な友情の新たな証拠」である(202)。

日本側では、日清戦争を最初から推進してきた外相陸奥宗光はこのとき病床にあった。彼は欧州の強国からの干渉があるかもしれないと考えてはいたものの、実際にこの干渉を受け、衝撃を受けた。とくにロシアは「昨年以来其軍艦を続々東洋に集合し、今や強大なる海軍力を日本支那の沿海に有し居るのみならず」、さまざまな「流言飛語」が出されている。とくに「露国政府は既に此方面の諸港に碇泊する同国艦隊に対して二十四時間に何時にても出帆し得べき準備を為し置くべき旨、内命を下せりとの一事は頗る其実あるが如し」と考えた。さらにすでに結んだ条約の一部を捨てるような譲歩をした場合、「我陸海軍人は如何に激動すべきや、我国民一般は如何に失望すべきや」と考えた。「外来の禍機は之を軽減し得るとするも、内より発する変動は如何に之を抑制し得べきや。」陸奥は一応三国の勧告を拒否して、彼らの「底意の深浅」、「我軍民」の「趨傾」を探ろうと腹を決めたのである。(203)

伊藤首相はまず陸海軍の意見を徴した。海軍省の資料では、「陸海軍大臣等は伊藤総理大臣の諮議に対し、現下の状態に於いて我が陸海軍が茲に新鋭にして而かも当時世界列強の中に相伯仲せる此三国を向うへ廻して対抗力争するは決して策の得たるものに非ず云々と其内情を答うるに」至ったのである。(204)

そこで、伊藤首相は四月二四日に広島で御前会議を開くことを決定した。その通知をえた陸奥は「此際今一応我位地ヲ維持シ、一歩モ譲ラズ、更ニ彼等将来ノ挙動如何ヲ見テ、再ビ廟議ヲ尽サルルノ方然ルベシト思フ」と打電した。(205) 山県陸相、西郷海相が出席した御前会議では、伊藤首相が提案した三案、三国干渉を拒否する案、条約を列国会議に提出し決定を仰ぐ案、干渉を受け入れ遼東を還付する案をめぐって議論がなされ、第二案、列国会議を求める案が合意された。伊藤は二五日、舞子で療養中の陸奥のもとを訪れ、この決定を伝えたが、陸奥は断固これに反対した。二人は最後に、三国の要求をどの程度受け入れるか交渉を行うということで合意をえた。(206)

陸奥はロシアの西公使に交渉を指示し、ロシア政府の態度を探った上で、四月三〇日、奉天半島(遼東半島)においては金州庁(旅順、大連)以外は完全に放棄する、放棄した領土について相当の金額を得たい、清国が日本に対する義務をはたすまでは占領を維持するとの回答をロシア政府に渡すよう西公使に指示した。(207) 西は、ロシア政府は五月三日、この回答には満足できない、日本が旅順を領有するのは障害であると通知してきたと返電した。(208) ここにいたり、ついに陸奥は三国政府に対して「日本帝国政府ハ露、独、仏三国政府ノ友誼アル忠告ニ基キ、奉天半島ニ於ケル土地ヲ永

久ニ占領セザルコトヲ約ス」と回答せしめた。(209)

五月一三日、講和条約が遼東還付にかんする詔勅とともに公表された。このとき、国民ははじめて三国干渉について知らされたのである。新聞各社は号外をもって詔勅を報じた。「朕ガ恒ニ平和ニ眷々《けんけん》タルヲ以テシテ……清国ト兵ヲ交フルニ至リシモノ洵《まこと》ニ東洋ノ平和ヲシテ永遠ニ鞏固ナラシメムトスルノ目的ニ外ナラズ。而シテ三国政府ノ友誼ヲ以テ切偲スル所其ノ意亦茲ニ存ス。」「事端ヲ滋《しげく》シ、時局ヲ艱《むつかしく》シ、治平ノ回復ヲ遅滞セシメ、以テ民生ノ疾苦ヲ醸シ、国運ノ伸張ヲ沮《はば》ムハ真ニ朕ガ意ニ非ズ。」「今ニ於テ大局ニ顧ミ寛洪以テ事ヲ処スルモ、帝国ノ光栄ト威厳トニ於テ毀損スル所アルヲ見ズ。朕乃チ友邦ノ忠言ヲ容レ、朕ガ政府ニ命ジテ三国政府ニ照覆スルニ其ノ意ヲ以テセシメタリ。」

『東京朝日新聞』五月一四日号は次のように書いた。

「幕は剝がれたり。秘密は愈々公にせられたり。露独仏の三国が遼東半島の割壌〔ママ〕に対して異見を抱き、我政府に向て忠告に及びたりとは過日来口耳相属して世間に漏れ、所謂重要問題として途説紛々たる所なりしが、今や詔勅を以て明かに其然るを示され、遼東半島一帯の地は之を敗余の清国に還付せられたり。洵に無上の恩恵にして、泰山も物かは江海も其大に比《たぐ》うべくもあらず。清国の官民上下おしなべて感泣拝謝することなるべし。」

基本的に日本の側の感情については何も触れていない。社説もなく、翌日も反応が述べられない。しかし、国民感情は激していた。「臥薪嘗胆」という言葉が瞬く間にひろまった。(210)

大杉栄は新潟県新発田の高等小学校の生徒であったが、友人数人の集まりでも、遼東還付が話題となったと回想に書いている。「僕は『少年世界』の投書欄にあった臥薪嘗胆論というのをそのまま演説した。みんなはほんとうに涙を流して臥薪嘗胆を誓った。僕はみんなに遼東半島還付の勅諭を暗誦するようにと提議した。そして僕は毎朝起きるとすぐそれを声高く朗読することにきめていた。(211)」

中央の論壇のリーダーはさらに激烈だった。『国民新聞』の主筆徳富蘇峰は新領土となったと思われた遼東半島をいちはやく訪れていたが、この報道に衝撃を受けている。「此の遼東還付が、予の殆ど一生に於ける運命を支配したと云つても差支へあるまい。此事を聞いて以来、予は精神的に殆ど別人となつた。」[212]

日本政府はこの干渉は予想できたのに、遼東半島を要求し、それを清国にのませたあとで、やはり干渉されて、還付させられたということで面目を失っていた。五月一五日、ロシア駐在の西公使はロバノフ＝ロストフスキー外相に会いに行った。ロシア政府が朝鮮ではその独立を損なわないように行動すべきだと日本政府に勧告するという噂を聞いたため、その真意をたしかめに行ったのである。外相は、そのようなつもりはないと答えたが、ソウルから受け取った電報によれば、日本政府は朝鮮の統治に「あつかましく」介入しており、鉱山や鉄道の利権を手中に収めようとしている、そのため全国が不満をもっており、わるい印象を与えているそうだと語った。西公使は、自分は反論しておいたが、「そのような噂が本当の話にならないように、朝鮮でのわれわれの行動はこの上なく慎重にされることを望む」と書いてきた。[213]

このロシア外相の言葉に伊藤総理は敏感に対応すべきだと考えた。伊藤は、とくに日本が鉱山および鉄道事業等を独占するという話は「事実無根」だということを率直に伝える必要があると外相に指示した。[214] しかし、陸奥は鉄道事業を「日本一手ニテ……ナサントシタルコトハ掩フベカラズ」、だから、今後の方針を決めなければ、西公使に何か言わせることはできないと回答している。[215] 彼はなお強気であった。

西の伝えたロシア外相の話はソウルの井上にも知らされた。井上は五月一九日に陸奥に電報を送っている。「京城ニ於テ我ガ一挙一動ハ深ク露国ノ感情ヲ動ス事ハ本使兼々承知シ居レリ。」「平和ノ発表セラルルヤ日本ハ独リ事ヲ恣《ほしいまま》ニスル事能ハザルベシトハ朝鮮人ノ覚知スル所ナレバ、何レノ党派ニモ干渉ヲ試ミ、之ヲ責ル等ノ事ヲ為セバ、必ズ外国公使ノ助ヲ呼ブニ至ルベシ。」干渉の程度、すなわち朝鮮政略の大綱を決定しておく必要がある。協議のため帰国したいと井上は打電した。[216]

朝鮮政府と井上公使

朝鮮では、この前の月、四月に大院君の孫、李埈鎔《イジュンヨン》が金鶴羽《キムハクウ》暗殺の件で逮捕されるという大事件が起こっていた。李埈鎔は日本軍の宮殿攻撃以降、内務協弁となって大院君の親政のために働き、王妃の廃妃を策するなど画策していたが、中立派の金鶴羽が正論を吐いて妨害したのを怒り、一八九四年一〇月、彼を暗殺させたのである。このことが露見したため、朝鮮政府は九五年四月一八日に彼を逮捕し、裁判にかけた。井上公使は、大院君の身内でもあり慎重にするよう勧告したというが、そもそも大院君の東学党および清国将軍との秘密接触を暴露したのは井上であり、その秘密接触を実行していたのが李埈鎔だったのだから、事件は井上の敷いたレールの上を走っている汽車のごとくに進行したのだった。朴泳孝派は死刑判決をもとめたが、井上は極刑に反対し、五月一三日の判決で李埈鎔は一〇年の配流に減刑された(217)。

このとき、四月二三日におこった三国干渉と日本の屈服は、朝鮮の朝野にロシアの力を印象づけ、日本の権威は急速に低下していくことになった。五月になると、朴泳孝は軍務と警務を握ろうと考え、軍部大臣趙義淵を罷免に追い込む工作をおこない、ついに五月一七日、趙の罷免を実現させた。この過程で趙の罷免に反対し、高宗の怒りを買った金弘集総理も辞表を出すことを余儀なくされ、魚允中、金允植もつづいた。高宗はそのまま辞表をうけとる形勢で、井上は介入をはかったが抑えられず、金弘集は解任、一時朴泳孝が代理をつとめていたが、五月二九日、朴定陽が総理に任命された(218)。

井上馨が日本への一時帰国を申請したのは、この騒動のさなかの五月一九日のことであった。陸奥は、政府の方針が定まらなければ井上を帰すのは適当でない、朝鮮は「列国連合ノ担保」でやるか、「我ヨリ退ク」かの二つに一つだろう、どちらかに決める必要があると伊藤総理に建議した[219]。伊藤がどのように反応したかはわからないが、陸奥は五月二五日、在京の閣僚と会合をもって、「朝鮮ノ独立ヲ将来永続セシムルコトハ各国一般ノ利害ニ関係スルコトナリ」、したがって、日本は単独で責務を負わず、「他ノ諸国ト協力シテ朝鮮国ノ状況ヲ改善スル」との決議を採択した[220]。明らかに陸奥も退かなくてはならないと考えたのである。陸奥はこの決議を伊藤に送り、賛成ならただちに諸外国に宣言するのがいいと提案した。五月二六日、伊藤は帰京した上相談しようと回答した[221]。

五月三一日、ようやく井上に帰国命令が出された。そのあとで六月四日、閣議であらためて対韓政策案が議論された。討議の結果、「将来ノ対韓政略ハ成ルベク干渉ヲ息《や》メ、朝鮮ヲシテ自立セシムルノ方針ヲ執ルベシ。故ニ他動ノ方針ヲ執ルベキコトニ決ス」と決められた。さらに「右決議ノ結果トシテ同国鉄道電信ノ件ニ付、強テ実行セザルコトヲ期ス」ことも決められた[222]。全面的な後退である。

ここへ井上が帰ってきた。六月一一日に仁川を出発した彼は二〇日に横浜に到着した。帰国した井上は七月一日に西園寺外相代理に長文の意見書を提出した。この意見書の存在を指摘して、井上の対韓政策論の意義に目を向けたのは金文子の新研究である[223]。

意見書の第一項は公債問題である。井上は、三〇〇万円の貸付金を朝鮮政府はとても返済できないので、清国からの賠償金から五〇〇万円程度を朝鮮政府に恵与する案、三年据え置き、四年目より二〇年賦で返させる案などを六月二五日に提案した。井上は「牙山ヲ始メ平壌義州ハ日清ノ修羅場トナリ、釜仁元ノ三港ハ我軍ノ上陸場トナリ、従ツテ八道殆《ほと》ンド進軍ノ地トナリ」、「無惨ノ境遇ニ立至リタリ」、だから、五〇〇万円ぐらい日本が出してもかまわないではないかと主張している[224]。

第二項は鉄道問題である。井上は条約案を実現するのは難しいとして、京城―仁川間の路線は朝鮮政府に起工させ、資材、技術者はすべて日本に依頼させるのがいいとしている[225]。

第三項、電信問題については、鉄道より異論が多く、希望通りにはいかないとしている。仁川―京城間、京城―義州間の電線はもともと朝鮮のものなのだから、返還すべきであり、京城―釜山間の軍用電線は日本が管理していくことになれば「相応ノ線路保護兵」が必要になるので、朝鮮政府に恵与するのがいいと主張している。(226)第四項は京城守備兵問題である。現在の兵は後備兵であるので、常備の兵と入れ替えなければならないが、そのためには朝鮮政府より「大君主の命」により依頼の公文をもらわなければならないとしている。(227)

この意見書の内容は六月四日の閣議決定とさほど違いはないかのようだったが、文章には朝鮮の改革指導に挫折感をもち、これ以上朝鮮の独立性を傷つけることはすべきでないという井上の気分がつよく表れていた。これに対して政府の一見消極的な方針の裏には、なお事態を挽回しなければならないという意志がひそんでいたように思われる。そのような政府の立場からすれば、井上公使の意見書は受け入れられないものであったと考えられる。

駐屯軍問題と朝鮮政府の危機

これより先、井上の日本到着(六月二〇日)と同時に日本軍駐屯問題が動きはじめていたことを、二〇〇九年になって金文子がはじめて明らかにした。井上と話した芳川法相の山県、陸奥あての六月二〇日付けの書簡について、それが閔妃殺害計画などとは関係がなく、「決行之方針」とは日本軍駐屯問題の解決であると指摘している。(228)妥当な解釈である。さらに彼女の実証によれば、天皇に謁見し、内閣に報告した井上は、六月二二日、ソウルの代理公使杉村濬に対し、朴泳孝に相談して「大君主ノ命ヲ受ケ」た上で日本軍駐屯について朝鮮からの依頼公文をもらわなければならないと指示した。杉村は二六日、朴泳孝から、内閣会議にはかったところ「異論起リ……決定セザル」、国王は「我兵ノ駐屯ヲ好マセラレザル」ようだと聞いたと連絡してきた。だが、二九日には、杉村はソウルに二個中隊、釜山、元山にそれぞれ一個中隊、計一個大隊の駐屯を望むという外部大臣の依頼の公文を受け取った、東京へ発送してよいかと訊いてきた。この依頼書は「国王のまったく知らないままに出されたもの」であると金文子は指摘している。(229)

ところでこの問題は朝鮮政府の危機の中で起こり、その一要素となったのである。宮中の親衛隊は七、八百人で、米国教官ダイらが訓練したものであった。宮廷外にいる訓練隊は二大隊、約八〇〇人で、日本士官が訓練した部隊であった。朴泳孝はこの訓練隊を宮中に入れて、親衛隊を外に出し、さらに訓練をさせるという案を推進した。当初朴が高宗の内意をきくと、異議がないようであったので、内閣で決定した。だが、軍部大臣代理李周會《イジュフェ》が実行を奏上すると、高宗は裁可しなかった。李は裁可を何度も求めたため、国王は激怒し、六月二五日、朴定陽総理を呼び出した。(230)高宗は「王宮護衛ノ旧兵ヲ廃スルコトハ元来朕ノ好マザル所ナルニ大臣等強テ事ヲ奏上スルハ其意ヲ得ズ」と言いわたした。総理がこの件はすでに陛下が同意されたことだと奏上すると、高宗はますます怒り出し、前年六月以来の勅令は「皆朕ノ意ニ非ラズ、之ヲ取消スベシ」と言われた。そこで朴総理は恐懼し、辞表を提出することになった。しかし、この辞表は受理されなかった。(231)

杉村はこのときの電報でも「右ハ全ク王妃ガ閔氏ノ勢力ヲ回復セントノ底意ヨリ窃《ひそ》カニ人ヲ以テ露西亜公使ニ通ジ其根本ヲ固メテ茲ニ出デタル事」だと述べている。

まさにこの激突のあと杉村は朴泳孝に求めて駐屯依頼書をとったということである。当然のことながら、国王がこのことを察知すれば、反対する。六月二九日、杉村は井上に次のように打電した。

「朴定陽ノ辞表ハ一旦却下セラレタルモ、当人ハ飽迄辞職スル決心ナリト……。守備隊駐屯ノ依頼ハ国王ニ於テ再ビ裁可ヲ取消サレタルニ付、徐光範、朴泳孝ノ両人代ル代ル其ノ不可ナル理由ヲ申上ゲ、漸ク御聞届ヲ得タリト聞ク。右ノ如ク毎々衝突スル勢ヒトナリ、朴泳孝モ内心大ニ困リ、此際一時身ヲ退ヒテ、形況ヲ窺フベキヤト昨夜浅山へ内話シタル由。(232)」

浅山顕蔵は朴泳孝の秘書役をつとめていた日本人である[233]。実はこの日二九日、杉村代理公使のもとをヴェーベルと米国公使シルが訪問した。朴泳孝について日本は責任をとれと言いに来たのである。ヴェーベルは、朴の行動は「常ニ暴悪危険ニシテ、土地ノ治安ヲ妨害スル」ものであったが、最近は一層悪化し、このままでは「禍乱ヲ惹起スル」と非難し、日本の「保助」で権力に入ったのだから、しりぞけるのも「貴国ノ権力ニ属スル」ものと思うと言った。新聞では、自分と彼が近いように言われて、迷惑しているとも言った。杉村の方は、朴をもどしたのは大院君だなどとごまかしている。シル公使はともかくも勧告してほしいと求めた。ヴェーベルは、朴泳孝が旧護衛兵に代えて新兵を王宮内に入れようとしていることも批判した。これに対して杉村は「規律モナキ旧兵ニ代フルニ正式ニ訓練シタル兵ヲ以テ」王宮護衛をするのは当然ではないかと反論した。ヴェーベルは両者の差はなく、またそもそも千や二千の兵で守れるものでもなく、「陛下ノ気休メ道具」であり、「陛下ハ旧兵ナレバ安心ナリ」と述べた。そこで杉村は朴泳孝に話してみると約束した[234]。

杉村は、翌三〇日、朴泳孝に会い、「王宮ニ対シ過激手段ヲ取ルハ禍ヲ早ムルモノニシテ甚ダ不可ナル事」を説いた。つまり訓練隊を王宮内に入れ、実力で親衛隊を排除する策がとられるのではないかとみていたのである。そうなれば、高宗の方は「外国水兵」、つまりロシアの水兵を王宮に入れて護衛にするかもしれないとおそれたのである[235]。

このような混乱状態の中で、杉村は受け取った日本軍駐屯依頼の公文を日本へ送った。「国王ニハ御不同意ノ処強テ裁可ヲ得タル事ナレバ、再ビ議ヲ変ゼラレン事ヲ恐レ」と書いているが[236]、それも確信のあるところではないことは承知の上の行為であった。

東京も、混乱は閔妃がロシア勢力をひきこもうとしているためではないかと疑っていた。西園寺は二九日に杉村に電報を送り[237]、「王妃ハ閔氏ノ勢力ヲ恢復セントノ手段ヲ露公使ト密謀シ居ルヤノ風説盛ナリ」、朴泳孝に聞けと指示している。朴の答えは、その「間柄ハ突留メタルコトナキモ……相違ナシ」という根拠のない断定であった[238]。

七月二日には、閣議で親衛隊交代の件は当分見合わせることが決められ[239]、やや緊張がとけた感があった。

七月三日、杉村は高宗に内謁見をえた。高宗は、朴内部大臣と魚度支部大臣が言うところでは日本軍隊は近々撤退するとのことだが、「果シテ此事アリヤ」と尋ねた。杉村はいずれ撤退となるはずだが、軍隊のことは大本営の指揮命令によることなので、その命令が出ないうちは推定しがたいと逃げた。すると、高宗は「若シ日本軍隊ニシテ説ノ如ク悉ク撤回センカ甚ダ心許ナシ。就テハ朕ガ望ム所ハ今姑《しばら》ク一中隊位ノ兵隊ヲ公館護衛等ノ名義ヲ以テ駐留セシムル事ニ致度シ」と言った[240]。高宗は一中隊程度の駐屯は認めるが、それ以上の駐屯は認めないと言っているのである。それだけすでに杉村が送った四個中隊駐留を依頼する公文はまさに国王の承認のない文書になってしまうのである。それだけに日本政府とすれば、朴泳孝だけが頼りであった。

七月四日、杉村は朴泳孝からきた電報を東京へ転送してきた。「本官一歩モ退クノ考ヘナシ。斉藤、星ノ二氏トハ親シク相談シツツアリ。王妃ト露公使トハ幾分カ関係アルモノノ如シ。探知次第杉村氏ト謀リ、報知スベシ[241]。」斉藤、星とは、内部顧問官斉藤修一郎、法部顧問官星亨のことである。彼らが朴泳孝と組んで「韓廷ノ黒幕」的な政治的な動きをしていた日本人顧問であった[242]。

二日後、重大事件が発生する。七月六日、高宗は王宮に大臣たちを召集し、朴泳孝を解任する、謀反の嫌疑があると宣言した。謀反とは王妃を殺害せんとしたとのことで、その証拠となる日本人佐々木留蔵の供述書が国王の手もとにあるとのことであった。七月七日、朴逮捕の命令が警務庁に下された。それを朴にひそかに伝えた人がいて、朴は衣服をあらため、ロバにむち打って、日本公使館へかけこんだ。杉村の助けで、朴はその日のうちに日本へ脱出した。こうして政府の最大の実力者で、日本がもっとも信頼していた朴泳孝はあっさりと失脚してしまったのである[243]。

朴泳孝からすれば、ついにロシア公使と結託した閔妃にしてやられたということであったが、杉村がのちに日本に送った報告書でも、「宮中ト俄館ノ間ニ深キ関係ヲ開キタリト云フ事ハ朴派ノ専ラ唱フル所ナレドモ、今日迄突止メタル説ナシ」という具合であった[244]。

ヴェーベルとヒトロヴォーの見方

たしかにソウルのロシア公使館は日本批判を強めていた。ヴェーベル代理公使は七月一日(六月一九日)に本国の外相に書き送っている。

「下関講和条約によって日本は朝鮮の独立を厳かに宣言したが、現実には、この声明は日本の行為とはあまり結びついていない。……朝鮮政府と当地の事件に関心をもつ他の諸国の意志に反して朝鮮における進歩の推進者の役割をわがものとした日本は、当地の王の主権的権利をすべて蹂躙し、大臣たちを任命し、罷免し、国の行政府をほとんど手中ににぎり、少なくとも、はりつけた日本人顧問官と助手のおかげで、ソウルの政府機関に対する主要な統制権を有している。……朝鮮の独立は実際はフィクションである。」

朝鮮の外部大臣が日本公使館に日本軍の撤退が時期尚早であるとの意見を述べたことについて、高宗がこの表明は「彼の意志と了解に反して」なされたものであり、自分は杉村代理公使に「日本軍のさらなる駐留は無益であり、望ましくない」と伝えたとヴェーベルに語ったという[245]。

朴泳孝失脚後の七月一〇日(六月二八日)には、ヴェーベルは外相に「王は心から国の改造を願っているが、彼の立場は極度に困難である。……日本人は、改革の実施の名目で統治の手綱をふたたび手中につかもうとしている。彼らが国王からあらゆる権威を奪おうと努力する可能性がないとはいえない。日本政府に、朝鮮の独立を尊重すると繰り返し述べた約束を想起させ、その行動様式をこの約束と一致させる必要性に対して、友好的に注意を喚起させてほしい」と書き送った。この手紙にニコライ二世は「われわれはこの問題をきわめて真剣にみつめなければならない。日本による朝鮮の奪取は彼らの遼東半島占領よりわれわれにとってはるかに重要である」と書き込んだ(246)。

他方、東京のヒトロヴォー公使の方は朝鮮の事態を厄介なものだとみており、日本との協力の道を探る気分であった。七月一一日、西園寺外相と会ったヒトロヴォーは、朝鮮のことは「両国ニ大ナル関係ヲ有スルニモ拘ハラズ……別ニ御協議ニ与リタルコトナシ」、「将来貴我両国間ノ衝突ヲ避クル為」には「意見ヲ交換シ置ク」方が有益だと述べた。注目すべきことは「朝鮮政府ノ言行ニ付キテハ毫モ信ヲ置クニ足ラズ」としたことである。日本軍の駐留について今日は要請しても明日は撤退を求めることもありうる、そうなれば「露国ハ勢ヒ朝鮮政府ノ請求ヲ賛成セザルヲ得ザルベシ」、だから両国はよく「意見ヲ交換シ置クコト必要ト信ズル」とヒトロヴォーは述べた(247)。これはロシアが朝鮮に干渉を策したというようなものではない。日本との協調をもとめるヒトロヴォーのジェスチュアである。

皇帝の書き込みが影響したのか、ロバノフ＝ロストフスキー外相は高宗とヴェーベルの意見にそって、日本に申し入れをすることを決断し、ヒトロヴォーに訓令が送られた。七月三一日、ヒトロヴォーは西園寺外相代理を訪れて、外相からの文書で申し入れを行った。

「朝鮮国王は必要な改革を実施する意向であるが、王は自らの権威が日本政府の干渉の結果臣民にとって減殺されていると信じている。したがって、ロシア帝国政府は日本帝国政府に対し、朝鮮が名実ともに独立たることに関し、これまでなされた宣言を思いおこし、日本帝国政府が自らの宣言に自らの行動を合致させることを期待する。」

厳しい申し入れであったので、ヒトロヴォー公使は個人的意見だとしながら、あらためて将来の誤解を避けるための協議を希望した(248)。彼の本国への報告は次の通りである。

「西園寺公爵は私の声明を内閣に伝達し、回答すると約束した。同じ日、私は内閣首相と長時間対話した。伊藤伯は、政府は朝鮮の独立を決して侵害しないという固い意図を持つと保証し、朝鮮問題でも、他のすべての問題でもわが国と完全なる合意を達成したいと願っているとなんども繰り返して述べた。しかし、本当に腹をわった態度にさせるようあらゆる努力を払ったにもかかわらず、私はそのことを達成できなかった。[249]」

三浦公使の登場

朝鮮政府の中の日本党の中心人物であった朴泳孝の失脚は、日本では一般に閔妃とロシア勢力の勝利と受け取られた。いまや日清戦争の成果はゼロとなったとみえ、ロシアの影響力が日増しに強まっていると考えて、関係者は恐怖していた。井上公使の政策の失敗は明らかになったという雰囲気がただよい、公使更迭の声が高まった。その中で井上に代わる新しい公使として、三浦梧楼の名が挙がるにいたった。

三浦は一八四六年生まれで、当年四九歳、長州奇兵隊士あがりで、維新後は山県の兵部省に入り、西南戦争に参加した。一八八一年には谷干城《たてき》とともに四将上奏に加わり問題となったが、おとがめなしとなった。しかし、八六年にはまたも過激な兵制改革案を主張して、ついに予備役に編入された。その後短期間、学習院院長をしたが、八九年には谷とともに、大隈外相の条約改正案に反対する運動に加わり、以後政治活動をするようになったのである。[250]

この三浦が公使に選ばれる経過は謎であった。三浦を公使に推薦する文書としては、ただ一つ谷干城の伊藤総理あての一八九五年七月五日の手紙が知られている。[251]そこでは「兼て申上置候通」、三浦梧楼の採用が日本のために「願は敷事」だと述べている。谷は以前から三浦を伊藤に推薦していたことがわかる。なぜ井上に代えて三浦を公使にする必要があるかというと、「今後朝鮮に対する策は明々白々の干渉を避け……情と理とを以《もって》強鷲〔ロシア〕に依るの不得策を悟ら令《し》め……朝鮮を我物の如き挙動を避け」ることにしなければならないからだと指摘している。つまり井上の行きすぎた干渉政策を転換すべきだというのである。三浦のよいところは「心理の学」を会得している、「人品の高、志操の潔」は大いに向上しているということと、朴泳孝とも懇意であり、柴四朗が手足になって働くということを挙げている。「無用の用を為す人」だと期待していると述べている。

三浦は長い間谷の同志であり、文中の柴四朗は谷が農商務大臣時代の秘書官であり、彼が一八八七年井上馨の条約改正案に反対したときからの同志であった。谷の手紙が書かれる背景には柴の朝鮮への肩入れがあった。このことは従来の研究では見落とされていた点である。

柴四朗、彼は『佳人之奇遇』の著者東海散士である。金玉均、朴泳孝と一八八〇年代からの友人であった。九二年第三議会に福島県選出の代議士となった。日清戦争がはじまると、亡命していた朴が九四年八月に帰国する。柴は、議員に再選された直後の九月、朝鮮に出かけ、朴泳孝の復活のために働いたようである。朴はその後内部大臣になった。九五年五月になって、朴がロシアに接近しているとのうわさを聞いて、柴は佐々友房とともに再び朝鮮へ行った。谷干城、三浦梧楼らとの協議に基づいて出かけたといわれる。柴は朴泳孝と大いに語り、公使館では代理公使杉村濬とも語り合ったであろう。柴らは六月下旬に日本にもどってきた。だが、その直後、朴は政権を追われ、日本に再度亡命してきたのである。(252) 朴は高宗、閔妃、その背後にいるロシアに対する決定的な対立感情を柴に伝えた。柴は日本が朝鮮を失おうとしていると考えて、抜本的な手を打つべきだと決めたのであろう。柴はのちに『日露戦争羽川六郎』なる未来小説を書いたが、その中に彼の朝鮮情勢論を述べている。

「時に遼東還附に我が威力を失ひ、井伯の細密干渉に彼の嫌厭を招き、我が曩日《のうじつ》攻守同盟によりて獲取したる京釜、京義、京元諸鉄道敷設の権利も放棄に帰し、露国の勢力隆々として宮中に漲ぎり、朴泳孝等は虐殺の陰謀を免れて国外に出奔し、三浦子新たに井伯の後を受けて公使たる時なり。(253)」

ここに見える情勢論を柴が三浦にぶつけ、その出馬を口説いたものと考えられる。そして三浦が同意すると、谷に話して、伊藤総理に三浦を推薦させたのであろう。谷の推薦の理由は、三浦と柴が朝鮮でやろうとしていることとは明らかに異なっている。柴は自分の考えを充分谷に説明しないで、谷に三浦の推薦をさせたのである。(254)

伊藤から正式に依頼をうけた三浦は、「不抜ノ対韓政策」が必要だとし、次の三策のいずれをとるか指令してほしいという意見書を政府に出した。第一は「朝鮮ヲ同盟ノ独立王国ト認定シ、将来我ガ独力ニテ全国ノ防禦及改革ヲ負担スルノ責ニ任ズル」、第二は「欧米列国ノ公平ナルモノト相謀リ、共同保護ノ独立国トナス」、第三は「断然決意一強国ト高麗半島ヲ分割占領」する。[255] 柴は出発前の送別の宴で、三浦の三策と同じものを語り、「永久不変の方針を確定し」、進むべきだと訴えている。三浦の意見書は柴が書いたものであろう。[256]

政府は答えを出せず、返事を出さなかった。そこで三浦は公使を辞退したとされている。しかし、山県は、三大政策は熟慮を要するので、いずれどれかに決めるが、いまは「一日も速に渡韓をしてくれ」と説得した。それで、三浦は「臨機応変自分で自由に遣る外は無いと決心し」、公使を引き受けたと書いている。[257] 発令されたのが八月一七日であった。

三浦が公使に決まってから、赴任するまでのあいだに、退役将軍である三浦に接近したのが軍部であったと考えられる。金文子は詳細な史料発掘にもとづき、日本軍の撤退問題、日本軍敷設の電信線の権利問題、鉄道建設利権問題で軍部の受け入れられない方針を出していた井上に不満をつのらせていた川上操六参謀次長らが、三浦と深い関係を結んだことを明らかにした。[258]

井上公使の帰任

井上は七月中旬にソウルにもどった。井上はそれまでの改革強制の姿勢を完全にあらため、国王に三〇〇万円の寄付を申し出て、日本との関係を改善させようと努力したが、結局日本政府はこの案の実施をとりやめた。[259] もはや井上は完全に見捨てられたのである。

七月一六日、日本と関係がいい宮内府協弁金宗漢《キムジョンハン》が解任され、ヴェーベルに近いアメリカ人ル・ジャンドルが宮内府顧問に任じられた(260)。七月一七日には、宮中警備の侍衛隊が新設され、国王に近い洪啓薫《ホンゲフン》が訓練隊連隊長に任命された(261)。

ヴェーベルはこの間国王とますます接近していた。八月一〇日(七月二九日)になると、外相あてに報告を送り、「朝鮮の王は自分の力だけでは日本と戦うことができないことをはっきりと自覚していて、すべての希望をロシアの決定的な、強固な支援にかけている」と述べている(262)。彼はこの期待に応えるべきであると考えていた。高宗が求めているロシア人の教育者の派遣、咸鏡道の開発のための鉱山技師二名の派遣、ロシア人医師、女医の派遣などに応じるべきだとしたが、とくに朝鮮政府が要請してきたロスポーポフの宮内府顧問としての派遣には、積極的に応じるべきだと主張した。

ロスポーポフはコストゥイリョーフの次の東京公使館の語学留学生で、一八九一年に日本に来た人である。ソウルに派遣されて、朝鮮側とも交渉があったのであろう。彼を気に入った高宗が派遣を望んだのである。

こうなると、外相はたちまち慎重になった。八月一三日に、外相はヴェーベルに対して、王の希望には、「朝鮮政府の他の諸国民との関係を先鋭化することのないように、この上なく慎重に」対すべきである、「もしもこの任命が何らかの理由でこの国の内政へのわれわれの直接の干渉だと解釈されるおそれがあるならば、よい口実をつけてもっと適当な時期までのばすのが慎重であろう」と書き送っている(263)。そしてヴェーベルがあくまでも高宗の要望に応えるべきだと主張すると、ヴェーベルの活動を危険視して、七月にメキシコ公使として赴任することを命じるにいたるのである。後任に任命されたのは一八八九年まで東京公使館の一等書記官であったシペイエルであった。高宗はヴェーベルの留任を願う手紙をロシア皇帝に送ったのだが(264)、決定は変えられなかった。ただし、シペイエルが九六年一月に着任するまでの間、ヴェーベルはソウルにとどまることを許された。ヴェーベル更迭のロシア政府の決定は当面秘密にされた。

八月二三日、朴定陽が総理をやめ、内部大臣になり、金弘集が総理にもどった。[265]

三浦公使到着

新公使三浦梧楼は一八九五年九月一日、ソウルに着任した。顧問の柴は九日に東京を出たので二〇日ごろに到着したとみられている。[266]三浦がソウルに来る前に、すでに一〇月八日の行動の方針をもっていたかどうかはわからない。ソウルに来て、柴四朗とともに、一等書記官杉村濬、駐在武官楠瀬幸彦らと協議して、事態を分析し、とるべき方針を立てたと考えるのが自然であろう。

さて、これまでもしばしば重要な役割を演じてきた一等書記官杉村濬は、もとは『横浜毎日新聞』の記者であった。地元神奈川県の県令をしていた野村靖の紹介で、駐韓公使花房義質《よしもと》に会い、一八八〇年に訪韓した。以後外務省に入り、九年間朝鮮で働いた。とくに最近四年間の激動期は一貫して首席書記官、臨時代理公使をつとめていた。[267]その彼が三浦の方針に深くコミットしたのは、彼からみれば、これが日本の対韓政策の最後の言葉だということなのであろう。武官の楠瀬幸彦は初代のロシア駐在武官であり、九四年一二月にロシアから朝鮮に来たのである。おそらく徹底した反露派なのであろう。朝鮮では訓練隊の養成にあたり、朝鮮政府の軍務顧問にもなっていた。彼は柴四朗の弟柴五郎と陸士が同期であった。[268]

到着早々三浦は川上と電報をやりとりしていた。九月六日、川上操六参謀次長が三浦公使に、四個中隊の駐屯に加えて電信線守備のため憲兵約二五〇人を派遣したいと考えている、朝鮮政府の承諾をうるべきであろう、この件で公使の意見をききたいと電報をよこした。この電報は一三日に届いた。[269]三浦は一五日、急な撤兵はよくない、徐々に交換するのがいいのではないかと電報を打っている。[270] 一九日になると、三浦が突然、地方で反乱が起きると、ロシアに加勢を頼む可能性があるので、対抗上、大本営に連絡できないまま兵を動かす必要があるかもしれない、だから、「本官ノ通知ニ応ジ、何時ニモ出兵スル様兼テ兵站司令官ニ御訓令相成」り、その旨を外務大臣をへて自分に通知してほしいと求めたのである。[271]

この時点で、三浦は近い将来の行動のために京城守備隊の指揮権を握ることを必要としたのであろう。これを知った西園寺外相代理は九月二四日、三浦に不快感を表明した。[272]

この間井上は九月一七日をもって帰国した。こののち柴四朗がソウルに到着して、本格的な準備が始まったのであろう。三浦、柴、杉村らは決定的な行動を決断するにいたる。

のちに事件直後の昼過ぎ、王宮から公使館に帰ってきて、内田領事に説明を求められたとき、三浦は次のように彼の行動の動機について説明している。

「近来王妃ヲ始メ閔党ノ輩露国ト結託シテ益々勢力ヲ逞フシ、内政改革ノ業ハ漸ヲ追フテ、悉ク破壊シ、我士官ノ養成セル訓練隊モ亦閔党ノ策ニヨリ、故《ことさ》ラニ巡検等ト争闘ヲ惹起サシメ、之レヲ口実トシテ遂ニ訓練隊ヲ解散シ、且ツ其士官ハ悉ク捕ヘテ、之ヲ殺戮シ、閔泳駿ヲ入レテ、国政ヲ執ラシメ、万事露国ニ依頼シテ、我ニ離反セント計画シ、将《ま》サニ本日ヲ以テ先ヅ訓練隊ノ解散ニ着手セントシタルヨリ、最早躊躇スベキ時ニアラズト認メ……[273]。」

柴も『日露戦争羽川六郎』では、「此に突然恐るべき陰謀は発見せられたり。即ち露韓間の秘密条約将に成らんとし、其調印に障りあるが為めに、断然日本士官に訓練されたる新営軍を解散し、而る後に日本党の大臣を暗殺せんとすること是なり[274]」と書いている。

ロシアが決定的に朝鮮の王妃の後ろ盾になり、高宗をして日本に対抗する道に立たせようとしているという判断は明らかに誤りであった。高宗、閔妃は信頼あついヴェーベル公使に異動命令が出されたことを考え直してもらいたいと願っていたのに、ロシア政府はそれを認めなかったのが実際のところだった。訓練隊の解散も、訓練隊の連隊長として王に近い人物が送り込まれたのに訓練隊側が反発したのだから、このことを解決することが必要になっていたのである。はたして訓練隊の解散が実際命令されたのかどうかは疑問である。

内田領事によれば、九月二七日に訓練隊大隊長禹《ウ》範善《ボムソン》は同教官宮本少尉に、訓練隊は一〇日以内に解散させられ、将校は厳刑に処せられると訴えた。禹は二八日には石森大尉をも訪ね、何事か話し、さらに一〇月三日、馬屋原少佐、石森大尉とともに三浦公使を訪問した。内田はこの三日あたりに楠瀬中佐も本件に関わりをもったのではないかと推定している。[275]

いずれにしても、三浦たちが行き着いたところは、大院君をかついでクーデターを行い、親露反日勢力を一掃する、その過程で閔妃を殺害し、高宗を極限まで威嚇して、日本に従わせるとの方針であった。閔妃殺害は朝鮮人兵士にさせるのがいいが、やむをえなければ在朝鮮日本人の有志を使ってやるという考えだったのであろう。

この方針は、あまりに隣国朝鮮を侮蔑した方針であり、日本の国の深部にあった病いのあらわれであった。このような行動を公使館をあげて実行することが、国際社会で許されるはずはない。そしてロシアをはじめ各国から批判され、窮地に立てば乗り切れるはずはなかったが、そのあたりのことはまるで考えていないようである。

実行部隊の動員はすでに進められていた。三浦公使と杉村と柴はまず、日本から朝鮮の宮内府顧問官に送り込まれていた岡本柳之助と『漢城新報』社長安達謙蔵を陰謀に引き入れた。安達は『漢城新報』主筆の国友重章、同社員の平山岩彦、小早川秀雄、『国民新聞』特派員菊池謙譲らを引き込んだ。このうち安達、国友、平山、小早川、菊池はみな熊本県出身で、ソウルには熊本県出身者のグループが存在した。結局のちに広島地裁で裁かれた事件関係者四七人中、熊本出身者は二一人にも上っている。[276] 領事館員の堀口九万一《くまいち》（詩人堀口大学の父）を動員したのは杉村であろう。守備隊と訓練隊の方は楠瀬が準備を整えた。

閔妃殺害

一〇月五日、三浦は大院君のもとへ岡本柳之助を派遣した。来るべき行動を予告するためである。『閔妃暗殺』の著者角田房子は、大院君が三浦の要請を受け入れるという明確な返事はしていないとみている。三浦は一〇月一〇日決行と計画を立てていた。一〇月七日、訓練隊の解散が明日行われるとの知らせが入った。訓練隊が解散されると、行動に支障が出る。三浦、柴、杉村は予定を繰り上げて、この日のうちに事を決行すると決めた。王宮突入の時間は一〇月八日未明午前四時と定められた。夕刻三浦は領事館員堀口久万一を呼んで、大院君を入闕させるので、萩原警部とともに龍山に向かい、岡本柳之助と会って、大院君の邸へ行ってほしいと命じた。二人は馬に乗って出発した(277)。

七日午後七時から内田定槌《さだづち》京城総領事が三浦公使の歓迎会をすることになっていた。三浦はカムフラージュのために好都合だとして、その会に出席した。杉村も、内田の部下の堀口も欠席したので、三浦だけが内田夫妻と食事をしたのである。内田には何も知らされなかった。

実行部隊に指令が出され、夕刻から拠点の霊山に人々は集まり、待機していた。四〇人ほどである。大院君を迎えに行く役を命じられた岡本柳之助がこの集合場所に到着したのは七日の深夜一二時に近いころであった。安達謙蔵、小早川秀雄、堀口九万一らが迎え、そこから全員で孔徳里の大院君の邸めざして出発した。通訳として鈴木順見が同行した。

大院君の邸では、岡本、堀口が通訳の鈴木とともに大院君の寝室に入って、行動を説明し、説得した。午前三時、ようやく大院君は腹を決めて、宮殿へ赴く輿に乗った。門前で岡本は人々に、大院君を護衛して王宮に向かう、「狐は臨機処分せよ」と訓示した。閔妃殺害の指示である。

一行が市内に入ると、西大門の近くで日本軍守備隊一四〇人が出迎えた。一〇月八日、夜が明けるころ、一行は光化門に到着した。柴四朗の宿所で待機していた国友重章ら十数名も合流した。日本人守備隊と訓練隊は訓練隊連隊長洪啓薫の制止を押し切って、光化門内に突入した。洪は斬り殺された。大院君は康寧殿のところで輿を止めさせ、そこに止まった。一部の護衛をのこして、あとの者は王宮の奥へ殺到した。そして、ついに日本人たちは、高宗と閔妃が居住する乾清宮に到達し、そこで惨劇が起こされたのである。

内田領事の報告によれば、日本人は閔妃の居住する坤寧閣に侵入し、服装容貌が優美な女性三人を殺害した。しかし、誰も王妃の顔を識別できる者がいないため、「王妃はどこにいるか」と女官たちに刀を向けて脅迫する姿もみられた。

やがて、壮士たちは国王の居室のある長安堂に乱入しようとした。萩原警部が「ココハ国王陛下ノ宸殿ナリ、立チ入ルベカラズ」と叫んで制止した。「国王及世子ハ身ヲ振ハシテ、萩原ノ両腕ニ取リスガリツツ、頻リニ保護ヲ頼ミ給ヒタリ。」

そのうちに女官の証言で、閔妃が殺害された三人の一人であることが確認された。萩原の指示により、遺骸は乾清宮の東にある松林の中で焼かれた。王妃の腰につけた巾着の中から、ヴェーベルの留任をロシアの皇帝にもとめる高宗と閔妃の手紙の原稿が発見された(278)。

このほか乾清宮の庭では宮内府大臣李耕稙《イギョンジク》が斬り殺されている。王妃を殺害した者は日本軍人であったとの説があると内田は書いているが、この点の資料を検討した金文子はその軍人は訓練隊教官宮本竹太郎少尉であったと推測している(279)。

殺害の目撃者たち

惨劇をその渦中で目撃して、証言をのこしたロシア人がいる。セレジーン＝サバーチンである。彼は一八八三年に上海から朝鮮に来たお雇い外国人で、最後は建築家として高宗のために働いた。王と王妃が居住する乾清宮の奥に二階建ての洋館、観文閣を一八八八年につくった。仁川の万国公園の中にある済物浦クラブの建築に関わったことも知られている。彼はヴラジヴォストークの新聞『ダリョーキー・クライ』に匿名で朝鮮からの通信を送っていた。[280] 彼は前日王宮内を見回ったさい、南門のあたりで朝鮮の新軍兵士と日本軍兵士とがにらみあい、朝鮮人兵士が何事かを叫んでいるのを聞いている。宿舎にもどると、知り合いの朝鮮人が訪ねてきて、明日の晩何事かがおこると警告したが、内容は知らされなかった。当日は、午後七時に王宮内を見回ったが、何事もなかった。一〇月八日、明け方前の午前四時、宮廷警備隊、侍衛隊の将校李ナギュンが来て、王宮は反乱した兵士に取り囲まれていると言った。しばらくして、アメリカ人の軍人ダイが出てきて、一緒に門まで行ってみようと提案した。

彼らはまず西の迎秋門へ行った。門前には日本軍の兵士が整列していた。そこから東の建春門へ行くと、そこには三〇〇人ほどの訓練隊の兵士がいた。重大な事態だと悟った彼らは宮殿(乾清宮)にとってかえし、警戒措置をとった。しかし、将校たちは留守で、兵士を動かすことができなかった。明け方五時に西側で銃声がおこり、塀にはしごをかけて訓練隊の兵士が侵入してきた。歩哨は最初の銃声でみな逃げだし、のこる侍衛隊も逃げてしまった。ダイは彼らをとめようとしたが、ムダだった。セレジーン＝サバーチンはこのとき、乾清宮内の国王と王妃の居室に通じる扉に群がる人々の中に、平服の日本人数人を見た。彼らは行ったり来たりして、誰かを探している風であった。

「王妃の居室がある構内は日本人で一杯だった。二〇人から二五人ほどである。彼らは平服で、刀をもっていた。

一部の者は抜刀していた。彼らを指揮していたのは、長い刀をもった日本人だった。多分彼らの隊長であろう。一部の日本人は宮殿の隅々まで、さらには別の建物の中も大わらわで探していた。別の者は王妃の部屋に乱入し、そこにいた女官に襲いかかり、髪の毛をつかんで窓から引き落とし、地面を引きずり、何か問いただしていた。」

「私はもとの場所にとどまり、日本人が王妃の御殿の中のものすべてをひっくり返すのを見守りつづけた。二人の日本人が一人の女官をつかんで、家の中から引きずり出し、階段の下に引きずりおろした。」(281)

セレジーン＝サバーチンはまさに王妃襲撃のまっただ中に立っていたのである。やがて日本人の行動隊員は彼をつかまえて、王妃の建物の前に連れていき、王妃がどこにいるのか教えろと迫った。英語で、「王妃はどこにいる。われわれに王妃を教えろ」と言った。それから指揮官もやってきて、「われわれは王妃を発見できていない。あんたは彼女がどこにいるか知らないか。彼女がどこにかくれているか教えてくれ」と迫った。(282)自分は王妃に会ったこともない、知らないと言い張って、放免されたのである。二人のことは内田報告にも出てくる。

大院君と新政府の成立

高宗が感じた恐怖は途方もないものであったろう。隣の宮殿にいる妃が殺されたことはすぐにわかったであろう。日本人の憎しみ、殺意が自分にも向けられていることを彼は痛感した。その恐怖、そして怒りがいまださめやらぬうちに、高宗のもとを公使三浦が訪問した。午前八時すぎ、三浦と杉村が来て、高宗に会った。謁見の途中三浦は中座して、閔妃の遺骸を確認し、焼却を命じた。待機していた大院君が呼ばれ、高宗、大院君、三浦の三者会談が行われた。すでに大院君との間で合意されている方針を三浦は高宗にのませた。金弘集総理、金允植外部大臣を留任させ、有力な親日派を入れた内閣の顔ぶれが決められた。軍部大臣安駉寿《アンギョンス》、学部大臣李完用《イワンヨン》、農商工部大臣李範晋《イボムジン》、警務使李允用《イユンヨン》らが解任され、李載冕《イジェミョン》が宮内府大臣、金宗漢が宮内府協弁、趙義淵《チョウィヨン》が軍部大臣、徐光範が学部大臣、鄭秉夏《チョンビョンハ》が農商工部大臣、兪吉濬が内部協弁に任じられた。さらに三浦は「国政に干渉し、政治を乱した王后閔氏を廃妃して庶民に落とす」との勅書に署名することを高宗に約束させた。それは高宗として終生忘れることのできない屈辱であったろう。侍衛隊を追い払った訓練隊が王宮警護にあたることになり、勅令により侍衛隊を訓練隊に吸収すると発表されることが決まった[283]。まさに日本が操縦する大院君クーデターが実現されたのである。

ロシア公使の追及

惨劇の夜、ヴェーベルは公使館にいた。明け方、朝鮮の宮内府協弁が召使いの服で駆け込んできた。彼は宮中で「日本人が虐殺をしている。おそらく王妃を殺すつもりだろう」と訴えた。国王はアメリカとロシアの公使に、急いで宮殿に来てほしいと切望していた。やがてセレジーン＝サバーチンも脱出してきて、報告した。その話を聞いて、ヴェーベルはアメリカ公使館一等書記官アレンとともに宮殿へ急いだ。途中日本公使館に立ち寄ったが、三浦公使は留守だった。宮殿では、ダイ将軍、ル・ジャンドル、グレイトハウス、税関長官ブラウン、それに大臣たちに会った。ヴェーベルとアレンは高宗の御殿へ向かった。

「数人のヨーロッパ人が王の寝所に入ると、粛然たる沈黙の光景が演じられた。それはどのような言葉よりも事の実相を明らかにした。国王は夜の事件に深く衝撃をうけ、語る力もなく、涙を抑えることができず、儀礼に反して、一人一人に歩み寄り、手を握りしめた。自分を一人にしないでほしいという希望を表明することしかできなかった[284]。」

それから二人は大院君に会い、ついで日本公使を探して、会った。「私が起こったことについて彼に尋ねると、事柄とまったく無関係な、以前にあった訓練隊の兵士と警察の衝突についてくどくど説明しはじめた。私たちが反論すると、ようやくみなの要請を入れ、午後三時半の会合に出席することに同意した。(285)」

午後三時半の在京外交使節の会合にはすべての国の公使が顔をみせた。ヴェーベルはつづけて書いている。

「日本公使は、まったく平然たる様子で、緊張したところがなく、際限なく喋った。すこしも事態に触れずに、またもや訓練隊の兵士と警察の衝突という話をながながと説明しだした。まるでそのために宮殿内のこのすべての騒動が起こったかのように。やむをえず、同僚たちの名において、私は彼をさえぎり、そんなことは事態と関係がない、なぜなら宮殿内に警察はまったくいなかったからだと指摘した。そして、どういうわけか、不当にもそこには日本人がいて、まさに彼らが殺害をおこなったのだということに注目するよう促した。三浦子爵は明らかに当惑して、日本の習慣では軍隊には若干名の馬丁がいるものだ、はっきり言って、こんなことは重視するに価しないと言って、またまた事の判断から逃げようとした。やむをえず、私は、問題になっているのは数人の馬丁ではなく、ちゃんとした身なりの、武装した日本人三、四十人の集団だ、証人もいる、必要なら、一部の者の似顔絵も書かせることもできるし、首実検もできると強く言明した。さらに、私は三浦子爵に対して、第一に、宮殿内で騒動を起こし、殺害をおこなった日本人の氏名を明らかにすること、第二に、宮殿内の事件と……大院君の連れ戻しに日本の軍隊が参加したのかどうか明らかにすることを求めると言って、迫った。三浦子爵はどう答えていいかわからず、かならず事件を調査する、宮殿内の完全な平静を回復すると請け合うにとどめた。……この会合のあと、各国外交代表たちがうけた印象は、この前代未聞のいまわしい事件は全的に日本人によってなされたということであった。(286)」

ヴェーベルは真底怒っていた。報告の最後に彼は次のように書いた。

「われわれは世界史に前例のない、犯罪的な事実に立ち会っているということだ。平時に他国民が自国の軍隊、そしておそらく公使館の庇護のもとに、さらには指導のもとに、大挙して王宮に乱入し、王妃を殺害し、その遺体を焼却する。そしてさらなる一連の醜悪な殺人と暴行をなしたあとで、衆人環視の中で自らがなしたことをあつかましくも否定する。そんなことはいまだかつて見たこともない。明らかに、日本人は朝鮮に対して欧州列国が無関心であり、まったく罰されるおそれがないのをいいことに、いかなる法によっても縛られる必要をもはや認めていないのだ。(287)」

日本国内の反応

この日、一〇月九日朝の日本の新聞は「京城事変」として、次のように報じた。

「今朝五時大院君訓練隊二大隊を率いて王宮に突入したり。衛兵拒《ふせ》ぐ能はず。王妃の消息未だ知るを得ず。三浦公使は直に参内せり。」

「両兵の間互に発砲するに至り、将に一大事に及ばんとする一刹那、我三浦公使大君主陛下の御召に依り、日本兵若干を引率して参内するに会せしかば、両兵は僅に四、五の発砲を為したるのみにて打鎮まり……。」「大院君王城に進入するや、王妃の踪跡不明となれり。訓練兵の為め殺されたるか、将《は》た何れにか遁れたるか、午後二時頃迄には判然せざりき。(288)」

これは事件当日の午前一一時、三浦公使が東京の外務大臣臨時代理西園寺公望に送った第一報と完全に一致している。(289) これが三浦が流した事件の公式説明であったのである。八日午後八時五分に杉村が東京の井上馨の問い合わせに答えて送った電報は次の通りだった。

「日本兵ハ訓練隊ヲ教唆シタル形跡ヲ見ズ。顧問官中岡本ハ多少大院君ト関係ヲ免レズ。……今朝公使ノ入闕ハ国王ヨリ大急使ニテ鎮撫方依頼アリシニ因レリ。王妃ハ多分殺害セラレシナラン。(290)」

これは完全に東京を欺く虚偽の報告であった。

三浦は一〇月八日の夜、一〇時半になって、はじめて踏み込んだ説明を外相に送った。

「今朝ノ事変ハ……表面朝鮮人ノ仕事ナレドモ、裏面ニテハ多少日本人相加ハリ、而シテ実ハ本官ノ黙視シタルコトナリ。[291]」

事件の実相がようやくにして明かされたのは、八日の真夜中、一二時ごろに打たれた三浦の電報であった。それはロシア公使から三浦が追及された八日午後の会議の報告だった。三浦は直接肯定していなかったが、ロシア公使の追及から日本人が王妃を殺害したことが明らかであった。おどろいた西園寺外相代理は九日の早い段階で、小村政務局長をソウルに派遣して、措置をとることを決断した。[292]

さてソウルでは一〇月一〇日に王妃を廃する詔勅が出された。それは日本の新聞にも報道された。

「朕臨御三十二年治化洽《あまね》からざる内に、王后閔氏其親党を引き、朕の聡明を蔽ひ、人民を剝ぎ、朕の政令を紊《みだ》し、官爵を売り、貪虐地方に普《あまね》く、盗賊四起宗社危し。朕其悪極るを知り、之を罰せざりしは朕の不明に依るも、亦其党与を呼起せしに依る。朕之を圧抑せん為めに昨年十二月宗廟に誓告し、后嬪宗戚の国政に干渉するを許さずと閔氏の悔悟を望みしに、閔氏旧悪を悛《あらた》めず、其党与と群小輩を私《ひそか》に引進し、朕の同姓を差離し、故国務大臣の引接を防遏《ぼうあつ》し、又朕の軍隊を解散すと朕の旨を矯め、乱を激し事変起りしに、朕を離れ、其身を避け、壬午の往事を踏襲し、尋ぬるも出でず、是王后の爵徳に適はざるのみならず、其罪悪貫盈《かんえい》す。朕已むを得ず、朕が家の故事に謹み倣ひ、王后閔氏を廃し、庶人となす。[293]」

王妃を殺され、その上で王妃を辱めるこのような詔勅を出させられた高宗が、心中日本を絶対に許さないという気持ちになったことは想像に難くない。

小村調査団による事件処理

一〇月一五日、小村寿太郎政務局長を責任者とする事件調査団がソウルに到着した。調査団のメンバーには安藤検事正、海軍大佐伊集院五郎、陸軍中佐田村怡与造《いよぞう》、それに仁川在勤の領事館補山座円次郎が入っていた。[294] のち日露戦争前夜に小村は外相、山座は外務省政務局長、伊集院は海軍軍令部長、田村は陸軍参謀次長となり、日露開戦を主導する面々である。

一〇月一七日、政府は三浦に帰国の命令を出し、小村を後任の公使に任命した。小村は、政府は事件に無関係であるとし、事件に関係した疑いのある公使館員、民間志士はすべて退韓させ、法の処分をうけさせるという方針をもっていた。まず志士たちが騒ぎをおこさないように、最初に退韓させた。一八日には岡本柳之助以下二十有余名に退韓を命令し、二二日に船にのせて、宇品に送った。三浦公使、杉村一等書記官、楠瀬中佐らはそれよりあと、この月のうちに宇品に送られた。彼らは宇品で次々に拘束され、裁判にかけられることとなった。総勢四四名である。[295]

一〇月二〇日、ロシア外相は休暇から戻り、西公使と会った。外相は、公然と日本軍隊を朝鮮から撤退させるのがよいのではないかと述べた。なぜなら「朝鮮人は日本人を嫌っており、事件の結果日本人にますます敵対的になっていくという説があるからだ」。[296]

一〇月二一日、日本政府は前朝鮮公使井上馨を慰問使としてソウルに送った。三浦の印象をいくらか和らげようとしたのである。一〇月二五日、西園寺外相代理は次のような声明を発し、各国に駐在する公使を通じて、各国政府に伝達せしめた。

「日本国軍隊ノ朝鮮ニ駐屯スルハ目下日本国ノ占領ニ係ル奉天半島トノ間ニ朝鮮国内ヲ経テ……交通線路ヲ維持シ、

安寧ヲ担保シ、我ガ公使館、領事館及臣民ヲ保護スルガ為メナリ。……右軍隊駐屯ノ必要ハ日本軍隊奉天撤兵ノ時ヲ以テ、始メテ止ムベシ。……朝鮮国改革ノ事業ハ其緒ニ着キタルヲ以テ、其歩ヲ進メ、随テ朝鮮国ハ遠カラズ単独ニ秩序ヲ維持シ、外国人ヲ保護シ得ルニ至ルベシ。此場合ニ於テハ之レガ為メ朝鮮国ニ駐屯セル軍隊ヲ召還スベシ。日本国ハ朝鮮国ニ対シ決シテ他意アルニ非ザレバ、軍隊ノ駐屯ヲ永久ニ永引カシムベキ意アルコトナク、却テ……此義ニ付一切ノ責任ヲ解除セラルルコトハ最モ喜ブ所ナリ。目下ノ形勢ニ於テ朝鮮国内政事務ニ関シテハ、日本国政府ノ政略ハ無干渉ノ方針ヲ執ルモノニシテ、欣然他条約国ト共ニ、単ニ望ヲ将来ニ属スルノ意嚮ヲ有ス。[297]」

王妃殺害というような暴挙を行った結果、軍隊の駐留もいまやできなくなったのである。

列国公使らのあらたな会合が一〇月二五日、アメリカ公使館でひらかれた。アメリカ、ロシア、英独仏、それに日本の公使が集まった。会議の冒頭シル米公使は、高宗が引き続き生命の危機を感じている非常事態をどうするかだと主題を提起した。小村が発言を拒んだ後、ヴェーベルが、異常な事態の根源は一〇月八日の反乱の「下手人たちがみな権力の座にある」ことだと指摘し、金弘集内閣の解散と訓練隊の王宮撤退が必要だと主張した。小村はこれに対して、訓練隊を王宮から出して、秩序と平穏が保証されるのかと反論した。ヴェーベルは市内は平穏で、騒擾は宮殿の中でおこったのだとして、徐々に訓練隊を王宮の外に出すことを重ねて主張した。シル米公使は「国王は王妃を殺した者たちの手の中にある」、王妃を殺した動機があれば王と皇太子の抹殺もはかられる可能性があると指摘し、小村に日本公使館が責任をとるべきだと迫った。小村が、可能なことはやる用意があると述べると、ヴェーベルは、国王の安全のためには軍部大臣趙の更迭と訓練隊の解散が必要だと提案した。しかし、イギリス公使ヒリアーは訓練隊を退去させるのに反対する小村に同調した。シル米公使はヴェーベルを支持したが、結局一致した結論にはいたらなかったのである。[298]

この懇談会の報告も小村によって簡単に東京に伝えられたが、小村は、日本の兵力で実行せよと迫られたので、自

分は熟考したいと引き取ったと述べている。(299)

一一月五日、内田定槌総領事は長文の「明治二十八年十月八日王城事変ノ顛末」なる報告を西園寺外相代理に送った。「意外ノ辺ニ意外ノ事ヲ企ツル者有之、独リ壮士輩ノミナラズ……当領事館員及守備隊迄ヲ煽動シテ、歴史上古今未曾有ノ兇悪ヲ行フニ至リタルハ我帝国ノ為メ実ニ残念至極ナル次第ニ御座候。」これは金文子も指摘するように、暗黒の中に光を放つ良心的な告発の文書だった。(300)

同じ一一月五日、こんどは日本公使館で各国公使懇談会がひらかれた。井上が主宰した。この懇談会の報告は翌六日に井上、小村両名の名でなされたが、ロシア側の資料とさほど食い違いはない。米公使が代表して、国王の身に迫る危険を取り除くため、軍部大臣が掌握する王宮護衛兵を「強力ヲ以テ……王宮外ニ追出シ、且其目的ヲ達スル為メ、日本兵ヲ王宮ニ入ラシムルコト刻下ノ急務ナリ」と提案した。井上は、一部の大臣と王宮護衛兵を追い出すことが必要であることについては、米公使と「大体ニ於テ同意ナリ」と述べたが、日本兵により強力な手段を用いると、あらたな葛藤がおこる恐れがある、したがって「各国代表者ニ於テ何カ協同ノ処置ヲ執ルヲ得策ナリトス」と主張した。(301)

井上がこの席で、ソウルにもどり、三浦公使の行動が朝鮮人にも列国公使にも、「日本の行動に対する疑いを抱かせた」ことを知ったと述べたことは、いくらか公使たちの気持ちを緩和させたと考えられる。会議の結論は、日本軍の力で王宮護衛兵を王宮から追い出すこと、そのさい王のもとに外国人代表者を同席させること、日本軍は目的を果たしたら、すぐ引き揚げることなどが合意された。公使たちは、本国政府に訓令を仰ぐことになった。(302)

この会議のあと、ヴェーベルとシルは国王に呼ばれて、次のような話を聞いた。明日六日、井上に謁見を許すことになっているが、軍部大臣の趙義淵から、一〇月の事件に日本人は関係なく、一部の朝鮮人士官の犯罪だと井上に言うように求められている、その通りにしないと、生命を保証しないと脅迫されていると。

そこで、二人の公使は六日朝、日本公使館に井上を訪ねて、高宗が何を言っても、本心ではなく、言わされている言葉である、一〇月の事件の話になったら、遮って、王に何も言わせないでほしいと要請した。井上はわかったと答え、高宗に拝謁したあと、自分の息子をロシア公使館に送り、問題の話題にはふれなかったと伝えた。しかし、この日井上は金弘集総理と会い、その対話記録を列国公使館に配った。その中で、井上は、「前例のない暴力」と抽象的にだけ語り、具体的には閔妃廃妃の詔勅は「朝鮮史のもっとも暗黒の汚点」であると非難した。[303]

この間、ロシア外相はヴェーベルの報告に対して、「国王救出のあらゆる方策」を支持すると返事をよこしていた。[304]

一一月一二日、ロシア、アメリカ、イギリスの三国の公使が小村公使を訪れた。まずヴェーベルは、一〇年前にこの国に赴任し、「全力をつくして〔朝鮮の〕平和と和睦および国王とその領国の福祉をはかるように」という訓令を実践してきたが、この国の「平和と和睦は過去一五カ月の間に少なくとも四度破壊された」と述べた。「自分は、王妃は日本公使館のおかげで権力を得た大臣たちによって廃妃されたことに注意を喚起したい。王妃を殺害する明らかなる目的をもった某外国の臣民による王宮の攻撃は王妃廃妃より以上に大きなこの国の歴史の黒い汚点である。」ヴェーベルはそのように日本政府の行為をきびしく批判したのである。その上で、日本政府は生起したこの事態に責任がある、したがって、行動するのは義務であると指摘した。彼はロシア政府もこの意見に同意していると付け加えた。[305]

米公使と英公使ははるかにあいまいなことしか言わなかったのだが、日本側としては、三公使が一致して、「日本政府ハ、一時日本兵ヲ以テ王宮ヲ護衛シテ、秩序ヲ回復シ、国王ノ安全ト自由トヲ鞏固ナラシムル為メ、率先ノ処置ヲ執ラザルヲ得ズ」と主張していることを認めた。これは「国王若シクハ外国代表者ニ於テ不必要ナリト認メラルルマデ」の一時の策であるということであった。[306]

これだけ問いつめられた井上馨は、どのように答えていいのか、わからなかった。日本政府は、これ以上兵を動かすつもりはなく、いかなる措置もとらない方針であった。[307] 彼は一一月一三日、「最早滞在ハ無用ト困難ノ地位ニ立テリ」として、帰国の許しを願った。[308] 西園寺はただちに帰国を認めると打電した。[309] 他方、この日、伊藤総理は、この間の電報をみれば、「井上大使ガ我兵ヲ王宮ニ入ルルノ張本〔人〕タリト認メラレタルコト明カナリ」とし、帰国を命ずるように西園寺外相代理に伝えた。[310]

遼東還付条約の調印と露清接近

一一月八日、日清両国は遼東還付条約に調印した。清国は奉天省南部の地を還付する代償として、日本に銀三千万両(四九三万五一四七ポンド、四四九〇万七四六九円)をあたえることを約束した。[311] なおこの条約の交渉のさい、日本側は「清国ハ前条ノ還付地ヲ決シテ何レノ他国ヘモ譲与セザルコトヲ約ス」という条項を含めることを提案したのだが、全権李鴻章は最終的には「条約中自国ノ領土ヲ他ニ譲与セズト記載スル是レ又等シク国威ヲ損スルモノナリ」と主張して、削除させたのである。[312]

さらに調印の二日前、西公使がロバノフ=ロストフスキー外相に会ったさい、外相がこの削除される条項について次のように述べていることが注目される。

「右ハ全ク三国提議ノ範囲外ニ属シ、且各国ト云フ内ニ、該条件ハ暗ニ露国ヲ指スガ如キ観アルニ付キ、余ニ多少不快ノ感情ヲ与ヘタリ。然レドモ露国ハ該半島ヲ略取スベキ意思決シテ無之ニ付キ、清国ニ於テ之ヲ肯諾スルト否トニ付テハ、毫モ余ニ関係ナシ。」[313]

三国干渉以後、清国もロシアに対して好意をもつにいたった。実際清国は下関条約で二億両、さらに遼東還付で三千万両という莫大な賠償金を日本に支払わなければならなくなったので、ロシアに頼るほかなくなったのである。賠償金支払いのための外債を募集するにあたって、ロシアの保証を求めたのである。

清国は下関条約調印後ただちにベルリン、ロンドン、パリの銀行界と接触をはじめた。イギリス、ドイツ政府も動きを見せたが、結局国際的な銀行団をつくる中心にはパリ・オランダ銀行(Banque de Paris et les pays bas)など、フランスの銀行が立つことになり、ロシア政府が起債の元本、利子支払い保証を引き受けることになった。ウィッテは回想の中で、むしろ自分が清国のために募債の交渉をフランスの銀行とおこなったと書いているが(314)、フランスとロシアの双方に協力をもとめる動機があったであろう。ロシアの側には秘めた思惑があったことはたしかである。ロバノフ＝ロストフスキー外相は外務審議官ラムスドルフに語っている。「フランス人はわれらが友人だが、より良き友にも自分の考えの底を性急に開いてみせる必要はない(315)。」外相は、駐仏公使モレンゲイムに五月二三日(一一日)に書き送っている。「われわれの案にとって同じく重要なことは、清国をわれわれに一定程度従属させ、イギリスがそこに影響力を拡大することを許さないことだ(316)。」

結局、ロシア政府が保証を引き受け、フランスとロシアの銀行が進める対清四億フラン、金一億ルーブリ借款の外債募集は一八九五年七月六日(六月二四日)に協定が成立した。ロシアの外相、蔵相と清国公使の間で調印がなされたのである。この起債額はイギリスのポンドでは一五八二万ポンドにあたり、日本円では約二億円であった。利子は四パーセント、三六年間の償還期限である(317)。

ひきつづき、ウィッテはロシアの国際銀行の頭取ロートシチェインの仲介で、起債に加わったフランスの銀行の要望にこたえて、この年一二月二二日(一〇日)、露清銀行を設立した。パリ・オランダ銀行、クレディ・リヨネ、国際銀行が中心的な株主となった。資本金は六〇〇万ルーブリで、ロシアは八分の三、フランスが八分の五を負担した。本店はペテルブルクに置かれ、取締役会議長にはウィッテと近いウフトムスキー公爵が任命されたが、実質的な頭取はロートシチェインであった。ロートシチェインはドイツ国籍のユダヤ人である。この銀行の天津支店の責任者にはポコチーロフが任命された。これが以後のロシアの中国における進出の主要なエイジェントとなるのである(318)。

一一月二八日事件

日本を追いつめて、現在の朝鮮政府に武器を向けるように迫ったが、結局ヴェーベルは望んだものをえられなかった。ロシア公使館に避身していた元大臣の李範晋も同じ気持ちであったろう。ヴェーベルは一一月中旬、高宗にロシア皇帝あての書簡を起草させた。高宗は王妃殺害後の状況を説明して、「貴国公使あての電報によって、私の護衛のために軍事力を行使するよう命じてほしい」と要請した(319)。これにもペテルブルクは反応しなかった。

一一月二六日、高宗は各国公使を引見した。閔妃廃妃の勅令を取り消した、事件の犯人は逮捕の上、処分するように担当大臣に命じたと述べた。軍部大臣趙義淵と警務使権泳鎮《クォンヨンジン》は罷免され、李道宰《イドジェ》が新軍部大臣に任命されたことが明らかになった。親衛隊、もとの訓練隊に対しては、国王より、「爾等《なんじら》罪なし、猶忠勤せよ」との勅諭が出された(320)。

これは高宗をなだめる日本公使館と朝鮮政府の策であったが、高宗と親ロシア派を満足させるものではありえなかった。李範晋やアメリカ大使館に避身していた李完用、李允用らは高宗救出の実力行使に出ることを決めた。これには、ヴェーベルのほか、アメリカ公使館書記官アレン、さらに元親衛隊教官ダイらが加担していたようである。国王を現政権にとりこんだデモンストレーションがなされた二日後、行動が起こされた。一一月二七日から二八日にかけての夜、午前一時半ごろ、侍衛隊兵士二〇〇人、刺客相当数が王宮に迫り、春生門から中に突入しようとした。しかし、親衛隊の側には情報がもれており、準備をして待ちかまえていた。そのため、侵入者の側はうちやぶられて、先頭に立った大隊長ら将校三人、兵士五人、および刺客四人が捕らえられ、のこりの者は塀の外に追い出された。アメリカ人ダイとル・ジャンドル、宣教師アンダーウッドら六人は王宮内に入ろうとして、はばまれた。ヴェーベル、アレンも王宮に赴いたが、襲撃部隊が門のところで撃退されてしまったので、何もせずに帰らざるをえなかった(321)。

日本公使館には行動グループから二人の使者が来て、行動を予告し、日本軍部隊が介入しないようにはかってほしいと申し入れてきたが、小村はすでに行動のあることを知っていた。そこで、二人の代表のうち一人を現場に赴かせ、鎮圧のため日本軍を出動させるので、すみやかに解散せよと伝えさせたのである。行動は失敗におわった。

危機感を抱いた朝鮮政府と日本公使館は施策の実施を急ぐことになった。王妃殺害の犯人として、李周會、尹錫禹《ユンソクウ》、朴銑《パクソン》の三人を捕らえ、裁判にかけて一二月二九日に死刑判決を下した。そして、積極的な改革策として、内部大臣兪吉濬の考えで、一二月三〇日、断髪令を出したのである。あわせて衣服は外国風のものを着てもよいということが告示された。(322) これはピョートル大帝の命令と同工の西欧化措置であったが、朝鮮ではロシア以上にはげしい反発を呼び起こした。それが閔妃殺害に対して高まっていた憤りと結びついて、反乱となったのである。

一八九六年一月、四道で義兵が立ち上がった。春川の義兵将李昭応《イソウン》は「暁に八道列邑に告ぐ」という檄文を発した。倭虜と賊臣が国母を逆殺し、君父を勒剃(断髪)したとして、彼らを討伐するために決起することを呼びかけた。(323) かくして情勢はますます流動化していった。

日本とロシアの軍備増強計画

戦争に勝利した結果獲得したと思った遼東半島をロシア、ドイツ、フランスの干渉によって還付させられ、さらに確実に日本の勢力下に置いたはずの朝鮮もいまやロシアの側にひきよせられているということで、もっとも口惜しいと考えたのは、日本の軍部首脳であった。陸軍は山県陸相と川上操六参謀次長、海軍は西郷従道海相と山本権兵衛軍務局長であった。彼らは戦争が終わると、躊躇なく、軍備の大増強計画を推進した。

海軍では、山本軍務局長は、西郷海相の命を受けて、甲鉄戦艦は一万二千トン級の「富士」、「八島」に加えて新規計画一万五千トン級の四隻、一等巡洋艦はすべて新規計画で、九千ないし一万トン級の六隻を建造する。いわゆる六・六艦隊案である。これを一〇年間で実現することが考えられた。この計画が一八九五年七月、西郷海相から閣議に提出され、承認された。案は二期に分けられ、第一期案が同年一二月の議会に提出されて基本的に承認された。甲鉄戦艦一隻、一等巡洋艦二隻の計画であった。これらが一八九六年から建造にかかることとなった。[324]

陸軍は、山県陸相が各師団の兵力を倍増させる「軍備拡充意見書」を作成したが、実際の増強はこれまでの近衛一個師団、歩兵六個師団という兵力はそのままにしておいて、あらたに六個師団を増設する案によって行われた。これが閣議決定を経て、議会に提出されたのは一八九六年初であった。こちらは大いに紛糾したのだが、実施にうつされていくことになった。[325]

日本海軍の計画を察知したロシア側も対抗計画の立案を急いだ。しかし、ここには大きな難関があった。当時ヨーロッパではドイツ海軍が増強をつづけており、ロシアとしては、ドイツに対抗するため、バルト海艦隊を増強すべきだとの意見も存在した。海相チハチョフはバルト海艦隊重視論者であった。海軍総裁アレクセイ大公も海相の意見を尊重した。さらに大蔵大臣ウィッテが海軍増強に対して財政的な観点から消極的だった。一方、極東海軍増強論者の急先鋒であったのはアレクサンドル・ミハイロヴィチ大公であった。そして皇帝がこの立場を支持していた。

一八九五年一一月、アレクサンドル・ミハイロヴィチ大公の主宰する特別協議会が開かれたのは、皇帝が支持したからである。この協議会で、アレクサンドル大公が報告を行った。戦艦六隻、海防艦四隻、一等巡洋艦九隻を建造するという案であった。これに対してウィッテが反対した。大陸ロシアは日本のあとを追うことはできない。重要なことは陸軍の急速な動員であり、そのためにはシベリア鉄道の建設が急務なのである。チハチョフ海相の立場もあって、一八九五年の計画では極東海軍の増強を大いに進めるという結論にはならなかったと考えられる。しかし、ニコライ二世は協議会の報告に、「朕の考えでは、太平洋の艦隊を一隻も弱めないようにバルト海艦隊の一部を地中海に維持する方がよい[326]」と書き込んだ。

ロシア軍部の日清戦争研究

日清戦争における日本の勝利は各国の日本観察者の理解を一変させたと言える。ロシアでも駐在武官ヴォーガクは日本の力をもっとも鋭敏に把握した人だった。彼の報告を受けた陸軍の参謀総長オーブルチェフは日本との軍事的衝突を回避すべきだという考えを持った。

陸軍大学でも、日清戦争に強い関心をみせた。一八九六年に参謀本部大尉シマンスキーはドイツ人将校フォン・ミュラーが一八九五年に出した三冊のパンフレットを利用しながら、他の資料を補って『日清戦争　一八九四―一八九五』を出した[327]。彼は結論部分で次のように述べている。

「日本人の欠陥がどうであれ、彼らの積極的長所は重要で、最終的結論として次のように述べても、誤りではないだろう。日本においてわれわれロシア人はきびしく監視しなければならない隣人をえたのだ。一億二千万の人口をもつ帝国にとっては危険はないとしても、その隣人はロシアが極東における課題を実施するのを困難にする可能性がある。」「肉体的には、日本の兵士は若く、快活で、充分に肉体的な力をもち、忍耐強い。日本人の特性として脚気がある。精神面では、日本の兵士は多くの積極面をもつ。名誉心があり、達成された勝利を誇り、新しい勝利を夢みている。『団体教育と精神』ではなお未熟である。軍隊の規律はなおかたまっていない。指揮官は封建時代の教育を受けた者で、一新する必要がある。派閥精神が問題だ。」

「日本は二重の現象を表した。軍事の初歩的、技術的、機械的な側面(兵士、下士官という素材、軍隊と銃後、輸送、医療の組織、技術改良、作戦の事前準備)にかんしては、ほとんど申し分がない。逆に軍事の創造的コンビネーションの側面（戦略の最高創造部分の諸問題の解決、目的の設定、作戦ラインの選択とこのラインの確保、軍の最高指揮部の問題の正しい解決）ではなお多くの改善点がある。ドイツ学派の弟子である日本人は多くのことを教師から借用した。双方に欠陥があり、長所もある。双方に創造性、霊感、大胆で、決定的な、輝かしいコンビネーションの欠如がある。[328]」

同じく参謀本部中尉のルジェヴースキーは七六頁の小冊子ながら、書き下ろしの通史、『日清戦争』を出した。彼も結論部分で次のように述べた。

「このたびの戦争は日本が文化面で注目すべき発展をとげたことを示した。その国家制度、経済状態、軍隊は欧米国家の仲間入りをする権利を日本に与えている。日本がそのような短期間になしとげ、中国との戦争で証明した力はとくにロシアにとって日本を無視することを許さない。ロシアにとっては日本はいまや危険な東方の隣国である。」

「この長く忘れられていた地方でのロシアの利害についての配慮はわが国政府の注意を向けさせるだろうし、現に向けさせている。この配慮の影響で、シベリア鉄道が生まれているし、シベリアの広大な荒地に植民され、軍事力が強化されているのである。[329]」

だが、軍の上層部の将軍たちは、このような日本認識と危機意識を共有しなかった。そのことはヴァノフスキー陸相が退任して、クロパトキンが後任となってから、ある種の反動、日本軍の力についての軽視があらわれることからも裏付けられる。

海軍の方でも、駐在武官シヴァンクの報告を真剣に受け止める人々がいた。一八九六年には、海軍軍令部海軍研究課は『海軍問題資料集』第一巻として『日清戦争』を刊行した。この課の課長であったドモジーロフ海軍大佐が編集にあたり、シヴァンクの報告、太平洋艦隊所属の巡洋艦「ナヒモフ提督」号、「ルインダ」号、砲艦「コレーエッツ」号艦長、清国側の外国人専門家、ドイツの駐在武官の報告によって、日清戦争の全貌を明らかにするという充実した内容、四四二頁の大著である[330]。

海軍士官学校の教官クラドは『日清戦争時の海上戦闘行動』を出版した。海軍省の印刷局から出た。この本は一八九五年一二月に海軍士官学校でおこなった講演である。クラドは、日本の勝利は絶賛を浴びているが、そのような印象がつくられる公刊資料の大部分が日本の資料なので、印象に圧倒されると、日本の経験に盲従することになりかねないと指摘している。日本にとっては結果がすべてであった。しかし、「この戦争から有益な教訓をひきだすことを望んでいるわれわれにとっては、この結果はほとんどどうでもいいのであって、極度に重要なのは、この結果がどのようにして得られたかを知ることである」[331]。これは正しい態度であろう。

しかし、このような真剣な日本海軍への注目が海軍の首脳にとってどれほど重要視されていたかはこれまた疑問である。ただし、海軍にとっては、太平洋艦隊勤務は基本的な任務であり、多くの士官が長崎での越冬勤務を経験しているので、日本の海軍力への関心は陸軍よりは高かったものと考えられる。

ロシア知識人と日清戦争

政府や軍部と違って、ロシアの知識人がこの戦争に示した関心はさほど強いものではなかった。一八九四年開戦の年にはほとんど反応がなかった。『ノーヴォエ・ヴレーミヤ』紙主筆スヴォーリンも、彼の名高いコラムで日清戦争について触れることはこの年にはなかった。その中で例外的に二人の人物が重要な反応を示した。

まず哲学者ヴラジーミル・ソロヴィヨフである。彼は科学と哲学と宗教を統一し、西欧世界と東方世界を統一して、神人という全一的知識に高めようとした人であった。

ソロヴィヨフは最初、一八九〇年に詩「Ex Orientes lux（光は東方より）」を書き、論文「日本――歴史的特徴づけ」

を書いた。彼は「日本史の動的な、前進的な性格」に注目し、それを中国に対置し、日本はキリスト教化するとみていたのである。彼には日本との結びつきがあった。この当時の日本公使ヒトロヴォーの妻ソフィヤ・ペトロヴナは彼が終生思いをよせた恋人であった。さらに公使ヒトロヴォーとも友人となり、彼が死んだときには、追悼文を雑誌に書いている。(332)

そういうソロヴィヨフが、日清戦争を契機に日本を警戒するに至る。一八九四年一〇月一日、彼は詩「パンモンゴリズム」を書いた。

マライの海からアルタイの山まで
東の島の首領たちが
崩れかけた清国の壁のもとに
おのれの闇の軍勢を集めた(333)

これは日本の脅威の指摘である。彼は日本が反キリストの勢力であることを認識した。一九〇〇年に死亡する彼の最後の作品「アンチ・キリストについてのみじかい物語」、「戦争、進歩、世界史の終わりについての三つの話」において、キリスト教世界に攻撃をかけるモンゴルの襲来として日本の動きを描いている。「模倣が得意な日本人は驚くべき速さで、成功裏にヨーロッパ文化の物質的形態をとりいれ、また一部の低いレベルのヨーロッパ思想をもわがものとした。新聞や歴史教科書で西方にはパンヘレニズム、パンゲルマニズム、パンスラヴィズム、パンイスラミズムがあることを知って、彼らはパンモンゴリズムの大思想を宣言した。すなわち自らの先導のもとに、異人種、すなわちヨーロッパ人に対して決戦をいどむ目的で東アジアの全民族を一つに集めることを宣言したのである。(334)」ソロヴィヨフは黄禍論のはじまりをおいた人とみられている。

これに対してナロードニキ系の総合雑誌『ロシアの富』誌に寄稿する評論家セルゲイ・ユジャコーフは日清戦争を重視して、別の角度から日本を批判した。彼は一八四九年生まれで、ウィッテと同じく新ロシア大学を卒業した。学生運動で逮捕歴もあるが、ジャーナリストになって、『オデッサ通信』の副編集長をしていた。一八七九年に逮捕され、東シベリアに流された。八二年に刑期を終えて、オデッサにもどり、書くものが中央で認められ、『北方通信』誌の編集部に迎えられた(335)。

その後一八九一年から九二年にかけて一年半ほどヴラジヴォストークで過ごした。その行きと帰りに長崎に立ち寄り、最初の日本訪問記を書いている。それは「日本瞥見——旅の印象より」と題されて、『ロシアの富』誌の一八九三年第九号に掲載された。これは皇太子ニコライが日本に抱いたのと同質の見方である。このときのユジャコーフにとってても日本はエキゾティックな世界だった。彼にとって最大の問題は日本の売春制度であった。長崎の士官たちの一時妻にも彼は関心を抱いた(336)。

だが、ユジャコーフの日本観は日清戦争で一変した。彼は前年から同人になった雑誌『ロシアの富』の一八九五年第一号のコラム欄に「一八九四年——現代日誌より」を書いた。彼は、「昨年一八九四年は過ぎつつある一九世紀史上の記念すべき年となり、二〇世紀の歴史家たちによって一度ならず、その序文において触れられるだろう」と宣言している(337)。問題にされているのは、「国際経済闘争」に向かう世界史の動きである。彼は三つのグループを検出する。「経済的に支配するグループ」(英、蘭、ベルギー、仏)、「過渡的グループ」(独、米、北欧)、「経済的後進国」(オーストリア、伊、露、バルカン諸国、スペイン、ポルトガル、メキシコ、中南米、アジア、アフリカ)の三つに分けて、分析する。その三者の関係に大きな変化をもたらしたのが、日清戦争だと言うのである。現在の国際経済制度は「経済的支配国による経済的従属国の収奪の隠されたメカニズム」なのだ。第三グループの諸国にとって存在しているのは次の二者択一である。

「経済的支配国をうち倒して、その地位を占め、その他の後進的世界を経済的に従属させ、自分の富を他の諸国民の勤労の上に築き上げるか、それとも諸国民の経済的自立性を奪い、彼らを主人と使用人に分ける制度そのものを廃止するかである。……去年は経済的後進国がするそのような試みの極めて鮮明な例証をわれわれに与えた。日本の清国への攻撃はこの鮮明なる例証である。……もしも経済政策の規準として西欧先進国の経済進化をとるなら、つまり経済的にもっとも弱い隣国を経済的に従属させ、この従属の中に、経済的自立性の衰退と世界市場の条件への従属によってつくりだされた国内危機の解決をもとめることを課題とするならば、朝鮮と中国に対する攻撃は日本の国内経済状態の自然な帰結であった。[338]」

経済的後進国が先進国の仲間入りをするために経済的な弱者を支配する道――それこそ日本の道なのだとユジャコーフはみた。そして、彼は同じ経済的後進国ロシアはその道をとるべきでないと呼びかけた。ロシアはイタリアや日本が駆け抜けた経済進化の段階をそんなに速くは進めない。ロシアでも「同じ進化が起こりつつある。……しかし、進化は別の道をとることが不可能になるほどには、まだ進んでいない」。だから、ロシアは別の道をとるべきだ。「この道は中国の道でも、日本の道でもあってはならない。」ユジャコーフはロシアのマルクス主義者を「経済政策の日本型の擁護者」と決めつけ、「後進国の経済プログラムはすぐれて農村的、農業的でなければならない」と主張した。ユジャコーフは「第三の、真に文化的で、啓蒙的な道」があるとした。自国人民の犠牲と零落にではなく、「その利益と全般的福祉のために、隣人との平和的で、連帯的な交流のために、文化と進歩を扶植することを目的とする」道である。[339]ロシアはその道を行くべきだ。

だが、ユジャコーフの説くロシアの道の中身はまったく曖昧だった。一八九六年に出した本の中でも「ロシアは事物の力によって、国際関係の中で労働を代表し、経済的階層分化、資本の支配に苦しむ諸国民の一つである」と言うだけであった。[340]ともあれ、ピョートル大帝をモデルに近代化を進めてきた日本の新しい達成、日清戦争の勝利を、ロシアの知識人が重大な動きとみながら、それを否定し、日本の道を反面教師とするにいたったのは興味深い歴史のダイナミックスである。

ロシア帝国内の知識人としては、ロシア帝国に挑戦しうる国家としての日本に期待をかける態度が日清戦争からはじまっている。その代表はフィンランド人のジャーナリスト、コニー・ツィリアクスである。彼は一八五五年の生まれで、三〇代前半に国をあとにして、世界旅行に出かけた。南米コスタリカで鉄道建設の工事現場で働き、シカゴではジャーナリストとして成功した。それから日本に来て、二年半滞在した。そこで日清戦争を戦う日本を見たのである。「日本の中国に対する戦争の準備を見、またとくに講和後に日本国内全体にみなぎった憤激を目の当たりにした。その怒りは……ロシアに向けられていた」と彼は回想に書いている[341]。日本がロシアと戦うとき、フィンランド人にチャンスがくると彼は考えたのである。

だが、ロシアの一般の知識人社会の大勢は日本に対する伝統的な見方を変えなかった。皮肉な、軽侮的な見方も現れた。そういう見方からする日本論は、一八九五年に出た外交官ペリカンの著書、『進歩する日本』である。筆者は一八七九年から八四年まで横浜総領事をつとめた。日清戦争当時は極東にはいない。

ペリカンは、日本に起こった西欧文明化の変革は「真の啓蒙の果実ではなく、日本人の高度に熟達した模倣心だけの結果である」と決めつけた[342]。議会主義を模倣した結果、生まれたものは、「人民の真の願望にそって国を統治する手段」ではなく、「安全弁」にすぎない。天皇も「シンボルにすぎず」、真の権力はオリガルヒヤ（寡占的支配層）にある。このように述べて、この筆者は、日清戦争のような冒険に国をひきこんだオリガルヒヤの行動は犯罪的だと非難する[343]。戦争は、清国軍相手だから楽勝に終わったとして、「日清戦争は日本軍の絶対的な戦闘資質について判断する材料を与えず、その代わりに戦争は日本の運命を指導する人々にあらゆる政治的分別とタクトが欠如していることを物語っている」と酷評した。ヨーロッパが、この戦争から日本が実質的な利益をひきだすことを認めるとどうして考えたのか。結論的に、ペリカンは、このような失敗は「日本人の極度の軽率さ、おどろくべき自信過剰、おろかなうぬぼれに答えがある」としている。[344]

この本全体を通して、日本の西欧化は国家生活の外面的形態の変化にのみ現れて、オリガルヒヤのみがそれにかかわっており、全国民の家庭生活、社会生活には変化は弱く、真の文化的成長、知的開化はないと主張している。「日本の物質的進歩はその文化的成長を証明しないように、彼らの知的開化は幻影であり、国民的欲求に照応していない。[345]」ペリカンの日本観は明らかに明治維新後の日本の変化を過小評価する傾向をみせていた。

それでも新聞雑誌の反応は戦争の二年目に入る段階で、とくにロシアが三国干渉に乗りだした時点から変わりはじめた。『ノーヴォエ・ヴレーミヤ』紙主筆スヴォーリンは彼のコラムに、一八九五年二月二三日(一一日)に敗北する清国の立場に同情して、トルストイの非暴力主義を実践しているのは清国人だと書いている。「清国人はまさにそのようにしているのだ。まったく身を守らない。しかし、にもかかわらず日本人は進撃し、殺し、コックがニワトリをさばくときのように、特別の満足感をもって捕虜を斬り殺している。[346]」

三月一六日(四日)には、日本に対する注目を呼びかけている。「日本の運命はわれわれの関心を呼ばずにはおかない。日本はわれわれの隣人であり、われわれの敵になる可能性がある。ネマン川から太平洋の沿岸までひろがって、われわれは極東にはこの海のほかに障害はないと考えてきた。……しかし、実際には、日本人という障害が現れた。この小柄で、黄色い顔をして、ほとんど髭をはやさない人々、手足は小さいが、おそらく知性は大きく、勤勉で、倹約家である。」「私は思うが、わが外務省には大きな仕事が待っている。問題を注意深く研究することが必要であり、毅然とした行動計画も必要である。[347]」

五月二三日(一一日)になると、スヴォーリンは若い日本人との対話について書いている。日本人は「日本にとっては朝鮮の独立がsine qua non(不可欠の)条件だ」と言った。しかし、朝鮮が独立できるようになるまでは、朝鮮を占領する考えであるという。「それじゃ結構だ、――私は言った――君らは朝鮮を占領しろ、われわれは旅順を占領する。[348]」これが三国干渉で日本が旅順を断念した直後の言葉であることに注意する必要がある。

総合雑誌も論じはじめたが、ユジャコーフほどの鋭い関心を示したものはなかった。穏健リベラルの『ロシア思想』の国際情勢欄を担当するゴリツェフは、三月号では日清戦争の話からはじめている。日本が勝利に酔って、排外主義に染まるとしても、心配ないと結論する。「わが祖国とヨーロッパ列国の毅然とした、理性的な政策が、新しく生まれた日本の排外主義に広い行動の場を与えないと考える根拠となる。[349]」五月号では、三国干渉の成功に賛意を表して、ロシアには、「いまや外交交渉で太平洋岸に不凍港を獲得し、日本と敵対関係にならずに、わが国の政治的、軍事的地位を完全に強化する可能性が与えられている」と超楽観主義を説いている。[350]

同じく穏健リベラルの『ヨーロッパ通信』誌の方は、三月号の国際情勢欄で、ドイツの『ケルン新聞』が「いまやロシアの政界のすべての注目は朝鮮における事態の進行に向けられている」と書いたことに反論している。いま集団的干渉で日本の勝利の結果を制限することをしたのに、どこかの国が朝鮮の軍事占領を策すというようなことがありえようか。「そのような要求はもとより存在せず、存在しえない。」この筆者は、新聞は「ロシアにとってしばしばはるかに重要な問題」に沈黙をまもっていると非難し、「バルカン諸民族の利害に対する無関心」に抗議している。[351]

一般の論調は事態の深刻さを明らかに理解していなかった。日本の力を正当に評価できなかったのである。

第四章

ロシアの旅順占領と租借（一八九六—九九）

高宗の露館播遷

一八九六年一月八日、ヴェーベルの後任の代理公使シペイエルがソウルに到着した。[1] ヴェーベルはなおソウルに留まっていた。こののち一月一四日、広島の第五師団軍法会議は楠瀬中佐以下に対して無罪の判決を下した。つづいて広島地裁の予審は三浦梧楼以下四四名の被告全員に証拠不十分で免訴の判決を出した。これは朝鮮側には怒りをもって受け取られたであろう。ヴェーベルたちも同意見である。

一月二七日(一五日)、シペイエルはペテルブルクに伝えてくれるよう東京に打電した。「国王はわれわれに自らの権力の復活、大臣の自由選択権の復活を期待している。朝鮮の人民とよき人々は自分の味方だが、自分はこのことを達成する手段はまったく持っていない。日本の圧迫は万人に憎まれている。……日本が立てた人殺し大臣たちから朝鮮を解放するためロシアの強力な言葉を待っている。ヴェーベルと私はあえて考えるのだが、われわれの介入で紛糾が呼び起こされる恐れがあるとしても、当地の状況は、朝鮮を日本に完全に譲ることを望まないのなら、われわれが積極的役割を拒むことを許さない。」この電報でシペイエルは日本軍守備隊に匹敵するロシア軍部隊の派遣を要請している。[2]

ヒトロヴォーはこの電報を中継しながら、西園寺に聞くところでは、小村は「まったく違う調子で事態を描いており、王の大臣への信頼は日ごとに高まっていると断言している」とのことだ、と書いている。もとより「三浦に対する裁判の喜劇」を見れば、日本人の保証は「まったく信頼に値しない」とは言い添えているのだが、「にもかかわら

ず、日本とはあらかじめ協定のあらゆる手段をためすことが要求されると考える」と主張している。(3)

ソウルの公使館と東京の公使館の見方、方針は完全に食い違っていた。電報をもらったペテルブルクの外相は軍隊の派遣を拒絶した。「現時点で朝鮮の純内政的な問題を刺激するのは適当でない。(4)」

だが、ソウルでは事態が進んだ。二月二日、高宗はロシア公使館に避身している李範晋を通じて、ヴェーベルとシペイエルに対し、断髪令に反対する反乱が起きているのを利用して、自分たちの生命を奪おうとする動きがあるので、皇太子と二人で、ロシア公使館に避身したいと手紙を送った。(5)君主が都の中で外国の公館に逃れるとは、前代未聞の行動である。シペイエルらは危険はないのか心配したが、李に押し切られ、受け入れると回答した。

このことはただちに本国に報告され、ペテルブルクの支持もとりつけたとベッラ・パクはみなしている。シペイエルの二月二日(一月二一日)の電報に皇帝は「わが国の大きな軍艦一隻が仁川に派遣されると期待する」と書き込んだのである。(6)高宗は二月九日に決行すると連絡してきたが、「公使館を守る水兵の数が足らない」として延期し、「水兵を多く呼びよせてほしい」とシペイエルに求めてきた。そこでヴェーベルとシペイエルの要請で二月一〇日、仁川に碇泊中の巡洋艦「コルニーロフ提督」号より、士官五名、武装水兵一〇七名が上陸し、大砲一門とともにソウルのロシア公使館に入ったのである。(7)そして、翌二月一一日、事は決行された。朝鮮国王高宗は皇太子とともに王宮を脱出し、ロシア公使館に移ったのである。これを「露館播遷《はせん》」と呼ぶ。

このときロシア公使館には、前年一二月から朝鮮の南部を視察してきた参謀本部のコルネーエフ大佐が滞在していた。彼の報告書に記載されたところによれば、この日の朝からの出来事は次のように進行した。(8)払暁、公使館にかくまわれている親露派の巨頭李範晋が、自分のもとに届いた連絡によると、国王が王宮を脱出して公使館へ来ると明らかにした。公使館の中には緊張が走ったであろう。武装水兵たちは厳戒態勢に入ったはずである。午前七時半、公使館の塀の東側にある潜り戸のところに二台の輿が到着した。潜り戸はただちに開かれて、輿は公使館の玄関の間へ運び込まれた。一つの輿には国王とお付きの女官が、いま一つの輿にはやはり一人の女官に付き添われた皇太子が乗っていた。「国王に対する監視は厳重を極めたから、もしも女官たちと一人の将校……の献身的支援がなかったならば、彼の王宮からの脱出は到底ありえなかったろう」とコルネーエフは書いている。

のちに日本公使館は、女官たちが前年一一月の事件以後、乗輿のまま王宮に出入りしてよいことになっていたため、衛兵は見とがめなかったのだと結論した[9]。

ロシア公使館の敷地は広く、中には大きな本館とやや小さな四棟の建物があった。本館の左翼には前公使ヴェーベルが住んでおり、あらたに着任した公使シペイエルは右翼に住んでいた。ヴェーベルは親しい友人である国王に自分の住む本館左翼の二部屋を提供した。

到着した高宗はただちに詔勅を発し、これが市中に張り出された。その内容は「国運不幸、乱臣賊子年々禍を作る」、このたびも変事の知らせを受けたので、ロシア公使館にのがれたとし、逆魁として趙義淵、禹範善《ウボムソン》ら六人の名を挙げ、即刻斬首して、首を献ぜよと呼びかけたのである。これまでの内閣は罷免され、あらたに金炳始《キムビョンシ》が総理に、李載純《イジェスン》が宮内府大臣、朴定陽が内部大臣、趙秉稷が法部大臣、李完用が外部大臣、李允用が軍部大臣、尹用求《ユンヨング》が度支部大臣に任命された[10]。このうち李完用と李允用の二人はアメリカ公使館にかくまわれていた者で、兄弟である。

午前八時三〇分、シペイエル公使は国王の委託に基づき、「朝鮮国王陛下はこの国の現下の政治情勢がはなはだしく重大であり、これ以上王宮にとどまることが自らの個人的安全にとって重大な危険をともなうと考え、皇太子殿下とともにわが公使館に庇護を求められた」と、すべての外国代表に向けて通告した。午前一一時には新任の外部大臣李完用の名で、アメリカ公使シルに対して、正午に各国公使に国王が謁見をたまわると連絡するよう要請が出された[11]。

午前九時すぎ、公使館の本館前にロシアの水兵たちが整列し、高宗が閲兵した。王は水兵たちに感心し、シペイエルに、ロシア人が朝鮮の軍隊の教育を引き受けてくれないかと求めた。ほどなくして朝鮮軍が到着し、彼らが本館前に四列に整列した。彼らは王に捧げ銃の挨拶をし、王の言葉を聞いて、公使館の外へ出た。

日本公使館には、一〇時に宮内府の官吏がかけつけてきて、王と世子のロシア公使館行きを知らせてきた。小村はただちに国分通訳官を内閣に送った。国分が行くと、総理金弘集以下大臣たちが集まっていた。兪吉濬内部大臣は総辞職することを主張した。しかし、金総理はまずロシア公使館に行って、王に忠諫すると出かけた。彼は途中、警務庁より派遣された巡検によって逮捕され、連行された。鄭秉夏農商工部大臣も逮捕されてきた。警官たちは二人を警務庁の門前に引き出して殺害し、その後鍾路に死体をさらした。殺された二人以外の前大臣たちの中で、兪吉濬内部大臣、趙義淵軍部大臣、張博《チャンバク》法部大臣はかろうじて逮捕をのがれ、日本公使館の庇護で日本に脱出した。

正午、アメリカ公使シル以下、各国公使がやってきて、国王に拝謁した。小村公使もやってきた、事態に衝撃を受けているはずだが、平然たる様子だったとコルネーエフは書いている。小村自身の外務省への報告によると、彼がロシア公使館へ着いたときには、各国公使はすでに退出しており、彼は一人高宗に拝謁した。高宗は「目下闕内ニ在ルモ危険ナルヲ以テ、一ト先ヅ当館ニ入リタリ」とおだやかな調子で述べた。小村は日露兵士間の衝突をおこさないようにしようとシペイエルに話して、帰った[12]。シペイエルは二月一三日(一日)、「帝国公使館の精神的支持のもと国王が断行した平和的クーデターが無事成功したとみなすことができる」と本国へ打電した[13]。

日本が受けた衝撃

事件は日本側に大きな衝撃を与えた。小村公使は事件当日、外務大臣に報告している。

「国王、世子ハ今朝払暁宮内官吏ノ隙キヲ伺ヒ、露国公使館ニ潜入シ、同時ニ市街各所ニ詔勅ナリト称シ、左ノ掲示ヲ為シ、并《ならび》ニ内閣員ノ更迭ヲ為セリ。」「人心稍々《やや》不穏、然レドモ何等変動ノ兆候ナシ。日本党ト称セラルルモノハ過半逐斥セラルベシ。事已ニ斯ノ如クナル上ハ、最早兵力ヲ用フルノ外、手段ナシ。併シ兵力ヲ用フルトキハ必ズ露国ト衝突ヲ免ガレザルベシ。此ノ衝突ヲ起スハ目下時機ニ非ズト信ズルヲ以テ、貴大臣ヨリ何等ノ訓令アル迄ハ、飽ク迄穏和手段ニ出ルノ覚悟ナリ。」[14]

ロシアと組んだ高宗の反撃は日本をきびしく打ち据えた。小村は兵を動かして対抗策に出る衝動をかろうじて抑えていたのである。五日後、すこし落ち着いたところで、小村は第三信で情勢についてのさらなる分析を書き送った。憂慮にたえないことが三つある。第一は、日本の壮士たちが激昂して復讐的な行動に出ること、第二は、朝鮮人が日本人に対して暴行を加えること、第三は日露間の葛藤である。小村がもっとも重視したのは、第三点だった。「日露ノ関係ハ目下極メテ切迫シ居ルモノト認ム。就テハ我政府ハ朝鮮ヲ各国保護ノ下ニ置クヤ、或ハ露国ト協議ヲ遂グルカ、兎ニ角露国ニ対シ、朝鮮問題ヲ決定スル事ハ寸弁モ猶予スベカラザル緊要事件ト考フ。」[15]

日清戦争を戦って清国を排除し、朝鮮を事実上の保護国にしたはずであったのに、三国干渉をされると、たちまち、朝鮮国王も言うことを聞かなくなり、あわてて、三浦公使が先頭に立って閔妃殺害の暴挙に出たため、立場をすっかりなくしてしまった。小村が乗り込んで、なんとか挽回してきたと思った矢先に、王をロシア公使館にとられてしまったのである。朝鮮における日本の権益はいまや風前の灯であり、ロシアの力は圧倒的である。こうなれば、ロシアと話をつけて、なんとかこの地に日本勢力の手がかりを残さなければならない。小村はそのように考えるにいたった。

日本国内では、二月一四日に「朝鮮の一大変動」として各紙が報じた。『東京朝日新聞』は一五日の社説で、「露国公使館は今や朝鮮国王幷に世子が親臨して新内閣の組織を相談するの場所となれり。是に於てか、吾人は我対韓政策の遂に失敗を以て終らんとするを悲しまざる能はざるなり」と書いた。一九日一面には「今後の対韓策」が論じられている。国王を王宮に戻らせた上でとるべき策として、ロシアに対抗する三策が挙げられている。第一策は、列国公使が連合して、新政府を認めずと表明し、ロシアを牽制すること、第二策は、朝鮮を「列国協同保護国」とすること、第三策は、朝鮮との関係を放棄し、「袖手傍観策」をとり、「臥薪嘗胆」して、他日を期すことである。しかし、逆に「露国と協同し朝鮮に於る勢力を平均維持して以て紛糾を遏止《あっし》すべし」という案もあると述べて、第二策がいいが、「遂に第三策に出でんも測り難し」と悲観的である。いまや民間の方が落胆し、弱気になっていた。

露都および東京での交渉

西園寺外相臨時代理はロシア駐在の西徳二郎公使にロシア政府の意向を問いただささせていた。東京のヒトロヴォー公使は、二月一四日(二日)の電報で「私はソウルからの知らせをまったくえていない。電信の連絡も一月二四日(二月五日)より切れている」と書いているくらい[16]、ソウルの動きとは遮断されていたからである。二月一七日、西公使はロバノフ＝ロストフスキー外相に面会した結果を報告してきた。ロシア外相はソウルの公使より届いた電報は三通にすぎないとして、それを提示し、「露国ノ将来ノ方針ハ何等外国ノ干渉ナク、速カニ朝鮮ニ於テ安寧ノ確定スルコトヲ希望スルノミナリ」と語った。西は、外相は「真実本件ヲ熟知セズ」、「今回ノ出来事ハ露国政府ニテ何事モ知リ居ラズシテ、起リタルモノノ如シ」と評している[17]。

二月一八日になると、小村公使は、ロシア公使がロシアの兵力を用いて王宮を護衛することはしない様子である、ロシアには開戦の決心はないようだとして、次のように提案した。「我政府ガ露国ニ対シ朝鮮問題ヲ決スルニ、尚一時ノ猶予アルコトト信ズ。」「朝鮮独立ノ共同担保ト朝鮮内政ノ共同監督ト云フ二個ノ基礎ニ依リ、露国ト協議スル事、最モ捷径ナラン。[18]」日清戦争のさい、一八九四年八月陸奥外相の提案で、日本は、甲、自由放任、乙、保護国、丙、日清二国共同担保、丁、列国保障による中立という対朝鮮政策四案のうち、乙案で進むとの方針を決定し、それでやってきたのであるが、いまや小村は、丙案の変形、日露二国共同担保案をとることにさがることを提案しているのであった。

翌一九日、西園寺はヒトロヴォー公使と会談し、「誤解ヲ未発ニ防グベキ最良手段ハ彼我両政府間ニ話シ合ヲ付クルニ在リ」と説得した。すると、ヒトロヴォーも、このたびの事件は「露国政府ニ於テ何モ承知セズシテ起リタルモノト信ズ」と述べ、提案は受け入れられると答えた。そこで、西園寺は、これから日本もロシアも、朝鮮にいる公使に訓令を出すときは、あらかじめ相手政府に示すことにしようと提案した。ヒトロヴォーはこんな無理な提案にも賛成している(19)。この提案にはロシア外相ロバノフ＝ロストフスキーも賛成するにいたるのである(20)。

これで勇気をえた西園寺は五日後ヒトロヴォーに対して書簡を送り、ソウルの両国公使が国王に王宮へ帰るように助言すること、公平な人々からなる新政府をつくるように助言すること、権力を持つ朝鮮人が政敵に残酷な懲罰を与えることがなくなるように助言することを提案した。王が日本軍について不安を抱いているなら、日本軍は日本公使館と在留日本人の保護、そして必要なら王の保護のためだけに用いられるとの保証を日本政府は与える用意があると書かれていた(21)。

ヒトロヴォーはこれに賛成して、本国に打電した。ロバノフ＝ロストフスキー外相が検討した結果が五点の新提案として、三月二日ヒトロヴォーから西園寺に伝えられた。第一点が「国王は可能だと判断したときにいつでも自由に宮殿に帰ることができる。ロシアの代理公使はたしかにそれに反対しない」と弱められていた。第二点は、穏健な大臣と慈悲の精神を助言するというもので、日本側案の第二点と同じである。第三点は、電信線の保護のために外国軍隊が必要かどうか調査すべきであるという項目、第四点は、両国の公使館、領事館保護のためにとるべき措置について了解すべきであるという項目で、第五点は「相互和解の精神」をうたっている(22)。西園寺はこの合意を小村に知らせ、在ソウルのロシア臨時公使といくつかの点を詰めるように指示した(23)。

ソウルの判断は、まるで違っていた。そのことはシペイエルが本省に送った電報からよくわかる。彼は二月一五日

(三日)に、国王は朝鮮にロシア人の主任顧問官を任命してほしい、軍事教官を送ってほしいと要請しているとの電報を送っている。(24) 二一日(九日)には、国王は要請に対する回答を待ち続けている、日本軍の滞在に危険を感じており、ロシア水兵の警護がなければ王宮には帰れないと言っている、「われわれ両名はこの要請を実行することに傾いている」との電報を送っている。(25)

山県の訪露案

このシペイエルの二一日の電報には、「わが国との協定の確信ある支持者である山県元帥が特使に任命されるということは重大な意義がある」との期待が述べられていた。山県有朋訪露の構想がいちはやく伝わっていたのである。この年、一八九六年五月にモスクワでニコライ二世の戴冠式が行われることがすでに明らかにされており、日本からは伏見宮が天皇の名代で参加することもとうに決められていた。伊藤総理は、戴冠式参列を名目に全権大使をロシアへ派遣し、朝鮮問題でロシアと話をつける必要があるという考えを抱いた。あるいは二月のソウルの危機の前にもそういう考えがあったのかもしれないが、もとより事件のあとはより切迫した必要を感じたのであろう。伊藤総理は、最初は自分が訪露するという考えであったと言われる。しかし総理が出かけることには当然異論が出る。そこで伊藤は閣外の元老山県有朋に白羽の矢を立てた。山県は最初は固辞したが、結局承諾した。閣議決定により山県全権大使の訪露が決定したのは二月二一日のことであった。(26)

もとより山県には、自分が行かねばならないという強い気持ちがあった。山県は一八八二年に井上毅に「朝鮮政略意見案」を書かせたとき以来、「朝鮮の独立を保護し、露国の南侵を禦《ふせ》」ぐことに意を用いてきた。最初は日清の提携でそれを実現しようとしたが、その考えは急速に失われ、日清戦争にいたった。山県は日清戦争の主力軍、第一軍司令官となって仁川に上陸、義州をへて、鴨緑江を渡河し、九連城にいたった。そこで、一八九四年一一月七日、「朝鮮政策上奏」を起草して、広島の大本営に送っている。その中で、彼は「朝鮮ノ国土ヲシテ清兵ノ為メニ蹂躙セラルルコトナカラシムノ一事ハ已ニ之ヲ成シタリ」と確認した上で、朝鮮の独立の可能性についてきわめて否定的な認識を示した。

「現今朝鮮国内ノ形情ヲ観察スレバ、殆ンド人ヲシテ落胆ニ禁《た》ヘザラシムル者アリ。」仁川から義州まで五〇日、一五〇里を見れば、土地が豊穣でないことはないし、山川が秀美でないこともない。しかし、「其ノ民人ニ至リテハ、即チ概ネ暗愚ニシテ、且ツ産業ニ力《つと》メズ。而カモ蒙昧、淳樸ノ気風ハ極メテ稀ナリ」。「国民ヲ挙ゲテ進取ノ気象ニ乏シク、偸安姑息、飽食シテ、即チ眠ルノ風習アルニ由ラズンバアラズ。此ノ国ヲ助ケテ独立ノ名ト実トヲ全フセシムルハ、寔《まこと》ニ至難ノ業ナリト云ハザル可カラズ。」(27)

山県はここで率直に、「況《いわ》ンヤ之ヲ独立セシメテ、以テ東洋ニ於ケル我レノ利益ヲ全フスルノ方便ニ供セントスルニ於テヲヤ」と、朝鮮の独立が日本の利益をはかる「方便」であることを認めている。そのようにすることが困難であるとすれば、必要なことは何か。

「最モ急務ナリトスル所ノ者ハ即チ左ノ二策ナリトス。曰ク釜山ヨリ京城ヲ経テ義州ニ鉄道ヲ敷設スルコト、曰ク平壌以北義州ニ至ルマデ枢要ノ地ニ邦人ヲ移植スルコト、是ナリ。」釜山―義州間の鉄道は「東亜大陸ニ通ズルノ大道」であり、「支那ヲ横断シテ直チニ印度ニ達スルノ道路」となるはずのものであり、日本が「覇ヲ東洋ニ振ヒ、永ク列国ノ間ニ雄視セント欲」するなら、これが必要である。北部朝鮮への日本人移植は清国との境界をかため、「漸次其ノ商業農業ノ権ヲ掌握セシムルト同時ニ、又土人ヲ誘導シテ真成ナル文化ノ域ニ向ハシメ、以テ断然清国ノ影響ヲ杜絶スベキ」ものである。(28)

これは基本的に朝鮮全土を日本の支配下に置くという構想である。戦争の中で抱いたそのような構想が戦後の展開の中でみるみるうちに崩れた。だからこそ、なんとかロシアと協定し、朝鮮における日本の地歩を一部でも守らなければならないと山県は執着していた。

山県の訪露が決まったあと、ヒトロヴォー公使は二月二七日（一五日）、本省に電報を送っている。「伊藤公に代わって山県元帥が特命全権大使に任命されたことは特別重大な意義をもっており、当地の国家上層部ではわれわれとの直接的な、全面的な協定が必要だという意見が勝利したことを証明している。[29]」

ヒトロヴォーは山県に先行して出発し、帰国することになった。ヒトロヴォーの留守の間の東京の代理公使として、シペイエルが任命された。その結果、代理公使をやめたはずのヴェーベルがソウルの単独責任者になったのである。[30]出発前の三月五日、ヒトロヴォーは伊藤総理と会談した。彼は山県の使命について聞きたいと質問した。伊藤はそれには直接答えず、次のように述べた。

「大臣ニ於テモ、ヒトロヴォー氏ト同様ニ、朝鮮国ハ自立スルヲ得ベキ国ニ非ズ、必ズ他ノ扶助ヲ要セザルベカラズト考フルニ因リ、之ニ関シテ日本国ト露国トガ協議ヲ調フルコトハ最モ望マシキ事ナリ。」

これに対して、ヒトロヴォーも次のように述べた。

「自分ノ意見ニ依レバ、……朝鮮ハ自己単独ノ力ニテハ独立タルコト能ハザル国ナルガ故ニ、露国ト日本国トノ協議ヲ以テ朝鮮ヲシテ存立セシムルニ足ルベキ一ノ便法(modus vivendi)ヲ設クルコト望マシク、又……露国ガ朝鮮ニ関シテ希望スル所ハ該国ガ他ノ強国ノ掌中ニ入リテ、露国ニ対シ一ノ武器トナラザルノ一点ニアリ。」

伊藤はこれに賛意を表した。

「露国ノ真意ニシテ果シテ斯クノ如クンバ、両国間ノ協議ハ十分ニ調ヒ得ベキモノナリト信ゼラレ、且ツ……日本国ハ朝鮮ニ対シ、之ヲ侵掠スルノ意ナク、又該国ニ於テ日本独リ全権ヲ握ラント欲スルニアラズ。[31]」

さて、西園寺外相代理と山県の話し合いで、特使への訓令と内訓とが起草され、三月一三日に決定された。訓令には、「日露両国ニテ互ニ相共同提携シテ、以テ其ノ独立ヲ扶持スルトモ、又ハ彼我両国ノ外ニ他ノ関係国ヲモ勧誘シテ、其ノ独立ヲ保証スルトモ、孰《いず》レノ方策ニテモ、苟《いやしく》モ……朝鮮建国ノ基礎ヲ鞏固確実ナラシムル道ヲ講ズルニ於テハ、帝国政府ハ喜デ露国政府ト籌画《ちゅうかく》経営可致候」とあった[32]。籌とは「はかりごとをする」の意であるから、ここはロシア政府と智恵をしぼって努力するというような意味であろう。

内訓には、日露が協定協力すべき六項目が挙げられていた。政府の組織、財政の改革整理、軍隊、警察制度の整備、騒擾の鎮圧、外国侵略からの防衛である。とくに騒擾の鎮圧のためには、「日露両国若《もしく》ハ其ノ一国ヨリ相当ノ軍隊ヲ派駐セシメ、以テ不虞ニ備フル事」と定められ、「朝鮮国内ノ秩序安寧ヲ保維スル為ニ、若シ日露両国ヨリ各軍隊ヲ派遣スル場合アルトキハ、其ノ国内ヲ一区画シテ駐屯シ、而シテ両兵駐屯所ニハ相当ノ距離ヲ設クル事」としていた[33]。これはほぼ完全な日露の共同朝鮮管理案であり、日露勢力領域分割案の萌芽を含んでいた。

山県の一行は三月一五日、横浜を出発した。都筑馨六《けいろく》が随員に加わった。一行は、米国経由で欧州に回った[34]。朝鮮にもニコライ二世戴冠式への招待はとどいたので、高宗はこの機会に使節を派遣して、ロシアへの全面的な援助の要請をおこなうことを考えた。ヴェーベルがこの実現に協力したのは明らかである。閔泳煥《ミンヨンファン》が特使に任命され、その顧問として尹致昊《ユンチホ》が同行することとなった[35]。

小村・ヴェーベル覚書調印

ソウルの小村は三月半ばになって、東京からの指令にもとづいてロシア公使と接触をはじめた[36]。小村は、ヴェーベルと一、二度話した上で、自分の考える四項目の合意案をヴェーベルに渡した。第一項、両公使が国王に王宮へ帰ることを勧告する。王宮前の日本兵は退去させる。第二項、温和な人物を大臣に任命するよう両公使が勧告する。第三項、ソウルの日本軍を二個中隊、四〇〇名に減らし、釜山、元山の一個中隊ともども、国内が平穏に戻るまで駐屯させる。第四項、電信線保護の部隊は撤退させて憲兵に交代させ、憲兵の総数は二〇〇名を超えない。ヴェーベルは「大体ニ付テハ格別異議ナカリシモ、尚ホ多少修正シタキ所アル」と言って、もちかえった。しかし、一週間たっても連絡がなかった。(37)

返事が来たのは四月五日であった。第一点につき、国王の身辺が安全だとわかれば、王宮に帰るよう勧告する、第二点は、現在の大臣は「自由進歩主義ノ人」で問題ない。第四点は、憲兵二〇〇人に交代させるのはいいが、彼らも漸次撤退させるべきであり、日本が独立国朝鮮の電信線を占有するのは「奇異ノ事態」である以上、電信線の売り渡しを進めるべきである。第三点は、ソウルに二個中隊、釜山、元山に各一個中隊の日本軍隊を置くことは当面いいが、襲撃がなくなれば撤退すべきであり、ロシア公使館、領事館保護のため守備兵を置くことはロシア側の随意とするという内容だった。(38)

小村はほとんどこの内容は受け入れられると考えた。日本公使も国王の王宮帰還を勧告しているということを第一点に付け加えることと、電信線の売り渡しの記述は削除すべきだという程度の意見であった。(39)東京からは、これでいいが、第四項中の「露兵駐在ノ件ニ付テハ其数ハ我兵数ニ超過セザル様ニ取極メ、且ツ朝鮮ノ事態平穏ニ復シタル上ハ撤兵スベキ様取極メラルベシ」とまたまた指示があった。(40)小村は四月二二日にヴェーベルにその旨連絡したが、返事がこない。三〇日にいたり、ヴェーベルは、第一項、第二項はすでに日露政府間で協定したのだから、われわれは実行するのみだと言い出し、ロシアの兵の数を制限することは本国政府の訓令を仰がねばならないと回答してきた。小村は、ヴェーベルは「本来我ト共同スルナドノ考ヘ毛頭ナキノミナラズ、大ニ之ヲ嫌フ方ナレバ」、交渉はこのままでは難しいと東京に打電した。(41)

日本政府は東京のシペイエルにも話し、ロシア外務省にも働きかけ、ヴェーベルに小村の提案を受け入れるように圧力をかけるよう求めた。その結果であろう、五月一三日、ヴェーベルはほとんどそのまま小村案を受け入れると回答してきた[42]。

一八九六年五月一四日、小村公使とヴェーベル前代理公使は覚書に調印した。その内容は次の通りである。

一、朝鮮国王陛下ノ王宮へ還御ノ事ハ、陛下御一己ノ裁断ニ一任スベキモ、日露両国代表者ハ陛下ガ王宮ニ還御アラセラルルモ其ノ安全ニ付疑惧ヲ抱クニ及バザル時ニ至ラバ、還御アラン事ヲ忠告スベシ。又日本国代表者ハ茲ニ日本壮士ノ取締ニ付キ、厳密ナル措置ヲ執ルベキ保証ヲ与フ。

二、現任内閣大臣ハ、陛下ノ御一存ヲ以テ任命セラレタルモノニシテ、多クハ過《す》グル二年間国務大臣、若シクハ其ノ他ノ顕職ニ在リテ、寛大温和主義ヲ以テ知ラレタル人々ナリ。日露両国代表者ハ、陛下ガ寛大温和ノ人物ヲ其ノ閣臣ニ任命セラレ、且寛仁以テ其ノ臣民ニ対セラレンコトヲ、陛下ニ勧告スルコトヲ以テ常ニ其ノ目的ト為スベシ。

三、露国代表者ハ左ノ点ニ付キ、全ク日本国代表者ト意見ヲ同フス。即チ朝鮮国ノ現況ニテハ、釜山京城間ノ日本電信線保護ノ為メ、或場処ニ日本国衛兵ヲ置クノ必要アルベキコト、及現ニ三中隊ノ兵丁ヲ以テ組成スル所ノ護衛兵ハ可成速ニ撤回シテ、之ニ代フルニ憲兵ヲ以テシ、左ノ如ク之ヲ配置スベキコト。即チ大邱ニ五十人、可興ニ五十人、釜山京城間ニ在ル十個所ノ派出所ニ各十人トス。……憲兵隊ノ総数ハ決シテ二百人ヲ超過スベカラズ。而シテ此等憲兵モ将来朝鮮政府ニ於テ安寧秩序ヲ回復シタル各地ヨリ漸次撤回スベキコト。

四、朝鮮人ヨリ万一襲撃セラルル場合ニ対シ、京城及各開港場ニ在ル日本人居留地ヲ保護スル為メ、京城ニ二中隊、釜山ニ一中隊、元山ニ一中隊ノ日本兵ヲ置クコトヲ得、……露国公使館及領事館ヲ保護スル為メ、露国政府モ亦右各地ニ於テ日本兵ノ人数ニ超過セザル衛兵ヲ置クコトヲ得……[43]。

この覚書が結ばれる過程で、日本政府はロシア政府が協力的であることを確認した。その中で朝鮮国王と深く結んだヴェーベル前代理公使をペテルブルクと東京から孤立させることに成功したのである。

小村はこの調印を終えて、帰国の命令を受け、五月三一日にソウルを離れた。その前夜に小村は外部大臣李完用に対して、一月以来、朝鮮各地で殺害された日本人四三人、負傷者一九人の被害に対する補償として日本銀貨一四万六〇〇〇円の支払いを要求した(44)。もとより閔妃殺害についてはいかなる表明もない。

小村は帰国後、勝海舟と会った。勝が小村の対韓善後策を問うと、小村は「閣下の幕末に処せられし所のごとし」と答えた。勝がいぶかると、言葉をついで、小村は「天子を奪われて万事休す」と述べたという(45)。

小村は外務次官に上がり、朝鮮公使には原敬が任じられた。

露清秘密同盟条約と東清鉄道協定

山県がのりこむロシアでは、別の重大な交渉がロシアと清国のあいだで進められていた。露清秘密同盟条約と東清鉄道協定をめぐる交渉である。

シベリア鉄道建設を進めてきた蔵相ウィッテには、清国との関係をよくして、獲得したいものがあった。彼がシベリア鉄道のバイカル湖以東部、アムール部について意見書を出したのは、一八九五年二月のことであった。この地区の工事が難関であることに鑑み、ノヴォツルハイトゥイから満州北部を横断して、メルゲンをへてブラゴヴェシチェンスクに抜ける路線が考えられたのである。ところが、三国干渉が成功すると、ウィッテもより大胆な満州横断鉄道案に進んでいった。合理的に考えれば、チタからヴラジヴォストークにいたる満州横断鉄道路線が最短、最速であり、満州開発のためにもなるのである。ウィッテは一〇月にその満州横断鉄道について提案をまとめ、皇帝に上奏した。大蔵省はこの案を清国政府に提案すべく、工事計画を作成した(46)。

ロシア側の案は、民間会社に敷設の権利を認めてほしい、清国側は八〇年後に買い戻す権利を認められるというものだった。ウィッテはこの案をウフトムスキーと一緒に推進し、交渉をペテルブルクではじめたが、北京のカッシーニ公使に清国政府と交渉させることが必要になった。ロバノフ＝ロストフスキーの訓令で、交渉が北京で実際にはじまったのは、一八九六年二月のことだった。清国政府は鉄道は自分たちで建設するという理由でロシア側の希望を拒絶したので、カッシーニの交渉は難航した(47)。

そこで、ウィッテは、ニコライ二世の戴冠式に清国代表として参列する李鴻章を迎えて、ペテルブルクで交渉を行うことを考え、皇帝の承認をとりつけたのである。ウフトムスキーにポートサイドまで李鴻章を出迎えに行かせ、まっすぐロシアへ直行させて、ペテルブルクに案内させたのである(48)。五月一日(四月一九日)、ウフトムスキーは皇帝に拝謁して、李鴻章の到着を報告した(49)。

交渉を行ったのは、外相でなく、ウィッテであった。李鴻章はロシアの資金で清国が鉄道を建設するという案と露清同盟条約案とをもってやってきた。交渉は難航した。細部でロシア式の広軌を採用すること、名称は満州鉄道ではなく、東清鉄道、中国東方鉄道とすること、買い戻し期間は八〇年から三六年に短縮することも決まったが、しかし、基本的な対立がとけなかった。五月四日(四月二二日)、ニコライは李鴻章に謁見を与えた。ニコライは日記に書いている。「名高い李鴻章を謁見した。大勢の随員を連れてきた。堂々たる風采の老人だ(50)。」皇帝は三日後にも李と会った。「李鴻章を謁見した。彼は私に清国皇帝の名での贈り物と彼自身の贈り物を渡した。それから執務室で彼の息子、李公爵の通訳で長時間話した(51)。」ニコライはロシアがいかなる領土的野心ももっていないと強調し、李に印象を与えた。露清交渉を研究したルコヤーノフはこのような皇帝の言葉を聞いたあとで、李鴻章はロシア側の条件を受け入れる決断をしたと見ている(52)。翌日、ウィッテは皇帝に上奏した。次の日にはシベリア鉄道委員会が開かれている(53)。交渉担当者と関係大臣と皇帝とが緊密に協議をし、協力して交渉を進めていることがわかる。この交渉が当時のロシアにとっては最重要の交渉だった。

李の考えは同盟条約を結び、その中に鉄道問題を書き込むというものだった。つまり、日本の侵略に清国とロシアが同盟して立ち向かうために、ロシア軍を運ぶ鉄道の建設を認めるという論理であった。ウィッテとロバノフ＝ロストフスキーにとって、日本を敵とする条約を清国と結ぶのは望まなかったであろうが、鉄道利権を獲得するためには、同盟を受け入れなければならなくなったのである。同盟は秘密にするということが合意された。

かくして、満州での鉄道をめぐる交渉は、李鴻章の側の論理からして、思いがけない構成の条約交渉となった。ひろく「カッシーニ密約」と呼ばれるにいたった露清秘密同盟条約とセットにして東清鉄道協定が結ばれるにいたったのである。一八九六年六月三日(五月二二日)にペテルブルクで李鴻章とウィッテ、ロバノフ＝ロストフスキーが調印した露清秘密同盟条約は、ロシア側の資料からの翻訳で示すと、次のようなものであった。

露国皇帝陛下と清国皇帝陛下は、幸いにも極東に回復された平和を強固にし、アジア大陸を外国のあらたな侵入から防衛することを望み、防衛同盟を締結することを決め、ここにこの目的のため……を全権として任命した。

第一条　日本が東アジアにおけるロシア領、清国と朝鮮の領土を攻撃すれば、どのようなものであれ、本条約をただちに適用する契機とみなされるであろう。この場合、両調印国はその時点で所有するすべての陸海軍兵力をもって相互に支持し、これら兵力に各種装備を補給するにあたって可能な限り相互の援助を行う義務を負う。

第二条　両調印国が共通の行動をはじめれば、どちらか一方が他方の同意をえずに敵側と講和条約を結ぶことはできない。

第三条　軍事行動のさいは、清国のすべての港は必要とされる場合にロシアの艦船に開放され、これら艦船は必要な清国当局の支援を受けなければならない。

第四条　攻撃の恐れがある地点にロシア軍が到着でき、これら軍の存在のための手段を確保するように、清国政府は満州を通じる鉄道の敷設に同意する。そのさいこの敷設のすべての条件は、契約のかたちでペテルブルクでの清国公使と露清銀行との交渉で確定される。

第五条　軍事行動のさいには、ロシアは自らの軍隊の輸送と補給のためにこの鉄道を自由に利用する権利をもつ。平時にもロシアは同じ権利を行使するのであり、なんらかの停滞が生じるのが許されるのは地元の移送の要求によって生じる場合のみである。条約が効力を発するのは上記の契約が清国皇帝によって承認される日であり、以後一五年有効である。その期限の終了の六カ月前に双方はその一層の延長の協定を結ぶであろう。(54)

東清鉄道協定はベルリンで一八九六年九月八日(八月二七日)、ウフトムスキー、ロートシチェインが駐露清国公使と調印した。(55) これによってロシアは、チタ―ヴラジヴォストーク間を最短距離で結ぶ鉄道を敷設することができ、その付属地を租借し、そこに警察および警備兵を配置することができるようになった。鉄道の建設主体はロシア政府でなく、ロシアの民間企業でなければならないということになり、ロシアは東清鉄道会社を設立することになったのである。

ロシアにおける山県有朋

山県の一行は五月半ばフランスを出発し、モスクワに向かった。山県を迎えるロシア側の気分については資料がとぼしい。外務省ナンバースリーの上級審議官ラムスドルフの日記の断片が手がかりになる。五月一三日(一日)、彼はロバノフ＝ロストフスキー外相に呼ばれた。外相は李鴻章との長い会談を終えたところであった。条約は基本的にまとまったとの話であった。外相は上機嫌で、「知っているかね、事がうまくいけば、これは大事業となるのだ」と言った。つづけてラムスドルフは帰国した駐日公使ヒトロヴォーについて述べ、彼が日本との緊密な協定の必要性と可能性を確信していると書いている。「ヒトロヴォーの意見では、戴冠式に来る山県元帥は日本の傑出した政治家の一人で、ロシアとの衷心からの合意を達成することが必要不可欠だと深く確信している。」さらにラムスドルフは、フランスにいる駐在武官の報告では、パリを通った日本の代表はロシアが清国に対して愛想がいいのに非常に不安を感じていた、この人も伏見宮もロシアでしかるべく応対されないのではないかと心配していた、と書いている。(56)

明らかにロバノフ＝ロストフスキー外相は清国との交渉を重視しており、日本との交渉には何の準備もない。ラムスドルフは心配はしているが、それ以上のことは何もしていないのである。

五月二〇日(八日)、モスクワでロバノフ＝ロストフスキー外相と山県との最初の顔合わせが行われた。山県は交渉を望む真意を伝えたが、外相は一両日中は暇がないので、戴冠式が終わってから、ペテルブルクで交渉を行いたいと述べた。(57)戴冠式はモスクワのクレムリンの中で行われる。それは六日後に迫っていた。李鴻章のようにペテルブルクから回ってきた者もいるが、山県のように直接モスクワに来た外国の賓客も多かった。だから、外相の弁も無理からぬものではあったが、この応対は外相の日本軽視、山県軽視を表わしていた。

皇帝ニコライはペテルブルクから五月一八日(六日)にモスクワに入っていた。一九日(七日)には、バーデンとヴュルテンベルク公国の王子とともに、伏見宮を謁見している。二二日(一〇日)には、各国使節を謁見した。「フランス、アメリカ、スペイン、日本、そして朝鮮、みな大人数である。(58)」山県もこのとき皇帝に拝謁したのであるが、ロシアの皇帝の側には日本政府代表の山県に単独の謁見を与えるという考えはなかったのである。

やがてヒトロヴォー公使が到着し、山県のホテルを訪ねてきた。彼は、外相は戴冠式のあと保養地でしばらく静養するつもりのようだ、あせらずにゆっくり交渉する腹をかためた方がいいと勧めた。山県はそんなに悠長な気分ではなかった。彼は重ねて求め、五月二四日に西公使とともに、ロバノフ＝ロストフスキー外相との最初の会談を行った。(59)

ふところには、六項目の協定案を入れていた。重要なのは、第一条と第五条であった。

第一条　日露両国ハ相互ニ朝鮮国ノ独立ヲ担保スベシ。

第五条　内憂外患ノ為メ朝鮮国内ノ安寧秩序甚シク乱レ、又ハ乱レントスルノ虞《おそれ》アリテ、日露両国政府協議ノ上、……已ニ同国ニ駐屯スル軍隊ノ外ニ、更ニ其ノ軍隊ヲ派遣シ、以テ同国ヲ扶助スルノ必要アリト認ムルトキハ、日露両国ハ両国軍隊ノ衝突ヲ避ケンガ為メ、各其ノ軍隊派遣ノ地ヲ分劃シ、一方ハ其ノ軍隊ヲ同国南部ノ地へ派遣シ、一方ハ北部ノ地へ派遣シ、且予防ノ為メ両国軍隊ノ間ニ相当ノ距離ヲ設クベシ。(60)

つまり、朝鮮の独立を尊重しつつ、朝鮮を南北に分け、それぞれを日露の勢域、勢力領域とするという構想である。他の項目は第二条が朝鮮の財政の均衡、外債の募集に日露が協力すること、第三条は軍隊警察組織維持に日露が協力すること、第四条は日本が所有する電信線は朝鮮が購入するまでは日本が管理する、第六条は将来問題がおこれば、日露が「和衷ノ熟議」で解決することなどを記していた。朝鮮の完全なる日露両国共同管理制、日露勢力領域分割の提案であった。

この案を口頭で説明されると、ロバノフ＝ロストフスキー外相は「双方ノ所望同一ナレバ、大体ニ於テハ異存ナキヲ覚ヘル」と言ったが、文面を見せられると、第一条にまず反応した。独立を「担保(garantie)」するというのは、朝鮮を両国の「保護国」にしようということなのかと質問した。山県はこれは六カ条の「冒頭」に置いただけだから、深い意味はないと逃げている。第五条のところにきたとき、ロバノフ＝ロストフスキーと山県はお互いの顔を見て、笑った。西公使は、これは「南北ニ分チ取リ」しようということかと思ったのであろうと考えた。外相は、兵を出すのは国王がもとめたときかと尋ねた。(61)

山県の提案は重大な提案であった。しかし、ロシア側にはそれを受け止めて考える準備はまったくなかったのである。戴冠式は二日後に迫っていた。

戴冠式とその後の交渉

五月二六日(一四日)、クレムリン内のウスペンスキー聖堂でニコライ二世の戴冠式が行われた。ニコライは日記に書いている。

「大いなる、荘厳な一日、しかしアリックス、ママ、そして私にとっては精神的に重苦しい一日だった。朝八時にはもう整列していた。われわれの行進がはじまったのは一〇時半だった。天気は幸いにもおどろくような日和だった。正面入り口は光り輝いていた。ウスペンスキー聖堂の中で起こったことはすべて本物の夢の中のことのように思われる。しかし、生涯忘れられないだろう。(62)」

伏見宮、山県たち日本代表は李鴻章、閔泳煥ら清国、朝鮮代表とともに聖堂の中にいた。

二日目も行事がつづいた。夜はすべての外国の賓客がクレムリンの中のグラノヴィータヤ殿の宴会に招かれた。三日目は軍隊の祝賀があり、四日目は夜ボリショイ劇場でグリンカのオペラ『皇帝に捧げし命』が上演され、皇帝以下が観覧した。

五日目、五月三〇日(一八日)は、郊外ホドゥインカ原で国民参加の祝賀行事が行われた。パンと新帝のイニシャル入りのコップが配られることになっていた。だが、ここに五〇万人がつめかけ、軍隊の演習用に掘られていた溝に人々が落ち、公式発表でも一三八九人の死者が出るという大惨事となった。もとよりこれは皇帝の責任ではない。しかし、その夜何事もなかったようにフランス公使モンテベッロ主催の祝賀舞踏会が行われ、皇帝皇后が出席したことは厳しい批判を浴びることになった。反政府派はニコライ二世を「血帝」と呼んで糾弾した。

この三〇日、山県は、アジア局長カプニストとヒトロヴォー公使が、日本の提案にロシア士官派遣を認めるという一項を加えるか、協定の付記としてそのような趣旨を書き加えるかすることを望んでいることを知り、日本側はそのような条項には同意できないことを悟らせるように努力した。日本からも、朝鮮政府がロシア政府に士官派遣を要請しているといううわさがあるとの電報が届いた(63)。

六月二日(五月二一日)、ロバノフ＝ロストフスキー外相は皇帝に上奏した(64)。清国との条約交渉は決着し、翌日調印のはこびであったので、それの承認をえたのは当然だが、日本との交渉についても報告があげられたことは間違いない。

六月六日、第二回の日露会談があった。ロバノフ＝ロストフスキー外相は、この提案された協定は公表するつもりか、秘密にするつもりかと尋ねた。山県は財政にかんする条項以外は「之ヲ公ケニスル必要ナシト思フ」と答えた。すると、外相はロシア側の逆提案を示した。第五条の抜本的修正とロシア士官による王の護衛兵訓練を認めるという新しい条項の追加が内容だった。第一条の独立の「担保」を独立を「承認する(reconnue)」に変え、電信の条項にはロシアも電信線を建設できるとの修正を加えている。第五条については、「南」「北」の二字を除いている。この点について山県が理由を尋ねると、逆に、南北とはどこをもって区分するつもりかと質問がなされた。山県は「凡ソ彼国ノ中程ノ大同江辺ヲ以テシテ可ナラント」考えていると答えた(65)。大同江付近ということは、平壌の近く、北緯三九度のあたりということになる。平壌はロシアの勢域の中に入れる考えであったのだろう。だが、いずれにしても、ロシア側は朝鮮を南北に分け、それぞれを勢力領域にするという日本の案を拒絶したのである。

のちに一九〇三年五月に、このときの交渉が論議の的となった。ロシア政府の対日政策批判の立場に立つ前清国駐在武官ヴォーガクが意見書の中で、朝鮮半島において日本との隣国関係を調節するために、「最善の時点は下関講和条約のとき、日清戦争直後、日本が力を弱め、妥協的であったときであるが、このことはなされなかった。同様にロシアは、戴冠式のために訪露した山県元帥が朝鮮にかんして一定の協定を結ぶことを心から望んでいた一八九六年にも、この件での交渉を拒絶した」と批判した[66]。これに反論して、ラムスドルフ外相は次のように書いている。

「実際には、衆知のように、一八九六年に戴冠式出席のためモスクワに来た日本の山県元帥はわが国と朝鮮分割の協定を結ぶ可能性を指摘することを念頭においていた。」「ロシアにはこの方向での意見交換を拒む重大な根拠が他にあった。第一に、ちょうど一年前、ロシアは朝鮮の完全な独立の原則を宣言し、ロシアの要請により下関条約第一条にそれが盛り込まれたのである。……第二に、条約によって、日本に朝鮮半島の南端部を譲るならば、形式的に、ロシアは戦略上からも、海軍の関係でも、もっとも重要な朝鮮の部分を永久に放棄することになり、かくして未来における自らの行動の自由を進んで束縛してしまうのである。あらゆる面でロシアが太平洋沿岸に強固に定着するまでは、ロシアの直接的利害は朝鮮の全一性と独立の原則を支持するところにある[67]。」

第二点は馬山問題への配慮がブレーキをかけさせたというのであるが、外務省としては一貫してこの馬山の獲得には反対したのだから、それを論拠にするのは、この弁明が官僚的な責任回避の論であることを示している。

それでも、第一点に関連して言えば、まさにこの三日前に調印されたばかりの露清秘密同盟条約の第一条でも、ロシアは朝鮮の領土に対する日本の攻撃に対抗することを誓約したのであった。その条約に調印したペンのインクが乾かぬうちに朝鮮の分割占領で日本と合意するのはまずいと考えられたのかもしれない。いずれにしても、ロシアは深い考えがないまま、朝鮮をめぐって日本と合意する重要なチャンスをのがすことになった。前後を考えれば、これがラスト・チャンスであったろう。ヴォーガクの指摘は正しいと言わなければならない。

六月八日、第三回目の交渉があった。第一条の独立の「担保」について、ロシア側が抵抗を示したので、第一条をなくすことにした。ロシア士官による訓練の問題ももっとも紛糾したところであった。日本側は、「我国ノ感情」からして受け入れられないと述べ、日本人でもロシア人でもない第三国の士官に訓練を頼む方がいいと主張したが、ロシア側は、朝鮮国王が安心するかどうかの問題だとし、日露が協同して朝鮮のことをはかるのに、第三国の人間を頼むのはよくないとして意見がまとまらなかった。最後にロシア側が、ロシア士官が王の護衛兵の訓練にあたるときは、日本の士官が別の部隊の訓練をさせるということで妥協することにしようと提案した。(68)

山県・ロバノフ協定調印

六月九日(五月二八日)、モスクワ郊外のセルゲイ大公の領地イリインスコエで静養中のニコライのもとをロバノフ＝ロストフスキー外相が訪れ、緊急の上奏をおこなった。(69) まとまった日露交渉を報告し、議定書調印の認可をえたのであろう。

この結果、この日、一八九六年六月九日(五月二八日)、山県とロバノフ＝ロストフスキーは「朝鮮問題に関するモスクワ議定書」に調印した。その内容は次の通りである。

第一条　日露両国政府ハ朝鮮国ノ財政困難ヲ救済スルノ目的ヲ以テ、朝鮮国政府ニ向テ一切ノ冗費ヲ省キ、且其ノ歳出入ノ平衡ヲ保ツコトヲ勧告スベシ……。

第二条　日露両国政府ハ、朝鮮国財政上及経済上ノ状況ノ許ス限リハ、……内国人ヲ以テ組織スル軍隊及警察ヲ創設シ、且之ヲ維持スルコトヲ朝鮮国ニ一任スルコトトスベシ。

第三条　朝鮮国トノ通信ヲ容易ナラシムル為メ日本国政府ハ其ノ現ニ占有スル所ノ電信線ヲ引続キ管理スベシ。露国ガ京城ヨリ其ノ国境ニ至ル電信線ヲ架設スルノ権利ヲ留保ス……。

第四条　前記ノ原則ニシテ尚ホ一層精確且詳細ノ定義ヲ要スルカ、又ハ後日ニ至リ商議ヲ要スベキ他ノ事項生ジタルトキハ、両国政府ノ代表者ハ友誼的ニ之ヲ妥協スルコトヲ委任セラルベシ。

これに秘密条款がついていた。

第一条　原因ノ内外タルヲ問ハズ、若シ朝鮮国ノ安寧秩序乱レ、若クハ将ニ乱レントスルノ危懼アリテ、……其ノ合意ヲ以テ、更ニ軍隊ヲ派遣シ、内国官憲ヲ援助スルヲ必要ト認メタルトキハ、両帝国政府ハ其ノ軍隊間ニ総テノ衝突ヲ予防スル為メ両国政府ノ軍隊ノ間ニ全ク占領セザル空地ヲ存スル様、各軍隊ノ用兵地域ヲ確定スベシ。

第二条　朝鮮国ニ於テ本議定書ノ公開条款第二条ニ掲グル内国人ノ軍隊ヲ組織スルニ至ル迄ハ、朝鮮国ニ於テ日露両国同数ノ軍隊ヲ置クコトノ権利ニ関シ、小村氏ト……ウエバー氏ノ記名シタル仮取極ハ其ノ効力ヲ有スベシ。朝鮮国大君主ノ護身上ニ関シ現ニ存在スル状態モ……均シク之ヲ継続スベシ。(70)

西徳二郎公使は一八九六年七月に、振り返って、この交渉の結果、次のことがわかったとしている。第一に、ロシアには、日本と共同であれ、単独であれ、朝鮮を保護国としていく「意ナキコト」である。第二に、ロシアには「現今ノ状態ニテ日本ト共ニ朝鮮ヲ南北ニ分割スルノ意ナシ」ということである。この第二点には、「状態一変スルニ至テハ、……之ヲ辞セザルベキコト」と但し書きをつけたが、これは意味のない付け足しである。状況が変われば、政策は変わるかもしれないし、変わらないかもしれないのである。要するに、ロシアは朝鮮を保護国にするとか、日本と分割するとかという決定的な行動をする意欲はないと日本の外交官に見抜かれたのである。「露ノ朝鮮ニ於ケル現今ノ所望ハ、其成形ヲ保タシムルニ過ギズシテ、自動的ニ之ヲ攫ムトカ、之ヲ保護国トナストカ云フ様ナル計ヲ為スニ非ズ」ということである。西は当面ロシアとの協調を維持し、「両国協和ノ精神」に基づき、危険を回避して進むことを主張した。そして、「彼モ衝突ヲ好マザルヲ忘レズシテ」、簡単に譲歩はしないようにし、他面で海軍の拡張を急ぎ、露仏艦隊に対抗する実力を貯えるべきだとした。そして、「露モ好マザル衝突ヲ我ニ於テ早ク恐レザルノ地位ニ達シテ、現今ノ状態一変シ、主客ノ地位動クニ至ラバ、衝突自ラ避クベシ。朝鮮論ノ決亦我所望ニ近ヅクヲ得ベシ」。(71)

ロシアは朝鮮をどうにかしようという意欲がないのだから、日本が力をつければ、朝鮮を日本の保護国にすることができる。これが西の引き出した決定的な結論であった。その意味で、山県が訪露して、もちだした提案がロシアによって拒否されたこの時点が、日露朝の三国関係の決定的な分かれ道となったと言えよう。

ロシア政府はこのたびの議定書の秘密条款でない部分も公表しないことを望んだ。七月八日、ヒトロヴォーは西園寺外相代理にモスクワ議定書の非公表という「固い希望」を伝え、日本政府はやむをえず翌日、了解したと回答した。(72) しかし八月には、日本政府は小村・ヴェーベル覚書も山県・ロバノフ議定書も公表したいという気持ちになり、再交渉をおこなった。(73) しかし、ロシア側は拒否した。西園寺はなおも八月七日、これを秘密にしたままでは日本は大変困難な立場に置かれる、とシペイエルに取りなしを求めている。(74) この経過には明らかにロシアが日本を低く見た態度があらわれている。

朝鮮使節の交渉

朝鮮の使節閔泳煥一行も五月二〇日、山県の一行とほぼ同時期にモスクワに到着した。(75) 戴冠式に参列したあと、一行は六月五日ペテルブルクに赴いた。そこで閔泳煥はロシア政府に要望書を提出した。五項目の要求が列挙されていた。一、朝鮮軍ができるまで王の安全をロシア軍の力で守ってほしい。二、十分な数の軍事教官を派遣してほしい。三、三人の顧問(宮内、内閣、産業鉄道の分野)を派遣してほしい。四、三〇〇万円の借款を供与してほしい。五、朝鮮とロシア間の電信線を敷設すること。さらにこのとき、閔泳煥はヴェーベルを朝鮮にのこしてほしいという希望も提出したようである。交渉は山県とロバノフ=ロストフスキー外相とのあいだで議定書が調印された四日後、六月一三日にロバノフ=ロストフスキー外相との会談でおこなわれた。(76)

閔泳煥はロバノフ＝ロストフスキー外相に、日露の協定調印のうわさは真実かと尋ねた。「この二国のあらゆる共同行動は両国には有利なものであるかもしれないが、朝鮮にとっては最大の災難となる。朝鮮政府はロシアに対して、自国を独占的な保護のもとに置くか、共同行動を端的に断ってくれるかのどちらかにしてほしいと求めている。」ロバノフ＝ロストフスキーは、朝鮮への援助を拒まないが、日本ともけんかはしたくないと答えた。(77)最終的にロシア側は五項目の要求に応えて、五項目の回答を出した。これはロマノフによって発見され、公表されている。

一、国王はロシア公使館に留まる間はロシア兵によって守られる。ロシア公使館には必要なかぎり留まっていい。国王が宮殿にもどられるときは、その安全についてはロシア公使は道義的責任を負う。

二、軍事教官問題については、近く高位級の将校一人を派遣する。彼に当面国王の警備隊の組織を委ねる。財政問題についても同様の専門家をロシアから派遣する。

三、顧問の派遣については第二項で書いた。

四、借款の締結は国の経済状況が明らかになったのちに行う。

五、電信線の建設に努力する。(78)

閔泳煥はこれでは不満であった。彼はロシアと朝鮮の同盟条約の締結を提案したが、ロバノフ＝ロストフスキーは話に応じなかった。閔泳煥の一行は八月下旬まで三カ月ロシアに滞在したが、先の五項目回答以外の答えは得られなかったのである。(79)もっとも皇帝は朝鮮に対して配慮している姿勢を示そうとした。ニコライの日記には、七月一四日（二日）の項に次のようにある。「いま一度朝鮮の使節を謁見した。彼らはようやく帰国しようとしている。(80)」

ロシア人軍事教官と財政顧問の派遣問題

日本人軍事教官を退去させた高宗は久しくロシア人軍事教官の派遣を要請してやまなかった。それに応えてソウルに滞在していた参謀本部のコルネーエフ大佐は歩兵三個大隊、砲兵一個中隊、騎兵半中隊を創設することにして、この指導にロシア人将校一二人、下士官六三人を五年間派遣するという案を立てた。派遣の費用は二一万五〇〇〇ルーブリと計算された[81]。

この案に対してロシアの陸軍省は慎重だった。一八九六年四月一七日(五日)、陸軍省内でオーブルチェフ参謀総長主宰の検討会が開かれた。ここでは国王の警備隊を一個大隊、千人規模でつくることにすれば、将校六人、下士官一四人を派遣すれば足りるという計算が出た。費用は年間三万八〇〇〇ルーブリで足りるのである。このロシア陸軍省の案について、高宗は、まずそこからはじめるのでいいが、やがては四千人いる朝鮮軍の訓練にも広げてほしいと要請した。案を具体化するのに、ロシアの参謀本部からアジア課長補佐で、清国で六年間駐在武官をつとめたプチャータ大佐がソウルに派遣されることになった[82]。

これと同時に、ロシア政府としては、朝鮮への借款援助をする場合に、返済能力を知る必要があった。そこで、財政顧問を送る準備として、北京から大蔵省のエイジェント、ポコチーロフが一八九六年夏に派遣された[83]。

しかし、実際に話が進んだのは、軍事教官派遣、朝鮮軍隊養成の方だった。一八九六年一〇月二一日(九日)、砲艦「グレミャシチー」に乗って、プチャータ大佐と二人の将校、一〇人の兵士が到着した。ただちに彼らは将来の警備隊員八〇〇人の訓練を開始した。プチャータは朝鮮の高官、大臣を集めて軍事問題の解明のための小委員会を設置した。この小委員会の作業の結果が一二月二日のプチャータ意見書である。プチャータは朝鮮には六千人規模の軍隊をつくることが必要だとして、それには二九人の将校、一三一人の兵士をロシアから派遣しなければならないとした。通訳四八人もふくめ、その費用は年間九万二六四〇ウォンかかる。幼年学校、士官学校、下士官学校などを設置することも必要だと述べられている。招請期間は五年である。プチャータ案では教官はロシアからのみ招請するとされていた。高宗はこの案に完全に同意した。ヴェーベルもこれを支持して、意見をペテルブルクへ送った(84)。

財政顧問の方は難航した。朝鮮政府は日本から前年に借り入れを行った三〇〇万円を返済するためにロシアからの借款を求めた。日本への財政的従属を望まないという高宗の意志である。この件を担当するのはロシア大蔵省である。次官のロマノフは七月七日(六月二五日)、この問題は「朝鮮の財政リソースを解明してはじめて可能になる」と回答した。朝鮮側は借款の担保としては関税収入を出すと説明した。利権の売り出しも行っている。のちに問題となる商人ブリネルへの鴨緑江森林利権の売却もこのころ(九月一〇日)のことだった。ポコチーロフは三〇〇万メキシコ・ドルでの借款を与えるように強く進言した。しかし、ウィッテは冷たく、一一月までは何もできないと拒絶した。年末、高宗はこの問題を六カ月先送りすることに同意した。ヴェーベルはたえず借款を急ぐように迫っている(85)。

海相の更迭と外相の死

このころロシア政府の内部では重要な大臣人事があった。海相と外相の交代である。

一八九六年前半にペテルブルク市内で怪文書がひろめられた。その匿名の筆者は海軍総裁アレクセイ・アレクサンドロヴィチ大公とチハチョフ海相を批判した。チハチョフはただちに辞職を求めた。彼は次のように語ったといわれる。「私は誰とでも闘う覚悟はある。しかし、私に対する陰謀の中心に大公が立たれるのであれば、私は職を退く。」この攻撃の主はアレクサンドル・ミハイロヴィチ大公であった。アレクサンドル大公は海軍省の主導権をめぐって一六歳年上の従兄弟アレクセイ大公と争っていたのである。太平洋艦隊の増強問題もその争いの一環であったと考えられる。[86]

チハチョフは一八九六年七月二五日(一三日)に辞職を認められ、トゥイルトフが後任の海相に任命された。彼は九〇年に軍令部長の臨時代行をつとめたあと、九二年に太平洋艦隊司令長官に任命された。九三年からは建艦補給総局長に任命されていて、九五年に太平洋連合艦隊司令長官に任命された人であった。日本通だと考えられていた。

外相の方は死亡による交代である。外相ロバノフ＝ロストフスキーの死は皇帝の旅の過程での出来事であった。ニコライ二世は一八九六年八月二七日(一五日)ウィーンに到着し、オーストリア皇帝フランツ・ヨゼフ一世に迎えられた。戴冠式を終えた若いロシア皇帝として、六六歳の老皇帝に挨拶に行ったのである。二泊三日のウィーン訪問を終え、皇帝と皇后はキーエフに戻った。八月三〇日(一八日)キーエフ到着直前、ロヴノ近くの車中で、同行していた外相ロバノフ＝ロストフスキーが心臓麻痺で死亡した。[87]

皇帝は翌日キーエフに着いたあと、数日キーエフその他でのさまざまな行事に出ている。九月五日(八月二四日)にはふたたびドイツのブレスラウに到着した。ここでドイツ軍観閲式を参観し、ヴィルヘルム二世と会談したのである。[88] ニコライはこのあと、九月九日(八月二八日)にはコペンハーゲンに赴き、デンマーク国王を訪問する。母皇太后の故郷である。ニコライはここに一二日間滞在する。デンマーク駐在公使はムラヴィヨフ伯爵である。接触の機会が多くあったであろう。ニコライがムラヴィヨフに好感をもったことはたしかである。

こののち、皇帝はイギリスにヴィクトリア女王を訪ね、パリを訪問し、最後は皇后の生地ダルムシュタットに行って、長く滞在する。ロシアに戻るのは、一〇月三一日(一九日)のことである。[89]

ボスポロス海峡占領問題

このころヨーロッパ方面では、トルコをめぐる情勢がアルメニア問題とクレタ島問題を焦点として緊張してきた。まず一八九五年からトルコ東部でアルメニア人に対する虐殺がおこり、大量のアルメニア人のロシア領への脱出が生じた。これが九六年まで継続した。他方でクレタ島では、九五年にキリスト教徒ではなく、イスラム教徒の総督が赴任すると、キリスト教住民たちは自治の獲得、ギリシアへの統合をめざして行動を開始した。九六年五月にはキリスト教徒虐殺事件がおこり、ギリシアから兵士がクレタに赴き、艦隊も派遣された。これにヨーロッパ列強が介入し、クレタの自治をトルコに認めさせようとしたが、トルコは拒絶した(90)。

ロシアの中では、トルコの国際的な地位が揺らぐこの状況を利用して、露土戦争で果たせなかった積年の願望、ボスポロス海峡の確保のために、軍事行動をおこすべきだという考えが台頭した。中心になったのは参謀総長オーブルチェフである。

参謀総長オーブルチェフが日清戦争の終わりにさいして、日本との軍事的衝突を回避するように求める意見書を出したことはすでに述べた。その背後にはオーブルチェフがもっていたロシアの国策についての認識と秘めていた軍事行動の提案があった。

一八九五年七月七日(六月二五日)には彼の作成した意見書「黒海におけるわが国の軍事力」をもとに大臣協議が開かれた。そこでオーブルチェフは、八一年九月の大臣協議で打ち出された黒海地方での陸海軍の増強の方針が立派に実行されたことを示した。いまや命令が出されれば、一二時間のうちに、ボスポロス海峡を占領するために、三万五千人の兵、戦艦五隻、輸送船多数を送ることができる。ルーマニアが建国してブルガリアとの関係が悪化し、オーストリア=ハンガリーとは不断の敵対関係にあるので、陸上から兵を出すことはできない。トルコの首都を海上から攻撃することの必要性は露土戦争の後、当時の皇帝アレクサンドル二世に認められ、皇帝アレクサンドル三世のもとで現実的方針とされたのである。ボスポロス海峡を占領すれば、ダーダネルス海峡の通行権などは外交交渉で獲得できる。「ボスポロス海峡通行を確保することによって、ロシアは自らの歴史的課題の中でもっとも偉大なものを実現することになる。イギリスをしめつけて、バルカン半島の完全なる主人となり、もはや黒海沿岸も、カフカースも心配することはなくなる。」もてる兵力をすべての国境に分け、独墺国境をも、極東をも守ることができる。(91)

この協議には外相は呼ばれていなかった。ラムスドルフはこの意見書について、オーブルチェフ特有の「政治的幻想のニュアンスでおおわれている」と評している。アレクサンドル三世はこの意見書に賛意を表し、秋にソリスキー主宰で蔵相、外相も加えて協議を行うように指示したのであった。(92) しかし、さすがに秋には協議は行われなかった。極東情勢への対応がロシア政府の関心を集めていたからである。

一八九六年に入って、トルコ駐在公使ネリドフが強硬にボスポロス海峡獲得の行動をとることを提案し、固執した。皇帝ニコライ二世はその意見になびいた。外相代行シシキンは心を痛めた。一一月一五日(三日)、ラムスドルフはシシキンの語った言葉を日記に書き留めている。「若い君主は恐ろしいスピードで意見を変える。(93)」一六日(四日)の日記にはさらに次のように書かれている。

「シシキンは、自分のあとに陛下に拝謁するわが公使〔ネリドフ〕はロシアの独立行動を主張し、ふさわしい心理的な時点でボスポロスに黒海艦隊を直接呼ぶ許可を陛下に求めるつもりであります、と陛下に申し上げた。陛下は以前はそのような考えに反対であったが、……今日は陛下は言った。『そうだね、どうだい、これを許してもいいよ。』それから付け加えた。『よく話を聞いてみるよ。』シシキンは分別ということについて話そうとした。外相代行は、いまはわれわれの立場は非の打ちどころがありません、われわれに反対しているのはイギリスだけです、しかし、ちょっとでも失敗すれば、われわれは東方で一八五四年と同じような状況に立たされかねません、と言った。陛下は反論された。『誰もあえて反対する者はないだろう。』そして付け加えられた。『そうなればやっつけてやるさ。』こういうご指示には反論はできない。[94]」

シシキンはツァールスコエ・セローまで陸軍大臣ヴァノフスキーと一緒の汽車で行ったときの話もした。「陛下についての陸相の評価は『戦闘的で、自信過剰な』人だというものだった。シシキンが『だが大事なことは、陛下には意見の安定性がないことだ』と言うと、陸相は『そうだ、陛下は誰とでも相談する。叔父、叔母、母后、それに他の諸々の人々と。陛下は若い(iun)から、最後に話をした人の見方に影響されるのだ』と付け加えた。[95]」

こういうときに正面から意見を言うのがウィッテ蔵相だった。彼は一一月二四日(一二日)、トルコ帝国について考えを述べ、平和的政策を是とし、力の行使をいましめる提案を盛り込んだ意見書を皇帝に提出した。だが一二月三日、ネリドフ公使の意見書が提出された。ネリドフはトルコの不安定な状況をにらんで、ボスポロス海峡地帯を占領することを正式に提案した。[96] 一八九六年一二月五日(一一月二三日)、ネリドフ提案を受けて、海峡問題での協議会が行われた。皇帝のほか、陸相ヴァノフスキー、参謀総長オーブルチェフ、外相代行シシキン、海相トゥイルトフ、蔵相ウィッテ、そしてトルコ駐在公使ネリドフが出席した。[97] ウィッテによれば、この協議でネリドフがロシア軍の海峡占領を可能にする事件を何かおこす必要があると提案した。参謀総長と陸軍大臣がこれに賛成した。外相代行シシキンは「ほとんど沈黙しているか、はっきりした表現をふくまない発言をした」と書かれている。海相トゥイルトフは陸軍の意見について「明らかにとくに賛意を表することはなかった」。海軍として実行する場合に条件があると言っただけだった。「したがって、ただ一人、きわめて執拗に、決定的にこのもくろみに異を唱えたのは」ウィッテだけだった。そんなことをすれば、「最後にはヨーロッパ戦争になり、先帝がのこした立派な政治的、財政的な地位を動揺させる」と反対したのである。皇帝は何も意見を述べず、ただいくつか質問しただけであったが、最後に公使ネリドフの意見に同意すると述べた[98]。

かくしてボスポロス海峡への上陸作戦は決定され、その準備がはじまった。決行の日取りはネリドフの判断、合図を待つということになったのである。ウィッテはあきらめきれず、皇帝の叔父ヴラジーミル大公と皇帝の元教師ポベドノスツェフに訴えた。彼らは何も言わなかったが、ポベドノスツェフは協議会の議事録を読んだあとで、ウィッテに「Jacta est alea(賽は投げられた)。神の憐れみを」と手紙をよこした。しかし、大公か、ポベドノスツェフか、彼ら以外の別の誰かが説得したのか、皇帝はボスポロス作戦を思いとどまったのである[99]。

最後に思いとどまったから救われたが、皇帝の判断一つで、ロシアは、極東で日本と事をかまえたまま、西でトルコとの戦争に突入するところだったのである。

高宗の王宮帰還

朝鮮の中では一八九六年はじめ、甲申政変を主導した開化派の中心人物徐載弼《ソジェピル》が亡命先のアメリカから帰国した。アメリカ国籍を取得していた。彼は四月に、人民の啓蒙のために『独立新聞』を創刊した。この新聞が支持者をひろげていく中で、七月には、清国との関係を示していた迎恩門をこわして、その跡に独立門を建設するという事業がはじまるのを契機に、愛国啓蒙をめざす独立協会が設立された。国家的な事業だということで、会長には安駉寿、委員長には外部大臣の李完用が就任し、多くの高級官僚が名をつらねた。徐載弼は顧問となった。独立門は一八九七年一一月に完成した。いまもソウル市内にのこっている。合わせて慕華館が改修され、独立館となった。独立協会は九七年に入ると李完用らが去り、上海から帰った尹致昊が加わって、中堅以下の官僚や知識人が多く集まる政治討論クラブ化していった[100]。

一八九七年には、国王がロシア公使館に亡命同様の状態で留まっていることを屈辱的だと考えるさまざまな階層の人々が高宗の帰還を求めて、上疏を出したり、ロシア公使館の門前に立ち続けたりするようになった。独立協会は当初は、国王が播遷した当時と状況が変わらない以上、王宮に帰還しても保護するすべがないと帰還の主張に批判的であった。しかし、政府が動いた。

一八九七年二月一八日、議政府の高官、大臣たちが秘密会議を開き、高宗の帰還の安全を保証するようプチャータに代表を送った。プチャータは全力を尽くすと述べ、高官たちはこれで十分だとして、高宗に帰還を願った。二月二〇日、ついに高宗は三七五日のロシア公使館滞在を終えて、世子とともに慶雲宮(徳寿宮)に帰還した。警備のために供奉したのは、ロシア人軍事教官が養成した一個大隊の朝鮮軍であった(101)。

ムラヴィヨフ外相の登場

一八九七年一月、ロバノフ=ロストフスキー外相の急死のあと空席となっていた外相のポストに、デンマーク公使ミハイル・ニコラエヴィチ・ムラヴィヨフ伯爵が任じられた。彼の父はヴィリノ県の伯爵で、コヴノとリャザンの県知事をつとめた人であった。ムラヴィヨフは中学卒業後、ハイデルベルク大学で聴講生として学んだことがある。一九歳で外務省に入り、ドイツやスウェーデン、オランダの公使館に勤務した。一八八四年にベルリンの公使館の参事官に上がり、九三年にコペンハーゲンの公使となったのである。デンマークは皇太后マリヤ・フョードロヴナの母国であり、皇族はここをしばしば訪問した。そこでデンマーク駐在の公使には、皇太后をはじめ、皇帝、皇后とも親しくなる機会が多かったのである。

ウィッテは、ムラヴィヨフがデンマーク公使になっていたことが、四年後に外相に抜擢された理由であったと断定している。それは間違いない。ウィッテは、ムラヴィヨフは知的には低く酒好きで、仕事をするのが嫌いな「道楽者」であったと酷評している。[102] だが前任の外相の友であったポロフツォフは、ムラヴィヨフは「自分の虚栄心と自己愛の充足ばかりを考えて、そのためにはいかなる手段をもいとわない」人物であったと評したが、[103] 無能な人間だとは見ていない。新外相は皇帝の信頼を利用して何か功績をあげられないかと考えをめぐらす野心家であったと考えられる。

ムラヴィヨフ外相は朝鮮と日本に対しては慎重な態度をとった。就任早々彼はプチャータ意見書に対して反対した。一八九七年三月六日(二月二二日)、ムラヴィヨフは陸相に意見を送った。日本がロシア人軍事教官に反対しているもとでは、「現在の政治的時点はソウルにわが将校を即時に派遣するにはまったくふさわしいとはいえない」。「せめて一定期間先延ばしするのがより慎重であると考えられる。」いまは高宗が王宮に帰ったところだから、その点からも様子を見る必要がある。日本と結んだばかりの山県・ロバノフ議定書を守る必要がある。ムラヴィヨフは、東京にローゼンが着任し、シペイエルがソウルに戻った段階でよく検討するように提案した。さらにプチャータ案の内容にも立ち入って、六千人規模は朝鮮の財政からして現実的でない、三千人が妥当だとした。さらに日本を刺激しないために、ロシア人軍事教官だけを招請するという規定も廃止した方がいいと主張した。[104]

陸相ヴァノフスキーは明らかにこの意見には反対であった。その意見を聞いて、ムラヴィヨフは若干の修正をはかった。彼は三月三〇日(一八日)と四月八日(三月二七日)にソウルのヴェーベルに訓令を送り、軍事改革は全面的にロシアの手に委ねるという確約を高宗からとりつけろと指示している。[105]

ロシア軍事教官の活動

ヴェーベルは軍事教官の招請問題で朝鮮政府と交渉を進めていた。一八九七年四月には朝鮮の大臣たちもプチャータ案を基本的に受け入れることで合意した。しかし、日本の執拗な工作が大臣たちを動揺させた。小村公使に代わった加藤増雄代理公使は強引に朝鮮政府に反ロシア宣伝をおこない、軍事教官にかんする協定に反対する工作をおこなった。

だが国王高宗はプチャータ案の推進を強く指示した。四月三〇日(一八日)、プチャータ案に基づく協定は議政院の議に付された。出席者の多数は協定案に賛成し、反対したのは少数であったが、日本側からの威嚇が強いため、結局この場では結論は出ないままになったのである。しかし、高宗は前進した。五月四日(四月二二日)、ペテルブルクからは、追って指示あるまで交渉を中断せよとの指令がヴェーベルに送られたが、すでにこの電報がとどく前に、五月五日(二三日)、プチャータ案の六千人の部隊創設案とロシアの軍事教官、将校一三人、その他八人を招請する文書に署名がなされたのである。(106)

しかし、日本の反発は強かった。シペイエルは五月一日、東京から本省に打電した。

「軍事教官についてソウルでおこなわれているわれわれの交渉の故に当地で生じた興奮は、わが政府としては、朝鮮の要請を実施することはモスクワ協定の精神に反するものとしてやりたくないという報道がペテルブルクから入ったことで沈静化した。(107)」

ムラヴィヨフはこれ以上交渉を進めてはならないという態度をとりつづけた。彼は五月二六日(一四日)に陸相に次のように書き送っている。

「この僻遠の地方での政治的事件の進行を注意深く追ってみると、朝鮮でのわが国のあらゆる歩みが日本の猜疑心を当然よびだし、日本はこの結果軍備の強化に着手するのである。われわれの側からしてそのような行動様式をつづけるなら、遠くない将来日本との軍事衝突を不可避的に呼び起こすだろう。他方、日本との闘争においてわれわれの準備が現在どれだけなされているかを検討してみるまでもなく、われわれの政治的利害からすれば、より焦眉の急である他の問題が解決されないうちに、ロシアの注意と力を極東へそらすことは許されない。この結果、われわれにとって望ましいのは、必要もないのに日本を苛立たせることなく、極東での平和的な待機状態を維持することである。[108]」

だがプチャータたちは働いていた。警備隊は千人の規模で組織され、訓練が進んでいた。五月一一日(四月二九日)、ヴェーベルは打電している。「アレクセーエフ提督と私は王の警備隊の兵士の訓練でわが国の教官が収めたすばらしい成功に納得した。」六月九日(五月二八日)、国王、大臣、外国使臣、駐在武官、その他多くの賓客の出席をえて、最初の警備隊の観閲がおこなわれた。「訓練のあらゆる部面で成し遂げられた成果はすべての列席者に強い印象を与えた。[109]」

新駐日公使ローゼン発令

新外相のもとで、早々にローゼンがセルビア公使から呼びかえされ、日本公使に任命された。彼が一八八三年に日本を去ったときとは状況は一変していた。いまや日本とロシアの関係は極東情勢の緊張の直中にあった。ベオグラードからペテルブルクに戻ったローゼンは外相に会い、極東情勢について調査し、長文の意見書を書き上げた。ローゼンはプチャータ大佐の進める朝鮮軍編制案に大きな問題を感じていた。[110] 一八九七年四月二五日(一三日)に提出されたローゼン意見書は次のような内容であった。

「世界帝国としてのロシアの極東における現実的意義はその海軍力に基づいている。その自然な対立国は……イギリスであるはずであり、事実そうだったし、将来もそうだろう。太平洋におけるイギリスの優勢に対して成功裏に戦うために、われわれは……清国との同盟に十分な支えを見いだすことはできないし、まして人口五〇〇万人の赤貧国朝鮮を……保護国にしても支えにはならない。この闘争のためには別の海軍国との同盟が必要だ。われわれにとってそのような同盟国になりうるのは日本だけである。日本との同盟はイギリスとの戦争の際にわが太平洋辺境の安全を保障し、この辺境でのわが文化的工作を落ち着いてつづけることを可能にし、……わが国の陸海軍力のための堅固な基礎を創出することを保証する。……最後に、少なくともわが国がかつて有していた日本との友好的な関係を復活させることは、極東における海軍強国としてのわれわれの政策にとって第一級の重要性をもつ関心事である。……であるとするならば、……この至高の国家的利害は……朝鮮軍の組織案実現のために犠牲にされてはならない。[111]」

明らかにこれは一八八〇年代末から日清戦争までの情勢の変化を知らない旧世代の日本外交担当者の弁であった。日本との同盟をそのように楽観的に考えることはすでに不可能だったのである。もっとも、朝鮮に対するロシアの政策のあやうさを指摘する点では、この意見書は傾聴に値した。ローゼンは次のように主張した。ロシアは朝鮮から日本の勢力を追い出そうとしているが、そのさい頼りにしているのは、軍事教官と財政顧問というような「つかのま(efemernyiu)」力である。他方、日本には、日清戦争を戦った八万の兵があり、海軍はロシアの倍の力で、朝鮮には数万の日本人が住み、イギリスの支持もある。[112] これは正論であった。

結局のところ、五月二六日(一四日)ローゼンに与えられたムラヴィヨフ外相の訓令には、次のように書かれていた。ロシアは「朝鮮の併合を望まず」、「ロシアとの接壌国」である「朝鮮において政治的影響力を確立することのみを願う」。「朝鮮が他のいずれかの強国の影響下に陥り、われわれにとって危険ではないとしても、いずれにしても政治的紛争の時代に考慮しなければならない隣人とならないようにする」ためである。われわれは日本が朝鮮における商業的支配権をもつことに反対しない。「一般に、われわれは朝鮮問題でのわれわれの行動様式において日本との関係の一層の先鋭化に口実を与えうる一切のことを回避するように望んでいる。」「かつて有していた日本との友好関係の復活」というローゼンの考えも採用されている。指令は折衷的になった。「朝鮮の軍事を自らの手ににぎることは本質的に重要だ」が、日本との関係を悪化させることは望まない。だから、これ以上の関係強化の交渉を朝鮮政府と行わず、軍事教官の増派も行わない。すでに派遣された軍事教官で三千人の兵の教育を行わせる。[113]」

軍事教官の増派とヴェーベルの離韓

だが実際にはソウルへの軍事教官の増派は行われた。ヴェーベルの圧力が継続させる力だった。彼は五月二二日(一〇日)にロシア政府が軍事教官の増派をやめたという新聞報道について、ペテルブルクに書き送った。「このような報道は当地では強い印象をつくりだす。軍事教官の問題とわれわれの地位は密接に結びついている。譲歩はわれわれの影響力とわれわれの支持に期待する国王の立場に破滅的に反映する。」七月三日(六月二一日)、軍事教官の第二陣、将校三人、兵士一〇人を派遣する決定が出た。ヴラジヴォストークから出発したこの人々は七月二八日(一六日)、仁川に到着した。しかし、この人々は軍事教練にかかわることが許されなかった。「朝鮮の大臣たちのいつもの陰謀であった。[114]もとより重要なことは日本の反対である。ヴェーベルは八月一四日(二日)の電報で述べている。「新しい軍事教官が到着したため、日本人はまたもや朝鮮人に対する脅迫のシステムを動かした。軍事教官はいまだ軍隊の訓練に着手できないでいる。[115]」

このころ、ついにローゼンが東京に着任した。大隈外相はローゼンの着任を喜んで、さっそく申し入れを行った。ソウルからの情報では、ヴェーベルが、シペイエルの到着までに朝鮮政府に軍事教官の契約を締結させようとやっきになっている。これはロシア外務省の訓令に違反している行為だ。現在日露間で新たな協定を結ぶことが望まれているのに、そのような契約が締結されれば、両国間の協定には障害になる。「大隈は私に、ヴェーベルの朝鮮政府に対する要請をやめさせてほしいという彼の願いを大臣に伝えてくれるよう求めた。」大隈は、九月のはじめには新しい朝鮮問題協定案を提示すると付け加えたという。[116]

ローゼンは、次の大隈との会見のさいには、朝鮮の安定のためには王が依拠できる軍事力が必要であり、ロシアとしては王の要請で軍事教官を派遣しているのだ、朝鮮問題での日露の友好的な協定は双方が双方の利害を尊重することで可能になる、朝鮮に境を接する隣国ロシアの利害からすれば、この国の軍事力の組織がロシアの手にまかされていることが必要である、というような説明を大隈にしたようである。しかしローゼンは、軍事教官の第二陣を協定交渉開始の前夜に送るというような行動は日本人には彼らに対する軽蔑的な態度のしるしと考えられ、対露不信の感情を強めるだけだと本省に警告した。(117)

ローゼンの着任とともに、シペイエルは東京を去り、本来の任地であるソウルに移った。(118) ヴェーベルにとって最後の時がきたのである。彼はメキシコ行きを命じられていたが、ソウルにあくまでも残留することを希望し、春頃から運動するところがあった。閔泳煥の訪露のさいにロシア政府に申し入れてもらったが、もちろん効果はなかった。そうなれば、ヴェーベルは外務省をやめて、朝鮮王の宮内府の顧問として留まるという考えをもったようである。それを察知した日本公使館は本省にも連絡して、妨害工作を展開した。結局ヴェーベルは朝鮮に留まることを断念して、一八九七年九月一五日ソウルを去ったのである。(119)

かくして初代朝鮮駐在公使ヴェーベルの一〇年間の朝鮮滞在は終わった。彼の活動はロシアの国益を守るというよりも朝鮮の国王高宗を支えるということに向けられたと言っていいだろう。任地メキシコに赴いた彼は一九〇〇年までその地で公使をつとめることになる。(120)

だが、ヴェーベルが去っても、軍事教官の仕事はつづいた。第二陣は九月末に、警備隊の第二グループ千人の訓練を開始するのである。一一月二三日(一一日)、シペイエルは外務省に報告している。

「朝鮮軍の訓練を全的に引き受けた結果、われわれはそのこと自体で、規模とかかわりなく、日本の重大な不満を呼び起こしたことは疑いない。しかし、いまや一方では、われわれにとってこの死活問題ではいかなる原則的譲歩も考えられないのであり、他方では、日本が自発的にわれわれにこの権利を認めることもありえないとすると、プチャータのプロジェクトを全的に受け入れるか縮小するかという問題は、われわれの財政的考慮か、朝鮮の現実の要請によって決めるしかない。(121)」

明成皇后の国葬

この中で、朝鮮では、高宗が国家の権威を高める一連の国事行事を行っていた。まず一八九七年八月一四日、年号が光武と改元された。(122)一〇月、高宗は国号を大韓帝国とし、みずから皇帝の称号を採用した。一〇月一二日、園丘壇で即位式が行われた。翌日発表された高宗の頒詔文の中には「独立の基礎を創建し、自主の権利を行わせる」という一句があった。(123)

最後は明成皇后の称号を贈られた閔妃の国葬である。これは一一月二一・二二日に行われた。一一月二一日、各国公使は午前五時半より参列した。日本公使加藤、アメリカ公使アレン、ロシア公使シペイエルらは午前七時、慶運宮より棺をのせた二〇〇人が担ぐ大輿と葬列を見送った。大輿の両側には「露国式」の儀仗兵が並んだ。高宗の駕の四隅にはロシア人下士官が四名ずつ護衛にあたった。葬列は一時間にわたってつづいた。その後、仁化門外の仮設の便殿で高宗は各国公使に謁見を許した。日本公使加藤は弔意を表し、日本帝室から贈られた香炉を捧げた。高宗は「今回ノ葬儀ニ関シ、日本帝室ヨリ美麗ナル香炉ヲ御贈遣アリシハ朕ノ殊ニ感謝スル所ナリ。朕ハ卿ニ向ツテ朕ガ意ヲ速カニ貴国帝室ニ転奏サレンコトヲ望ム」と応えた。午後二時、清涼里につくられた洪陵で埋葬の儀式が行われた。午後四時半、棺が陵内の丁字閣に移され、高宗以下焼香を行った。二二日の真夜中、二二日になった午前三時半から各国使節が焼香した。四時半、棺は陵に移され、高宗はつきそって埋葬式をあげた。朝の九時二〇分に墓所内の便殿で各国使節に高宗は謁見をあたえた。参列に感謝し、「斯ル不完全ナル仮屋ニ天候凌寒ノ時ヲ以テ一夜ヲ明カサレタルハ朕ガ始終軫念《しんねん》ニ堪ヘザル次第ナリ」と述べた。加藤は公使たちを代表して挨拶している。午後一時、高宗は位牌をのせた神輦とともに王宮へもどった。[124]

ロシア人財政顧問の派遣

財政顧問派遣問題は、大蔵省派遣員ポコチーロフの報告に基づいて、大蔵省内で検討が進んだ結果、五月にまずK・アレクセーエフがソウル派遣財政顧問として決定された。彼は九月二五日(一三日)になってソウルに到着した。アレクセーエフはロシアの大蔵省関税局官房主任をしていた人物であった。[125]彼は高宗に拝謁したさい、朝鮮の税関長をつとめるイギリス人ブラウンの失敗を指摘した。高宗は激怒し、ブラウンの罷免を求め、外部大臣に財政全般の管理をアレクセーエフに委任するよう指示した。大臣はイギリスを恐れて、抵抗した。ブラウンはイギリス政府の支援をたのみ、辞任しなかった。[126]

一一月五日(一〇月二四日)、シペイエル公使は外部大臣との間で、アレクセーエフについての契約を結んだ。アレクセーエフは正式に財政顧問となったのである。

その後、ウィッテはブラウン罷免を求めて、外相に再三交渉を要請した。しかし、ムラヴィヨフは一一月八日(一一月二六日)、税関はブラウンに残すしかない、これ以上を求めるべきでないという意見を述べた。「王と大臣たちに対してアレクセーエフを朝鮮の税関の総支配人とすることを固執せずに、当面勝ち取った結果で満足することを可能とみよう。」[127]一一月二三日(一一日)、露韓銀行の定款が大臣委員会の議に付された。それがニコライによって承認されるのは一二月一七日(五日)のことである。[128]

そのような遅々たる歩みがつづけられているとき、事態を根本的に変える事件が発生した。一八九七年一二月一五日のことである。

ドイツの膠州湾占領とロシア

一八九七年七月二八日(一六日)、ドイツ皇帝ヴィルヘルム二世が皇后とともにロシアを訪問した。皇帝・皇后はペチェルゴーフ宮殿に二週間ほど滞在した。(129) ヴィルヘルム二世はこのとき三八歳で、二九歳のニコライ二世とは大分年の差があった。彼の母はヴィクトリア女王の長女であり、ニコライの妃アレクサンドラの母はこの女王の次女であったから、親戚関係が二人の皇帝を結びつけていた。もとよりロシアはフランスを同盟国としており、ドイツとの関係は微妙であった。しかし、ヴィルヘルムはニコライに対し、親愛の情を示していた。

このペチェルゴーフ滞在中にヴィルヘルムはニコライに向かって、ロシアは山東半島の膠州湾に意図をもっているかと尋ねた。ニコライは、この湾への入港を確保することに関心があるが、それはもっと北の平壌の自由使用を確保できるまでのことだと答えた。平壌云々はとんちんかんだったが、ロシアが膠州湾と関わりがあったのは事実だった。(130)

まず膨張しているドイツの極東海軍のために、ドイツは一八九五年以来基地の獲得を考えていた。九六年六月、李鴻章がニコライの戴冠式に訪露した帰りにドイツに立ち寄ったさいも、外相がそのことを打診して、膠州湾のことも話題に出していた。九七年春になって、ドイツは膠州湾が最適であると決めるにいたったのである。(131)

ロシア側の事情はこうだった。三国干渉のあと日露関係が緊張したとき、ロシア艦隊は長崎以外に越冬港をさがさなければならなかった。太平洋連合艦隊司令長官トゥイルトフが目をつけたのが外国艦船に未開放の膠州湾であった。彼は北京のロシア公使館に交渉を求め、一八九五年の冬の間の寄港は認めるという返事をもらった。しかし、清国側もいやいやの決定であったので、ロシア艦船は一隻だけ、数日間寄港したにすぎず、九六年から九七年の冬について長崎での越冬が認められると、ロシアの艦船は膠州湾に寄港することなく、長崎を利用しつづけたのである。(132) ロシアにとっては、その程度の話であった。

だから、ドイツ皇帝がドイツ海軍の寄港地が欠乏しているので、必要な場合、ロシア海軍の許可をえて、膠州湾に投錨したい、問題はないかと訊くと、ニコライは、問題はないと答えたのである。このときムラヴィヨフ外相は、ロシアは膠州湾をとりたいという意図はない、他の港を確保するまでは、ドイツと共同利用したい、明け渡すことになれば、ドイツの所有にすることに反対しないと述べたのである。(133)

一八九七年一一月一日、山東半島張家庄にあるドイツのカトリック教会が中国人に襲撃され、二人の宣教師が殺害された。山東には一一五九カ所の教会、小会所があり、ドイツ人宣教師六六人がいたのだから、これはドイツ政府の後ろ盾を受けた特別な宗教活動であった。(134) それが中国人の反感を呼んでいたのである。事件はただちにドイツ政府によって膠州湾への艦隊派遣、占領の口実として利用された。一一月六日、艦隊の出動を命じたヴィルヘルム二世はニコライ二世に暗号電報を送り、「ペチェルゴーフでの個人的交渉によって、わが艦隊を膠州湾に送って、そこから略奪者に対して行動するのを君が認めてくれるだろうと期待する」、膺懲は必要だ、すべてのキリスト教徒にとってプラスとなる、と書き送った。(135) ニコライはこの電報を一一月七日(一〇月二六日)に受け取り、その日のうちに返事を出している。ニコライは「ドイツの行動に賛成するともしないとも言えない。この湾は一八九五年から九六年にわたり一時的にロシアの手の中にあったことが最近になってわかったからだ」と書いている。(136)

ムラヴィヨフ外相は一一月八日と九日、ドイツ艦船が膠州湾に入るなら、ロシアの艦船も送る、なぜならロシアは一八九五年以来その港に投錨する優先権をもっているからだとドイツ政府に通告した。これはロシアが膠州湾を他国が奪うのを認めないと態度表明したことと受け取られた。(137) 露独間できびしい交渉がおこなわれた。ドイツ側も動揺したが、自分の立場を押し通し、ドイツ艦隊は一一月一三日に膠州湾に入港し、上陸占領した。[138] なおもロシアはこの事態を認めず、ロシアの艦隊にも膠州湾へ向かうことが命令された。結局、一一月二〇日にいたって、ニコライとムラヴィヨフ外相はこの命令を取り消し、ドイツ艦隊の膠州湾占領を黙認することになった。[139]

もっとも、このときロシアの太平洋艦隊は膠州湾には関心をもたず、朝鮮の港に関心を向けていたのである。新任の太平洋艦隊司令長官ドゥバーソフは、朝鮮に海軍基地をえられないか探るため、航海に出ていた。一一月一〇日にヴラジヴォストークを出発して、まず釜山に寄港し、一一月二〇日(八日)馬山に寄港した。彼は馬山と巨済島を占領すれば、ロシア海軍の悩みが一挙に解決されると考えるにいたった。ついでソウルを訪問し、シペイエル代理公使と話し合い、支持をえたのである。[140] たしかに馬山は決定的な戦略上の地点であった。それだけに、そこを占領すれば、日本との決定的な対立を招くのは必至であった。

膠州湾を占領された清国の側では、まず考えられたのは、露清秘密同盟条約でロシアの力によってドイツを抑えてもらうことだった。李鴻章がそのことを大いに考えたと言われている。[141] どういうかたちにせよ、清国の側からの保護要請が出ていたことは、これからみるムラヴィヨフの意見書の記述からも明らかである。

ここで、ムラヴィヨフ外相が進み出た。ドイツの膠州湾占領に対抗して、ロシアも行動すべきだという提案を打ち出したのである。一八九七年一一月二三日(一一日)、ムラヴィヨフは意見書を皇帝に提出した。[142] そこで、ムラヴィヨフは、膠州湾については海軍省が不必要であるという意見である以上、ドイツと争うのは無意味であるとしたが、三国干渉以後の状況からして、不測の事態に備え、艦隊の越冬基地を確保することはますます必要になっていると主張した。そして朝鮮沿岸の港の中で釜山を取り上げ、この港があまりに日本の関心の的であり、ロシアとは完全に切り離されているので、ここを太平洋艦隊の基地とすることはできないとした上で、ロシア艦隊にとって必要な不凍港として、遼東半島の大連湾(Talien-ban)の獲得を提案したのである。

「日本が敵対行動をとっても、遼東半島に港を領有していれば、わが艦隊の艦船は黄海を通じて完全に自由な出口を確保されている。その場合、大連湾は、わがシベリア鉄道を特別の鉄道支線で吉林や奉天と結ぶことが提案されうることに鑑みれば、朝鮮の諸港湾よりもこの主要な幹線に近いという事情に注目せざるをえない[143]。」

そしてムラヴィヨフは北京公使館の一等書記官パヴロフの電報を引きながら、「清国政府はドイツの膠州湾での行動ではっきりと狼狽し、われわれの擁護と庇護をもとめている。だからわれわれは北京において大連湾占領を、太平洋において清国にとって一層好ましからぬ事態が発生する場合に備えて、われわれの艦隊のために強固な支点をもちたいと望むからだと容易に説明できるだろう[144]」。

このような冒険的な行動を提案するにあたって、この外交官は次のような哲学を開陳した。「歴史の経験がわれわれに教えるところでは、東洋の諸国民はなによりも力と勢威を尊重する。これらの諸国民の権力者の前でいかなる提言や忠告をふりまいても、目的は達しない。最近の清国の振舞いは歴史の指し示すところをなによりも再確認している。……われわれが総理衙門での提言や友好的説得に時間を無駄に費やしているときに、他のすべてのヨーロッパの列国は、ドイツの政府が山東半島の南に自国の艦船に都合のいい港を獲得するのに成功裏に用いた方法によって、めざす目的を達成しようとしているのだ[145]。」

清国からの保護要請の意向が知らされているのに、ドイツに続いてロシアも清国領を占領するとは帝国主義丸出しだといわざるをえない。ムラヴィヨフが突然このような意見書を出したのは、明らかにドイツ皇帝と張り合おうとする皇帝ニコライの意をうけていたものと考えられる。

というのは、この意見書を受け取ったニコライは即日返事を書き、完全に結論部分に同意する、時間をうしなわないように、三日後の一一月二六日(一四日)に陸相、海相、蔵相と四人で協議会をおこなうことを命じる、三大臣に意見書を送付せよと指示したからである。「朕は常に、未来のわれわれの開かれた港は遼東半島か、朝鮮湾の北東の隅かのいずれかになければならないとの意見である。」

二六日に開かれた四大臣の協議会では、まずムラヴィヨフ外相が自分の提案を説明した。ロシアは太平洋岸に海軍基地をもつことを長い間願ってきた。どこの港がよいのかを自分は判断する権限はないが、ドイツが膠州湾を占領した現在は「われわれが大連湾と旅順を占領できる」絶好の機会である。「今後二度とないかもしれないこの機会をのがすべきでない。」[146]

この意見にウィッテが強く反対した。彼は朝鮮と清国への日本の侵略に共同で対抗する露清秘密同盟条約のことをもちだした。このような条約を結んだ以上、清国の領土を侵略することはできない。ドイツの行為がロシアに損害を与えるのなら、ロシアの艦隊を膠州湾に派遣して、ドイツ艦隊の退去を要求すればいいのであって、自分も清国に対して同じ行動をとって代償とするのはまったく首尾一貫しない。この正論に対して、ムラヴィヨフは、露清条約は日本の侵略に反対するもので、欧州諸国の行為に反対するものでなく、ロシアが旅順を占領することを妨げるものではない、ドイツの行動に反対することはできないという曲論を展開した。ウィッテは、これに対して、さらに反論した。ロシアの手本は他の列強、とくに日本に同じような行動をとらせる危険性がある。いずれにしても旅順占領は大きなリスクをともなう。ロシアは東清鉄道を建設中なのに、旅順をこの幹線と結ぶにはさらに新しい支線を引かねばならず、莫大な費用と年月を要する。その間旅順はロシアと切り離されたままである。これに対して、外相は、旅順を占領しても紛争にはならず、かえってロシアが占領しなければ、イギリスが占領するだろうと言い返した。

ここでヴァノフスキー陸相が、海軍のためには太平洋岸に基地が必要だ、旅順はよい基地だと思うと述べて、外相提案に賛成した。だが、トゥイルトフ海相が反対した。旅順は海軍省の要求をみたす港かどうか疑わしいと述べ、「海軍省の必要によりよく応える港は朝鮮沿岸にある」と指摘した。海相は蔵相の論拠が重要だとも述べた。

ウィッテは、シベリア鉄道のためにも、ロシアのためにも、太平洋への出口をもつことは望ましいとしながら、それには時間が必要だ、不凍港の獲得は暴力によらず、友好的協定によらなければならないと指摘した。新しいことを企てる前に、着手したばかりの満州横断の鉄道建設を完成しなければならない。これが終われば、経済ベースで太平洋への出口も見つけられる。「欧州諸国は外来者だが、われわれはある程度清国にとっての隣人だ。ヨーロッパ人のやり方をわれわれはとるべきでない。」

ウィッテのこの議論は正論だった。それ以上に海軍大臣が旅順の価値を認めなかったのも不利に働いた。そこで、外相は沈黙することを余儀なくされ、皇帝は旅順と大連の占領を思いとどまらざるをえなかった(147)。この日のニコライの日記には、「私のところでドイツ人が膠州湾を奪取したことに関連する清国問題での四大臣の協議があった。この協議がおそく終わったので、散歩に出たときはもう暗くなっていた(148)」とある。皇帝は不満であった。

ロシア分艦隊、旅順へ

ウィッテが回想で述べるところによれば、「あの会議から数日たって」、ニコライ皇帝に上奏報告をした折り、ニコライは「朕は旅順と大連をとることに決め、陸軍兵力とともにわが艦隊をすでにそこへ派遣した」と語り、そう決めた理由として、外相がイギリス艦隊が旅順と大連の近くにいて、「もしもわれわれが奪わなければ、イギリス人が奪うだろう」と言ったからだと説明したという(149)。これが広く知られた説明であるが、まず少なくとも、わずか数日で結論がひっくりかえされたというのは明らかに正しくない。

ムラヴィヨフが翌年はじめ陸相候補クロパトキンに語ったところによると、彼は「次の上奏のさい陛下に問題を提起した。『中国人自身がわれわれに旅順占領をもとめてきたら、どうですか。』陛下は同意された(150)」。そこからムラヴィヨフは突破口を見つけたのだが、実際には、二つの事情が影響したのである。

ロシア外務省は清国側と未開放港湾へのロシア艦船の寄港を認めるように交渉していた。それを一二月五日(一一月二三日)になって、清国が認めたということをパヴロフ代理公使が連絡してきた。「中国人たちは自らの無力を自覚し、最終的にドイツに武力抵抗する考えを放棄した。……大臣たちはいまやいつでもわが国の艦船に対し他の外国人に開放されていない港をすべて例外なしに開くことを無条件で同意すると表明している。」このことが活用できることになった。いま一つはイギリスの動きである。ドイツの動きに刺激されたイギリスは艦隊を芝罘に進めた。そこから旅順に向かうのではないかという情報が流れた。一二月七日(一一月二五日)にはパヴロフ代理公使がその旨打電してきた。二日後には芝罘の領事も電報を打ってきた。このことをムラヴィヨフが利用したのである。(151)

ムラヴィヨフは一二月八日(一一月二六日)、清国政府がこれまで寄港を許さなかった港への寄港を認める、倉庫、武器庫の利用も認めると言ってきたと皇帝に報告し、あらためていずれかの港をロシアが占領することは、清国にとって好ましくない事件が起こった場合に備えることになると説明できるという意見書を上申した。(152)

ここで皇帝はゴー・サインを出したのではあるまいか。清国の承認により旅順・大連にロシアの艦船を派遣するという形をとることができる。もちろん皇帝の意志は占領であったが、形を変えたので、大臣協議での反対論は無視してよいことになったのである。イギリスの動きがあるということになったために、巨済島が重要だとみていた海相も海軍総裁アレクセイ大公も考えを変えざるをえなかったと思われる。「うわさが正しければ、もちろん旅順に強力な艦隊を派遣しなければならない」と海軍総裁は海相の意見書に反応した。そして一二月一〇日(一一月二八日)、海軍総裁が皇帝に旅順への艦隊派遣の許可を願い出たというわけである。(153) 翌日、皇帝は艦隊派遣を許可した。ムラヴィヨフは北京のパヴロフ代理公使に打電した。「同意がえられていることを念頭において、レウノフ少将の率いるわが小艦隊は旅順に向けてただちに出撃する。小艦隊を友好的に迎えるように指令が出されなければならない。(154)」

太平洋艦隊司令長官ドゥバーソフはまったく別のことを考えていた。一二月九日(一一月二七日)、彼はペテルブルクの海軍大臣に朝鮮の港馬山と巨済島の占領を提案する電報を打ったのである。ドゥバーソフは、北京のパヴロフがイギリス艦隊の旅順への動きを知らせてきたが、そのことは「われわれの手をほどく事情」であるとして、「馬山港と巨済群島の占領」こそわれわれの戦略課題を一挙に解決すると主張した。ここを自分は実見したし、シペイエルや駐在武官の支持もとりつけた、ご命令を待つというのである。[155]これは旅順占領以上の冒険主義であった。

ドゥバーソフの電報がペテルブルクに着いたのは一二月一二日(一一月三〇日)夕刻であった。だが、一一日(二九日)深夜三時に、長崎のドゥバーソフのもとへ、旅順へ出動せよとの海軍大臣命令が届いたのである。結局、ドゥバーソフの提案は検討されぬままに終わった。ひとたび命令が出れば、いたしかたない。ドゥバーソフは出動命令を出し、一二月一三日(一日)、長崎からレウノフ少将の率いる小艦隊が旅順に向けて出発した。[156]

一二月一四日(二日)、ムラヴィヨフ外相はベルリン駐在公使オスチェン＝サケンに電報を送った。「ドイツによる膠州湾占領に対して、皇帝陛下は清国政府の許可をえたのち、太平洋艦隊の一分艦隊に、旅順に投錨し、あらたな命令あるまで一時碇泊せよとの命令を発せられた。陛下はロシアとドイツが手に手をとって極東に進むべきだし、そうできると確信しており、このことをヴィルヘルム皇帝陛下にあらかじめお知らせすることを貴下に委任された。[157]」

ロシア艦隊の旅順入港

一八九七年一二月一五日(三日)、ドゥバーソフ提督が派遣したロシアの小艦隊は旅順に入港した。イギリス艦隊の影もなかった。この日、大連に入港せよとの追加の命令がドゥバーソフに送られた。一二月二〇日(八日)、巡洋艦「ドミトリー・ドンスコイ」が大連に入港した。

一二月一九日(七日)、ニコライは日記に書いた。「この数日を緊張の中にすごした。現在東方で重大な事件が成し遂げられつつある。太平洋のわが艦隊が旅順を占領し、大連に入るはずだ。われわれがこのことを強いられたのはドイツ人が許されざる膠州湾奪取をしたからだ。[158]」この興奮した文章が、ドイツの行動に張り合って、ロシアも積極的な行動をとるのだという皇帝の精神の高揚をつたえている。このような文章がこの時期、例外的に何度も皇帝の日記に現れてくる。このことは旅順作戦が明らかに皇帝自身が推進した決定だということを示している。

明らかに皇帝としては、旅順と大連の占領、奪取のつもりだったが、出された命令は清国政府の許可によるロシア艦船の寄港というものであった。対外的にもそのように説明された。日本では一一月に大隈が外相を辞任し、その後任にロシア公使をやめて帰った西徳二郎が任命されていた。そこで、ローゼン公使は一二月一七日、西外相に対して「ドイツ艦隊が膠州を占領したことに鑑み、陛下はわが太平洋艦隊の一分隊が一時碇泊のため旅順へ向かうことを必要とみなした。この件にはすでに清国政府からの同意がえられている」と通知した。[159]当の清国政府も一九日、日本の公使の問い合わせに対して、旅順の割譲というようなことは問題にもならず、ロシアとの友好関係で、旅順の利用権をロシアに認めているにすぎないと回答していた。[160]

日本政府としては、翌二〇日、ロシア公使に対し「御通知ノ通リ一時ノ事ナルニ十分ナル信用ヲ置キ、閣下ノ通知ヲ聞置ク事トセリ」との回答を行った。[161]ローゼン自身はこの会見について、西は、「日本政府はロシアとの友好関係を大事にし、われわれ〔ロシア政府〕の意図を信頼するので、世論の興奮を抑制するように努力するつもりだ」と述べたが、日本政府は、こんどの事件の「真の意味がなおよくわかっていないので、当面待機的な立場をまもるだろう」、だから「将来はどういう決定がなされるか、予想することは不可能だ」と指摘している。[162]

だが、日本の新聞の方はずっとはっきり見通しを語った。一二月二〇日から「露艦解纜」、「重大の外交問題」、「清国分割第二着手」という見出しで報じた。「露国の平然として恃《たの》む所あるものの如き態度より断定すれば、今日の事たる旅順口を以て海軍根拠地と為すの意に外ならざるは勿論、支那政府もまた……今日已むを得ず、之を承認したるは決して疑ふ可からざるの事実ならんか。」[163]

他方で牛荘の日本領事は一八九八年一月一二日付けの報告で、旅順から帰ったイギリス人の談話として、旅順港内にはロシア艦が四隻、港外に四隻いる、「八艘ノ露国軍艦ハ平和ニ該港之内外ニ碇泊セルノミニテ、陸上ノ砲台等ハ尚ホ宋提督之ヲ保守シ」ているると伝えている。[164]

同じころ、ロシア側が釜山港外の絶影島に手を伸ばしたことが日本側を刺激していた。この話のはじまりは一八九七年八月、駐韓ロシア公使がこの島に石炭庫用の土地を借り受けたいと朝鮮政府に申し入れをし、朝鮮政府は承諾するほかないと言っていることが東京に報告されたことだった。ただちに、日本政府は表向きには反対できないが、なるべくなら朝鮮政府が断るように「内密ニ相当ノ手段ヲ執ラレタシ」との指示を駐韓公使に出した。ロシア側は現地に人を出し、借り受ける土地を選定したが、その段階で、日本側の工作が成功したものか、釜山港の責任者は借り受けを認めず、争いがつづいた。[165] 一八九八年一月二一日、軍艦「シヴーチ」が入港し、ただちに水兵が絶影島に上陸して、松杉の苗をもって、ロシアが借り受けを望む区画に植えつける様子を見せた。[166] このことが韓国国内で知れると大変な論議を呼ぶことになった。

ウィッテにとっての機会

ロシアの艦船が旅順に入った一二月一五日の一日前、李鴻章はウィッテに対して一億両の借款の保証を要請してきた。それがないと、借款が成立しないからであった。この要請を受けたウィッテはただちに、一二月一六日、次の三条件を李に突きつけるよう、ポコチーロフに打電した。第一、満州とモンゴルのすべての省でロシアに鉄道、産業上の独占的特権を与えること、第二に、東清鉄道会社に黄海でのどこかの港(営口から東の)まで鉄道支線を敷設する利権を与えること、第三に、この港にロシアのすべての艦船が入港碇泊する権利を認めること。ロマノフは、ウィッテはすでに旅順占領が既定方針になったことを知っていたのだろうと推測している[167]。

一八九八年一月四日(九七年一二月二三日)、ムラヴィヨフは一歩を進めて、清国と交渉に入った。この日北京のパヴロフに、総理衙門に次の要求を伝えるように指示したのである。第一にわれわれは領土獲得をめざしていない。状況が許せば、旅順と大連から撤退する。第二に露清間の友好に鑑み、直隷湾、朝鮮湾に長崎に代わる碇泊地を提供してほしい。こちらはウィッテの交渉のことは知らされていなかったのだろうとロマノフは推測している。清国側は、黄海へ出る鉄道線は清国が建設するという考えで対応した。李鴻章は鴨緑江の河口に清国が鉄道を敷くとの考えをウィッテに伝えた[168]。

クロパトキン陸相の登場

ところで、このときには、陸軍大臣ヴァノフスキーの辞表が受理され、職を去る寸前であった。七六歳の老人はすでに一七年間も陸相をつとめていた。たしかに気力も衰え、やめ時であった。後任については、ヴァノフスキーは参謀総長オーブルチェフを第一に推薦したが、彼は一度も部隊を指揮したことがなく、むしろ軍事学者、軍事顧問というべき人物だと説明した。第二には陸軍省官房長ロプコの名が挙げられた。彼も部隊指揮の経験がないと指摘された。最後にザカスピ海州長官兼軍司令官クロパトキンが挙げられた。若い将軍だから、一時オーブルチェフかロプコを陸相にして、次にクロパトキンに回せばいいというのがヴァノフスキーの意見であった。参謀総長オーブルチェフは陸相への昇任を待っていた。彼は自分の力に自信をもっていた[169]。しかし、皇帝は、六八歳の一徹の老人を敬遠した。皇帝の選んだのは五〇歳の調子のいいクロパトキンであった。この皇帝の意思はすでに政府の中枢には明らかになっていた。

クロパトキンの日記からは、この時点でのロシア政府の中枢部の気分がくわしくうかがえる。ヴァノフスキーは一二月二三日(一一日)にクラスノヴォーツクのクロパトキンに電報を打って、首都に呼び出した。旅順入港後イギリスの対抗措置を防ぐために、アジアの全域でイギリスに圧力を加えるべく、アフガン方面で作戦をはじめることが可能かどうか、クロパトキンの意見を聞こうとしたのである。クロパトキンは一八九八年一月一日(九七年一二月二〇日)ペテルブルクに到着し、まっすぐに陸相のところへ行った。しかし、陸相は留守であった。そこで、彼は参謀総長オーブルチェフのところを訪ねた。クロパトキンは自分が何のために呼び出されたか、わかっていなかった。オーブルチェフは、「われわれは旅順に忍びこんだのだ。お返しにイギリスと日本が朝鮮を占領しかねない。イギリス人をとめなければならない。ヴァノフスキーは陸下に彼らをアジアで脅かすことを提案したが、陛下は同意されたのだ」と状況を説明した。(170)

その後クロパトキンはウィッテ蔵相を訪問した。ウィッテは自分が清国との交渉を担当し、前外相のロバノフ＝ロストフスキーの協力をうけて、いかに実績をあげたかを語った。その上で今回の旅順占領について、最初の大臣間の協議では旅順の占領はしないとの結論になったのに、それが二日で変えられて、占領するという決定になったのは、ムラヴィヨフ外相が「清国側がわれわれが旅順を占領することを求めていると説得して、陛下を欺いた」ためだと言った。今はイギリスを威嚇することを考えているが、なぜなのか、いかなる根拠もない。むしろドイツが問題だ。戦争をするなら、ドイツとだろう。清国とは関係が悪くなってしまう。占領をやめるべきだ。

ウィッテはさらに、この新陸相にはっきりと自分の考えを言った。「陛下には毅然とした意志がない。まだ準備ができていない。よく考えずに(s plecha)決定する。あれこれ決定するには準備作業が大事だということがわかっておられない。陛下はいろいろと影響をうけやすい。この件では興奮気味だ。今は退却することを望んでいない。」クロパトキンをアシハバードから呼び出したのは、支持してほしいと思ってのことだろうとウィッテは言った。ウィッテはドイツのカイザーに対してひどく腹を立てていた。陛下の意見に反対すると、しばらくは悪感情をもたれるのがふつうだとも言った。ウィッテは外相のことを非常に悪く言った。「中身のない、ただのおしゃべり」だとも、「社交界の男性」で、仕事をする人間ではないとも言った[171]。

ウィッテはクロパトキンを味方につけるつもりで、さまざまな秘密文書を渡した。その中にはムラヴィヨフの一一月二三日(一一日)意見書もあった。

一八九八年一月二日(九七年一二月二一日)、クロパトキンはこんどは外相を訪問した。ムラヴィヨフは、ニコライ皇帝がブレスラウでドイツ皇帝に、ドイツの膠州湾占領に承諾を与えていたと語った。大臣協議のあとで、清国側がロシアの旅順占領を望んでいるということで皇帝を説得したことを強調した。旅順がもとで戦争になることはないというのが外相の意見であった。戦争になるなら、譲歩しなければならない。ムラヴィヨフは朝鮮の事態をもっと心配していた。財政顧問の件は急ぎすぎた。シペイエルは「あつくなりすぎる。あまりに精力的だ。おさえなければならない[172]」。

クロパトキンはトゥイルトフ海相にも会った。トゥイルトフは旅順と大連に満足していなかった。旅順港は「あまりに狭く、開放的だ」。海相は「占領した港のことで戦争をはじめてはならないと見なしていた。この二港はないよりましというほどのものだ[173]」。

ようやく会えたヴァノフスキー陸相は、「われわれは久しく港を占領しようとしてきた」、海軍省はあれこれ意見を言うが、「いま機会をのがせば、とりもどせないのだ。ウィッテは人を混乱させる。陛下はヴィルヘルムに港を約束された。われわれは日本に対する自らの要求を沿海軍区の四万五千人の軍隊で支えることができる」と言った。辞職する陸相はクロパトキンに「ロシア人として占領した港を守り抜くようにという忠告を与えた[174]」。

ついに一月五日(一二月二四日)、クロパトキンはツァールスコエ・セローで皇帝と皇后に拝謁した。クロパトキンは、兵力の集結はいまだ確保されていないので、決裂は避けるべきですと申し述べた。ニコライは「当面万事順調に進んでおり、自分はいかなる紛糾も起こらないと期待している」と述べた。そして、ヴァノフスキーの辞任申し出を受けることにした、後任にはクロパトキンを選択したと言った。クロパトキンは立ち上がって、信任に感謝しますと述べたが、その任にふさわしくないのではないかと思うと付け加えた。皇帝は、参謀総長の人事について話し、サハロフを挙げる人がいると述べた。クロパトキンは「サハロフにはよい頭とよい心があります。どこでも彼は愛され、尊敬されてきました。陰謀と無縁です。時に外見は荒っぽいですが」と話した。皇帝は「陰謀家よりはいい」と言い、サハロフ参謀総長が決まった(175)。

一月一三日(一日)、クロパトキンは陸軍大臣事務取扱に任命された。正式に陸相となるのは七月である。参謀総長はサハロフ中将になり、官房長も八月にレジーゲルに代わった(176)。

さてここで登場した陸相クロパトキンは一八四八年生まれ、職業軍人の子であった。父の階級は大尉で、世襲貴族身分であった。彼は幼年学校を出て、六六年士官学校に入ったが、そこで一年もすごさず、同年一〇月にはトゥルケスタンの狙撃兵大隊に配属された。以後の三〇年間、途中露土戦争の間を除いて、彼の勤務の現場は一貫して中央アジアであった。一八七一年から七四年までニコライ軍事大学校に派遣され、卒業後はドイツ、フランス、アルジェリアを視察した。露土戦争ではスコベレフ将軍のもとで戦い、プレヴナ要塞包囲戦にも参加した。戦後は一年ほど参謀本部アジア部長をしていたが、一八七九年にトゥルケスタン旅団長に任命されたあとは、四年ほど中央アジアにとどまり、八三年以降は参謀本部から西部、西南部、南部に派遣され、指導を行った。一八九〇年に中将に上がり、ザカスピ海州長官、同州軍司令官に就任していたのである。

参謀総長になったサハロフは年はクロパトキンと同じだが、一八六六年には士官学校を卒業していたので、むしろ先輩になる。ニコライ軍事大学校は一年遅れで卒業した。ワルシャワ、オデッサ軍管区など西南部方面で活動していた。

クロパトキン陸相は皇帝、前任陸相に従って、旅順、大連に対する積極策を支持していく。

日露新協定を求める動き

日本の世論はロシア艦船の旅順入港に反発を示したが、政府は冷静だった。もちろんこれがロシア側の説明通り「一時的碇泊」だとは見ていなかった。しかし、西外相も、前年一一月西のあとをうけて駐露公使となった林董も冷静な計算のできる人だった。彼らはロシアが遼東半島をとることは受け入れて、その補償を韓国でとる、ロシアと懸案になっている新協定を結んで、その中で日本の権益を一層拡大するほかないと考えたのである。

一八九八年一月、林公使はムラヴィヨフ外相と面会した結果を東京に打電した。外相は秘密の話だと前置きして、皇帝の言葉を伝えた。韓国で露日が継続的に摩擦をおこすのは両国の利益にならない。日本が韓国ではロシアよりも大きな利害を有している事実を念頭におけば、将来の紛争を避けるための合意がつくれるのではないか。ムラヴィヨフ外相は、この皇帝の言葉を前提にして、日本が韓国の独立を尊重すると宣言しているのはよいことで、この点で一致すれば、あとはどうにでもなる、さらに検討して提案をするつもりであると述べた。そこで林は、両国関係をスムーズなものにするための協定づくりに賛成すると答えた。林は西に次のような見通しを伝えている。ロシア政府が遼東での計画を実行するために、日本に韓国での行動の自由を認めることで日本をなだめようとするのなら、反対はない(free from opposition)。日本は韓国での影響力のみでなく、それ以上の「理性的、かつよりがっちりした補償(reasonable, but more solid compensation)」を主張しうる。林は、ロシアの遼東での進出を抑止しようとするのは

「必要でもなく、賢明でもない」と見ていた。林はこの意見に賛成なら、韓国ではどのような点を獲得すべきか、遼東に対する補償としては何を獲得すべきか指示してほしいと要請した。[177]

一月一五日、こんどはローゼンが西外相を訪問し、日露の可能な協定について話をもちかけた。ローゼンは、ロシアは日本が韓国において商工業上の利害をもっていることを認める用意があるというように述べたようである。西は、軍事教官と財政顧問の件でロシアが立場を変えないと、合意は不可能だと主張した。[178]

その後、一月二六日になって、西外相から林公使に、軍事教官と財務管理の放棄は「意見交換ノ為メ」に出したのであって、条件ではない、むしろこのうちどちらか一つを日露で分けあうことが望ましいという線で交渉せよという指示が送られた。[179]

これに対して林の方も注目すべき提案を二七日に返している。ロシア政府の態度は、「われわれと和解し、友を増やすとはいかなくても、敵を減らしたいという願望」を示している。だから、われわれは、韓国で相当な譲歩をして「日本国民大衆と軍部のいらだちを緩和することが望ましいということを率直に彼らに理解させる」ことが可能である。「このベースに立って交渉すれば、われわれは獲得できるものを獲得するように努めることが望ましい。しかし、われわれはロシアを韓国政府から完全に排除することを主張できない。われわれにはそのような要求をする権利も強制力もないからだ。したがって、われわれは獲得できるもので満足すると腹を決めなければならない。一部の人々は純粋なセンチメンタリズムからこれに反対するかもしれない。……しかし、韓国でのセンチメンタルな政策でいくども失敗してきたのだから、センチメンタリズムを放棄して、われわれの関心を厳密に利害に限定すべき時である。[180]」これは外交官としては見事な姿勢だといえよう。

その後林公使と西外相の間で電報のやりとりがあったが、ついに林が二月一六日(四日)にムラヴィヨフ外相に日本側の議定書骨子を渡した。一、日露は韓国の独立を維持する、二、軍事教官はロシア政府に任される、三、財政顧問は日本政府に任される、四、商工業上の利益に関しては、誤解を避けるために、新規措置をとるさいはあらかじめ調整する、という内容だった[181]。日本としては、相当に控えめな案であった。

韓国に反ロシア運動起こる

ここで韓国の国内情勢が急変した。一八九八年二月二二日、この国の政治に大きな力をふるってきた怪物大院君が死去した。四日間の服喪が宣言されたこの日、独立協会は集会をもち、高宗に対する上疏文を採択した。「国が国となるには二つのことがある。自立し、他国に依頼しないことと、自修して政事と法を一国に行うことである」と上疏文ははじまっている。「財政は当然に他人に辞譲してはならないのに、他人に辞譲してやり、兵権は当然に自操しなければならないのに、他人が握るようにし」とあるのは、ロシアの財政顧問と軍事教官の招請に対する公然たる批判であった。「典章法度がなければ、これは国ではない。国がすでに国でなければ、人心は自然に他国に依頼しようとし、他国はまたそうすることを約束もしないのに、内政に干預するのだ。」上疏文は三千里、一千五百万の皇帝陛下の赤子が願うことは「定章を実践し、外には他国に依頼せず、我皇上の権を自立し、我一国の権を自立する」ことだと訴えた[182]。それはたしかに広く国民のこころをつかむ力をもった文章だった。

当初は慎重な態度でロシアと日本をみていた独立協会は、一八九七年のうちに、次第に政府がロシアに傾きすぎているとの批判をいだくようになっていた[183]。ロシア人軍事教官につづいて財政顧問が着任するに及んで、ついに批判が前面に出てきたのである。しかし、日本とロシアの間に立たされた国の自立の難しさについて十分な理解があったということはできない。画期的な国民的な動きがはじまろうとしていたのだが、その出発点にあまりに素朴な反ロシア感情が置かれることになったのである。

この上疏文には独立協会会長安駉寿をはじめ、百三十余名が署名した。その夜、元ロシア公使館通訳で、ロシア国籍であるにもかかわらずソウルの府尹をつとめ、官職のブローカーとなり取り入る者が多く、「門庭如市(門前市をなす)」と評された金鴻陸《キムホンユク》が、ロシア公使館前で何者かに襲撃された。シペイエル公使はいきり立って、二三日、韓国政府に金鴻陸謀殺未遂事件の犯人の逮捕、処罰を要求した(184)。

シペイエルは、独立協会はアメリカ国籍の徐載弼がつくったものだと見ていたが、いまやロシアの力が韓国で決定的なものになったので、独立協会が反ロシア運動の中心となるにいたったと見た。当然にいまや独立協会の背後には日本公使館がいると疑っていた(185)。怒りにかられたシペイエルは、我を忘れて、「韓国の独立の原則を捨て、その北部諸道をわが軍により占領することを決意する」ことをペテルブルクに提案するにいたった。当然ながら、外相ムラヴィヨフは一蹴した。「皇帝陛下のご計画にはわが軍により北部朝鮮を占領するという考えはない。そうすることは、われわれが再三宣言してきたこの国の独立の原則に対する明らかな違反である。その独立を守ることこそわれわれの不断の配慮の対象である(186)。」

他方で、日本の代理公使加藤増雄は「金鴻陸一件幷ニ独立協会等ニハ日本人毫モ関係ナシ、御安心アレ」、「露国ハ益々圧迫手段ヲ用ヒ、韓国ハ益々激昂ノ傾キアリ(187)」と本国に報告した。最初は独立協会が日本批判の団体ではないかと疑っていた加藤は(188)、この展開に喜びを隠せなかった。

独立協会は絶影島にロシアが石炭庫をつくる計画を進めていることにも注意を向け、論議の的とした。三月一日に露韓銀行がスタートしたことも大きな動揺を呼んでいた(189)。これらすべてがロシアの支配に抗して自立を求めるという動きになったのである。

ローゼン意見書

日本国内の雰囲気もこの月には悪化した。ローゼン公使は一八九八年二月二六日(一四日)、ロシア艦隊の旅順占領によって開かれた日露関係の展望について長文の意見書を外相に送った。[190]

先月、一月には「顕著な沈静化」が生じ、政府と世論の対露観が「一時的かもしれないが、疑いもなく改善した」。日本の憤激のたかまりは、ロシア艦船の旅順入港を契機としている。日本政府は「ありうる危機の前触れ」と受け取った。「しかし、この場合日本政府が主として注目するのはあくまでも……朝鮮問題である。[191]」

ローゼンは日本の真面目な政治家なら、朝鮮征服の野望が空しいことを確信していない人はほとんどないし、その中にはロシアとの接近、協定が最善の道だと考えている人も多いが、にもかかわらず朝鮮への自国の要求を放棄して、ロシアが朝鮮を保護国にするのを認めるような協定を日本政府が結ぶのを支持する人はありえないと見ている。ロシアの志向には力のかぎり抵抗するというのが日本政府の変わらざる方針であり、そのことは一八九七年一月に二倍以上に引き上げられた軍備増強計画をみればわかる。それはわが方の朝鮮に対してとった措置と関係しているのだ。ロシアと協定が結ばれる可能性がないことがわかればわかるほど、日本は準備ができ次第、時機をえらんで、軍事的解決に乗り出すだろう。[192]

ロシア艦船の旅順入港はそのような時機となりえた。「わが艦隊の出現は日本が軍事行動の準備をはじめる口実というよりは、合図となったのであり、その準備が一二月におおわらわでなされたのである。」ヨーロッパの政府間の意見交換の成り行き次第では、日本軍の朝鮮上陸という事態になりかねなかったと思う。[193]

ローゼンはもう一つの別の面にも注意を向けている。ロシアが旅順獲得に動けば、不凍港がえられるので、ロシアの朝鮮に対する態度の「変化(peremen)」があったと日本側が考える可能性がある。「ロシアが完全なる最終的な日本との協定にいたる用意があると声明したことは、隠せぬ本物の喜びで迎えられた」のは理由のあることだ。しかし、そのような協定を結ぶことは「容易に達成できる課題ではない[194]」。

そこで自分としては、次のように考える。「この件で清国政府との交渉を行うのなら、日本との交渉を遼東半島でのわれわれの地位が最終的にはっきりするまで引き延ばし、……必要なら、日本があちらではわれわれの地位を認めることにより、朝鮮問題でのわれわれのなんらかの譲歩を引き出す可能性を維持するのが無益だとはいえない[195]。」

つまり、ロシアは遼東半島、日本は朝鮮というような解決に近づくことが「露日両国の不可避的な闘争を完全に除去する」道かもしれないとローゼンは考えたのである。「日本とまったく友好的な関係を確立することによってわが国の横腹部分を完全に平穏にすることは、わが国の極東政策の最重要の課題である」と述べ、「満州ではそのような課題の実施が事件の容赦ない論理で待ちかまえており、多年にわたってわれわれの全力とあらゆる注意をふりしぼり、集中しなければならなくなるだろう」と予言している[196]。つまり、ロシアが旅順をとるなら、別のところで譲歩しないと、きわめて厳しい対立状況に入りこんでしまうと見ているのである。

ロシア、遼東半島租借へ

膠州湾を占領したドイツはロシアの旅順占領により気を強くして、一八九七年一二月二四日、膠州湾租借を清国側に申し入れた。九八年一月、清国は基本的にドイツの要求を認め、ついに三月六日、膠州湾の租借条約がドイツと清国の間で調印された。

ロシアもドイツの動きを見ていた。ここにおいて、清国側が対日賠償支払いのためロシアの保証を求めてウィッテと交渉に入っていたことが重要な意味をもった。ウィッテの東清鉄道南部支線にかんする条件に反発した李鴻章はロシアの条件をイギリスに知らせて、イギリスの態度を打診した。しかし、イギリスはイギリスで、借款の保証の見返りとして一層大きな権益を要求した。そこには大連の開放も含まれていた。困った李鴻章はロシアにふたたび連絡をしてきた。一八九八年一月一一日(九七年一二月三〇日)、ムラヴィヨフ外相から北京の交渉担当者パヴロフにあらためて条件にかんする指令が送られた。要求は東清鉄道南部支線にかんするもので、ウィッテの出したものと基本的に変わりがない[197]。清国の側はロシアとイギリスを対立させて、目的を達することを考えていたが、結局は二月一、二日(一月二〇、二一日)、借款への保証をロシアとイギリスに求める考えを断念した。そして国内起債をおこなったのである。だが、これは成功しなかった。それで三月二日には、英独の銀行グループと協定を結んで、大国の保証なしに外債を募集した[198]。

ここで、抑制をかなぐりすてて、前に進み出たのはロシアであった。ロシア政府はいまや要求において一致していた。旅順・大連の租借を東清鉄道南部支線に加えて要求するにいたったのである。旅順・大連の租借と東清鉄道南部支線についてのロシア政府の要求は、三月三日(二月一九日)のパヴロフ代理公使の清国政府への要求によって示された。回答期日は三月八日とし、最終協定調印の目標日は三月二七日(一五日)とされた[199]。

これと同時にロシア政府は太平洋艦隊の強化を進めた。三月七日(二月二三日)、皇帝のもとで太平洋艦隊の建艦促進のための協議会がおこなわれた。出席したのはアレクセイ大公、トゥイルトフ海相、ウィッテ蔵相である。戦艦五隻、巡洋艦一六隻、駆逐艦三六隻を建造するという海軍省の計画が承認された。この時点では、太平洋艦隊には戦艦はゼロ、巡洋艦八隻(「ヴラジーミル・モノマフ」「提督ナヒモフ」「ドミトリー・ドンスコイ」「提督コルニーロフ」「リューリク」「ラズボイニク」「ザビヤーク」など)、砲艦二隻、駆逐艦一〇隻という陣容であったので、相当に野心的な拡張計画であったことは確かである。これが完成すれば、戦艦は一挙に五隻、巡洋艦は一・五倍増の二四隻、駆逐艦は五倍増弱の四六隻となり、戦艦八隻、巡洋艦一二隻、駆逐艦七隻という日本海軍に対し圧倒的な優位に立てるはずであった[200]。皇帝のこの日の日記には次のように書かれている。

「今日という日を私は大事なわが国海軍史上特筆すべき日であると考える。数年のうちに海軍は二倍に増強されるのだ。このあと終日私は興奮状態で出歩いた[201]。」

海軍省は一八九五年の一般海軍建艦計画と九八年の極東建艦計画を一つにし、一九〇五年までに完成すると決めた。

翌三月八日(二月二四日)には、引き続き遼東問題特別協議会が開かれた。海軍総裁アレクセイ大公が主宰して、蔵相、外相、海軍大臣トゥイルトフ、軍令部長アヴェーラン、陸軍大臣クロパトキン、参謀総長サハロフが出席した。協議会では、必要ならば、清国との交渉を軍事力で支えるために、ヴラジヴォストークから旅順へ歩兵一個大隊、砲四門、騎兵一個小隊を派遣することが決められた[202]。

北京ではパヴロフが交渉を重ねていた。清国側は抵抗していた。大連の租借は受け入れたが、旅順の租借については承知しなかったのである。ロシアはあらゆる面で清国に圧力を加えていた。決定的な瞬間が近づいていた。

日本の世論もすでに事態を察知していた。『東京朝日新聞』は、三月一二日号の一面に、遼東還付の詔勅全文を掲載し、ロシアが日本の遼東領有に対して「東洋の平和に利あらず」との理由で反対したのなら、今日の「露国が遼東を領有するも、斉《ひとし》く東洋の平和に利あらざるものなり」と指摘した。「然るに露国は恰も四年以前の事を忘れたる乎の如くに、突然にも此強制的要求を為せり。我日本たるものは、宜く曾て露国に聴きたる友誼上の忠告を以て、却て露国に忠告すべきなり。」論説子は遼東還付を決めたときも今も伊藤が首相であるとして、伊藤の責任を追及している。そして、この文章は、次のような決意表明で終わっている。

「吾人の知る所を以てすれば、兵力を用ふると用ひざるとは、亦実に義理に由りて決せざる可からず。我日本の兵力は遼東返付の時に比して、其の強さを加へたる所なかる可く、又我日本の経済も当時に比して、其の富を加へたる所なかる可けれども、独我日本国民の忠勇義烈なる敵愾心は、当時に比して、聊《いささか》其の度を高めたるもの有り。若夫れ出師の発令に接するあらば、何人か進んで水火を踏むを辞するものあらんや。」

ついに清国がロシアの要求に屈服する時がきた。三月二三日(一一日)、太平洋艦隊司令長官ドゥバーソフに陸戦隊を旅順に上陸させよという命令が出されたが、その日に北京政府はロシアの要求を全面的に受け入れると回答したのである。[203] この知らせを聞いてニコライは非常に喜んだ。三月二五日(一三日)の日記に彼は次のように書いている。

「清国から、ロシアへの旅順と大連の割譲についてのわれわれの交渉の進展と早期妥結について、私を喜ばせ、安心させる知らせを受け取った。折しもこの日は陽光が降り注ぐ日であり、私は気分良く、精神的に元気であった。[204]」

一八九八年三月二七日(一五日)、ロシアと清国は遼東半島の租借にかんする条約を締結した。ロシアは海軍根拠地として旅順、大連および付近の海面を二五年間租借し、東清鉄道幹線より大連湾に至るまでの支線を敷設することを認められた。[205] 翌日の日記に皇帝は書いた。

「昨日久しく望まれた事件が成就した。ロシアは太平洋岸に旅順という不凍港とシベリア鉄道の自然な出口を獲得したのだ。もっとも安心させられるのは、いかなる混乱もなしに、大事なことは貴重なロシア人の血が一滴も流されずに事が終わるという結末を主がお導き下さったということだ。[206]」

ニコライの興奮は絶頂に達した。このことを考えるとき、ドイツと張り合っているつもりで、日本のことは眼中になかったのである。彼にはこの行為がどれほど致命的なものか、まったくわからなかったのである。

翌三月二八日(一六日)、ドゥバーソフ提督の率いるロシア艦隊は旅順と大連に入り、海兵隊を上陸させた。このときヴォーガクは関東軍参謀長に一時的に任命されたのである。[207]

韓国情勢の急変

ソウルでは、独立協会の反ロシア・キャンペーンが情勢を変えていた。シペイエル公使はすっかり弱気になっていた。三月三日、彼はペテルブルクに、韓国政府にロシアの援助が必要か問いただすことを提案した[208]。三月四日、彼は加藤代理公使を訪ねて、ロシアに対する態度が「甚ダ嫌悪(険悪)ナリ、多少ノ過激手段ヲ用ユルニアラザレバ救治シ難カラン」と語った。彼は「韓国ノ到底独立シ得ザルコト」について語り、「之レヲ日露両国ニテ分割保護スルコト」が必要だと述べた[209]。閔妃殺害事件以来シペイエルは、ヴェーベルとともに日本に対抗して韓国の独立のために働いてきたつもりだったのである。軍事教官も財政顧問も高宗の要請に応えて、努力してきたはずではないか。ソウルの街頭をおおう反ロシア熱をシペイエルは裏切られた思いで見ていた。ここにきてシペイエルは「日露分割保護」という言葉を口にするにいたったのである。

高宗の方はロシアにたよる気持ちに変わりはなかったようである。このころ彼は、ロシアと手を切れと反ロシア派に迫られて、身があぶなくなったとシペイエルに話した。シペイエルはもう一度ロシア公使館に避身したらどうかと勧めた。この考えは本国外務省が認めなかった[210]。本国は韓国政府に態度表明をさせることには賛成したようだ。ついにシペイエルは三月七日、韓国外部大臣に対して、ロシア批判の無頼の徒の行動はけしからんと述べ、われわれは要請を受けて軍事教官と財政顧問を派遣した、ロシア皇帝陛下の命を受けて問いたい、貴国大皇帝陛下と貴政府は「露国に援助される意があるか、いなか」と問いつめた。シペイエルは二四時間以内に回答せよと申し入れた[211]。これは露韓関係の決定的な転機であった。

高宗は当惑した。最初は「回答が必要ではあるまい」、自分の気持ちはロシア政府にも、公使にもわかっているはずだと答えたが、ついで三日間の猶予を求めた[212]。

三月一〇日、ソウルでは独立協会が鍾路での街頭演説会、「万民共同会」を開催した。八千人が集まった。軍事教官と財政顧問を外国人にゆだねることは二千万同胞の恥辱であり、憤りの対象だという演説がなされ、外部大臣への決意の伝達が決められた[213]。

韓国政府は浮き足だった。三月一二日、内閣会議で議論した結果、ついにロシア公使に回答を送った。「二年間ロシアの厚意で努力がなされ、もっぱら兵制と財務において多くの進歩があった」、「こののちは兵制と財務については、貴国のかつての指導により、その教えにしたがい、もっぱらわが国の人間に管掌担任せしめ、およそ外国士官顧問は一切用いないと決定した。これが元老大臣および政府の願うところである」と伝え、実質的にロシア人軍事教官と財政顧問の引き揚げを希望することを表明したのである[214]。

ロシア政府は、財政顧問アレクセーエフに帰国を命じたが、軍事教官にはしばらく留まるように指令した。ソウルの不穏な状況を考えたためであった。三月一八日には、『官報』に公報が発表された。「ロシアの援助によって強化された若い国家が国内秩序も、完全な独立も自分で守ることができるだろうと期待すればこそ、ロシアはこののち朝鮮のことに対する一切の活動的な関与を差し控えることができるのである[215]。」

三月一六日、ロシア外相ムラヴィヨフは林公使と会った。ロシアの要員が朝鮮から撤退したあとでは、ロシア政府は韓国政府が他の外国人を雇うことを許さない、日露は同じ基盤に立つことになると表明した。林は、在留邦人も多く、保護が必要だと述べた。ムラヴィヨフは、その点はロシアも同じことだと述べ、これからは日露は朝鮮で平和的な関係を結んでいけるとの期待を表明した[216]。

ロシアは韓国政府との特別な援助関係を停止するが、朝鮮を日本に渡すというような考えは毛頭なく、日本と同じ立場で朝鮮に対していくつもりであった。

西・ローゼン議定書

他方で、日本政府はこのチャンスをとらえんとした。三月一九日、西外相はローゼン公使に向かって口上書を渡し、日本はロシアとともに韓国の主権と独立を確認し、内政干渉をしないことを約定する用意があるが、「韓国ガ外国ノ助言及助力ヲ要スル場合」は、第三国に頼むのは両国の利益上好ましくなく、かつ「国土ノ近接及現有ノ利益」を考えて、「助言及助力ヲ与フルノ義務ハ日本ニ一任セラルベキモノナリト思惟ス」と申し入れた。さらに、このことをロシアが認めるならば、日本は「満州及其沿岸ヲ全然日本ノ利益及関係ノ範囲外ト思考スベシ」とも付け加えた[217]。満韓交換論である。これは伊藤首相とも合意の上の提案であろう。

西は林にこの提案の意味を説明している。東部清国の状況が変化しないのなら、日本は韓国での権益をロシアと平等に分け合うことで満足する。しかし、今やロシアは満州とその港に活動を広げており、日本は無関心ではおれない。韓国で影響力を分け合うと、不断に誤解や摩擦が起こる。ロシアが満州で目的を果たせば、韓国への関心は以前とは違うだろう。日本にとっては韓国の意味は、商業的にも、歴史的にも、国民感情の面でも他国とは比べものにならない。だから、日本政府の願いはロシアが韓国を全的に日本の影響下にのこすことに同意してほしいということだ[218]。

三月末ロシアの軍事教官たちが朝鮮を去った[219]。ムラヴィヨフは三月末ローゼン公使に訓令を送り、日本政府との協定交渉を命じた。ローゼンは三月二九日、西外相に文書を渡した。その骨子は、一、露日両国は朝鮮の主権と完全独立を認め、内政干渉をしない、二、朝鮮が援助と助言を必要とするときは、露日両国のどちらかに要請する、朝鮮はどちらを選んでもいい、三、誤解を避けるために、両国は軍事、財政、商工業の分野での措置をとるときは、事前に協定を結ぶ、というものだった。日本側の第二点、第三点はロシアがすでに軍事教官も財政顧問も召喚したので、意味がなくなったと考えると書かれていた[220]。明らかになおロシアは朝鮮への発言権の余地をのこしておきたかったのであり、日本の立場とは食い違った。

しかし、ムラヴィヨフも不安だった。そこで、彼は日本の朝鮮への意欲をどう考えるべきか、新陸相クロパトキンの意見を尋ねている。クロパトキンは四月一五日(三日)に回答した。「旅順港まで鉄道を通さないうちは、朝鮮での軍事行動はわれわれにとって重い、犠牲の大きな課題である。」軍隊はヨーロッパから増援しなければならず、北部朝鮮を占領するためにも満州の一部は占領しなければならなくなるだろう。「だから、モスクワ議定書に定められた行動の自由を確保しつつ、わが軍を朝鮮に送らなければならなくなるのを回避する策を考えるのが望ましい。」旅順を確保して、鉄道をつなげれば、ロシアの意思をはっきりと述べ、「必要なら、武器の力でそれを支えることができるだろう[221]」。

日本政府はロシア側の提案に失望した。しかし、日本側はあっさり満韓交換論を引っ込めることにした。四月八日、日本側の議定書案が西外相からローゼン公使に渡された。三項目で、第一項目は変わらない。第二項目はロシア側の第三項目をとりいれている。第三項目が新しい日本側の提案だった。ロシアは朝鮮において商工業の面で日本の権益が圧倒的であることを認め、日本がこれらの権益を振興することを支持する、というものだった[222]。

これに対して、ロシア側は第三項を、朝鮮での日本の商工業の発展に鑑み、「ロシア政府は日本と朝鮮の間の通商関係の発展を可能なかぎり妨げないようにするという意欲を完全に明らかにした」と変えたいと逆提案してきた[223]。

日本はこのロシア側の修正を受け入れた。その結果、西・ローゼン議定書と呼ばれる第三の協定は一八九八年四月二五日(一三日)、東京で調印された。本文の全文は以下の通りである。

第一条　日露両帝国政府ハ韓国ノ主権及完全ナル独立ヲ確認シ、且互ニ同国ノ内政上ニハ総テ直接ノ干渉ヲナサザルコトヲ約定ス。

第二条　将来ニ於テ誤解ヲ来スノ虞ヲ避ケムガ為、日露両帝国政府ハ韓国ガ日本国若ハ露国ニ対シ、勧言及助力ヲ求ムルトキハ、練兵教官若ハ財務顧問官ノ任命ニ就テハ先ヅ相互ニ其ノ協商ヲ遂ゲタル上ニアラザレバ、何等ノ処置ヲ為サザルコトヲ約定ス。

第三条　露西亜帝国政府ハ韓国ニ於ケル日本ノ商業及工業ニ関スル企業ノ大ニ発達セルコト、同国居留日本国臣民ノ多数ナルコトヲ認ムルヲ以テ、日韓両国間ニ於ケル商業上及工業上ノ関係ノ発達ヲ妨害セザルベシ。[224]

韓国の独立があらためて確認されたことは意味があったが、第二条はロシアに軍事教官と財政顧問を韓国に送り込むのをやめさせたという現実を確認したもので、そこだけがこの協定の意義であったのである。しかし、その先のことについてはいかなる合意もないのである。駐日武官のヤンジュールが書いてきた。「われわれが朝鮮をそれ自身の運命に一時的にゆだねることはなおこの国に対する要求を完全に断念することを意味しない。[225]」結局、この議定書では日本の意欲はみたされなかったのである。

この直後、シペイエル公使が北京の公使に任命された。これはむしろ栄転ということだろう。ロシア政府として、格好をつけたものである。シペイエルは苦い思いで去ったにちがいない。後任としてマチューニンが、一八九八年四月四日、正式に着任した。[226]彼はながく極東ロシア領で勤務し、ウルップ以北のクリル諸島の引き渡しの立会人もつとめ、八〇年代にはロシアに接近を求める高宗の使者を迎えたこともあり、このたびはペテルブルクで、鴨緑江の森林利権の買い取りを学友ヴォンリャルリャルスキーとその友ベゾブラーゾフに仲介したばかりであった。

韓国の動揺

ロシア勢力が退場した韓国では、政治的なうねりがつづいた。新公使マチューニンは韓国の事態が深刻であることを発見した。軍事教官がソウルを去った日、彼は東京経由で外相に電報を送った。彼は公使館の警備兵はのこしてほしいと求めている。「韓国政府は日増しに足下の地盤を失っている。国庫は底をついている。四月の俸給はなんとかしぼりだしたが、五月分は全額は出せないだろうと公示された。古い体制にもどった警備大隊はまったく信用できない。飢饉の脅威との関連では、春の干ばつと去年のコメの不作の結果、深刻な騒擾に加えて完全なる無政府状態も懸念される[227]。」

高宗も半年たつと、ロシアの軍事教官を帰したことを後悔するようになった。そのことを彼はマチューニンにひそかに伝えた。マチューニンは七月九日(六月二七日)に東京経由で外相に電報を送った。「昨晩皇帝は陸軍次官を派遣して、ロシアについて自分が間違ったことを自覚していると伝えた。彼は独立協会の陰謀の露見、犯人逮捕の命令について密かに知らせた。日本の公使には知らせていない。彼は裏で煽動しているからだ。使者は、三カ月もたたないうちに、韓国は破滅に導く日本に対抗してロシアの援助をもとめることを余儀なくされるだろうと確言した[228]。」

九月一一日、韓国宮廷内では高宗と皇太子の飲むコーヒーに毒がもられるという事件がおこった。皇帝は一口飲んで吐き出し、事なきをえたが、皇太子はカップ一杯を飲み下したため、命はとりとめたものの重大な後遺症が発生した。当局は宮廷大膳頭と料理人を逮捕し、ついで首謀者として先年ロシア公使館前で襲撃された金鴻陸を確定した[229]。その後公使館通訳にもどっていた金は一八九七年八月に逮捕され、すでに黒山島に終身流刑に処せられていたのである[230]。公使の問い合わせに対して、通訳として皇帝の通訳のさい誤りを犯したのが罪状だという回答を外部大臣朴斉純《パクジェスン》から受け取った[231]。彼が皇帝と皇太子の毒殺陰謀の主犯とされると、黒山島から身柄がソウルに移された。被告の供述は拷問によるものとの疑いが濃厚であったが、一〇月一〇日、金鴻陸は料理人たち三人とともに処刑された[232]。真相はなぞだが、おそらく金鴻陸は無実であったろう。結果は反ロシア感情を一層高めることになり、独立協会はこの件で政府の責任を追及した。

一〇月になると、独立協会が、中枢院を改革し民選議員を加えて国会に近づける案を提案し、これをめぐって政治が流動化した。独立協会がこの案を政府に出したのが一〇月一五日で、二九日にはソウル市内で数千人が参加した官民共同会がひらかれた。これには朴定陽総理も参加した。この日は国政改革六項目が提案され、可決された。政府はこの案に応えて、改革を実施するとの詔勅を出すに至った。保守派趙秉式《チョビョンシク》らは皇帝の意をうけ、褓負商《ほふしょう》(大道商人)を組織して皇国協会を設立し、その代表も中枢院に加えるよう画策した。

一一月に入ると、趙秉式らは、独立協会は王政廃止をねらう共和主義の団体だと言い立て、高宗から独立協会解散命令、関係者全員の逮捕命令をかちとった。朴定陽は総理を追われ、趙秉式が総理となった。しかし、独立協会とその支持者たちは屈することなく、激しく抗議運動を展開した。このため政府は逮捕者をむち打ち刑だけで釈放せざるをえず、趙秉式内閣は崩壊した。一一月二六日、高宗は慶雲宮敏礼門前で独立協会代表三〇〇名を引見し、協会の解散を求めた。協会は解散に応じなかった。政府は二九日、中枢院官制を制定して、五〇名の中枢院議官を任命した。一二月二〇日、中枢院は大臣候補を選挙で選んだが、当選者の中に日本亡命中の朴泳孝とアメリカに退去した徐載弼が入ったことが問題となった。保守派がこれを理由に独立協会を攻撃した。(233)

一一月には各国公使たちも、ひとしく事態を憂慮していた。マチューニンは一一月二五日に東京経由で打電した。

「外国公使たちはいまは毎日会合している。一昨日日本の代表は東京から来た質問、韓国は自分で現在の危機を克服できるのか、について考えてみようと提案した。われわれは否定的な意見だったが、無条件で否定的な答えを出すことは避けた。今日、日置は拝謁を求め、自国政府の名において騒擾を中止させることを皇帝に進言した。(234)」

日置とは、加藤公使が帰国中、代理公使をつとめていた日置益《えき》のことである。マチューニンにとっても、このような動きは混乱としか見えなかったであろう。この激動の中で高宗はなかなかに努力していたが、このような混乱は早く鎮圧すべきものと人一倍考えていたのは彼であった。ロシアの専制政治がやはり望ましいモデルであった。彼はマチューニンに使者を送った。一二月二一日(九日)、マチューニンはペテルブルクに打電した。

「一一月三〇日(一二月一二日)から大臣たちは宮殿にかくれており、官吏たちは人民の命令で仕事をしていない。だが、皇帝〔高宗〕は、褓負商たちの助けにより、裏で精神的にアメリカ人に支持され、物質的には日本人に支持されている独立協会を片づけることをあきらめていない。国庫と皇帝の金庫はからである。今日は皇帝陛下〔ニコライ二世〕への陛下〔高宗〕の手紙が届けられた。手紙の要旨は次の通りだ。『最終的に私の最高権力を動揺させた一八九四年からの禍深い時期を通じて、私は陛下の友好的なお気持ちを頼りにしてきました。言葉では言い表せない感謝です。顧問と教官の召還は私の願望とは無関係におこなわれました。もしもわれわれの友情がこわれかかったとすれば、その原因は腹黒い人々にあります。陛下の雅量と寛大さが無限であると期待しております。……いまや統治の実権は弱化し、無秩序がいたるところ支配的です。どの国よりもロシアだけが至高の権力を尊重しています。私はふたたび両国の結びつきが強まることを願っています。私は未来の安寧のための手段を慎重に考えており、手遅れにならないうちに陛下にお知らせいたします。』陛下は皇帝陛下のご好意を失っていないと安心させる電報を願っている。[235]」

日本公使加藤は九月から一時帰国していたが、一二月一五日ごろに帰任して、高宗に事態に対処する方案を進言した。加藤にとっても、歓迎すべき独立協会の活動を歪めることになったのは、「極メテ臆病ニシテ、極メテ猜疑深ク、嫉妬自負軽薄残虐、凡ソ君主トシテハ甚ダ不合格ナル」存在である高宗に責任があり、褓負商等の暴力分子を動員したためだと見ていた。だから、加藤は、褓負商を解散させることを第一にして、「信任アリ鞏固ナル政府ヲ組成」すること、弊政を改革すること、宮廷を刷新すること、「文明ノ政綱ニ則ル」ことを提案したのである。政府には、民会の輿望に応える人士を入れ、民会員には無闇な弾圧は加えないことの担保を与え、民会はみだりに国情を混乱させるよりは、退いて政府の改革を監視せよと説得することを勧めた。政府側では閔泳綺《ミンヨンギ》、民会側では高永根《コヨングン》を代表にして話し合わせ、『独立新聞』を買収して、政府擁護の論調に変えることも提案された。皇帝は、この提案を受け入れ、日本の支持を喜んだようであった。「皇帝ハ大ニ悟ル所アリ」と加藤は報告している。(236) いまや加藤も、独立協会、万民共同会が外国への利権の売却に批判の目を向ける存在であることの危険性をさとるにいたっていた。(237)

一二月二五日の勅諭で高宗は万民共同会の罪を弾劾し、解散させた。独立協会の幹部は逮捕された。朴定陽は政府に入った。こうして、韓国をゆるがせた大きなうねりは何ものも生み出さずに終わったのである。

駐韓公使の交代

一八九九年にロシアと日本の駐韓公使が交代した。まずロシア公使は一月一八日にマチューニンが去って、北京にいたパヴロフが公使として赴任した。

パヴロフは一八六〇年生まれ、貧しい貴族の子であって、海軍兵学校に入り、優秀な成績で一八八二年に卒業した。任官して遠洋航海に出たが、八六年には退官して、外務省に入った。四年後、清国公使館の三等書記官に任命されて赴任した。そしてカッシーニが公使として赴任すると、その秘書官となり、九五年には一等書記官となったのである。(238) 同じころ二等書記官としてパヴロフの下で働いたソロヴィヨフは大改革時代の開明的な改革派官僚の子であったが、パヴロフを出世主義者、野心家とみている。(239) 彼が旅順獲得にムラヴィヨフ外相を誘導したふしがあることはすでに指摘した。イギリスの研究者ニッシュも「この帝国主義の時代の規準からしても、彼はタフな気持ちの持ち主で、引くことを好まず、権謀術策を弄した」と評している。(240) もっとも当時の日本公使加藤は、「北京以来ノ名声自ラ人ヲシテ其ノ何事カ仕出来《しでか》スナラントノ感想ヲ起サシムルヲ得テ」注目を集めているが、いまだ「何等顕著ナル行動ニ出ザリシ」と九九年五月に報告している。(241)

他方、日本の公使は一八九九年六月に加藤増雄が去って、林権助に代わった。林は会津藩士の息子で、一八六〇年に生まれた。東京帝国大学を出て、一八八七年外務省入りした。仁川領事を四年ほどつとめ、日清戦争がおこったときは、ロンドンの領事に移っていた。九七年に北京の首席事務官となり、代理公使をして、九八年からは本省の通商局長であった。そこからソウルの公使に来たのである。着任の前夜、陸軍の中堅幹部田村怡与造大佐、福島安正、長岡外史中佐の訪問をうけ、鎮海湾でロシアが海軍根拠地を獲得することを防いでほしいと懇望されたことを自伝『わが七十年を語る』に書いている(242)。

ハーグ平和会議

一八九八年の旅順・大連の占領につづいて、ロシアは翌年いま一つのサプライズを国際社会に対してもたらした。一八九九年五月一八日(六日)、ハーグで開かれた国際平和会議である。これもムラヴィヨフ外相の考えで皇帝ニコライ二世が実現した企てであった。

事の起こりは、陸相になったばかりのクロパトキンが当時の最新兵器であった速射砲の導入問題について出した議論にあった。一八九八年三月一二日(二月二八日)、彼は皇帝に上奏報告を行い、速射砲の導入にはロシアは一億三千万ルーブリを要するが、オーストリアも一億ルーブリを要するであろうと述べ、かかる莫大な支出を回避するためにオーストリアと今後一〇年間、速射砲を導入しないという協約を結ぶことはできないかと問題提起をしたのである。ニコライは「あなたは、朕がそのような考えを叱りつけるかもしれないと思っているとしたら、まだあまりわかっていないということだ。朕はその考えに共感する。朕は長い間わが軍に最新兵器を導入することに反対だった」と答えた。その言葉を聞いて、クロパトキンは感激した。彼は、これは全般的軍縮への第一歩となるし、少なくとも全ヨーロッパを苦しめている軍事費の増大に一時的にストップをかけることになる、陛下がそのような偉大なイニシアティヴをおとりになれば、陛下の名は子々孫々世界の記憶にのこるでしょうと述べた。ニコライも大いに喜んで、早速ムラヴィヨフ外相と相談してほしいと言った。

クロパトキンは宮殿を辞したその足で、外相のところへまわった。外相も話を聞いて喜んだ。彼は極東で「決然たる措置」をとったので、「ヨーロッパにわれわれの平和愛好心の事実上の証拠をみせるのは大事だ」という胸のうちを明かした。(243)

クロパトキンは翌日彼の軍縮協約案を文書にまとめて、ムラヴィヨフに送った。ムラヴィヨフはよく書けているとほめたが、もっと広げて、全ヨーロッパ諸国に一〇年間の軍備増強停止を呼びかけるべきだと述べた。クロパトキンはさすがにそれは難しいだろうと言わずにはおれなかった。(244)

だが、ムラヴィヨフは突進した。四月五日(三月二四日)、彼はクロパトキンの考えに触発されたことは一切触れずに、全面的な軍縮提案をまとめて皇帝に提出した。過去四半世紀の平和の中で軍拡競争がいかに国民の福祉を圧迫してきたかを述べて、「手遅れにならないうちに、現在において深刻で、将来において一層破滅的になるこのような状態をやめる」ことが求められているとしている。現在計画されているドイツ軍の火砲の一新が全面的軍縮を提起する絶好の機会をあたえている。「平和を愛好し、かつ軍事的、財政的な力をもつと万人に認められているロシアが、この聖なる事業においてイニシアティヴをとるべきである。」かつて一八九四年にイギリスが軍事費削減の国際会議を提案したことがあった。そのときは機が熟していなかった。いまは軍事費削減協定締結の好機である。当然兵員数の縮小にも進むべきだし、戦争をおこしかねない国際紛争の仲裁裁判所の設置も構想されるべきだ。

ムラヴィヨフは、陛下のご賛同がえられれば、各国に駐在する公使たちに当該国政府の意向を打診させましょうと提案していた。(245)おそらく外相の近くにこのような提案をもっていた人がいて、その案を丸のみしたのであろう。

陸相につづいて外相からこの提案をうけた皇帝ニコライは、前の月には極東海軍の大増強を決めて興奮状態であったのだが、こんどは平和と軍縮の提案にすっかり乗り気になった。それには、この月に彼のもとを訪ねたある人物の影響があったのは確実だと考えられている。

その人物とは『未来の戦争』の著者イヴァン・ブリオフ(ブロッホ)である。彼はロシアで知らない者がないユダヤ人の鉄道王であり、銀行家であった。一八三六年ワルシャワに生まれ、鉄道事業の小請負業者から身をおこして産をなし、それからドイツに行って大学で勉強して帰り、モスクワで医者の娘と結婚するに際してプロテスタントに改宗したのである。この時点でユダヤ人の姓であるブロッホをポーランド風のブリオフと改めたと考えられる。ワルシャワ商業銀行、ワルシャワ火災保険会社を設立し、一八七八年にはロシア南部の鉄道会社の合併を行って、西南鉄道会社を設立した。この会社に就職して、頭角をあらわすのがウィッテである。[246]

『未来の戦争』は彼が一八九三年に雑誌『ロシア通信』に連載したのが最初で、そのときのタイトルは「未来の戦争――その経済的原因と結果」だった。[247]これが全面的に書き改められ、一八九八年に全六巻の『技術的、経済的、政治的な面における未来の戦争』として刊行された。[248]この一八九八年版がのちにヨーロッパで翻訳されて大きな話題となるのである。ヨーロッパでは本来のブロッホの姓で出版された。

一八九三年版で、ブリオフ(ブロッホ)の主張を見てみよう。まず現代ヨーロッパの社会生活、個人生活の中にあらわれているのが「戦争の予感」である。過去数十年間に軍事技術においては革命というべき重大な変化が生じている。戦争は全国民の事業となり、銃砲の改良が進んで、戦争は「よりおそろしいもの」となっている。「未来の諸国民の衝突はきわめて血なまぐさいものとなるだろう。」現代の政治的不安定の最大の原因は欧州列国の軍備増強志向である。これからの戦争は全国民が加わるものとなる。人類の運命は普仏戦争以後、過去の野蛮な世紀に逆転している。それが未来の海戦の原理にあらわれている。戦争は多数の兵員と大量の物資を動員し、住民の生活を破壊する。火器の威力の増大が戦争の性格を決定的に変える。ブリオフは、二〇世紀の戦争が工業技術の発展と結びつき、総力戦の様相を呈することを最初に分析した人物であった。そして彼はこのような戦争を回避すべきだと主張したのである[249]。

ブリオフは旧知のウィッテに頼んで、皇帝に謁見してもらい、本を献上した。国際法学者マルチェンスの言によると、皇帝は「ブリオフの狂った考えが気に入り」、彼と二度話したという[250]。

ニコライの決定により一八九八年六月末に外相、蔵相、陸相らの協議会が行われた。集まった人々は平和軍縮会議の開催に賛成した。外務省の中で準備をうけおったのはラムスドルフであった。八月二八日(一六日)には会議を提案する外相の最初の回状がペテルブルクの各国公使に渡された。それは「全般的な平和の維持とすべての諸国民にとって圧迫的な極端な軍備の最大限の縮小は……すべての国の政府が努力し目指すべき目的である」と宣言し、軍備の限界をおき、戦争を防止する方策を探求することは「すべての国家の責務」であるとの気持ちにみたされた皇帝陛下が、この重大な問題を討議するための会議を招集される、と書かれていた[251]。

この提案を受けて、各国にはそれぞれの思惑があった。もとよりロシアにとっても、会議はロシアの利害から発していた。クロパトキンは一〇月四日(九月二二日)にこの会議の件で皇帝に上奏して、ニコライと意見の一致をみた。クロパトキンはこの会議がロシアにとってどのような意味をもつかを説明した。「ロシアは技術的に立ち後れていま す。……五年後にはどうなるか。一層立ち後れるでしょう。……つまり、軍備の増強の停止は軍事的な観点からはロシアにとって有利なのです。」政治的な観点からすると、「ロシアの将来の発展と偉大さのために必要なことのすべてが実施されているわけではありません」。極東の課題は終わっておらず、黒海での特殊課題は実施されていない、と[252]。

一八九九年一月一一日(九八年一二月三〇日)にムラヴィヨフ外相は調整した議題などを伝える新しい回状を出した。議題は次のように挙げられている。一、軍備、軍事費の一定期間凍結、二、新しい火器、爆薬、火薬の利用の禁止、三、強力な爆薬の使用制限、気球からの爆弾の投下禁止、四、海戦での潜水艦使用の禁止、五、海戦への一八五四年ジュネーヴ協約適用、六、海戦のさい遭難者救助に当たる船に中立性をみとめること、七、一八七四年ブリュッセル会議で作成された陸戦法規の承認、八、武力衝突の防止のための仲裁審判原則の採用。[253]

全体で九カ月の準備を経て、ロシアの皇帝が呼びかけたハーグ平和会議は、一八九九年五月一八日にハーグの森の家宮殿で開催された。参加者は二五カ国から一一〇人であった。英米仏露独墺伊蘭などの欧米強国のほか、非欧米からは日本、清国、シャム、トルコ、ペルシア、メキシコが参加した。ドイツ代表は外交官ミュンスター伯爵、フランスの代表はレオン・ブルジョアであった。アメリカ代表は駐独大使アンドルー・ホワイト、オーストリア代表は外交官ヴェルゼルスハイム、イギリス代表は外務次官ポンスフォース、そしてロシアの代表は元駐英公使のスターリ男爵と国際法学者マルチェンスらであった。日本の代表はロシア公使林董であった。[254]

ここで韓国が参加せず、シャムが参加したのは注目される。インドシナを併合したフランスと、インドからビルマを併合したイギリスの間に立っていたシャム王国は、独立を維持するために必死の外交をつづけていた。シャム国王チュラーロンコーン五世は一八九七年に訪欧するにさいして、最初の訪問国にロシアをえらんだ。ロシアにフランスへの説得を要請しようという考えであった。国王はニコライ二世が皇太子時代に世界一周旅行のさいシャムを訪問したとき、すでに対面していた。ロシア政府の働きかけで、フランス政府はシャム国王の訪仏を受け入れた。フランスとも交渉がはじまった。国王の訪露のさいの話し合いで、ロシアとシャムの国交樹立がまとまり、一八九八年五月一四日にロシア公使館がバンコクに開設されたのである。[255]そのような関係からシャムはニコライ二世の呼びかけに応えてハーグ平和会議に参加したのである。この点では韓国の不参加は外交的感覚が未熟であることを示している。

日本は参加するに当たって、「該会議ヲ以テ単ニ考究ノ目的ヲ以テ会合スルモノト認メ」ていた。「会議ノ議決ヲ承認スルノ意向ナキニ非ズト雖モ、……目下実行中ニ係ル陸海軍ノ計画ヲ停止シ、若ハ何等変更スルガ如キ結果ヲ生ズベキ提案ニ対シテハ全然承認ヲ与ヘ難ク」と考えた。[256]陸海軍は極度に慎重であった。山本海相は出席する海軍士官に出した訓令の中で「下瀬火薬ノ如キハ之ヲ問題ノ範囲外ニ置クコトヲ努ムベキナリ」と指示している。[257]ロシアによって日本の兵器の質が抑えられることを警戒したのである。
一八九九年七月二九日（一七日）に閉会するまで、会議は二カ月にわたってつづけられた。最終的に会議は三つの条約（国際紛争平和処理条約、陸戦法規慣例に関する条約、一八六四年ジュネーヴ条約の原則を海戦に適用する条約）と三つの宣言（気球からの爆弾投下を禁止する宣言、窒息ガス・有毒ガスを禁止する宣言、特殊な弾丸を禁止する宣言）を採択した。会議終了の時点で全文書に調印したのは、ベルギー、デンマーク、スペイン、メキシコ、フランス、ギリシア、モンテネグロ、オランダ、ペルシア、ポルトガル、ルーマニア、ロシア、シャム、スウェーデン、ノルウェー、ブルガリアの一六カ国で、ドイツ、オーストリア、清国、イギリス、イタリア、日本、ルクセンブルク、セルビア、スイスはすべての文書に調印せず、アメリカは一文書、トルコは三文書に調印しただけであった。[258]
日本の全権林董は七月三一日、文書の内容は「列国平和ノ鞏持及博愛ノ主義ニ関シ世界渇望スル処ニ有之」として、即時調印の訓令を求めた。のち一二月二〇日、日本は全文書に調印することになる。[259]
ロシア政府は会議の成果について、八月三日付けで発表文を出している。[260]「平和会議の招集に着手するに当たって、帝国政府は考えられた課題が即時に実行されうるという誇大な期待をいだくような甘い考えをもたなかった。……いかなる利己的な目的も、秘めた政治的計画も追求することはなかったが、帝国政府は会議を準備する作業の過程で、大きな多種多様な困難にぶつかることを覚悟していた。しかし、政府は同時に、二つの回状の基礎に置かれた皇帝陛下の人間愛にみちたご意図は会議参加国の政府によってしかるべく評価され、……これら政府はこの偉大な聖なる事業の実現にそれぞれ力相応の協力をすることを拒まないであろうとの確信を失うことはなかった。」
「会議の結果は完全にわれわれの期待を裏付けた。……会議は、軍備増強の停止という困難な問題の最終的解決を個々の政府がそれを完全に、全面的に検討するまで延期することが必要だと判断したが、すでに今日軍備の重荷を軽減することがすべての国の国民の幸福のために高度に望ましいということを、厳粛な決議によって満場一致で承認した。他方で、会議の議事は、戦争の適正化をはかり、交戦国の苦しみを無目的に増大させる一切の残虐行為を除去することに疑いもなく影響を持つであろう。ハーグの会議は海戦にかんするジュネーヴ協定の原則案を作成し、陸戦法規にかんする協定案を採択した。会議での個別宣言によって、拡大砲弾と窒息性ガスの使用、気球からの爆弾投下の禁止が主張された。もっとも重要な結果は国際紛争の平和的解決手段にかんする協定案である。この会議は既存の国際条約規定を一つにまとめただけでなく、平和を確固たるものにしうる新しい手段をも指し示した。まさにこの手段こそ、ロシアが会議に示した提案において指摘したものと一致している。……第三者の仲介は国際紛争の解決の最良の手段だと宣言されている。……ハーグに常設ビューローをもつ国際仲裁裁判所が創設されるだろう。……これが全体的にハーグの会議で、一部は満場一致で、一部は列国の代表の大多数によって採択された基本的な決定である。」

発表文は、最後にいま一度「皇帝陛下の気高い発意」を称えて、この会議で確認された原理を実現する手段が将来かならず見いだされるだろうという期待を述べて終わっている。

ハーグ平和会議は、ニコライ二世、ムラヴィヨフ外相、クロパトキン陸相といった問題ある人々の提案によって開かれたが、人類の歴史にとっては、戦争の統制という重要な問題提起をなした重要な企てであった。しかし、当面は、新世紀とともに到来する世界戦争の時代に対して、会議の決定は無力であった。

馬山問題

旅順を獲得して、ついにロシアは太平洋岸に不凍港を得たことになった。それと同時に、いまや朝鮮は放棄されたに等しかった。戦略的に見ると、これは最悪の領土獲得であった。満州という中国領の南端にある港で、ロシアとは南満州鉄道と東清鉄道によって辛うじてつながることになる。ロシア領太平洋岸の港ヴラジヴォストークとは朝鮮半島を迂回して、はるか千マイルの距離がある。北部朝鮮がロシアの影響下に安定的にあるならば、旅順の安全は相当に改善されるだろう。だが、ロシアが朝鮮から手を引き、日本の力が朝鮮をおおえば、獲得した旅順の安全の確保は困難になるのである。しかも肝心要の不凍港旅順はロシア海軍の太平洋艦隊の基地としてきわめて不適当なものでしかなかった。旅順は港内が狭く多くの艦船を収容できない。港外の碇泊地に艦隊が出ていれば、敵の水雷攻撃を受けて全滅するおそれがある。さりとて港に入れば、港への入り口、出口が極度に狭いため、閉塞作戦をされれば、湾内の艦隊は袋のねずみとなってしまうのである。そもそもロシア海軍としては、旅順がほしいとは一度も言ったことがなかった。

だから太平洋艦隊司令長官ドゥバーソフは旅順獲得以後も考えを変えておらず、一八九八年一月八日(九七年一二月二七日)、海軍大臣トゥイルトフにふたたび朝鮮の南東岸に注意を向ける必要があるとの意見書を送った。彼は馬山浦の質がすばらしいという意見をくりかえした。[261] 三月一四日(二日)には旅順の問題点について系統的に論じた。[262] そして六月一八日(六日)には、旅順は欠陥軍港であり、朝鮮の南東部にさらに港を獲得すべきだという意見を書き送った。海軍大臣も同じ考えであったので、こんどはドゥバーソフの意見書が外務大臣ムラヴィヨフにも見せられた。だが、外相は当然にもそのような動きが日本の激烈な反発を呼び起こすことをおそれた。そんなことをしたら、「日本との軍事衝突をふくめて、あらゆる不測の事態を引き起こしかねない」。[263]

ロシア海軍の都合からすれば、馬山港に海軍基地を持つのはベストであったろう。しかし、そんなことをすれば、日本と決定的な対立に陥ることは明らかである。旅順・大連の租借で激昂した日本の世論を考えてみても、朝鮮から軍事教官と財政顧問を引き揚げたあとで、馬山を狙うということは海軍の愚かな方針であった。当時元山についても検討はあったのだから、元山をめざすという道はまだ考慮できたかもしれない。しかし、元山は冬季の結氷がないとはいえないというような理由で[264]馬山に執着したのも、愚かな判断であった。

ときあたかも一八九九年五月一日、韓国政府は馬山浦の開港を発表した。港には各国共同租界地が設けられ、そこに公館を開くことが促された。駐韓代理公使パヴロフは租界地内にロシア領事館用地を確保するとともに、ドゥバーソフの意をうけて連絡をとり、馬山港の租界地外に土地を取得する行動をおこした。彼は五月二日、韓国政府に馬山浦租界地外にロシアは土地を獲得するつもりであり、援助をえたいと申し入れた。そして三日後、軍艦「マンジュリア」号に乗って馬山に赴いた。同じころ、太平洋艦隊司令長官ドゥバーソフも五月三日、巡洋艦「ロシア」と「ドミトリー・ドンスコイ」とともに長崎を出航し、馬山浦へ向かった。二人は落ち合って、馬山で買い取るべき土地を決めることにしていたのである。(265)

二人は滋福浦地区の一万坪に注目し、これを買い取る交渉を試みた。名目的には汽船会社の用地として獲得したいと説明された。しかし、交渉は成立しなかった。にもかかわらずパヴロフらはここと決めた土地に五〇〇本の杭を打ち、「露国地界」なる看板をかかげて、馬山を離れたのである。これは傍若無人の行動であり、馬山地域の住民の強い反発を引き起こした。(266)

この動きをいち早くつかんだのは釜山の日本領事代理中村巍《たかし》で、五月一二日青木外相に打電した。ロシア側は「露国石炭庫敷地」の確保をはかっていると思われると書かれていた。外相は一三日に「露国軍艦ガ馬山浦ニ於テ買収セントトシタル地所ヲ其筋ニ於テ買入レタキニ付、至急其買収方ニ着手シ」てほしいと返電した。(267)日本が先手を打って、ロシアが狙っている土地を抑えてしまえという指示である。

現地で努力がはじまったが、買い取りは容易ではなかった。だが、ここに日本人商人、五百井商店釜山支店長迫間房太郎なる人物が担ぎ出された。担ぎ出したのは陸軍だといわれる。彼は五月下旬に馬山に入って、問題の土地の購入に乗り出した。問題の土地に三五〇〇坪を所有する朝鮮人地主がいることを知って、ロシア人に売ってはならないと説得して、買い取りに成功した。六月はじめのことであった。(268)

ロシア側では、五月一九(七)日に代理公使ドミトレフスキーが外部大臣に対して、土地の買い取りに外交官を派遣するので、租界地の近くの土地を外国人に売ることを許可するとの公示を出すよう馬山地区の官吏に命じてほしい、その命令書の写しを公使館にとどけてほしいと要請した。(269)

朴斉純外部大臣は抵抗したが、再度申し入れを受けて、要請にしたがわざるをえなかった。

ロシア公使館員シチェインは韓国政府の訓令のコピーをえて、七月二日に軍艦「コレーエッツ」に乗って、馬山に出かけた。(270) シチェインはそこで日本人迫間房太郎の工作の結果、予定地の中心部分がすでに売られていることを知った。この報告を受けたドミトレフスキーは、この取引は不法であり、地元官憲はロシアに予定地を売却するよう斡旋するように命令せよと七月一一日ふたたび外部大臣に求めたのである。(271)

韓国政府に圧力をかけて、土地を獲得しようとしたロシアの戦術は、日本人商人のすばやい買い付けによって出し抜かれ、完全に破綻したのである。ロシア公使館はついに日本公使館にきて、不当を訴え、日本公使の介入を求めたのであるが、林権助公使より「日本人ニ於テ正当ニ買取リタルモノニ付、同人ガ自ラ手放シナスコトヲ好マザル以上、遺憾ナガラ本官ニ於テ如何トモスル能ハザル旨」回答されてしまったのである。(272)

ロシア側は日本側に対して、パヴロフ公使は地主を集め口頭で売るという約束をえていたと述べ、日本人が買った土地の証書を渡してほしい、代価をお払いする、それが「両国の真の友好関係の証」となると申し入れたが、(273) すべてはあとの祭りであった。馬山に海軍の拠点をつくるという努力はこののちもつづけられるが、所詮無理な話だったのである。

ロシアが旅順を獲得しながら、なお朝鮮の南端に拠点を求めているということに日本政府は苛立ちを感じていた。それは山県総理大臣が一八九九年一〇月一一日に作成した「対韓政策意見書」にうかがえる。山県は、日本は日清戦争後日露協商を結び、その範囲内で対韓政策を進めてきたが、ロシアは大連・旅順を占領し、朝鮮の南部に軍艦碇泊所を求めるなどの行動に出ているとして、「将来の方略」を立てなければならないとした。朝鮮は「地形上より」して「我利益線の範囲内に在る」ので、「帝国の利益を維持拡充せざる可らず」。しかし、軍備の拡張は万全でなく、財政的に困難がある。そこで、ロシアが再度馬山浦などに軍艦碇泊所などをつくろうとする場合には、「我は露国に対し諄々と我国と朝鮮間の利害関係及び……歴史の関係を細論し、且日露協商条規に依り飽まで円満を主として」「忠告し、以て我目的を達する事を力めざる可らず」。ロシアがこの説得を拒否した場合は、朝鮮に対する「我利益を放棄するの政策を取るや否やを決定せざる可らず」。これは重要問題だから、御前会議を求め、慎重に政策を決めなければならない[274]。

ロシアの馬山確保を認めないということになれば、戦争を辞さないということになる。だから、御前会議を求めるというわけである。山県はこの文書の註で、伊藤などと対露政策に対立があったので、「結局和戦の決は御前会議に譲るの外無之に付、此主意を以て閣議を決したり」と書き添えている[275]。

それでも山県はなおきわめて慎重な態度をとっていた。

関東州のはじまり

獲得した旅順と大連に対するロシアの管理体制が決まったのは一八九九年八月である。旅順・大連を含む獲得地域が関東州と命名され、その軍司令官兼太平洋艦隊司令長官にアレクセーエフが任命されたのである。それまでの太平洋艦隊司令長官ドゥバーソフは旅順占領の作戦を実施した人だが、すでに述べたように海軍基地としての旅順を評価していなかった。頼まれてもこの地の責任者にはなりたくなかっただろう。ドゥバーソフはクロンシタット鎮守府司令官に移り、ドゥバーソフの前任者で、黒海艦隊司令官代理となっていたアレクセーエフがあらためて送り込まれたのである。
アレクセーエフは一八四三年生まれ、六三年に海軍士官学校を卒業して、任官した。七二年にエーゲ海艦隊司令官アレクセイ大公の補佐(flag ofitser)に任命されたのが、彼の運命をひらいた。七五年からはアレクセイ大公が艦長をつとめるフリゲート艦「スヴェトラーナ」に乗り組み、七七年までに二度の六カ月間大西洋航海に参加した(276)。この間にある事件の結果、大公と特に親密な関係が生まれたと言われている。マルセーユのある娼家でアレクセイ大公は乱暴をはたらき、刑事責任を問われそうになったことがあった。翌日大公の身代わりに警察に出頭したのがアレクセーエフで、罰金を払って放免されたという(277)。

海軍総裁アレクセイ大公はアレクサンドル二世の第四男で、皇后の女官、詩人ジュコフスキーの娘アレクサンドラと恋愛し、かけおち同然で一八七一年イタリアで結婚した。アレクセイ一九歳、アレクサンドラ二七歳であった。しかし、この結婚は認められず、二人は引き裂かれた。皇帝はアレクセイに北米訪問の旅に出ることを命じ、七一年秋、彼はロシアの皇族としてはじめてアメリカ親善訪問に出かけたのである。その後一八八一年の父帝暗殺後、兄の新帝の命で叔父コンスタンチン大公に代わって海軍総裁に就任して、以来一八年その地位にあるのだが(278)、海軍総裁たる器であったとは思えない人物である。その彼が先の事件のことでアレクセーエフに恩を感じ、大いに引き立てたとすれば、自然である。

実はアレクセーエフの昇進に影響したとされているいま一つのうわさは、彼がアレクサンドル二世の婚外子だというものである。このうわさがいつどこではじまったものかは確定できない。一九六一年に出た『ソ連歴史百科事典』のアレクセーエフの項にはそのように明記されている(279)。私もロリス=メリコフ改革の研究をするさい、注意してみたが、そのような資料にぶつかったことはなかった。ロシアのアレクサンドル二世時代史の最高権威ザハーロヴァ女史に尋ねてみると、彼女はいまだかつてそんなことは聞いたことがないと語った。アレクセーエフの職務履歴書には父親の名前はないが、フェドルチェンコの『侍従将軍辞典』には、セヴァストーポリで、海軍中尉イヴァン・M・アレクセーエフの子として生まれたとある。[280]

アレクサンドル二世は一八四一年に二三歳で、一七歳の娘と結婚し、翌年に娘アレクサンドラ、翌々年、四三年九月に皇太子ニコライをえたのである。この時期にのちのち面倒をみて取り立てる婚外子を愛人に生ませることは考えにくい。ロシアの歴史家の中にはアレクセーエフが死後莫大な遺産をのこしたことを指摘し、通常の勤務ではそのような資産はとうていえられない以上、皇帝と関係があったと考えられると主張した人がいた。しかし、革命後のロマノフ一族の執事をつとめた海軍士官グラーフの回想によると、それほどの資産があったとも考えられない。アレクセーエフは一生独身であったが、死の直前に家政婦のフランス人と結婚した。その女性が夫の遺産をロマノフ家に遺贈したいとヴラジーミル・アンドレーエヴィチ大公に連絡してきたが、中身のない話だったとグラーフは書いている。[281]

アレクセーエフの母親については、アルメニア人であるとの証言がコロストヴェッツにあり、そのことが彼の容貌にも影響していると言われる。[282] この点はおそらく正しいのであろう。アレクセーエフの昇進の秘密は海軍総裁アレクセイ大公との太い絆のせいであると考えるのが妥当である。

アレクセーエフの特徴は実戦経験がないことである。アレクセイ大公は露土戦争がはじまると、ドナウ艦隊司令官として活動したが、アレクセーエフの方はコルヴェット艦「バガトゥイリ」に乗り組んで、大西洋方面で活動しただけだった。戦後の一八七八年一〇月、巡洋艦「アフリカ」の艦長に任ぜられ、八二年にはアメリカで購入した巡洋艦を引き取る航海で艦長職代行をつとめ、日本で旭日三等勲章をもらっている。

アレクセーエフが決定的な昇進の道に入ったのは、一八八三年フランス駐在海軍武官として派遣されたときである。三年後、巡洋艦「コルニーロフ提督」の艦長に任じられた。ついに九二年、海軍少将に昇進し、海軍軍令部長補佐に任じられた。軍令部長オスカール・クレーメルが不在のさい、アレクセーエフはしばしば軍令部長代行をつとめた。

そして九五年、太平洋艦隊司令長官に任じられたのである。

彼の外交補佐であったコロストヴェッツは次のように評している。

「アレクセーエフは当時おそらく五五歳ぐらいであった。彼は小柄で、体つきは太っていた。頭は大きく、鼻は鷲鼻で、黒い目はなかなか鋭かった。同時に彼は小さな顎鬚をたくわえていたが、すでに白髪になりかけていた。じっとしていられず、活動的な性格で、部下にもそれを求めた。人の応対はいつもはとても丁寧であった。……彼には実務的で、生き生きした頭があり、ロシア人の間でよく見られる形而上学的総括や妄想にあまり傾かない。彼の主たる欠陥は、私の見るところ、不決断、追従に弱いことであり、他人の意見に対する不寛容である。彼は宮廷の好意をえていた。そこには皇帝ご自身をはじめ強力な庇護者をもっていた。教育と知的視野の広さからして、彼は多くのわが国の大官僚より上に立っている。アレクセーエフは陸海軍の問題、とくに後者について興味をもっていた。彼はおそらく、よい海軍大臣にはなれたであろう。[283]」

関東州には旅順港と大連湾があった。旅順港の陸上には清国が要塞をつくっていた。ここをアレクセーエフは関東州の本拠地とした。関東州の出発以前の一八九九年五月三日(四月二一日)、クロパトキン陸相の上奏報告により、清国からえた旅順旧要塞を要塞として本格的に改修建築することが決定された。前年に現地に派遣されたコノノヴィチ＝ゴルバツキー中将の報告が基礎になった。[284] 要塞の改修建築を指揮するために九九年のうちにヴェリチコ工兵大佐が派遣された。彼が提出した新要塞の設計図は一〇月に皇帝の承認をえた。ヴェリチコは要塞の建設費を七五〇万ルーブリと見積もり、同額が砲などの装備に必要だとしていた。[285]

アレクセーエフは旅順の要塞と港を中心とする関東州を管理したが、関東州の全域を管理したわけではなかった。商業港たる大連と鉄道の終点となる都市ダーリニーは、蔵相ウィッテのにぎる東清鉄道会社のものとなった。ダーリニー市はパリをモデルにしたヨーロッパ風の都市として建設された。そこを起点とし、満州の大都市奉天、長春をへてハルビンにいたる南満州鉄道の建設もはじまった。これらすべてを大蔵省に直属する東清鉄道会社が管理した。警備する軍隊も大蔵省にしたがった。同社の責任者、技師長のユーゴヴィチがハルビンにいて、全権をにぎっていた。[286]かくしてハルビンと大連を二つの核とする大蔵省の満州鉄道王国が本格的に形をととのえていくのである。

駐日陸海軍武官たち

ここでロシアが日本に送っていた陸海軍の武官たちを見ておこう。

陸軍武官は、初代ヴォーガクのあと、一八九六年の後半に第一三歩兵師団参謀長であったヤンジュールが着任した。日本を専担する駐在武官の第一号である。ヤンジュールの日本軍評価はヴォーガクと変わりがなかった。この年の大演習を参観したのちに、彼は次のように報告している。「三、四日の観察で、軍隊の質について判断するのは難しいが、にもかかわらず、私は、第五、第六師団の歩兵部隊は私にもっとも好ましい印象を与えたと証言せねばならない。訓練(個人、中隊、大隊のレベルで)、装弾、移動の面で、これらの部隊はどのヨーロッパ軍とも対等と評価されるのが正当だとあえて言いたい。[287]」

一八九八年六月、ヤンジュールが作成した日本攻撃の際の上陸地点、攻略目標についての意見書は日本側の入手するところとなり、明治天皇にまで提出された。[288]この意見書の冒頭には「日本軍情視察ノ命ヲ拝セシ以来、前任者ノ調査書類(『オーカツリ』ガ調査セシモノヲ云フ)及ビ日本有志家ノ密報書類(日本有志家トハ『ニコライ』ノ牧師及ビ浅野惣一郎ノ如キ常ニ露国ノ為ニ利益ヲ得ルモノヲ云フ)等ニ因リ実況ヲ視察スルニ」とある。前任者の「オーカツリ」とはヴォーガクのことである。また日本側の協力者としては、正教会ニコライ堂の関係者が挙げられている。浅野とは浅野財閥を開く浅野総一郎のことであろう。ロシアとの取引で利益をえていたものとみえる。

この意見書では、日本の軍備と地理的条件を検討して、上陸地点を中部地方の清水港とし、ここから上がって静岡全市を抑え、そこから名古屋に前進して、いわば日本の中心を征するという戦略案を提出している。この案がはたして本物かどうかは確認できなかったが、日本との戦争の可能性を考えて、意見を出すように求められていたのかもしれない。

一八九八年から九九年にかけてヤンジュールが一時帰国したとき、クロパトキン陸相は前陸相の甥グレープ・ヴァノフスキー中佐を一時的な代理として日本へ送った。[289] ヤンジュールは任地へもどったが、一九〇〇年四月末、更迭されると、大佐になったヴァノフスキーが後任として派遣された。彼は小姓学校を出て、騎兵隊将校となり、一八九一年から参謀本部に勤務していた。[290] 赴任前、日本軍について最初の意見書を作成している。

「日本軍は、その国民文化とはまったく異質な原則で組織されたあらゆる軍隊が、不可避的に経験しなければならない内部的不具合の状態から、なお完全には脱出していない。この原則は純粋日本的な盲目的正確さをもって、本質的ではまったくなく、もっぱら形式的にわがものとされたのである。こういうことは現代日本の生活の他のあらゆる面に認められる。」

「だからこそ、一方で日本軍はすでにとうの昔にアジア的軍団ではなくなっていて、西欧の型紙通りにきちんと、ペダンティックに組織されている多少ともよく武装した軍隊であるが、他方では、自らの文化でつくられた原則にしたがって創造された真のヨーロッパ的軍隊ではまったくないのである。」

「日本の軍隊がすべてのヨーロッパ軍のあり方を決めている精神的原則をわがものにするのに数十年、数百年かかるだろう。[291]」

これは一時日本に派遣されたときの観察に基づく意見であったが、ペリカンの『進歩する日本』(一八九五年)などの保守的な外交官の日本論にも通じる意見だった。日本人は西欧を模倣しているが、本当の力は生まれていないというのである。日清戦争によって示された日本軍の力に強い印象を受けたヴォーガク以下のこれまでの駐在武官の見方が否定されていた。

クロパトキンにはこの保守的な意見が気に入った。彼はヴァノフスキーの意見書に、「読了。以前の駐日武官たちのように、日本軍に熱中することはもはやない。さめた見方である」と書き込んだのである。(292) これは明らかな反動であった。

海軍武官の方は、シヴァンクの後任として海軍軍令部士官ブジロフスキーが一八九五年に着任した。彼はすでに日本の海軍についてのパンフレットも出している専門家で、横浜に武官室をつくり、通訳として高橋門三九《もんさく》を雇用した。(293) 海軍武官室の基礎をつくった人と言える。

第三代は一八九六年に赴任したチャーギンである。チャーギンも有能な将校で、日本海軍を深く研究した人だった。一八九八年には『海軍論集』に日本海軍の歴史と現状についての論文を発表している。(294) 帰国直前の一八九九年一〇月二四日(一二日)にも、日本海軍の現有勢力についての分析を軍令部に送っているが、その結論として、次のように述べている。

「これらすべてのことがわれわれをいま一度次の結論に導く。日本の領海内で日本と戦うのはきわめて、きわめて困難であり、むしろ不可能である。そのような戦争のためには攻撃側は、巨大な海軍と陸軍をもたねばならないが、そのような力を当面もつ国は東洋には一つもない。(295)」

この判断からすれば、日本との戦争は不可能であり、ヤンジュールの清水上陸案などは非現実的な考えだということになるのである。

帰国したチャーギンは巡洋艦「ロシア」の副艦長となった。一九〇二年冬に海軍大学で行われた日露戦争図上演習において日本側海軍の軍令部長をつとめることになる。日露戦争では巡洋艦「アルマース」艦長として日本海海戦に参加して、ヴラジヴォストークにたどりついた。戦後は皇帝のヨット「シタンダルト」号の艦長にとりたてられたが、一九一二年に自殺している。愛人がエスエルのテロリストであったことがわかり、責任をとったと言われている(296)。

チャーギンに代わって一八九九年一二月に赴任したのがアレクサンドル・ルーシン中佐である。彼はのちにロシア帝国最後の海軍軍令部長となる逸材である。彼が日露開戦まで日本に勤務することになる。ルーシンは一八六一年生まれで、三八歳。聖職者身分の出であって、貴族ではない。一八八一年に海軍士官学校を卒業し、八八年にニコライ海軍大学校を終えている。巡洋艦「ロシア」の士官として四年勤務して、艦長ドモジーロフに見いだされた(297)。

ルーシンはチャーギンの前任者ブジロフスキーの時代から代々ロシア武官府のために働いてきた通訳の高橋門三九を受け継いだ。高橋は福島藩士の子で、一八八〇年一家あげて受洗した。ただちに姉の五子《いね》が正教会女学校で学んだのにつづいて弟グリゴーリー門三九が正教会神学校で学んだ。彼はとくにロシア語がよくできたと言われる。姉は卒業後は母校の教師となったが、門三九は九州で伝教者をしていた。放蕩のためとも、婚約者をロシア帰りの神学校長にとられたためとも言われるが、門三九は教会と絶縁するにいたり、駐在武官の通訳となったのである(298)。彼は新聞記事、海軍資料を翻訳するだけでなく、武官のために、情報蒐集員の獲得、さらには情報蒐集工作にも関係した。ルーシンは英字新聞から資料をとり、たえず横須賀、呉、佐世保を視察していた。海軍の艦船は湾内に碇泊しているもので外部からの観察が可能であったが、ルーシンは海軍工廠など軍施設の視察も願い出て、こなしていた。

ルーシンの行動は、前任者チャーギン同様、日本警察に厳しく監視されていた。日本外務省にのこるルーシン監視報告のもっとも早いものは、明治三三年、一九〇〇年三月二三日の神奈川県知事の報告である。「露国新任武官ルッシン……ハ着任以来未ダ本国へ有益ナル報告ヲナスノ材料ヲ得ルコト能ハズ。之レガ為メ前任者チャギン就職当時ト比シ報告ノ数僅少ナリトテ、其筋ノ不評判ヲ買ヒ、大ニ苦心ノ結果先ヅ各軍港ノ偵察トシテ自身出発スル筈ナリシモ、斯クテハ却ツテ他ノ注視ヲ惹キ不便ヲ感ズベケレバトテ、前任者チャギンノ雇使シタル高橋門三九ヲシテ代テ視察セシムル為メ、本日午前十一時十分横浜発ノ汽車ニテ、先ヅ横須賀軍港に向ケ出発シタリ。[299]」ルーシンの報告書は一カ月でペテルブルクの軍令部長のもとに届けられ、電報は旅順の参謀長ヴィトゲフトを経由して、海軍省へ送られた。こちらは数日でペテルブルクに届いた。

一方、ロシアにいる日本の海軍武官としては、一八九六年より二年間駐在した八代六郎がいた。九七年からは留学生となり、のち軍令部諜報員となった広瀬武夫、それに留学生の加藤寛治らが知られている。広瀬については、島田謹二の研究があり、ロシアの海軍少将コヴァレフスキーの娘との恋愛も明らかにされた。広瀬は一九〇〇年までロシアにとどまった。[300]この人々が情報を蒐集したのはロシアの陸海軍についてであるが、どのような報告を提出しているものかは知られていない。

陸軍武官としては田中義一がいたが、一八九九年に村田惇が着任して、四年間とどまることになる。[301]

朝鮮林業利権にむらがる人々

ロシアの側で、この時期に出現したもう一つの動きは朝鮮の森林利権を活用しようとする人々の動きだった。事の起こりは、一八九六年九月にヴラジヴォストークの商人ユ・イ・ブリネルが一万五千ルーブリで北部朝鮮の林業利権を着手期限五年、有効期間二〇年で獲得したことにはじまる。これは高宗がロシア公使館に保護されていたときのことであった。ヴェーベル、シペイエルの仲介があったと考えられる。ブリネルはドイツ系のスイス人で、ヴラジヴォストークに早くからやってきて事業に成功し、名士となっていた。妻はモンゴルの王侯の娘であった。アメリカの俳優ユル・ブリンナーは彼の孫である。ブリネルが獲得した利権は豆満江から鴨緑江までの沿岸、そして鬱陵島にまでひろがっていた。着手期限が五年なので、一九〇一年九月までに事業を開始することが必要であった。ブリネルは一八九七年、この利権の転売を考えて首都に上京した。[302]

ブリネルの利権に関心を向けた者の中に、ソウルに代理公使として赴任する直前のマチューニンがいた。彼はこの利権のことをリツェイの同級生ヴォンリャルリャルスキー退役大佐に話したのである。[303]

ヴォンリャルリャルスキーは一八五二年生まれ、リツェイ卒業後、近衛騎兵連隊に入り、ニコライ・ニコラエヴィチ大公シニアの副官をつとめた。輝かしい前途が約束されているようだったが、死んだ兄の妻と結婚するに及んで、近衛将校としてのキャリアを放棄しなければならなくなり、その後は妻がもっていたペテルブルクの綿業工場の経営をし、ペテルブルク工場主協会で活躍した。一八九六年にウラルの金鉱の経営に乗り出し、極東での事業展開の可能性をもとめていた。彼はマチューニンから朝鮮の林業利権のことを聞くと興味をもち、二人で相談して国策会社として東アジア会社を設立するという案をつくり、ムラヴィヨフ外相に陳情したと書いている。[304]

彼が話をもちかけたのが近衛騎兵連隊時代の同僚ベゾブラーゾフである。日露戦争前夜の最大の話題の人アレクサンドル・ミハイロヴィチ・ベゾブラーゾフは名門貴族の出身で、一八五五年生まれである。父ミハイルは侍従となり、のちペテルブルク郡貴族団長をつとめた。[305] そのため息子のアレクサンドルは近侍学校に入ることができ、のち、ニコライ騎兵士官学校に進んだのである。近衛騎兵連隊に入り、ヴォンリャルリャルスキーと同僚で、親しい友人であった。[306] ベゾブラーゾフは第二近衛師団長ヴォロンツォフ＝ダシコーフ伯爵と近く、彼の片腕となって、一八八一年には皇帝に対するテロと戦う秘密組織「神聖親衛隊」の創立メンバーとして活躍した。[307]

神聖親衛隊の解散後、彼は大佐で退役し、しばらくヴォロンツォフ＝ダシコーフが長官をつとめる主馬寮の役人となり、庇護者の伯爵が宮内大臣になったあともここで勤務していたが、一八八七―八九年に元の近衛騎兵連隊長アレクセイ・イグナチエフがイルクーツク総督になると、呼ばれて特任官をつとめた。イグナチエフが極東を去ると、彼も去り、九〇年代のはじめからはタムボフ県の妻の領地の経営をして暮らしていた。[308] そのような生活が一〇年近くつづき、ベゾブラーゾフは鬱屈していた。ちなみに彼の二歳下の弟ヴラジーミルは一九〇〇年に陸軍少将、近衛騎兵連隊長となるところであった[309]。

ベゾブラーゾフはヴォンリャルリャルスキーの話を聞くと、林業利権にとびついた。彼は早速、宮内相をやめたばかりのヴォロンツォフ＝ダシコーフ伯爵に話をもっていった。ヴォンリャルリャルスキーはその報告書の中で、ベゾブラーゾフは一八九八年三月一四(二)日に上奏意見書を出したと書いており、その内容は鴨緑江と豆満江の防衛線としての意義を強調し、国策会社を設立することを提案し、北部朝鮮への調査隊の派遣を求めたとしている。皇帝は会社設立を承認し、調査隊の派遣を許可したとも述べている。アバザーの一九〇六年の手記でもほぼ同様の主張がなされ、シマンスキーはヴォンリャルリャルスキーの報告書に基づいて、このように過程を説明している[310]。

しかし、ソ連時代になって研究したロマノフはこの三月一四日意見書を文書館でついに発見できなかった。代わりに三月一〇日(二月二六日)付け上奏意見書を発見した。ルコヤーノフも同じであり、私も確認した[311]。おそらく、三月一四日意見書は、一九〇三年の見解が最初からあったことにしようとしたヴォンリャルリャルスキーのフィクションだろうと考える。

さて一八九八年三月一〇日(二月二六日)の上奏意見書は、ヴォロンツォフ＝ダシコーフが皇帝のもとに提出したベゾブラーゾフ起草の意見書のことである[312]。この意見書は「朝鮮において疑いのないロシア的関心を植え付けることの手始めとして商人ブリネルの森林利権を購入すること」についてのものだと宣言していた。「最近の一連の歴史的事件の結果きわめて重要な朝鮮問題が前面に押し出されてきた」とはじまっており、朝鮮内部では「民族派、親日派、親露派、親米派」が争っている、さまざまの国の人間が一攫千金をねらって入りこんでいると述べている。そしてロシア人が獲得した利権はブリネルのものだけだとして、このままいけば、朝鮮は「もっとも厚顔な略奪の対象」となってしまう、そして精力的な人々が交易からはじめて国家の指導権もにぎってしまうだろうと予言している。意見書は文章もまともに書けていない。「ロシア人はいまこそ目をさまし、手遅れにならぬうちにわれらの敵のずるがしこい政策を麻痺させ、朝鮮で自らの『純粋ロシア的な』利害のために闘うことをはじめるべきではないか。」

ベゾブラーゾフは、朝鮮ではロシア人には好都合な条件がある、ロシアと国境を接しており、朝鮮の国王はロシアを信頼し、その庇護を求めている、として、政府は、朝鮮に進出する人々を助けるべきだと主張する。ロシア内に朝鮮と東アジアの天然資源を開発するための東アジア会社を設立すべきである。会社の事業としては、朝鮮の都市とヴラジヴォストークを結ぶ街道の建設、会社の倉庫網の建設、地方の地理的条件の調査、港湾に適地を求め、倉庫、駅舎の建設を進めることが挙げられている。「会社の基本課題は朝鮮の平和的征服である。」「会社の代表者はやがて朝鮮の国家統治に地位をしめるようにすべきであり、会社の手中に朝鮮での全体的事態の進行に対するすべての影響力が集中されるべきである」と主張されている。

これはあまりに空想的な朝鮮進出案である。朝鮮で日本とはげしく対立し、いまやそこから退場することを余儀なくされている状況をまったく知らない人の幻想的な案でしかない。ブリネルの林業利権に対する支持をうるために、これが朝鮮への経済進出、政治進出の突破口になると宣伝しているのである。皇帝の御下賜金などを引き出すための作文だという印象である。

しかし問題は、朝鮮からの撤退を選択せざるをえなかった皇帝ニコライ二世がこの意見書に反応を示し、ブリネル利権の買い取りに承認を与えたところにある。朝鮮から完全に手をひくのは残念だ、この案を使って可能性をためすのもいいではないかというような無責任な判断があったのかもしれない。皇帝が買い取りを決定したことは、ベゾブラーゾフがアレクサンドル・ミハイロヴィチ大公を説得して皇帝に提出した、五月一二日(四月三〇日)付けの新たな意見書からもうかがえる。この意見書は「現在朝鮮の林業独占の法的権利は商人ブリネルからそれを取得するように命じられた皇帝陛下の所有物である」として、調査隊の派遣を提案した。さらにこの利権の効用として次のような幻想的な計画を展開している。

「そのほかにこの純商業的な企業の旗印のもとで地域の調査、連絡路、食糧調達組織、支援拠点の建設にかかわるあらゆる軍事的な活動が自由におこなえる。面積が五千平方露里以上ある林業事業所に林業労働者、警備員、一般に関係職員の服で変装したわれわれの戦闘前衛部隊を前進させておくことができる。職員の数は利権によって義務づけられる査定の仕事を念頭に入れて、自由に二万人以上に増やすことができる。この力は全北部朝鮮のどの方面にものばすことができるのである。[313]」

五月二三日(一一日)、ブリネルの代理人と宮内省の役人ネポロジネフは森林利権の譲渡の仮契約を結んだ。[314]

北部朝鮮への調査隊派遣

ベゾブラーゾフが提案した北部朝鮮調査隊の派遣は皇帝の命令で実行に移された。ベゾブラーゾフとヴォンリャルリャルスキーは責任者に任命された。宮内省の役人ネポロジネフも利権の処理のためにこの探検隊に加えられた。[315]

五月から六月にかけて決定が出て、北部朝鮮に第一次と第二次の調査隊が派遣された。第一次隊は近衛騎兵連隊中尉ズヴェギンツェフを隊長とするもので、これには記者のスイロミャトニコフらが加わった。さらに世界旅行を計画していた技師で作家のガーリン＝ミハイロフスキーが誘われて同行した。この隊は七月二一日(九日)モスクワを出発し、ヴラジヴォストークを経て、九月二二日(一〇日)ノヴォキエフスクから露韓国境に到着した。そこから韓国領内に入って豆満江を進み、茂山を経て、白頭山に上がり、鴨緑江に降り、一〇月二九日(一七日)義州に到着した。ガーリン＝ミハイロフスキーは翌日隊をはなれたが、[316]他の隊員たちはさらに調査をつづけた。第二次隊は、大尉コルフ男爵が隊長になって編成され、一八九八年末まで調査をつづけ、九九年に報告書を提出した。[317]のちに両隊長は著書『軍事的にみた北部朝鮮概観』を刊行した[318]。本が出たのは日露開戦の直後である。

ベゾブラーゾフの東アジア会社

この事業の推進者たちはこの事業の国策的意義を説くことによって、皇帝の支持をつなぎとめようとした。一八九九年三月一八日(六日)、アレクサンドル・ミハイロヴィチ大公は朝鮮についての意見書を皇帝に送った[319]。彼は九八年の北部朝鮮調査隊の報告から、この地方では「ロシアの魅力が大変強く」、ロシアの占領を当然視する気分が庶民にも官僚にも存在すると指摘した。ソウルではわれわれの影響力は弱いが、それはロシアが積極政策を放棄し、かつ以前のロシア派を支持することをやめたせいである。「北部朝鮮でのわれわれの影響力を支え、敵がこの地域を自らの影響力の下におくことを許さないことがますます必要になっている。」このままでは遠からず北部朝鮮も日本、アメリカの商業的利益圏に入ってしまうだろう。いまなら手遅れではない。東アジア会社を設立すれば、北部朝鮮をおさえることができる。それをうまくやるには、ロシアは日本に南部朝鮮を渡し、北部朝鮮はロシアがにぎる朝鮮分割の協定を結ぶ必要がある。しかし、それは「事実上の分割」であってはならない。すなわち、両国は統治機構、軍隊を導入することはできない。分割は経済活動地域、利権の分割である。両国は韓国皇帝の権力を支持し、アメリカ人の反帝政陰謀を防がなければならない。首都ソウルと仁川港は中立化されなければならない。ロシアと日本は提携しなければならない[320]。

この意見書で述べられているのは、イギリス、アメリカに対抗する露日同盟の提案であった。そのためにも、日本に対し台湾と膠州湾の間の港を占領する考えを示唆するのが望ましい。「朝鮮での現在の事態をそのままにすれば、それが遠からず日本との戦争にわれわれを導くことは疑いない。その戦争が極度に望ましくないのは財政的な考慮からしても言えるが、日本が陸上でも海上でも、われわれより早く戦争の準備ができることを考えても言えることである。[321]」

これは山県が一八九六年戴冠式の折りに出した案にきわめて近い案だと言える。しかし、このような案で日露の協定を結ぶ条件はすでに失われていたのである。日本はふたたび朝鮮全土をにぎる方向に進んでいた。

しかし、このような提案にはベゾブラーゾフ自身が賛成しなかったようだ。ルコヤーノフによれば、ベゾブラーゾフは日本を朝鮮に近づけるなと主張し、鴨緑江と豆満江の流域をただちに占領すべきだというような暴論を四月中にヴォロンツォフ＝ダシコーフのもとに書き送ったとのことである。[322]このころはベゾブラーゾフの考えはでたらめなものだったのである。

当然に蔵相ウィッテは鴨緑江の木材事業とその推進者を警戒して、純然たる民間企業としてやらせるべきだという主張から、この事業への国家援助に反対していた。支持を封じられて、アレクサンドル・ミハイロヴィチ大公はやる気をなくした。六月二四日(一二日)、彼はベゾブラーゾフに書き送っている。「われわれの事業全体は瓦解した。不幸にも、われわれの結合から何も出てこないと言ったのは正しかった。いまやすべての事業は森林利権が渡される民間会社に収斂している。[323]」

一方、北部朝鮮調査隊の報告が出て、検討が進められ、ブリネル利権の価格は引き下げるのが相当だということになった。一八九九年五月二〇日(八日)に六万五千ルーブリでブリネルの代理人ネラートフから買い取る正式契約がネポロジネフの名で結ばれた。[324]八月二五日、ネポロジネフにはマチューニンとアリベルトが取って代わった。[325]マチューニンは駐韓公使を終えて帰国したばかりで、友人のヴォンリャルリャルスキーに協力することになったのであろう。アリベルトはプチーロフ工場の重役だった人で、ヴォンリャルリャルスキーの首都工場主協会での知り合いであろう。[326]ネポロジネフは朝鮮でさらなる利権を獲得する交渉を政府とした。彼は利権獲得の可能性があるとペテルブルクに通報したが、ペテルブルクでは反対の意見が高まっていた(327)。

一八九九年一一月八日(一〇月二七日)、マチューニンはウィッテに手紙を送り、次のように求めた。この利権は「大韓帝国と緊密な交流をつくりだし、ソウルのみならず、政治的に極度に望ましい諸道でも、われわれの支配的な影響力を回復する可能性をあたえる」ものであり、朝鮮の資源は極度に豊富なので、企業の成績、株価の面から、朝鮮への国内資本の投資をうながしうる。是非ご理解いただき、ご指導賜りたい(328)。一一月一三日(一日)にも同趣旨の意見書が出された(329)。

これに対して、朝鮮から撤収する方針をかため、朝鮮での利権の獲得に消極的な態度をとった大蔵省はあくまでも冷たかった。ウィッテは一一月一七日(五日)、北部朝鮮での鉱山利権に国庫資金を投入することに反対を表明した手紙を皇帝に差し出した。皇帝はこれに同意し、マチューニンの陳情した事業への国庫資金の投下を拒絶せよと命令した(330)。

一九〇〇年はじめに帰国したベゾブラーゾフはまきかえしをはかる。春にベゾブラーゾフは、皇帝の資金を導入して、会社を設立する道に戻した。ニコライ二世は彼の説得に応じて、新社設立を認め、大蔵省とあらためて交渉するように命じた(331)。

会社の目的は五月一二日(四月三〇日)付けのベゾブラーゾフの蔵相あて意見書に述べられている。一、満州を海洋から切り離し、朝鮮を大陸から切り離すロシアの輪をつくりだす。二、日本との衝突のさいわれわれを助けるか、傷つけるかしうる、この地域の唯一の戦闘要員である馬賊に軍事的、文化的な意味ではたらきかける。まじめな構想とは思えない。急ぎ会社の定款も用意された(332)。

六月一日(五月二〇日)には、四五人、一七〇株分の株主名簿ができあがった。発起人はヴォロンツォフ＝ダシコーフ、ヴォンリャルリャルスキー、ユスーポフ公爵、ゲンドリコフ伯爵、セレブリャコフ大佐、それにアバザー海軍大佐の六人であった。皇帝官房には一五〇株が割り当てられた。総計四〇〇株、一株五千ルーブリで、総資本金は二〇〇万ルーブリになった。(333)

このときからベゾブラーゾフの盟友となる人物アバザーが登場する。アレクセイ・ミハイロヴィチ・アバザーは、一八五三年生まれ、モルダヴィア出自の貴族ミハイル・アバザーが父であるが、この父がアレクサンドル二世末期の蔵相アレクサンドル・アバザーの弟である。アレクセイ・アバザーは軍事教育を受けずに、一八七三年に海軍ユンケルとして第四海兵団に入隊した。七九年に太平洋分艦隊司令官アスランベゴフの副官に任命され、日本から旭日五等勲章をえている。八二年にいたり、巡洋艦「アフリカ」の士官に配属されたが、すぐシベリア海兵団に移された。特別目立つところのない経歴だが、八四年一一月に海軍総裁アレクセイ大公の副官に任命されたことは特筆される。八七年にはアレクセイ大公のカッター「プリボイ」と「スヴェトラーナ」の管理者になっている。そこからはトントン拍子で昇格し、九二年に巡洋艦「アジア」艦長、九五年には海軍大佐に昇進、一等巡洋艦「スヴェトラーナ」艦長に任命された。そしてついに九九年には近衛海兵団司令官となったのである。(334)アレクセイ大公の副官となり、その信任をえて、とりたてられたことは間違いない。

アバザーは軍務よりは皇族の周辺の政治にたけた人物であったと考えられる。その彼がアレクセイ大公と犬猿の仲となっているアレクサンドル・ミハイロヴィチ大公の系列のベゾブラーゾフの協力者となったのは、状況を見て、乗りかえたのであろう。

アバザーとベゾブラーゾフの結びつきを説明するのに、彼はベゾブラーゾフの従兄弟だと言われることがある。父はもちろん兄弟ではないので、母が姉妹であるほかない。しかし、ベゾブラーゾフの母はオリガ・ノスチッツであり、アバザーの母はアレクサンドラ・ゾロターレヴァであるので、厳密には従兄弟でありえない。従兄弟より遠い親戚なのであろう。(335)

六月一六日(四日)、ヴォロンツォフ=ダシコーフは皇帝に書簡を送り、株主たちは「陛下とロシアに奉仕するために、観念的に事業に参加している」ので、「自らの旗」、皇帝の参加がなくなれば「大多数が事業をすてるだろう」と述べ、「だから陛下があのような株数……で参加されることが、事業が観念的にも、実務的にもしっかりと立つために、極度に必要なのです」と要請した。(336)

皇帝のきまぐれで、あやしげな国策会社がつくられることになったのである。これが義和団事件がおこる直前の状況である。

ラムスドルフの二〇世紀外交方針

一九〇〇年一月は一九世紀最後の年のはじまりだった。外務大臣と陸軍大臣が世紀の転換にあたっての大方針について意見書を作成した。まず外務大臣ムラヴィヨフは一九〇〇年一月、外交方針について大意見書を作成して皇帝に差し出し、大臣たちにまわした。

この意見書(337)は、まずボーア戦争の勃発から説きおこし、イギリス植民地政策への批判、ボーア人への同情を書くが、この戦争に乗じて、どの地域においても、自らの権益の拡大をはかろうというような考えをもたないとしている。ロシアは、「信仰を同じくする被抑圧民族のために剣をあげたことは一度ならずあるが、『日和見主義』理論に導かれることなく、焦眉の必要によって呼び起こされたのでない物質的利益を達成する目的で武器をとったことはない」。ロシアにとっては、ボスポロスの沿岸に地歩をうるという歴史的使命があるとし、その実現のためには、軍事的な準備をすることとドイツをしてロシアのこの権利を認めさせることが必要だと指摘する。さらにペルシアとアフガニスタンについては、イギリスに対抗して勢力を広げることが必要だとされる。

最後は極東である。「実のところ、近年、ロシアのすべての志向は極東で適当な不凍港……を獲得することに向けられていた。そのような志向は一八九八年の清国政府との協定の締結によってめでたく実現をみた。……このあらたに獲得された領土において、軍港を強化し、湾を深め、広めること、わが太平洋艦隊を新造艦により強化することなどのさらに一層難しい課題がわれわれを待っている。これらの課題の実現は事態が平和的に推移すること、われわれが何らかの政治的紛争を呼び起こしかねない決定的な行動を完全に差し控えることがあってのみ可能であることはいうまでもない。したがって、戦略的意義は旅順を凌駕するというような根拠からカルゴド島〔巨済島〕を占領するといった危険な企てはロシアの軍事政策綱領からは除かれるべきである。アフリカの戦争に没頭している大英帝国政府がわれわれのもくろむ計画の実行を妨げる余裕はないとしても、カルゴド島に同様の戦略的意義を付与している日本はあらゆる蓋然性からして、朝鮮の島々に対するわれわれの征服の企てに対して傍観者にはとどまらないだろう。

一八九八年協定によってわれわれは日本に朝鮮の保全と不可侵性を承認する義務を負わせており、太平洋岸でのわれわれの立場はいまだ確実なものとなっておらず、この立場を強化するためになされた犠牲と努力の果実を簡単になくす可能性があることを考えれば、日本との紛争に突入することができるのかどうか自問しなければならない。この問いに対しては、すでに陸軍省の明確な答えがある。朝鮮でのすべての軍事行動は現在の条件ではロシアにとって深刻な、犠牲の大きな、ほとんど得るところのない課題であると。

旅順にしっかりと足場をかため、それを鉄道でロシアと連結することによって、われわれは極東問題での自らの意志をかたく示し、必要とあらば、力で支えることができるのである[338]。」

この意見書に対して、皇帝ニコライは二月六日(一月二五日)承認すると回答した[339]。海相トゥイルトフはなおも、極東では朝鮮の南部に海軍の拠点をつくることを主張した[340]。陸相は、二〇世紀ロシアの最重要な課題はボスポロスの軍事占領であると述べ、ペルシア、アフガニスタン、極東については外相意見書に賛成だとした[341]。蔵相ウィッテは意見書の「一般的な見解には完全に賛成する」と述べたが、極東の海軍の増強、旅順の兵力の強化については、「このあらたな二万の陸軍が関東州に終結し、沿アムール軍管区の軍隊も増強されたあとで、なおさらに太平洋沿岸のわが戦闘力を発展させるべきなのだろうか」と否定的であった(342)。

クロパトキンの大上奏報告

クロパトキン陸相はその性格上、学者、評論家に近かった。彼はたしかに勉強家であり、頭もよかった。文章を好んで書いた。一九〇〇年三月二七日(一四日)に彼は上奏報告を提出したが、それは世紀の変わり目において、一八―一九世紀のロシアの軍の成果を総括し、二〇世紀における軍の課題について論じるという、一三八頁近くの膨大な意見書であった(343)。

クロパトキンは、一八―一九世紀の努力によって、ロシアは安定的な国土を確保しており、これ以上の領土拡大は必要ないという観点に立っている。そうであるならば、「二〇世紀にあらたな攻撃的な戦争はわれわれの側からはないだろうという蓋然性が高い」。しかし、過去にわれわれによって領土を奪われた隣国が存在する。彼らは領土を奪還するという課題をかかげうる。「したがって、われわれにとって戦争の危険はなくなっていない。しかし、その戦争は防衛的性格のものであるだろう。」さらにロシア帝国内には非ロシア系の四千万人がいるが、二〇世紀には彼らはロシアの根付きの住民とさらに接近すると期待する(344)。

ついでクロパトキンはロシアの国境の軍事戦略的な概観を与える。ドイツ、オーストリアにとっても、ロシアにとっても、「現存する国境を修正するために戦争をすることは得策でないことが明らかである」としている(345)。

極東でも、満州を清国の一部とし、できるかぎり経済的に支配することをめざすべきであるとしている。「満州の併合は放棄するが、われわれはこの省のできるだけ完全な経済支配のためにあらゆる努力を払うべきである。[346]」

朝鮮についていては、併合は必要でないが、日本が勢力を確立することは許すことができないと主張する。「われわれの保護国制のもとでの弱い、独立の朝鮮がわれわれにとって最善である。」しかし、いまは積極的な役割を演ずることはできない。「朝鮮市場を制圧せんとする志向(ただ経済的、政治的にではあれ)において、われわれは不可避的に日本の側からの精力的な反撃に直面する。この強国とは、それが適時回避されなければ、おそらく、われわれは二〇世紀のはじめには軍事的に衝突することになるだろう。[347]」

この時点のクロパトキンは日本との衝突の危険性を冷静にとらえていたことがわかる。もっとも「極東での流血の闘争を防ぐ唯一の手段は日本から海軍を保有する権利を剝奪することである」と幻想的なアイデアを述べ、英独を説得して、欧州連合艦隊の力で日本海軍の廃止をせまるとしているのは、この人の本質的な欠陥を示している。[348]

結論的には、ロシア軍にはボスポロス海峡を占領して、地中海への出口を確保すること、ペルシアをへてインド洋への出口をうることという歴史的課題がのこっているが、これの実現のためには英独米日といった連合勢力と衝突するのであり、これに対抗するためにはフランスおよびバルカン諸国との同盟関係を発展させなければならないとしている。しかし、ロシア軍の準備はととのっておらず、あと五、六年は必要である。しかし、「世界がいまだ見たこともない流血の戦いは五、六年たたないうちに起こるかもしれない」。そうなれば、ロシア軍にとって緒戦はきびしいものになるだろう。「ロシアの君主は、最初の戦役で敗北しても、戦争の当初の結果――飢餓、疾病、事の停滞、それに大量の死傷者――がいかに厳しくとも、ロシアの敗北を認め、講和を結べという各方面からの助言に耳を貸さないでがんばるために、鉄のような強い性格をもつことが必要になるであろう。[349]」

膨大な報告書の結論は、かなりリアルであり、予言的であった。

海軍大学の一九〇〇年春図上演習

戦争の危機に真剣に取り組んでいたのはロシアの海軍軍令部の軍人たちであった。一九〇〇年はじめ、一―二月に海軍大学ではじめて日本との戦争の図上演習がおこなわれた。ロシア軍の総司令官はアレクサンドル・ミハイロヴィチ大公で、日本軍の総司令官は軍令部軍事部長ヴィレニウス大佐であった。演習の総指揮官は最初はロジェストヴェンスキー海軍少将がつとめたが、後半ではスクルイドロフ海軍少将がつとめた。参加して意見を述べた人の中にスチェツェンコ海軍大将、ビリリョフ、フェリケルザム両海軍中将、グランマッチコフ中佐、クラド中尉、清国駐在陸軍武官デシーノと日本駐在陸軍武官ヴァノフスキーがいた(350)。

戦争がはじまる前の兵力比は日本側が断然優勢であった。日本海軍は一等艦二〇隻、二等艦が一五隻あり、陸軍は完全動員すれば二〇万人、戦略的予備として四分の一をのこすとすれば、積極的作戦には一五万人まで投入でき、最初八日で七万七千人を出せる。これに対して、ロシア海軍は一等艦九隻(戦艦「ペトロパヴロフスク」「ナヴァーリン」「シソイ・ヴェリーキー」、一等巡洋艦「ロシア」「リューリク」「ヴラジーミル・モノマフ」「ドミトリー・ドンスコイ」など)、二等艦九隻(二等巡洋艦「提督コルニーロフ」「ザビヤーク」など)であり、陸軍は二週間で二万六千人、六週間後に四万人、一〇週間後には五万六千人、ようやく一四週間、ほぼ一〇〇日で八万六千人を出せるにすぎない(351)。

戦争はロシアが、馬山で一度指定したが日本に売られてしまった土地をロシアに再譲渡せよと韓国政府に要求し、韓国政府がこれを認めたところから起こる。ロシアは二月末、巡洋艦「ヴラジーミル・モノマフ」と「ザビヤーク」を馬山に派遣するが、日本は巡洋艦五隻を派遣し、三月一日、一〇日以内に問題の土地を日本にもどせと要求する。

この瞬間から日露両国が戦闘準備に入ったのである。韓国政府は三月九日、これまでの契約をすべて白紙にもどし、問題の土地は政府所有地と宣言した。のちの釜山上陸のさい、日本は馬山の土地が日本領にもどされないあいだ釜山占領をつづけると通告するのである。(352)

ロシア側では海軍が劣勢であることを考えて、直接戦闘行動に出ることを避け、増援艦隊の到着を待つという方針をとる。合流を早めるため、開戦前にヴラジヴォストーク、旅順、大連には水雷艇のみをのこして主力は南下し、海上で増援艦隊を迎えることにしたのである。(353)

三月一日よりロシア側は増援艦船の極東回航を開始する。極東の主力艦隊は三月四日旅順を出航する。うち「ロシア」と「リューリク」は津軽海峡を通って、一三日ヴラジヴォストークへ入った。三戦艦は南下して、オランダ領インド諸島の一つブトン島に向かい、一五日に到着する。

ヴラジヴォストークへ向かった二艦は三月二一日に出港して、ふたたび宗谷海峡を通って南下し、四月四日ブトン島に到着する。ロシア陸軍の動員がはじまり、監視のための部隊の派遣がすすめられる。

日本側は三月一日より準備をはじめ、海軍力を陸軍の上陸作戦の援護に使う。三月八日には第一二師団が釜山に上陸し、三月一二日には、ロシア艦隊のいないのを確認して、六〇隻の輸送船で出発し、一五日に平壌近くの海岸に上陸作戦をおこなう。

双方は三月一二日を期して交戦状態に入り、その旨三月一四日に日本は宣戦布告する。旅順を封鎖した日本艦船のうち巡洋艦「橋立」は水雷攻撃を受け、損傷している。

三月二三日には日本の八五隻の第二次船団が平壌に向かい、二六日到着し、上陸作戦がおこなわれる。一次、二次合わせて、七万人が上陸する。

ヨーロッパからくるロシア海軍の増援艦船は紅海で日本に向かう新造艦と遭遇して、これを四月二日、四日に攻撃する。戦艦「朝日」と巡洋艦「出雲」は被害を受けるが、ロシア側も二隻の駆逐艦が沈没した。日本の第三次船団は一〇〇隻からなり、四月六日には黄海に到着し、関東州に上陸する。四月一〇日より旅順攻撃が開始される。四月一八日には第二次攻撃がおこなわれるが、要塞は陥落しない。

ヨーロッパからの支援の艦船は四月九日、一四日に南の海に到着し、四月二五日連合艦隊となって北上し、黄海へ向かう。五月一日、ロシアの連合艦隊は大連湾に投錨する。この艦隊が到着するのを見越して、日本軍は旅順の包囲をとき、鴨緑江河口に移動したが、五月二、三日には大連のロシア連合艦隊を攻撃する。戦艦「セヴァストーポリ」が大破するが、のこりの艦船は水雷攻撃に備えていて無事であった。五月四日、ふたたび日本の艦隊が大連に向かう。ロシア陸軍の態勢はいまだ整わない。ここまでで図上演習は終了された(354)。

この図上演習で興味深いのは、宣戦布告の前に日本軍の朝鮮上陸はなされ、戦闘がはじまっていることである。日本軍の矛先が朝鮮と関東州に向けられ、旅順攻撃が早期にはじまることも見通されている。ロシア側の対応はまったく違うが、日本側の作戦にかんするかぎり、のちの日露戦争のすがたは完全に予想されていた。

評定員は、演習参加者が日本軍の兵力が優勢だという確信を共有していることを確認したが、陸軍の代表の一人が日本軍の戦闘能力を極度に低く評価しているのは慎重さを欠くものと批判している。これはヴァノフスキーに対する批判である。

日本側がロシア艦隊の所在をつかまないままに大規模な上陸作戦を実施したことは危険を冒す態度であると見ているが、ともあれ日本側はロシア軍が集結する前に大陸の戦略地点を占領しようとすることに注意を向けている。また海軍では、ロシア艦隊との決戦前に水雷攻撃で弱体化をはかる作戦をとったのは合理的であるとも見ている。

ロシア側については、日本軍の平壌付近への上陸を阻止する実効ある方策がとられていないこと、元山への軍需物資の輸送を支援する態勢がないのが問題であることが指摘された。陸軍については、朝鮮または中国で決定的な行動が可能になるのはシベリア、ヨーロッパ・ロシアからの増援軍の到着ののちだから、その間三、四カ月のあいだに日本軍は朝鮮を占領し、そこに定着してしまう。それを回避するのなら、たえず十分な陸軍力を備えておかなければならない。それは海軍力の整備より安上がりであり、早く実現できるとの評価が述べられた[355]。

一九〇〇年図上演習の海軍軍令部の意見としては、極東の海軍基地の問題性が指摘された。

「わが国の艦隊はヴラジヴォストークではなお不十分にしか安全を確保しえていない。旅順では一層そうである。……現時点では艦隊主力はヴラジヴォストークを根拠地とすることが有利であり、巡洋艦隊は旅順を根拠地とするのがいいようだ[356]。」

陸軍側の結論としては、「関東州は現在われわれにとって積極的な意味では戦略的意義をもたない。ただし否定的な意味では重要だ。日本がそこを獲得すれば朝鮮における自らの地位を確実なものにできるということを許さないために」と指摘されている。「にもかかわらず旅順の陥落は巨大な政治的、精神的意義を有するだろう[357]。」

海軍から言っても、陸軍から言っても、旅順の港と要塞の戦略的意義が低く、これに依存しては日本との戦争をうまく戦えないということは陰鬱な予言であった。

第五章　義和団事件と露清戦争

義和団事件

一九世紀の末、フランス、日本、ドイツ、ロシア、イギリスがつぎつぎに中国の領土に侵略し、清朝皇帝が支配するこの老帝国はまさに亡国の危機に直面した。このとき、一九〇〇年、激しい反抗の運動が爆発した。西洋人の宗教や文明を敵視する義和団の蜂起である。そのスローガンは「扶清滅洋」であり、義和拳という武術集団が蜂起の中核をなしていた。

すでに一八九七年に、ドイツ人宣教師の殺害がおこった山東省から北京周辺にかけて教会の襲撃が頻繁におこるようになっていたが、一八九九年最後の日におこったイギリス人牧師ブルックスの殺害があらためて衝撃を与えた。イギリスの公使は清朝政府に強く抗議し、犯人の取り締まりを要求した。清朝政府は一月四日上諭(勅令)を出して、事件に遺憾の意をあらわし、外国人排斥を戒めた。しかし、一週間後に出した二度目の勅令では、清朝政府は地方官に対して、「一視同仁」を説き、「匪たるか否か……のみを問い、会か会でないか……を問わないようにせよ」と指令したため、かえって義和団に保護を与える立場に立ったものと受け取られるにいたったのである。外交団は不満であった。(1)

関東州外交部長コロストヴェッツの回想『極東におけるロシア』は義和団事件発生当時のロシア側の状況をよく伝えている。一九〇〇年三月(二月末)、アレクセーエフ司令官の命令で、コロストヴェッツは清国駐在公使ギールスに連絡をとるため、北京に赴いた。北京ではすでに大刀会や義和団の動きが話題に上っていた。しかし、ギールス公使をはじめ、ロシア公使館の首脳たちは、これはよくある出来事だとみており、重視していなかった。(2)帰途、天津でコロストヴェッツは駐在武官ヴォーガクと会った。駐在武官は、「公使と違って、全体の情勢を深刻だとみなしていて、直隷省のヨーロッパ人を排斥する運動がおこると予想していた」。ヴォーガク自身、各国公使は清朝政府との交渉でもっと決然とした態度を見せなければならないと進言したところ、ギールス公使に「不穏な言動をする、落ち着きのない人だ」と言われてしまったと語った。だが、コロストヴェッツがまだ天津にいる四月のうちに、義和団は天津でも中国人キリスト教徒の家に放火をはじめていた。(3)

ヴォーガクは参謀本部に対して、三月一〇日(二月二六日)付けで、「山東省の情勢はひきつづき憂慮をかきたてる。秘密結社はきわめて精力的な活動をおこなっている。新しい知事袁世凱は彼らを公然と取り締まる決心がつかないか、それを望んでいないかのいずれかのようだ。ドイツ人は方々で鉄道建設の工事を中止することを余儀なくされている」との警告電報を打っていた。(4)

慎重なロシア公使と異なり、英米仏独伊の五カ国公使は連名で三月一〇日には清朝政府に騒擾の速やかなる鎮圧をもとめ、さもなければ、居留民保護のために必要な措置をとると申し入れていた。この月には、各国は直隷湾に軍艦を送りこんだのである。(5)ロシア公使は同調しなかった。

四月に入ると、事態は急激に悪化した。ロシア公使館も、ついに、部隊を北京に呼びよせることを検討しはじめる。ヴォーガクはその点については慎重で、清朝政府が「きわめて戦闘的な気分でおり」、直隷地方に五万の清国兵がいるところへ、ロシアが単独で軍を出すことが有効かどうか疑問だとし、むしろ清朝政府に圧力を加えるなら、満州に陸軍を出し、直隷湾では海軍のデモンストレーションをする方がいいと提案した。(6)

五月中旬(はじめ)になると、天津、北京地区で義和団の騒擾が本格化した。五月下旬(半ば)、ギールス公使はたまりかねて旅順に兵士一〇〇人の派遣を要請した。五月二九日(一六日)、ヴェショラーゴ海軍少将の率いる兵をのせた戦艦「大聖者シソイ」など六艦が大沽《タークー》に入った。部隊を迎えたのはヴォーガクであった[7]。

当然ながら列国はすでに動きはじめていた。各国の艦船から陸戦隊が続々上陸し、五月三一日、第一次派遣隊が北京へ向かった。米・英・仏・日・露・伊軍の士官二二名、兵三三四名が鉄道で天津を出発したのである。翌日、部隊は北京に入った[8]。これは象徴的な兵力にすぎない。

六月に入ると、本格的な兵力の派遣が必要とされた。北京公使とアレクセーエフの電報にもとづいて、ムラヴィヨフ外相は六月七日(五月二五日)、「帝国公使館職員と北京在住キリスト教徒の生命財産の保護」のために、また「日本や他の外国軍隊を保衛目的のために呼び出すという危険を避けるために」、四千人のロシア陸戦隊を旅順から呼ぶのが「まったく時宜にかなっている」と上奏した[9]。ロシア単独の出兵のつもりである。

ついに六月九日(五月二七日)付けのギールスの電報が旅順に届いた。ＳＯＳである。「私自身の確信するところでは、北京では公使たちの役割は終わり、事は提督たちの手に移らねばならないということだ。強力な部隊の急速な到着のみが北京の外国人を救うことができる[10]。」

ここにいたって、アレクセーエフはアニーシモフ大佐が率いる第一二東シベリア連隊を派遣することを決め、連隊は急遽旅順を出発した[11]。

六月九日、大沽沖の艦上で列国軍の代表者会議が開かれた。その席で、シーモア将軍を司令官として国際部隊を編成することが決定された。翌日天津の領事会議の要請で、総勢二〇五五人の国際部隊が上陸し、天津をへて、北京へ進撃した。このような大部隊の進撃に対して清朝政府は鉄道の利用を認めたが、明らかに強く反発していた。ところが、シーモア部隊は義和団軍の妨害によって進路を遮断され、北京の手前の廊坊で立ち往生せざるをえなくなった[12]。そこで国際部隊は六月一六日(三日)、大沽砲台の占領を決め、清国側に連合国軍指揮官連名での明け渡し要求の最後通牒を突きつけた。清国側の砲台司令官がこれを受け入れず、発砲を開始したので、国際部隊も攻撃を開始し、翌一七日(四日)、大沽砲台を占領した[13]。

この段階で、アレクセーエフはステッセル少将の率いる第九東シベリア連隊をカザーク中隊とともに六月一八日(五日)、旅順から追加派遣した。これでロシア派遣軍は四千人に達した[14]。日本も遅れをとってはならない。山県内閣は、六月二三日時点で三四〇〇人の歩兵部隊の派遣を決定した。海軍は東郷平八郎中将の率いる一八隻が出ていた。青木外相はこの日、各国公使に日本はさらに四千人の増派が可能で、広島に部隊が待機していると告げた。日本は「列国の委任でとくに積極的な軍事行動をするという秘めた考え」をもっているものと考えられた[15]。

このころにはまた連合国軍の総司令官を誰にするかという問題が提起された。ロシアの外務省はロシアから連合国軍総司令官を出すべきではないという考えであった。六月一七日(四日)、外相ムラヴィヨフは皇帝にこの件で上奏報告を出した。ロシアは清国と国境を八千露里も接しており、満州の鉄道には清国人六万人を雇用しており、二〇〇年来の友好関係を維持してきた以上、清国に対し敵対的行動をとる軍の指揮官をロシア人が引き受けるべきではない。「わが軍部隊は他のヨーロッパ諸国軍部隊との一致した行動をいささかも損なうことなく、陛下が定められた任務、すなわち公使館の安全の防護、清国北部に在留するロシア臣民の生命・財産の保護、革命と闘う合法権力の支持という域から出ないものと考える[16]。」

ところで、この上奏の三日後、六月二〇日(七日)、ムラヴィヨフ外相は急死してしまう。前の晩ウィッテ邸を久しぶりに訪問して、一人でシャンパンを一本あけるほど飲んで、帰った。翌朝起きぬけに脳溢血で死んでしまったのである。そこで急遽、外務次官ヴラジーミル・ラムスドルフが外務大臣事務取扱に上げられた[17]。大臣は変わったが、清国への友好的な態度を維持すべきだというムラヴィヨフの主張はそのまま生き続けた。六月二四日には、官報にロシア出兵の目的と大沽占領の理由を説明する宣言書が公表された。ロシアは清国に対していかなる要求ももたず、公使館と居留民の救援の目的以外にはなにもないことが強調されている[18]。

だが、このときまでに北京のロシア公使館、ギリシア正教宣教会は襲撃されていた。宣教会の建物は焼かれ、六月一七日には中国人正教徒の最初の一人が殺された。以後殺された正教徒は九〇人にものぼったといわれる。[19]

逆に中国人の外国人に対する反発は強まり、義和団はますます支持をえていた。そして清朝政府は西太后の出席した御前会議の結果、ついに六月二一日「宣戦上諭」を発するにいたった。大沽砲台に対する降伏の最後通牒に対する怒りが出発点になっている。「彼は自ら教化の国と称しながら、なお無礼横行、もっぱら兵堅く、器利なるを恃《たの》みて、自ら決裂を取ること、かくの如きである。」「朕、いま涕泣し、もって先廟に告げ、慷慨し以て師徒に誓う。それ苟且《こうしょ》存せんことを図りて羞を万古に貽《のこ》すは、なんぞ大いに撻伐《たつばつ》を張りて雌雄を決するにしかんや。」「彼は悍力に憑き、我は人心を恃む。我が国の忠信の甲冑、礼儀の干櫓は論ぜざるも、人人敢死するときは、即ち土地は広く二十余省あり、人民は多く四百余兆に至る。何ぞ彼の兇焰を翦《た》ち、我が国威を張るに難からん。[20]」

ロシア側の資料の中にも、六月二五日付けの清国皇帝の勅書がある。この勅書は、「朕は外国列強と戦争を開始した」、義和団団員、国民と清国軍が団結して、外国の敵に対して一連の勝利をおさめた、と宣言している。[21]

清国が列強に対して宣戦布告を発するということは、清国から海を隔てて遠く離れた列国にはさほどの意味をもたなかった。しかし、唯一清国と国境を接している大国ロシアにとっては宣戦布告は深刻な事態を意味したのである。

露清戦争の可能性が生まれた。

このときまで、陸相クロパトキンは休暇中であった。五月二二日(九日)からほぼ一カ月間ドン地方に行っていたのである。大臣が不在のときは、サハロフ参謀総長が大臣代行をつとめていた。義和団事件の第一報は「文字通り青天の霹靂」であったと官房長レジーゲルは回想している。大臣代行のサハロフは北京占領が必要になるかもしれないとして、最初から大規模な出兵の準備に入った。六月二三日(一〇日)、まずアムール軍管区に動員令が出された。[22]

天津の戦闘

大沽砲台の占領ののち天津で連合国軍と清国軍の戦闘がはじまった。六月一八日、ロシア軍は最初の本格的な戦闘を行った。戦闘は断続的に、一カ月近く続くことになった。この時期はロシア軍が中心になり、被害も多く出た。七月七日(六月二四日)、アレクセーエフは「ペトロパヴロフスク」号で大沽に到着し、ロシア軍の指揮をとった。[23] 天津ではヴォーガクが連合国軍との連絡役で活躍した。[24] 戦闘は七月九日から日本軍が前面に出て、激しく行われ、七月一四日、天津城は陥落した。死者は八〇〇人にのぼった。もっとも被害が大きかったのが日本軍だった。ロシア軍の被害は一五〇人ほどであった。アメリカ軍ではバトラー将軍が戦死した。[25]

占領された天津の行政管理者として、アレクセーエフは軍務知事をおくことを提案し、ヴォーガクをそれに当てることを推進したが、日本軍とイギリス軍は反対した。そこでアレクセーエフは日英露の三国から委員を出し、共同統治する案を出し、これが受け入れられた。ヴォーガクはロシアの代表に指名された。この体制づくりにはアレクセーエフとそのスタッフ、コロストヴェッツ、それにヴォーガクが働いた。この体制は七月二三日(一〇日)に成立した。しかし、ヴォーガクはのちに赤痢となり、東京で療養することになったため、別の軍人と交代した。[26]

天津攻略ののちには北京への進撃が問題となる。だが、ここで、アレクセーエフは旅順にもどってしまった。ロシア軍の指揮はリネーヴィチ将軍に委ねられた。アレクセーエフの当時の心境についてコロストヴェッツは次のような彼の言葉を伝えている。「われわれの利害は満州にある。そこにわれわれの政治的中心がある。われわれのすべての努力はこの国におけるわれわれの地位の確保に向けられるべきである。状況によってわれわれは直隷地方に来たが、ここから去るのは早ければ早いほどいい。公使たちのことは気の毒に思うが、自業自得ではないか。今ロシアが負っている犠牲は彼らの近視眼のせいなのだ。(27)」

アレクセーエフの考えは当然であった。満州がいまや火の海になろうとしていたからである。

露清戦争の開始

ロシアは義和団の騒擾が満州の鉄道地帯に波及するとは思っておらず、当初は楽観視していた。だが、五月にはすでにロシアの鉄道警備隊は三カ所で馬賊の襲撃をうけていた。義和団の工作者は五月に営口で「滅洋」のデモを組織した。それが六月になると、吉林、その他の都市にひろがった。(28)それにもかかわらず、ハルビン本部の東清鉄道技師長ユーゴヴィチは七月四日(六月二一日)になっても、鉄道の工事現場は平静で、東三省の三将軍との関係も良好であるとの報告を沿アムール州総督グロジェコフ将軍に送っていた。ところが、その二日後、彼は、ウィッテ蔵相に危機を知らせた。奉天では三千人の清国兵が反乱をおこし、カトリックの神父らを殺害し、駅舎は火をつけられ、鉄道が破壊されていると報告したのである。七月六日(六月二三日)には、ユーゴヴィチは沿アムール州総督グロジェコフに軍隊出動を要請する電報を打った。七月八日(六月二五日)、ついにウィッテは東清鉄道防衛のために軍隊を派遣する命令を皇帝に求めた。翌日ハバロフスク、ニコリスク＝ウスリースキー、関東州の三方から満州に軍隊を送り込めという皇帝の命令が発せられた。(29)ウィッテはこのとき相当にあわてており、できるかぎり多数の兵を満州に送ることを求めたようである。(30)

ロシアは一八九六年六月三日に調印した露清秘密同盟条約によって日本の侵略から清国を守る義務をもち、そのために東清鉄道を使って必要なところへ軍隊を送ることを認められていた。そして東清鉄道協定によって清朝政府はこの鉄道を襲撃から守る義務を有したのである。(31)そこで清国軍が鉄道に対する襲撃を防げない状態である以上、ロシアは自国の軍隊を送って、鉄道を守ることが許されるという理屈が立てられた。しかし、すでに清朝政府は六月二一日、列国に対する宣戦布告を発している。ロシア軍が満州へ入れば、清国軍と自動的に戦争状態に入ることになった。満州戦争、露清戦争のはじまりである。

休暇からもどって、この軍事作戦開始の雰囲気の中に入ったクロパトキン陸相は、特別な精神の高揚を感じていた[32]。七月一二日(六月二九日)、クロパトキンは皇帝に、連合国軍総司令官のポストはロシア人がとるべきであり、アレクセーエフが任命されるべきだ、さらに北京まで攻め込むべきだとの意見を上奏した。これに対しては、ムラヴィヨフ外相死後の外相代行になったラムスドルフが七月一三日(六月三〇日)に真っ向から反対する上奏報告を出した。クロパトキンの意見は前外相の提案で陛下の裁可を得た判断と「完全に食い違っている」と主張したのである[33]。ウィッテもクロパトキンのこのような意見には反対であった。

クロパトキンは調子のいい意見を述べ立てたが、満州全域に軍を出すのは大変なことであった。出兵の準備はなかなか進まなかった。七月二〇日(七日)にウィッテが病気静養中のシピャーギン内相に送った手紙をみると、その困難さがよくわかる。

「清国の事態は万事……変わらぬ暗黒の中だ。いずれにせよ多くのカネと命が失われることだけは疑いがない。主たる禍はわれわれに準備のないことにある。シベリア鉄道もなお完成していないし、満州の鉄道もまったくできていない。それにわが国には商船隊がない。だから力はむやみに大きいのに、あちらではわれわれは実行力が弱いのだ。私は不測の事態に備え、もっと多くの軍隊を集中するように助言してきた。権威を失うくらいなら、カネを失う方がましだ。アムール軍管区以外では、シベリア軍管区の一部を動員している。ロシアから約二万五千人を送り込むことになった。だが、輸送が大変だ。スレチェンスクのシルカ川のところが狭い喉口のようで、ポタポタとしか通れない。海路で二万五千人送るとすれば、一〇月はじめまでかかるだろう。だから、小人数ごとに行動することになる[34]。」

七月半ばから末にかけて、ようやくロシア軍は六つの方面から、一斉に満州に侵入した。最初に入ったのは、東からサハロフ少将の率いる部隊で、ハバロフスクを出て、七月一五日(二日)スンガリー川を上り、ハルビンに向かった。ついでチチャゴーフ少将が率いる部隊がニコリスク＝ウスリースキーを出て、七月一八日、東清鉄道沿いにハルビンに向かった。西からはオルロフ少将の率いるザバイカル軍管区の部隊が七月二六日(一三日)満州里を出て、アバガイトゥイで国境を越えた。東清鉄道沿いにチチハルに向かうのである。東南からはアイグストフ少将の率いる部隊が七月三〇日、ノヴォキエフスクから国境を越え、琿春要塞に向かった。最後に遼東半島からはホルンジェンコフ大佐の率いる部隊が旅順から、ドムブロフスキー大佐の率いる部隊は大石橋から、北上して奉天へ向かった。[35]のこるのはブラゴヴェシチェンスクからアムール川を越えるザバイカル軍管区の部隊である。

ブラゴヴェシチェンスクでの戦闘と虐殺

最初の激しい戦いは、このブラゴヴェシチェンスク方面で発生した。国境の川アムール川に面した都市ブラゴヴェシチェンスクはアムール州の州都である。一八九二年の人口は二万人ほどであった。ここには数千人の中国人が居住していた。対岸は清国の都市黒河であり、少し下流に愛琿がある。一八五八年に結ばれた愛琿条約でロシア領となったアムール川左岸に清国の飛び地が残ることが認められた。それが「江東六四屯(Zazeiskii man'chzhurskii raion)」である。[36]ブラゴヴェシチェンスクの東に位置したこの地には一九世紀末に三万五千人ほどの中国人が住んでいたと言われる。したがってロシアと清国が戦うとき、もっとも深刻な状況となるのがこの地方だったのである。

満州側のこの地方の長官は黒龍江省将軍寿山《シャオシャン》であった。彼は精力的で能動的な人物で、外国勢力、ロシアに対して強い敵意をもっていた。寿山は皇帝の六月二一日の「宣戦上諭」を忠実に履行するつもりであった。六月二九日には沿アムール軍管区で動員令が布告されたことを彼はつかんだ。ロシア軍の侵入が近いと考えた寿山はロシアとの戦争に備えをととのえた[37]。

すでに七月四日(六月二一日)、ハバロフスクの沿アムール州総督グロジェコフは陸相に、黒龍江省将軍寿山がアムール州軍務知事グリプスキーに軍隊を入れるなと要求してきたと報告している[38]。

レンセンが発掘した虐殺事件の責任を問う予審資料のまとめによれば、六月の末ごろからブラゴヴェシチェンスクの市内では不穏な噂が流れており、動員された兵士たちが中国人や満州人に対して暴行を加える事件が起こっていたという。兵士たちは「畜生、お前らのせいで、俺たちは死にに行かされるんだぞ」と叫んでいたという[39]。

七月一四日(一日)、ハバロフスクからブラゴヴェシチェンスクに向かって守備隊のための軍需物資を積んだ五隻の艀を引いた汽船「ミハイル」号がアムール川を上ってきた。午前一〇時、船が愛琿のところまで来たとき、清国側がこの船に砲撃を加えた。さらに昼頃、アムール州国境コミッサールの中佐を乗せた汽船「セレンガ」がブラゴヴェシチェンスクへ向かっていたところ、ふたたび清国側から銃撃をうけた。中佐と同行したカザーク四名が負傷した。そこで夕刻、二つの汽船にロシア兵を乗せ、アムール州軍務知事グリプスキーが率いて、愛琿方面へ討伐隊が出動した[40]。

まさに軍務知事と部隊が出動した留守中に、翌七月一五日(二日)の夕方、ブラゴヴェシチェンスクに対して猛烈な砲撃が清国側の岸からはじまり、三時間つづいたと言われる。黒龍江省将軍寿山の命令に基づく戦闘行為であったのだろう。清国軍のこの砲撃が満州戦争、露清戦争の火蓋を切ったのである。

ブラゴヴェシチェンスク市内には、清国軍が渡河して攻めてくるという噂が流れ、恐怖がかき立てられた。他方で市内に住む中国人の間には当然対岸へ逃れたいという動きが起こった。そして、中国人居住区には、「滅洋」のスローガンをもりこんだビラが張られていたと言われる[41]。

事件のさいブラゴヴェシチェンスクには刑期を終えた数人の元ナロードニキ政治囚が住んでいた。その一人レフ・

ジェイチは革命後に書いた回想『シベリアの一六年』の中で、砲撃のさいの市内の状況について次のように書いている。

「市内では説明できないパニックがはじまった。そのとき、あちこちで恐怖のあまり野獣のようになって通りを走る人々が、安全な避難場所を求めて通りを右往左往する平和的な中国人、満州人に残酷な暴行を加えるようになった。私も生涯ではじめて、平和的な住民が突然人間的な感情を完全に失って、野獣のような行動をするようになるのを目撃した。[42]」

このパニックに地元の当局もとりつかれ、蛮行に向かったのである。虐殺は次のようにして起こった。上に引いた予審資料のまとめの記述である。

「七月三日(一六日)、ブラゴヴェシチェンスクの警察署長Bは軍務知事グリプスキー中将に、すべての中国人を市内と州内からアムール川の向こうへ直ちに追放することが必要だと報告した。軍務知事はすぐにその命令を発した。……その日のうちに市内の中国人は集められ、ゼーヤ川べりのモルジン製材所の構内に収容された。彼らを猛烈な勢いで集めるために、警官だけでなく、地元住民の志願者たちも働いた。彼らは店舗や地下室から中国人を引きずり出し、手あたり次第のものでなぐりつけ、それから警察に連れていった。周辺地区(五〇露里以内)の中国人もまったく同じように捕らえられ、連れてこられた。捕らえられた者たちはいかなる抵抗もなしに言われる通りにしていた。……翌日、七月四日(一七日)、ブラゴヴェシチェンスクからアムール川上流のヴェルフネ＝ブラゴヴェシチェンスク村へ最初の組が出発させられた。その人数は予審では確定できなかった。ある証言者によれば、約八〇〇人であったといい、別の証言者によれば、約四千人だという。中国人の数は最大限で五、六千人とされたが、三千人から三千五百人というのがもっとも正しい数字だろう。この組にのちに三二〇人が加わった。この『反徒』たちの見張りに軍当局は八〇人の新兵たちをつけた。彼らは銃がないので、斧で武装していた。……市内からヴェルフネ＝ブラゴヴェシチェンスクまでの距離は約七露里であった。」「しかし、暑さと疲労で多くの者が倒れたり、ひどく遅れたりした。このことに対して猛烈な措置がとられた。巡査長のShは遅れる者全員を『斧で切り殺せ』と命じた。……事件の一〇カ月後に予審判事が『悲惨な』道の検分をおこなうと、多くの満州人の夏物、冬物の衣服、……履き物その他が路上にも、そのわきにも落ちていた。」

「中国人の一団がヴェルフネ＝ブラゴヴェシチェンスク村へ連れてこられると、村のアタマンNが『アムール川の向こう岸へ中国人を渡すのを助けるために』、数人の銃を持ったカザークを迎えに出した。その他、別の村の住民も取り囲んだ。それから渡河の地点として村はずれの上流の、川幅がもっとも狭いところが選ばれた。と言っても、この地点の川幅は二〇〇メートルを超えており、深さは四メートル半に達していた。ここでは流れは強かった。しかもかなりの風が吹いていた。場所をえらんで、これでよし、渡河のためには何もいらないと決め、中国人を水の中に直接追い込みはじめ、泳いでいけと命じた。先頭にいた一部の者は川に入った。ある者は泳いだが、すぐに溺れはじめた。のこりの者は水に入る決心がつかなかった。すると、カザークたちが彼らをナガイカ〔鞭〕で追い立てはじめ、その後は銃を持っている者が発砲した。カザークも住民も、老人も、少年たちも。射撃は約三〇分間つづいた。終わると、岸辺には相当な数の中国人の死体の山ができた。発砲のあとは、隊長がサーベルを抜いて、斬りつけ、新兵たちに『言うことを聞かない』中国人を斧で殺せと命じた。一部の新兵はそうする決心がつかず、逡巡した。すると、カザークは『裏切り者として首をはねるぞ』と脅した。中国人は泣いていた。ある者は『十字を切って』、殺さないでくれと哀願したが、どう言ってもむだだった。」「中国人第一陣の渡河の結果、大多数が死んだ。ある者は溺れ、ある者は斬り殺された。向こう岸まで泳ぎ渡って、助かったのはわずか一〇〇人程度であった。『渡河の目撃者の証言全体からして、これは中国人の渡河ではなくて、抹殺、強制溺死であったと確信をもって言える』と公式報告は述べている。」(43)

これは一九〇〇年七月一七日の出来事であった。この日に連れてこられた第二陣、八四人も同じ運命をたどった。二日後と四日後にも、一七〇人と六六人が同じような蛮行の対象となった。[44]

ナロードニキ元政治囚ジェイチは夜の川岸で流れてくる死体をみた。「私はおそるべき光景を目の当たりにした。広い鏡のようなアムールの川面を無数の人間の死骸が流れていった。それが巨大な川の表面をぎっしりと埋めていたので、数をおおよそ見積もることもできなかった。[45]」彼はさらに書いている。「数日間つづいた強制溺死は、しばらく前には中国人に完全な安全を保証した当のグリプスキー将軍の命令でなされたのである。一部の人々はこの到底許されない命令を例外的な条件――市内から軍隊が出払っていたこと、市中に膨大な数の敵対的住民がいたこと、ロシア人のあいだをパニックが支配していたことなどで正当化したり、情状酌量の余地があると言ったりした。しかし、こういう考慮はほとんど批判に堪えない。武器を持たない、無力な中国人はいかなる危険性もなかったのである。[46]」

これが「アムールの流血」として知られるにいたった虐殺の実相である。清国軍の砲撃、渡河攻撃があるという噂、「滅洋」のビラなどでパニックになった人々の外国人に対する蛮行であった。ジェイチは、この蛮行をドイツ社民党の機関紙『ノイエ・ツァイト』とロシア社民党の機関誌『ザリャー』に書き送り、それが全ヨーロッパにこの極東の地で起こった蛮行を知らせた。アムール川での虐殺は、日本でもこの年のうちに広く知られるようになり、ロシアの暴を示す事件として反発をかき立てた。「アムール河の流血や」などの歌がつくられたのが特徴的である。[47]

グリプスキーは七月二二日(九日)、「一部の市民が、われらが領域内に住む平和な満州族および中国人に対して数々の暴力行為をはたらいた」と聞いた、犯罪行為をおこなった者は厳罰に処せられるとの公示を出した。[48]自分は渡河を命じたのであって、強制溺死は命じていないというのである。これはポーズにすぎなかった。

同種の作戦がつづけられた。グリプスキーは江東六四屯を一掃する軍事作戦を敢行した。清国軍も川を越えて、この地域の中国人の防衛に乗り出した。七月一七日、一九日に越境してきた清国の部隊との交戦がおこなわれた。この部隊は撃退され、七月二三日(一〇日)までに江東六四屯から中国人は完全に一掃された(49)。さらに軍事作戦はアムール川を越えて、対岸の愛琿とサハリン村に対する攻撃に移った。八月三日(七月二一日)、愛琿に対する決定的な戦闘がおこなわれ、清国軍はついに撤退した。愛琿の町は兵営をのこして完全に破壊された。グリプスキーはのちに八月に出した満州の住民への布告の中で、次のように書いている。

「一カ月前、諸君らはブラゴヴェシチェンスクとロシアの住民に対して攻撃するという暴挙、狂気の沙汰をしでかした。諸君らは偉大なロシアの陛下が……どれほど恐ろしく、強いかを忘れたのだろう。この行為のゆえに諸君らは恐ろしい懲罰をうけた。ロシア人を攻撃した愛琿の町とアムール沿岸の村々は焼き払われ、諸君らの軍隊は壊滅した。アムール川は満人の大量の死体で汚された。満州の住民はアムール沿岸の村々にもどる勇気はないであろう。だが、われわれロシア人に武器を向けなかった町や村の住民は恐れることはない。聞け。ロシア軍はまもなくあなた方のすべての町や村に赴くだろう。しかし、ここに約束する。もしもあなた方がわれわれを撃たず、わが軍隊と鉄道を建設する平和的な労働者に害を加えないなら、われわれもあなた方に指一本触れることはなく、あなた方は以前のようにあなた方の畑の中で完全に平和に暮らせるのだ。しかし、もしもどこかの村で誰かがロシア人を撃ったり、刺したりする暴挙に出るなら、災いが下る。そのような村も町も火によって廃墟とされ、誰一人生きのこれないだろう(50)。」

こののち、レンネンカンプフ少将の率いるザバイカル軍管区の部隊がブラゴヴェシチェンスクに到着し、以後の作戦をひきついでいくことになった(51)。

クロパトキンとラムスドルフ

この間ロシア政府内部では対立が収まらなかった。ロシア軍の活躍に有頂天になり、強気になったクロパトキン陸相と、慎重な姿勢をとるべきだと考えるウィッテ蔵相、ラムスドルフ外相との争いが深刻になっていたのである。

ウィッテは七月二七日(一四日)、内相にまた手紙を出して、意欲のからまわりするクロパトキン陸相についてこぼしている。クロパトキンは、自分で外交官と交渉をはじめ、兵力は一五万人も動員し、「清国軍を武装解除し、日本軍を排除して、北京をとり、どさくさまぎれに朝鮮にも入り込もうとしている」。ラムスドルフはこれに賛成せず、抵抗しているが、効果がない。天津を占領したら、北京へ行くか行かないかが問題となるが、行けという陸相と行くべきでないという外相代行との争いだ。ウィッテは自分がクロパトキンに言った言葉を書き留めている。

「あなたは陸軍大臣で、外相でもないし、蔵相でもない。だから、われわれをやめさせて、代わりに将軍たちを任命するか、それとも自分の役割から出ないようにするか、どちらかにすべきだ。」

ウィッテはクロパトキンに苦り切っていた。「こういう熱中はロシアをあらたな災厄に導くのだ。中国の一件には多くのカネがかかり、多くの犠牲が出るだろうということは別にしても、もっとも重要なことは、われわれがこのことからすぐに抜け出さないと、ロシアの力を弱くしてしまうということだ。ヨーロッパがこれを利用して、われわれにもっとも意外な不意打ちを食わせることは疑いない。」[52]

外相代行ラムスドルフはクロパトキンに無視されて、困難を味わっていた。ラムスドルフの慎重論にぶつかったクロパトキンがラムスドルフの外相就任に猛烈に反対したのである。ウィッテはこれを重大視し、皇帝にはたらきかけた。結局皇帝はクロパトキンの意見をとらず、八月七日(七月二五日)ラムスドルフを正式に外相に任命した。

ラムスドルフの祖父はヴェストファーレン出自のドイツ人で、エカチェリーナ女帝に将軍として仕え、クルリャンドの初代県知事をつとめた。アレクサンドル一世時代に伯爵位を与えられ、ラムブスドルフと改姓し、最後は皇太子時代のニコライ一世の守り役であった。[53]父の方はずっと地味だが、国有財産省の局長であった。祖父の代に正教徒となったのであろう。一八四四年に生まれた彼は幼くして宮廷小姓に選ばれ、五二年から小姓学校で学んだ。そこを一八六二年に出て、四年後に外務省入りして、以後三四年間つとめてきた。彼の特徴は公使としての勤務の経験がないどころか、在外勤務が一度もなく、本省一筋で、一八七八年から大臣秘書官としてゴルチャコフ外相に仕え、八二年からはギールス外相の官房長をつとめ、八六年には審議官にあがり、九七年新外相ミハイル・ムラヴィヨフの次官に任命された人だった。のちの日本公使ローゼンは回想の中でラムスドルフについて次のように述べている。

「彼は生涯の関心がその担当部局に集中しており、外部の世界はたんに話に聞くだけという根っからの官僚であった。ほとんどヒステリーの域にまでいたるシャイなところのある、いつまでも独身を通す人で、彼は外務省の中の彼の住まいと彼の担当部局の中で、彼の書類に囲まれて、修道僧のように暮らしていた。彼はまさにとても有能で、勤勉で、我慢強い下僚であった。……しかし、貧弱な知性、狭い心の持ち主で、外部世界の人とものごとについては、ただ本で読む知識をそなえるだけであったので、国の歴史の危機的瞬間に果たさなければならない役割には不向きだった。皇帝の選択が彼になったというのは自然なことだ。陛下は彼が君主に絶対的に忠実で、献身的である、完全なる紳士だということを知っていた。……陛下は彼が、自分は君主の意志の道具にすぎませんというつつましい態度をとることが気に入っていたのだ。[54]」

ローゼンは他方で、ラムスドルフがウィッテの手ににぎられた「つつましい道具」でもあったと強調している。

当のウィッテが回想の中で外務次官になったラムスドルフについて書いたことも、さしたる違いはない。「ラムスドルフ伯爵はいつも働いていた。このため、外務省入りするやいなや、彼は幾代もの大臣のもっとも近い協力者の一人となった。……ラムスドルフ伯はこの省のあらゆる極秘事項に通暁した外務省の生き字引であった。外務次官としては、これは計り知れない宝であった。だから、ムラヴィヨフ伯爵が……ラムスドルフ伯を次官に採用したのは自然なことであった。[55]」ウィッテも暗に、この人物は次官にはふさわしい能力をもつが、大臣には不向きであると示唆しているのである。鋭い観察者のポロフツォフになると、一層辛辣である。「非の打ち所のない誠実さの持ち主で、控えめな勤労一筋の人、だが光輝く無能力と凡庸さの人だ。[56]」
この人が日露戦争開戦時のロシア外相となるのである。

露清戦争はつづく

満州に入ったロシア軍は進撃をつづけた。清国軍は各地で応戦した。満州里から入ったオルロフ軍は八月二日（七月二〇日）海拉爾《ハイラル》に接近し、長い戦闘ののち、八月三日（七月二一日）にここを占領した。清国軍は、一部は斉斉哈爾《チチハル》方面へ撤退し、のこりは哈爾哈《ハルハ》河の方向へ撤退した。八月一四日（一日）、ヤケシ駅に二千の兵を集めたパオ将軍がロシア軍に挑んだ。しかし、清国軍は大敗し、パオ将軍も戦死した。

オルロフ将軍は次にヒンガン峠を突破する作戦を行った。八月二四日（一一日）に戦闘があった。清国軍は前夜に攻撃をしかけたが、大きな打撃をうけた。この日朝からロシア軍が攻勢に出ると、清国軍は持ちこたえられず、後退した。八月二八日（一五日）、札蘭屯《チャラントン》駅が占領された。黒龍江省将軍寿山は停戦を申し入れてきたが、オルロフは降伏を要求した。[57] 斉斉哈爾攻略戦は愛琿から来たレンネンカンプフ軍が担当した。戦闘は八月二八日（一五日）からはじまった。二九日（一六日）、省都斉斉哈爾は陥落し、黒龍江省全体がロシア軍の手に落ちることとなった。[58] 黒龍江省将軍寿山は降伏したのち、部下の将に遺書をのこして服毒自決した。[59]

営口の制圧と北京占領

この間に遼東湾方面では、ロシア軍が独自の動きをおこしていた。湾の奥の港営口は遼河河口にあり、貿易・交通の要衝であった。一八五八年に開港され、外国人が住み、租界をつくり、各国領事が駐在していた。ロシア側ではミシチェンコ将軍の率いるカザーク部隊が駐屯していた。ここにも義和団の浸透が見られ、市内の壁には外国人をやっつけろという奉天の将軍の告示が張り出された。七月下旬にはロシア軍が攻撃を加え、にらみ合いがつづいたが、八月四日(七月二二日)からロシア軍艦の砲撃がはじまった。市内ではバリケードが築かれ、発砲もあったが、翌日ロシア軍は簡単に清国軍を制圧した。アレクセーエフが上陸し、税関の建物にロシア国旗をかかげた。アレクセーエフは領事オストロヴェルホフを市長官に任命し、ロシアの占領統治を開始したのである。(60)

この占領は他の列国の強い不満を呼び起こすことになる。日英米三国の領事は、ロシア軍の措置は「軍事上の必要による臨時措置」だと考える、牛荘は「連合国のために民政官が管理する都市、条約港」であるとの申し入れをただちにおこなった。(61)

このとき、連合国軍は北京を攻める直前であった。ロシアの陸相クロパトキンはロシアが先頭を切って進むことを望んでいたが、アレクセーエフは清朝政府との交渉を望み、北京攻撃戦にロシアは参加すべきでないと考えていた。このことは連合国軍の総司令官を誰にするかという議論とも関係した。クロパトキンはアレクセーエフがそのポストをとるように求めていたのだが、すでに述べたように、外務省が反対していただけでなく、現地軍がこれには反対であったのである。しかし、結局はロシア軍も北京攻撃戦に加わることになったが、総司令官のポストはとらなかった。(62)

この問題はドイツ皇帝が八月六日にニコライに手紙をよこし、自国のヴァルデルゼー将軍を推薦したのに対し、ニコライが個人的には反対でないと述べたので、これが利用されて、ヴァルデルゼーが総司令官になるのである。(63) もっともこの将軍は北京攻撃戦のあとになって現地に到着したので、実際の作戦の指揮をとったのは、ロシア軍のリネーヴィチ将軍であった。(64)

八月六日(七月二四日)、連合国軍は北京への攻撃を開始した。総兵力一万三五〇〇人のうち、日本軍が六五〇〇人、ロシア軍が四五〇〇人、英国軍が一五〇〇人、アメリカ軍が一〇〇〇人であった[65]。八月一九日(六日)、連合国軍はついに北京を制圧した。西太后は宮廷とともに西安に脱出した。北京に入った連合国が略奪のかぎりをつくしたことは知られている。ロシア軍についても多くのことが言われている。アレクセーエフは三日後に北京に入り、視察した[66]。

連合国にとっては北京制圧が最終目標であったが、ロシアはいまや満州戦争、露清戦争がたけなわで、これをどのように収拾するかという課題に直面していた。ロシアは単独交渉する必要があったのである。清朝政府が北京を離れたあと、広東総督李鴻章が山東と直隷の総督に任命されたので、ロシアとしては親露派李鴻章との交渉によって事態を収拾する考えを強めた。この点でアレクセーエフと外務省の方針は一致していたようである。

ロシア政府の決断

しかし、ロシア政府の中では、クロパトキンとラムスドルフの対立はなお克服されていなかった。八月二三日(一〇日)、ウィッテはシピャーギンに、またまたあけすけに書いている。

「こちらでは万事がうまく行っていない。……われわれには秩序回復以外何もいらないと公然と正式に保証したにもかかわらず、突然グロジェコフはアムール川右岸はわれわれのものだと宣言した。陛下は感謝し、これが公表される。それから重要きわまる港営口を占領し、ロシアの国旗とロシアの管理機関がたてられた。同じことがハルビンでも行われている。これらすべてが、われわれの言葉に対する中国人の怒りと不信、ヨーロッパの嫉妬とざまをみろという感情、そして日本の不安をかき立てている。ア・エヌ〔クロパトキン〕が毎日外国の駐在武官を自分のところへ呼んでいるが、おそらく彼らに話しているのだろう。われわれは戦うぞ、われわれは北の方を全部いただくつもりだ、われわれは日本を朝鮮に入れさせない、日本と戦争するだろう、と。とうとうイギリス人が牛荘のことで抗議しはじめたし、日本は言い出した。あなた方は満州をとれ、われわれはそうなれば朝鮮をいただく。これに対する御裁決は『そうなれば朝鮮に行く』というものだ。そういうわけで、私は昨日ふたたび陛下に、クロパトキンは陛下を災いに導くという手紙を出すことを決心した。〝陛下は外務大臣にこうだと言いながら、別のことをやるというふうになってはいけません。われわれはいかなる利己的な目的も追求してはいけないのです。われわれはただわれわれの区域に秩序をうち立てて、引き揚げるだけです。清国を剣と火をもって粉砕すれば、われわれは永遠の敵をそこにつくりだします。……〟結論的に私は陛下に、陸軍省には素直に、功名心ある目論見をもたず、陛下のプログラム、最初から出来上がっていたプログラムを実施せよ、われわれみなを大きな紛争にひきこむなと命じていただきたいと懇願した。……私は一昨日夕方手紙を出した。おそらく私の手紙のために陛下はその夕方ラムスドルフ伯に翌朝来るよう命じられた。ラムスドルフ伯もクロパトキンへの不満を語り、同じことを述べた。……その後クロパトキンはすべての中国問題について、原因と結果について長文の意見書を書き、陛下に提出した。そこで北部満州を占領することが必要だと述べた。意見書はすらすら読めるが、私の意見では、彼が事態を何も知らないことを示している。私は応答を書き、明日陛下に渡すつもりだ。おわかりのように、気の休まることは何一つない[67]。」

ウィッテはこの手紙とほぼ同趣旨の意見書を八月二四日(一一日)付けで皇帝に提出した[68]。ウィッテとラムスドルフが一致してクロパトキンに反対したため、皇帝はクロパトキンの主張を斥けたごとくである。八月二五日(一二日)、ニコライのもとで三大臣の協議がおこなわれ、「完全な無私、秩序の再建、すみやかな撤兵、いかなる誘惑にも負けないという決意」という既定の線でまとまった。クロパトキンは皇帝の意見を聞いて、すべての点で譲歩したが、「私は彼を深くは信用していない」とウィッテはシピャーギンに知らせている[69]。

八月二五日(一二日)、ラムスドルフ外相はこの決定を実行にうつす電報を列国駐在の公使に発した。まず、ロシア政府の目標は、一、北京の公使館と在留ロシア人の安全を確保すること、二、反乱鎮圧、合法秩序回復において北京政府を援助することの二つに置かれており、連合国軍の派遣にあたっては、一、列国の合意、二、清朝政府の維持、三、清国の分割回避、四、北京合法政府の復活の四点を主張し、合意されたと明らかにしている。ロシア政府はこれ以外の課題を追求することはないとして、営口の叛徒の攻撃や、「国境での敵対行動、たとえばいかなる理由もなしに引き起こされたブラゴヴェシチェンスク砲撃」があったため、営口の占領、満州へのロシア軍の進出が生じたのであり、これは一時的な緊急対応措置にすぎないと断言した。満州で秩序が回復し、鉄道の安全が清朝政府との協定で確保されれば、ロシアは軍隊を隣国領内から「かならず撤退させる」し、列国の営口や鉄道上での権利は保障されると明らかにしている。

このように述べた上で、北京占領によって外国人の解放がなされたが、清朝政府が北京を去っているので、ロシアとしては公使館を北京にとどめる理由がない、公使と公使館員を天津に引き揚げさせ、すでに目的のなくなった軍隊をこれに同行させて撤退させるとの方針を明らかにした。この電報は『官報』九月一日（八月一九日）号に公表された(70)。

このロシアの方針は八月末には実施され、ギールスは天津へ撤退した。リネーヴィチは当初はこの命令に従わないふうであったが、のちに彼の軍も北京を退去した(71)。

露清戦争の最終局面

だが満州では、ロシア軍は攻勢をつづけていた。クロパトキン陸相は九月三日（八月二一日）の上奏報告にもとづいて、グロジェコフとアレクセーエフに対して重大な電報を送った。「満州におけるロシアの主要な課題は現在われわれが建設している鉄道の継続と完成である。貴下と貴下に従う官吏の努力は、この工事の再開を容易にし、その後は実施される工事を警護することに向けられるべきである。占領地ではロシアの行政は実施すべきでない。満州には一つの戦闘武器も、一つの部隊ものこしてはならないが、清朝当局が復活すれば、警察活動のために騎馬警備隊と普通警備隊をもつ権利を彼らに与えることが必要である。[72]」この方針はラムスドルフの電報とは矛盾しており、一般方針では屈服した陸相が満州では自分の考えを通したものと見える。しかし、当面はこの方針はいまだ現実のことにはならなかった。

九月は露清戦争の完成局面であった。吉林省では将軍長順が省都吉林を占領するなという交渉を試みていたが、グロジェコフは全面的降伏を要求し、交渉は決裂した。九月二三日(一〇日)、レンネンカンプフ軍が吉林に到着し、戦闘の上、これを占領した。これによって、ロシア軍は北部満州全体を占領し、すべての幹線道路と東清鉄道から清国軍と義和団軍が一掃された。[73]

レンネンカンプフ軍は奉天に向かって進軍した。しかし、清国軍の抵抗も激烈であった。南からは遼東半島から攻め上るスボーチチ将軍の部隊が奉天にせまった。この段階では北京方面での戦闘は終わっていたので、李鴻章は九月二〇日(七日)、アレクセーエフに対し、清朝の聖地たる奉天の占領を思いとどまってほしいと要請した。しかしアレクセーエフは、占領はする、しかし、われわれの要求に従うかぎり、力は行使しないと回答した。アレクセーエフ自身は奉天占領を望まなかった。奉天に対する攻撃は九月二三日(一〇日)からはじまった。九月二八日(一五日)には遼陽が陥落し、一〇月二日(九月一九日)、ついにスボーチチ中将の率いる部隊が奉天を占領した。奉天の将軍増棋は逃亡した。[74]

いまや満州全土がロシア軍一七万三〇〇〇人の制圧下に入ったのである。

義和団事件と朝鮮、日本

義和団事件がおこると、高宗は清国の事態が韓国に及ぶことを警戒した。列国がこの事件を契機として韓国に要求をつきつけてくる可能性があるとの心配からである。日本の公使館員からの示唆をえて、一九〇〇年六月二五日、皇帝の招請でソウル駐在の各国公使が宮中に集められ、謁見が行われた。高宗は清国で外国人が殺害され、各国公使館が危険に陥っていることに同情をあらわし、「清国政府之ヲ鎮圧スルノ力ナキヲ痛悼」し、今日の事態についての公使たちの意見をもとめた。日本公使林権助の報告によると、彼がまず発言し、連合国軍が天津から北京に進んでいる、「列国ハ皆共同一致ノ行動ヲ執リ居ル」と強調し、韓国が考えるべきことは国内治安であると述べた。[75]だが、ロシアの公使パヴロフによると、林はさらに次のような言葉を口にした。清国での一致した行動を述べたあと、つづけて「列国は同じ共同一致の行動を韓国においても疑いなくとるだろう」と述べたというのである。林のこの言葉は「気の滅入るような印象」を韓国皇帝と高官たちに与えた。[76]林公使があえてそのような威嚇的な言葉を口にする必要もないので、そのまま信じることもできないが、ともあれ、二人の報告は明らかに食い違っていた。こののち韓国政府は清国との国境に近い北部諸道に部隊を派遣した。[77]

林公使の意見は七月五日付けの青木外相への提案にはっきりと表明された。彼は「或ル方法ニ於ケル清国分割ハ已ムヲ得ザルモノナルガ如クニ相見ヘ候」と言い切り、「長城以北満州一面ハ名実共ニ露国ノ有ニ帰スベキ事殆ド疑ヲ容レズ」としている。そこで、日本が獲得すべき「分配」とは朝鮮半島であると主張する。「場合ニヨリテハ平壌元山以北ニハ兵士ヲ屯駐セザル事ヲ条件トシテ、露国ニ提議スルモ可ナルベク」と朝鮮半島制限的獲得論を提起するのである。具体的には仁川に数隻の軍艦を常駐させ、「兵站根拠地」とすれば、「京城以南ハ自ラ我勢域ニ帰スベキカト

という案である。

存候」という。[78] 南部朝鮮を制圧し、北部朝鮮には軍隊は置かないが、日本の勢域、勢力領域だとロシアに認めさせる

五月からロシア駐在公使となっていた先の外務次官小村寿太郎はロシア軍が満州に入る趨勢を見た上で、七月二二日に青木外相に重要な意見書を提出した。彼はロシアが日本に対して協調的な態度をとる理由があると見ている。極東での立場が弱いので、日本との衝突の原因を除去したい姿勢だというのである。したがって、「朝鮮問題は日露間で解決しうる」。他方ロシアの満州占領は「いずれにしても既成事実」であり、そのまま行けば日本の朝鮮での経済活動をさまたげる。「追求されるべき最善のコースは勢域の画定を提案することである。すなわち、日本とロシアはそれぞれ朝鮮と満州でフリー・ハンドをもち、それぞれの勢域の中で相互に商業的な自由を保証することである。」[79]

角田順はこれを「満韓勢域協定論」と呼んでおり、千葉功は「これは満韓交換論に当たる」と見ている。[80] これがロシア軍の満州占領後にあらわれた日本の新しい主張であった。

『東京朝日新聞』は七月二六日号の論説で、「我日本と朝鮮半島」を掲げた。論説子は、朝鮮半島は「七道を挙げて事実上の勢力範囲と為し居るものなり。是れ他の争ひを容る可からず」と宣言し、「吾人は露国が此の事実を認め居るを信ず。三十一年の西ローゼン議定書の第三条あるを以てなり」と楽観的である。馬山浦の件でロシアがあっさり引き下がったことにも満足している。「今回日露協商を続訂するの一事も、別に難儀の点なからん」と述べている。

義和団事件でロシアが満州に出兵したことに接して、日本の当初の反応は、日本が朝鮮を押さえることがこれによってロシアに認められるだろうという楽観論であった。

だが言論界の中には、ロシア敵視論にも満韓交換論にも反対する人がいた。毎日新聞社長の島田三郎である。彼は大隈重信の立憲改進党に加わり、第一議会より議員であったが、一八九四年から毎日新聞社の社長兼主筆となり、キリスト者のリベラルとして知られていた。彼は前年一八九九年四月の「国民の沈思を促す」という文章をはじめに、

一〇回ほど『毎日新聞』に書き、この年六月以降「日露の二国、互に誤解を去れ」などと五回新聞に書いた。それらをまとめて、九月『日本と露西亜』という本を出したのである。島田は書いている。

「吾人は断言す。日本若し中世以上の蛮風を煽ぎ、朝鮮を略し、支那を取り、大陸の中央に旭旗を樹《た》つるを以て、我国民の理想とせば、日露の利害は東洋の海陸に衝突せん。然れ共此場合に於ては唯露国が我敵たるのみならず、欧の諸国皆我を敵として日本に反対せんとす。吾人は確信す。如何に野蛮の遺風を脱せざるも、明治三十二年の我国民は此狂躁の非計を為さざることを。」

「我日本が恐露病に罹りて、妄《みだ》りに露国を畏怖するは、冷静の頭脳を有する者より之を見るに、殆ど常識以外の判断と評せざる可からず。(81)」

「而して此外観を遠見して、日本絶大の野心を疑ひ、之が為めに西比利亜の戍兵を増し、無用の恐日病に罹れる露人も亦憫むべき者と言はざる可からず。」「吾人は断言す。露の不凍港を東洋に求むるは自然の情なり。」「我国人が露人西比利亜の経略を恐れ、鉄道の敷設を怖るるは何事ぞや。露人が海を渡て日本を襲ふを患《うれ》ふるに在る乎、抑日本が大陸を経略せんと欲し、而して露人が之を妨ぐるを憤《いきど》ふるが為め乎、此の如く正格の問を下せば、彼の恐露病夫は一も真面目な答を与ふる能はざるなり。(82)」

これは理性の声だった。この本は一〇月に増補再版を出し、翌一九〇一年に三版が出るのである。

朝鮮を見るロシアの目

日本の目の色が変わってきたのをロシア側も感じ取っていた。東京の公使は六月二〇日(七日)から、ローゼンに代わってイズヴォリスキーとなっていた。新公使は一八五六年生まれ、リツェイを金メダルで卒業して、七五年に外務省に入省した。アメリカ公使館の一等書記官をつとめたあと、九〇年代はじめには宮中の侍従をつとめ、その後ヴァチカンの公使、セルビア公使、バイエルン公使をつとめたあと、九九年一一月に日本公使に任命されたのであった。しかし、なぜか着任が遅れ、一九〇〇年六月一九日に東京に来たのである。日本の外務省筋には、皇帝はイズヴォリスキーを外相に望んだが、ロシア外務省の空気がそれを許さなかったとみる向きがあるが[83]、信じがたい。

七月一四日(一日)、外相事務取扱であったラムスドルフが東京の新公使イズヴォリスキーに、ロンドンでは日本が義和団鎮圧に出兵した代償を朝鮮でとろうとしているという噂があると知らせてきた。この件をきびしく監視せよ、日本が清国で領土的代償をとることも認められないが、朝鮮でとることも「まして(pache)」許してはならない。ロシア・日本間には共同出兵を定めた一八九八年の協定があると書き添えたのであった[84]。しかし、外相の考えは一日で進んだ。翌七月一五日(二日)、ラムスドルフは駐日公使に、「ロシアに隣接する朝鮮北部の治安の確保のために、必要な場合には、半島領域内にロシア軍を派遣することを考えることがわれわれには無条件で必要である」とせざるをえないとして、「各々一定の地域に、完全に別個で、相互に独立した行動圏を設定することで合意する」ために日本政府と交渉するよう指示した[85]。同じ日ソウルのパヴロフ公使のもとへも同趣旨の電報が送られたと考えられる[86]。

七月一九日、日本の公使林権助は青木外相に報告している。ロシア公使パヴロフが本国政府の「諮問」を受け、密談に来た。彼の意見は、韓国において騒擾が蔓延した場合には「日露両国ニ於テ範囲ヲ分チ、各其範囲内ノ秩序ヲ保全スルノ責任ヲ執ルニアリ」というものだった。東京で協定を結ぶのがよいともパヴロフは述べた[87]。

イズヴォリスキー公使はただちに青木外相と会い、慎重にサウンドしてみた。青木は、朝鮮に出兵する必要が出れば、現行協定にしたがってロシアとすぐ相談する、「かならずロシア部隊と日本部隊の行動地区を分けるという提案をする」と返事をした。イズヴォリスキーは七月二一日(八日)にそのことを報告し、日本が朝鮮で領土的な獲得をねらっている徴候は見えない、と言い添えた[88]。青木外相の方はのちに林に送った電報で、イズヴォリスキーがこの問題で話に来たが、「本件ニ付キ見地ヲ異ニシタルヲ以テ、何等協商ヲ締結スルニ到ラザリキ」と伝えている。[89]

ところが、このあと日本の軍艦「常磐」と「高砂」が仁川に入り、それに乗ってきた東郷平八郎中将が高宗に拝謁したということがロシアの公使たちを不安にさせた。イズヴォリスキーは、日本が朝鮮で「決定的な行動」をとる可能性があるのではないかと心配して、青木外相に問いただした。青木は、日本政府にはそんな考えは毛頭ない、ロシアと結んだ朝鮮にかんする「協定をしっかりと守る」と表明した。イズヴォリスキーは、当地の世論がロシアの満州での行動によってますます興奮し、政府に朝鮮での積極政策をもとめて「強い圧力」を加えていることを憂慮している、と八月一二日(七月三〇日)本省に報告した。[90] 同じ日、彼はソウルのパヴロフに、その心配の気持ちを書き送った。この点では、パヴロフの方がもっと心配していて、彼は翌日、旅順のアレクセーエフに書いている。「日本人大多数の秘めた夢想」、朝鮮支配、軍事占領を実現するとすれば、「現在以上に有利な事情の重なりはとても期待できないだろう」。だから、近い将来日本が半島の軍事占領に着手しても驚かない。それにどう対抗するという考えはないが、ロシアの「利害」からすれば、巨済島と馬山港、およびその周辺の獲得はどうしても必要だ。パヴロフはこう述べて、アレクセーエフの考えはどうか、自分の立場を支持してほしいと迫っている。[91] イズヴォリスキーとパヴロフでは大分違いがあることがわかる。

のちに八月一五日になって、ロシアの小村公使が、ラムスドルフ外相から青木外相がイズヴォリスキーに回答したと聞いた、どういう回答をしたのか教えてほしいと打電してきた。青木外相は、現行協定の規定を守ると答えた上で、「非公式に、内密に」、日本はロシアよりも朝鮮に「はるかに大きな利害」を有しており、日本が半島を勢力範囲とすることの「絶対的正当性」があることを指摘したと回答した。[92]

ところで、日本側にはロシアの案に好意をもつ意見があった。反露的な陣営では、イズヴォリスキー公使が伊藤博文と山県首相に会ってこの案を伝えたところ、二人は「賛同するの意向」だということを明らかにしたという話が流れていた。[93] しかし、イズヴォリスキーの報告をみるかぎり、いまだそのような接触はできていない。もっとも山県首相はこのころ、八月二〇日付けで「北清事変善後策」なる意見書を作成している。その中に次のようなくだりがある。

「世ノ北方経営ヲ論ズル者ハ、今回ノ北清事変ヲ機トシ、朝鮮全部ヲ挙ゲテ我ガ勢力区域ニ移サント欲シ、或ハ露ノ満州経営ヲ妨ゲザルヲ約シ、以テ我レノ朝鮮経営ヲ諾セシメント欲スルアリ。然リ北方経営ノ策実ニ此ニ外ナラザルナリ。」

「彼ノ好機ハ我レノ朝鮮処分ニ在テ亦斉《ひとし》ク好機タラズンバアラズ。縦令《たとい》一時ニ朝鮮全土ヲ占ムル能ハザルモ、西ハ大同江ヲ限リ、東ハ元山港ヲ界トシ、山河ニ従テ区域ヲ画定セバ、永ク日露ノ争ヲ避ケ、北方経営ノ目的ヲ全クスルヲ得ベシ。[94]」

しかし、目下はロシアは「狡猾」にも「陽ニ分割ヲ行ハザルヲ宣言」しながら、大軍を送って、後に「独リ大利ヲ占メントスル野心」をみせており、満州のことも決着していないので、ロシアと交渉することは難しい。だから、「南方経営」、福建と浙江を勢力圏に加えることを先に進めるのがよいという結論であった。[95] だから、イズヴォリスキーの話はまさに山県の構想に合致するものであったから、実際に聞けば、山県首相は心を動かしたかもしれない。しかし、山県とロシア公使は没交渉であった。イズヴォリスキーは七月二六日（一三日）の電報で、新聞と世論はロシアの満州進出に対抗して朝鮮への行動を要求しているが、内閣の言うことは控えめであるとだけ報告している。[96]

日韓攻防同盟案

実はこのとき、高宗の命をうけたとして、侍従玄映運《ヒョンヨンウン》が宮内省の制度を調査する名目で東京に来た。彼は東亜同文会の幹部国友重章に対し、皇帝が独立を維持するために日露両国のどちらかに頼るほかないと考えており、自分が

「勢力観望」のために来たと話した。国友は閔妃暗殺に関与した経歴をもつ人物である。彼は当然ながら玄映運に対して日本が頼りになると説得した。七月一九日、国友は、会長の近衛篤麿に対して玄が来日したことを話した。韓国皇帝を安心させるため、亡命者を日本からアメリカに出し、皇帝の嫌う林公使を召喚してやった上で、日本から一個旅団の兵を送れば、「韓国は既に掌中にあるも同様なり」と進言した。(97) イズヴォリスキーが韓国への出兵分割論を提案し、伊藤と山県が好意的だという話を近衛に伝えたのも同じ国友であった。それは二日後のことであった。近衛も国友も強く反発した。近衛は「閣員中の有力者を拒絶論に傾かしむの運動を始むべし」との考えで、動き出すことになった。(98)

近衛篤麿は五摂家の一つ、公家の出で、一八九六年に貴族院議長となり、東洋モンロー主義を唱えて、日清同盟論を推進した。九八年には東亜同文会を設立した。当年三七歳であった。近衛文麿は彼の子である。義和団事件の中で、彼の考えも進化していた。近衛は七月二五日には、同文会幹部の退役軍人根津一と「対露政策」について話し合った。「此際露国以外諸国をして、対露開戦の止《やむ》を得ざる事を認めしむるの理由を造り出すべし」ということで二人は合意している。(99)

そのために玄映運の動きを利用することが考えられた。玄に日韓攻防同盟の考えを吹き込み、その案を外務省の杉村濬のところにもっていかせたのである。閔妃暗殺事件の中心人物杉村濬はこのとき外務省の通商局長になっていた。玄は杉村に、日本が「亡命者処分ノ事サヘ御承諾アレバ」、日本と攻防同盟を結び、韓国内で内乱がおこったときは、「日本ヨリ兵ヲ派シテ之ヲ鎮定シ」、日本が他国と戦争する場合は、「韓国内ニ於テ戦闘ヲナシ、若クハ軍隊ヲ行動セシムル事ヲ許」すという案をもちかけた。だが杉村は、実現は「誠ニ望マシキ事ナリト雖モ、……此事到底行ハルべキ見込ナシ」と関心を示さなかった。そして、三日後に玄が再訪すると、次のように冷水を浴びせた。「貴下ノ使命ハ全ク厳貴人〔妃〕一派ノ目論見ニテ、庶出皇子ヲ未来ノ皇位ニ据エンガ為ノ其妨害タル亡命者、殊ニ義和君、李埈鎔ノ二人ヲ遠ケントノ魂胆ニ出デタルモノナリ。」玄が誤解だと言うと、それなら一日も早く帰国して、政府の議論をかためるべきだろうと言い放った。[100] 杉村はさすがに見抜いていたのである。

ソウルでは、パヴロフは七月二三日、皇帝高宗に謁見した。満州の騒擾に関連して、ロシア軍が韓国領に入ることがありうる、清国の暴徒または兵士が越境侵入したときは、露韓両国兵がこれを鎮圧する、「露国ハ日本国ト同数ノ兵員ヲ京城へ派遣スル」――以上をロシア皇帝の名で奏上した。高宗は、露国の兵士が越境することには「異議ヲ唱ヘナイ」が、清国の暴徒は韓国の力で鎮圧する、日本と同数の兵員をロシアが京城へ送る件は、「派遣スルノ必要ヲ認メズ」と回答した。[101]

結局この高宗の意見で分割進駐案は消えることになった。ロシア側としては、これだけきっぱり韓国皇帝に拒絶されたのでは、それ以上案を進めることはできなかったのである。

日本側では七月二七日、近衛が朝鮮事件同志者の集まりを開き、日韓攻防同盟案を内閣にのませる、「もし内閣決心なくば我々にて断行し、玄を帰して林公使を経て更に申し込ましむる事」とするということで合意した。[102]

韓国中立国案の登場

高宗はこの状況の中で憂慮を深め、韓国の独立を守るために、「列強の共同保障下での韓国中立化」をめざすという案を抱くにいたった。当時内部、宮内府が雇っていた外国人鉱山技師の一人にフランス人のトレムレ(Tremoulet)なる人物がいた。[103] シマンスキーは皇帝に中立国案を示唆したのは「フランス人の冒険主義者トレムレ」だと指摘している。[104] トレムレにどのような動機があったかはわからない。高宗としては、一八九六年には日本の干渉をしりぞけ、九八年にはロシア人の顧問、教官を退去させて自立性を維持しているのだから、中立国としての地位をかためることがよいと考えたのではなかろうか。いずれにせよ高宗が中立国案をもって日本政府に打診するよう命じて、新任の公使趙秉式《チョビョンシク》を日本に送ったのである。

八月二五日に日本に到着した趙は四日後青木外相を訪ね、中立国案を打診した。青木はまじめにとりあわなかった。青木はのち九月一四日、林公使から「韓国ヲ以テ列国保障ノ下ニ中立国ト為ス」との交渉があったかと問い合わせをうけたのに対し、そのような趣旨の話があったが、「本大臣ハ固ヨリ之ニ重キヲ置カザリキ」と回答している。(105) 韓国を狙っている青木としては大いに警戒を強めたはずである。重視しないどころではなかったろう。

同じ日、八月二五日、趙は、国民同盟会の結成に動いている近衛篤麿とも会った。趙は近衛に、希望は「朝鮮を中立国たらしむべしとの提議を、日本より列国に向かってせられたし」ということだと説明した。近衛は、中立国たるためには「自衛の力」がなければならない、また周辺国が中立を侵すなら、他の国がそれを実力で抑えなければならない、ところで朝鮮の場合、利害関係国はロシアと日本だけであり、日本はロシアに野心あるを知っても中立国の約があれば手を出せない、これは朝鮮のためにも日本のためにもならないと述べた。「ではどうすればいいか」という趙の質問に、近衛は、独立国のままでいて、日本と秘密に攻守同盟を結ぶのがいいと述べた。趙は「貴説了解せり」と述べたが、皇帝より中立国案の打診折衝を命じられてきたので、「独断では決しがたし」と逃げた。(106)

実は、八月はじめに近衛篤麿の秘書大内暢三《ちょうぞう》は使命を帯びて韓国へ向かっていた。着いてみると、菊池謙譲がすでに画策していた。菊池は『国民新聞』記者時代に閔妃殺害に加担し、のち『漢城新報』記者になった人物で、韓国に住んでいた。大内が菊池とどれほど突っ込んだ話をしたのかはわからない。大内は外部大臣の仲介で皇帝に会い、新公使派遣をうながしたという。趙秉式の派遣の意向が高宗から示され、歓迎したというのである。そして、大内は新公使と同じ船で日本にもどったのであった。(107) だから、この話を聞いていた近衛らは、趙に日韓攻防同盟案を日本政府に提案させるつもりであったので、趙が中立国案を述べたときは、本当に驚いたことだろう。

イズヴォリスキーに趙秉式の動きが伝わったのは九月に入ってからだった。彼は九月一四日(一日)に本省に報告している。

「日本政府は新任の韓国公使趙秉式と重要な交渉を行うよう実際に努力している。日本政府はたえず彼を脅して、清国での現在の事件に関連して朝鮮問題が提起されることが不可避だと説得しようと努力している。ロシアは最終的に満州に定着したので、この結果、日本が韓国に軍事干渉し、そこに日本の保護国を確立するにいたることは避けられないと吹き込んでいる。これらすべては伊藤侯爵の計画と緊密に結びついており、……韓国が自発的にすみやかに日本の保護を求めるようにさせるという目的でなされている。韓国政府は明らかに日本人にひどく脅かされているので、日露衝突のさいには列国の共同保障のもと韓国を中立化することが可能かどうか、問い合わせることを公使に委任したのだ。趙秉式の言葉によると、日本政府はソウルの朝鮮人をしてこの計画にはいまや否定的な態度をとらせるようにしている。私は趙秉式に日本の懐柔に屈しないよう説得し、韓国の現在の危機の結果について安心させるように努めた。[108]」

イズヴォリスキーは趙の提案について青木外相に打診してみた。九月一七日(四日)の本省あて報告には、「青木は韓国中立化の計画に協力してほしいとの韓国公使の要請に対して、曖昧な回答をしたことを確認した[109]」とある。

さらにイズヴォリスキーは趙公使のその後の動きを報告している。九月二七日(一四日)には、趙がフランス公使に語ったとして、「当地では韓国をして日本の保護国たることを求めさせる目的で強い圧力が彼に加えられている」、「彼はこの執拗な主張に精力的に抵抗し、数日間東京を離れることを考えている」と知らせた[110]。一〇月一日には、趙公使がアメリカ公使に中立化問題で援助を求めたと報告した。アメリカ公使はこの件での介入を拒否し、必要ならワシントンで政府と交渉してほしいと回答したとのことである[111]。

国民同盟会と六教授建議書

ロシア軍が奉天を占領し、いまや全満州がロシアの占領下に入ったことは日本の世論を大きく刺激した。ロシアが全満州を支配し、併合をはかるのではないかという観測が流れ、興奮状態が高まった。ロシアの満州出兵に対する反発の動きから、近衛篤麿、犬養毅、頭山満、神鞭《こうむち》知常、陸羯南、黒岩周六（涙香）、根津一、国友重章、柴四朗らは一九〇〇（明治三三）年九月一一日、国民同盟会を結成した。「支那を保全し朝鮮を擁護するは独り我が国権国利を自衛するのみにあらず、吾人既に東亜の平和を保ち、宇内の文運を資《たす》くるを我が日本国民の天職なりと自覚し、開国の宏謨《こうぼ》此に於て立ち、進取の大計此に於て定れり」との宣言が発表された(112)。

近衛らは戸水寛人《ひろんど》ら大学教授たちに声をかけ、九月中に何度か会合をもった。討議して合意したところを陸羯南がまとめて、六人の教授たちの建議書が出来上がった。これを持って四人の教授たちが九月二八日に首相山県有朋を訪問した(113)。六人とは東京帝大法学部教授戸水寛人、富井政章、寺尾亨、金井延、松崎蔵之助、学習院大学教授中村進午である。建議書は、「露国ノ満州ニ於ケル挙動」をドイツの大軍の派遣とともに不安材料として挙げ、「支那分割論」、「支那大陸ノ壌地ヲ割取セントスルノ国」の動きに対して、日本は「断然之ヲ抗拒スル」ことが必要だとした。つまりロシアの動きに対決することが必要だと述べているのである。そして「満州及ビ遼東ノ占領」は「帝国ノ同意スベキ所ニ非ズ」、「加《しかのみならず》之東洋禍乱ノ動機タル朝鮮問題ハ速ニ之ヲ決セザル可ラズ」と関心を向ける中心点を指摘した。日本は「最多ノ軍隊ヲ送リ、最善ノ戦功ヲ立テ」たのだから、その主張が重視されていいはずだ、「好機逸スベカラズ。帝国雄飛ノ端ヲ啓クハ洵《まこと》ニ今日ニアリ」、しかるに「謙譲ノ徳」が多すぎる、外交当局者は「帝国ト利害ヲ一ニスルノ国ト相提携シ、鋭意事ニ従フ」ことを望む――これが結論だった(114)。

「利害ヲ一ニスルノ国」とは英国をさしている。日英同盟でロシアと対決せよという主張だったが、それがぼかされた表現で述べられていたのである。これは大学教授たちの最初の意見表明であったので、相当に慎重にしたとも見えるし、原案起草者の陸羯南の穏健なところが出たとも見うる。

この建議書を受け取った山県は、ずばりと「日露戦争ハ到底避ク可ラズ。然レドモ余ハ今之ヲ決行スル能ハズ。他日、日本ハ之ヲ決行スルノ好機有ラン。且ツ今ヤ内閣将サニ更迭セントス。余ハ貴意ノ在ル所ヲ後継者ニ語ルベシ」と語った。さらに六人の一人が日英同盟論の可否について質問したのに答えて、「日英同盟ハ日本ノ望ム可キ所ナリ。然レドモ英国果シテ日本ノ望ニ応ズ可キヤ否ヤ疑ハシ」と述べた[115]。大学教授たちに適当なことを言って、はぐらかしているようにも見える。こののち九月末には山県内閣が総辞職し、一〇月に伊藤博文が総理となる。戸水は一一月二五日に新外相加藤高明を訪問して、建議書を渡した。この二度の訪問、建議書の提出は秘匿された[116]。速記者を頼んで、各人が語り、それを収録した建議書を出すとともに、各自の意見表明もすることが考えられていた。した『諸大家対外意見筆記』なる非売品の冊子が一〇月に出された。

韓国代表のさらなる努力

このころ近衛篤麿に煽られた玄映運が帰国して、日韓攻守同盟案をもって高宗および政府関係者を説得したという話が千葉功によって主張されている。玄の工作の結果、韓国政府は亡命者処分と引き替えに日韓攻守同盟を結ぶということを九月一七日に決定したというのである。海野福寿も、趙公使がこの件で日本政府と交渉した形跡がないと言い添えるが、千葉の主張をそのまま受け入れている[117]。

千葉の根拠は、九月一七日付けの伊藤博文あて林権助書簡である。そこに「此度韓国皇帝は、対日廷提起亡命措置之事因得確成後交隣親睦防禦同盟約従以議定事という密訓を駐日公使趙秉式に下され、外部大臣朴斉純《パクジェスン》は内奏して此密旨を本邦人……菊池謙譲なるものに授け、東京に赴き趙に伝ふる事を委託致候」とある。[118] この話は大いに疑わしい。

林は八月二五日の段階で、帰国した玄映運から聞いた話を青木外相に報告しているが、そのときは、「爾来屢々皇帝陛下ニ入謁シ、日本滞在中目撃セシ情況ヲ復命シ、……主トシテ東洋現下ノ形勢ニ鑑ミ、日韓提携ハ韓国ノ生存上必要ニ属スル旨ヲ建議シタルニ、皇帝ハ孰レモ御不同意ニハアラザルモ、去リトテ直ニ之ヲ実行セントスノ御決心ナキ」と紹介されている。[119] 皇帝は賛成していないのである。それが九月一七日の青木あての電報では、「玄映運ガ日本ヨリ帰来スルヤ……日韓防禦密約論ヲ懐抱シ、……韓帝ヲシテ之ニ同意ヲ表セシムルニ至リ、結局韓帝ハ外部大臣朴斉純ニ内密ノ諭旨ヲ下シ、日韓間ニ交渉ヲ試ムベシト命ゼラレタル趣ニ有之」と話がすっかり変わっているのである。この報告はすべて「朴斉純ト懇親ノ間柄ニ」ある菊池謙譲が「内々洩ス所」によるものである。皇帝の「密訓」についても、菊池は「外相ハ時機ヲ得テ、然ラバ韓国官吏ヨリハ寧ロ機密ヲ托シ得ベキ菊池ニ托セン事ヲ内奏シタル」と語っているのである。[120] 林公使は菊池に欺かれたのだと考えられる。

菊池は九月末になって日本に来た。九月二七日、一〇月一日に近衛を訪問している。そのとき、二人がどういう相談をしたかは、近衛の日記には完全に伏せられている。[121] 一〇月五日になって、菊池は近衛に次のように報告した。彼はこの日青木外相に会った。そして、「携へ来りし朝鮮王の親書」を見せた。青木はそこに書いてある「亡命者放逐、日韓国防同盟の事」を趙公使より申し出させよと言った。それで菊池はそこから直行して、趙公使に会った。まず日韓国防同盟のことを日本政府に申し出るように勧めたが、趙は拒否した。「其時菊池は韓王の親書を出して示せしかば、趙は語塞がり、然らば外務省に申出べしと決答せり。[122]」しかし、趙は親書を信じてもいないし、外務省に申し出る気持ちもなかったことは、その後の近衛の日記をみると明らかである。

一〇月九日、近衛は趙公使を招待して、「韓王密勅の事、何故に今日迄我政府に提議せざるやと詰問」した。趙は、

「此の大事件は一度帰国の上熟議の上ならでは云ひ出しがたし」と答えた。近衛は、帰国の前に「大体の提議」をしておく時間はあるだろう、「菊池には直に提議する事を約せられしにあらずや」、詔勅を受けながら何もしないのは、「違勅の罪免れがたからん」、使命を果たさず帰国すれば、「君は帰国の後かならず立場をうしなはん」と言って、さんざんに脅した。だが趙は頑として態度を変えなかった。近衛は、「此老狸一筋縄にては扱ひがたし」と考えて、酒や肴を出して、しばらく雑談した。ふたたび本題にもどり、近衛は迫った。韓国の立場はあぶない。「内地の改良」、「国の防備」が必要で、貴国だけでは防備を整備できないだろう。だから、「貴皇帝の密勅」も出たのではないか。近衛がそのように言うと、趙は「貴国の力を借らざる可らず」と認めはしたが、帰国が迫っているので、日本政府に提案することはできないと言った。おかしいのは、なぜ帰国を急ぐのかと重ねて迫る近衛に対し、趙は、日本の冬は寒い、「韓国は家にオンドルあり、日本家屋にこれなし」、冬になる前に帰らなければならないと切り返したことである。近衛はいきり立って、「日本にも老人はあり、防寒の具は備はれり」、「国の元勲たるもの公務を帯びて国外にあるに、暑寒の為に大切な公務を怠るが如きは、我国ならば人皆国賊といはん」とまで口走った。

近衛のこのような脅しに屈すれば、趙は本物の「国賊」になってしまう。趙は悠々と近衛の言葉を受け流し、帰国の上、皇帝、外部大臣、それに菊池とも相談すると言い続けた。とうとう最後にあきらめた近衛が「君は尚ほ中立国の論を廃せずや」と尋ねると、趙はきっぱりと、「議論を為すは好ましからね共、自らは尚ほ中立国たらんことを望み居れり」と言い切ったのである。近衛の最後の感想は「到底済度しがたし」というものであった(123)。

菊池のもちこんだ日韓国防同盟をもとめる高宗密勅は、菊池が誰かと工作した偽勅のたぐいであろう。玄映運が厳妃につながっているとすれば、宮廷の中にも政府部内にもこの線を支持し、推進する者がいたことは間違いないが、高宗がそのような決定を下すことはありえない(124)。

しかし、いずれにしても、韓国が中立国たることをめざした趙公使の使命が失敗に終わったことも明らかだった。

近衛たち、民間の動きは別としても、日本政府、外務省の立場が満韓勢域協定論に変わっていて、韓国をめぐり日露の影響力を分ける協定は受け付けないようになっていたのである。趙秉式は失望して、帰国しただろう。

なおこの間の九月二四日、林公使は、ロシアの駐韓公使パヴロフが高宗に拝謁して、趙秉式の「韓国中立問題」の交渉は「恐《おそら》ク徒労ニ属スノミ」、「如 此《かくのごとき》問題ハ寧ロ速ニ撤回スルニ如カズト思考ス」と述べたと本省に報告していた。[125]この話はアメリカ公使アレンの報告にも出てくる。そこでは、イズヴォリスキーから趙の工作を知ったパヴロフは本省に連絡し、皇帝から、このような事柄はまずロシアに相談すべきであり、韓国の真の友はロシアしかなく、日本もアメリカも韓国のためを考えていないと韓国側に伝えよという訓令を受けたことが述べられている。[126]中立化案にロシアが反対しているのだと言い立てる報告であり、信用できない。この日本とアメリカの史料からロシア公使の態度について断定することは危険である。[127]

ロシア政府の方針と小村公使

一九〇〇年の秋になると、義和団の決起は外国軍隊によって鎮圧され、事態は沈静化をみた。一〇月一日（九月一八日）前のシピャーギンあての手紙の中で、ウィッテは「中国問題は新聞でおわかりのように、うまく進んでいる。すくなくとも、先鋭な時期は終わった」と書いた。しかし、心配なことがある。「ブラック・ポイントがのこっている。日本だ。この国が朝鮮に入り込むのではないかと心配している。陛下はその場合でもロシアは動かないと言われたが、いずれにしても不愉快なことになるだろう。……私は韓国中立化の提案をするように進言する。[128]」

ウィッテがこのように書いたからと言って、彼が「韓国中立化」案の発案者であったのではないことは、いままで述べたところから明らかである。[129]ウィッテはラムスドルフから韓国の中立国希望案のことを聞き、賛成したのだと考えられる。

ウィッテはこのとき、クリミア半島のリヴァジヤにいた。皇帝が秋のはじめからここの離宮に来ていたので、有力大臣もここに集まっていたのである。クロパトキン陸相も九月二七日(一四日)からやってきた。結局その年一杯クロパトキンはクリミアにとどまることになったのである。[130]

一〇月二日、ウィッテは訪ねてきた日本の公使小村寿太郎と会談した。[131] 小村は次のように彼の満韓勢域分割論を主張した。

「清韓ニ関スル日露ノ関係ニ就キテハ、種種入組タル歴史アリ。今後ノ関係ヲ定ムルニツキ歴史ニ顧ミル所ナカルベカラザルナリ。……目下日本ハ韓国ニ於テ最大ノ利益ヲ有シ、之ヲ充分ニ保護スルノ義務ヲ負フ。露国ハ近頃満州ニ於テ非常ニ大ナル利益ヲ設定シ、同ジク之ヲ保護スルノ必要アルベシ。然シテ此両地方ハ共ニ政治ノ基礎鞏固ナラズシテ、時々騒乱ヲ生ズルヲ免レズ。而シテ其鎮静ハ両地方ノ統治者自力ヲ以テ為スコト能ハザル場合アリ。故ニ日露両国ハ互ニ其重大ナル利益ヲ保護スルニ自由ノ行動ヲ得ンコトヲ目的トシ、之ヲ基礎トシテ従来ノ協商ニ代ル申合ヲ結バンコトヲ謀リシナリ。」

すると、ウィッテは厳しく反対した。

「予ガ所見ハ韓国ノ独立及保全ヲ飽迄維持スベシト云フニアリテ、之ヲ傷ル傾アルコトハ一切互ニ避ケント欲スルニ在リ。其独立及保全ニ障害ヲ来サントスル性質ノ協商ハ露国ノ同意シ難キ所ナルベシ。」

小村はあわてて弁解した。

「予ガ私見ノ趣意ハ決シテ韓国ノ独立ヲ傷ケントスルニ非ラズ。只現ニ韓国及満州ニ於テ両国ガ現ニ有スル重大ノ利益ヲ保護スルタメ、行動ノ自由ヲ得ントスルノ趣意ナリ。」

ウィッテは重ねて主張した。

「行動ノ自由ト云フモ強《あなが》チ必ズ単《ひと》リ行ハザルベカラザルモノニアラズ。若シ韓国ニ内乱アリテ、政府ノ力能ク之ヲ鎮撫スルコト能ハザル如キコトアラバ、今回恰《あたか》モ清国事件ニ就テ実行シタルガ如ク、両国各々兵ヲ出シ協力シテ鎮撫ニ尽力スレバ足レリ。只韓国ハ全ク独立国ノ韓国トシテ放任スルヲ以テ、予ノ意見ノ趣意トス。此ノ趣意ヲ害セラレザル以上ハ、日本ガ実業上ノ利益ヲ拡張発達セシメラルルコトニ対シ、露国ハ毫モ之ヲ妨ゲンコトヲ欲セズ。却テ之ヲ優遇セントスルモノナリ。露国商業上ノ経営ハ不幸ニシテ日本ニ及バズ。予之ヲ自白ス。……

満州ニ関シテハ、露国ハ事情已ムヲ得ズ多数ノ兵ヲ派シ、……約二十万ノ兵ヲ現在セシメ居レリ。従テ露国若シ満州ヲ占領セント欲セバ、何時タリトモ之ヲ為スコトヲ得ベク、之ヲ取ルト取ラザルトハ全ク意ノ儘トナレル姿ナルモ、本来東清鉄道敷設ノ安全ヲ保証スルタメ已ムヲ得ズ兵ヲ入レタルコトナレバ、此際同地ヲ占領スルノ意思ナキモ、若シ形勢已ムヲ得ズ満州ヲ露領内ニ合併スルコトアラバ、日本ハ之ニ対シテ韓国ヲ占領スベシト申サルルコトアラン。此道理ハ理屈トシテハ立ツコトアルベキモ、実際若シ満州ニシテ露国領トナラバ、韓国ニ対シ露国ハ日本ヨリモ密接ナル国トナリ、其関係一層重大トナル故ニ、日本ガ韓国ノ独立ヲ傷ケントスルコトハ露ノ同意スル能ハザル所ナリ。」

小村はウィッテの整然たる議論に圧倒された。そこで、「土地ヲ取リ、又ハ取ラザル等ノ議論ハ此場合ノ論点ニ非ラズヤ」、「現在ノ協商ヲ……一層進メテ鞏固ノモノトナシ、両国ノ関係ヲ確カナラシメタシトノ貴言アリシヲ以テ、之ニ対シ先刻ノ如ク予ノ私見ヲ述ベタルノミ」と弁解した。するとウィッテは現協約以外にも「協定スベキモノ決シテナキニアラズ」として、次のように言った。

「試ニ新ニ協定スベキ要領ヲ述ベレバ、第一ニ日露両国ハ清国及韓国ノ独立及保全ヲ維持スルコトヲ約ス、第二ニ日露両国ハ清国及韓国ノ独立及保全ヲ傷クベキ行動ヲ避ケ、必要アリテ兵ヲ派スルガ等ノ場合ニハ、互ニ予メ交渉シテ、協同之ヲ行フ等、新ニ規定スベキコトアルベシ。」

小村はここで切り返した。

「貴説ノ在ル所果シテ斯ノ如クニシテ、両国ノ協商ヲ清国ニマデ及ボサントスル趣意ナラバ、亦一ノ面白キ意見トシテ承ルベシ。併シ貴言中所謂清国ノ保全(インテグリティー)ナル語ハ清国全体ノ保全、即チ満州ヲモ包含セルモノト解スベキモノト思ハルルガ、敢テ説明ヲ請フ。」

ウィッテはしばらく沈思黙考したのち、いささか声を低めて、答えた。

「然リ、勿論満州ヲ包含セルノ趣意ナリ。……要スルニ清韓両国ノ独立保全ヲ維持スルコトハ露国ノ希望スル要点ニシテ、日本モ亦同一ノ希望ナランコトヲ望ミ、両者ノ意見同一ナラバ、之ニヨリ互ニ一致シテ、鞏固ナル結合ヲ為シ、終始同一ノ行動ニ出ナバ、東洋ノ平和ハ長《とこし》ヘニ保持セラルベク、爾余列国ノ行動ハ深ク顧慮スルニ足ラズトナスコト、予ノ意見ノ大趣意ナリ。尤モ以上縷述セル意見ハ予ガ全ク職務上ノ資格ヲ離レ、個人ノ『ウィッテ』トシテ腹蔵ナク吐露シタルモノナレバ、……公然ノ交渉ハ、……ラムスドルフ伯ヨリ御相手致スベシ。」

ここで会談は終わった。ウィッテは、小村の満韓勢域分割論に対して、韓国の独立をあくまでも尊重すべきことを強調した。ここにこれ以後の日露の争いの核心がある。いずれにしてもこのときに小村とウィッテが合意にいたらなかったことが、日露戦争が起こり、その講和会議で二人が全権として再会することを導くのである。

露清密約締結

ロシアが満州を全面占領したので、これをどのように管理していくかという問題がただちに生じた。それにつきあたったのは現地の指揮官だった。奉天の将軍とアレクセーエフの接触がはじまりだった。

奉天の盛京将軍増祺はロシア側と友好的な関係を維持しようと努めた人物であった。九月にも彼はロシア軍との交戦状態を終えたいと願い、営口のロシア領事と連絡をしてきた。北京での交渉の開始を引き合いに出して、アレクセーエフに停戦を求める要請をしたのである。だが、それを報告したアレクセーエフの電報に皇帝は、「われわれは途中で止まることはできない。満州はわが軍が北から南まで通過しなければならないのだ。なぜなら起こったすべてのことを考えれば、清国人の保証に依拠することはできないからだ」と書き込んだ。(132) かくして、ロシア軍は立ち止まらず、一〇月一日（九月一八日）のスボーチチ軍の奉天占領になったのである。

一〇月一八日（五日）にアレクセーエフとグロジェコフに対して、地元の当局者と交渉して行政権をわたすようにとの指令が出た。(133) 前提になるのは九月はじめのクロパトキン電報の指示である。

奉天を脱出した増棋は新民鎮にもどってきて、アレクセーエフに交渉を求めた。アレクセーエフも占領地において清国人の行政組織をのこすべきだという考えであった。軍人たちがロシアの軍政ないしはトゥルケスタンやブハラのような併合を提案したが、アレクセーエフはこれは危険だと考えていた。これは一時的な占領で、ロシアは清国領の併合などは考えるべきでないというのが彼の立場であった。しかし、首尾一貫していないところもあった。しばしば彼はイギリスのインド統治がモデルになると言いながら、自分たちはそれができるほど文化的でないとも言っていたのである。

一一月三日（一〇月二一日）、増棋の代表三人が旅順に来て、コロストヴェッツおよびチージェマンとの間で交渉がはじまった。この交渉は、クロパトキン電報にもとづく苛酷な条件を原案通り受け入れさせる強硬なやり方で行われた。チージェマンはロシア側の要求の「没道義性」に怒り、清国側が受け入れを拒むのに同情した。コロストヴェッツも部分的にはチージェマンと意見を共有したが、「大きな不愉快事を引き起こしたくない」という理由で、アレクセーエフの指示に従ったのであった。(134)

報告をうけてロシア政府も明確な方針を出さねばならなかった。一一月一三日（一〇月三一日）、ヤルタで蔵相、外相、陸相の三相協議が行われ、「ロシアの満州統治監督方針」なる文書がとりまとめられた。原案を起草したのはクロパトキンであった。これは二〇日に皇帝に承認され、一一月二四日にクロパトキンがグロジェコフとアレクセーエフに下達した[135]。その内容は以下の通りである。

満州は清国の領土にとどまり、清国の行政秩序によって統治されるべきものであるが、治安を完全に維持し、東清鉄道建設に対する協力義務を清国政府に果たさせるために、一部のロシア軍は一時的に占領をつづける。清国政府は満州に軍隊をおかない。将軍と副都統は行政的な責任だけを担う。警察と鉄道沿線外の秩序維持のため、将軍と副都統のもとに武装警備隊を編成する。その人数は斉斉哈爾省と吉林省では沿アムール軍管区司令官が、奉天省では関東州軍司令官が決定する。奉天省での将軍と副都統の活動の監督は関東州長官に、その他の省では沿アムール州総督に委ねられる。各将軍を指導するのは監督責任者が任命する軍コミッサールと外交代理人である。満州の将軍と副都統の任命は清国政府とロシア公使の合意によって行われる。満州の将軍はロシア当局と政治問題で直接交渉する権限をもたない[136]。

ラムスドルフは満州における清国軍の排除という線をとることに躊躇を表明したことが知られているが、実はすでにアレクセーエフがこの内容を先取りした協定を奉天の当局者と結んでいたのである。

一一月九日(一〇月二七日)、コロストヴェッツと道臺周冕はそれぞれアレクセーエフと増棋を代表して秘密協定に仮調印した。この内容は以下の通りである。

一、将軍が帰任した後は、省内の秩序と平穏の維持、および東清鉄道の建設工事の妨害なき進行とその鉄道の保全に対して責任をもつ。

二、建設中の鉄道の保全と奉天省、奉天、その他の拠点における秩序の確保のために、ロシア軍が駐留する。ロシア軍に対して将軍府は完全なる敬意を表し、宿営、糧食購入、秣などの面での必要な支援を与えなければならない。

三、満州の各省にのこる清国軍は、反乱と鉄道の破壊に加わったものは、将軍の手で武装解除し、解散させられるべきであるが、抵抗せずこれが履行される場合には、いかなる責任も問わない。ロシア軍によっていまだ接収されていない武器庫、砲、武器、あらゆる軍用倉庫、備蓄物はロシア軍当局の管理に引き渡される。
四、ロシアの守備隊がいない地点では、種々の防御物（砲台、要塞、その他）は、ロシア軍当局の代表者の立ち会いの下で、清国当局の命令により破壊されるべきである。ロシアの軍当局が利用しない弾薬庫は同様に破壊すべきである。
五、ロシアの軍政が施行された営口などの都市では、清国当局との交代は、省内での秩序の真の回復に応じて、ロシア帝国政府の判断によって行われる。
六、省内各都市の秩序の直接的監視のために、将軍は徒歩および騎馬の警察隊を組織する権利をもつ。……
七、将軍のもとには、関東州長官との交渉の便宜のためにロシア人コミッサールをおく。このコミッサールは、すべての事態と将軍の命令について知らされなければならない。
八、将軍の組織した警察が不十分である場合には、海陸の国境の安全の保持のためにも、国内秩序の維持のためにも、将軍は上記コミッサールを通じてロシア帝国軍司令官に願い出る。(137)

満州には清国軍を立ち入らせないということは、ロシア軍による駐留がつづくことを意味した。この協定は外部世界に知られるや、爆弾となった。

皇帝、チフスを病む

一一月一四日、ヤルタの離宮でインフルエンザで寝ていた皇帝はチフスに罹っていることが判明し、緊張が走った。

内相シピャーギンは宮内大臣フレジェリクス、ウィッテ、ラムスドルフ、国家評議会議長ミハイル・ニコラエヴィチ大公らを集めて、皇帝に万一の事態が生じたときの皇位継承について意見交換を行った。このとき陸相は首都にもどっていた。

一八九九年七月、ニコライのすぐ下の弟ゲオルギーが死んだとき、皇位継承者にはその下の弟ミハイルが指名されていた。ウィッテはすでに指名されているミハイルが継承すればいいという意見であった。

ところが、ここで皇后が妊娠中で、男子が生まれるかもしれないということが問題となった。皇后アレクサンドラ・フョードロヴナは一八九四年の結婚後、隔年に一人の割合で子を産んできた。一八九五年には長女オリガ、九七年には次女タチヤーナ、九九年には三女マリヤと、女子ばかりであった。皇太子を産みたいという願望が高まっていた。一九〇〇年の妊娠は四度目であった。

その話が出ても、ウィッテは問題にしなかった。現時点では別の考え方をしようがないと述べ、それで合意ができた形となった。ウィッテはミハイルの教師をしており、その結びつきは明らかであったので、ウィッテの意見に反発する動きが宮廷内に生まれた。とくに皇后はウィッテの論理が形式的だと考えたようである。

だが、ニコライのチフスは、幸いにして、一二月一一日(一一月二八日)にいたり快癒した。(138)

英独協定の調印

義和団事件の混乱の中で、ドイツはイギリスと接触し、イギリスの中からもドイツと結ぶことが戦略的に有利だとする考えが現れ、一九〇〇年一〇月一二日に英独協定が調印されるにいたった。その内容は、第一、清国の河川と沿海の諸港をすべての国の経済活動に対して自由開放の状態におくこと、第二、清国の版図内にいかなる領土の獲得もめざさないこと、第三、第三国が清国内の領土獲得をめざす動きを示した場合は、両国はどのような措置をとるか協議する、第四、オーストリア＝ハンガリー、仏、伊、日、露、米の各国にこの内容を知らせ、ここに記載された考えを認めるように勧誘すること、であった。(139)

日本政府は、一〇月に山県内閣が終わり、伊藤博文第四次内閣が成立し、外相は青木に代わって加藤高明となっていた。加藤新外相は英独協定の内容を知ると、条約に参加することができるかどうかを英独政府に問い合わせ、その結果、一〇月二九日には早くも日本が加盟するという通牒を発したのである。日本政府は明らかにこの協定がロシアに対して牽制の意味をもつものと受け取っており、強く歓迎したのである。

ドイツ側はそのことを気にして、ビューローは調印に先立ち、ロシア公使オスチェン＝サケンに対して次のように弁解した。第一項は中国北部には関係しない。第二項はこれまでに表明された両国の立場を再確認しただけである。第三項は英独両国がお互いの行動を縛る意味を持つ。第四項に応えてロシアも加わってほしい。これに対してロシア政府は一〇月一五日に英独の公使に回答した。第一項はロシアも共感する。第二項はロシアのすでに表明した方針と合致している。第三項はロシアもそのような事態に対しては態度を改めるだろう。第四項についてはコメントはない。(140)

英独協定は、日本の期待したような反露協定にはなりえなかった。

露清密約の波紋

旅順でアレクセーエフと周冕が仮調印した協約に対しては、新民屯の将軍増棋も抵抗したが、アレクセーエフはこれを受け入れなければ、将軍の奉天帰還を許さないという態度をとった。そのため将軍はこれを受け入れて、一一月二六日（一三日）署名した。しかし、この内容が北京に伝わると、将軍は国を裏切った者として召喚され、解任された。

李鴻章も強く反発した[141]。

北京の役人がこの協約締結の情報を北京在住のイギリス人記者モリソンに流し、これが大スクープとして、『タイムズ』の紙面に一九〇一年一月三日、暴露された。条文の紹介には誇張があった。第三項は「清国軍を武装解除し、解散させなければならない」としている。第七項も「一般的なコントロールの権能をもつロシアの政治的レジデントが奉天に駐在する。将軍は彼に重要な施策にかんするすべての情報を与えなければならない」と明らかに歪曲していた。レジデントとはインドの総督代理をさす言葉である。そしてモリソン記者は「ロシアのレジデントに与えられる権能はブハラにおけるロシアのレジデントやインドの土着州のイギリスのレジデントのそれに等しいものである。この協定には他の二省にかんする同様の協定がかならず続くであろう。そのあかつきには、満州は事実上ロシアの保護国となるであろう」と書き添えた。まさにロシアは満州を保護国ないしは植民地にしようとしているという暴露であった[142]。この報道によって世界が露清密約を知り、記事にしたがって、ロシアに対する非難を高めることになった。

北京で清朝政府と義和団事件の収拾の交渉をしていた連合国は、ロシアが単独交渉をはじめていることのはっきりした証拠であるとして、強く反発した。日本政府には、事態はもっと深刻に受け止められた。露清密約は一九〇〇年一二月三〇日に北京駐在の公使より加藤外相のもとへ報告された[143]。加藤外相は一九〇一年一月七日、清国公使を呼んで真偽をただし、報道通りなら「露国ニ満州ヲ渡セシト同ジ」であり、このような協約は結ばず、「今日ノ儘ノ方可ナラズヤ」と強硬に申し入れたのである[144]。

露清密約の話が日本の新聞に出始めるのは、一九〇一年一月一一日ごろからである。『東京朝日新聞』はこの日の一面のトップに大きな活字で、「露清間の密約中には東三省の民政を清露二国官吏にて聯合施設せしむる事及び……満州の壮丁を募集し露国士官にて訓練し同地方防備を完成せしむる事の二箇条を含めりといふ」と書いた。モリソンの報道のことが書かれたのは一六日の「露清間の奉天密約」なる記事の中であった。翌一七日には、はじめて論説

「満州一片の怪雲」が載った。そこでは「我国家が此の密約を不問に付する能はざることを見るものなり。何となれば、即ち此の密約の実行と共に、満州は直ちに露国の版図となる可ければなり」と書かれていた。

イズヴォリスキーの韓国中立化案推進

この間イズヴォリスキーは朝鮮問題で日本側と接触対話を試みていた。一九〇〇年一一月一日には加藤新外相と会談した。イズヴォリスキーは、先に前任の青木外相に会って、日露協約の中にある韓国への出兵は協調出兵とするという条項はいまなお有効かと質問したところ、そうだという回答を得たのだが、加藤外相も同意見であるかと質問した。加藤はそのときの応答を文書にして出してほしい、それをみて回答すると述べた。イズヴォリスキーは文書を出し、それにより一一月一五日にふたたび会談した。加藤は、青木とも話した、言えることは「協商ノ趣意ハ凡テノ点ニ於テ日本政府之ヲ守ルコト、恰モ露国政府ノ之ヲ守ル通タルベシト言明スルノ外ナシ」ということだと回答した。[145]

イズヴォリスキーは日本側の気分を慎重にさぐっていた。この間報告がなされたのであろう。ラムスドルフは一二月一日(一一月一八日)、イズヴォリスキーの再度の報告に対する回答を送った。韓国中立化問題を全面的に検討し、現地の状況をふまえた結論を出すように、ただし交渉に入ってはいけないという内容だった。[146]ソウルのパヴロフにも同じ日、ラムスドルフは「現地の観点からしてもっとも実際的な朝鮮の領土保全の防衛手段についての結論」を聞きたいとの電報を打っている。ラムスドルフはイズヴォリスキーに説得されていった。ロシアの満州占領に対して日本は補償を要求する。「日本の奪取から朝鮮を守る政治的コンビネーション」を求めることが必要だ。「朝鮮の皇帝がまず隣国ロシアに、ついで他の列国に朝鮮の中立国化を公然と陳情すること」はそういうものになりうるように思える。皇帝とその側近に働きかけ、そのように仕向けてほしい。[147]

パヴロフは一二月五日(一一月二二日)、外相に回答した。そのように仕向けることは難しくない。自分は、皇帝の側近がロシアから韓国中立化のイニシアティヴをとってくれないかとほのめかすのに、つねに慎重に意見を交換してきた。「私は、帝国政府自体がこのことに配慮しているが、事前に地盤を整える必要がある、それなくしては問題提起するだけで韓国に危険をもたらすということを理解させようとしてきた。この件を全面的に検討した結果、私は中立化の問題をしっかりと解決するには、若干の内政改革を行い、財政と軍事に対するある種の形式の外国によるコントロールを確立することが必要であるという確信をもちつづけている。」この条件がなければ、日本を中立化の協定に加わらせることはできない。そこでパヴロフは、このコントロール案とは、日露で行政の個々の部門を分担して、共同コントロールすることだと説明した。このコントロールは、韓国が外国の干渉なしに独立して存続できると列国が認めるときまでの一時的なものだというのである。この「臨時的日露共同コントロール」は列国をふくめた大協定でやってもいいし、日露二国の協定でやってもいい[148]。

イズヴォリスキーは一二月八日(一一月二五日)、ラムスドルフに重ねて報告している。趙秉式に対して日本側がなした回答をみると、日本は韓国中立化に「あまり乗り気でない」。韓国が列国に公然と要請を出すと、列国の中には韓国の内政に批判をもつ国があるだろうから、日本がたちまち同調するだろう。だから、「われわれが韓国の隣国に強力で、戦略上有利な軍事的立場を占めている間に、われわれと東京の内閣との間で予備的な直接の友好的交渉をすること」が解決策になるかもしれない。このためには秘密厳守でやらなければならない。伊藤首相の立場をサウンドしようと思うが、訓令をえなければやれない[149]。

この電報にラムスドルフは一二月九日(一一月二六日)、返事を送った。一一月一日の電報の真意をあらためて説明し、次のように述べた。

「貴下とパヴロフからあらゆる必要なデータを受け取ったあとではじめて、交渉の問題を決定することが可能になるだろう。おそらく最初は日本のような利害関係国ではなく、ロシアと同様に、極東の平和と安静の維持を大事にする一部の大国やアメリカなどと交渉することが考えられるだろう。[150]」

一二月一四日(一日)、イズヴォリスキーは韓国中立化案の交渉の仕方について書き送った。列国の共通の保障による朝鮮中立化計画では、日本を同意させることは難しい、むしろ日露の直接協定で、「日露の二重コントロール制度」を実現する方が可能性がある、予備的な交渉を進めるのがよい、列国の中ではアメリカが仲介者の役割をはたしうる。[151]日露の直接交渉なら可能性があると判断したのは、伊藤総理が「一定の条件があれば韓国中立化計画に賛成することに傾いているのではないか」と見ていたからである。もっともその条件が何かははっきりしなかったが、イズヴォリスキーは「韓国の国内情勢の適正化と日本の通商上の利益の確保」であろうと推測していた。

イズヴォリスキーにはパヴロフの意見が伝わっていたので、一二月二八日(一五日)の電報では、イズヴォリスキーは、日露で協定を結ぶとすればパヴロフの意見に賛成で、「韓国の行政部門のうち、一定の、厳密に区分された部分に対する一時的コントロールを日露で配分する」ことだと指摘した。そのさい、このことは西・ローゼン協定の第二条を積極的に発展させることになる、「われわれが朝鮮の隣にあって強力な軍事的立場にある現時点がまったく好都合だ」として、すみやかに日本と交渉をはじめることを希望した。[152]

この間にイズヴォリスキーは加藤外相と一二月二〇日に会談している。この日は日本側が主張をぶつけた。「日本臣民中或者ハ露国ガ韓国ニ対シテ異図アリト疑フ。」イズヴォリスキーは弁解した。「露国ガ韓国ニ対シテ野心ナキハ先年ノ自由意思ヲ以テ自ラ韓国ヨリ退却シタルニ徴シテ明ナリ。」加藤はここで日本として言いたいことを率直にぶつけた。

「自由意思ヲ以テ退却ト曰フモ、当時露国ガ旅順及大連ヲ得ムトスル時ナリ。遼東ノ地曩《さき》ニ日清戦役ノ際日本之ヲ領有セムトスルヤ、露国等ハ之ヲ以テ東洋平和ニ害アリト為シテ之ニ反対セリ。而シテ其ノ舌根未ダ乾カザルニ露国ハ旅順大連ヲ取リ、日本ニ対シテ甚ダ butter morsel ヲ食ハシメタリ。露国ハ実ニ之ガ報酬トシテ一時韓国ヨリ手ヲ引キタルノミ。即チ Consideration ヲ以テ為セルモノニシテ、決シテ任意ニアラズ。」

イズヴォリスキーの反応について日本側の記録者は次のように記している。

「露公使遂ニ辞屈シテ、其ノ事実ヲ認メタレドモ、亦一時ノ退却ニアラズ、永久ナリト弁解セリ。」

加藤はこんどは満州問題をとりあげて、迫った。「日本人中一部ニ於テハ、露国ガ満州ヲ領有スルガ如キコトアラバ、韓国ノ独立危殆ニ陥ラムコトヲ憂慮スルモノアリ。」イズヴォリスキーは「露国ハ屢宣言セシ如ク、撤兵スベシ。但シ鉄道アルヲ以テ、之ガ保護ノ方法ニ関シテハ清国ト商議スル所アルベシ。満州問題ニ関シテ韓国独立ヲ懸念スルアラバ、韓国問題ヲ一層満足ナル基礎ニ置クノ希望ヲ益深クスルモノアリ」と逆襲した。そして、ロシア政府内には、韓国政府を指導補助するにはロシアと日本で部署を決めてするのも一案だという意見がある、この考えをどう思うかと尋ねた。

加藤は日露両国の監督とは dual control を考えているのかと質問した。イズヴォリスキーがそうだと答えると、加藤は「歴史上成功ノ例ナキヲ以テ」反対だと言い切った。イズヴォリスキーは「歴史ハ必ズシモ繰返サズ」と平然たる調子であった。加藤は「露国ノ提案此ニ在ルヤ」と問いただすと、イズヴォリスキーは「敢テ定案ニハアラザルモ、亦一案ナラズヤト思考ス」と答えた。

ここで、イズヴォリスキーは、前任韓国公使が出した韓国中立化案をどう思うかと質問した。加藤は、これに対して、「韓人果シテ中立ナルモノヲ知リテ、此ノ議ヲ為セシヤ如何ヲ知ラズ。本問題ニ就キテハ未ダ研究セズ」と答えた。イズヴォリスキーは「縦令韓人ハ之ヲ知ラザルベキモ、閣下モ本使モ共ニ之ヲ知レリ。故ニ之ヲ以テ案ト為スコトヲ得ルニアラズヤ」と反論した。加藤は「貴国ニ案アリ、又ハ閣下ニ案アリテ、政府ノ意亦之ニ存セバ、之ヲ聞キテ慎重ニ審議スベシ」とまとめた。(153)

すてなかった。この問答では日露の外交当局者の見解は相当に対立的であることが明らかになったが、イズヴォリスキーは希望を

一方ラムスドルフは、次第にイズヴォリスキーとパヴロフに説得されていった。一二月一六日(三日)には、外相はイズヴォリスキーにあてて、日本政府要人が広範な政治的計画を志向しているというなら、「朝鮮問題調整の必要を証明するもの」だとし、日本が朝鮮問題でロシアと「直接協定」を望んでおり、「予備交渉」が目的達成にかなうものなら、どういう「協定の形式」がいいか、いつ予備交渉をはじめるのがいいか、言ってほしいと書いていた。(154)

そしてついに外相ラムスドルフは韓国中立化案をもって日本と交渉することに皇帝の承認をとりつけた。一二月三〇日(一七日)、ラムスドルフは東京のイズヴォリスキーに対して電報を送った。

「貴下が一二月一五日(二八日)の電報に述べた判断は根拠あるものと思われる。陛下の許可をえて、韓国中立化の条件について伊藤公爵との交渉に慎重に着手することを貴下に委任する。現在のロシアの政治的、軍事的立場は望まれる目的達成のためにとくに好都合である。(155)」

イズヴォリスキーは伊藤博文総理の意見を打診しようと考えたが、まずポクレフスキー＝コーゼル一等書記官を通じて、都筑馨六と井上馨の意見を打診したところ、積極的な支持をえた。(156) そこで一九〇一年一月七日(一九〇〇年一二月二五日)にイズヴォリスキー公使は加藤高明外相を訪問して、提案を行った。日本外務省の記録には公使の提案が次のように書き留められている。

「露国政府ハ列国ノ共同保証ノ下ニ韓国ヲ中立セシメントスル計画ヲ提議スルヲ以テ得策ト思考ス。然レドモ本件ニ関シ何等ノ手段ヲ執ルニ先チ、且ツ韓国ニ於ケル日本ノ利害関係並ニ日露両国間ニ現存スル協商ニ鑑ミ、前顕計画ノ実行セラルベキ条件ヲ内密ニ、且ツ友誼上ヨリ日本政府ト協議セン事ヲ茲ニ申出ルモノナリ。(157)」

一月九日(一二月二七日)、イズヴォリスキーはペテルブルクに打電した。韓国中立化問題の交渉を「慎重な形で」

はじめたが、伊藤が病気で東京を離れたので、「きわめてゆっくりとしか」進まないだろう。露清密約のニュースが強い印象を与えているので、世論が興奮して、こちらの交渉に悪影響があるかもしれない[158]。

日本政府の方はこのような提案に強く反発した。加藤外相はこの提案を在外の公使たちに知らせた。北京の小村寿太郎公使は一月一一日、はっきりした意見を返してきた。小村は、この提案は「重大ナ障害ヲ生ズベキモノナリ」と述べ、その理由として二点を挙げていた。すなわち、「満州ニ於ケル露国ノ行動ヲ有効ニ多少抑制シ得ル所ノ日本国ノ韓国ニ於ケル現位置ヲ失ハシムル結果」を生むこと、「韓国ニ於ケル政治上、並ニ商業上ノ最大ナル利益ヲ保持セントスル」日本の「決心及能力ハ一般ニ認識セラレ居ル所ナルニ」、それを放棄すれば、「日本国ノ威信」にかかわることの二つである。そして小村は「満州問題ト関聯セシムルニアラズンバ韓国問題ノ解決ハ満足ノモノニ非ラズ」という考えから、ロシアが満州を中立地にすることに同意しないかぎり、日本は「如何ナル場合ニ於テモ」ロシアの提案を認めないと主張すること、「若シ斯クスルコト能ハザルニ於テハ」、日本は韓国、ロシアは満州と勢力圏を分割することを主張するほかないことを進言した[159]。

小村の主張は前年七月と比べて、明らかに変化していた。満州に対する関心、満州問題に関与しようという意欲が強まり、韓国についてはロシアの介入を峻拒する姿勢が見える。「若シ」以下の文言は満州問題への積極介入がうまくいかなかった場合には、という意味であろう。これはたんなる満韓不可分論＝満韓交換論ではない。満州問題重視論というべきである。

加藤高明外相は一月一七日、日本政府の回答口上書をペテルブルクの珍田捨巳公使に送った。これは二三日、外相ラムスドルフに渡された。この中で、加藤外相は、「満州ニ於ケル露国現下ノ態度」が「他国ヲシテ不安ノ念ヲ起サシムベキモノ」であると指摘し、日露間では一八九八年四月二五日の議定書（西・ローゼン協定）が「今尚ホ有効」であり、「現下ノ事宜ニ適応スルモノ」である、したがって、「帝国政府ハ、中立ノ宣行ヨリ……従前ノ状態復帰シ……

自由ニ交渉ヲ遂行スルコトヲ得ルニ至ルマデ本件ノ商議ヲ延期スルノ得策ナルヲ信ズ」と述べている[160]。

同じ一七日、加藤外相はイズヴォリスキー公使を呼んで、口上書を説明した。イズヴォリスキーは、ロシア政府としては「充分友誼ノ精神」で申し出たのに、「満州問題マデヲモ」引き合いに出して回答されるのは遺憾だと述べた。加藤は、満州撤兵はロシアが宣言したのだから、「遠カラズ実行セラルベキモノト信ズルガ故ニ、韓国中立ノ事ハ貴国満州ニ関スル宣言実行ノ後ニ之ヲ議スルモ尚遅カラズト思考スルモノナリ」と切り返した。加藤は満州問題と韓国中立論とは「分離シテ見ル事能ハザルモノト信ズ」とも言った[161]。イズヴォリスキーはこれには答えなかった。彼は満州のことには触れる立場になかったからである。

ラムスドルフ外相の方は、口上書をもらって検討したのち、一月二四日、日本公使に向かって語った。この回答に満足する。ロシアも西・ローゼン協定に満足している。日本が不満であると見えたので、意見交換を提案したのである。中立論はロシアの希望として述べたのでなく、ロシアの与える譲歩として出したにすぎない。いずれにしても、日本が交渉を望めば、ロシアはいつでも応ずる[162]。外相の態度は官僚的な、ことなかれ主義であったと言わねばならない。これではイズヴォリスキーの交渉は否定されたに等しかった。

珍田公使は一月二八日、この間のやりとりを振り返り、長文の分析を本省に送っている。「北清事件以来東洋ニ於ケル露国ノ地位ニ非常ノ変動ヲ来シタルニ拘ハラズ、其対韓策ニ至リテハ依然従来ノ方針ヲ失ハズ。満韓二問題ヲ箇々ニ独立セシメ、力メテ其関聯ヲ避ケ、先ヅ第一ニ満州ニ於ケル各種ノ経営ヲ完成シ、然ル後徐ロニ朝鮮問題ノ解釈ヲ求メントスルハ、蓋シ露国ガ此間ニ処スル大体ノ方針ナルガ如シ。」

珍田は、今回の挙動は満州で何か動きを試みる「伏線」かもしれないし、満州での行動で日本の世論が硬化しているのに「驚キ、日本トノ衝突ヲ避クルノ必要ヲ感ジタ」ためかもしれないと考える。そして、ロシアとして、「朝鮮ニ於ケル行動ノ自由ヲ日本ニ与フベキ乎、将《はた》タ列国ノ干渉ヲ容レテ朝鮮ノ中立ヲ維持スベキ乎」、二者択一に直面した場合は、「露国ハ断然……後者ヲ撰ムノ決心ヲ有スル事ニ至リテハ、今回ノ挙措ニ由テ充分ニ之ヲ断定スルヲ得ベシ」。後者をとるからといって、ロシアが朝鮮への「欲望ヲ抛棄シタ」ことにはならない。珍田はロシア内部事情についての分析をここに書き付けている。

「聞ク所ニ拠レバ、朝鮮ノ兼併ハ露国軍人社会ニ於ケル一般ノ輿論ニシテ、何人モ更ニ其必成ヲ疑ハズ。又現政府ノ有力家ヲ以テ称セラルル現任大蔵大臣ノ如キモ、亦タ朝鮮問題ニ対シテ頗ル強硬ナル意見ヲ抱キ、満州若シ愈々露国ノ版図ニ帰セバ、露韓二国ハ直接接壌ノ隣邦ト成ルヲ以テ、対朝鮮問題ハ露国ニ取リ益々重要ヲ加フルニ至ルベシトノ意味ヲ語リタル事アリト云フ。武断文治両派ノ意見……如斯《かくのごとく》ナリトセバ、露国ノ対朝鮮野心ノ一朝一夕ニ変動スベキモノニ非ラザル事容易ニ推知シ得ベシ。……露国ノ所謂朝鮮中立論ナルモノハ唯一時ノ瀰縫策ニ過ギズシテ、要スルニ露国ガ其宿望ヲ実現スルノ余地ヲ保留スルノ目的ニ出ヅルモノト思考スルヲ得ベシ。(163)」

イズヴォリスキーの方は、二月二二日(九日)に彼の試みが失敗に終わったことのまとめを外相に書き送った。イズヴォリスキーは、まず日本が英独同盟に素早く参加したことに注意を喚起している。日本は極東危機の解決にあたって、不利な立場に立たない保証を求めていると見ている。しかし、イギリスもドイツもロシアが清国に地歩を占めるのに対抗して精力的に行動するまでにはいかない。日本は「ロシアの勢力圏の著しい拡大という既成事実に対面するおそれがある」。そこで日本政府はどこかで「しかるべき補償を獲得する道をあらかじめ準備する」ことに躍起になっている。それは「朝鮮でのみえられる」のである。日本政府は朝鮮にかんする現行協定を守ると言っているが、それは「この問題について新しい取引をすることによって自分の手を縛ることが時宜に適っていないし、不利益だとみなしていることを証明するにすぎない」。日本は、日清戦争後の三国干渉のときのような国際的な「結合をロシアに対してつくりだす」ことを願っている。だが、だめなら自力で行動するだろう。

イズヴォリスキーは「日本政府がこの第二の道を進むに十分な勇敢さを自らの内に見いだし、ロシアとの衝突の危険の前に立ち止まらないかどうか、あらかじめ言うことはできない」と述べ、財政状況もあるし、政府上層の賢明さもあるので、意識的にこの方向に向かっているとは考えられないとしている。しかし、「世論の突然の爆発の可能性があることを真剣に念頭におくことが必要である」として、伊藤と加藤ら少壮大臣グループとの間の不一致が顕著になっていることを指摘している。思いがけないきっかけで煽動がはじまり、政府が決定的行動の道に引き込まれれば、「危機は異常なスピードで到来しうる」。「日本の地理的地位からしても、とくにその陸海軍兵力の組織からしても、大変な速さで、顕著な事前の準備なしに、いつでも手近な朝鮮の岸に相当な量の軍隊を転送することが日本には可能である。」

陰鬱な観察と警告を連ねたこの手紙は、「すべて申し述べたことが私の責任感に重くのしかかっていることをご理解下さい。私は当地で観察した不安な徴候のどれ一つも隠さないことが自分の道徳的義務であると考えております」という言葉で結ばれている。(164)

露清交渉

年のはじめから露清密約非難の声が高まっていたが、その直後にロシアと清国がペテルブルクで正式交渉をはじめるというニュースが入り、日本国内の世論は一層いきり立つこととなった。

一九〇一年一月四日(一九〇〇年一二月二二日)、清国公使楊儒とラムスドルフ外相の間で交渉が開始されたのである。ロシアにとっては交渉の立場は前年一一月に決められた「ロシアの満州統治監督方針」であった。(165)数次の大臣協議をへて、二月一〇日(一月二八日)にロシア案がまとめられた。第一条には、満州が清国の領土であり、清国の行政が回復されることが定められる。第二条には、鉄道の警備隊では東清鉄道の建設の安全を保証しえないので、ロシア政府は一定期間軍隊を満州に留めることがうたわれる。第三条で、ロシア軍は必要ならば、清国当局に秩序維持の面で援助をおこない、第四条で、清国は東清鉄道の建設が終わり完全に運行が実現するまでは、満州に軍隊を入れないという義務を負う。第五条で、清朝政府はロシア政府の上申により将軍などの高位行政官を更迭すること、第六条で、北部の陸海軍に外国教官を招請しないことを約束する。第七条で、金州の自治権を廃止する。第八条で、清朝政府はロシア政府の同意なしにロシアに隣接する地方、すなわち満州、モンゴル、新疆地方で外国人に利権を与えないことを約束する。第九条は、このたびの戦争に対する賠償の支払い、第一〇条は、東清鉄道が蒙った損害に対する補償の支払いをおこなうこと、第一二条は、東清鉄道に北京方向へ向かう万里の長城までの鉄道線の建設の利権を与えることを盛り込んでいた。この案が二月一六日(三日)、ラムスドルフ外相から清国公使に提示された(166)。

この内容は諸列国に伝わった。イギリスの在北京公使サトウは二月二七日にランズダウン外相に一二項目のロシア案の要旨を送った。日本の小村公使は三月一日に加藤外相にロシア案を報告している(167)。イギリスも、またドイツも、ロシアの行動に批判的であったが、それを抑制する動きには出ず、日本のみがいきり立ったのである(168)。加藤外相は三月二日に上海の小田切万寿之助総領事代理に電報を送り、その内容を三月四日に会った清国公使にも直接伝えた。「露国ノ要求ハ満州ヲ暗暗裡ニ占領スルモノナリ。而シテ清国ノ之ヲ拒絶スルハ……少クトモ露国ヲシテ侵害者タル名ヲ避クル能ハザルノ地位ニ立タシムルノ利アリ」として、「清国之ヲ允許スルニ於テハ必然他ノ列国ヨリ満州以外ニ同様ノ要求ヲ為スニ至リ、清国ハ堪ユベカラザル不利益ニ陥ルベキコト是レナリ」と威嚇した(169)。

清朝政府の訓令をうけて、楊儒公使は三月六日(二月二一日)、ラムスドルフに特別メモランダムを渡した。その中で清朝政府としては、六条、一二条、七条は受け入れられない、四条は東清鉄道に近接する地域には清国軍を入れないというふうに修正してほしい、八条も列国が不満をもつので修正が必要だと申し入れた(170)。ロシア政府はすばやく動いた。五日後、外相は蔵相、陸相と協議して、新しい案をまとめ、ニコライ二世の裁可を得た。四条は、清国が満州に軍隊を置けることになるが、その規模はロシアと相談するということに修正された。五条はのこされ、六条は削除され、七条からは金州の名が除かれた。八条の外国人への利権供与の制限は満州だけとなった。一二条の北京方向へ向かう鉄道線という表現から北京を消し、満州と直隷省の境界にあたる長城までの鉄道線という表現に変えられた。ロシア政府は相当に譲歩したつもりで、この案で決着をはかろうとした。新しい案への回答の期限は二週間と指定された。三月一四日(一日)、この新しい案が清国側に渡された。李鴻章も、慶親王も、この案なら受け入れ可能とみた。(171)

しかし、この修正案が小村公使から三月一七日加藤外相に報告されると、加藤はこれを英独政府に通知させ、清朝政府に調印させず、ロシアが撤回するに至らしめるべきだと清朝政府に勧告することで協同したいと申し入れさせた。(172) そして上海の小田切総領事代理に、あくまでもこの協定調印に反対の旨を清朝政府内部の反対派たる劉坤一と張之洞に伝えさせた。(173)

日本政府では、加藤外相の提案で三月一二日の閣議で、日本がとるべき道について討議していた。加藤はその道は三策あるとしている。

第一、露国ニ向ツテ公然抗議ヲ試ミ、若シ目的ヲ達セズンバ、直接ニ勝敗ヲ干戈ノ上ニ決スル事。……満州ニ於ケル露ノ立脚地ハ既ニ甚ダ鞏固ナルガ故ニ、之ヲ動カシテ掃蕩ノ功ヲ奏スルハ太《はなは》ダ難事ニシテ、且差当リ莫大ノ費用ヲ要スルノミナラズ、同地占領ハ永ク怨ヲ露国ニ結ブモノタルヲ覚悟セザルベカラズ。

第二、露国ニ向ツテ平衡上、且自衛上帝国ニ於テ適宜ノ手段ヲ執ルベキ事ヲ宣言シ、韓国ニ関スル日露協商ヲ無視スルノ行為ニ出ヅル事。韓国ハ早晩其独立ヲ失フベキ運命ヲ有スルモノノ如シ。若シ露国ヲシテ該半島ニ拠ラシメンカ、帝国ノ安全ハ常ニ其脅迫スル処トナルヤ明カナリ。殊ニ韓国ハ実利上ヨリ見ルモ、国民感情ノ上ヨリ見ルモ、帝国ニ於テ之ヲ放棄スルコト能ハザルモノナルガ故ニ、此際ニ於テ同国ヲ占領スルカ、又ハ保護国トナスカ、其他適宜ノ方法ヲ以テ同国ヲ我勢力ノ下ニ置クヲ第二策トス。

第三、露国ノ行為ニ対シテハ、一応ノ抗議カ権利ノ留保ニ止メ、後日ヲ俟《ま》チテ臨機ノ処置ヲ講ズル事。[174]

閣議ではながく議論したが、結局第三策でいくこととなった。日本は清朝政府に圧力を強めた。このような圧力もあって、清朝政府内でまたもやいくつかの修正意見が出され、三月二〇日(七日)に楊儒公使がその案をラムスドルフに提出した。しかし外相は、この再修正要求を拒絶し、一四日案を清国側がそのまま受け入れるように要求した。[175]

清国公使は三月二三日午前、加藤外相を訪問し、各国は清国に代わってロシアに調印延期を申し込んでほしいと要請した。加藤は、調印を延期したところでなんの益もない、調印を拒否してロシアに撤回させるべきだと述べて、断った。すると、二三日夜に清国公使がまた面会をもとめ、もしもロシアと決裂し、戦争になった場合、各国は清国を兵力で助けてくれるかと質問した。加藤は、ロシアが腹を立てても、実力行使はしないだろう、いずれにしても清国がロシアの要求を認めれば、各国また同様の要求を提出するだろうと威嚇した。[176]

この日小村公使は李鴻章と会見し、日本の警告を伝えた。李は、修正案には「何等非議スベキ条款ヲ存セズ」と言い、ロシアの態度は最後通牒的であるので、調印しなければ戦争になることを恐れる、「列国ノ声援アルニアラザレバ此当面ノ危険ヨリ脱出スベキ途ナシ」と語った。[177] 駐日公使の意見は李鴻章の意見であったのである。

加藤はついに二四日、珍田公使に対して、清朝政府より「友誼的調停」の依頼があった、この件を北京における列国代表者会議に提出して協議するのがよいのではないかとロシア政府に申し入れよと訓令した。[178] つまり、清朝政府から調停の申し入れがないのに創作したのである。

珍田は三月二五日ラムスドルフに面会し、外相からの訓令に従い、申し入れをおこなった。ラムスドルフは、露清間で交渉中の問題について、このような通牒を「公然ニ接受スルコト」は「辞退セザルヲ得ズ」と述べたが、日露両国政府の意思疎通のためとして、次のように述べた。

「他列国ノ為メニ阻碍セラレザル限ハ、露国ハ満州ヨリ撤退スベシトノ決心ハ今尚毫モ減ズル所ナシ。而シテ露清約定ヲ締結スル露国ノ唯一目的ハ満州撤退ヲ実行スルノ手段ヲ求メントスルニ在リ。而シテ該約定ハ一時的性質ノモノニシテ、清国ノ主権ヲ侵蝕シ、若クハ他列国ノ権利及利益ヲ侵害スルノ条款ハ毫モ存セズ。」「満州問題ハ全然露国ニ専属スル案件ナルガ故ニ、之ヲ北京会議ニ附スベシトノ提言ハ露国ガ従来依遵シ来リタル一般原則ト相容レザルモノナリ。」(179)

このような回答を受け取った加藤は不満であり、「このまま黙止することは難しい」と考えて、「総括的不満足」の意思表示をしたいと伊藤首相に申し入れた。しかし、伊藤は「露と戦ふやうになつては困る」と承認せず、四月一日の会合では、山本権兵衛海相が伊藤を支持したのに、児玉源太郎陸相は中立的であったという。そして伊藤と加藤の間でさらに議論がつづけられた。(180)

反ロシア論の高まり

露清密約の暴露からの数カ月間は、日本の国中に反ロシア熱がはげしく燃え上がった時期であった。

ことは二月一日、大隈重信が近衛篤麿に対して、ロシア政府よりの回答があったとして、次の三項目を伝えたところからはじまった。「満州は西比利亜経営上に必要の地たる」こと、「露清秘密条約の存否は答弁の限りにあらざる」こと、「朝鮮は列国の協同保護国とすべき」こと。(181) これを二月四日の国民同盟会の同志懇談会で国友重章が二〇〇人の聴衆に向かってぼかしながら話した。翌日の『二六新報』に三カ条が掲載された。(182)

国民同盟会はここにいたって大キャンペーンを開始した。二月二四日に佐世保の旭座で国民同盟大会を開いた。参加者は千余名であった。二五日には長崎で懇親会が開かれた。(183) その後は中国方面の遊説に向かい、三月四日は岩国で大会を開き、聴衆千五百人を集めた。(184)

東日本では、茨城県下の遊説がなされ、三月一日は古河町公会堂で大演説会、千五百人が参加、二日は下館町小嶋座で青年国民党との聯合政談大演説会、これには三千人が参加した。三日は太田町二木楼での大懇親会、四日は水戸市劇場で大演説会がおこなわれた(185)。

三月一〇日には、国民同盟会第三次政談演説会が神田東京座で開かれ、四千二、三百人が参加した。九人の弁士が熱弁を振るったが、最後に各演説の要旨として安倍井磐根《いわね》がまとめを朗読した。その第二項は「若し露国にして警告にも忠告にも応ぜず、満州条約を断行するときは、最後の決心の覚悟を為す事」であり、第三項は「我国は徹頭徹尾、単独を以てしても目的を貫くの決心必要なる事」であった。聴衆は一項ごとに拍手し、「空を動かさん斗《ばか》りなりき、人心の漸次満州問題に注傾し来たりたるを見るべきなり」と内部報告は記している(186)。

同じ日、長野市国民同盟大会が千歳座で開かれ、三千余名を集めた。本部から参加した五人の中に中江篤介(兆民)もいた。「各熱心に支那保全の必要を説述す。……拍手堂に満ち、中には感激涙を浮ぶるものもありたり」と報告されている(187)。

さらに東京では、三月一三日にも国民同盟会在京員大会が錦輝館で開かれ、神鞭知常、武市庫太、根津一が講演した。根津は日露の兵力比を詳細に検討し、「海軍の優勢なるは勿論、陸軍にありては五ヶ師団を以て優に必勝を期すべき旨」を述べ、「露国の満州経営成就するの暁に於ては」これが逆転する、「我国遂に伸ぶる所なきに至らん」と述べた。ここでは決議が採択されている。

「夫れ満州にして露国の手に帰せん乎、支那保全の方針は茲に破却せられ、朝鮮の擁護復た望むべからず、東洋の平和長《とこし》へに攪乱せられて、我帝国の利益及国防は危険の地に陥るべし。是れ吾人国民の傍観坐視すべき秋《とき》に非らざるなり。」

「独り我国に至りては利害関係至重至大、宜く率先挺進列国協同の主動力となり、寧ろ最後の手段に訴ふるも之れを貫徹するの大決心なかるべからざるなり。[188]」

ここにいたって、ロシアと戦うなら今だという認識が公然と述べられたのである。

山口県下では、三月九日、田布施の同盟大会に五〇〇人、一三日、高森での演説会に千人、翌一四日には柳井津町の演説会に二千余名が集まった。[189] どこでも国民同盟会の集会には多数の人が集まったのである。

二月には黒龍会も発足した。幹事は佃信夫、内田甲（良平）、葛生玄晫《げんたく》（能久）の三人である。創立趣意書には、「西比利亜及び満州、朝鮮の、百年われに於て緊密の関係を有するは復た論を俟たざる所」、自分たちは「皆な多年黒龍江畔に露宿し、長白山下に風餐し」て、「風俗人情を視察せるもの」、「要は其観察の結果を示して、世人の警醒を促すに在り」と控えめに述べている。[190] しかしその後、この団体も急速に攻撃的な論調を示すことになる。

ロシア政府、露清協定締結を断念す

露清交渉の報道が日本に巻き起こしたこの憤激はロシア公使と駐在武官に恐怖を与えた。最初の警鐘はイズヴォリスキーの三月一四日（一日）の電報で外相に伝えられた。

「これらすべてがふたたび一連の議会での質問、戦闘的な新聞論説、集会等々を呼び起こす契機となった。いわゆる国民同盟会はあらためて精力的に宣伝を再開した。このたびは東京だけでなく、地方の諸都市においてもおこなわれ、毎日のように集会、決議、デモ等々についての電報が届いている。」

イズヴォリスキーは「日本海軍は完全な戦闘準備をととのえていて、可能な軍事作戦の戦場との関係ではもっとも有利な地位にあることは疑いない」と確認した上で、日本政府のトップに伊藤博文がいるかぎりは、彼が「極端な分子の吹き込みに屈することはないと期待できる」、しかし、彼の影響力は落ちており、彼が去れば、「はるかに穏健でない分子が権力に近づくことが可能になる」と指摘した。状況は日清戦争前夜とよく似ており、違いは、伊藤がそのときは衆議院と衝突していたのに、いまは「貴族院のはるかに有力な分子」と衝突していることである。[191]

結局ロシア側は、日本国内のこのような反露意識の高まりを背景にした日本政府の清国への働きかけによって、協定妥結を断念することに追い込まれたのである。三月三一日（一八日）、東京とロンドンの清国公使に、清国政府がロシアとの協定に調印しないと決定したことを日本とイギリス政府に通知せよとの訓令が送られた。ロシア政府はこのことを受け入れざるをえなかった。四月三日（三月二一日）、ロシア政府は在外公使館あてに通達電報を送り、清国との二国間協定を結ぶ考えを放棄し、「今後の事態の進展を静かに待つ」ことを明らかにした。[192] 五日後、イズヴォリスキーは加藤外相を訪問し、口頭でこの趣旨を伝え、通牒を渡した。そこには「現下ノ状勢ニ於テ……協商ヲ締結スルハ、清国ノ利害ニ関スル露国ノ友好的意志ヲ表彰スルノ手段トナラズシテ、却テ各種ノ困難ヲ隣邦ニ蒙ラシムルナキヲ保セザルガ故ニ」と、交渉中止の説明が述べられていた。[193]

日本側ではこのとき、先のラムスドルフ発言に対してどのような表明をするかで、閣議や元帥会議などで議論をおこない、ようやく四月五日になって、意見の発表は保留するが、ラムスドルフの意見には「遺憾ナガラ之ニ同意スル能ハズ」と口頭で返事をすることを決めた。加藤外相の主張するような正面からの反対論の表明が開戦につながることがおそれられたのであった。[194]

これは四月六日、珍田公使よりラムスドルフ外相に伝えられた。ラムスドルフは私見として、従来満州での自由行動を認める旨の提言をしていた日本が「満州問題ヲ極メテ重大視スルニ至リタルノ意外ナルニ一驚セザルコトヲ得ズ」と述べたという。[195] 四月八日、清国公使李盛鐸は加藤外相と会談したが、その席で加藤は「将来再ビ難局ノ生ズルコトアラバ、秘スル処ナク日英両国ニ計ラレテ然ルベシ」と申し入れている。盛宣懐の感謝状は一〇日すぎに来たが、「今後若シ露国ニ於テ何等別ニ提議スルコトアルトキハ、固ヨリ両国互ニ相通知シテ共ニ維持シ以テ東方ノ大局ヲ保全センコトヲ期ス」とあった[196]。

ロシアと清国は戦争を戦ったのであれば、講和が結ばれるべきであったのだが、日本はそれを徹底的に妨害したと言うことができる。三国干渉に対する報復であったと言えるかもしれない。その結果として、この時点でロシア軍の撤退についていかなる了解も露清間には生まれなかったのである。

つづく戦争の恐怖

露清交渉挫折の報道のあとは、日本国内では国民同盟会の運動も急速に勢いを減じていった。これに反して、ロシア人の感じる戦争の脅威は引き続き高まっていった。四月六日(三月二四日)、日本駐在海軍武官ルーシンは海軍省に重大な警告の通信を送った。日本国内では、ロシアの満州での計画について噂が流れ、きわめて反露的、戦闘的な気分が年初から高まっている。ロシアが清国との密約を断念したと通知するのが遅れれば、ロシアに対する公然たる軍事行動がとられかねない。この反露熱は強力な反露党によって支えられており、日増しに日本国内で影響力をのばしている。だから、ちょっとしたきっかけから日本が軍事行動をはじめる可能性がある[197]。

駐在陸軍武官のヴァノフスキーも四月一〇日(三月二八日)に「満州問題での世論の興奮は戦闘的な性格をおびている」、「われわれに敵対的な陸軍省は終始落ち着いており、理性的な態度をとりつづけている」、しかし「海軍省の気分は無煙炭の買い付けによって表現されている」と報告した[198]。

公使イズヴォリスキーも四月五日(三月二三日)、外相に打電してきた。露清密約の報道で、多くの「排外主義的な」傾向の小新聞だけでなく、政府の立場を代弁するような新聞まで含めた重要新聞も煽動に加わり、大隈重信のような多くの大物政治家まで「もっとも戦闘的な調子で公衆に演説している」。加藤外相は「若く、野心ある大臣のグループ」に属し、「ずっと落ち着いている、健全な伊藤侯爵」を後景に押しやっている。ここで「もっとも危険で、激情的な閣僚」は山本海相であるというのはひどい誤認である。理性的なのは、元帥府の人々、小松公爵、山県元帥、西郷提督、それに伊藤だというのは妥当である。露清密約事件は、「日本が満州でのロシアのもくろみで脅威をうけている清国の友であり、擁護者であるとデモンストレートする口実を与えている(199)」。

これらの電報は旅順のアレクセーエフのもとにまず入ったから、彼が反応した。アレクセーエフは四月一〇日(三月二八日)に陸軍大臣クロパトキンに電報を送り、兵力増強を訴えた。「公使の通報によれば、われわれに好意的でない日本国内の気分は強まっており、全体状況は深刻である。日本の陸軍と海軍のつねに大きな戦闘準備を考慮すれば、日本は積極的行動をはじめるのに大々的な準備措置を必要としない。日本の積極的行動はほぼ不意打ちとなる可能性がある。そのことに基づいて、わが国の政治情勢一般についてはよく承知していないが、防衛に備えて、旅順の防備をかためる若干の措置を講ずることが必要だと私は認める。そのためにはもっとも速い行動能力をもつように砲兵隊の現在の作業方式を変更することが要求される。そのような作業方式の変更によって出てくる追加支出について閣下のご指示をお願いしたい(200)。」

これに対して、参謀総長サハロフが四月一三日(三月三一日)にアレクセーエフに陸相の返事を伝えた。「極東の政治情勢一般はあまりに不安定なので、いつなんどき、なんらかの衝突事態がおこるかわからない。だから、陸軍大臣はかぎりなく慎重な態度を守り、われわれの行動で日本における興奮を強めることがないように、……時期尚早な決定的な措置をとらないことをお願いしている(201)。」

クロパトキンは、すでに決まっていた旅順の強化策、第三狙撃兵旅団を旅順に集中することや、旅順に送られるべき補給物資の輸送を急がせることなどしか考えていなかった。

だが、ここで少し緊張が緩和したように見えた。四月一五日(二日)、イズヴォリスキーがロシア政府の露清協定断念の発表に対する日本側の態度の変化を知らせてきた。加藤外相はロシア政府の決定に満足の意を表し、新聞論調も「極度に戦闘的なものから、穏健で理性的なものに」変わった。伊藤に近い『東京日日新聞』は「ロシア政府の賢明さと平和愛好心」に共感すると書いた。しかし、伊藤らの権威は大きな打撃をうけており、「時代の英雄は加藤氏であり、排外主義的な新聞が異口同音に称えている」。加藤高明とともに、「少壮派グループ」の力が増している。そして、イズヴォリスキーは、「海軍だけでなく陸軍も、初秋には即時積極行動に出る用意が整うということに一点の疑いもない状態に達すると結論できる」と指摘し、次のように警告した。「どういうことであれ、もう一度満州問題が提起されたら、事態はふたたび先鋭化し、戦闘的な一派はロシアと断絶する試みをあらためておこなうだろうと想定される。」この危険に向けて予め準備することが必要である。(202)

結論は警戒が必要だということである。ということで六月四日(五月二二日)、外相ラムスドルフが、ルーシンの警告を引用して陸相に質問状を送るという異例の事態となった。皇帝が承認しているので、皇帝も心配になったということであろう。手紙の写しは蔵相、海相にも送られた。質問の核心は次の通りである。

「あなたは、日本で支配的な気分のことは言わずとも、新たな、大胆な計画により極東でわれわれの任務を実現すべく努力するのに——私が思うにそのためにも静かな準備が必要とされる——ロシアの陸海軍兵力は現在十分に準備できているとお認めになるのか。」(203)

この手紙に対して、クロパトキン陸相は次のように返事を書いた。「陸軍省は清国に対する前進運動という課題を一度も追求したことはない。」旅順の占領も海軍基地をつくるためになされたのである。現在満州を一時的に占領しているが、これは過重な負担である。ヨーロッパの軍隊で極東の兵力を増強することは、輸送の困難に加えて、西方での兵力の分散を招くからである。だから、このような状態から脱することが望ましいのだ。クロパトキンはこのように述べて、外相が「新たな、大胆な計画」の追求を望んでおられるようだが、なんのことかわからないので、兵力が足りるのかどうかと言われても、答えようがない。「しかし、すでに完全に明確に言えると思うのは、陸軍としては、極東ではわが方の兵力が少なく、移動させなければならないために、われわれは日本との闘争の準備はできていないということである。とくに朝鮮領土内で戦闘がおこるならば、そうである。」[204]

クロパトキンは現状では兵力は劣勢であり、しかも、これ以上の兵力増強措置はとれないと開き直ったのである。当然、日本を刺激するなということになる。

ウィッテは、六月六日(五月二四日)と一〇日(五月二八日)にラムスドルフに回答した。満州の占領は日本との決裂を呼び起こすか、促進する。その結果、「莫大な出費」がかかり、「ロシア国民に重い負担としてかかる」だろう。だから、清朝政府との交渉が中断している今は、「損害を補塡するため、われわれの物質的利害を精力的に擁護すべきであろう」。現在の唯一の課題は「日本との戦争を排除する」ことである。もちろん満州放棄論はとれない。「われわれは東清朝道の南部支線も、旅順も、大連も、放棄することはできないし、すべきでないが、これ以上に進むこともすべきではない。」戦争を防ぐ「最善の方策は、東清鉄道を民間会社の事業とし、満州における自らの役割をこの企業の保護のみに限定することであり」、「わが軍政を廃止し」、「満州の政治的征服」を断念することである。

ウィッテは、第一信でこのように述べたが、第二信では、日本が朝鮮を要求したら、朝鮮の独立を国際的な場に持ち出す、それでも日本が朝鮮を占領するなら、これをcasus belli(開戦の理由)とはみなさないと主張した。[205]

要するに、陸相も蔵相もお手上げの状態だというだけで、ラムスドルフを満足させる答えを出せなかった。

桂内閣の成立

他方、日本の側では、事態は決定的に進んだ。一九〇一年六月二日、伊藤博文がついに首相職を辞したあと、桂太郎が総理大臣となった。桂は伊藤、山県と同じ長州人だが、一八四七年の生まれだから伊藤の六歳年下である。ようやく戊辰戦争に間に合って一士官として参加したにすぎなかった。陸奥宗光や青木周蔵よりもさらに三年若い。明治政府成立の直後、私費でドイツに留学し、帰国後は陸軍へ入って、ドイツ駐在武官となった。以後、参謀本部の局長、陸軍省の総務局長、次官となった。日清戦争には第三師団長として参戦し、戦後には台湾総督をつとめ、九八年伊藤内閣の陸軍大臣となった。一九〇〇年までそのポストにありつづけ、ついに総理大臣に就任したのであった。桂は長く固辞した上で、井上、山県、松方、伊藤がみな挙って彼を推すに至って総理職を引き受けたのであり、この内閣の出現とともに、維新の元勲たちはみな政治の一線を退くことになったのである。

その桂が外務大臣にと望んだのが駐清公使小村寿太郎であった。しかし、義和団事件の後始末があり、ただちには帰国させることができず、外務大臣はしばらくは曾禰荒助蔵相が兼務していた。ようやく九月九日、小村は北京を発ち、韓国南岸を視察して東京に帰り、外相に就任した。この桂、小村といった「少壮」派の首相、外相の組み合わせで、日本はロシアとの戦争へ向かって進むことになるのである。

小村寿太郎は宮崎の小藩の出で、一八五五年生まれ、維新後の第一世代で、ハーヴァード大学に留学した秀才である。日清戦争の直後は朝鮮の公使として、閔妃暗殺の後始末をした。それから、本省に戻って次官をしていたが、九八年からはアメリカ公使、一九〇〇年からはロシア公使となった。義和団事件がおこると、一一月には清国公使に任じられた。この東北アジアの激動の中で、すべての関連諸国の公使を経験して外務大臣になったのは、前例がない。その意味では近代日本外交のエースの登場であった。

小村は大臣になるとともに、次官にあたる総務長官にはロシア公使であった珍田捨巳を、政務局長に山座円次郎を据えた。電信課長は石井菊次郎、秘書官は本多熊太郎であり、すべて小村の方針にそって動く、忠実な部下たちであった。(206)

参謀総長サハロフの造反

桂内閣の誕生が何を意味するかは、もとよりロシアにはすぐに明確にはわからなかったであろう。しかし、事態の重大さは感じられた。その結果はクロパトキンの方針に対する不満と不安の新たな噴出だった。他ならぬ参謀総長サハロフがそれを推進した。東京も旅順もクロパトキンの根拠のない楽観論と無為無策に不満であり、現場の将校たちも批判的であったのだ。

六月二六日(一三日)、参謀総長サハロフは、クロパトキンの留守中の陸相代行の肩書きで、義和団事件での出兵から帰った参謀本部のアガペーエフ大佐の意見書を外相に送るとともに、次のように主張する長文の手紙を添えた。日本との関係において「決裂と武力衝突が近い将来不可避」である。だから、日本がどれだけの兵力をもち、わが国がどれだけの兵力をもっているかを知らせるのが必要と考える。サハロフは、日本は開戦一カ月後には平壌ないし遼東半島に七二個大隊を集結させられるが、ロシアは増援部隊なしに、満州にいる二四個大隊で応戦しなければならないと述べ、次のような結論を出した。

「このように全般的な特徴をおさえて戦闘条件を比較したところから、閣下は、現在アムール軍管区にある部隊だけでわれわれが軍事行動の開始に遭遇したとすれば、極度の困難な状況に置かれることがおわかりになるでしょう。明らかになった困難と補強部隊の輸送にかかる時間を考慮して、日本との決裂の懸念がどれほど深刻であり、またありうるか、陸軍省がアムール軍管区の現状を強化する措置をとるべきかについて閣下のご判断をえることが必要になっています。」[207]

これは異例の問題提起だった。送られたアガペーエフの報告書も異例のものだった。アガペーエフは東京で公使イズヴォリスキーと話したところ、彼は自分の意見をペテルブルクに伝えてほしいと言ったというのである。公使は次のように語った。露清密約の断念を日本の勝利として熱狂する「若く、戦争も辞さない熱情的な人士の党」が優勢で、穏健な長老派は後景に退いている。いまは少し世論は落ち着いたが、やがて、満州からのロシア軍の撤退という新しい要求が出れば、「戦争は不可避になる。日本と戦争になれば、われわれは日本に重大な打撃を与えることはできない。日本の島国という条件と強力な海軍のために日本はある程度難攻不落となっているからだ。他方で日本は、わが方には満州への上陸、旅順の孤立化と包囲戦、東清鉄道の破壊によって相当な打撃を加えられるのである」。

「現在朝鮮はわれわれにはいまだ必要ではなく、満州に根をおろし、旅順をロシアの領土と連結するという焦眉の必要がある。この第一義的な利益のためには一時的に朝鮮を犠牲にすることができる。」「最後には、『カルタゴは倒されねばならない』。日本の力の要因である陸海軍は、遅かれ早かれ奪わなければならない。」「日本の軍事的準備はいまだ完了していないが、装備の更新はおそらく本年秋に終わるだろう。全陸海軍改革の実施は、おそらく一九〇二年の末までに終わるだろう。だから、このときまでにはわれわれも完全な戦闘態勢に入らなければならない。現在よりも戦闘に有利な条件をつくり、敵の強力な反撃にそなえなければならない(208)。」

自分でも陸相の考えを問いただしたのに、外相は、この参謀総長の手紙もアガペーエフの意見書も筋違いの意見の上申だと考えて、官僚的に対応した。外相は七月一日(六月一八日)、サハロフに返事を出した。アガペーエフの意見書が「どれだけ正確に」イズヴォリスキー公使の意見を伝えているかわからない、と不快感をにじませながら、外務省の立場をながながと再論した。当面外務省は清国との満州問題協定を結ぶことをとくに望んではいない。混乱が終わったのちに、満州で戦略上必要な特典と特権を獲得することの方がいい。……すでに露清密約の報道が日本で大きな興奮を引き起こしている。そういう状況では、ロシアとしては「(現状)維持」でいき、単独対清交渉を断念せざるをえない。それによって日露関係が満足すべきものになるならば、外務省としては、日露の友好関係がこわされると心配してはいない。

このように述べた後で、ラムスドルフは、極東のロシア軍の兵力が日本のそれより弱体だとすれば、「アムール軍管区の軍隊を戦闘準備態勢に徐々に慎重に入らせるような措置をとることはまったく合目的的だが、そのさいわれわれの立場を強化するあらゆる方策は不可避的に日本をして対応する陸海軍増強策をとらせるか、ただちに公然たる敵対行動に出るきっかけを求めさせるということを忘れてはならない」と書いている。これはクロパトキンの言い分を察して、それをくりかえしていると見ることができる。結論として、外相は、「現在の困難からの最善の活路は、満州からの完全撤退という陛下の御意志を履行するために可能なかぎりすみやかに準備することであろう」と述べた。(209)

このようにサハロフの問題提起を斥けておきながら、ラムスドルフは七月になると、自分のイニシアティヴで、公使たちと大臣たちに、いま一度基本問題を問いかけた。まず七月三〇日(一七日)、東京と北京の公使に電報が送られた。ロシアはこれまで「列国と清国自体の行動が妨げなければ、正常な秩序が清国に回復されれば、ただちに満州から撤兵するとの意図」を表明してきた。だから、条件がととのわなければ、撤退しないこともありうる。いずれにしても、最終決定する前に、ロシアが満州を併合するとの意図を表明したらどのような結果になるか知りたい。(210)

さらにラムスドルフは、八月一日(七月一九日)にウィッテとクロパトキンに同文の手紙を送った。「ロシアの国家的利益において、わが軍が占領した満州の部分を全面的に握りつづけることが望ましいか、それともその一省だけを握ることが望ましいかという問題を最終的、かつ不可逆的に決定する」という課題が立ち現れている。現在の占領地を併合することは魅力的であるが、「与えられた政治的状況のもとで可能であるか」を考えねばならない。ロシアがこれまで列国に約束してきた、清国領土を併合しないという公約をやぶることは適切でない。日本は「極度に戦闘的な反ロシア気分」で、ロシアが清国領土の保全を侵せばロシアと武力で戦うことも辞さない。となれば、すべては次の問いに帰着する。「ロシアは現在の兵力の条件で一切のリスクなしに日本の挑戦をうけることができるのか、満州の獲得はそのために危険を冒すほどの重大な軍事的、戦略的、財政的な利益をなすものか。」

この問いに「唯一能力ある陸軍省と大蔵省」がイエスという答えを出すなら、南満州の鉄道も返還すべきでない。ノーだというなら、この鉄道の返還につづいてただちに全満州からの漸次撤退を開始すべきである。外相は、この件での「貴下の最終的な結論」をお聞かせ願いたいと求めていた(211)。

この外相の質問に対して、まず北京からギールス公使が八月四日(七月二二日)に回答した。彼は、清国の中には満州がロシアのものになるという考えを受け入れている者が多いが、「南では日本の支持をうけた反ロシアの猛烈なキャンペーンが行われている」、李鴻章はその動きと結びつき、満州問題の検討に列国を引き入れようとしていると述べている。だから、ロシアとしては、「満州からの撤兵の前に、満州でのわが国のまったく例外的な地位とできるかぎりあらゆる分野での影響力を清国が認める正式文書を確保することが必要である。さもなければ、われわれの退場は当地ではわれわれにもっとも不利な印象をつくりだし、この国全体、とくに当該の勢力圏におけるわれわれの地位に破滅的に反映するだろう(212)」。

東京の公使からの回答は八月七日(七月二五日)に出された。満州併合の公式声明を出せば、日本の「強力な世論の動き」を呼び起こし、「戦闘派」は対露断交を求めるだろう。穏健派だけが「朝鮮での積極行動」で対抗することで我慢する。どちらが勝つかはわからないが、日本が「ロシアの満州正式併合のおとなしい観客」にとどまるはずはない。イズヴォリスキーはここで次善の策として次のような行動を提案した。「なんらの正式の文書にもとづかないわが国の占領が満州でつづくなら、日本が既成事実に少しずつ折れ合うとむしろ期待できる。」勿論時々は戦闘的な気分の火花がとび、日本政府は国際的な抗議を組織しようと努めるだろうが、それしかとるべき道はないかもしれない。ここに来てイズヴォリスキーも打つ手がなかったのである。彼は最後に、北京から小村が東京にもどり外相になったらどうするか、よく見極めると書いていた(213)。

では、陸相と蔵相はラムスドルフの問いにどう答えたのか。ウィッテ蔵相は満州からの漸次的、全面的撤退が必要であると回答した。三国干渉で日本に放棄させた遼東半島の南部をロシアが占領し、いま満州をも併合するならば、これは日本に対する直接的挑戦だととられる。ロシアは過去のどのときよりも重大な軍事衝突に対して準備ができているとはいえ、日本との決裂は破滅的な結果をもたらすだろう。東清鉄道の保護は満州占領なしにも可能である。ウィッテは外相の問いにストレートには答えていない。(214)

他方、クロパトキンの方は八月一二日(七月三〇日)の返事で、満州に対する彼の途方もない提案を開陳したのである。クロパトキンは、「満州を清国に返すことを衷心より願っているにもかかわらず、われわれは同時にロシアが満州を通じてヴラジヴォストークとも、旅順とも強固な連絡を確保することを断念はできない」と述べる。満州の南部に兵力を維持することはつねに困難である。関東州は陸軍の陣地としては強力だが、海軍の根拠地として旅順は不十分だ。「極東につくられた地位は巨額の資金を犠牲として要求し、西方の主戦場でのわれわれの地位を弱化させる。強力な太平洋艦隊創出のための海軍への巨額の支出は、多くの必要なわが陸軍の強化策をやめることを義務づける。」

クロパトキンはこの状態で、満州放棄案を斥け、かつ満州併合案をも斥ける。そして唯一の活路として、東清鉄道がロシアの手に握られるように、「北部満州を何らかの形態でロシアに併合すること」を提案する。北部満州をロシアの影響力のもとにある、ブハラ汗国のような従属地域にすることがいい。他方、関東州に陸海軍を置くことは日本との戦争の場合にわれわれの地位を強化せず、弱化させる。「私は、われわれにとって関東半島に陣地をもちつづけるよりは、明け渡す方が望ましいという意見を表明したい。」本年は奉天省の南西部から撤退し、山海関―新民鎮の鉄道も引き渡す。一九〇二年には完全に同省から撤退し、一九〇三年には吉林省の南部から撤兵することを考える。(215)

関東州を放棄して、北部満州を併合するというような提案はまったくの無責任な思いつきである。そういうことを言いながら、八月二五日(一二日)には、クロパトキンは外相に「われわれは日本に闘争を挑まないが、日本自体の行動でこの闘争を余儀なくされるかもしれない」と書き送り、「日本がわれわれと武力闘争をはじめる危険があるかぎり、われわれはロシアの一億三千万の住民の神聖なる利益を守り、アムール州と全ロシアとの結びつきを確保し、関東州の軍隊への支援を容易にする前進陣地を満州においてロシアのために維持しなければならない」と書き送っている。[216] 現状の兵力で間に合うのかという外相の質問に陸相こそ答えなければならなかったのに、このたびも答えなかったのである。

結局のところ、ラムスドルフの問題提起に対して、公使たちも、大臣たちも、明解な答えを与えなかったと言わざるをえない。

しかし、陸軍省としては、対日戦の新しい方針を立てざるをえなくなっていた。八月二七日（一四日）、参謀本部はアムール軍管区、関東州軍参謀部との合意のもと、対日戦の方針「対日行動の一般原則について」を作成した。[217] 対日戦の二つのケースが想定された。第一は日本が朝鮮を占領するが、ロシアを攻撃しない場合、第二は朝鮮を占領して、ロシアを攻撃する場合であり、満州、旅順、ヴラジヴォストークと三つの方向が考えられる。第二の場合は、日本陸海軍の兵力が優勢であり、動員輸送が迅速であるため、緒戦はロシア側は防衛戦を強いられることになる。ロシア軍は奉天―遼陽―海城に集結させ、徐々にハルビン方向に撤退させることが指示された。開戦当初アムール軍管区と関東州には六万四〇〇〇人の兵力がいて、沿アムール軍管区とシベリア軍管区からの増援軍七万一〇〇〇人が到着すれば、総勢一三万五〇〇〇人となる。しかし、増援軍の到着は時間を要し、三カ月すぎたところでは九万一〇〇〇人、うち遼陽―海城にいるのは二万六五〇〇人程度だろう。だが、この方面に日本は一〇万人をさしむけるだろう。のこりの増援部隊の到着は四カ月すぎ、最終的には六カ月半すぎだろう。海軍は全艦船を旅順に集結させて戦うほかない。となれば、日本軍が遼東半島に上陸することは不可能だろう。朝鮮に六個師団が上陸して、満州に入るだろう。ヴラジヴォストークを攻めることはなく、日本軍の主力は南満州へ向かうだろう。新方針はサハロフ参謀総長が外相に送った意見書に述べた現状の再確認にすぎなかった。

ところで、義和団事件を収束させる講和条約は一九〇一年九月七日、北京で清朝代表の慶親王と一一カ国の代表との間で結ばれた。列国は四億五千万両という賠償金を獲得し、北京の公使館区域や開港場の安全の確保のために軍隊を駐留する権利を獲得した。だが、露清戦争は収束の取り決めがなされないままで、ロシア軍は満州に駐留をつづけていた。

皇女誕生とドクター・フィリップ

このように満州と極東情勢をめぐって、政府部内で深刻な議論がおこなわれているとき、皇帝は違う世界にいた。まるで違う星にいたようである。

皇后アレクサンドラ・フョードロヴナは一九〇一年六月一八日(五日)、第四子を出産した。またも女子であった。アナスターシアと名付けられた。男が産めない皇后の絶望は深かった。ロシアの帝位継承法では、男子のみが帝位を継承することになっていたからである。

皇后は、モンテネグロの王女でピョートル・ニコラエヴィチ大公の妃となったミリーツァとその妹アナスターシヤと親密な関係を結んでいた。世紀末のオカルトにのめりこんでいた姉妹は一九〇〇年にフランス人フィリップに会い、彼をあがめるようになった。フィリップについては、パリ駐在の秘密警察の代表は、彼が幾度も投獄された山師であると報告してきたが、オカルト学の大家であったとする見方もある。(218) フィリップはロシアに招かれ、一九〇一年はじめロシアに来た。一度フランスに戻って、また来たのかどうかはわからないが、四人目の女子を出産して、落ち込んでいた皇后にフィリップが紹介されることになった。

ニコライは一九〇一年七月二三日（一〇日）、日記に書いている。

「夜中レネルレで過ごした。ミスター・フィリップは話をし、われわれに教えてくれた。なんという奇跡のような時間であったことか!!!」[219]

翌日から文字通り毎日、一〇日間、フィリップは「われらが友」という名で皇帝の日記に出てくる。七月二四日には皇帝はフィリップは皇后の部屋にすわり、話した。皇后は娘たちを紹介し、彼らは寝室で一緒に祈った。二五日には皇帝は一人でペテルブルクのピョートル大公の邸（ズナメンカ）に行き、午後五時までフィリップと二人で過ごした。二六日には皇帝、皇后はピョートル大公の邸の庭でフィリップと一緒に夕方まで過ごした。二七日には皇族の祈禱会にフィリップが同席した。二八日には皇帝と皇后は夜劇場に行って、二幕まで観て帰り、フィリップの宿舎を訪問して、午前二時半まで一緒にいた。二九日にもフィリップのもとを訪ね、長い時間を過ごした。三〇日は軍隊のパレードがあった。フィリップもその場に来て、そこからピョートル大公の邸に行き、皇帝と皇后は夜中まで一緒にいた。三一日の夜も、二人はピョートル大公の邸に行った。「われらが友」と「重大な会話」をした。八月一日には、昼食後にピョートル大公の邸に行き、ミリーツァ妃は病気だったが、夜中皇帝と皇后はフィリップの話を聞いた。最後の日となった八月二日のことは、皇帝の日記にはこう書かれている。

「奇跡のような日だった。……アリックスはフェルマの私のところに来た。じきにそこへズナメンカの一行が『われらが友』と一緒に到着した。お茶を飲み、公園を散歩した。六時三〇分に宮殿に戻った。海水浴をした。食事をとった後、ズナメンカへ行き、『われらが友』と最後の夜を過ごした。いつも一緒に祈った。」[220]

八月三日は戦艦「アレクサンドル三世」号の進水式の日であった。それを終えて、皇帝はフィリップのところへ行った。「彼との別れはさびしかった。五時に彼はリヨンに出発した。」[221]

フィリップが、どのような心の持ち方をすれば男子が生まれるかというような助言を皇帝と皇后にしたのは間違いない。それ以外にも政治万般にも自説を述べ、予言を聞かせたのかもしれない。大臣たちが日本との戦争の可能性について考えているときに、皇帝はこのような予言者と至福の時を過ごしていたのである。

ベゾブラーゾフの影

皇帝がこのような外国人の偶然的な助言者の声に喜んで耳を傾けていたとき、大臣たちは皇帝が別の助言者の声に耳を傾けることになっているのではないかと疑っていた。一九〇一年の半ばになると、ベゾブラーゾフの影が大きくなったのである。

義和団事件がおこると、ベゾブラーゾフらも面食らったように思える。ベゾブラーゾフは一九〇〇年七月七日(六月二四日)、彼の新会社への皇帝の支持を頼み込む手紙を送ったが、反応はえられなかった。[222] 七月二八日(一五日)には、アレクサンドル・ミハイロヴィチ大公あてに、「あたえられた殿下のご命令に従って、私は状況を我慢強く、黙って待ち続けております」と手紙を書いた。ベゾブラーゾフは、満州の占領と鉄道破壊の復旧にもっぱら注意が向けられ、極東でのわれわれの困難の原因、ウィッテ政策の失敗が忘れ去られているのだと批判している。しかし、結局のところ、自分には「力もなく、地位もなくて、元気のある人々を自分のまわりにつなぎとめられない――戦場の一人は戦士にならない」と嘆いている。結論的には「この事業からじきに退却せざるをえなくなるだろう」と、悲観的だった。[223]

一カ月後の八月五日(七月二三日)のメモランダムでは、すこし元気になって、満州と華北でのロシア軍の成功を喜び、「鉄は熱いうちに打て」、満州と華北での影響力をロシア単独で行使するという構想を開陳している。そうかと思うと、ロシアはイギリスだけを排して「ヨーロッパ大陸協定」を結び、ついで日本、アメリカとの単独協定をめざすべきだとも述べている。すべて思いつきにすぎない[224]。三日後の八月八日(七月二六日)には、苛立って、計画された会社のために政府組織をつくるか、それとも全事業を清算するかという選択を皇帝に提案して、「会社の設立が長く遅れるなら、事業清算に代える方が望ましい」と言い切っている[225]。明らかに一九〇〇年には大蔵省がベゾブラーゾフの思いつきの事業案を完全におさえこんでいたのである。

だが、一九〇一年になると、大臣たちの調子が変わってきた。ウィッテはシピャーギンあての手紙で、七月二〇日(七日)に「われわれのところでは、万事ベゾブラーゾフの話でもちきりだ」と書いている[226]。五日後にも、「われわれのところでは万事しずかなのだが、ただベゾブラーゾフだけが何かをおこしている」と書き、ベゾブラーゾフは週に二回以上、数時間皇帝のところで話し込み、「あらゆるナンセンスなこと、あらゆるうたかたの計画を話して聞かせている」と警戒している[227]。だが、皇帝の日記にはそのような記述はなく、皇帝が熱狂していたのはフィリップだったのである。

ベゾブラーゾフが主張していることは、相変わらず非現実的な思いつきにすぎなかった。この年ははじめから、彼は北部朝鮮の意義を強調する意見書を皇帝に送っていた。北部朝鮮が「われわれの戦略的前衛の所在地」だと指摘する意見書である。満州の困難は「迂回して、北部朝鮮を進むことで除去される」、「ロシアの影響はリング状に満州をとりかこみ、これによりこの国を直接占領していなくても、事実上従わせうるのだ」と主張している[228]。四月八日(三月二六日)には、ベゾブラーゾフはウィッテにも、北部朝鮮の意義を強調する意見書を差し出した。満州から撤退するなら、旅順も清国に返すべきだが、そのような譲歩の見返りには、領土的併合はなくても満州管理の特別な条件をかちとる必要がある。その場合は北部朝鮮に勢力をもたねば危険であるというのである[229]。さらに彼は七月一九日(六日)には意見書「情勢評価」を提出した。北部朝鮮に五千人の騎兵と山砲隊を派遣して、パルチザン戦を展開するという構想が開陳されている[230]。

このようないい加減な議論を並べる人物が中心に立つ会社であったが、朝鮮利権に明記されていた着手期限である一九〇一年九月が迫っていたことから、皇帝が介入してウィッテを押し切り、東アジア産業会社の定款が七月一二日(六月二九日)、大臣委員会で承認されるにいたった。発起人は純然たる民間人のフォン・クルーゼとアリベルトの二人とされた。株主は四五人から九〇人に増やされた[231]。これでは着手期限内に操業はできなかったが、交渉した結果、期限は一九〇四年一月一四日(一日)に延ばすことができたのである[232]。

危機が表面化する帝国

一九世紀最後の年、一九〇〇年には、ロシアではウィッテ蔵相の政策のもと長くつづいてきた高度経済成長がストップした。不況の中で、社会各層の不満が高まり、運動を噴出させた。近代ロシア社会の矛盾が一挙に露出したかのごとくであった。

先頭を切ったのは学生たちである。学生たちは専制権力の束縛にうんざりしていた。一八九九年三月、ペテルブルク帝大で学生デモに導入された警官隊が暴行を加えた。怒った学生は三月七日(二月二三日)からストライキに入った。翌日にはストは首都の一七大学高専に拡大し、さらに全国に波及したのである。これに対して制定されたのが、学生運動に参加して除籍された学生を懲罰的に徴兵するとの八月一〇日(七月二九日)の臨時規則であった。この懲罰規則が一九〇〇年末、キーエフ帝大での抗議運動に適用され、一九〇一年一月二四日(一一日)、同大生一八三人の懲罰徴兵が発表された。ペテルブルクとハリコフの学生たちが立ち上がり、全国ストが爆発した。その中で二月二七日(一四日)、文部大臣ボゴレーポフが狙撃され、死亡する事件が起こった。留学先のドイツから帰国した学生の行動であった。一八八〇年代以来絶えてなかった政治的テロリズムの再生である。文相の後任にニコライ二世は先の陸軍大臣ヴァノフスキーを任命した。

学生運動はいわばノンポリの運動だった。政治党派の動きはむしろ立ち後れていた。最初に動いたのは社会民主主義者だった。一八九八年にロシア社会民主労働党の創立大会なるものが宣言されたが、合法マルクス主義者ストルーヴェが起草した名高い宣言文をのこしただけで、関係者は全員逮捕されてしまっていた。ようやく一九〇一年のはじめになって、プレハーノフ、レーニン、マルトフら亡命者が非合法新聞『イスクラ』を刊行しはじめ、国内へ送り込んだ。ナロードニキ系は一九〇一年末にエスエル党(社会主義者＝革命家党)を創立し、機関紙『革命ロシア』を刊行しはじめた。テロリズムを認め、農民社会主義を追求するのがこの党の個性である。しかし、党の幹部になったアゼフは保安部のエイジェントであった。自由主義者たちは、さらに遅れ、一九〇二年六月にストルーヴェらがシュトゥットガルトで雑誌『解放』を創刊し、急進的自由主義の旗をあげることになる。

さて、一九〇一年には、運動はさらに進んでいた。一九〇一年二月二四日(一一日)、宗務院がトルストイの破門を発表すると、翌日モスクワでは学生数千人が抗議のデモを起こした。外出したトルストイに対して「おめでとう」という叫びが群衆からかけられた。三月一七日(四日)、ついに首都ネフスキー大通りのカザン聖堂前で、文相狙撃犯の裁判に抗議する学生・文化人のデモがあった。カザークが出動して、デモ隊を蹴散らした。四人が殺され、千人が逮捕された。衝撃は大きかった。

学生につづいて立ち上がったのは自治権侵害に抗議するフィンランド人である。一九〇一年七月一二日(六月二九日)にボブリコフ総督が推進する新兵役法が制定された。これはフィンランドの自治を認めたフィンランド大公国憲法違反だとして、フィンランド人が立ち上がった。兵役法撤回を求める請願書が九月三〇日(一七日)に提出されたが、それには四七万三三六三人が署名していた。これはフィンランド総人口の五分の一にあたる。まさにロシア帝国の危機が表面化しつつあったのである。

日本側のロシア観

この時代の日本でロシアの国情についてどのような認識があったか、一九〇一年には、ロシアについていくつかの本が出版された。

まず東京専門学校(一九〇二年より早稲田大学)の出版部から刊行がはじまる歴史叢書の第一篇として、山本利喜雄『露西亜史』が二月に博文館より刊行された。山本はおそらく東京専門学校の教授であろう。この本はフランス人の歴史家アルフレッド・ランボーの *A Popular History of Russia* を主として参考にして書かれた。原著は一九〇一年にフランス語で出版され、各国語に訳されたものである。序文では、「東洋の風雲日を逐ふて急を告げ来り」、「露西亜の東亜に対する関係、例へば露清関係」などは「志士の最も研究せざるべからざるもの」だが、これは別に一書を編纂するのが適当だとして、簡単にしたと書いている。あくまでも、ロシア史の流れを説明することに力点をおいたのである。(233)

内容はロシアの地理、人種からはじまり、リューリクの建国から歴史を叙述している。ピョートル改革には三章をあて、くわしく説明している。ニコライ一世時代に三章、アレクサンドル二世時代には四章をあてている。とくにアレクサンドル二世の暗殺の記述は詳細で、暗殺を実行した「虚無党」の声明を一頁以上引用している。(234) ロシア史は革命をはらんでいるというのが、ここから浮かび上がるイメージである。筆者はそれに同情をよせている。

さらに本書の最後にはシベリア鉄道についての記述がある。その説明はロシア脅威論とは無縁である。「啻《ただ》に露国の為めに極東の天地に画策経営する上に於て至大の利便あるのみならず、全世界の産業上にも亦た莫大の影響を及ぼし、此諸線にして既に太平洋に達するの日には、……欧州諸国との貿易は必ず一大変動を来たすべく、支那、朝鮮、日本等の為めには猶ほ夫《か》の蘇士《スエズ》運河及び巴拿馬《パナマ》運河の開鑿が全世界の人類に対して及ぼしたる影響の如きものあらんなり。[235]」

つづいて、六月には、同じ東京専門学校出版部よりアナトール・レルア・ボリュー（林毅陸《きろく》訳）『露西亜帝国』が出版され、博文館より発売された。こちらは早稲田叢書の一冊で、有賀長雄が監閲者の一人として名前を出している。林毅陸は慶應義塾の教授である。本書は監閲者の鎌田栄吉がロシアに行き、日本公使館で紹介された幾冊かの本の中でもっとも重要なものとして、林に抄訳させたということである。鎌田は序文に書いている。

「今や国人北隣の国状に注目するもの少なからざれども、其の見る所頗る粗なるを以て、一方に之を侮蔑して甚だ与みし易しとなす者あれば、他方には之を恐怖して戦慄措く所を失ふ者あり。二者共に其正鵠を得ざること、斯の如きは畢竟その国状を審《つまびらか》にせざるの罪なり。殊に纔《わず》かに彼の軍艦、兵勇の多寡をのみ比較して、妄りに強弱を説き、之を喜憂するが如き、誠に皮相の浅見に過ぎず。林君の此抄訳ある、聊《いささ》か国人の見識を養ひ、その反省を催すに庶幾《ちか》からんか。[236]」

さらに注目されるのは、本書のもう一つの序文を駐英公使林董が書いていることである。林は一九〇〇年イギリスへ赴任するに先だって序文をよせ、「露西亜は世界の一大強国にして我日本帝国とは密接なる関係を有し、其事情を知るの必要甚だ大なりと雖も、其真相は未だ我国人間に明ならずして、却て一種の誤解を有すること比々皆然るが如し。而て之が為めに国交際上に大なる妨害を与ふることあるは、予の最も遺憾とする所なり」と述べた。林はロシアを知るための「公平正確なる良書」としては、ワレースの本とボリューの本が認められているとして、とくに後者の本については、「露西亜の社会国家及人民を忠実に解剖描写して、殆ど余蘊なし」、「予も亦談露西亜に及べば必ず此書を薦むるを以て常としたり」と書いている。[237]

ルロワ＝ボリューのロシア論の核心は、「ヤーヌス」としてのロシアという見方である。この本の第一巻「露西亜の国及民」の第三章に次のような一節がある。

「露西亜は二面の女神にして、一は東に向かひ一は西に対し、半面は衰余の老人にして形容枯槁し、半面は紅顔の少年にして未だ稚気を脱せざる所あり。此矛盾、反対や、即ち其政治上の制度並に国民の性情を説明するに足るものにして、吾人の最も注意すべき所なり。蓋し此二面的なることは、夫の露西亜の万事に行渡れる大特色なる矛盾及び双反の源にして、古来各種の事情は凡て此特色を養成助長したるが如し。或は欧亜の間に介在する地理上の位置と云ひ、或は異民族の雑居と云ひ、或は……東西二傾面の競争間に立て、其悩ます所となりたる過去の歴史と云ひ、何れも此結果を生ずるの原因ならざるはなし。(238)」

ロシアの国民性は二面性、二元性だということになれば、ロシアを単純に侵略的な国家と考えるのは皮相だということになるのである。分厚い本であるが、これを出版した人の意図はこの点を考えてほしいというところにあったのであろう。

自分で外国書を読んで書いた本としては、一九〇二年に煙山《けむやま》専太郎の『近世無政府主義』が出た。これまた東京専門学校出版部から出版された。(239)煙山は東京帝大哲学科の学生であった。学生が書いたものが、国際法学者有賀長雄に評価されて出版されたのである。この本の前半がロシアの革命的ナロードニキ運動の概説であった。つまり、ロシアは革命をはらんでいるとの認識がみちびかれるのである。この本は幸徳秋水ら、明治の社会主義者にもよく読まれた。しかし、煙山はその後早稲田大学の外交史の教授になる人で、彼の関心はロシア帝国の国内政治の分析にあった。

このことが一九〇一年に出版されたもう一つの重要な本、内田良平『露西亜亡国論』と結びついてくる。日清戦争後の三国干渉で、臥薪嘗胆のスローガンがかかげられ、ロシアが日本の正面の敵として意識されたとき、志士気取りの青年は昼は講道館で柔道を習って身体を鍛え、夜は語学校でロシア語を習うという生活をしていた。内田良平はそのような青年の見ならう先輩であった。彼はロシア語ができた。日清戦争前夜に天佑侠に加わって朝鮮の地で工作した内田は、一八九七年にはシベリアに渡り、そこを横断して、ペテルブルクにまで至ったのである。[240]内田良平が一九〇一年に黒龍会を結成したことは、すでに述べた。

その内田が、一九〇一年九月に出したのが『露西亜亡国論』である。この本は即日発売禁止となった。そこでその年一一月に『露西亜論』と改題して修正し、黒龍会本部から出版された。内田はこの本の中で、ロシアの侵略主義を強調し、ロシアの陸海軍を分析して、日本がロシアとの戦争に勝てると主張した。しかし、それだけではなく、第三章「露西亜帝国の運命」の中で、「虚栄に誇れる彼れは虚栄の為めに精力今や殆ど尽きたり」、「故に彼れの亡国と彼れの革命とは其何如なる手段方法を以て此運命に到着する共、吾人は天下の為めに大盃を挙げて之を祝せざる可らざる也」と断定したのである。[241]ロシアの内部の動きとしては、学生運動に活力をみている。ロシアは革命を必要としている。それを日本が助けるべきだ。シベリア鉄道は日本の援軍を運ぶものとして意識されている。

「西比利亜鉄道は、即ちスラーブが君子民族の援兵を出迎ふるものにあらずや。」「吾人は此文明国中、随一の名を博するが為めに、合せて強国の実を全ふするが為めに、乃ち露西亜開導の至難なる大業に当らざるべからず。」「吾人が露西亜開導の目的を達する上に於ては、時として戦争をも亦辞すべからざることあるべし。」「正々堂々、人道を以て大陸一帯の大掃除を行はざるべからざる也。[242]」

ロシアが満州を占領する時期、日本がロシアとの開戦論で沸き立った時期における日本人エリートの対露意識はロシアへの恐怖感、脅威感ではなく、ロシアは革命に瀕している、ロシアは落伍しているという優越感を基礎にしていたと考えられる。

栗野ロシア駐在公使の人事

珍田捨巳が駐露公使から外務次官に抜擢されたため、その後任が問題となった。そこで、白羽の矢が立てられたのが、元駐米公使で、一八九七年より駐仏公使をしていて、一九〇〇年末から賜暇帰朝していた栗野慎一郎であった。栗野は黒田藩の出で、一八五一年生まれであったから、大臣の小村よりも四歳年上であり、次官になった珍田よりは七歳も年上だった。小村と同じくハーヴァード大学に留学したが、これは小村より一年あとであった。その代わり、帰国して一時司法省に入った小村と違って、栗野は外務省に二年早く入っていたのである。そういう栗野は英国警戒論者であり、ロシア協調論の主唱者であった。彼の伊藤、井上との深い関係も知られていた。一九〇〇年七月一七日にはパリから伊藤にあてた私信の中で、イギリスが日本の行動を「称揚扇動」する「真意」は「本邦を其の手先として利用せんとするに過ぎず」と、日英接近に疑問を表明していた(243)。その意味で小村の反露路線に対して栗野は外務省内の明白な親露路線の代表者であった。

小村の着任前、桂は栗野に帰仏を求めていた。栗野はそれに対して対仏政策を改めることを求め、承諾しなかった。小村が外相に着任すると、彼は翌日、栗野に珍田の後任としてロシア公使に行ってほしいと求めた。小村の考えは、東京の本省から親露派を追い出すということか、親露派を使って、ロシアと厳しい交渉をやるということか、ともかくもある意図をもった人事であったと考えられる。栗野は小村の意図をどれだけ察知していたかはわからないが、井上にも会い、その激励を受けて、一〇月一六日に桂と小村に長大な意見書を提出して自らの立場を明らかにし、この意見に賛成してもらえるならロシアに行くと申し入れたのである(244)。その意見書は、日露戦争は回避しなければならない、このさい日露協商をめざすべきだという主張からなっていた。

栗野は日露間にある「猜疑嫉悪」は相当に「誤解」から生じているとして、ロシアの政策を世上「彼ハ単純ナル進略主義、膨張主義ヲ執ルモノナリ」というが、「之レ未ダ皮相ノ見」なりと指摘する。ロシアは「広大無辺ノ土地」をもつが、北方に偏り、「堅氷ト他国ニ封鎖セラレ」て、発達できない、「故ニ已ムヲ得ズ膨張策ヲ執ルモ、是レ全ク自国ノ繁栄ヲ目的トシ、適当ナル不凍海口ヲ得テ以テ、其ノ通商的発達ヲ図ラントスルモノタルヤ明瞭ナリ」と述べていく。不凍港を獲得するとすれば、地中海かペルシア湾が考えられるが、英独と複雑な関係があり、不可能である。それで、遼東半島が「比較的ニ抵抗力少ナキ」地点として浮かび上がった。「露ガ満州ヲ経テ不凍港ニ出デントスルハ、彼レノ地位トシテ寧ロ已ムヲ得ザルノ希望ニシテ、単ニ膨張政策ノ発動ナリト云フヲ得ズ。」

栗野は積極的に条約を結んで、日露両国の利益を調和すべきであるとして、日露協商を主張した。彼は日本が韓国を、ロシアが満州を保護国とするという道、つまり満韓交換論は、従来宣言した「帝国ノ政策」に反し、ロシアの同意も得られないので、とることはできないとし、日露両国が、韓国、満州をそれぞれ「勢域」とし、独立を害さない限度で、「自由行動ノ権利アルコトヲ認ムルコト」で協商を結ぶほかないとした。日本が韓国を「勢域」とすることはまったく可能である。ロシアが韓国南端に軍港を取得したいとあくまで願うなら、協商はできないが、日本も韓国沿岸に軍港をつくらないこと、朝鮮海峡の自由航行をさまたげないと約束することはできるし、どうしてもといえば、「砲台其他防御工事ヲ施サザルコトヲ条件トシテ、一ノ軍港ヲ露ニ与フルコトヲ承諾スルモ或ハ尚協商ナキニ優ラン乎」と指摘している。栗野は「幸ヒニシテ余ノ所見ノ如ク決定セラルルニ於テハ余モ亦奮ツテ任ニ赴ク可ク」と結んだ。(245)

栗野は、別に文章をのこし、数次の話し合いの上で小村と意見が一致し、「桂首相ニ於テモ余等二人ト意見ヲ同フスル旨ヲ余ニ告ゲタリ」と書いている。(246) 同じ意見のはずはない。明らかに桂と小村は栗野を欺いたのである。彼らはロシアと戦争するようになれば、栗野のような親露派公使の努力にもかかわらず、戦争に至ったという形を内外に示すことができると判断したのかもしれない。大した政治的な深謀遠慮である。
当然ながらロシア側では栗野公使を歓迎した。東京のイズヴォリスキー公使は、栗野が「日露の緊密な接近」を支持する「伊藤、井上ら慎重な外交政策支持者のスクール」に属する人だとみており、彼をロシア公使に選んだということは「日本政府がペテルブルクにわれわれに完全に好意的な代表者をおくことを願っていることを示している」と外相に書き送った(247)。

栗野がロシアへ向けて出発したのは一九〇一年の秋の終わりであった。彼は以前の任地パリに立ち寄ってロシアに入るつもりであった。栗野の出発よりずっと早く、秋のはじめの九月一八日、伊藤博文がアメリカへ出発した。エール大学より名誉博士号を贈られるということで外遊することになったのだが、井上馨からの強い勧めで、ロシアにも渡り、政府当局者と会って日露協商の可能性を探ることにしたのであった。伊藤には井上の腹心の都筑馨六が同行した。これは完全な私的旅行であり、伊藤にはいかなる委任もあたえられなかった。伊藤はアメリカからフランスへ向かった。一一月四日フランスに到着した伊藤はルベー大統領やデルカッセ外相と会談した。デルカッセは伊藤のロシア行き、新たな協定締結の考えを支持した(248)。

だが、翌日ロンドンから林駐英公使がやってきて、伊藤に驚くべき話を伝えたのである。

日英同盟交渉

実はこのとき、日英同盟交渉がまさにはじまっていた。それを進めている林董公使が伊藤に説明に来たというわけである。

日英同盟を求める動きは、一つにはイギリス自体から生じた。東アジアにおいて三国干渉がなされて、戦争に勝利した日本に獲得物を放棄させたことで、イギリスはこの過程でいかなる役割も演じることがなかったことを大いに反省した。イギリスは多年の敵対国ロシアに接近する考えも見せたが、すぐにそれを断念して、日本に接近する方向を選び取った。これは自然の成り行きだと言えるだろう。一九〇一年六月一九日、ランズダウンは閣議にまわした文書の中で「極東において日本と良好な関係を保つことが極度に重要であること」について言及した。[249] 以後、日本へのアプローチがはじまる。

他方で日本の中では、維新後の世代から最初に一九〇〇年に外務大臣になった加藤高明（一八六〇年生）がロシアに対抗するために日英同盟を早くから提唱していたことが知られている。これに対して経験ゆたかな外交官林董（一八五〇年生）は日露協定も重要だと考えながら、日英の接近も国益に適うものと考えていた。加藤につづいて外務大臣になった小村寿太郎（一八五五年生）はロシアとの協定にも関わってきたが、この時点では加藤的な日英同盟論に傾斜していたと考えられる。[250]

駐英公使林董のもとを賜暇帰国中の駐日公使マクドナルドが訪問したのは、七月一五日のことだった。彼は端的に、イギリスは日英同盟を希望していると語った。一種の攻守同盟の提案である。林はこの機会をとらえるべきだと考え、その日のうちに本国に提案した。[251] 曾禰外相から、イギリスの考えをさらによくたしかめるようにという訓令が一七日に出た。[252] 林はさらにマクドナルドと話した上で、七月三一日、ランズダウン外相と面会した。林は、外相の質問に答えて、満州については日本は間接的な利益をもつのみだが、ロシアが満州を奪えば朝鮮をも併呑するであろう、これを防ぎたい、だから、「第一成るべく露国の満州に入るを防ぎ、第二露国と開戦の止むなきに及んだ場合には、第三国が露国を助けるのを防ぐ」ことを望むのだと述べた。これに対してランズダウンは、イギリスは朝鮮がロシアの手に入ることを欲しないと述べ、日英の目的が一致するからには、相互防衛の策を講ずべきであるとした。そしてロシアが韓国中立化を提案したことがあったが、日本は拒否しただろうと念を押した。林は「中立の保障は朝鮮では無効である。朝鮮人は自ら国を治めることを知らない国民である」と述べた。林はこの会話の内容を少し慎重なものにして、本国に報告した。[253]

当時は小村外相が着任していなかったが、桂は伊藤、山県らの元老に話して、交渉をおこなう許可をとりつけ、八月八日、交渉を進めるように訓令を出したのである。[254] その訓令には以下の論旨により交渉をおこなってよいと指示されていた。「韓国ヲシテ他邦蚕食政略ノ結果ヲ被ラシメザルコトハ、日本ニ取リテハ一ノ根本主義ニシテ、此主義タル、日本政府ハ万難ヲ排シ極力之ヲ固守セザル可ラザル所タリ。」「露国ニシテ満州ニ於テ現存約定ヲ以テ取極メタル範囲ニ超越シテ其統治権ヲ拡張スルガ如キハ、此レ韓国ノ独立ヲ危クスルモノニシテ、随テ日本ニ取リテハ不安ノ因タルベキナリ。[255]」

こうして交渉がはじまったのだが、イギリスは巧妙にも日露の開戦を好まないという態度をとり、日本の朝鮮に対する権益の主張を認めるとの踏み込みを避けるつもりであった。一一月六日、イギリスは自らの提案を示した。「東亜ニ於ケル現状」と「全局ノ平和」の維持、「韓国ガ如何ナル外国ニモ併呑セラレザルコト」、「清国ノ独立ト領土保全」の維持と清国における商工業上の「各国均等ノ企業権」享受に関心をもって、日英両国の一方が「上記利益ヲ防護スル」ため別国と戦争するさいは、他方は「厳正中立」を守り、他の国が戦争に加わるのを妨げる、他の国がこの戦争に加わるときは、他の同盟国は戦争に加わる、という内容であった。別に海軍の平時における協力がうたわれていた。[256]

この案に対して、林公使は、「英国ハ韓国ニ於ケル日本ノ利益ノ卓越ナルヲ承認シ、且ツ日本ガ其利益ヲ保護セン為メ適宜ノ措置ヲ採ルコトアルモ、英国ハ総テ之ヲ引諾スベシ」との意を明確にするよう求める必要があると考えた。[257]

まさにこのとき伊藤がパリに到着したのである。外相に着任した小村は林に、パリに赴き、伊藤に報告し、意見を聞くように求めた。[258] 林はただちに一四日パリに急行し、伊藤と話し合った。伊藤は日本出発のときと話が違うことに当惑しながら、「之ヨリ速ニ露京ニ進マントス。……本問題ニ関シ追テ露京ヨリ……通信スベキニ由リ、英国政府ニ送ルベキ最終ノ回答ハ其レ迄延引セラレン事」を望んだ。林はこのことをただちに東京へ打電した。[259]林と伊藤の話し合いは四日に及んだ。伊藤は林の説得で、イギリスがすでに同盟条約案まで出してきている以上、このまま日本政府として「手を引く訳には行かぬ」ということを受け入れた。さらに林が「繰り返し論弁を費やした末」、ついに「日英同盟に大体同意すること」を受け入れたようであった。伊藤が望んだことは、イギリスに回答することは自分がロシアから連絡するまで待ってほしいということで変わりがなかったが、伊藤としては大分あきらめかけたのであった。[260]

だが、同行している都筑は、あくまでもロシアとの協定を望んで、日英同盟に反対であった。彼は栗野のロシア公使着任には、ロシアとの協定実現をめざすという条件がついていたものだと説明した。林はそれでは自分がイギリスと交渉していることがイギリスを欺いたことになるとして、伊藤との話し合いを報告するとともに、小村に栗野の着任の条件を問いただした。[261]

ここで林はロンドンにもどり、伊藤は都筑とともにペテルブルクへ向かった。小村はロンドンの林に、栗野の「任命ハ無条件ノモノナリ」と虚偽の弁明をした。[262]その上で小村は日英交渉を先行させ、ロシアとは「英国トノ同盟ヲ締結スルノ後ニ於テ」協定を考えるとの方針を林に打電した。[263]そしてロシアの代理公使に対して、伊藤はロシアと交渉する「允任ヲ帯有セズ」、「全ク……独個ノ責任ニ於テ為サルルモノナリ」と打電した。[264]さらに桂首相も伊藤に対し、日英交渉を「遷延スルヲ得ザラシム情勢」だとして、ロシアとの話は「談話上ノ意見ノ交換ニ止メラレ」たいと打電した。[265]これは伊藤、井上にとっては、ほとんどクーデターに近い桂、小村のやり方とみえたが、伊藤はこれに従うという態度をとらざるをえなかった。彼はロシアとの交渉を先にすべきだと言ってきた井上馨に対し、二八日電報を打った。「情勢此ノ如クナルヲ以テ、拙者ハ拙者ガ当地ヘ来ルノ当初ノ目的ニハ全ク反対ナルヲ知リナガラモ、政府ノ希望ニ適従スルノ外ナシ。[266]」

ペテルブルクの伊藤博文

伊藤はベルリンをへて、一一月二五日(一二日)、ペテルブルクに到着した。[267] まず伊藤は一一月二八日、ニコライ皇帝に拝謁した。二人は大津事件のあと京都で会い、伊藤は神戸まで皇太子であったニコライに供奉したのであった。ニコライは日本訪問は「快キ記念ノミナリ」と述べ、露日「両国ノ協和」は不可能でない、「両国互ニ協和スルハ……両国ノ為メニ最モ得策ナルノミナラズ」、「東洋ノ平和ヲ維持スルヲ得ベク」と強調した。伊藤も、天皇も同じ考えであると述べている。ニコライの話は伊藤によい印象を与えたが、ニコライの方は日記に「日本の有名な政治家伊藤を接見した」と書くだけである。[268]

一二月二日(一一月一九日)、伊藤はラムスドルフと会談した。彼は公式的な委任を受けてきたのではまったくないと前置きして、しかし、熱をこめて話した。両国間の不和の種は唯一朝鮮問題である。日本人には、ロシアは朝鮮半島を領有しようとしているという信念ができあがっている。そうなれば、日本の独立が脅かされる。そのような懸念が日清戦争の原因でもあったのだ。ロシアがこの面で日本を安心させてくれるなら、両国の緊密な友好関係の確立を妨げるものはない。この趣旨で現行協定は修正されなければならない。

ラムスドルフが、現行協定の基礎には朝鮮の独立という原則を尊重することが措かれている、だから、そのような懸念は必要がない、近年はロシア側が朝鮮中立化案を出したが、日本の側が追加協定は不必要だと否定的だったではないかと指摘した。伊藤は、満州の危機がつづくかぎりは東京政府はこの問題に否定的だったのだ、いまは未来について語ることができると言った。そして、日本にとっても何より必要なのは朝鮮の独立であるが、朝鮮はあまりに弱体で独り立ちできない、日本はロシアと事前に約束してソウル政府に助言をしたい、援助もしたい、朝鮮に別の大国の影響力が及ぶことを排除したいのだと言った。

ラムスドルフが、そういう条件では朝鮮の独立を保つことは不可能ではないかと言うと、伊藤は、朝鮮があちこちの大国に援助をもとめると、日本とロシアのあいだにこの件で衝突が起こる可能性がある、だから、その可能性を永久に除去することが望ましいのだと答えた。

ラムスドルフはさらにつづけた。日本にとっての朝鮮の意義を否定するものではないが、ロシアも隣国に対する関心を完全に捨てることはできない。現在ではロシアは日本と同じ数の軍隊を駐留させることができるのだ。日本が軍事干渉の排他的権利を主張するなら、事態は変わり、日本によって軍略的な陣地がつくられることになりかねない。ロシアはそれを許すことはできない。ヴラジヴォストークと南部の港湾との連絡が危険にさらされるからである。

これに対して伊藤は、日本は南部朝鮮の港に堡塁をつくらないし、海上連絡を脅かさないと聖なる誓いを立てると言い切ったのである。

ラムスドルフが、ロシアは何も恐れない、日本とは両国に利益になるよう友好関係を築きたいのだと言うと、伊藤は、自分が首相のとき、三国の助言に従って、日清戦争で獲得したものを放棄した、そのため国民からの怒りを受けた、ロシアはあの戦争から利益を引き出し、東清鉄道をつくったのだと言った。ラムスドルフが、鉄道は日本の利益にもなっているだろうと言うと、伊藤もその言葉には同意した。

会談の終わりに、ラムスドルフは、発言の趣旨を正確に理解したいので、文書にして出してくれないかと頼んだ。(269)

伊藤は翌三日はウィッテ蔵相と会談した。この内容は都筑の作成した記録による。ウィッテは、ロシアは朝鮮を占領する必要はないが、貴国が占領するのを傍観することはできないと述べ、両国とも相手が占領するのではないかという疑惑を去ることが必要だとした。同数の軍隊を出兵できる現行協定の公平な基礎を尊重して、こまかな協定にいたるのがよいというのがウィッテの意見であった。しかし伊藤が、独立尊重、軍略上目的に使用せず、海岸軍事施設

不構築の三条件を出すと、ウィッテは、それなら問題はない、「存分ニ処分セラレヨ」と言ったという。(270)

伊藤は、ラムスドルフの求めに応じて、一二月四日、帰国前の二回目の会談のさい、彼の考える協定案を文書で渡した。

一、朝鮮の独立の相互保障

二、朝鮮の領土のいかなる部分も相互に敵対する軍略的目的で使用しないという相互の義務

三、朝鮮海峡の自由航行を危険にさらしかねない、いかなる軍事的措置も朝鮮の沿岸において講じないという相互の義務

四、日本が朝鮮において政治的、商工業的な面での行動の自由をもち、朝鮮に対して、まともな政府としてのあらゆる義務を履行するために助言と援助をあたえる排他的権利を有することをロシアが認めること。反乱や平和的な日韓関係を壊す可能性のあるその他のあらゆる騒擾を鎮圧するために必要な限りでの軍事的な援助も含まれる。

五、本協定はすべての先行協定に取って代わる。(271)

ラムスドルフはこの内容をみて、「これは合意の基礎ではなく、日本が自らの利益のために獲得しようと願う広範な特権のリストにすぎない」と指摘した。伊藤は、日本の世論を沈静化することがいかに両国の利益となるかを弁じた。日本の国民は両国間にしっかりした協定がないため、ロシアは「朝鮮に対するひそかな計画」をもっているのではないかと疑って、たえず興奮状態にあると説明した。ラムスドルフは言った。伊藤氏の提案した協定は日本の世論を沈静化するだろうが、ロシアではまったく逆の効果をもたざるをえない。なぜなら「この案はいかなる対価もなしに朝鮮を完全に日本の指揮下におくことにひとしく、その独立を実際上空語にするからである。ロシアは朝鮮半島に隣接する以上、帝国政府はそのような問題提起には同意しかねる」。

これまでの協定によれば、ロシアは日本と同じく朝鮮に助言と援助をあたえることができた。しかし、ここにおいてロシアはいかなる発言権も放棄することが求められたのである。伊藤は満州には触れていないが、これが伊藤の考える満韓交換論であることはたしかだった。だが、完全な日本の朝鮮支配から、伊藤は軍略的目的での不使用と沿岸軍事措置の不実施の二条件を留保したのである。つまり日本の制限付き朝鮮支配を認めてほしいという案であった。しかし、ラムスドルフは、それでは日本の完全な朝鮮支配権を認めることになるとして反対したのである。

伊藤は、それでは、ロシア側の案を出してもらいたいと求めた。ラムスドルフはひとたびはその要請を断った。この会談は私的な性格のものだと考えている、文書を出すなら皇帝に上奏しなければならないのだと言った。伊藤は、自分はいかなる地位ももっていないが、天皇とは手紙をやりとりしており、東京ではこの旅行の結果について知りたがっているのだと述べ、ベルリンに一時滞在するので、そこへ送ってほしいと求めた。

ついにラムスドルフはロシア側の提案を出すことを約束した。[272]伊藤はこの日のうちにペテルブルクを去った。

日英同盟締結へ

一一月二八日、日本の閣議は英国案に対する日本の修正案を決定した。もっとも修正はごくわずかにとどめられた。前文での韓国関連の文言に「併呑」に加えて、「其領土ノ一部ヲ占領スルヲ妨グルコト」と入れるように直したが、これはロシアの動きが韓国への侵入、占領を策しているとみて、対露開戦を可能にするためであった。それ以上の日本の権益をイギリスに認めさせることは見合わせられたのである。この上で元老会議を一二月七日に召集し、これの承認を求めることにしたのである。[273]伊藤の動きが警戒されていた。

伊藤はロシア皇帝、ラムスドルフ外相、およびウィッテ蔵相との話し合いをおこなった結果を一二月六日の電報で報告した。

「先方ハ日本トノ一ノ協調ヲ為スコトヲ衷心希望スルモノナリトノ感覚ヲ抱カシメタリ。予ハ彼我相互ニ韓国ノ独立ヲ保障シ、又韓国領土ノ一部タリトモ相互ニ対シ軍略ノ目的ニ使用セザルコト、及ビ韓国海岸ニ砲台等ヲ築構シテ、同国海峡ノ自由航行ヲ危険ナラシムル事ヲ為サザルヲ相互ニ約スルニ於テハ、先方ヲシテ韓国ニ於ケル工業上、商業上、政治上且ツ又軍事上ノ事項（最モ軍事的動作ハ叛徒及ビ類似騒乱ノ鎮制ニ限ルトシテ）ニ至ル迄、日本ノ独占的自由行動ヲ認ムルコトヲ肯諾セシメタリ。」

伊藤は「韓国ニ於テ利益ヲ有スル唯一ノ国タル露国ト一ノ協調ヲ為スニハ、今日ヲ以テ最好機会ナリト信ズ」と述べ、「日英同盟ノ締結ヲバ露国トノ一ノ協調出来ベキヤ否ヤヲ確ムル迄……遷延セラルルヲ得策ト考フルナリ」と決定的な意見を書き送った。(274) しかし、この電報が東京に着いたのは一二月八日のことで、すでに元老会議は前日に終わっていた。

一二月七日の桂邸での元老会議では、小村外相が名高い意見書を提出して、日英同盟を擁護した。

「露ノ満州ニ於ケル地歩ハ益々固ク、縦令今回ハ撤兵スルニ於テモ、尚彼レハ鉄道ヲ有シ、之レガ護衛ナル名義ノ下ニ駐兵ノ権ヲ有ス。故ニ若シ時勢ノ推移ニ一任セバ、満州ハ遂ニ露ノ事実的占領ニ帰スベキコト疑ヲ容レズ。満州既ニ露ノ有トナラバ、韓国亦自ラ全フスル能ハズ。故ニ我邦ハ今ニ於テ速ニ之ニ処スルノ途ヲ講ゼンコト極メテ緊要ニ属ス。」

「我希望ノ如ク韓国問題ノ解決ニ応ゼシムルハ純然タル外交談判ノ能クスル処ニ非ズ。之ヲ為スノ方法唯二アルノミ。即チ一ハ我希望ヲ貫徹スルガ為メニハ交戦ヲモ辞セザルノ決心ヲ示スコトト、二ハ第三国ト結ビ、其ノ結果ニ依リテ露ヲシテ已ムヲ得ズ我希望ヲ容レシムルコトナリ。然レドモ露国トノ交戦ハ常ニ出来得ル限リ之ヲ避ケザルベカラザルノミナラズ、満州ニ関スル彼レノ要求モ大ニ穏和化シタルヲ以テ、我ヨリ進ンデ最後ノ決心ヲ示スベキ正当ノ口実ヲ有セズ。」だから第二の方法を取るのが良策であると言うのである。

小村はロシアとの協定の問題点として、「一、東洋ノ平和ヲ維持スルモ単ニ一時ニ止マルベキコト」、「二、経済上ノ利益少ナキコト」、「三、清国人ノ感情ヲ害シ、其結果我利益ヲ損スル少ナカラザルベキコト」、「四、英ト海軍力ノ平衡ヲ保ツ必要ヲ生ズベキコト」の四点を挙げた。このうち、第一点については、「露ノ侵略主義ハ到底之ニ満足セズ進ミテ支那全国ヲモ其勢力ノ下ニ置カンコトヲ期スルモノナルガ故ニ、露国トノ協約ハ固ヨリ永ク和局ノ維持ヲ保証スルニ足ラズ」と述べている。

これに対してイギリスとの同盟の利点として、「一、東洋ノ平和ヲ比較的恒久ニ維持シ得ルコト」、「二、列国ノ非難ヲ受クル恐レナク、帝国ノ主義ニ於テモ一貫スベキコト」、「三、清国ニ於ケル我邦ノ勢力ヲ増進スルコト」、「四、韓国問題ノ解決ヲ資スルコト」、「五、財政上ノ便益ヲ得ルコト」、「六、通商上ノ利益少ナカラザルベキコト」、「七、露国と海軍力ノ権衡ヲ保テバ可ナルコト」が挙げられた(275)。

井上も多数意見にしたがったので、元老会議はこの小村意見を了解し、日英同盟への断を下した(276)。

さて、まさにこのとき、栗野はパリに到着した。そこにロシアから帰ってきた伊藤がロンドンに行き、ふたたびパリへ到着した。栗野は伊藤から、日英同盟条約が調印間近であるとの話を聞いた。栗野は驚くとともに、立腹した。「こんな工合では、今私が露国に赴任した所で何もする事は出来ない。私が期待した特別任務は凡て廃棄された訳であるから、露国へは行かず、巴里から真直ぐ日本へ引き返さうと決心した。」小村に欺かれたということがわかったのである。栗野は帰国を望むと本省に打電し、伊藤にも話した。しかし、伊藤は栗野をなだめた。

「君は陛下の御親任状を携行して居るのであるから、其の儘持帰ると云ふのは穏当で無い。兎も角も一度赴任して、万事その上の事にしてはどうか。愈々帰朝せねばならぬ様なら、吾輩も尽力する。」

伊藤も桂と小村に敗北した身であった。そこで栗野は黙ってペテルブルクへ向かうことになったのである。「当時の胸中は実に沸き返る様であつた」と後年彼は述懐している[277]。

林董公使は報告書の中で、小村外相が、伊藤、井上という「最モ勢力アル人」を相手に、「井上ヲモ顧ミズ、伊藤侯ヲモ恐レズ、両人ヲ等閑視シテ、己ノ所見ヲ断行シテ動カザリシハ最モ感ズベキノ人物ト云フベシ」と書いている。たしかに小村はぎりぎりのところで伊藤、井上を制し、自らの路線を貫いたのである。しかし、林は、栗野については、自分の信ずるところを実行せんとして「正当ノ手段」をとったのに、このような結果になったのは「気ノ毒ト云フ外ナシ」と同情している[278]。小村が栗野を欺いたことを認めているのである。

一二月一六日には日本案がイギリス政府に提示された。

ラムスドルフの回答づくり

結果的には伊藤の訪問で、ロシア政府は日本の態度についてむしろ安心してしまったのかもしれない。日本政府が日英同盟締結へ断を下しているなどとは夢にも思わないで、ラムスドルフは伊藤案に対する自分の案づくりを進めた。出来上がった案を外相は一二月五日(一一月二二日)に皇帝のもとへ送った。それは次のような案である。

一、朝鮮の独立の相互保障

二、朝鮮の領土のいかなる部分も軍略的目的で使用しないという相互の義務(あるいは日本の義務)

三、朝鮮海峡の自由航行を危険にさらしかねない、いかなる軍事的措置も朝鮮の沿岸において講じないという相互の義務(あるいは日本の義務)

四、日本が朝鮮において商工業的な面での行動の自由をもち、ロシアとの事前の協定にもとづいて、朝鮮に対して、まともな政府としての義務を履行するのを援助し、助言をあたえる優越的権利を有することをロシアが認めること。反乱や平和的な日韓関係を壊す可能性のあるその他のあらゆる騒擾を鎮圧するために必要な限りでの軍事的な援助も含まれる。
五、日本は前項に予定される場合、厳密に必要な量の軍隊だけを朝鮮に派遣し、任務が履行され次第、ただちに呼び戻す義務を負う。そのさい日本軍はロシア国境沿いの厳格に規定された地域にはいかなることがあっても入りこまないということを条件とする。
六、日本の側は清帝国のロシアに隣接する諸州のすべてでロシアが優越的な権利を有することを認め、この州でのロシアの行動の自由を決して妨げないという義務を負う。
七、本協定はすべての先行協定に取って代わる。(279)

ラムスドルフの一二月五日(一一月二二日)付けの皇帝あての書簡の上に、ニコライは「賛成する。ロシアは朝鮮に日本と同数の軍隊を保持する権利をどうしても放棄するべきでない」と書いた。(280)前段と後段は矛盾している。ラムスドルフ案のはじめ三項は伊藤案と一致していた。伊藤案の第四項では「排他的権利」であったものが、ラムスドルフ案では「優越的権利」となっている。ロシアの介入権も全否定はされないということである。だからニコライの主張も聞き流せるわけである。国境地域には日本軍を入れないという主張が加えられた。日本の支配権がさらに制限されたのである。そして、満州におけるロシアの優越権を認めることが要求された。

ラムスドルフの案は伊藤の案とともに、皇帝の承認をえて大蔵、陸海軍の三大臣に見せられた。大蔵大臣ウィッテは日本との協定は第一級の意義があるとして、強く賛成した。「朝鮮を放棄することで、われわれは日本との不断の紛争の種を除去し、日本をして、永遠に攻撃してくるおそれのある敵国から、同盟国ではなくとも、こんなに苦労して獲得した領土をまた失うのではないかと心配してわれわれと善隣関係を維持しようと努める隣人に転化させるであろう。(281)」

クロパトキンは自分の修正案を提出した。クロパトキンは、日本はロシアと戦争する口実がない、ロシアとの戦争は日本に危険をもたらし、益がないと見ている。北部満州を一定の程度ロシアに従属させたとしても日本との衝突は避けられる。「だから、日本とのわれわれの新たな協定は高価すぎる代価をはらって買い取られるべきではない。朝鮮の放棄と日本への譲渡はまさに高価すぎる代価である。」クロパトキンは、日本軍が朝鮮に入るとしたら、その「常駐」を阻止すべきで、北部朝鮮には日本軍は入ってはいけないと考えている。いま一つは海峡の問題で、南部海岸には要塞施設をつくらせてはならないという。第三は、満州でのロシアの行動の自由を守る必要があるということだとする。クロパトキンはこのような考えから修正案を考えてきたとしているが、第二項は、日本は朝鮮をロシアに対する軍事目的に使用してはならないと強めているくらいで、それ以外はほぼラムスドルフ案を受け入れている。[282]

ラムスドルフは、海軍大臣の返事がないが、伊藤に案を送りたいとして、皇帝の許可をえた。ところで、彼が伊藤に手紙を出さないうちに海軍大臣トゥイルトフから原則的な反対意見がよせられた。「朝鮮南部にロシアが港を獲得することがこの協定の主要な条件の一つでなければならない。」ラムスドルフがそのことを一二月一四日(一日)に皇帝に知らせると、皇帝は「朕が認めた形で送れ」という指示をその日のうちに出している。[283] 海相の反対を無視してよいというのである。

ラムスドルフからの手紙を受け取った伊藤はブリュッセルから一二月二三日(一〇日)付けで返事をよこした。「貴国の権力の座にある人々の協調的な気分を十分に確信したが、案文自体は、両国間の実際的、永続的合意に容易に到達できるという希望をもてるように励ますにはほど遠いものである」と書いてあった。第六項のロシアが優越的権利をもつ清国の諸州という規定があいまいにすぎるという批判が最初に述べられていたが、やはり核心は第四項であって、「私は朝鮮における排他的フリーハンド(exclusive free hand of Japan in Korea)がこころからの理解の唯一の可能な基礎であると考えている」として、ラムスドルフ案が「排他的権利」という規定を除いたことに反発している。

そして第五項の日本の行動範囲の制限の規定のことも言及されている[284]。伊藤からみても、この案では日本はのめないのである。日英同盟に向かう流れは伊藤にもとどめようがなかった。

日英同盟条約の調印

日英交渉は年を越してつづけられた。一九〇二年一月一四日、イギリスの対案が出され、一八日には日本の第二次案が出され、さらに二四日にはイギリスの第二次案が出されるというめまぐるしい展開となった。そして、ついに一月二八日に最終成案が合意されるのである[285]。もっとも問題となった韓国条項は、「日本国ニ取リテハ……韓国ニ在テ政治上幷ニ商業上格別ナル程度ニ於テ有スル利益ニ鑑ミ……我ノ利益ニシテ別国ノ侵略的行動ニヨリ……侵迫セラレタル場合ニハ……之ヲ擁護スル為メ必要欠クベカラザル措置ヲ採リ得ベキ事ヲ承認ス」ということになった。イギリスにとっては清国における利益を守る措置が認められるということになる。

そのような利益を守るために、条約締結国の一方が別の国と戦争することになった場合には、のこる条約締結国は中立を守り、別の国が同盟国に対する敵対行為に加わらないように影響力を行使する。別の国が敵対行為に加わった場合には、条約締結国は同盟国の支援にかけつけ、戦争を共同でおこなう。このような内容の日英同盟条約が一九〇二年一月三〇日に調印されたのである[286]。つまり日本がロシアと朝鮮の権益をめぐって戦争をするとき、イギリスは中立を守るが、もしも第三国、たとえばフランス、ドイツがロシアの側に参戦する場合には、イギリスは日本の側に立って戦うということになるのである。

露仏宣言

栗野公使は日英同盟のテキストをロシア外相に届けた。彼は、このような「目的にあまり適わない」協定が結ばれたことに驚いていると述べ、伊藤の訪問ではじまった日露協定の交渉をやめないでほしいと切望すると申し入れた。(287)しかし、公使の言葉は気休めにはならなかった。ラムスドルフは日英同盟に大きな衝撃を受けた。日英同盟がロシアに向けられた同盟であることは明らかであった。ロシアとしては、日英同盟締結が与えた印象を中和するような方策を講じる必要があった。

ラムスドルフは二月二四日(一一日)、栗野に、日本政府は極東において日露両国の平和的関係、友好的協調を真実希望するか、日英条約第四条と抵触せずにロシアと別に条約を結ぶことは可能であるかと質問した。この報告を受けた小村外相は、韓国問題での日露の協調を求めているが、協定交渉開始には時機がある、いまはロシア政府内に対立があるので事態の発展を見守れ、という指示を三月一二日に送っている。(288)これは当然の反応だった。

そこで、ラムスドルフ外相は思いきった手を打った。三月一九日(六日)に、同盟国フランスとともに、日英同盟にかんする宣言を発表したのである。そこには、日英同盟において、極東の現状と全般的平和の維持、清韓両国の独立と領土保全、列国の商工業活動への開放という原則が両国の政策の基礎となることが再確認されていることに、露仏両政府は満足を覚えると述べられた。これらの原則は自分たちにとっても原則である。両政府は他の列国の敵対行動、清国における騒擾の再発がありうることを「念頭におくよう強いられるが故に、かかる場合には、これらの利益を防護するためにしかるべき措置をとることを配慮せざるをえない」。

ロシア政府は合わせて、単独で口上書も出した。ロシア政府の原則は義和団事件発生の当初より変わっていない。

ロシアは「友好国たる清国と韓国の独立と領土保全」を求め、極東での現状と平和の維持を願う。シベリア鉄道の建設はこの地域への世界的な商工業の拡大に寄与するものである。一部の政治圏でのうわさ、新聞論評にもかかわらず、ロシアは英日両国の表明した原則には「心から共感するのみである」[289]。

これは売られた喧嘩は受けながすという大人風だとみる向きもあったかもしれないが、現実に発生した緊張、危機を言葉の上でだけ格好をつけた、糊塗したやり方だといえるだろう。ロシアが実際に感じていた衝撃はこの策によっては解消されるはずはなかったのである。

ロシア、満州撤兵協定を結ぶ

実質的な動きは満州問題であらわれた。この点については、前年一九〇一年の夏から秋にかけてもう一度交渉を開始したいという気持ちがロシアと清国の双方に動いて、ロシア側から撤兵にかんする条約案が出されていた。それは一〇月に日本がつかんだところ、次のような案だった。

一、満州問題ニ関シ前ニ為シタル一切ノ提言ヲ棄却シ、更ニ新案ニ基キ本問題ヲ協定スルコト
二、露国ハ東三省全体（営口港ヲモ）ヲ清国ニ還戻スルコト、而シテ山海関、営口間ノ鉄道ハ本年中（清暦）ニ還付スルコト
三、露国ハ本年中（清暦）ニ其軍隊ヲ悉ク盛京省ヨリ撤退スルコト
四、黒龍江地方及吉林省ニ於ケル露国軍隊ハ本問題協定ノ日ヨリ二年ヲ経タル後漸次撤退セシムルコト
五、清国軍隊ノ新編成ハ露国軍事官ト相談ノ上、盛京将軍之レヲ定ムルコト。尤モ清国軍隊ノ大砲使用ヲ禁止スルコトヲ条件トスルコト[290]

これに対して日本は修正要求を出し、それが通らなければ、交渉を遅らせるように繰り返し求めた[291]。清国側ではロシアとの協定に積極的だった李鴻章が一一月七日に死亡したこともあって[292]、準備が遅れた。一二月に交渉が再開され、清国側は撤退の期間を三年から一年に縮小してほしいと申し入れた。ロシア側はこれには賛成しなかった。ウィッテもクロパトキンも反対だった[293]。

だが、日英同盟の締結がロシア外務省、ロシア政府に衝撃を与えた。まさにこのタイミングで清朝政府はロシア政府に満州撤兵協定にかんする新たな提案をしてきたのである。一九〇二年二月二五日、慶親王の書簡がレッサール公使に届けられた。前年一二月に渡された修正提案をそのまま受け入れてほしいという内容の書簡であった。九日後、撤退期間を一年ではなく、一八カ月とするという新しい妥協案が清国側から出された。ラムスドルフはこれを受け入れるべきだと考えた。「満州問題がこれまで置かれた不確定状態に終止符を打ち、帝国政府の行動様式に対する以後一切の非難を受けないようにするため」だというのである[294]。蔵相ウィッテと陸相クロパトキンがともにこれを受け入れていいとしたのは[295]、やはり日英同盟の衝撃があったのではなかろうか。

一九〇二年四月八日(三月二六日)、ロシアと清国はついに満州撤兵協定を結んだ。その第二条で、ロシアは六カ月以内に盛京省西南部遼河にいたる地方の軍隊を撤退させ、鉄道を清国に返還すること、次の六カ月間に盛京省の残部および吉林省の軍隊を撤退させること、そして次の六カ月間に黒龍江省にいる軍隊を撤退させることを約束したのである[296]。

日英同盟の成立と露清撤兵条約の調印は日本の反露論者に勝利の印象を与えた。四月二五日、国民同盟会は解散大会を開いた。近衛篤麿は次のように演説した。「前には再び第二露清条約を廃棄せしめ、更に日英協商を締結して明に清韓両国の保全独立を公約し、今は則ち全く満州問題の解決を見るに至れり。」「吾人も亦敢て露国が此条約を以て、永久に其の従来の政策を抛棄し、再び兵を入るるなきとして心を安んずる者にはあらず、然れども、支那の保全を世界の輿論として唱道せる者は、……寧ろ之を段落として一先づ此に終結を告ぐるの至当なるを信ず。」大会宣言は次のように始まっている。

「日英同盟茲に成立し、満州問題既に解決せり。今や吾人は当初天下公衆に誓ひたる約款に基き、同志の会盟を解散するの時期に到達せり。[297]」

イズヴォリスキー最後の韓国中立化案

日英同盟成立の衝撃は別のところにもあらわれた。駐日公使イズヴォリスキーが一九〇二年八月二日(七月二〇日)、あらためて韓国中立化構想の意見書[298]を外相のもとへ送ったのである。

「朝鮮問題は極東における政治情勢のもっとも不安な要素であり、その基礎の上にわが国と日本との間に危険な紛争が生まれかねない。」そのために従来ロシアと日本は数次の協定を結んで、危険を防いできた。しかし、いまや協定の欠陥が露呈している。協定はこれこれのことをしてはならないと規定する「否定的性格」の故に、両国が軍隊をそれぞれ朝鮮に派遣するというようなことができない。ところが、「韓国の国内統治は完全に解体し、多少とも有能で良心的な政府が欠如しているため、この国は自らの国事を外国の援助なしには適正化することが絶対的にできないのである」。「韓国政府にしかるべき援助を与えることを差し控えることによって、ロシアと日本は一方ではこの危機の進行を促進するとともに、他方では韓国の搾取の目的のためだけに来る……国際的事業家たちにこの国の門戸を開いてやることになりかねない。[299]」

この状態は日本にとって有利だが、ロシアにとってはそうではない。「日本は経済面で韓国の完全な主人となっており、これは逆にこの国に対してその政治的要求を強める基礎を日本に与えている……。」日本は「性格の弱い韓国皇帝を脅し、あきらめて日本の保護国となるようにさせる陰謀」を不断につづけている。日英同盟締結後、日本外交の調子は高まり、陰謀はさらに強まっている。このままいけば、「われわれは数年後には、日本が韓国で政治的、経済的な影響力を完全に確立させたという既成事実を承認するか、それともこの国のことで日本と武力衝突することを決断するかというディレンマの前に立たされるだろう」。したがって、「現行の露日協定は朝鮮問題に立つ将来の露日関係にとっての堅固な土台にはなりえない」と結論される[300]。

別の道はないか。日本政府は一八九八年協定をロシアの関東州占領の結果とみている。だから、満州でロシアがあらたに進出するなら、日本の朝鮮への一層の進出が認められるべきだと考えている。一九〇〇年の事態で日本の世論は沸騰した。ロシア側が韓国中立化構想を出したところ、伊藤首相は賛意を示したが、加藤外相は反発した。昨年のラムスドルフ・伊藤会談でも一八九八年の西外相の主張が示された[301]。日英同盟の調印までは、朝鮮問題で日本と協定を結ぶことができるという議論がそれでも成り立った。ロシアにとって一九〇〇年の事態は予想外のことであった。満州はいずれロシアの影響下に入るはずであったが、軍隊で占領したことによって日本が強く反発した。日本が行動に出る可能性があるが、「シベリア鉄道が未完成で、わが国の太平洋海軍力が過渡期の状態にあることに鑑み、日本との衝突にとって時期が有利とは考えられない。この時期を先延ばしし、最焦眉の満州問題を解決することに当たれるようにするコンビネーションはどんなものでも望ましくみえる」。だから、朝鮮問題で日本に譲歩することが主張された。譲歩は一時的なもので、最終的に勝利するのはロシアの朝鮮政策だ。日本は朝鮮をとれば、かえって財政的に、力量的に苦しくなり、反日運動に苦しめられる。日本は「危険な国内危機」に立ち至り、軍事力の優位も失い、朝鮮から手をひくことになる。だから当面は日露協定が可能というわけだ[302]。

しかし、日英同盟が成立したので、「日本との直接協定をよしとする判断は力を持たなくなった」。日露交渉はすべてイギリスのコントロールをうけるので、「堅固な“modus vivendi”」が成立することはない。だから、日本と二国間協定を結ぶという考えを最終的に捨てなければならない。そうだとすれば、ロシアの利害と極東の平和を保障する「新しいコンビネーション」、アメリカを加えた三国協定により「韓国中立化」をめざすべきである。アメリカは伝統的に不介入政策をとっているが、日英同盟による日本の政策の活発化がこの地域の不安定を増すことを見て取れば、アメリカが伝統的政策から出る可能性がある。(303)

それなりに考え抜いたイズヴォリスキーの案であった。韓国皇帝の気持ちにも添っていた。

栗野の日露協商案

ロシアに着任した栗野公使は、仕事がなかった。駐在武官の村田惇を連れて、クロパトキン陸相のもとを訪問したときのことが、クロパトキンの日記に書き留められている。

「彼は単刀直入に、心騒がせているテーマに話を移そうと努めた。フランスにいたとき、デルカッセと知り合ったと話した。フランスが日本と平和的な関係でありたいと願っていることを確信して、うれしかった。デルカッセはロシアと和合して生きることが日本にとって必要だと何度も指摘した。自分はこの意見に深く共感する。このことを達成するのを妨げる原因はないということを知っている。日本の商業活動の拡大はロシアにであれ、他の国民にであれ、不安を与えるものではないと思う。彼がそう言ったので、私は日本ではみながそういうふうに見ているわけではないだろうと口をはさんだ。公使は、新聞と一部の興奮した人々はロシアに対してたしかに敵対的な気分だが、政府と健全な判断力をもつ人々はみなロシアとの平和の必要性を理解していると答えた。駐在武官も、ロシアとの戦争は日本にとっての不幸だろうと言い添えた。私は、この件はラムスドルフの所管だが、自分も一個の兵士として、戦争がわれわれにとっても災悪であると、駐在武官殿と同じ意見を述べるものだ。しかし、わが国は日本より強いので、戦争すれば、もとより犠牲を払いつつも、勝利するだろう。私は、新任の駐露日本公使が日本の真の立場を理解しておられるのを喜ぶが、日本の急速な成功と成長が他の諸国家に不信をいだかせるような立場をつくりだしていることを考慮すべきだと思う。日本の力に対してみな懸念しており、この力を減らせれば喜ばしいと思っている。ロシアの成長はこれらの列強を一層不安にさせている。ロシアの力は一層あぶないものにみえ、これらの列強は、ロシアの力が使い果たされ、彼らの心配の種が減れば、一層喜ぶだろう。私がそう言うと、公使は進んで、その列強とは英国と米国ですと言った。[304]」

日露が対立し、戦争をして消耗すれば、イギリスが利益をうるというのは好ましくないという気持ちを二人は確認したのであった。栗野はクロパトキンの話から、なお日露協調路線が追求されるべきだという考えを強めたであろう。クロパトキンが、戦争になればロシアが勝つと胸を張ったのは滑稽だが、一九〇一年末の日本軍の演習観察報告が影響していたのかもしれない。

一九〇一年末の仙台近郊での大演習を参観したあとで、駐在武官のヴァノフスキーは「歩兵の戦術的訓練が弱く、この三年間ほとんど何の進歩もしていない」。「砲兵はその組織自体が不満足だ。砲の利用、とくに速射砲の利用ができないことがいたるところで目につく」などと述べ、「こういう軍隊を相手にすれば、砲をもった強力な騎兵部隊がちょっとした急速な、精力的なパルチザン行動をすれば、確実に決定的な勝利を収められる」と結論する報告を送ってきた。[305]同じく参観した第一シベリア軍団参謀長イヴァーノフ少将は「中国人に対して収めた勝利は彼らに何ごとも教えず、彼らの軍事技術観を一歩も前進させなかった」として、日本軍の司令官たちは「ヨーロッパ的観点からすれば、その任命にふさわしくない者の部類に入れなければならず」、日本軍は紙の上の数字、新聞広告の中にのみ存在するもので、「乳児軍(armii mladentsev)」と呼ばれるにふさわしいと酷評した。[306]このような尊大な評価が陸相に影響を与えたとしたら、大いに問題である。

他方、ロシアでは国内的な危機が深まりつつあった。一九〇二年三月、南ロシアのハリコフ、ポルタヴァ両県で、農民が四〇年間つづいた沈黙を破って地主所領を攻撃する騒擾事件が発生した。皇帝が土地を与えて下さるという噂がまたもやよみがえった。襲撃された地主所領は八〇にのぼり、一〇九二人の農民が裁判にかけられ、八三六人が有罪判決を受けた。そして、四月一五日（二日）には、シピャーギン内相が執務室で軍人に変装した学生に射殺されるという事件がおこったのである。翌日、エスエル党戦闘団の犯行声明が発表された。数日後、プレーヴェが後任に任命された。ウィッテは政権内の友人を失い、敵をえたのである。こののちウィッテ蔵相とプレーヴェ内相の主導権争いがもとで、改革案審議も行き詰まっていく。

ここで、一九〇二年七月七日、小村外相から訓令が入った。露仏宣言を出したことで、ロシアは日露協商について考えを変えたか、協商の条件にも変化があるのか、「公使自身の責任において絶対秘密裡に」探れというのである(307)。栗野が日露協商派だとロシア人にも思われていることが、こういう情報蒐集に絶好だと小村は考えたのであろう。栗野が七月二三日にラムスドルフと話すと、ロシア側としては協商に前向きで、前年の伊藤の意見、ラムスドルフの回答が「協商の基礎」となりうると答えた。栗野は喜んで、踏み出した。彼は八月四日、本省の指令を仰がずに、自分の判断で、日露協商案をロシア側に提出したのである。それは次のような内容であった(308)。

一、清韓両帝国ノ独立並ニ領土保全ヲ相互ニ保障スルコト

二、韓国領土ノ何レノ部分タリトモ戦事的、又ハ軍略的ノ目的ニ使用セザルベキコトヲ相互ニ保障スルコト

三、露国ハ韓国ニ於ケル日本国ノ利益ノ優越ナルヲ承認スルヲ以テ、韓国ノ事務ニモ、亦該国ニ於ケル平和的利益ニ係ル日本国ノ行動ニモ干与セザルコトヲ保障シ、而シテ日本国ガ韓帝国ニ於テ左記ノ権利ヲ執行スルコトヲ承認スルコト

甲、商業上及工業上ノ利益ヲ増強スル為ノ行動ノ自由

乙、韓国ガ善良政府ノ義務ヲ完行スルニ於テ、之ニ助言ヲ与ヘ、且ツ之ヲ助力スルコト

丙、叛乱若シクハ何等国内紛擾ノ起テ、韓国ニ対スル日本国ノ平和的関係ヲ侵迫スルトキハ、必要ニ応ズル兵員ヲ派遣スルコト、但該兵員ハ其任務ヲ果シ次第、直ニ撤退セラルベキコト

丁、守備隊並ニ電信線及鉄道保護ノ為、既設ノ警察隊ヲ維持スルコト

四、日本国ハ一八九八年露国ヨリ日本政府ニ通告シタル所ノ旅順口及大連湾ノ租借ヲ承認シ、且又満州ニ於ケル露国ノ権利及利益ノ保護ノ為ノ自由行動ヲ承認スルコト

五、日露両国間ニ現存スル韓国ニ関スル総テノ約定ハ茲ニ終止シテ、効力ヲ有セザルコト

この案を、伊藤提案に対してラムスドルフがまとめた回答と比較すると、はじめ二項は同一である。韓国に対する日本の助言と援助の権利について、「優越」と呼ぶのも同じである。国境地帯への日本軍の立ち入り禁止の条項は入っていないが、満州に対するロシアの利益、行動権は認められている。ロシア外務省の調書「一八九五年以来の日本との朝鮮問題交渉概観」(一九〇六年)は、「伊藤侯爵の提案を実質上若干発展させたもの」だと評価している。伊藤案よりはましだが、これでも受け入れられないとラムスドルフは考えたであろう(309)。

日英同盟が結ばれたあとに赴任した日本公使の提案としては、いかにも時節はずれの感が否めない。栗野の意見は東京の本省、政府とすりあわせたものでないこともすぐに見抜かれた。ラムスドルフの回答は発見されていない。回答を見合わせることにしたのであろう。

ローゼンとパヴロフの意見

実はイズヴォリスキーは家庭の事情で任地替えを望み、秋にはデンマーク公使へ移動することが内定していた。そ

の内定をうけて日本公使に白羽の矢が立ったのは、一八九九年に東京を去ってセルビア公使になっていたローゼンであった。そこで、彼にイズヴォリスキーの意見書、栗野の提案が渡されて、意見が求められた。ローゼンは一九〇二年九月二五日(一二日)に長大な意見書を作成した。シマンスキーの要約によれば、次のような内容であった。

このたびの日本側の要求は一八九八年の要求をさらに進めるものである、とローゼンはまず確認する。「いま栗野が行った提案を受け入れて、一八九八年三月に日本人が私の仲介で行った最初の提案で勝ち取ろうと願ったものを越えて譲歩の道をさらに進むというのは、おそらく望ましいことではなかろう。あのときはわれわれは旅順を占領したばかりで、しかもほんのわずかな兵力でそうしたので、英日の艦隊のデモンストレーションがなされれば、それだけでわれわれは退却せざるをえなかったのである。」いまはロシアは満州を占領しているのだ、とローゼンは言いたいのである。

日本は朝鮮におく軍隊を増員し、ロシアは従来の協定で軍隊をおくことができた権利をうしなうというのは、ロシアの利害に反する。代わりにロシアがえるものは、清国との協定で獲得している遼東半島の租借が認められるということだが、そんなことは必要ない。しかも、一八九八年にも、伊藤訪露の一九〇一年にも、日本は「可能な友邦」、友邦になりうる国だったのに、いまは日英同盟を結んで、敵対的協商の加盟国になっているのだ。日本が満州でロシアに反対する行動をとらないというのも価値のある「見返り」にはならない。

いまやイギリスの同盟国としての日本にとって満州が必要になっている。だから、日本に対するさらなる譲歩を考えるさいは、「日英同盟の首としてのイギリスが自らの同盟国の朝鮮に対する欲望をどの程度まで支持するつもりなのか、満州についてわれわれの意図に反対してどこまでやるつもりなのか」を解明する必要がある。

ローゼンは、日本と合意に到達することはもはや不可能だという考えに立っていた。日本と協定を結んでも、戦争の危険はなくならない。日本は朝鮮半島征服の欲求を決して捨てないからである。日本が戦争の危険でロシアを脅すのをやめるのは、ロシアが日本を壊滅させるか、極東の陸海軍の兵力で日本を圧倒するかのいずれかの場合である。このような軍事力での圧倒が必要である以上、満州からの撤兵はできない。[310]

このときのローゼンは日本との協定の道をさぐることを否定したのである。

このころ、韓国駐在公使パヴロフの意見も知られた。日本で広く信じられていたのは、一九〇二年の韓国中立化案はイズヴォリスキーとパヴロフの共同案だということであったが、実際は、パヴロフは相談にあずかっておらず、反対だったのである。パヴロフはこの年九月、本国に休暇帰国する途上東京に立ち寄り、イズヴォリスキーと会談した。そのとき、彼の日露米による韓国中立化構想について聞いた。その後パヴロフはフランスに寄り、もとの清国公使で、上司であったカッシーニ現フランス公使と会い、ロシアへもどった。ロシアにもどったパヴロフは九月二三日（一〇日）、イズヴォリスキー意見書に反対である旨の意見書を書いて、皇帝に差し出した。[311]

パヴロフはアメリカからこの案への同意をとりつけることが可能かどうか、日本がこの案にどれほど魅力を感じるかどうかについては論ずるつもりはないと前置きして、韓国中立化案が「極東におけるわれわれの利害の観点からしてどのような意義を有しているか」を検討するとしている。[312]

まず日本がこの案では満足しない以上、日本はこれを「外交的敗北」ととらえる。その結果、満州問題があらためて先鋭化するだろう。満州中立化の要求を日本が出せば、英米は同調し、ロシアは満州を去れという圧力にさらされることになる。「韓国中立化の問題が積極的な意味で解決するにもかかわらず、われわれはほぼ間違いなく関係先鋭化と武力衝突の危険の脅威のもとに立つのである。」

ここでパヴロフは日本との戦争の脅威について注目すべき見解を述べた。「もっとも私個人は、日本との本来の武力衝突の危険性は反露的な日本世論がもっとも激しく高揚したときでも、日本や外国の新聞雑誌の論文でみるほど目前に迫っているとはまったく思わないような者である。そしてどんなに過激な傾向の日本の政治家も最後の瞬間には、ロシアとの武力戦闘に日本を飛び込ませることを決断するよりは、ありとあらゆる妥協と譲歩に向かう用意があると十分なる確信をもって言うことができる。にもかかわらず、そのような戦闘の可能性は想定すべきものである。[313]」

朝鮮が問題なら、日本の朝鮮出兵に対して抗議だけして、様子をみることが可能である。しかし、韓国中立化の国際協定を結んだ上では、日本と戦争することは不利である。講和の際に朝鮮から何も獲得することができないのである。パヴロフは「韓国中立化案の実現は本来きわめて深刻な実際的困難をともなうものであり、いかなる面からもわれわれにとって望ましいものとみることはできない」と結論した[314]。

この意見書に皇帝は「むしろパヴロフの意見に賛成することに傾く」と書き込んだ[315]。

さらにパヴロフは二日後、極東情勢についてより包括的な意見書を書いた。そこでは、パヴロフは、ロシアの太平洋地方への進出の最終目的は朝鮮半島でのロシアの完全な確立であると述べ、その前提は満州支配であると指摘した。満州支配のためには、撤兵を決めた春の条約から解放される手段が必要であり、日本に対する安全保障も必要であるとした。日本はロシアのやろうとしていることに簡単には従わない。イギリスその他も日本に味方するであろう。だから、日本との協定を結ぶことが必要になる。日本の指導者の誰一人、ロシアとの戦争や朝鮮の武力征服を敢えてする決断をなしえないので、協定は可能である。この協定は従来の協定の補足であるべきだ。

「この点では、われわれはわが国の実質的な国益を一切損なうことなく、朝鮮問題の最終的解決を妨げることなく、日本政府にきわめて広範な自由を認め、財政と軍事部門を含め、朝鮮の内治のすべての部門の組織とコントロールに日本が参加するのを許し、鉄道、郵便、電信の設置と利用における専一的特権を確保するのを許すことができる。」

その代償として、日本は満州でのわれわれの事業への完全な不介入をひそかに約束し、朝鮮における両国の相互関係の上での明らかなる義務を負わなければならない。この義務はロシアの譲歩を正当化できる程度のものでなければならない。日本との協定は、ロシアが満州でその課題を実現するあいだの一時的なものである[316]。

パヴロフは日本の朝鮮支配は長くつづかないので、いまは満韓交換論で日本と協定を結び、ロシアは当面満州に集中する。ただし日本の朝鮮支配権については制限を加える。将来日本の朝鮮支配が行き詰まったら、ロシアが朝鮮を支配すればいいのだと主張しているのである。

パヴロフは、韓国中立化案に反対したが、日露協定をめざすことには同意した。イズヴォリスキーは日露協定は無意味だとして、第三国を入れた中立化案を出し、ローゼンは中立化案にも反対、日露協定も無意味であるという意見であったので、まさに三者三様の意見だったわけである。

ところで、パヴロフの考えの基礎には、韓国の政権の安定性にかんする認識があったと考えられる。彼はアメリカ公使アレンとしばしば意見を交換していた。この年五月三一日にアレンが国務省に送った報告(317)の中で、まず、高宗が日英同盟と露仏宣言に当初非常に恐怖心を抱いたが、そのうち気分が落ち着くと、清国とともに韓国が大きくとりあげられているのに注目して、いまや韓国の中立化が可能だと考えるようになっていると報告した。「パヴロフ公使も、露仏同盟の声明はこの時点で、皇帝の誤った安全保障観を強めたので誤りであったと私に語った(318)。」

アレンは、韓国の国内情勢がきわめて悪いと報告している。「実質的にソウルには政府はない。大臣も局長も誰一人皇帝の命令がなければ何もできないのだ。外務大臣はロシア国境での電信線の設置をめぐってロシア公使と対立した結果、最近辞任した。別の人間が大臣代理に任命されたが、すぐに『病気休暇』をとった。そのくせ宮廷で役目を果たしている。これまで通訳をしていた若者が臨時大臣代理に任命されたが、彼は力らしきものすらなく、……いまや外務省とは直接は仕事はできない。皇帝に能力と意欲があったとしても、彼が国事のすべての細部にまで関わることは不可能だ。」

「私は最近アメリカからもどってきて、状況にまったく失望した。……昨年の凶作の結果としての飢饉のため、数千人が飢餓線上にあり、数百人の死者が出ているにもかかわらず、皇帝はもっとも贅沢で、むだなカネの使い方をやめない。同時に彼は外国の借款をえようとあらゆる方面で画策している。彼はこの公使館に隣接する土地に本年一〇月の彼の即位四〇周年記念に……招いた外国の使節のための大きな洋館を二つ建築中である。……来るべき祝賀会のためにとても広い会議場も建築中である。……宮廷には常勤でやとわれている踊り子〔キーセン〕が八〇人もいる。」「人々はしばらくのあいだ反乱寸前の状態にあった。地方の爆発はしばしばおこっている。しかし、反乱にみちびく協調した行動がない。だが、必要なのは指導者の登場だけだ。」「官職の売買は呪いとなり、おどろくべき売買がなお見られ、価格が確実にあがっている。……皇帝一人がこのすべてに責任がある。」

このように述べて、アレンは次のように極度に悲観的でシニカルな韓国の対外関係観を述べている。一八九四年当時、日本が皇帝に改革の誓いを立てさせた。「この誓いはいまや完全に無視されている。」「韓国では日本とロシアが影響力を分け合っているようにみえる。皇帝は両者を争わせる役割を演じてきた。」一八九八年春にロシアが完全に退場したあとは、日露協定がどちらの国も韓国に介入するのを抑えてきた。そこで韓国は self government を試みたが、五年間の経験はこの国にはその準備がまるでできていないことを明らかにした。

「現在の混沌の状態は遅かれ早かれ外部からの介入に終わるだろう。それが韓国にとても必要とされている指導の手をおそらく与えるだろう。」

これはまぎれもなく大国アメリカの見方であった。ではアメリカはどうするつもりなのか。アレンは書いている。「アメリカの利益は大きな金山によって代表されている。」アメリカは韓国に関与する考えをもっていない。中立保障に加わって、この国を助けるというような気持ちはなく、いまは資源の獲得だけに関心を集中させているのである。

韓国の国内危機については、アレンはパヴロフも同じ意見をもっているように報告している。六月二〇日の報告では、パヴロフの次のような見通しを紹介している。「収穫の予想が改善しているので、この国は現在の状態にもう一年は堪えられるだろう。そのときまでに官職を売る政府の貪欲さが買い手候補たちをおどろかせて、売買はあっても少なくなるだろう。そうすると宮廷の人々は収入を失い、税金を過剰に課せられた民衆がそのときまでに反乱に立ち上がらざるをえなくなるだろう[319]。」

この朝鮮政策論争に最後に介入したのはウィッテであった。極東視察から帰ったあと、パヴロフ、ローゼンの意見書に反応した彼は一九〇三年一月一〇日(一九〇二年一二月二八日)、長文の意見書を提出した。ウィッテは、日本との衝突が不可避であるというローゼンの意見に同調したが、日本に対して積極策をとることには反対して、「ロシア国内でも、国際関係の部面でも、現在の一般状態では」衝突は少なくとも一〇年程度は先に延ばすことが必要だとした。そして、日本との協定については、最終的解決の可能性はのこしつつ、当面妥協をはかることが可能だというパヴロフの意見に同調した[320]。つまりウィッテは戦争は一〇年程度は先送りできる、だからいまは交渉、協定が可能だと考えていたのである。

結局外務省では日本に赴任するローゼン公使に対する訓令においては、朝鮮問題での交渉を再開し、日本とのあらゆる衝突を回避するためにあらゆる努力をはらえと指示された。そのさい朝鮮の独立と領土保全を基礎にしなければならず、日本に譲歩したことで、「朝鮮問題をあらかじめ決めてしまう」ことはすべきでない、満州への介入を許さないという原則が提示されていた[321]。

韓国中立化案への日本の反応

だが、机上の構想に終わるイズヴォリスキーの韓国中立化案は日本政府を揺るがせた。パヴロフが日本を訪問したとき、イズヴォリスキーと彼が韓国中立化案について協議したことが、イズヴォリスキーから駐日アメリカ公使に語られた。イズヴォリスキーはアメリカの意向を打診するために話したのだろうが、バック公使はこの案をパヴロフのものと誤解し、パヴロフとイズヴォリスキーは意見が一致し、パリのカッシーニ公使に相談した上、三公使の共同意見として提案するらしいという話にふくらませた。これがアメリカ公使から小村外相に伝えられ、外相は九月一九日、事態をさぐれとペテルブルクの栗野公使に打電した[322]。さらに翌日にはこの電文をフランスとアメリカにいる公使たちにも転電した。韓国の林権助公使には九月二二日にこのことが知らされたが[323]、折しもヴェーベルが訪韓中であったので、よけい心配されたのである。

「左レバ『ウェーベル』ノ来韓モ或ハ此問題ト関繋スル処アルヤモ知ルベカラズ。若シ然リトセバ、永久中立ノ議ハ曩《さき》ニ韓国ヨリ先ヅ我ニ提起シ来リタル事ニモ有之、韓廷一部ノ徒ガ今尚夢想スル処ナルヲ以テ、『ウェーベル』ノ来韓ト共ニ本問題ノ再燃ヲ見ルニ至ランモ難測候[324]。」

だが、ヴェーベルはパヴロフが休暇をとってソウルを離れることもあり、高宗の即位四〇周年記念のお祝いに来るということで、ペテルブルクから出かけてきたにすぎなかった[325]。

すでにそのときには、イズヴォリスキー案はロシア政府部内では斥けられていた。しかし、日本政府はこの秋は一一月の末まで、韓国中立化案の影になやまされつづけたのである[326]。

そのことに対する小村外相の回答が一一月一日に栗野に送った次のような対露交渉五原則であったと考えられる。一、清韓両国の独立、領土保全の維持、二、日露両国は互いに満韓に有する利益を認めること、三、利益保護のための出兵権を認めること、「四、日本ハ韓国内政改革ノ為助言及助力(軍事上ノ助力ヲモ込メ)ノ専権ヲ有スルコトヲ露国ニ於テ認ムルコト」、五、ロシアは韓国鉄道と東清鉄道との連絡を妨害しないこと[327]。栗野私案にまで持ち込まれた、韓国領土の戦略目的のための不使用という制限をかなぐりすて、ロシアの韓国中立化案に対して、日本の韓国支配の「専権」の要求を突きつける――これが小村の決意であった。

なお一九〇二年八月、ロシアの駐在武官ヴァノフスキーが日本を去った。代わりに着任するのがヴラジーミル・サモイロフである。彼はヴァノフスキーと違い、日本軍の力を正当に評価しえた人であった[328]。

ウィッテの極東視察

このとき、大蔵大臣ウィッテが極東旅行に出かけていた。この年九月皇帝がリヴァジヤへ赴くと、ウィッテは極東旅行に出発した。ウィッテは、旅順、大連、ハルビン、ヴラジヴォストークを訪問した。彼の極東旅行のことを知った日本政府は東京訪問を求めて働きかけ、外相ラムスドルフもこれを推進したが、なぜか訪日許可が適時にとどかず、ウィッテはそのまま引き返すことになった[329]。一〇月、彼はリヴァジヤに赴いて皇帝に報告をおこない、のち長文の報告書を提出した。

ウィッテの報告書はグリンスキーがほぼ全文を発表している[330]。ウィッテはあらためて、シベリア鉄道がヨーロッパとアジアをつなぐ動脈であり、これを掌握するロシアは両世界の「仲介者」として利益を享受できると書きはじめた。そしてシベリア移民の状況について長く論じている。しかし報告の重点は、もとより満州問題と日本問題に置かれた。

ウィッテは、さまざまな官庁の現地代表者の間にロシア軍の満州撤退問題、清国や日本との関係について基本的な一致がないことが大きな問題だと指摘した。陸軍は新たな中国人暴動をおそれ、海軍は日本との戦争をおそれている。鉄道技師は鉄道のことに集中している。見解の不一致は「行動様式の統一の欠如」をみちびいている[331]。客観的には、ロシアが旅順を占領して、南満州鉄道を敷設したことにより、南満州の情勢が不安定になっている。そのためたえず極東での事件の可能性を心配しなければならなくなっている。まさにウィッテは、自分が推進した大連と南満州鉄道の建設があやうい存在となっていることを認めざるをえなかった。点と線の南満州鉄道王国——ウィッテ大蔵省のつくりあげたものがいまや漂流しているのであった。

であればこそウィッテは、なさねばならないことは春に結んだ条約を守って、満州からの撤兵を実行することであると主張した。ウィッテは、この条約の締結によってロシア軍は行使できる権限が制限されている、そのことを理解できない将校がいると指摘した。暴力行為は現在では影をひそめたとしても、過去には多くあり、住民の不満がのこっている。ロシア軍による徴発も不満の原因である。春の条約でロシアは軍政を解消する義務を負っているのに、一部の軍指導部はいまだに清朝行政に介入している。清朝行政も問題がある。しかし、ロシアは協定による義務を果たしてひとまずは撤兵することによって、はじめて清国との関係でロシアの正しい政治的地位を復活させることができるのである。(332)

「日本にとっては、満州と朝鮮で優勢に立ちたい、せめて朝鮮だけでも優勢に立ちたいというのが、最近のもっとも死活的な問題の一つとなっている。」「なんとしてもここで優勢を維持しようとして、どんな極端な手段にも訴える覚悟がある」ようだ。「しかし、ロシアも朝鮮には利害関心がある」ので、いろいろ努力してきた。それで対立が深まっている。「われわれが一時的ではあれ朝鮮半島に対する要求をはっきりと放棄しないかぎり、日本は自己保存の感情から、朝鮮だけでなく、極東一般でのわれわれのすべての企図に対して変わらぬ反対者となるだろう。(333)」

多くの者がロシアは朝鮮問題で譲歩すべきでなく、日本との戦争は不可避なのだから、ロシアから宣戦布告した方がいいという意見を述べているが、賛成できないとウィッテは述べている。先に行けば、東清鉄道が商工業の面での日露協力を進めるようになるし、そうならないとしてもいま一時は対立を先延ばしする方がいい。

ウィッテは「近い将来での日本との軍事闘争はわれわれにとって大変な災厄である」、ロシアが勝つことは疑わないが犠牲が大きすぎる、戦争するなら準備しなければならない、それまでに東清鉄道を完成しなければならないと主張した。(334)「日本との武力衝突か、日本に朝鮮を完全に譲るか、という二つの悪のうち、もっとも近い将来のロシアにとって、より小なる悪は後者だ。」日本はより小さい譲歩で満足するかもしれないが、「悪くすれば、われわれは一時的に朝鮮を完全に譲ることすらありうる」。そこでウィッテは、交渉によって朝鮮問題の対立を除去することが「ロシアの極東政策の第一位にくる最重要課題の一つ」であると結論した。[335]

鉄道守備隊については、アムール軍管区の兵が派遣されていて、一応十分だが、ロシア人が鉄道地帯に入植してくれれば、安全は一層保障される。その件についても議論がなされている。さらにウィッテは、大蔵省のにぎるハルビンと大連の発展ぶりを報告した。ハルビンの人口はすでに二万人に達しており、「満州の心臓部にあるロシア的大都市となりつつある」と書いた。大連については、一年後には施設は完成するとして、「活気ある国際貿易センター」たらしめるためには、商人たちの移住を促進し、外国商人の不動産取得も認め、都市自治体の組織を進める必要があるとした。ヴラジヴォストークの商業的利益を大連が損なうという議論に対しては、大連を擁護している。[336]

この報告はいろいろな側面について総花的に触れたもので、はっきりとした結論はなかった。それで、ウィッテの極東視察とその大報告はロシアの極東政策を再検討するものとして、重視されなかった。

ウィッテが極東からもどったあと、大臣たちが議論したのは、中国人の満州とモンゴルへの植民の動きであった。満州への移民は東清鉄道ぞいの地域へ集中していた。[337] クロパトキンは一一月三日(一〇月二一日)の上奏で、「中国人によるモンゴル移住は……モンゴル自治の原則への直接的侵害である。中国人のこの新しい措置が将来はロシアにも向けられたものであることは疑いない」とし、東清鉄道ぞいへの植民は「アムール軍管区司令官の意見によれば、鉄道に対する中国人の新たな威嚇の歩みであり、鉄道周辺地帯の拡大とロシア人の移住とをさまたげる狭い枠の中に鉄道をおこうとする志向である」と反発した。皇帝は一一月五日(一〇月二三日)、この陸相の上奏に「鉄道地帯へのロシア人移住の件はポジティヴに解決することが必要だ」と書き込んだ。[338]

外務省と北京公使は、中国人移住問題を危険視して対応措置をとることに反対したが、皇帝は、清朝政府に抗議するように指示し、実際に北京公使は抗議したのである。大蔵省はこのような移民策に問題を感じていた。[339]

大臣間の調整はまず一一月九日(一〇月二七日)、ヤルタでの四相会議でおこなわれた。出席したのは、蔵相、陸相、外相、内相である。陸相は引き続き、中国人の入植地が鉄道沿線にできると鉄道の防衛が困難になるとして、反対の意を表した。これに対して、蔵相ウィッテは、入植者の多い鉄道地域は入植者の少ない鉄道地域とくらべ防衛が困難だとしても、入植者の少ない地域の鉄道は収入がなく、ロシア人の負担が増す、と述べた。そして、南満州支線は旅順とつなぐ重要な意義をもつが、もっとも中国人が多く居住する地域を通っているのだから、地元住民とのよい関係をつくる必要があるとも指摘した。要するに、ウィッテの意見は、ああも言える、こうも言えるというものだった。協議会参加者はみな、鉄道地帯にロシア人を入植させるのは、この地域がロシア領になるか、少なくともロシアに従属しないかぎりは無理だとみていた。だから、そのかぎりでは、満州は将来的にロシアに併合されるか、ロシアに完全に従属しなければならないという結論になった。しかし、そんなことができるはずはない。ウィッテは留保をつけて、この過程は「急がず、事の成り行きにまかせる」ことが必要だと述べるのが精一杯だった。[340]

マロゼモフにつづいてこの協議会に注目したルコヤーノフはこのウィッテの言葉を、満州ですらロシアはいかなる積極性もあらわしてはならないと主張したものだと受け取っている。ウィッテは完全に消極論者になっていた。「中国での大々的な経済膨張計画を完全に放棄することはニコライ二世にとって重大な打撃であった。」[341]

この協議会の報告を受けた皇帝は、「中国人の満州移民を阻止しなければならない」という陸相の意見に賛成すると裁決したが、それを実現に移す現実的方策は存在しなかったのである。

ベゾブラーゾフの極東派遣

ウィッテの極東視察の間に、商船部門を大蔵省の管轄からはずして、新たに中央商船商港管理局をつくり、そのトップにアレクサンドル・ミハイロヴィチ大公をすえ、その補佐に海軍少将アレクセイ・ミハイロヴィチ・アバザーを任命することが内定した。ウィッテが首都に帰ったあとの一一月二〇日(七日)、二三日(一〇日)に発令された[342]。アバザーはベゾブラーゾフのもっとも近い協力者であるので、この人事はベゾブラーゾフの皇帝への影響力が増していることの現れであった。

極東政策行き詰まりの状態に立った皇帝の前にベゾブラーゾフが登場した。彼はリヴァジヤ宮殿に呼ばれ、極東派遣が決定された。一二月一四日(一日)、首都にもどったベゾブラーゾフは行動を開始した。クロパトキンはこの日の日記に書いている。これが二人の最初の出会いであったようである。

「今日極東問題での定員外顧問の一人、四等文官ベゾブラーゾフが訪ねてきた。リヴァジヤから直行してきた。陛下のご指示で私に用事があると言って、面会を求めた。驚くほどなれなれしい。彼のしばしばあいまいな説明の中に、『私と陛下』という言葉が次々に出てくる。『私〔クロパトキン〕』、ウィッテ、ラムスドルフ』といった言葉はこれらの大臣たちの活動への非難をこめて使われる。みな混乱しており、誰も何も理解していない。ただ自分、ベゾブラーゾフだけがロシアの事業を救うことができるというのである。ベゾブラーゾフの言うところでは、いまや陛下は彼を旅順に派遣し、そこから朝鮮と満州の利権を指導させるようだ。彼はまた、自身いうところでは、われわれの約束に反して南満州で秘密手段で行動せよとのアレクセーエフあての特別委任状をもっていくという。」

クロパトキンが聞き出すと、この「秘密手段」とは、南満州を外国資本に開放する、ついで馬賊を使って、外国企業を破産させる、ということだった。クロパトキンは、そんなことをしたらロシアの恥になると言い、朝鮮にもロシア人をあまり定住させるべきでない、ロシア人が殺され、出兵が求められれば、日本との戦争になりかねないと指摘した[343]。

クロパトキンの描くベゾブラーゾフは極度に戯画化されている。しかし、実際のところ、彼が皇帝からどのような委任を受けていたのか不明である。クロパトキンはこのほか、アバザーとも話をする機会があった。そのことはクロパトキンが一二月三〇日(一七日)に皇帝に上奏した折り、朝鮮での事業についてベゾブラーゾフ、アバザーと話したことについて意見を述べていることからわかる。クロパトキンは皇帝に、よくわからない事業のために参謀本部のマドリートフ中佐の派遣を求められたが、彼をベゾブラーゾフに服属させるわけにはいかない、自分は彼をアレクセーエフの配下に出向させるつもりであると述べた。クロパトキンはまた次のようにベゾブラーゾフに言ったと話した。朝鮮での利権をもとに清韓国境に露日勢力圏分割のための無人地帯をつくるというのは、自分では食べない藁の上でイヌが頑張るようなものだ、大事なことは日本との衝突のきっかけをつくらないようにすることだ、と。皇帝は、マドリートフの件の処理を承認し、ベゾブラーゾフの事業についても「この事業は決してわれわれに困難をつくりだすことがあってはならない」と述べたという(344)。この会話の調子では、いまだベゾブラーゾフは出発していないように見える。シマンスキーによれば、ベゾブラーゾフは年末に首都を出発した(345)。

極東進出の責任者ウィッテが極東を視察して帰っても、明確な極東政策は何一つ決められない。そこでこんどは問題の人物ベゾブラーゾフが皇帝の命で極東に派遣される。ロシアは明らかに態勢をかためる日本の前に漂流していた。

■岩波オンデマンドブックス■

日露戦争 起源と開戦 (上)

2009年12月18日 第1刷発行
2010年 6月15日 第3刷発行
2018年12月11日 オンデマンド版発行

著 者 和田春樹《わだはるき》

発行者 岡本 厚

発行所 株式会社 岩波書店
〒101-8002 東京都千代田区一ツ橋2-5-5
電話案内 03-5210-4000
http://www.iwanami.co.jp/

印刷/製本・法令印刷

ISBN 978-4-00-730829-1 Printed in Japan

註

文書館の未公刊文書については，次のような原則で表記した．1）著者が文書館ではじめて発見し，使用したものは，文書内容，文書館とその文書番号のみを記している．2）著者が先行研究にすでに利用されている文書を文書館で閲覧して使用した場合は，文書内容，文書館，文書番号を記したあとに，先行研究の当該箇所を記した．3）先行研究に引用されている文書を再引用した場合は，まず先行研究の当該箇所を記し，文書内容を次に記した．

文書館名はすべて略号一覧に挙げた略号で記している．著作名の略記も略号一覧にのせ，また初出のところにも挙げた．下巻に掲載する文献目録もぜひ参照してほしい．

第1章　日露戦争はなぜ起こったか

1　司馬遼太郎『坂の上の雲』1，文藝春秋，1969年，316頁．文春文庫(新装版)，8，1999年，310頁．

2　同上，1，317-318頁．文庫版8，312頁．

3　同上，2，1969年，274-275頁．文庫版8，321-322頁．

4　同上，文庫版2，1999年，48-49頁．

5　同上，353-354頁．

6　同上，360頁．

7　同上，文庫版3，1999年，66頁．

8　同上，176頁．

9　同上，173頁．

10　同上，173頁．

11　同上，文庫版2，50頁．

12　同上，401頁．

13　同上，402-403頁．

14　同上，文庫版3，94頁．

15　同上，177頁．

16　同上，文庫版2，405頁．

17　同上，文庫版3，98頁．

18　同上，95頁．

19　同上，96-97頁．

20 同上，176 頁．

21 同上，178 頁．

22 同上，180 頁．

23 同上，182 頁．

24 それぞれの該当箇所は，外務省編『小村外交史』復刻，原書房，1966 年，315–316, 318 頁．谷寿夫『機密日露戦史』原書房，1966 年，31–32, 34 頁．

25 谷，前掲書，31 頁．『小村外交史』315 頁にほぼ同文の文章がある．

26 『小村外交史』316 頁．谷，前掲書，32 頁に同じ言葉がある．

27 『小村外交史』358 頁．谷，前掲書，34 頁．

28 『日露戦史編纂史料』第 23 巻は福島県立図書館佐藤文庫に所蔵されている．

29 S. Iu. Vitte, *Vospominaniia*, Vol. 1–3, Berlin, 1922–23. すぐにソ連版が出た．S. Iu. Vitte, *Vospominaniia*, Vol. 1–3, Petrograd-Moscow, 1923–1924. 英訳版はむしろもっとも早かった．*The Memoirs of Count Witte*, Translated from the original Russian manuscript and edited by Abram Yarmolinsky, London, 1921. 日本語版は，大竹博吉監修『ウィッテ伯回想記 日露戦争と露西亜革命』上中下，ロシア問題研究所，1930 年．ソ連では 1960 年に巻の順序を時系列にそろえた新版が出た．S. Iu. Vitte, *Vospominaniia*, Vol. 1–3, Moscow, 1960. ペレストロイカ以後には，口述筆記版も出ている．*Iz arkhiva S. Iu. Vitte. Vospominaniia*, Vol. 1. *Rasskazy v stenograficheskoi zapisi*, Part 1–2, Sankt-Peterburg, 2003; Vol. 2. *Rukopisnye zametki*, Sankt-Peterburg, 2003.

30 B. V. Anan'ich, R. Sh. Ganelin, *Sergei Iul'evich Vitte i ego vremia*, Sankt-Peterburg, 1999, pp. 355–357.

31 *Dokumenty kasaiushchiesia peregovorov s Iaponiei v 1903–1904 godakh, khraniashchiesia v kantseliarii Osobogo Komiteta Dal'nego Vostoka*[hereafter DKPIa][Sankt-Peterburg], 1905. この資料は配布後回収されたが，60 冊程度は配布されたといわれる．P. Simanskii, Dnevnik generala Kuropatkina(Iz moikh vospominanii), *Na chuzhoi storone*, XI, Praga, 1925, p. 73. この本は表紙の色から「赤書(Malinovaia kniga)」と呼ばれた．1910 年になって亡命者ブールツェフが「日露戦争の責任者たち」というタイトルのもと，ベルリンでラムスドルフの意見書とともにこの「赤書」を編集出版した．V. I. Burtsev, *Tsar' i vneshneishaia politika: vinovniki Russko-iaponskoi voiny po tainym dokumentam. Zapiski gr. Lamsdorfa i Malinovoi knigi*, Berlin, 1910.

32 Ministerstvo Inostrannykh Del, *Zapiska po povodu isdannogo Osobym Komitetom Dal'nego Vostoka Sbornika dokumentov po peregovoram s Iaponiei 1903–1904* gg., Sankt-Peterburg, 1905. これは 1907 年に雑誌に転載された．L. Slonimskii, Graf Lamsdorf i "Kpasnaia kniga", *Vestnik Evropy*, 1907, No. 4, pp. 816–825.

33 A. M. Abaza, Russkie predpriiatiia v Koree v sviazi s nashei politikoi na Dal'nem

Vostoke 1898–1904. December 1905, GARF, F. 601, Op. 1, D. 529, pp. 1–145.

34 *Obzor snoshenii s Iaponiei po koreiskim delam s 1895 goda*, Sankt-Peterburg, 1906, GARF, F. 568, Op. 1, D. 211, pp. 1–91.

35 A. N. Kuropatkin, *Otchet gen.-ad. Kuropatkina*, Vol. I–IV, Sankt-Peterburg-Warsaw, 1906–1907.

36 A. N. Kuropatkin, *Russko-iaponskaia voina 1904–1905 gg. Itogi voiny*, Sankt-Peterburg, 2002, p. 177.

37 Ibid., pp. 190, 192–193.

38 Ibid., pp. 129–131.

39 Ibid., pp. 174–175. 第 4 項のウィッテ批判は，別のところ(pp. 156–157)から補った.

40 Ibid., p. 176.

41 Aleksandr Rediger, *Istoriia moei zhizni. Vospominaiia voennogo ministra*, Vol. 2, Moscow, 1999, p. 19.

42 S. Iu. Vitte, Vozniknovenie Russko-Iaponskoi voiny, TsGIAM, F. 540, D. 299, 340. S. Iu. Vitte, *Vospominaniia*, Vol. 2, Moscow, 1960, p. 596(Kommentarii 36).

43 *Vynuzhdennyia raz'iasneniia grafa Vitte po povodu otcheta gen.-ad'iut. Kuropatkina o voine c Iaponiei*, Sankt-Peterburg, 1909, pp. 9, 11.

44 Ibid., pp. 36–39.

45 Ibid., pp. 42–46.

46 Ibid., pp. 46–47.

47 Ibid., pp. 47–69.

48 Ibid., pp. 70–77.

49 Ibid., pp. 77–83.

50 B. B. Glinskii, Prolog Russko-iaponskoi voiny(Arhivnye materialy), *Istoricheskii zhurnal*, 1914, No. 1–12. 単行本は，*Prolog Russko-iaponskoi voiny: Materialy iz arkhiva grafa S. Iu. Vitte*, S predisloviem i pod redaktsiei B. B. Glinskogo, Petrograd, 1916. 出版の経過については，Anan'ich, Ganelin, op. cit., p. 354.

51 Vitte, *Vospominaniia*, Vol. 2, Moscow, 1960, pp. 291–292. 引用例は無数にある．プレーヴェ伝の著者ジャッジはプレーヴェの言葉の直接引用を避け，そう「言ったと言われている(allegedly made his remark)」と述べるにとどめたが(Edward H. Judge, *Plehve: Repression and Reform in Imperial Russia 1902–1904*, Syracuse University Press, 1983, p. 172)，私は，ようやく 1994 年になって，この言葉をプレーヴェが言ったはずはないと否定した(倉持俊一ほか編『ロシア史 2』山川出版社，1994 年，333 頁).

52 旅順要塞引き渡し事件の軍法会議は 1907 年 12 月 10 日(11 月 27 日)から 1908 年 2 月 20 日(7 日)まで行われた．ステッセルの死刑判決は 10 年の禁固刑に減刑された.

記録は，*Delo o sdache kreposti Port-Artur iaponskim voiskam v 1904 g.* Otchet. Sostavil pod. red. V. A. Apushkina, Sankt-Peterburg, 1908. 日本海海戦の関係では，2つの事件が1906年7月4日(6月21日)と11月に軍法会議にかけられた．V. Iu. Gribovskii, V. P. Poznakhirev, *Vitse-admiral Z. P. Rozhestvenskii*, Sankt-Peterburg, 1999, pp. 268–271.

53 E. I. Martynov, *Iz pechal'nogo opyta Russko-Iaponskoi voiny*, Sankt-Peterburg, 1906, p. 14.

54 Ibid., p. 27.

55 Ibid., p. 52.

56 Ibid., p. 64.

57 Ibid., p. 156.

58 Ibid., p. 157.

59 A. Svechin, *Russko-Iaponskaia voina 1904–1905 gg. po dokumental'nym dannym truda Voenno-istoricheskoi komissii i drugim istochnikam*, Oranienbaum, 1910, pp. 386–387. 本書の内容の検討は，Yokote Shinji, Between Two Japano-Russian Wars: Strategic Learning Re-appraised, *The Russo-Japanese War in Global Perspective: World War Zero*[hereafter RJWGP], Vol. II, Brill, Leiden, 2007, pp. 123–129.

60 *Russko-Iaponskaia voina 1904–1905 g.g.* Rabota Voenno-istoricheskoi komissii po opisaniiu Russko-Iaponskoi voiny General'nogo Shtaba, Vol. I–IX, Sankt-Peterburg, 1910[hereafter VIK, *Russko-Iaponskaia voina*].

61 シマンスキーの職務履歴書は，Posluzhnyi spisok P. N. Simanskogo, RGVIA, F. 409, Op. 1, D. 175323. 彼の著書は，*Iaponsko-kitaiskaia voina 1894–1895*. Per. s nem., Sankt-Peterburg, 1896; *Suvorov. Kratkii ocherk zhizni i deiatel'nosti etogo znamenitogo vozdia russkikh voisk. Lektsii*, Moscow, 1899; *Voina 1877–8 gg. Padenie Plevny*, Sankt-Peterburg, 1903.

62 P. N. Simanskii, *Sobytiia na Dal'nem Vostoke, predshestvovavshie Russko-Iaponskoi voine(1891–1903 g.g.)*. Part I. *Bor'ba Rossii s Iaponiei v Koree*; Part II. *Bor'ba Rossii s Iaponiei v Kitae*; Part III. *Poslednii god*, Sankt-Peterburg, 1910. この著書の執筆過程については，シマンスキーの回想がある．P. N. Simanskii, Dnevnik generala Kuropatkina(Iz moikh vospominanii), *Ha chuzhoi storone*, XI, Praha, 1925, pp. 61–99.

63 この経過については，Simanskii, Dnevnik..., p. 64. またV. A. Avdeev, "Sekrety" Russko-Iaponskoi voiny(Organizatsiia izucheniia istorii russko-iaponskoi voiny 1904–1905 gg. General'nym shtabom Rossii), *Voenno-istoricheskii zhurnal*, 1993, No. 9, pp. 83–89.

64 *Russko-Iaponskaia voina 1904–1905 g.g.* Rabota Istoricheskoi komissii po opisaniiu deistvii flota v voinu 1904–1905 gg. pri Morskom General'nom Shtabe, Vol. 1–4, 6–7,

Sankt-Peterburg, 1912–1917[hereafter IKMGSh, *Russko-Iaponskaia voina*]. 日本語訳は，露国海軍軍令部編纂『千九百四五年露日海戦史』海軍軍令部，第1巻上下，2–4, 6, 7巻，1915年．復刻，上下，芙蓉書房出版，2004年．

65 *Russko-Iaponskaia voina 1904–1905 g.g. Deistviia flota. Dokumenty.* Izdanie Istoricheskoi komissii po opisaniiu deistvii flota v voinu 1904–1905 gg. pri Morskom general'nom Shtabe, Section I–IV, Sankt-Peterburg, 1907–1914.

66 外山三郎『日露海戦史の研究』上，教育出版センター，1985年，98–99頁．

67 「明治三十七八年日露戦史編纂綱領」は福島県立図書館佐藤文庫に所蔵されている．この史料については，井口和起『日露戦争の時代』吉川弘文館，1998年，163–166頁．

68 これらの資料もすべて福島県立図書館佐藤文庫に所蔵されている．

69 外山，前掲書，上，98頁．

70 相沢淳「『奇襲断行』か『威力偵察』か？——旅順口奇襲作戦をめぐる対立」，軍事史学会編『日露戦争(2)』錦正社，2005年，71頁．Julian S. Corbett, *Maritime Operations in the Russo-Japanese War; 1904–1905*, 2 vols., Anapolis, 1994.『極秘明治三十七八年海戦史』は，現在防衛省防衛研究所図書館で閲覧できる．

71 Yokote, op. cit., pp. 113–115. 稿本は福島県立図書館佐藤文庫に所蔵されている．

72 大江志乃夫『世界史としての日露戦争』立風書房，2001年，358–360頁．

73 参謀本部編『明治三十七・八年秘密日露戦史』全3巻，巌南堂書店，1977年．

74 Dnevnik A. N. Kuropatkina, *Krasnyi arkhiv*[hereafter KA], 1922, kn. 2, pp. 3–117.

75 Simanskii, Dnevnik ..., p. 61.

76 A. N. Kuropatkin, Prolog manchzhurskoi tragedii. *Russko-Iaponskaia voina. Iz dnevnikov A. N. Kuropatkina i N. P. Linevicha*[hereafter RIaV], Leningrad, 1925, pp. 3–53. 日本語訳は，クロパトキン「満州悲劇の序曲」，大竹博吉監輯『独帝と露帝の往復書翰』ロシア問題研究所，1929年，287–390頁．

77 ロマノフの経歴は，V. M. Paneiakh, *Tvorchestvo i sud'ba istorika: Boris Aleksandrovich Romanov*, Sankt-Peterburg, 2000.

78 B. A. Romanov, *Rossiia v Man'chzhurii*(*1892–1906*), Leningrad, 1928. 日本語訳は，山下義雄訳『満州に於ける露国の利権外交史』鴨右堂書房，1934年．復刻，原書房，1973年．原文も明解でないが，翻訳はほとんど理解できない悪訳である．

79 Romanov, op. cit., pp. IX–X.

80 彼の経歴は，2つの職務履歴書を見よ．A. A. Svechin, *Predrassudki i boevaia deistvitel'nost'*, Moscow, 2003, pp. 319–326.

81 Ibid., pp. 247–248.

82 Ibid., pp. 132–133.

83 *Pravda*, 3 September 1945, p. 1.

84 B. A. Romanov, *Ocherki diplomaticheskoi istorii Russko-Iaponskoi voiny 1895–*

1907, Moscow-Leningrad, 1955, p. 14.

85 A. L. Narochnitskii, *Kolonial'naia politika kapitalisticheskikh derzhav na Dal'nem Vostoke 1860–1895*, Moscow, 1956.

86 I. I. Rostunov(ed.), *Istoriia Russko-iaponskoi voiny 1904–1905 gg.*, Moscow, 1977. 日本語訳は，及川朝雄訳『ソ連から見た日露戦争』原書房，1980 年．

87 Boris D. Pak, *Rossiia i Koreia*, Moscow, 1979; 2nd edition, Moscow, 2004.

88 Bella B. Pak, *Rossiiskaia diplomatiia i Koreia*, Vol. I. 1860–1888, Moscow, 1998; Vol. II. 1888–1897, Moscow, 2004.

89 Pak Chon Khio, *Russko-iaponskaia voina 1904–1905 gg. i Koreia*, Moscow, 1997.

90 I. V. Lukoianov, Bezobrazovtsy: put' Rossii k russko-iaponskoi voine 1904–1905 gg. A Paper presented to the symposium "Russia, East Asia, and Japan at the Dawn of 20th Century: The Russo-Japanese War Reexamined", 29–31 January 2003, Slavic Research Center, Hokkaido University; The Bezobrazovtsy, RJWGP, Vol. I, Brill, Leiden, 2005, pp. 65–86. 後者の日本語抄訳は，ルコヤーノフ「ベゾブラーゾフ一派——ロシアの日露戦争への道」，日露戦争研究会編『日露戦争研究の新視点』成文社，2005 年，63–72 頁．

91 Lukoianov, The Bezobrazovtsy, p. 86.

92 V. A. Zolotarev(ed.), *Rossiia i Iaponiia na zare XX stoletiia. Analiticheskie materialy otechestvennoi voennoi orientalistiki*, Arbizo, Moscow, 1994.

93 I. V. Lukoianov, Poslednie russko-iaponskie peregovory pered voinoi 1904–1905 gg.(vzgliad iz Rossii), *Acta Slavica Iaponica*, Tomus XXIII, 2006, pp. 1–36.

94 I. V. Lukoianov, *"Ne otstat' ot derzhav…": Rossiia na Dal'nem Vostoke v kontse XIX–nachale XX vv.*, Sankt-Peterburg, 2008.

95 A. V. Remnev, *Rossiia Dal'nego Vostoka: Imperskaia geografiia vlasti XIX–nachala XX vekov*, Omsk, 2004.

96 I. S. Rybachenok, *Rossiia i Pervaia konferentsiia mira 1899 goda v Gaage*, Moscow, 2005.

97 Andrew Malozemoff, *Russian Far Eastern Policy, 1881–1904: With Special Emphasis on the Causes of the Russo-Japanese War*, Berkeley, 1958; Reprint New York, 1977.

98 Ibid., pp. 222–223.

99 David MacLaren McDonald, *United Government and Foreign Policy in Russia 1900–1914*, Harvard University Press, 1992, p. 74.

100 『ロシア史 2』332–333 頁．和田春樹「ロシアにとっての満州」，中見立夫ほか編『満州とは何だったのか』藤原書店，2004 年，387 頁．

101 John Albert White, *The Diplomacy of the Russo-Japanese War*, Princeton Univer-

sity Press, 1964.

102 George A. Lensen, *Balance of Intrigue: International Rivalry in Korea and Manchuria 1884–99*, Vol. 1–2, Tallahassee, 1982. *The Russo-Chinese War*, Tallahassee, 1967.

103 Ian Nish, *The Origins of the Russo-Japanese War*, London, 1985.

104 David Schimmelpenninck van der Oye, *Toward the Rising Sun: Russian Ideologies of Empire and the Path to War with Japan*, Northern Illinois University Press, 2001.

105 Bruce W. Menning, Miscalculating One's Enemies: Russian Intelligence Prepares for War, RJWGP, Vol. II, pp. 45–80.

106 S. K. Synn, *The Russo-Japanese Rivalry over Korea, 1876–1904*, Seoul, 1981.

107 朴鍾涍編訳『ロシア国立文書保管所所蔵韓国関聯文書要約集』(ハングル), 韓国国際交流財団, 2002 年.

108 玄光浩『大韓帝国とロシア, そして日本』(ハングル), 先人社, ソウル, 2007 年.

109 崔徳圭『帝政ロシアの韓半島政策 1891–1907』(ハングル), 景仁文化社, ソウル, 2008 年. ロシア語の本は, Choi Dokkiu, *Rossiia i Koreia, 1893–1905*, Sankt-Peterburg, 1997.

110 田保橋潔『近代日鮮関係の研究』上下, 朝鮮総督府, 1940 年. 復刻, 上下, 文化資料調査会, 1963-64 年, のち, 原書房, 1973 年.

111 角田順『満州問題と国防方針』原書房, 1967 年.

112 佐々木揚「ロシア極東政策と日清開戦」,『佐賀大学教育学部研究論文集』第 30 集第 1 号, 1982 年,「1880 年代における露朝関係——1885 年の『第 1 次露朝密約』を中心として」,『韓』106 号, 1987 年などが代表的な業績である.

113 森山茂徳『近代日韓関係史研究——朝鮮植民地化と国際関係』東京大学出版会, 1987 年.

114 高橋秀直『日清戦争への道』東京創元社, 1995 年.

115 同上, 6 頁.

116 同上, 518 頁.

117 千葉功「日露交渉——日露開戦原因の再検討」, 近代日本研究会編『年報近代日本研究 18』山川出版社, 1996 年, 317 頁. 論文を著書『旧外交の形成——日本外交 1900–1919』勁草書房, 2008 年に収録するにあたって, この引用の前半はのこされ, 後半は削除された(146 頁). 主張の趣旨は変わらない.

118 「露国の秘密文書(1)–(9)」,『大阪毎日新聞』1907 年 1 月 10–18 日.

119 千葉功「満韓不可分論＝満韓交換論の形成と多角的同盟・協商網の模索」,『史学雑誌』第 105 編第 7 号, 1996 年 7 月, 40–41 頁. 千葉, 前掲書, 64–65 頁.

120 井口, 前掲書, 67–69 頁. 原田敬一『日清・日露戦争』岩波新書, 2007 年, 208 頁

には,「日露戦争は,両国にとって戦わなくてもよい戦争だった」と述べられている.

121 海野福寿『韓国併合史の研究』岩波書店,2000年,98頁.

122 伊藤之雄『立憲国家と日露戦争』木鐸社,2000年,204頁.

123 稲葉千晴『暴かれた開戦の真実——日露戦争』東洋書店,2002年,63頁.

124 広野好彦「日露交渉(1903-1904)再考」,『大阪学院大学国際学論集』第3巻第2号,1992年12月,32頁.

125 横手慎二『日露戦争史』中公新書,2005年,22-26,103,112頁.

126 山室信一『日露戦争の世紀——連鎖視点から見る日本と世界』岩波新書,2005年.

127 和田春樹『ニコライ・ラッセル——国境を越えるナロードニキ』上下,中央公論社,1973年.

128 和田春樹「日本人のロシア観——先生・敵・ともに苦しむ者」,藤原彰編『ロシアと日本——日ソ歴史学シンポジウム』彩流社,1985年,11-32頁.

129 和田春樹「日本人は日露戦争をどう見たか」,『山梨学院創立60周年記念誌 日露戦争とポーツマス講和』山梨学院大学,2006年,17-31頁.

130 Wada Haruki, Study Your Enemy: Russian Military and Naval Attaches in Japan, RJWGP, Vol. II, pp. 13-43.

131 和田春樹「日露戦争——開戦にいたるロシアの動き」,『ロシア史研究』第78号,2006年.

132 加納格「ロシア帝国と日露戦争への道——1903年から開戦前夜を中心に」,『法政大学文学部紀要』第53号,2006年10月.

第2章 近代初期の日本とロシア

1 [V. M. Golovnin], *Zapiski flota kapitana Golovnina o prikliucheniiakh ego v plenu u iapontsev v 1811, 1812 i 1813 gg.*, Part 1-9, Sankt-Peterburg, 1816. 以後1819, 51, 64, 94年に新版が出ている.日本語訳は,井上満訳『日本幽囚記』岩波文庫,上中下,1943-46年. I. A. Goncharov, *Fregat Pallada. Ocherki puteshestvii Ivana Goncharova*, Vol. 1-2, Sankt-Peterburg, 1858. 以後1862, 86, 95年に5版を重ねた.日本語訳は,井上満訳『日本渡航記』岩波文庫,1941年,高野明・島田陽訳,雄松堂書店,1969年.

2 この過程については,和田春樹「日本人のロシア観——先生・敵・ともに苦しむ者」,藤原彰編『ロシアと日本——日ソ歴史学シンポジウム』彩流社,1985年,同『開国——日露国境交渉』日本放送出版協会,1991年,同『北方領土問題——歴史と未来』朝日新聞社,1999年を参照してほしい.

3 原暉之『ウラジオストク物語』三省堂,1998年,また,Iu Khe Dzhon, Evropeiskii gorod v Azii Vladivostok, *Rossiia i ATR*, No. 1(27), March 2000, pp. 44-57を参照してほしい.1874年の段階で,日本の駐露公使はヴラジヴォストークの人口について,

「海軍水夫海兵」が2500人，商人が4000人余と報告している．榎本武揚から寺島外務卿へ，1874年10月12日，『日本外交文書』第8巻，170頁．原，前掲書，101頁によれば，1878年の市の人口は8393人であった．

4 『大日本古文書』幕末外国関係文書，第48巻，9–24頁．*Dnevnik Velikogo Kniaz'ia Konstantina Nikolaevicha*, Moscow, 1994, p. 259. 伊藤一哉『ロシア人の見た幕末日本』吉川弘文館，2009年，157–160頁．これは未公刊文書による研究である．

5 保田孝一編著『文久元年の対露外交とシーボルト』吉備洋学資料研究会，1995年，9–23頁．麓慎一「ポサドニック号事件について」，『東京大学史料編纂所研究紀要』第15号，2005年3月，189–197頁．伊藤，前掲書，170–199頁．

6 宮地正人「明治維新の変革性」，第7回韓・日歴史家会議報告書，2007年．

7 メーチニコフ(渡辺雅司訳)『亡命ロシア人の見た明治維新』講談社学術文庫，1982年，25頁．

8 久米邦武『米欧回覧実記(4)』岩波文庫，1980年，106, 109頁．

9 Nikolai ieromonakh, Iaponiia s tochki zreniia khristianskikh missii, *Russkii vestnik*, 1869, No. 9. 邦訳：ニコライ(中村健之介訳)『ニコライの見た幕末日本』講談社学術文庫，1979年．M. Veniukov, *Ocherk Iaponii*, Sankt-Peterburg, 1869. L. Mechnikov, Era prosveshcheniia Iaponii(Mei-Dzi), *Delo*, 1876, No. 1–2. 邦訳：メーチニコフ(渡辺雅司訳)『亡命ロシア人の見た明治維新』講談社学術文庫，1982年．

10 真鍋重忠『日露関係史 1697–1875』吉川弘文館，1978年，312–318頁．

11 秋月俊幸『日露関係とサハリン島——幕末明治初年の領土問題』筑摩書房，1994年，197–198頁．黒田清隆の1870(明治3)年10月の建議，1873(明治6)年2月の「樺太事奏議」は，加茂儀一『榎本武揚』中央公論社，1960年，181–183, 210頁．

12 秋月，前掲書，199–203頁．

13 Bella B. Pak, *Rossiiskaia diplomatiia i Koreia*, Vol. I. 1860–1888, Moscow, 1998, pp. 40–41.

14 秋月，前掲書，206–213頁．

15 日露の大使館員の名，着任期間はこれよりすべて，George A. Lensen, *Russian Representatives in East Asia*, Tokyo, Voyagers' Press, 1968, および George A. Lensen, *Japanese Representatives in Russia*, Tokyo, Voyagers' Press, 1968による．

16 加茂，前掲書，211–213頁．

17 榎本公使から寺島外務卿へ，1875年1月3, 11日，『日本外交文書』第8巻，168, 172頁．

18 榎本から寺島へ，1875年1月11, 15日，同上，175, 179頁．

19 二葉亭四迷「予が半生の懺悔」，『二葉亭四迷全集』第10巻，岩波書店，1953年，35頁．

20 チェーホフ(原卓也訳)「サハリン島」，『チェーホフ全集』13，中央公論社，1977年，

285-286 頁.

21　Struve to Terashima, 13/25 July 1875, 『日本外交文書』第 8 巻, 243-244 頁.

22　Roman Rozen, *Forty Years of Diplomacy*, Vol. 1, London, 1922, pp. 17-28.

23　Struve to Terashima, 27 August 1875, 『日本外交文書』第 8 巻, 266-267 頁. 時任理事官の千島受取手続書, 1875 年 10 月 12 日, 同上, 277 頁.

24　『稲佐ト露西亜人』(長崎県立図書館蔵), および沢田和彦「志賀親朋略伝」,『共同研究 日本とロシア』第 1 集, 1987 年, 40, 48 頁.

25　V. Ia. Kostylev, *Ocherk istorii Iaponii*, Sankt-Peterburg, 1888.

26　田保橋潔『近代日鮮関係の研究』上, 原書房, 1973 年, 149-182 頁を参照.

27　『日本外交文書』第 3 巻, 134 頁.

28　同上, 142 頁.

29　『日本外交文書』第 7 巻, 391-392 頁. この点は, 2009 年 2 月 5 日の第 1 回スラブ＝ユーラシア研究・東アジア・コンファレンスでの麓慎一報告(Fumoto Shinichi, Japan's East Asia Policies during the Early Meiji Era: Changes in Relations with Korea)に示唆を受けた.

30　榎本から寺島へ, 1875 年 1 月 11 日,『日本外交文書』第 8 巻, 173-174 頁. この資料の意義を指摘しているのは, 芝原拓自「対外観とナショナリズム」,『対外観(日本近代思想大系 12)』岩波書店, 1988 年, 475 頁.

31　田保橋, 前掲書, 上, 393-395 頁.

32　事件については,「雲揚」号井上良馨艦長の報告書(1875 年 10 月 8 日)が知られていたが, 近年, 日本史家鈴木淳が改訂改変する以前の 9 月 29 日付けの報告書を発見し, 発表した. この報告書と鈴木の分析に依拠する. 鈴木淳「『雲揚』艦長井上良馨の明治 8 年 9 月 29 日付けの江華島事件報告書」,『史学雑誌』第 111 編第 12 号, 2002 年 12 月, 64-67 頁. この報告書の意義については, また中塚明『現代日本の歴史認識』高文研, 2007 年, 146-181 頁も参照してほしい.

33　Bella Pak, op. cit., Vol. I, pp. 42, 43.

34　S. Anosov, *Koreitsy v Ussuriiskom krae*, Khabarovsk, 1928, pp. 5-6. 和田春樹「ロシア領極東の朝鮮人 1863-1937」,『社会科学研究』第 40 巻第 6 号, 1989 年 3 月, 238-239 頁.

35　和田春樹「自由民権運動とナロードニキ」,『歴史公論』1976 年 1 月号, 63-67 頁.

36　和田春樹『テロルと改革——アレクサンドル 2 世暗殺前後』山川出版社, 2005 年.

37　ロシアの大臣の経歴については, これよりすべて D. N. Shilov, *Gosudarstvennye deiateli Possiiskoi Imperii 1802-1917. Biobibliograficheskii spravochnik*, Sankt-Peterburg, 2001 に依拠する. したがって個別の注記を省略する.

38　Bella Pak, op. cit., Vol. I, pp. 72-73. 日本での勤務はレンセンによる.

39　Ibid., p. 75.

40　田保橋，前掲書，上，770-786 頁．李容翊については，『韓国人名大事典』新丘文化社，1995 年，686 頁，および角田房子『閔妃暗殺』新潮文庫，1993 年，154-155 頁．

41　Bella Pak, op. cit., Vol. I, p. 85.

42　Ibid., p. 104.

43　『対外観(日本近代思想大系 12)』53 頁．

44　長谷川直子「壬午軍乱後の日本の朝鮮中立化構想」，『朝鮮史研究会論文集』第 32 集，1994 年 10 月，143-150, 155 頁．

45　高橋秀直『日清戦争への道』東京創元社，1995 年，65-70 頁．

46　田保橋，前掲書，上，946-990 頁．

47　『福沢諭吉選集』第 7 巻，岩波書店，1981 年，223-224 頁．

48　福田英子『妾の半生涯』岩波文庫，1958 年，22-26, 42 頁．

49　高橋，前掲書，163-167 頁．

50　『日本外交文書』第 18 巻，309 頁．田保橋，前掲書，上，1097-1125 頁．

51　李泰鎮『高宗時代の再照明』(ハングル)，太学社，2000 年，95-134 頁．同(鳥海豊訳)『東大生に語った韓国史』明石書店，2006 年，61-67 頁．

52　Bella Pak, op. cit., Vol. I, pp. 95-96. 田保橋，前掲書，下，6 頁には，国王が派遣したのは前営領官権東寿，金鏞元等 4 名であったとある．佐々木揚「1880 年代における露朝関係――1885 年の『第一次露朝密約』を中心として」，『韓』第 106 号，1987 年，11 頁．

53　Bella Pak, op. cit., Vol. I, pp. 110-112. 史料は Shneur's report, 20(8) August 1884, RGVIA. 佐々木，前掲論文，13 頁．

54　A. L. Narochnitskii, *Kolonial'naia politika kapitalisticheskikh derzhav na Dal'nem Vostoke 1860-1895*, Moscow, 1956, pp. 370-371. 史料は Kloun's telegramm, 20(8) September 1884, RGAVMF. 佐々木，前掲論文，13-14 頁．

55　Narochnitskii, op. cit., p. 371. 史料は Girs to Davydov, 19 September/1 October 1884, AVPRI. 佐々木，前掲論文，14 頁．

56　Boris D. Pak, *Rossiia i Koreia*, 2nd edition, Moscow, 2004, p. 82. 史料は Davydov to Girs, 2/14 December 1884, AVPRI. この記述に注目して，メルレンドルフの構想がこのときはじめて，ロシア単独の朝鮮「保護」となったことを指摘したのは，岡本隆司『属国と自主のあいだ――近代清韓関係と東アジアの命運』名古屋大学出版会，2004 年，160 頁である．

57　Boris Pak, *Rossiia i Koreia*, pp. 82-83. 史料は Girs to Aleksandr III, 16/28 December 1884, AVPRI. Girs to Shestakov, 16/28 December 1884 and Shestakov to Girs, 17/29 December 1884, RGABMF. 佐々木，前掲論文，15 頁．

58　Bella Pak, op. cit., Vol. I, p. 118. 佐々木，前掲論文，16 頁．

59　和田春樹『ニコライ・ラッセル――国境を越えるナロードニキ』上，中央公論社，

1973年，156–157頁．

60 Bella Pak, op. cit., Vol. I, p. 121. 佐々木，前掲論文，16–17頁．

61 『日本外交文書』第18巻，351–358頁．佐々木，前掲論文，18頁．

62 Bella Pak, op. cit., Vol. I, pp. 125–126. Boris Pak, *Rossiia i Koreia*, 2nd edition, pp. 149–150. 史料はGirs to Aleksandr III, 8/20 January 1885, AVPRI. 佐々木，前掲論文，18–19頁．

63 Bella Pak, op. cit., Vol. I, p. 127. 史料はKorf's telegram, 3/15 February 1885, AVPRI. 佐々木，前掲論文，19–20頁にも引用があるが，これは，Boris Pak, *Rossiia i Koreia*, Moscow, 1979, p. 86に依拠するものである．

64 Narochnitskii, op. cit., pp. 372–373. 佐々木，前掲論文，21頁と岡本，前掲書，161頁にも引用されているが，訳が混乱している．

65 Bella Pak, op. cit., Vol. I, pp. 129–130.

66 Ibid., p. 131.

67 Ibid., p. 131. Girs to Aleksandr III, 10/22 May 1885, AVPRI.

68 Ibid., pp. 132–133. Instruction to Shpeier, 19/31 May 1885, AVPRI.

69 Ibid., pp. 133–139. 佐々木，前掲論文，27–31頁は中国側の資料も参照して，ほぼ同様の流れを説明している．

70 月脚達彦『朝鮮開化思想とナショナリズム——近代朝鮮の形成』東京大学出版会，2009年，37–40頁．

71 会談録は『日本外交文書』明治年間追補第1冊，1963年，352–356頁．この史料については佐々木，前掲論文，49頁で，ほんのわずか触れられていたが，高橋，前掲書，190–191頁においてはじめて本格的にとりあげられた．

72 『日本外交文書』明治年間追補第1冊，354頁．

73 田保橋，前掲書，下，19頁は，『光緒中日交渉史料』巻8から，井上と徐公使の面談記録を使うが，「朝鮮国内政を改革し，将来の禍根を絶滅すべき意見を開陳し」と書くだけである．高橋，前掲書，191頁は，同じ『日本外交文書』明治年間追補第1冊を使うが，「近藤よりの右の報告を示した上で，朝鮮政治への介入……の必要を説いた」とさらりと説明するのみであり，井上の高宗に対する感情には一切立ち入らない．佐々木，前掲論文，49頁は，面談の基本的内容に触れることがない．

74 井上外務卿から榎本公使へ，1885年6月10日，『日本外交文書』明治年間追補第1冊，356–361頁．8カ条は，359–360頁．高橋，前掲書，191頁が，この資料をはじめて使った．

75 榎本から井上へ，『日本外交文書』明治年間追補第1冊，380頁．

76 井上から榎本へ，1885年6月10日，同上，360頁．榎本の考えは5月の建言にも述べられていた．ドイツ，イギリスの公使たちの意見でもあるとして，ロシアに対抗するためには日清合同保護が必要だ，天津条約を発展させれば，そうなる，合同保護

で自立させなければ，スイス・ベルギーのような中立国にはなれないと述べている．榎本から井上へ，1885年5月6日，同上，349-351頁．

77　榎本から井上へ，1885年5月6日，同上，379, 381-383頁．

78　井上から榎本へ，1885年7月15日，同上，384頁．高橋，前掲書，194頁は，この資料にもとづき，井上は「放任政策」を主張したと述べている．しかし，これは正しい表現ではない．高橋自身も朝鮮のロシアへの接近の阻止が日本の対朝鮮政策の第一目標になっていると指摘しているからである．崔碩莞『日清戦争への道程』吉川弘文館，1997年，137頁は，井上のこの言葉は，清国の出方に対する判断ミスを後悔するものにすぎず，対朝鮮政策の放棄を意味しないと主張しているのは，適切な評価である．

79　Instruction to Veber, 25 April 1885, *Rossiia i Koreia: Nekotorye stranitsy istorii* (*konets XIX veka*), Moscow, 2004, pp. 38-39.

80　Ibid., pp. 40-42.

81　メルレンドルフはヴェーベルの着任を待っていたが，支持をえられなかったので，天津へ去った．Bella Pak, op. cit., Vol. I, p. 161．のち寧波税関長となった．高宗とは連絡をとり，助言をしていたようである．『駐韓日本公使館記録』12，101頁．大院君の帰国については，佐々木，前掲論文，35-36頁．

82　Bella Pak, op. cit., Vol. I, p. 154．佐々木，前掲論文，34頁．

83　典拠に食い違いがある．Narochnitskii, op. cit., p. 390は，Veber to Girs, 21 October/2 November 1885に依拠し，Bella Pak, op. cit., Vol. I, p. 157は，Veber to Girs, 17/24 October 1885に依拠している．佐々木，前掲論文，36頁．

84　Bella Pak, op. cit., Vol. I, pp. 157-158.

85　Ibid., p. 159.

86　Ibid., pp. 159-160.

87　Ibid., p. 162.

88　Ibid., p. 163．この史料はVeber to Girs, 6/18 August 1886, AVPRI.

89　「密啓者，敝邦偏在一隅，雖独立自主，而終未免受轄他国，我大君主深為恥悶，今欲力加振興，悉改前制，永不受他国轄制，惟不免有所憂忌，敝邦与貴国，睦誼尤篤，有唇歯之勢，与他自別，深望貴大臣，稟告貴政府，協力黙允，竭力保護，永遠勿違，我大君主与天下各国一律平行，或他国有所未叶，望貴国派兵艦相助…….」田保橋，前掲書，下，36頁．

90　『高宗時代史』(ハングル)，第2巻，国史編纂委員会，1970年，860-862頁．

91　佐々木揚「日清戦争前の朝鮮をめぐる露清関係――1886年の露清天津交渉を中心として」，『佐賀大学教育学部研究論文集』第28巻第1号，1980年．Bella Pak, op. cit., Vol. I, pp. 166-175.

92　Bella Pak, op. cit., Vol. I, p. 176.

93　Ibid., pp. 177-178.

94 Ibid., pp. 178-179.

95 岡本，前掲書，170-171 頁．

96 Bella Pak, op. cit., Vol. I, p. 183.

97 Zhurnal Osobogo soveshchaniia, 26 April 1888, KA, 1932, kn. 3(52), p. 55.「同じくその国に意図をもっている日本とも」は公表テキストでは「……英国とも」となっていた．文中，英国は朝鮮に意図をもつ存在としては出てこない．「英国」は「日本」の誤記と判断する．ベッラ・パクも，公表テキストによるが，「日本とも」と書いている．Bella Pak, op. cit., Vol. I, p. 186. 佐々木揚は公表テキストを疑わず，英国ファクターを重視する説明をしている．佐々木揚「イギリス・ロシアからみた日清戦争」，『黒船と日清戦争』未來社，1996 年，171 頁．

98 KA, 1932, kn. 3, pp. 55-57.

99 Ibid., pp. 57-60.

100 Bella Pak, op. cit., Vol. I, p. 185.

101 KA, 1932, kn. 3, pp. 60-61.

102 日本ロシア文学会編『日本人とロシア語』ナウカ，2000 年を参照してほしい．

103 「官報局時代の仕事」，『二葉亭四迷全集』第 10 巻，岩波書店，1953 年，191-222 頁．

104 原，前掲書，218-229 頁．

105 Narochnitskii, op. cit., p. 552.

106 *Dnevnik V. N. Lamsdorfa(1886-1890)*, Moscow, 1926, p. 159.

107 保田孝一「大津事件と被害者ニコライ」，『危機としての大津事件』関西大学法学研究所，1992 年，107 頁．保田の主張はロシア外務省文書の検討に基づいている．

108 和田春樹『テロルと改革』320 頁．

109 *Russkaia mysl'*, 1890, IV, pp. 244-245.

110 Ibid., 1890, VIII, pp. 159-160. ソロヴィヨフのこの論文については，Vasilii Molodiakov, *Obraz Iaponii v Evrope i Rossii vtoroi poloviny XIX-nachala XX veka*, Moscow-Tokyo, 1996, pp. 116-117.

111 以下を参照．和田春樹「エス・ユ・ヴィッテ」，『歴史学研究』第 253 号，1961 年 5 月．Theodore H. von Laue, *Sergei Witte and the Industrialization of Russia*, Columbia University Press, 1963(菅原崇光訳『セルゲイ・ウィッテとロシアの工業化』勁草書房，1977 年)．B. V. Anan'ich, R. Sh. Ganelin, *Sergei Iul'evich Vitte i ego vremia*, Sankt-Peterburg, 1999.

112 I. V. Lukoianov, Sibirskaia zheleznaia doroga, *S. Iu. Vitte, Sobranie sochinenii*, Vol. 1, kn. 2, part 1, Moscow, 2004, pp. 123-125.

113 B. A. Romanov, *Rossiia v Man'chzhurii(1892-1906)*, Leningrad, 1928, pp. 51-53.

114 B. B. Glinskii, *Prolog Russko-iaponskoi voiny: Materialy iz arkhiva grafa S. Iu. Vitte*, Petrograd, 1916, XXXV, January 1914, p. 8.

115 『対外観(日本近代思想大系 12)』242-248 頁.

116 ジョルジの生年は日本側の資料でわかる．1869 年生まれで，ニコライの 1 年下である．「露国皇太子御遭難之始末」，『大津事件関係史料集』上，山梨学院大学社会科学研究所，1995 年，155 頁.

117 Aleksandr Bokhanov, *Imperator Nikolai II*, Moscow, 1998, pp. 57–58.

118 *Imperator Aleksandr III i Imperatoritsa Mariia Fedorovna. Perepiska*, Moscow, 2001, p. 190.

119 A. A. Cherevkova, *Ocherki sovremennoi Iaponii*, Sankt-Peterburg, 1898, p. 143. この事件のことは，山室信一『日露戦争の世紀』岩波新書，2005 年，35-36 頁.

120 Ibid., pp. 144–146.

121 事件については，『東京朝日新聞』1890 年 11 月 30 日号．逮捕者の釈放については，同上，同年 12 月 2 日号.

122 Narochnitskii, op. cit., p. 553.

123 V. N. Lamsdorf, *Dnevnik 1891–1892*, Moscow-Leningrad, 1934, p. 7.

124 青木外相から岡部外務次官へ，1891 年 5 月 12 日，『日本外交文書』第 24 巻，133 頁．同趣旨は Shevich to Aoki, 12 May 1891，同上，131 頁にもある.

125 以下の大津事件関連ロシア外務省資料は保田孝一が発見獲得したもので，死後，東京大学史料編纂所に寄贈されている.

126 青木からシェーヴィチ公使へ(公文)，1891 年 2 月 6 日，AVPRI, Missiia v Tokio, Op. 529, 1891 g., D. 397, L. 30. 保田文書.

127 Shevich to Girs, 9/21 January 1891, AVPRI, Missiia v Tokio, Op. 529, D. 42, L. 13–14. 同上.

128 青木からシェーヴィチへ(極秘)，1891 年 1 月 20 日，Ibid., L. 21–23. 同上.

129 Shevich to Girs, 9/21 January 1891, Ibid., L. 14ob. 同上.

130 これは 1891 年 1 月 23 日(11 日)の手紙のようである．Shevich to Girs, 27 January/8 February 1891, Ibid., L. 14. 同上.

131 青木からシェーヴィチへ，1891 年 1 月 31 日，AVPRI, Missiia v Tokio, Op. 529, 1891 g., D. 397, L. 20–23. フランス語訳は Ibid., L. 16–19. 同上．この史料に基づいて，青木外相が日本の刑法に外国貴賓侮辱罪を加えることを約束したことは，保田，前掲論文，105 頁においてはじめて明らかにされた.

132 Shevich to Girs, 27 January/8 February 1891, Ibid., L. 13–13ob. 同上.

133 青木からシェーヴィチへ，1891 年 2 月 6 日，Ibid., L. 30–32. 同上.

134 Shevich to Girs, 27 January/8 February 1891, Ibid., L. 14ob. 同上.

135 保田，前掲論文，105 頁は刑法改正案をニコライ訪日に向けた警戒案とみているが，正しくない.

136 *Russkaia mysl'*, 1890, XII, pp. 229–230.

137 Nikolai II's Diary, 8–12 March 1891, GARF, F. 601, Op. 1, D. 225, pp. 92–107. 『東南アジア史 I』山川出版社，1999 年，414 頁.

138 ウフトムスキーのアジア観については，Schimmelpenninck van der Oye, *Toward the Rising Sun: Russian Ideologies of Empire and the Path to War with Japan*, Northern Illinois University Press, 2001, pp. 42–60.

139 Nikolai II's Diary, 15 April 1891, GARF, F. 601, Op. 1, D. 225, pp. 160–161. 保田の訳は，保田孝一『最後のロシア皇帝ニコライ二世の日記』増補，朝日新聞社，1990 年，20 頁.

140 Ibid., p. 162. 保田，前掲書，21 頁.

141 Ibid., 16 April 1891, Ibid., pp. 163–164. 保田，前掲書，23–24 頁.

142 このことは山室，前掲書，37–38 頁に指摘されている.

143 Nikolai II's Diary, 29 April 1891, GARF, F. 601, Op. 1, D. 225, pp. 190–191. 保田，前掲書，11–12 頁.

144 Nikolai II's Diary, 18 May 1891, Ibid., D. 226, p. 3.

145 保田，前掲書，16 頁.

146 Nikolai's Diary, 1 May 1891, Ibid., D. 225, p. 195. 保田，前掲書，48 頁.

147 Ibid., p. 192.

148 Ibid., p. 193. 保田，前掲書，12 頁.

149 Shevich to Girs, 29 April 1891, AVPRI, F. 133, Op. 470, 1891 g., D. 94, L. 20.

150 『大津事件関係史料集』上，301, 337–338 頁.

151 Nikolai II's Diary, 1 May 1891, GARF, F. 601, Op. 1, D. 225, p. 196. この箇所も保田，前掲書，49 頁にあるが，「ご心労のあまり顔がひどく醜く見えるほどやつれていた」というのは創作である.

152 Aleksandr III's resolution, Shevich to Girs, 30 April/12 May 1891, AVPRI, F. 133, Op. 470, 1891 g., D. 94, L. 25. Girs to Shevich, 13 May 1891,『日本外交文書』第 24 巻，145–146 頁.

153 Shevich to Girs, 2/14 May 1891, AVPRI, F. 133, Op. 470, 1891 g., D. 94, L. 35–35ob.

154 Aleksandr III's resolution, Ibid., L. 35.

155 皇太子の電報，『日本外交文書』第 24 巻，144–145 頁. 『大津事件関係史料集』上，202–203 頁.

156 Nikolai II's Diary, 7 May 1891, GARF, F. 601, Op. 1, D. 225, p. 205.

157 Ibid., p. 205. 保田，前掲書，58 頁.

158 『大津事件関係史料集』上，128–132 頁.

159 『児島惟謙 大津事件手記』関西大学出版部，2003 年，30 頁.

160 夫人同士もまきこんだ青木とシェーヴィチの感情的対立については，外務次官だった林董が書きのこしている.「公使と外務大臣と互に相嫉悪したることは，予自から

知る所なり」(林董『後は昔の記他』平凡社，1970 年，246 頁)．青木もまたシェーヴィチの尊大さを述べ，反感をむき出しにした記述をのこしている．『青木周蔵自伝』平凡社，1970 年，247 頁．

161 『青木周蔵自伝』251 頁．

162 Shevich to Enomoto, 5 June 1891，『日本外交文書』第 24 巻，186 頁．

163 Girs to Shevich, 22 May 1891, AVPRI, F. 133, Op. 470, 1891 g., D. 94, L. 55.

164 Shevich to Enomoto, 5 June 1891，『日本外交文書』第 24 巻，186–187 頁．

165 Shevich to Girs, 25 May/6 June 1891, AVPRI, F. 133, Op. 470, 1891 g., D. 94, L. 62–62ob. シェーヴィチの申し入れ文から日本にとって屈辱的な文言を取り除いてほしいと榎本新外相が求め，公使が本国の許可を得てそうしたということは，日本の外交文書では出てこないことである．このことはロシア史料に基づいて，保田，前掲論文，111–112 頁で明らかにされた．

166 『大津事件関係史料集』上，111–113 頁．北海道庁長官より榎本外相へ，1891 年 10 月 6 日，『日本外交文書』第 24 巻，199 頁．

167 Nikolai II's Diary, 18 May 1891, GARF, F. 601, Op. 1, D. 226, p. 1.

168 Ibid., pp. 3–4.

169 Vitte's report "O poriadke i sposobakh sooruzheniia Velikogo Sibirskogo zheleznodorozhnogo puti", 13 November 1892, *S. Iu. Vitte, Sobranie sochinenii*, Vol. 1, kn. 2, part 1, Moscow, 2004, pp. 184–185.

170 Ibid., pp. 203–204.

171 Ibid., pp. 207–209.

172 Ibid., p. 214.

173 Ibid., p. 216.

174 *Sibirskie pereseleniia,* Vyp. 2. *Komitet Sibirkoi zheleznoi dorogi kak organizator pereselenii. Sbornik dokumentov*, Novosibirsk, 2006, pp. 72–74, 84–86.

175 バドマーエフについては，Boris Gusev, Moi ded Zhamsaran Badmaev. Iz semeinogo arkhiva, *Novyi Mir*, 1989, No. 11, pp. 199–206.

176 Badmaev's memorandum, 13 February 1893, *Za kulisami tsarizma*(*Arkhiv tibetskogo vracha Badmaeva*), Leningrad, 1925, pp. 49–75.

177 Vitte's memorandum, Ibid., pp. 77–81.

178 Aleksandr III's resolution, Ibid., p. 81.

179 稲垣満次郎『西比利亜鉄道論 完』哲学書院，1891 年 8 月．『再版 西比利亜鉄道論』1891 年 12 月．

180 稲垣満次郎『東方策』第 1 篇，活世界社，1891 年，58, 59 頁．

181 『西比利亜鉄道論 完』189 頁．

182 同上，197 頁．稲垣のシベリア鉄道論に注意を向けたのは，山室，前掲書，43–45

頁だが，かならずしも正確に稲垣の主張が捉えられていない．

183 『山県有朋意見書』原書房，1966年，197頁．

184 同上，198–199頁．

185 高橋，前掲書，238頁も，「外交政略論」は「朝鮮への内政干渉の主張でもあった」と書いている．中立化をいうことが，ロシアに接近する朝鮮国王への圧力を意味するとも指摘している．1885年の井上の高宗否定論は山県にも共有されていると考えられる．

186 青木周蔵「東亜細亜列国ノ権衡」，『日本外交文書』第23巻，539–540頁．この意見書は従来の研究者によって問題にされてこなかった．

187 同上，541頁．

188 同上，543頁．

189 『青木周蔵自伝』109–110頁．『東京朝日新聞』主筆池辺三山は1903年5月14日の日記で「青木子ノ大陸経略説」について論及している．『文学者の日記3　池辺三山(3)』博文館新社，2003年，145頁．

190 A. Z. Manfred, *Obrazovanie Russko-Frantsuzskogo soiuza*, Moscow, 1975, p. 235.

191 Ibid., pp. 226–227.

192 Ibid., pp. 228–231.

193 Ibid., pp. 228, 312–313.

194 Ibid., p. 324.

195 Ibid., pp. 329–330.

第3章　日清戦争と戦後の日本・朝鮮・ロシア関係

1 ヴォーガクの職務履歴書 Posluzhnyi spisok は RGVIA, F. 409, Op. 1, D. 183718 にある．これを最初にみて，その経歴を紹介したのは，V. B. Kashirin, “Russkii Mol’tke” smotrit na vostok, *Russko-Iaponskaia voina 1904–1905: vzgliad cherez stoletie*, Moscow, 2004, pp. 152–162．また，E. V. Dobychina, Russkaia agenturnaia razvetka na Dal’nem Vostoke v 1895–1897 godakh, *Otechestvennaia istoriia*, 2000, No. 4, pp. 161–162.

2 KA, 1922, kn. 2, p. 114.

3 *Sbornik geograficheskikh, topograficheskikh i statisticheskikh materialov po Azii* [hereafter SGTSMA], Vyp. LX, LXI, Sankt-Peterburg, 1895.

4 Vogak’s report, 16/28 May 1893, SGTSMA, Vyp. LX, pp. 1–2.

5 Ibid., p. 10.

6 杉村から陸奥へ，1893年6月1日，『日本外交文書』第27巻第2冊，152–153頁．陸奥宗光『蹇蹇録』岩波文庫，1941年，15–16頁．閣議決定全文は，中塚明『日清戦

争の研究』青木書店，1968年，115頁に引用されている．

7　高橋秀直『日清戦争への道』東京創元社，1995年，319頁は，閣議決定の文面から「対抗出兵ではなく，日本が独自に清に先行して行う即時先行出兵だった」と述べ，3日の陸奥の訓令では「対抗出兵方針」に変わったとしているが，そのような分析の意味がわからない．

8　林董『後は昔の記他』平凡社，1970年，75頁．この林の回想の証言的価値についての考証は，中塚，前掲書，121頁にある．その判断を支持する．

9　Vogak's report, 23 May/4 June 1894, SGTSMA, Vyp. LX, pp. 23–24.

10　Ibid., p. 27.

11　Ibid., p. 28.

12　兵員数については，原田敬一『日清戦争』吉川弘文館，2008年，24–25頁．中塚，前掲書，127–128頁．

13　高崎哲郎『評伝大鳥圭介——威ありて，猛からず』鹿島出版会，2008年．杉村濬『明治廿七八年在韓苦心録』1932年，14頁．

14　Vogak's report, 2/14 June 1894, SGTSMA, Vyp. LX, pp. 35–36. ナロチニツキーは，ヴォーガクやヴェーベルの意見を清国の朝鮮支配に対する警戒心を表すものと単純化して理解した．A. L. Narochnitskii, *Kolonial'naia politika kapitalisticheskikh derzhav na Dal'nem Vostoke 1860–1895*, Moscow, 1956, p. 606. ナロチニツキーによった佐々木揚「ロシア極東政策と日清開戦」，『佐賀大学教育学部研究論文集』第30集第1号，1982年，59頁の記述も同じである．

15　李泰鎮「1894年6月清軍出兵過程の真相——自進請兵説批判」(ハングル)，『韓国文化』24，1999年12月．『高宗時代の再照明』ソウル，太学社，2000年に収録．

16　Vogak's report, 2/14 June 1894, SGTSMA, Vyp. LX, p. 37.

17　『日本外交文書』第27巻第2冊，206, 207頁．陸奥，前掲書，36–37頁．高橋，前掲書，356頁は，この決定で「伊藤内閣は対清開戦方針を決意した」と評価している．

18　『日本外交文書』第27巻第2冊，235–237頁．陸奥，前掲書，42頁．

19　Khitrovo to Girs, 27 May/8 June 1894, KA, 1932, kn. 1–2, p. 12.

20　Kassini to Girs, 10/22 June 1894, Ibid., p. 16.

21　Kassini to Girs, 12/24 June 1894, Ibid., p. 17.

22　Vogak's report, 14/26 June 1894, SGTSMA, Vyp. LX, pp. 41–42, 47–48.

23　Khitrovo to Girs, 13/25 June 1894, AVPRI, F. 133, Op. 470, 1894 g., D. 96, L. 23–23ob. KA, 1932, kn. 1–2, p. 18.

24　Khitrovo to Girs, 13/25 June 1894, AVPRI, F. 133, Op. 470, 1894 g., D. 96, L. 29–31. KA, 1932, kn. 1–2, pp. 18–19. 陸奥，前掲書，61–62頁．

25　Kerberg to Girs, 13/25 June 1894, KA, 1932, kn. 1–2, p. 19.

26　Girs to Aleksandr III, 16/28 June 1894, Ibid., pp. 19–20.

27 『日本外交文書』第27巻第2冊，284-285頁.

28 原田，前掲書，24-25頁.

29 陸奥から加藤増雄へ，1894年6月23日，および陸奥から大鳥公使へ，同日，『日本外交文書』第27巻第1冊，558-559頁.

30 杉村，前掲書，24頁.

31 大鳥から陸奥へ，1894年6月26日，『日本外交文書』第27巻第1冊，561-562頁.

32 同上，569-570頁. 陸奥，前掲書，52-53頁.

33 同上，573-576頁. 陸奥，前掲書，54-55頁.

34 大鳥から陸奥へ，1894年6月29日，『日本外交文書』第27巻第1冊，582-583頁. 杉村，前掲書，27-28頁. 田保橋潔『近代日鮮関係の研究』下，原書房，1973年，364-365頁.

35 Mutsu to Otori, 28 June 1894, 『日本外交文書』第27巻第1冊，577-578頁.

36 Mutsu to Otori, 30 June 1894, 同上，583頁.

37 陸奥，前掲書，62-63頁.

38 Khitrovo to Girs, 19 June/1 July 1894, KA, 1932, kn. 1-2, pp. 22-23.

39 Kassini to Girs, 19 June/1 July 1894, Ibid., p. 22.

40 Kassini to Girs, 19 June/1 July 1894, Ibid., p. 25.

41 陸奥，前掲書，64-65頁.

42 大鳥から陸奥へ，1894年7月9日，『日本外交文書』第27巻第1冊，586-588頁.

43 Vogak's report, 24 June/6 July 1894, SGTSMA, Vyp. LX, pp. 58, 60.

44 KA, 1932, kn. 1-2, p. 25.

45 Vannovskii to Girs, 19 June/1 July 1894, Ibid., pp. 25-26.

46 Khitrovo to Girs, 24 June/6 July 1894, Ibid., pp. 28-29.

47 Kassini to Girs, 25 June/7 July 1894, Ibid., pp. 29-30.

48 Girs to Kassini, 25 June/7 July 1894, Ibid., p. 29. Girs to Kassini, 28 June/10 July 1894, Ibid., p. 32.

49 Girs to Khitrovo, 27 June/9 July 1894, Ibid., pp. 31-32. この趣旨はアジア局長からこの日に西徳二郎公使に伝えられた. 西はその日のうちに東京に打電している. 高橋，前掲書，407-408頁.

50 Khitrovo to Girs, 3/15 July 1894, AVPRI, F. 133, Op. 470, 1994 g., D. 96, L. 63ob. 『日本外交文書』第27巻第2冊，300-302頁.

51 佐々木揚「イギリス極東政策と日清開戦」，『佐賀大学教育学部研究論文集』第29集第1号，1981年，31-32頁.

52 杉村，前掲書，32頁.

53 大鳥から陸奥へ，1894年7月10日，『日本外交文書』第27巻第1冊，592-593頁. この機密信が本省に着いたのは7月17日のことであった.

54　陸奥，前掲書，57頁.
55　Mutsu to Otori, 11 July 1894,『日本外交文書』第27巻第1冊，595頁.
56　Mutsu to Otori, 12 July 1894，同上，596頁．陸奥，前掲書，57頁.
57　Mutsu to Otori, 12 July 1894，同上，596-597頁.
58　大鳥から陸奥へ，1894年7月18日，同上，606-607頁.
59　Otori to Mutsu, 20 July 1894，同上，615-616頁.
60　陸奥から大鳥へ，1894年7月19日，同上，612頁.
61　Vogak's report, 3/15 July 1894, SGTSMA, Vyp. LX, pp. 67-68, 71.
62　Veber to Girs, 6/18 July 1894, KA, 1932, kn. 1-2, p. 41.
63　Kassini to Girs, 9/21 July 1894, Ibid., pp. 43-44.
64　陸奥，前掲書，58頁.
65　中塚明は，「『日清戦史』から消えた朝鮮王宮占領事件――参謀本部の『戦史草案』が見つかる」，『みすず』第399号，1994年6月，43-58頁に，福島県立図書館佐藤文庫で発見した『明治二十七八年日清戦史第二冊決定草案』の第11章全文を公表した．分析は，同『歴史の偽造をただす』高文研，1997年，また同『現代日本の歴史認識』高文研，2007年にある.
66　『明治二十七八年日清戦史第二冊決定草案』(福島県立図書館佐藤文庫蔵)，14, 16-17頁．中塚明の公表，48, 49頁.
67　『日清戦史第二冊決定草案』17頁．中塚明の公表，49頁.
68　杉村，前掲書，46-48頁.
69　『日清戦史第二冊決定草案』22-29頁．中塚明の公表，51-53頁.
70　杉村，前掲書，49頁.
71　同上，50頁.
72　『日清戦史第二冊決定草案』30-34頁．中塚明の公表，54-56頁.
73　檜山幸夫「7・23京城事件と日韓外交」，『韓』第115号，1990年6月，81-84頁．原田，前掲書，36-38頁.
74　杉村，前掲書，51-54頁.
75　大鳥から陸奥へ，1894年7月23, 25日，『日本外交文書』第27巻第1冊，618-619, 622頁.
76　Domozhilov (ed.), *Sbornik materialov po voenno-morskim voprosam*, Vol. 1. *Iaponsko-kitaiskaia voina* [hereafter SMVMV], Sankt-Peterburg, 1896, p. 77.
77　Bella B. Pak, *Rosiiskaia diplomatiia i Koreia*, Vol. II, Moscow, 2004, p. 83. Veber to Girs, 1/13 August 1894, AVPRI.
78　SMVMV, Vol. 1, pp. 87-88.
79　Ibid., pp. 86, 88.
80　杉村，前掲書，55-56頁.

81 同上，56–57, 61–65 頁.
82 田保橋，前掲書，下，446–449 頁.
83 陸奥，前掲書，108 頁.
84 原田，前掲書，51–60 頁.
85 『日清戦史第二冊決定草案』84–88 頁.
86 原田，前掲書，81–85 頁.
87 同上，90–94 頁.
88 『東京朝日新聞』付録，1894 年 8 月 3 日号.
89 檜山，前掲論文，117–118 頁．原田，前掲書，95 頁.
90 『日清戦争実記』博文館，1895 年，40 頁.
91 陸奥，前掲書，127–128 頁.
92 『日本外交文書』第 27 巻第 1 冊，633–634 頁.
93 同上，640–641 頁.
94 同上，646 頁.
95 陸奥より大鳥へ，1894 年 8 月 23 日，同上，650–652 頁.
96 同上，646–649 頁.
97 陸奥，前掲書，130 頁.
98 『日本外交文書』第 27 巻第 1 冊，653–654 頁．檜山幸夫は，この暫定合同条款の締結によって「日朝戦争」は終結したとみている．檜山，前掲論文，123 頁.
99 大鳥から陸奥へ，1894 年 8 月 31 日，同上，657–658 頁.
100 中塚明『日清戦争の研究』177–178 頁.
101 杉村，前掲書，63–74 頁.
102 同上，86–87 頁.
103 Narochnitskii, op. cit., pp. 609–610．資料は Girs to Aleksandr III, 26 July/7 August 1894 g., AVPR, MID, kitaiskii stol, Vsepodanneishie doklady, No. 12, L. 152–155．ボリス・パクはその著書の改訂版の中で，ほぼ同一の資料を引用しながら，8 月 8 日(7 月 27 日)付けの上奏意見書だとしている．Boris D. Pak, *Rossiia i Koreia*, Moscow, 1979; 2nd edition, Moscow, 2004, pp. 210, 453．この点については，佐々木揚「ロシア極東政策と日清開戦」66–67, 72 頁.
104 Zhurnal Osobogo soveshchaniia, 9 August 1894, KA, 1932, kn. 3, pp. 62–67.
105 Ibid., p. 64．佐々木，前掲論文，68 頁ではギールスの演説の説明が正しくない.
106 Ibid., p. 65.
107 Ibid., p. 66.
108 Ienish's report, 27 July 1894, SMVMV, Vol. 1, p. 97.
109 Vogak's report, 2/14 October 1894, SGTSMA, Vyp. LX, p. 87.
110 Vogak's report, 29 August/10 September 1894, Ibid., p. 76.

111 Narochnitskii, op. cit., p. 662. Vogak to Kassini, 3/15 September 1894, AVPRI.

112 Vogak's report, 3/15 November 1894, SGTSMA, Vyp. LX, p. 132.

113 I. Rzhevuskii, *Iaponsko-kitaiskaia voina 1894–1895 gg.*, Sankt-Peterburg, 1896, pp. 32–35.

114 『日清戦争実記』第4編，82頁．司馬遼太郎『坂の上の雲』文春文庫(新装版)，2，1999年，124頁にも，このうち二句が引かれている．

115 田山花袋『東京の三十年』岩波文庫，1981年，58頁．原著は1917年刊．

116 Vogak's report, 22 September/4 October 1894, SGTSMA, Vyp. LX, pp. 80–81.

117 Ibid., p. 83.

118 Ibid., pp. 84–85.

119 Khitrovo to Girs, 5/17 October 1894, AVPRI, F. 133, Op. 470, 1894 g., D. 96, L. 164. ナロチニツキーはこの手紙を引用して，ヒトロヴォーが日本側の好意に有頂天になっていると批判するが，それは言い過ぎである．Narochnitskii, op. cit., p. 663.

120 Vogak's report, 2/14 October 1894, SGTSMA, Vyp. LX, p. 90.

121 Vogak's report, 6/18 October 1894, Ibid., p. 109.

122 Vogak's report, 14/26 October 1894, Ibid., p. 112.

123 Ibid., p. 114.

124 Ibid., p. 116.

125 Vogak's report, 30 October/11 November 1894, Ibid., pp. 118–120.

126 Vogak's report, 3/15 November 1894, Ibid., p. 147.

127 Vogak's report, 30 October/11 November 1894, Ibid., p. 120.

128 趙景達『異端の民衆反乱——東学と甲午農民戦争』岩波書店，1998年，303–317頁．

129 井上公使，金允植大臣の談話報告，1894年10月27日，『日本外交文書』第27巻第2冊，7–11頁．

130 井上公使，高宗謁見報告，1894年10月28日，同上，15–21頁．

131 井上公使，大院君の談話報告，1894年10月29日，同上，25–34頁．

132 井上公使，金弘集総理大臣の談話報告，1894年11月2日，同上，35–43頁．

133 井上公使，高宗との内謁見報告，1894年11月4日，同上，46–47頁．

134 同上，50頁．

135 杉村，前掲書，90–95頁．

136 『日本外交文書』第27巻第2冊，77頁．

137 同上，91–99頁．

138 同上，100–107頁．

139 杉村，前掲書，105–109頁．

140 Inoue to Mutsu, 10 December 1894, 『日本外交文書』第27巻第2冊，119–120頁．

141 同上，121–122頁．

142 ニコライの未熟さ，経験不足については，Andrew M. Verner, *The Crisis of Russian Autocracy: Nicholas II and the 1905 Revolution*, Princeton University, 1990, pp. 37–38; Dominic Lieven, *Nicholas II: Emperor of all the Russias*, London, 1993, pp. 39, 42(小泉摩耶訳『ニコライⅡ世――帝政ロシア崩壊の真実』日本経済新聞社，1993年，73, 77頁).

143 *Dnevniki Imperatora Nikolaia II*, Berlin, 1923; 2[e] ed., Paris, 1980, p. 83.

144 K. N. Uspenskii, Ocherk tsarstvovaniia Nikolaia II, *Nikolai II. Materialy kharakteristiki lichnosti i tsarstvovaniia*, Moscow, 1917, p. 6.

145 S. Iu. Vitte, *Vospominaniia*, Vol. 2, Moscow, 1960, p. 29.

146 *Dnevnik gosudastvennogo sekretaria A. A. Polovtsova*, Vol. 2, Moscow, 1966, p. 50.

147 Ibid., Vol. 1, p. 187; Vol. 2, p. 441.

148 Ibid., Vol. 2, pp. 230, 393.

149 Ibid., Vol. 1, p. 99.

150 Ibid., Vol. 2, p. 53.

151 Narochnitskii, op. cit., pp. 646–647.

152 陸奥，前掲書，168–171頁.

153 Mutsu to Trench, 23 October 1894,『日本外交文書』第27巻第2冊，485頁.

154 Nishi to Mutsu, 12 November 1894, 同上，498頁.

155 Nishi to Mutsu, 1 December 1894, 同上，510–512頁.

156 陸奥から西公使へ，1894年12月23日，同上，519–520頁.

157 Khitrovo to Girs, 11/23 December 1894, AVPRI, F. 133, Op. 470, 1894 g., D. 96, L. 209–209ob.

158 Khitrovo to Girs, 22 January/3 February 1895, Ibid., Op. 470, 1895 g., D. 108, L. 6.

159 Vogak's report, 16/28 March 1895, SGTSMA, Vyp. LXI, 1895, pp. 46–49.

160 Vogak's report, 16/28 February 1895, Ibid., pp. 107–108.

161 これらの条約案に注意を向けたのが，金文子『朝鮮王妃殺害と日本人』高文研，2009年，53, 91–92頁．1月17日，21日の陸奥の電報は，『駐韓日本公使館記録』5，国史編纂委員会，1990年，413–417頁.

162『駐韓日本公使館記録』5，419–420頁．原文には3月1日とあるが，あとの陸奥の返事から2月25日発だとわかる.

163 陸奥から井上へ，1895年3月1日，同上，422頁.

164 井上から陸奥へ，1895年3月24日，同上，425–427頁.

165 Khitrovo to Shishkin, 18 February/2 March 1895, AVPRI, F. 133, Op. 470, 1895 g., D. 108, L. 20.

166 Inoue to Mutsu, 8 January 1895,『日本外交文書』第28巻第1冊，315–316頁.

167 Mutsu to Inoue, 10 January 1895, 同上，316頁.

168　井上から陸奥へ，1895 年 1 月 12 日，同上，317–318 頁．

169　陸奥から井上へ，1895 年 2 月 3 日，同上，328 頁．

170　杉村，前掲書，120–122 頁．

171　内謁見の記録，1895 年 2 月 12 日，『日本外交文書』第 28 巻第 1 冊，390–395 頁．

172　陸奥から井上へ，1895 年 2 月 22 日，同上，343 頁．井上から伊藤，陸奥へ，1895 年 3 月 31 日，同上，352–353 頁．

173　井上から陸奥へ，1895 年 4 月 8 日，同上，396–398 頁．

174　Zhurnal Osobogo soveshchaniia, 20 January 1895, KA, 1932, kn. 3, pp. 67–74.

175　Ibid., pp. 67–70. ロマノフは外務省がカルゴド島占領を提案したと書くが，間違いである．またウィッテのイギリス提携論にカプニストが賛成したと書くのも逆である．B. A. Romanov, *Rossiia v Man'chzhurii*（*1892–1906*）, Leningrad, 1928, p. 68.

176　Zhurnal Osobogo soveshchaniia, pp. 70–73.

177　Ibid., pp. 73–74. ロマノフは，ウィッテ＝カプニストの意見に軍人が反対したとして，海軍省と陸軍省の意見の食い違いを見ていない．Romanov, op. cit., p. 68.

178　Vogak's report, 21 March/2 April 1895, SGTSMA, Vyp. LXI, p. 52.

179　『日本外交文書』第 28 巻第 2 冊，331–334 頁．

180　陸奥，前掲書，183–184 頁．

181　『日本外交文書』第 28 巻第 2 冊，339–341 頁．

182　第 1 の上奏書である．Lobanov-Rostovskii to Nikolai II, 25 March 1895, KA, 1932, kn. 3, pp. 74–75.

183　第 2 の上奏書である．Ibid., pp. 75–76. Nikolai II's comment, Ibid., p. 76.

184　Lobanov-Rostovskii to Nikolai II, 2 April 1895, Ibid., p. 77.

185　Nikolai II's comment, Ibid., p. 71.

186　『日本外交文書』第 28 巻第 2 冊，350–352 頁．

187　同上，355–357 頁．

188　この意見書はロシアの若い歴史家カシーリンが発見した．全文は，Kashirin, op. cit., pp. 174–179.

189　Zhurnal Osoboi soveshchaniia, 30 March 1895, KA, 1932, kn. 3, pp. 78–83.

190　Ibid., pp. 80–81.

191　Ibid., p. 81.

192　Ibid., p. 82.

193　Ibid., pp. 82–83.

194　Ibid., p. 83.

195　Vitte, op. cit., Vol. 2, p. 47.

196　*Dnevniki Imperatora Nikolaia II*, Moscow, 1991, p. 72. ロマノフは，ウィッテが自分の意見だけしか提案がなかったと回想の中で主張しているが，皇帝の補償としての

不凍港獲得論が無視されていることを指摘している．Romanov, op. cit., pp. 76–77. この点は正しい指摘である．

197 Gribovskii, op. cit., pp. 77, 79–80. S. Gurov, V. Tiul'kin, *Bronenostsy Baltiiskogo flota*, Kaliningrad, 2003, p. 18.

198 Choi Dokkyu, Morskoe ministerstvo i politika na Dal'nem Vostoke(1895–1903), *Angliiskaia naberezhnaia 4. Ezhegodnik RGIA*, Sankt-Peterburg, 1999, pp. 151–152.

199 『日本外交文書』第 28 巻第 2 冊，358–359 頁.

200 同上，363–366 頁.

201 林次官から陸奥大臣へ，1895 年 4 月 23 日，同上，4–15 頁.

202 Khitrovo to Mutsu, 23 April 1895，同上，16 頁.

203 陸奥，前掲書，252–253 頁.

204 『山本権兵衛と海軍』原書房，1966 年，98 頁.

205 陸奥より佐藤書記官へ，1895 年 4 月 24 日，『日本外交文書』第 28 巻第 2 冊，26 頁.

206 陸奥，前掲書，253–256 頁.

207 陸奥から西，青木，曾禰公使へ，1895 年 4 月 30 日，『日本外交文書』 第 28 巻第 2 冊，65–66 頁.

208 西から陸奥へ，1895 年 5 月 3 日，同上，79 頁.

209 陸奥から林次官へ，1895 年 5 月 5 日，同上，80–81 頁.

210 この言葉のはじまりとその意味変化については，朴羊信『陸羯南——政治認識と対外論』岩波書店，2008 年，229 頁.

211 大杉栄『自叙伝・日本脱出記』岩波文庫，1971 年，56 頁.

212 ビン・シン(杉原志啓訳)『評伝 徳富蘇峰』岩波書店，1994 年，75 頁.『蘇峰自伝』(1935 年)の一節である.

213 Nishi to Mutsu, 15 May 1895,『日本外交文書』第 28 巻第 1 冊，413–414 頁.

214 鍋島から陸奥へ，1895 年 5 月 18 日，同上，418 頁.

215 陸奥から鍋島へ，1895 年 5 月 18 日，同上，418 頁.

216 Inoue to Mutsu, 19 May 1895,『日本外交文書』第 28 巻第 1 冊，420–422 頁.

217 杉村，前掲書，127–130 頁.

218 同上，131–137 頁.

219 陸奥から伊藤首相へ，1895 年 5 月 22 日，『日本外交文書』第 28 巻第 1 冊，423–424 頁.

220 同上，434–435 頁.

221 陸奥から伊藤へ，1895 年 5 月 25 日，同上，435 頁．陸奥から原へ，1895 年 5 月 26 日，同上，436 頁.

222 同上，441 頁.

223 金文子，前掲書，64–72 頁．井上の意見書は，『伊藤博文文書』第 12 巻，ゆまに書

房，2007年，384-406頁.

224 『伊藤博文文書』第12巻，385-393頁.

225 同上，393-394頁.

226 同上，394-396頁.

227 同上，396-397頁.

228 金文子，前掲書，74-76頁．芳川の手紙は国立国会図書館憲政資料室に所蔵されているもので，韓国人映画監督鄭秀雄が発見し，閔妃殺害計画と結びつけられたとして，『朝日新聞』紙上で取り上げられたが(2008年6月28日号)，金によれば，これはすでに『朝鮮日報』2005年10月6日号に取り上げられたものの再論であった.

229 同上，72,76-80頁．井上から杉村へ，6月24日受け取り，『駐韓日本公使館記録』7，国史編纂委員会，1992年，494頁．杉村から井上へ，6月26日，同上，495頁．杉村から井上へ，6月29日(1)，(2)，同上，497,499頁.

230 金文子，前掲書，143頁.

231 杉村から西園寺へ，1895年6月26日，『日本外交文書』第28巻第1冊，444頁.

232 杉村から井上へ，1895年6月29日，同上，447頁.

233 浅山の名はいくつかの史料に出てくる．同上，428,462,467頁.

234 杉村から西園寺へ，1895年7月4日，『日本外交文書』第28巻第1冊，452-456頁.

235 杉村から西園寺へ，1895年6月30日，同上，447-448頁.

236 杉村から井上へ，1895年7月1日，『駐韓日本公使館記録』7，501頁.

237 西園寺から杉村へ，1895年6月29日，『日本外交文書』第28巻第1冊，447頁.

238 杉村から西園寺へ，1895年7月1日，同上，448頁.

239 杉村の日記，『駐韓日本公使館記録』7，398頁.

240 杉村から西園寺，井上へ，1895年7月4日，『駐韓日本公使館記録』7，393-394頁.

241 杉村から西園寺へ，1895年7月4日，『日本外交文書』第28巻第1冊，449-450頁.

242 杉村，前掲書，121,136頁.

243 杉村，前掲書，148-150頁.

244 杉村から西園寺へ，1895年7月13日，『日本外交文書』第28巻第1冊，474頁.

245 Bella Pak, op. cit., Vol. II, pp. 117-118. Veber to Lobanov-Rostovskii, 19 June 1895, RGVIA.

246 この手紙の内容をヒトロヴォーに伝える外相の手紙の下書きが，Lobanov-Rostovskii to Khitrovo, 8 July 1895, AVPRI, F. 133, Op. 470, 1895 g., D. 108, L. 173-173ob. ニコライの書き込みは，Bella Pak, op. cit., Vol. II, p. 119.

247 『日本外交文書』第28巻第1冊，464-465頁.

248 同上，480-482頁.

249 Khitrovo to Lobanov-Rostovskii, 20 July/1 August 1895, AVPRI, F. 133, Op. 470, 1895 g., D. 108, L. 100-101.

250　三浦の回想がある．三浦梧楼『観樹将軍回顧録』政教社，1925年．

251　谷から伊藤へ，1895年7月5日，『谷干城遺稿』下，靖献社，1912年，599-601頁．

252　柴四朗については，柳田泉「『佳人之奇遇』と東海散士」，『政治小説研究』上，春秋社，1967年，431-433頁．

253　東海散士『日露戦争羽川六郎』有朋館，1903年，49頁．

254　谷の推薦状と三浦の行動とのずれについては，朴羊信『陸羯南』102頁がはっきり指摘している．

255　三浦梧楼意見書，『日本外交文書』第28巻第1冊，482-484頁．

256　柳田，前掲書，435頁．

257　三浦，前掲書，319-320頁．

258　金文子，前掲書，107-109頁．金文子は川上が伊藤に井上更迭を求め，その要請で，井上の後任に三浦を決めたのではないかと推測しているが，そこまでは論証がない．

259　杉村，前掲書，157-160頁．

260　内田から西園寺へ，1895年7月17日，『日本外交文書』第28巻第1冊，479頁．

261　『高宗時代史』第3巻，920, 922頁．

262　Bella Pak, op. cit., Vol. II, p. 121. Veber to Lobanov-Rostovskii, 29 July 1895.

263　Ibid., p. 123.

264　Kozhon to Nikolai II, June 1995, *Rossiia i Koreia*, p. 62. 高宗の再度の電報が7月23日(11日)付けのヒトロヴォーの電報で伝えられている．Khitrovo to Lobanov-Rostovskii, 23/11 July 1895, AVPRI, F. 133, Op. 470. 1895 g., D. 108, L. 95-95ob.

265　『高宗時代史』第3巻，958頁．

266　柳田，前掲書，435頁．

267　杉村，前掲書，自序，1-2頁．

268　金文子，前掲書，205-214頁．

269　『駐韓日本公使館記録』7，524頁．金文子，前掲書，125-126頁．

270　『駐韓日本公使館記録』7，524頁．金文子，前掲書，126頁．

271　『駐韓日本公使館記録』7，525頁．金文子，前掲書，127頁．

272　『駐韓日本公使館記録』7，526頁．金文子，前掲書，134頁．

273　内田定槌領事の報告「明治二十八年十月八日王城事変ノ顚末」，1895年11月5日，『日本外交文書』第28巻第1冊，554頁．

274　東海散士，前掲書，49頁．

275　内田領事の報告，559頁．

276　被告の名簿は，杉村，前掲書，185-194頁．

277　この行動の過程については，内田領事の報告，552-562頁，広島地方裁判所予審終結決定書，杉村，前掲書，185-198頁，角田房子『閔妃暗殺』新潮文庫，1993年を参考にした．

278　内田領事の報告，557–558 頁．

279　同上，558 頁．金文子，前掲書，254–257 頁．

280　Bella Pak, op. cit., Vol. II, p. 245.　李泰鎮（鳥海豊訳）『東大生に語った韓国史』明石書店，2006 年，96–98 頁．ゲ・デ・チャガイ編『朝鮮旅行記』平凡社，1992 年，340 頁．

281　この証言は，*Rossiia i Koreia*, pp. 284–289 にある．オリジナルは，AVPRI, Fond Iaponskii stol, Op. 493, God 1895–1896, D. 6, L. 73–75.　引用箇所は pp. 287–288.　またサレージン＝サバーチンが *Sankt-Peterburgskie vedomosti*, 4/16 May 1896 に載せた通信も参考にした．これは *Koreia glazami rossiian*, Moscow, 2008, pp. 14–22 に収録されている．

282　*Rossiia i Koreia*, p. 288.

283　角田，前掲書，407, 413–414 頁．『高宗時代史』第 3 巻，990–991 頁．

284　Veber to Lobanov-Rostovskii, 30 September 1895, *Rossiia i Koreia*, p. 290.

285　Veber to Lobanov-Rostovskii, 27 September 1895, *Rossiia i Koreia*, pp. 278–279.　これはヴェーベルが送った事件についての最初の報告書である．

286　Ibid., pp. 279–280.　この会合のことについて三浦は東京に報告している．三浦から西園寺へ，1895 年 10 月 8 日，『日本外交文書』第 28 巻第 1 冊，494–495 頁．

287　Ibid., pp. 280–281.

288　『東京朝日新聞』1895 年 10 月 9 日号，一面．

289　三浦から西園寺へ，1895 年 10 月 8 日，『日本外交文書』第 28 巻第 1 冊，491 頁．

290　杉村から井上へ，1895 年 10 月 8 日，同上，492 頁．

291　三浦から西園寺へ，1895 年 10 月 8 日，同上，493 頁．

292　西園寺から小村へ，1895 年 10 月 10 日，同上，499–500 頁．

293　『東京朝日新聞』1895 年 10 月 12 日号．ロシア外務省文書の中に，この詔勅のロシア語訳がある．Bella Pak, op. cit., Vol. II, p. 144.

294　内田領事の報告，561 頁．角田，前掲書，416 頁．

295　『小村外交史』73–74 頁．

296　西から西園寺へ，1895 年 10 月 20 日，『日本外交文書』第 28 巻第 1 冊，521 頁．

297　西園寺から独仏英米伊墺駐在公使へ，1895 年 10 月 25 日，同上，525–526 頁．

298　Bella Pak, op. cit., Vol. II, pp. 150–152.　この懇談会の記録はベッラ・パクが発見した．

299　小村から西園寺へ，1895 年 10 月 25 日，『日本外交文書』第 28 巻第 1 冊，526–527 頁．

300　内田領事の報告，同上，562 頁．

301　井上，小村から西園寺へ，1895 年 11 月 6 日，同上，563–564 頁．

302　Bella Pak, op. cit., Vol. II, pp. 153–154.　11 月 5 日会議の記録はベッラ・パクが発見した．

303　Ibid., pp. 154–155.　この対話記録もロシア外務省文書の中からベッラ・パクが発見

した.

304 Ibid., p. 156.

305 Ibid., pp. 156–158. この会談の記録も外務省文書からベッラ・パクが発見した.

306 小村から西園寺へ, 1895 年 11 月 13 日,『日本外交文書』第 28 巻第 1 冊, 576–578 頁.

307 Saionji to US Minister, 13 November 1895, 同上, 579–582 頁.

308 井上から西園寺へ, 1895 年 11 月 13 日, 同上, 578 頁.

309 西園寺から井上へ, 1895 年 11 月 13 日, 同上, 579 頁.

310 伊藤から西園寺へ, 1895 年 11 月 13 日, 同上, 581 頁.

311 同上, 515–517 頁.

312 日本側条約案,『日本外交文書』第 28 巻第 2 冊, 480–481 頁.「奉天半島還付条約談判筆記」, 同上, 497–498 頁.

313 西から西園寺へ, 1895 年 11 月 6 日, 同上, 514 頁.

314 Vitte, op. cit., Vol. 1, p. 47.

315 V. N. Lamsdorf, *Dnevnik 1894–1896*, Moscow, 1991, p. 187.

316 Narochnitskii, op. cit., p. 765. Lobanov-Rostovskii to Morengeim, 11/23 May 1895, AVPRI.

317 『日本外交文書』第 28 巻第 1 冊, 704–710 頁.

318 Romanov, op. cit., pp. 89–91. ウフトムスキーとロートシチェインの関係は, David Schimmelpenninck van der Oye, *Toward the Rising Sun: Russian Ideologies of Empire and the Path to War with Japan*, Northern Illinois University Press, 2001, pp. 52–53, 231.

319 Bella Pak, op. cit., Vol. II, pp. 163–164.

320 小村から西園寺へ, 1895 年 11 月 26 日, 同上, 589 頁.『東京朝日新聞』1895 年 11 月 28 日号.

321 小村「11 月 28 日王城事変ノ顚末詳細報告」, 1895 年 12 月 30 日,『日本外交文書』第 28 巻第 1 冊, 603–619 頁.『東京朝日新聞』1895 年 11 月 29 日号. ロシア側資料による説明は, Bella Pak, op. cit., Vol. II, pp. 163–164.

322 『高宗時代史』第 3 巻, 1047–1048 頁.

323 同上, 第 4 巻, 28 頁.

324 『山本権兵衛と海軍』原書房, 1966 年, 99–101, 346–360 頁.

325 大江志乃夫『日露戦争の軍事史的研究』岩波書店, 1976 年, 9–11 頁.

326 L. G. Beskrovnyi, *Russkaia armia i flot v XIX veke. Voenno-ekonomicheskii potentsial Rossii*, Moscow, 1973, p. 521. V. A. Zolotarev, I. A. Kozlov, *Russko-iaponskaia voina 1904–1905 gg. Bor'ba na more*, Moscow, 1990, pp. 43–44.

327 Simanskii (sost.), *Iaponsko-kitaiskaia voina 1894–1895. Perevod s nemetskogo*, Sankt-Peterburg, 1896.

328 Ibid., p. 238.

329 I. Rzhevuskii, *Iaponsko-kitaiskaia voina 1894–1895 g.g.*, Sankt-Peterburg, 1896, pp. 72–73.

330 *Sbornik materialov po voenno-morskim voprosam*, Vyp. 1. *Iaponsko-kitaiskaia voina*, Sankt-Peterburg, 1896.

331 N. Klado, *Voennye deistviia na more vo vremia Iapono-kitaiskoi voiny*, Sankt-Peterburg, 1896, p. 3.

332 Vasilii Molodiakov, *Obraz Iaponii v Evrope i Rossii vtoroi poloviny XIX–nachale XX veke*, Moscow-Tokyo, 1996, pp. 114–115, 117.

333 Ibid., pp. 117–118.

334 Ibid., p. 120.

335 彼の経歴は，*Entsiklopedicheskii slovar' "Brokgaus-Efron"*, Vol. 81, Sankt-Peterburg, 1904, p. 287. *Sovetskii istoricheskii slovar'*, Vol. 16, Moscow, 1976, col. 769–770. 彼の世界認識，日本観については，T. H. von Laue, The Fate of Capitalism in Russia: Narodnik Version, *American Slavic and East European Review*, Vol. XII, No. 1 (February 1954), pp. 25–27. 佐々木照央「自由主義的ナロードニキの日本観――S. N. ユジャコーフの場合」,『埼玉大学紀要』(外国語学文学篇)，第 20 巻，1986 年 11 月，55–74 頁がある．

336 S. N. Iuzhakov, Mimokhodom v Iaponii. Iz putevykh vpechatlenii, *Russkoe bogatstvo*, 1893, No. 9, otd. 1, p. 108.

337 S. N. Iuzhakov, 1894 god. Iz sovremennoi khroniki, Ibid., 1895, No. 1, otd. 2, p. 186.

338 Ibid., p. 196.

339 Ibid., pp. 199–200, 201.

340 S. N. Iuzhakov, *Sotsiologicheskie etiudy*, Vol. 2, Sankt-Peterburg, 1896, p. 340.

341 和田春樹『ニコライ・ラッセル――国境を越えるナロードニキ』上，中央公論社，1973 年，243–245 頁．

342 A. Pelikan, *Progressiruiushchaia Iaponiia*, Sankt-Peterburg, 1895, p. 5.

343 Ibid., pp. 6–8.

344 Ibid., pp. 11–12.

345 Ibid., p. 162.

346 Aleksei Suvorin, *V ozhidanii veka XX. Malen'kie pis'ma 1889–1903 gg.*, Moscow, 2005, p. 478.

347 Ibid., p. 486.

348 Ibid., p. 508.

349 *Russkaia mysl'*, 1895, No. 3, p. 212.

350 Narochnitskii, op. cit., p. 709.

351 *Vestnik Evropy*, 1895, No. III, June, pp. 860–862.

第 4 章　ロシアの旅順占領と租借(1896–99)

1 Bella B. Pak, *Rossiiskaia diplomatiia i Koreia*, Vol. II, Moscow, 2004, p. 166.

2 Khitrovo to Lobanov-Rostovskii, 15/27 January 1896, AVPRI, F. 133, Op. 470, 1896 g., D. 167, L. 5–5ob. Boris D. Pak, *Rossiia i Koreia*, Moscow, 1979, p. 126.

3 Khitrovo to Lobanov-Rostovskii, 15/27 January 1896, L. 6–7.

4 Bella Pak, op. cit., Vol. II, p. 169.

5 Boris Pak, op. cit., p. 126.

6 Bella Pak, op. cit., Vol. II, p. 170.

7 小村から西園寺へ，1896 年 2 月 13 日，『日本外交文書』第 29 巻，683 頁.

8 Poezdka general'nogo shtaba polkovnika Karneeva i poruchika Mikailova po iuzhnoi Koree v 1895–1896 gg., SGTSMA, Vyp. LXXV, 1901. Tiagai G. D.(ed.), *Po Koree. Puteshestviia 1885–1896 gg.*, Moscow, 1958, pp. 184–188. ゲ・デ・チャガイ編(井上紘一訳)『朝鮮旅行記』平凡社，1992 年，227–229 頁.

9 小村から西園寺へ，1896 年 2 月 13 日，『日本外交文書』第 29 巻，684 頁.

10 詔勅，同上，687 頁.

11 Shpeier to Komura, 11 February 1896，同上，687–688 頁. John M. B. Sill to Secretary of State, 11 February 1896, *Korean-American Relations: Documents Pertaining to the Far Eastern Diplomacy of the United States*, Vol. III, University of Hawaii Press, 1989, p. 17.

12 小村から西園寺へ，1896 年 2 月 13 日，『日本外交文書』第 29 巻，683–687 頁.

13 小村から西園寺へ，1896 年 2 月 13 日，同上，684 頁.

14 小村から西園寺へ，1896 年 2 月 11 日，同上，682 頁.

15 小村から西園寺へ，1896 年 2 月 16 日，同上，688–689 頁.

16 Khitrovo to Lobanov-Rostovskii, 2/14 February 1896, AVPRI, F. 133, Op. 470, 1896 g., D. 167, L. 25–25ob.

17 西から西園寺へ，1896 年 2 月 17 日，『日本外交文書』第 29 巻，728–729 頁.

18 小村から西園寺へ，1896 年 2 月 18 日，同上，729–730 頁.

19 西園寺から西へ，1896 年 2 月 20 日，同上，736–737 頁．ヒトロヴォーによれば，訓令の相互連絡を求めたのは彼の方であった．Khitrovo to Lobanov-Rostovskii, 7/19 February 1896, Ibid., L. 34–35.

20 西園寺から西，小村へ，1896 年 2 月 23 日，『日本外交文書』第 29 巻，739–740 頁.

21 Saionji to Khitrovo, 24 February 1896，同上，740–742 頁.

22 Khitrovo to Saionji, 2 March 1896，同上，747–748 頁.

23　西園寺から小村へ，1896年3月3日，同上，751–752頁.

24　Khitrovo to Lobanov-Rostovskii, 9/21 February 1896, AVPRI, F. 133, Op. 470, 1896 g., D. 167, L. 42–42ob.　また，Shpeier to Lobanov-Rostovskii, 14/26 February 1896, *Koreia glazami rossiian*, pp. 29–30.

25　Khitrovo to Lobanov-Rostovskii, 14/26 February 1896, Ibid., L. 55–55ob.

26　『公爵山県有朋伝』下，1933年，262–264頁.

27　山県有朋「朝鮮政策上奏」，『山県有朋意見書』原書房，1966年，223–224頁.

28　同上，224–225頁.

29　Khitrovo to Lobanov-Rostovskii, 15 February 1896, AVPRI, F. 133, Op. 470, 1896 g., D. 167, L. 59–59ob.

30　東京の公使館からの通信は1896年3月14日からシペイエルの名で送られている. Shpeier to Lobanov-Rostovskii, 2/14 March 1896, AVPRI, F. 133, Op. 470, 1896 g., D. 167, L. 71.

31　Conversation between Ito and Khitrovo, 5 March 1896, 『日本外交文書』第29巻，758–767頁.

32　『日本外交文書』第29巻，809–810頁.

33　同上，811頁.

34　『公爵山県有朋伝』下，266, 269頁.

35　Bella Pak, op. cit., Vol. II, p. 187.

36　小村から西園寺へ，1896年3月15日，『日本外交文書』第29巻，769–770頁.

37　小村から西園寺へ，1896年3月22日，同上，776–777頁.

38　小村から西園寺へ，1896年4月6日，同上，778–779頁.

39　小村から陸奥へ，1896年4月6日，同上，779–780頁.

40　陸奥から小村へ，1896年4月20日，同上，780–781頁.

41　小村から陸奥へ，1896年4月30日，同上，781–782頁.

42　小村から陸奥へ，1896年5月13日，同上，789頁.

43　日露覚書，1896年5月14日，同上，791–792頁.

44　ヴェーベルの電報をとりついだShpeier to Lobanov-Rostovskii, 26 May/7 June 1896, AVPRI, F. 133, Op. 470, 1896 g., D. 167, L. 87.　『高宗時代史』第4巻，国史編纂委員会，1990年，142–143頁.

45　外務省編『小村外交史』復刻，原書房，1966年，92頁.

46　B. A. Romanov, *Rossiia v Man'chzhurii(1892–1906)*, Leningrad, 1928, pp. 83–85. I. V. Lukoianov, The First Russo-Chinese Allied Treaty of 1896, *International Journal of Korean History*, Vol. 11, December 2007, pp. 156–159.

47　Romanov, op. cit., pp. 97–105.　Lukoianov, op. cit., pp. 160–161.

48　Romanov, op. cit., pp. 108–109.

49 *Dnevniki Imperatora Nikolaia II*, Moscow, 1991, p. 139.

50 Ibid., p. 140.

51 Ibid., p. 140. ルコヤーノフはイギリス外交文書から5月5日(4月23日)にこの謁見がおこなわれたとするが，ニコライの日記の記述の方が正確である.

52 Lukoianov, op. cit., pp. 163–166.

53 *Dnevniki Imperatora Nikolaia II*, p. 141.

54 このテキストは，ロマノフによってはじめて1924年に発表された. *Bor'ba klassov*, 1924, No. 1–2, pp. 102–104. またRomanov, op. cit., pp. 111–113. しかし，その内容は1910年にすでに出されていた. P. N. Simanskii, *Sobytiia na Dal'nem Vostoke, predshestvovavshie Russko-Iaponskoi voine*, Vol. I, Sankt-Peterburg, 1910, p. 82. Lobanov-Rostovskii to Lesner, 25 February 1902, AVPRI. ロシア以外では，1903年12月31日と1904年1月1日付けの『上海中外日報』に掲載された. 最初の日本語訳は『小村外交史』106–107頁にある.

55 Romanov, op. cit., p. 117.

56 V. N. Lamsdorf, *Dnevnik 1894–1896*, Moscow, 1991, p. 380.

57 山県有朋「日露協商顚末」(1897年10月),『山県有朋意見書』241頁.

58 *Dnevniki Imperatora Nikolaia II*, pp. 141–142.

59 山県有朋「日露協商顚末」241頁.

60 西から陸奥へ，1896年5月26日，『日本外交文書』第29巻，812–813頁.

61 西徳二郎，朝鮮に関する意見書，1896年7月8日，『日本外交文書』第31巻第1冊，110–111頁. これは山県の交渉に関する最重要の記録である. これに比べると，山県自身の「日露協商顚末」はおそらく故意に不正確にした記録である.

62 *Dnevniki Imperatora Nikolaia II*, pp. 144–145. 保田孝一『最後のロシア皇帝ニコライ二世の日記』増補，朝日新聞社，1990年，102頁.

63 山県有朋「日露協商顚末」243頁.

64 *Dnevniki Imperatora Nikolaia II*, p. 146.

65 西徳二郎，朝鮮に関する意見書，111–112頁. 日時は山県「日露協商顚末」による.

66 Vogak, Znachenie dogovora 26 marta 1902 goda v razvitii voprosa o Man'chzhurii, 7 May 1903, RGIA, F. 560, Op. 28, D. 213, L. 136–136ob.

67 V. N. Lamsdorf, Po povodu zapiski "Znachenie dogovora 26 marta 1902 goda v razvitii voprosa o Man'chzhurii", Ibid., L. 165ob.–166ob. この資料に最初に注目したのはRomanov, op. cit., pp. 142–143.

68 西徳二郎，朝鮮に関する意見書，113頁.

69 *Dnevniki Imperatora Nikolaia II*, p. 148.

70 『日本外交文書』第29巻，815–818頁.

71 西徳二郎，朝鮮に関する意見書，114–115頁.

72 Shpeier to Saionji, 8 July 1896, and Saionji to Shpeier, 9 July 1896, 『日本外交文書』第 29 巻, 826–827 頁.

73 西園寺から大前駐露代理公使へ, 1896 年 8 月 1 日, 同上, 827 頁. 西より西園寺へ, 1896 年 8 月 3, 5 日, 同上, 806–807 頁.

74 Shpeier to Lobanov-Rostovskii, 26 July/7 August 1896, AVPRI, F. 133, Op. 470, 1896 g., D. 167, L. 96ob.

75 『高宗時代史』第 4 巻, 135 頁.

76 Bella Pak, op. cit., Vol. II, pp. 189–191. ヴェーベルのことは, 本野駐露代理公使から大隈外相へ, 1896 年 4 月 13 日, 『日本外交文書』第 30 巻, 1144 頁.

77 Bella Pak, op. cit., Vol. II, p. 194.

78 Romanov, op. cit., pp. 144–145.

79 『高宗時代史』第 4 巻, 135 頁.

80 *Dnevniki Imperatora Nikolaia II*, p. 154.

81 Korneev's memorandum, *Rossiia i Koreia*, Moscow, 2004, pp. 124–131. Simanskii, op. cit., Vol. I, p. 213.

82 Simanskii, op. cit., Vol. I, p. 214. Bella Pak, op. cit., Vol. II, pp. 205–206. プチャータの人と思想については, 金栄洙「ロシア軍事教官団長プチャータと朝鮮軍隊」(ハングル), 『軍史』韓国国防部軍事編纂研究所, 61 号(2006 年 12 号), 95–99 頁.

83 Simanskii, op. cit., Vol. I, p. 214.

84 Ibid., pp. 214–216. Bella Pak, op. cit., Vol. II, pp. 205–208. 金栄洙, 前掲論文, 106–109 頁.

85 Simanskii, op. cit., Vol. I, pp. 223–226.

86 D. G. fon Nidermiller, *Ot Sevastopolia do Tsusimy. Vospominaiia*, Riga, 1930, pp. 80–81.

87 *Dnevniki Imperatora Nikolaia II*, p. 163. S. Iu. Vitte, *Vospominaniia*, Vol. 1, Moscow, 1960, p. 79.

88 *Dnevniki Imperatora Nikolaia II,* pp. 164–165. Vitte, op. cit., Vol. 1, p. 80.

89 *Dnevniki Imperatora Nikolaia II*, p. 175.

90 *Istoriia vneshnei politiki Rossii*(*konets XV veka–nachalo XX veka*), Moscow, 1997, pp. 101–106, 108–110.

91 O. R. Airapetov, *Zabytaia kar'era "Russkogo Mol'tke": Nikolai Nikolaevich Obruchev*(*1830–1904*), Sankt-Peterburg, 1998, pp. 274–275.

92 Lamsdorf, *Dnevnik 1894–1896*, pp. 295–296.

93 Ibid., p. 401.

94 Ibid., p. 404.

95 Ibid., pp. 404–405.

96 Vitte, op. cit., Vol. 2, p. 100.

97 *Dnevniki Imperatora Nikolaia II*, p. 181.

98 Vitte, op. cit., Vol. 2, pp. 100–102.

99 Ibid., pp. 102–103. Airapetov, op. cit., p. 288. N. S. Kiniapina, *Balkany i Prolivy vo vneshnei politike Rossii v kontse XIX veka*, Moscow, 1994, p. 187.

100 姜在彦『近代朝鮮の思想』紀伊國屋新書，1971 年，156–160 頁．月脚達彦『朝鮮開化思想とナショナリズム――近代朝鮮の形成』東京大学出版会，2009 年，178–185 頁．

101 Bella Pak, op. cit., Vol. II, pp. 214–215. 月脚，前掲書，218 頁．

102 Vitte, op. cit., Vol. 2, pp. 111–112. また Vol. 1, pp. 324–325.

103 Dnevnik A. A. Polovtseva, KA, 1923, kn. 3, p. 82.

104 Simanskii, op. cit., Vol. I, pp. 216–217. Bella Pak, op. cit., Vol. II, pp. 208–209. 史料は Murav'ev to Vannovskii, 22 February 1897.

105 Simanskii, op. cit., Vol. I, p. 218.

106 Ibid., pp. 219–220.

107 Shpeier to Murav'ev, 19 April/1 May 1897, AVPRI, F. 133, Op. 470, 1897 g., D. 112, L. 10.

108 Simanskii, op. cit., Vol. I, p. 221. Murav'ev to Vannovskii, 14 May 1897.

109 Ibid., p. 218. Veber to Murav'ev, 29 April and 28 May 1897.

110 Rozen, op. cit., Vol. I, pp. 121–123.

111 Simanskii, op. cit., Vol. I, pp. 237–238. この意見書については，Rozen, op. cit., Vol. I, pp. 142–146 にも詳しく説明されているが，ニュアンスはシマンスキーの説明と異なる．

112 Simanskii, op. cit., Vol. I, p. 238.

113 Ibid., p. 239. Murav'ev to Rozen, 14 May 1897.

114 Ibid., p. 221.

115 Shpeier to Murav'ev, 2/14 August 1897, AVPRI, F. 133, Op. 470, 1897 g., D. 112, L. 12.

116 Rozen to Murav'ev, 14 August 1897, Ibid., L. 20–20ob.

117 Simanskii, op. cit., Vol. I, pp. 240–241. Rozen to Murav'ev, 15/27 August 1897.

118 シペイエルの東京からの電報の最後は 1897 年 8 月 13 日，ローゼンの電報は 8 月 25 日である．Shpeier to Murav'ev, 1/13 August 1897, AVPRI, F. 133, Op. 470, 1897 g., D. 112, L. 12; Rozen to Murav'ev, 13 August 1897, AVPRI, F. 133, Op. 470, 1897 g., D. 112, L. 19ob.

119 『日本外交文書』第 30 巻，1145–1152 頁．

120 Simanskii, op. cit., Vol. I, p. 221.

121 Shpeier to Murav'ev, 11 November 1897, AVPRI, F. 133, Op. 470, 1897 g., D. 112,

L. 26ob.

122 『高宗時代史』第4巻，402頁．

123 同上，424-427頁．

124 同上，447頁．加藤から西へ，1897年11月27日，『駐韓日本公使館記録』12，国史編纂委員会，1995年，168-170頁．

125 大蔵省での長い議論については，Romanov, op. cit., pp. 157-158. Romanov to Vitte, 8 March 1897. アレクセーエフについては，Simanskii, op. cit., Vol. I, p. 228. 彼の前職については，Vitte, op. cit., Vol. 2, p. 145.

126 Simanskii, op. cit., Vol. I, pp. 231-232.

127 Ibid., p. 233. Murav'ev to Shpeier, 26 November 1897.

128 Romanov, op. cit., p. 186. Simanskii, op. cit., Vol. I, p. 229.

129 Vitte, op. cit., Vol. 1, p. 118.

130 Bülow's memorandum, 11, 17 August 1897, *Die Grosse Politik der europäischen Kabinetten*, Band 14, S. 59. Romanov, op. cit., p. 181. Andrew Malozemoff, *Russian Far Eastern Policy 1881-1904*, New York, 1977, p. 97の理解は不十分である．

131 Marschall's memorandum, 19 June 1896, *Die Grosse Politik*, B. 14, S. 31. Romanov, op. cit., p. 180. Malozemoff, op. cit., pp. 95-96. 1896年9月のブレスラウでの露独皇帝会見のさい，ヴィルヘルム2世が膠州湾を占領する考えを明らかにし，支持をもとめ，ニコライがこれに承認を与えたという話がある．これは97年1月2日にムラヴィヨフ外相がクロパトキンに語った話がクロパトキンの日記に書き留められたものである．Kuropatkin's diary, 21 December 1897, RGVIA, F. 165, Op. 1, D. 1871, L. 6. おそらく経過からすると，これは誤った説明であろう．話題に出たとしても，ぼんやりした打診の程度であろう．

132 Simanskii, op. cit., Vol. I, pp. 86-88. Malozemoff, op. cit., pp. 96-97.

133 Bülow's memorandum, 11, 17 August 1897, *Die Grosse Politik*, B. 14, S. 58-60. Malozemoff, op. cit., p. 97.

134 佐藤公彦『義和団の起源とその運動——中国民衆ナショナリズムの誕生』研文出版，1999年，179-181, 210頁．

135 同上，211頁．Wilhelm II to Nikolai II, *Perepiska Vil'gel'ma II s Nikolaem II 1894-1917*, Moscow, 2007, pp. 283-284.

136 Nikolai II to Wilhelm II, 26 October 1897, Ibid., p. 284.

137 Von Rotenhan to Wilhelm II, 10 November 1897, *Die Grosse Politik*, B. 14, S. 73-74.

138 佐藤，前掲書，212頁．

139 Romanov, op. cit., pp. 183-186. Malozemoff, op. cit., p. 98.

140 Choi Dokkiu, Morskoe ministerstvo i politika Rossii na Dal'nem Vostoke(1895-

1903), *Angliiskaia naberezhnaia, 4. Ezhegodnik RGIA*, Sankt-Peterburg, 1999, pp. 160–161.

141 Romanov, op. cit., p. 190.

142 Murav'ev to Nikolai II, 11 November 1897, KA, 1932, kn. 3, pp. 103–108.

143 Ibid., p. 106.

144 Ibid., p. 107.

145 Ibid., pp. 107–108.

146 Nikolai II to Murav'ev, 11/23 November 1897, Ibid., p. 102.

147 シマンスキーはこの協議の内容を，ウィッテが1900年に作成した報告書にもとづいて記述した．Simanskii, op. cit., Vol. I, pp. 97–99．グリンスキーも同じ資料を使っている．B. B. Glinskii, *Prolog Russko-iaponskoi voiny: Materialy iz arkhiva grafa S. Iu. Vitte*, Petrograd, 1916, pp. 43–46．基本的には以上の資料によった．グルシコフらの資料集には，ウィッテが作成した資料が外務省文書館のF. 143, Kitaiskii stol. Op. 491, D. 1126から引用されている．V. V. Glushkov, K. E. Cherevko, *Russko-Iaponskaia voina 1904–1905 gg. v dokumentakh vneshne-politicheskogo vedomstva Rossii. Fakty i kommentarii*, Moscow, 2006, p. 19．ウィッテの最後の言葉はこちらからとった．なお李鴻章はドイツ艦隊の膠州湾入港の知らせを聞くと，11月15日，ロシア公使館に赴き，ロシア海軍の介入を要請したのである．Romanov, op. cit., p. 190.

148 Nikolai II's Diary, 14 November 1897, GARF, F. 601, Op. 1, D. 238, p. 41.

149 Vitte, op. cit., Vol. 2, pp. 135–136.

150 Kuropatkin's diary, 21 December 1897, RGVIA, F. 165, Op. 1, D. 1871, L. 6ob.–7. 皇帝の日記によれば，皇帝は30日(18日)にムラヴィヨフ伯爵の上奏をうけている．Nikolai II's Diary, 18 November 1897, GARF, F. 601, Op. 1, D. 238, p. 44.

151 Simanskii, op. cit., Vol. I, pp. 99–100. Pavlov to Murav'ev, 23 November 1897, Glushkov, Cherevko, op. cit., pp. 20–21.

152 Murav'ev to Nikolai II, 26 November 1897, Glushkov, Cherevko, op. cit., p. 20.

153 Simanskii, op. cit., Vol. I, p. 100.

154 V. Ia. Avarin, *Imperialism i Manchzhuriia*, Vol. 1, Moscow, 1931, p. 32. Murav'ev to Pavlov, 29 November 1897. Malozemoff, op. cit., p. 101でのこの通告の理解は，清国側からの招待でロシアの艦船が旅順に行くと述べているというものだが，誤解である．マロゼモフによったIan Nish, *The Origins of the Russo-Japanese War*, London, 1985, p. 40の説明も間違っている．

155 Dubasov to Tyrtov, 26 November 1897, *Port-Artur*, Vol. 1, Moscow, 2008, p. 34. Simanskii, op. cit., Vol. I, p. 101. Choi Dokkiu, op. cit., p. 161.

156 Simanskii, op. cit., Vol. I, p. 101.

157 Murav'ev to Osten-Saken, 2/14 December 1897, *Die Grosse Politik*, B. 14, S. 121.

Malozemoff, op. cit., p. 101.

158 Nikolai II's Diary, 7 December 1897, pp. 58–59.

159 Rozen to Nishi, 17 December 1897, 『日本外交文書』第 30 巻, 404 頁.

160 矢野駐清公使より西へ, 1897 年 12 月 19 日, 同上, 405 頁.

161 Nishi to Yano, 20 December 1897, 同上, 406 頁.

162 Rozen to Murav'ev, 8/20 December 1897, AVPRI, F. 133, Op. 470, 1897 g., D. 112, L. 35–36ob.

163 『東京朝日新聞』1897 年 12 月 20 日号.

164 田辺領事から小村次官へ, 1898 年 1 月 12 日,『日本外交文書』第 31 巻第 1 冊, 228–229 頁.

165 『日本外交文書』第 30 巻, 389–401 頁.

166 中村領事代理から西へ, 1898 年 1 月 25 日,『日本外交文書』第 31 巻第 1 冊, 185–188 頁.

167 Romanov, op. cit., pp. 191–192. Simanskii, op. cit., Vol. I, p. 107.

168 Romanov, op. cit., pp. 196–197. Simanskii, op. cit., Vol. I, pp. 106–107.

169 Airapetov, op. cit., pp. 288–289.

170 Kuropatkin's diary, 20 December 1897, RGVIA, F. 165, Op. 1, D. 1871, L. 1–1ob.

171 Ibid., L. 5ob.–6ob.

172 Ibid., L. 6ob.–7.

173 Ibid., L. 7–7ob.

174 Ibid., L. 7ob.

175 Ibid., L. 8–8ob.

176 Aleksandr Rediger, *Istoriia moei zhizni. Vospominaniia voennogo ministra,* Vol. 1, Moscow, 1999, p. 269.

177 Hayashi to Nishi, 7 January 1898, 『日本外交文書』第 31 巻第 1 冊, 109–110 頁.

178 Nishi to Hayashi, 18 January 1898, 同上, 117 頁.

179 西から林へ, 1898 年 1 月 26 日, 同上, 120 頁.

180 Hayashi to Nishi, 27 January 1898, 同上, 120–121 頁.

181 Ibid., 16 February 1898, 同上, 138 頁.

182 『高宗時代史』第 4 巻, 501–503 頁.

183 月脚, 前掲書, 226 頁. シペイエルが 97 年 9 月に公使になったことが 1 つの契機だとしているのは, 当をえない.

184 『高宗時代史』第 4 巻, 501 頁.

185 Boris Pak, *Rossiia i Koreia,* 2nd ed., Moscow, 2004, pp. 297–298. Shpeier to Murav'ev, 26 February/10 March 1898, AVPRI. 玄光浩『大韓帝国とロシア, そして日本』(ハングル), 先人社, 2007 年, 37 頁.

186 Boris Pak, op. cit., p. 299. Murav'ev to Shpeier, 18/30 February 1898, AVPRI.

187 加藤から西へ，1898年3月3日，『日本外交文書』第31巻第1冊，140頁．

188 加藤から青木へ，1899年5月17日，『駐韓日本公使館記録』13，国史編纂委員会，1996年，276頁．玄光浩，前掲書，65–66頁．

189 『高宗時代史』第4巻，504–510頁．絶影島の件は反ロシア熱の高まりで立ち消えになっていった．日本側はロシアが借り受けたいと考える地所に日本人所有の土地があることをもってロシアの企てを妨害しようとして，陸軍の資金でその日本人所有地を買い上げることを推進した．この買収は6月はじめには買い上げが完了した．伊集院領事から西へ，1898年6月6日，『日本外交文書』第31巻第1冊，194–195頁．

190 Rozen to Murav'ev, 14 February 1898, GARF, F. 568, Op. 1, D. 174, L. 1–8ob.

191 Ibid., L. 1–2.

192 Ibid., L. 2ob.–4.

193 Ibid., L. 4ob.

194 Ibid., L. 5–7.

195 Ibid., L. 7ob.

196 Ibid., L. 8ob.

197 Simanskii, op. cit., Vol. I, pp. 107–109. Murav'ev's instruction to Pavlov(draft), 25 February 1898, *Port-Artur*, Vol. 1, pp. 39–40.

198 Simanskii, op. cit., Vol. I, pp. 113–114.

199 Ibid., p. 115.

200 V. A. Zolotarev, I. A. Kozlov, *Russko-Iaponskaia voina 1904–1905 gg. Bor'ba na more*, Moscow, 1990, p. 45.

201 Nikolai II's Diary, 23 February 1898, GARF, F. 601, Op. 1, D. 238, p. 119.

202 Simanskii, op. cit., Vol. I, p. 118.

203 Ibid., p. 119.

204 Nikolai II's Diary, 13 March 1898, GARF, F. 601, Op. 1, D. 238, p. 133.

205 『日本外交文書』第31巻第1冊，307–308頁．ロシア語全文は，*Port-Artur*, Vol. 1, pp. 50–52.

206 Nikolai II's Diary, 16 March 1898, p. 135.

207 Kashirin, "Russkie Mol'tke" smotrit na vostok, p. 158.

208 Boris Pak, *Rossiia i Koreia*, 2nd ed., pp. 299–300. Shpeier to Murav'ev, 19 February/3 March 1898.

209 加藤から西へ，1898年3月5日，『日本外交文書』第31巻第1冊，141頁．

210 Boris Pak, op. cit., p. 301. Shpeier to Murav'ev, 21 February/5 March 1898.

211 加藤から西へ，1898年3月8日，『日本外交文書』第31巻第1冊，143頁．漢文の書簡は，同上，155–156頁．Boris Pak, op. cit., p. 301.

212 Boris Pak, op. cit., p. 301.

213 『高宗時代史』第 4 巻，515–516 頁．

214 加藤から西へ，1898 年 3 月 13 日，『日本外交文書』第 31 巻第 1 冊，147 頁．漢文の返事は，同上，156–157 頁．また『旧韓国外交文書』第 17 巻(俄案 1)，高麗大学校亜細亜問題研究所，1969 年，525–526 頁．

215 Boris Pak, op. cit., pp. 301–302.

216 Nishi to Hayashi,『日本外交文書』第 31 巻第 1 冊，151 頁．

217 Nishi to Rozen, 19 March 1898，同上，153–154 頁．

218 Nishi to Hayashi, 21 March 1898，同上，158–159 頁．

219 Boris Pak, op. cit., p. 302.

220 Rozen to Nishi, 29 March 1898，『日本外交文書』第 31 巻第 1 冊，163–164 頁．

221 Kuropatkin to Murav'ev, 3 April 1898, GARF, F. 568, Op. 1, D. 145, L. 28.

222 Nishi to Rozen, 7 April 1898，『日本外交文書』第 31 巻第 1 冊，178–179 頁．

223 Rozen to Nishi, 12 April 1898，同上，180 頁．

224 同上，182–185 頁．

225 Simanskii, op. cit., Vol. I, pp. 266–267. Ianzhul to Murav'ev, 2 June 1898.

226 『高宗時代史』第 4 巻，539, 541 頁．

227 Rozen to Murav'ev, 10/22 May 1898, AVPRI, F. 133, Op. 470, 1898 g., D. 107, L. 124–125.

228 Rozen to Murav'ev, 27 June/9 July 1898, Ibid., L. 159–159ob.

229 木村幹『高宗・閔妃』ミネルヴァ書房，2007 年，285–287 頁．

230 『高宗時代史』第 4 巻，527, 542, 650–651 頁．

231 朴鍾涍『ロシア国立文書保管所所蔵韓国関連文書要約集』(ハングル)，韓国国際交流財団，2002 年，379–380 頁．

232 同上，380 頁．『高宗時代史』第 4 巻，656, 676 頁．

233 姜在彦，前掲書，163–168 頁．

234 Rozen to Murav'ev, 13/25 November 1898, AVPRI, F. 133, Op. 470, 1898 g., D. 107, L. 191.

235 Matiunin to Murav'ev, 9/21 December 1898, Ibid., L. 210–211.

236 加藤から青木へ，1899 年 5 月 17 日，『駐韓日本公使館記録』13，278–279 頁．

237 このことは，玄光浩，前掲書，68–69 頁に指摘されている．

238 パヴロフについては，D. Pavlov, *Russko-Iaponskaia voina 1904–1905 gg. Sekretnye operatsii na sushe i na more*, Moscow, 2004, p. 263.

239 Iu. Ia. Solov'ev, *Vospominaniia diplomata 1893–1922*, Moscow, 1959, pp. 52–53.

240 Nish, op. cit., p. 60.

241 加藤から青木へ，1899 年 5 月 17 日，『駐韓日本公使館記録』13，280–281 頁．

242 林権助『わが七十年を語る』第一書房，1935年，119-120頁．

243 Kuropatkin's diary, 28 February 1898, KA, 1932, Vol. 5-6, pp. 55-56.

244 Ibid., 29 February 1898, Ibid., p. 56.

245 Murav'ev to Nikolai II, 5 April(24 March) 1898, KA, 1932, Vol. 1-2, pp. 72-77.

246 彼の経歴については，*Otechestvennaia istoriia s drevneishikh vremen do 1917 goda. Entsiklopediia*, Vol. 1, Moscow, 1994, pp. 242-243. S. Iu. Vitte, op. cit., Vol. 1, pp. 117-118.

247 I. S. Bliokh, Budushchaia voina, ee ekonomicheskie prichiny i posledstviia, *Russkii vestnik*, 1893, February, pp. 1-39, 186-217; March, pp. 208-291; April, pp. 261-320; May, pp. 214-305; June, pp. 223-314; August, pp. 241-343.

248 I. S. Bliokh, *Budushchaia voina v tekhnicheskom, ekonomicheskom i poliiticheskom otnosheniiakh*, Vol. 1-6, Sankt-Peterburg, 1898.

249 Bliokh, Budushchaia voina, *Russkii vestnik*, 1893, February, pp. 3, 8, 12, 33; March, pp. 208, 275; May, p. 304. ブリオフの主張については，等松春夫「日露戦争と『総力戦』概念——ブロッホ『未来の戦争』を手がかりに」，軍事史学会編『日露戦争(2)——戦いの諸相と遺産』錦正社，2005年を参照．

250 I. S. Rybachenok, *Rossiia i Pervaia konferentsiia mira 1899 goda v Gaage*, Moscow, 2005, p. 31.

251 Ibid., pp. 288-289.

252 Kuropatkin's Diary, 23 September 1898, KA, 1932, Vol. 5-6, pp. 58, 60.

253 Rybachenok, op. cit., pp. 300-302.

254 Ibid., pp. 119-125.

255 *Politika kapitalisticheskikh derzhav i natsional'no-osvoboditel'noe dvizhenie v Iugo-Vostochnoi Azii(1871-1917). Dokumenty i materialy*, Vol. II, Moscow, 1967, pp. 131, 132-133. 『東南アジア史』I，山川出版社，1999年，414-415頁．

256 青木から林へ，1899年4月12日，『日本外交文書』第32巻，2-3頁．

257 「平和会議ニ対スル解釈及意見」，同上，11頁．

258 「列国平和会議紀事」，同上，37-60頁．この報告では署名国は15カ国となっているが，ルイバチェノクの研究では，ノルウェーを加えて16カ国としている．Rybachenok, op. cit., p. 164.

259 『日本外交文書』第32巻，60, 61頁．

260 Rybachenok, op. cit., pp. 365-367.

261 Choi Dokkiu, op. cit., p. 162.

262 Simanskii, op. cit., Vol. I, pp. 287-288.

263 Murav'ev to Tyrtov, 10 June 1898, RGAVMF, F. 417, Op. 1, D. 174, L. 259ob.-260. Choi Dokkiu, op. cit., pp. 162-163.

264 Simanskii, op. cit., Vol. I, p. 289.

265 Ibid., p. 291. Choi Dokkiu, op. cit., p. 166.

266 金義煥『朝鮮をめぐる近代露日関係研究』(ハングル), ソウル, 通文館, 1972年, 34-35頁.

267 中村釜山領事代理から青木へ, 1899年5月12日, 『日本外交文書』第32巻, 247-248頁. 青木から中村へ, 1899年5月13日, 同上, 248頁.

268 金義煥, 前掲書, 35-39頁.

269 Dmitrevskii to Pak Je Sun, 7 May 1899, 『旧韓国外交文書』第18巻(俄案2), 高麗大学校亜細亜問題研究所, 1969年, 117頁.

270 金義煥, 前掲書, 46-50頁.

271 Dmitrevskii to Pak Je Sun, 29 June 1899, 『旧韓国外交文書』第18巻(俄案2), 138-139頁.

272 林から青木へ, 1899年7月18日, 『日本外交文書』第32巻, 252頁.

273 Dmitrevskii to Masuo Kato, 29 July 1899, 同上, 147-148頁.

274 『山県有朋意見書』254-255頁.

275 同上, 255頁.

276 アレクセーエフの職務履歴書による. Polnyi posluzhnyi spisok Vitse-admirala Evgeniia Alekseeva, RGAVMF, F. 32, Op. 1, D. 1.

277 Vitte, op. cit., Vol. 2, p. 292.

278 アレクセイ大公については, Zoia Beliakova, *Velikii kniaz' Aleksei Aleksandrovich za i protiv*, Sankt-Peterburg, 2004.

279 *Sovetskaia istoricheskaia entsiklopediia*, Vol. 1, Moscow, 1961, p. 379.

280 V. I. Fedorchenko, *Svita Rossiiskikh Imperatorov*, Vol. 1, Krasnoiarsk, 2005, p. 33.

281 G. K. Graf, *Na sluzhbe Imperatorskomu Domu Rossii 1917-1941. Vospominaniia*, Sankt-Peterburg, 2004, pp. 507-508.

282 I. Ia. Korostovets, *Rossiia na Dal'nem Vostoke*, Pekin, 1922, p. 6.

283 Ibid., p. 6.

284 A. fon-Shvarts, Iu. Romanovskii, *Oborona Port-Artura*, Part I, Sankt-Peterburg, 1910, p. 28.

285 Ibid., p. 55.

286 Korostovets, op. cit., p. 4.

287 VIK, *Russko-Iaponskaia voina*, Vol. I, p. 427.

288 原剛「"ヤンジュールの意見書"」, 『軍事史学』112号(第28巻第4号), 1993年3月, 47-57頁.

289 Bruce Menning, Miscalculating One's Enemies: Russian Intelligence Prepares For War, RJWGP, Vol. II, Leiden, 2007, p. 55.

290 ヴァノフスキーの職務履歴書は，Posluzhnyi spisok G. M. Vannovskogo, RGVIA, F. 403, D. 150–504–108, L. 267ob.–268ob.

291 VIK, *Russko-Iaponskaia voina*, Vol. I, pp. 430–431.

292 Ibid., p. 431.

293 V. Petrov, Russkie voenno-morskie agenty v Iaponii(1858–1917)[hereafter RVMAIa], *Poznakom'tes' —Iaponiia*, 19, 1998, p. 54. パンフレットは，I. Budzilovskii, *Iaponskii flot*, Sankt-Peterburg, 1890, 76 pp.

294 Petrov, RVMAIa, p. 55. 彼の論文は，I. I. Chagin, Ocherk razvitiia iaponskogo flota, *Morskoi sbornik*, 1898, No. 7, pp. 45–66.

295 Chagin, Voennyi flot, RGAVMF, F. 417, Op. 1, D. 2128, L. 97a.

296 A. P. Chagodaev-Sakonskii, Na *"Almaze"*(*Ot Libavy cherez Tsusimu — vo Vladivostok*), Sankt-Peterburg, 2004, pp. 122–123. 愛人の件は，A. A. Mosolov, *Pridvore poslednego Imperatora. Zapiski nachal'nika kantseliarii ministra dvora*, Sankt-Peterburg, 1992(Riga, 1937), p. 235.

297 Petrov, RVMAIa, p. 52. ルーシンの職務履歴書は海軍文書館に保存されていない．

298 中村健之介・中村悦子『ニコライ堂の女性たち』教文館，2003 年，373–374, 378–380, 408–409 頁．これは京都正教女学校校長高橋五子の伝記の部分である．

299 神奈川県知事浅田徳則から青木外相へ，1900 年 3 月 23 日，外務省記録「本邦人身分並に挙動取調雑件(軍事探偵嫌疑者ノ部)」，外務省外交史料館，5-1-10-11.

300 島田謹二『ロシヤにおける広瀬武夫』朝日新聞社，1970 年，118, 131–132, 165 頁．

301 同上，114, 126 頁．

302 Simanskii, op. cit., Vol. II, pp. 215–216. ブリネルについては，John A. White, *The Diplomacy of the Russo-Japanese War*, Princeton University Press, 1964, p. 32.

303 V. Vonliarliarskii, *Moi vospominaniia 1852–1939 gg.*, Berlin, [n.d.], p. 127.

304 Ibid., pp. 126–127. ここでは，ヴォンリャルリャルスキーは，自分たちの構想が日本との戦争を避ける目的をもっていたと力説しており，そもそもムラヴィヨフ外相のところに陳情したこと自体も疑わしくなる．

305 P. N. Petrov, *Istoriia rodov russkogo dvorianstva*, kn. II, Moscow, 1991, p. 203.

306 Vonliarliarskii, op. cit., p. 105.

307 V. N. Smel'skii, Sviashchennaia druzhina(iz dnevnika ee chlena), *Golos minuvshego*, 1916, No. 1, pp. 233, 236–243, 247–249.

308 I. V. Lukoianov, Bezobrazovtsy: put' Rossii k russko-iaponskoi voine 1904–1905 gg. A Paper presented to the symposium, 29–31 January 2003, Slavic Research Center, Hokkaido University, p. 2.

309 Fedorchenko, op. cit., Vol. 1, p. 94.

310 Simanskii, op. cit., Vol. II, pp. 216–217. A. M. Abaza, Russkie predpriiatiia v Koree

v sviazi s nashei politikoi na Dal'nem Vostoke 1898–1904, GARF, F. 601, Op. 1, D. 529, pp. 18–20.

311 Romanov, op. cit., p. 387. I. V. Lukoianov, The Bezobrazovtsy, RJWGP, Vol. I, Brill, Leiden, 2005, p. 70.

312 Vorontsov-Dashkov's memorandum, 26 February 1898, RGIA, F. 560, Op. 28, D. 100, L. 2–5ob. Lukoianov, The Bezobrazovtsy, p. 70.

313 Bezobrazov's memorandum, 30 April 1898, RGIA, F. 560, Op. 28, D. 100, L. 6ob. Lukoianov, The Bezobrazovtsy, p. 70.

314 Abaza, op. cit., p. 21. Simanskii, op. cit., Vol. II, p. 218.

315 Abaza, op. cit., p. 21. Simanskii, op. cit., Vol. II, p. 218. Romanov, op. cit., p. 386.

316 ガーリン＝ミハイロフスキーは日記体の旅行記をのこしている．Garin-Mikhailovskii, Po Koree, Man'chzhurii i Liadunskomu poluostrovu, *Sobranie sochinenii*, Vol. 5, Moscow, 1958.

317 コルフ男爵「1898年秋北部朝鮮派遣隊の一員の主要な結論」は鴨緑江利権の意義を主張しているが，クロパトキンは1903年8月6日(7月24日)意見書でこれを批判している．Kuropatkin's memorandum, 24 July 1903, GARF, F. 543, Op. 1, D. 183, L. 100–100ob.

318 N. A. Korf, A. I. Zvegintsev, *Voennyi obzor Severnoi Korei*, Sankt-Peterburg, 1904.

319 Grand Duke Aleksandr Mikhailovich to Nikolai II, 6 March 1899, GARF, F. 601, Op. 1, D. 720, L. 1–5.

320 Ibid., L. 1–2ob.

321 Ibid., L. 3ob.

322 Lukoianov, The Bezobrazovtsy, p. 72. 典拠はBezobrazov to Vorontsov-Dashkov, 15 April 1899, RGIA, F. 919, Op. 2, D. 603, L. 1–8. この文書資料を私は検討できなかった．

323 Simanskii, op. cit., Vol. II, p. 221.

324 Abaza, op. cit., p. 21. Simanskii, op. cit., Vol. II, p. 220.

325 Simanskii, op. cit., Vol. II, p. 221.

326 Vitte, op. cit., Vol. 2, p. 240.

327 Simanskii, op. cit., Vol. II, pp. 220–221.

328 Matiunin to Vitte, 27 October 1899, RGIA, F. 560, Op. 28, D. 282, L. 5–5ob. Lukoianov, The Bezobrazovtsy, p. 74.

329 Matiunin to Vitte, 1 November 1899, Ibid., L. 10–10ob. Lukoianov, The Bezobrazovtsy, p. 74.

330 Vitte to Nikolai II, 5 November 1899, Ibid., L. 14–17. Nikolai's order, L. 14. Lukoianov, The Bezobrazovtsy, p. 74.

331 Simanskii, op. cit., Vol. II, p. 221.

332 Abaza, op. cit., p. 28. Simanskii, op. cit., Vol. II, pp. 221–222.

333 Abaza, op. cit., pp. 27–28. Simanskii, op. cit., Vol. II, pp. 221–222. 発起人の名簿は, Vonliarliarskii, Koreiskie dela, Part II, p. 246.

334 アバザーの職務履歴書は, Posluzhnyi spisok A. M. Abazy, RGAVMF, F. 406, Op. 9, D. 3, L. 1–6ob. また Fedorchenko, op. cit., Vol. 1, p. 16.

335 Fedorchenko, op. cit., Vol. 1, pp. 16, 94.

336 Vorontsov-Dashkov to Nikolai II, 4 June 1900, RGIA, F. 560, Op. 28, D. 100, L. 25. Lukoianov, The Bezobrazovtsy, p. 75.

337 Vsepodanneishii doklad ministra vneshnei politiki, KA, 1926, kn. 5, pp. 4–15.

338 Ibid., pp. 15–16.

339 Ibid., p. 4.

340 Ibid., pp. 18–21.

341 Ibid., pp. 21–22.

342 Ibid., pp. 22–25.

343 Vsepodanneishii doklad voennogo ministra za 1900 g., GARF, F. 601, Op. 1, D. 445, pp. 1–138. 68頁までは活版印刷されており, 以下はタイプで打たれている. 最後に1900年3月14日(27日)という日付と署名がある. GARF所蔵の資料は1923年に寄贈されたもので, ウィッテが読んで赤鉛筆で書き込みをしたものである.

344 Ibid., pp. 25–26.

345 Ibid., pp. 38, 42.

346 Ibid., p. 59.

347 Ibid., p. 60.

348 Ibid., p. 61.

349 Ibid., pp. 66–68, 136–138.

350 Voina na Dal'nem Vostoke. Ocherk strategicheskikh zaniatii 1900 g. na kurse Voenno-morskikh nauk. *Izvestiia po minnomu delu*, Vyp. 37, Sankt-Peterburg, 1900, pp. 2–3.

351 Ibid., p. 79.

352 Ibid., pp. 34–35. 演習の日付はロシア暦のままとする.

353 Ibid., pp. 90–91.

354 Ibid., pp. 5–10.

355 Ibid., pp. 11–18.

356 Ibid., p. 26.

357 Ibid., pp. 167, 168.

第5章　義和団事件と露清戦争

1　佐藤公彦『義和団の起源とその運動――中国民衆ナショナリズムの誕生』研文出版，1999年，656頁.

2　I. Ia. Korostovets, *Rossiia na Dal'nem Vostoke*, Pekin, 1922, pp. 9–10.　マロゼモフによれば，ギールスは外交団の中で独自行動をとり，外交団が義和団鎮圧を清朝政府に求める行動をとっても，それに同調しなかった．Andrew Malozemoff, *Russian Far Eastern Policy 1881–1904*, New York, 1977, pp. 124–125.

3　Korostovets, op. cit., p. 12.

4　Vogak to General Staff, 26 February 1900, GARF, F. 601, Op. 1, D. 717, L. 5.

5　佐藤，前掲書，657–658頁．斎藤聖二『北清事変と日本軍』芙蓉書房出版，2006年，17頁.

6　Vogak to General Staff, 28 March 1900, GARF, F. 601, Op. 1, D. 717, L. 7, 8ob.–9.

7　Korostovets, op. cit., p. 15.　V. G. Datsyshen, *Bokserskaia voina. Voennaia kampaniia russkoi armii i flota v Kitae v 1900–1901 gg.*, Krasnoiarsk, 2001, p. 63.

8　佐藤，前掲書，660頁．斎藤，前掲書，20–21頁.

9　Murav'ev to Nikolai II, 25 May 1900, KA, 1926, kn. 1, p. 13.

10　Girs to Alekseev, 27 May 1900, Ibid., p. 14.

11　Korostovets, op. cit., pp. 16–17.

12　佐藤，前掲書，662–663頁．Datsyshen, op. cit., pp. 65–66.

13　佐藤，前掲書，668, 709頁．斎藤，前掲書，50–51頁.

14　Korostovets, op. cit., pp. 19–20.

15　斎藤，前掲書，76頁．Izvol'skii to Murav'ev, 10 June 1900, AVPRI, F. 133, Op. 470, 1900 g., D. 102, L. 129–129ob.

16　Murav'ev to Nikolai II, 4 June 1900, KA, 1926, kn. 1, pp. 14–15.

17　S. Iu. Vitte, *Vospominaniia*, Vol. 2, Moscow, 1960, pp. 175–176.　イギリス公使スコットは，ムラヴィヨフが前夜ウィッテに対中国政策を厳しく批判されて自殺したという噂があることを本国に報告しているようであるが，信じられない．Ian Nish, *The Origins of the Russo-Japanese War*, London, 1985, p. 73.

18　小村から青木へ，1900年10月19日，『日本外交文書』第33巻別巻2，358頁.

19　Datsyshen, op. cit., pp. 80–81.

20　『義和団档案史料』上巻，北京，中華書局，1979年，162–163頁．佐藤，前掲書，742–744頁.

21　KA, 1926, kn. 1, p. 15.

22　Aleksandr Rediger, *Istoriia moei zhizni,* Vol. 1, Moscow, 1999, p. 316.

23　Korostovets, op. cit., p. 23.

24 Ibid., p. 26.

25 Ibid., p. 39. Datsyshen, op. cit., pp. 85–93. 斎藤，前掲書，96–97 頁.

26 Korostovets, op. cit., p. 46. 斎藤，前掲書，97–98, 107, 144 頁.

27 Ibid., p. 48.

28 Datsyshen, op. cit., pp. 106–107.

29 Simanskii, op. cit., Vol. II, pp. 102–104.

30 1909 年 9 月にクロパトキンがポロフツォフに語った言葉.「無条件で，できるかぎり多数の軍隊を派遣することが必要だ，とウィッテが自分に語った.」Dnevnik A. A. Polovtseva, KA, 1923, kn. 3, p. 104.

31 東清鉄道会社定款，『日本外交文書』第 29 巻，963 頁.

32 Rediger, op. cit., Vol. 1, p. 317.

33 Lamsdorf to Nikolai II, 30 June 1900, KA, 1926, kn. 1, pp. 17–19.

34 Vitte to Sipiagin, 7 July 1900, KA, 1926, kn. 5, pp. 32–33.

35 Simanskii, op. cit., Vol. II, pp. 104–105. Datsyshen, op. cit., pp. 145, 150, 156.

36 ユ・ヒョジョン「利用と排除の構図――19 世紀末，極東ロシアにおける『黄色人種問題』の展開」，原田勝正編『「国民」形成における統合と隔離』日本経済評論社，2002 年，239 頁.

37 Simanskii, op. cit., Vol. II, p. 91.

38 『義和団档案史料』上巻，264–265 頁. Datsyshen, op. cit., p. 132.

39 V. Blagoveshchenskaia "utopia", *Vestnik Evropy*, Vol. XLV, No. 7, July 1910, p. 231. これは，グリプスキー軍務知事の事件に対する責任に関する予審資料をまとめた匿名氏の文章である．また，Lev Deich, *16 let v Sibiri*, Moscow, 1924, p. 302. いずれの資料もマロゼモフが最初に使っているが，予審資料もやや控えめに扱い，ジェイチについてはユダヤ人の見方であるとしているのも疑問である．Malozemoff, op. cit., pp. 140, 291.

40 Datsyshen, op. cit., p. 132. George A. Lensen, *The Russo-Chinese War*, Tallahasse, 1967, pp. 75–76. *Times*, 18 July 1900, p. 7 も 7 月 14 日の 2 隻のロシア船「ミハイル」，「セレンガ」に対する清国側の攻撃を報じている．当時ブラゴヴェシチェンスクにいた日本軍の諜報員石光真清の手記でも，汽船「ミハイル」号への清国側の停船命令が発端であったと書いている．石光真清『曠野の花』龍星閣，1958 年，25 頁.

41 Datsyshen, op. cit., pp. 132–133, 209. Lensen, op. cit., pp. 80–84. *Times*, 18 July 1900, p. 7 は砲撃が 7 月 16 日(3 日)午前 6 時と夕方にあったと報じている．中国側の報告には 7 月 19 日の越江攻撃のことは出てくるが，ブラゴヴェシチェンスク砲撃のことは出てこない.『義和団档案史料』上巻，381 頁.

42 Deich, op. cit., p. 303.

43 Blagoveshchenskaia "utopia", pp. 231–234. 石光真清の手記には，この蛮行にかり

出されたロシア人の証言が収録されているが，本書の記述と矛盾はない．しかし，手記の編集者のまとめと考えられる次のような文章が添えられているため，誤った印象を与えている．「この僅かな時間に，支那街に押し込まれた清国人3000人は黒龍江の河畔に引き出されて惨たらしくも虐殺され，……惨殺死体が筏のように黒龍江の濁流にながされたのである」(石光，前掲書，31頁)．

44 Blagoveshchenskaia “utopia”, pp. 234–235. 7月17日が虐殺の日とするのは，Lensen, op. cit., p. 91. ダツィシェンはこの点曖昧である．

45 Deich, op. cit., p. 304.

46 Ibid., p. 305.

47 日本での反応については，山室信一『日露戦争の世紀』岩波新書，2005年，89–92頁．

48 Datsyshen, op. cit., p. 213. 清国側の報告では，「海蘭泡傭工華民数千人駆投諸江」とか，「焚溺華民之事」と出てくる．『義和団档案史料』上巻，381頁．

49 Ibid., pp. 134–136.

50 *Novoe vremia*, 11 September 1900, p. 2. 英訳はLensen, op. cit., pp. 124–125. 石光，前掲書，40–41頁にも日本語訳全文が収められているが，訳には問題がある．

51 Datsyshen, op. cit., pp. 140–141. ブラゴヴェシチェンスク砲撃の第一報を聞いたウィッテは，内相あての手紙に追記している．「ブラゴヴェシチェンスクが砲撃された．大したことはない．すくなくとも，われわれは見せしめのため，愛琿を壊滅させる機会をもつだろう．」Vitte to Sipiagin, 7 July 1900, KA, 1926, No. 5, p. 33.

52 Vitte to Sipiagin, 14 July 1900, Ibid., pp. 33–34.

53 Predislovie F. A. Rotshteina, *Dnevnik V. N. Lamsdorfa*(*1886–1890*), Moscow-Leningrad, 1926, p. III.

54 Rozen, op. cit., Vol. 1, pp. 174–175.

55 Vitte, op. cit., Vol. 2, pp. 112–113.

56 Dnevnik A. A. Polovtseva, KA, 1923, kn. 3, p. 82.

57 Datsyshen, op. cit., pp. 150–151.

58 Ibid., pp. 151–154.

59 Ibid., p. 312. 『義和団档案史料』上巻，547頁．

60 Korostovets, op. cit., pp. 53–59. 斎藤，前掲書，197–199頁．

61 牛荘領事から青木へ，1900年8月6日，『日本外交文書』第33巻別冊2，314–316頁．

62 Datsyshen, op. cit., p. 94.

63 Wilhelm II to Nikolai II, 6 August 1900, KA, 1926, No. 1, p. 22.

64 Datsyshen, op. cit., p. 96. Simanskii, op. cit., Vol. II, p. 29.

65 Dmitrii Ianchevetskii, *1900. Russkie shturmuiut Pekin*, Moscow, 2008, p. 423. 原著は，*U stene nedvizhnogo Kitaia. Dnevnik korrespondenta “Novogo Kraia” na teatre voennykh deistvii v Kitae v 1900 godu*, Sankt-Peterburg, 1903.

66 Korostovets, op. cit., pp. 68, 87.

67 Vitte to Sipiagin, 10 August 1900, KA, 1926, No. 5, pp. 39–41.

68 B. B. Glinskii, *Prolog Russko-iaponskoi voiny*, Petrograd, 1916, pp. 119–120.

69 Vitte to Sipiagin, 13 August 1900, KA, 1926, No. 5, p. 41.

70 Lamsdorf to Ambassadors, 12/25 August 1900, KA, 1926, No. 1, pp. 28–29. “Pravitel'stvennoe soobshchenie” 19 August 1900, *Obzor snoshenii s Iaponiei po koreiskim delam s 1895 goda*, Sankt-Peterburg, 1906, pp. 47–49, GARF, F. 568, Op. 1, D. 211. その訳文は，『日本外交文書』第 33 巻別冊 2，338–341 頁.

71 Korostovets, op. cit., p. 93.

72 Simanskii, op. cit., Vol. II, p. 110. Kuropatkin's letter, 2 September 1900.

73 Korostovets, op. cit., pp. 158–159. Simanskii, op. cit., Vol. II, pp. 105–106.

74 Simanskii, op. cit., Vol. II, p. 106. Lensen, op. cit., p. 232. Datsyshen, op. cit., pp. 166–168.

75 林から青木へ，1900 年 6 月 26 日，『日本外交文書』第 33 巻別冊 2，376–377 頁.

76 Boris Pak, *Rossiia i Koreia*, 2nd ed., p. 326. Pavlov to Lamsdorf, 30 June 1900, AVPRI.

77 Ibid., p. 327. 林から青木へ，1900 年 6 月 18 日，『日本外交文書』第 33 巻別冊 2，375 頁.

78 林から青木へ，1900 年 7 月 5 日，同上，379–380 頁.

79 Komura to Aoki, 22 July 1900，同上，699 頁(原文英語を和田訳).

80 角田順『満州問題と国防方針――明治後期における国防環境の変動』原書房，1967 年，33 頁．千葉功『旧外交の形成――日本外交 1900–1919』勁草書房，2008 年，72–74 頁．千葉は同じ主張が小村の協力者となる山座円次郎にも現れていると見ている．

81 島田三郎『日本と露西亜』増補再版，警醒社，1900 年，29–30 頁.

82 同上，70–71, 74, 75 頁.

83 『小村外交史』149 頁.

84 Lamsdorf to Izvol'skii, 1(14) July 1900, AVPRI, F. 133, Op. 470, 1900 g., D. 102, L. 10.

85 Lamsdorf to Izvol'skii, 2(15) July 1900, Ibid., L. 12. 石和静「ロシアの韓国中立化政策――ウィッテの対満州政策との関連で」，『スラヴ研究』第 46 号，36 頁.

86 Boris Pak, op. cit., p. 327 は，Lamsdorf to Pavlov, 2 July 1900, AVPRI を引用しながら，「韓国皇帝に秩序維持のためのしかるべき方策を講じる必要があると提起せよと指令した」とまとめている．このまとめは，後述林の報告からすると，正しくない.

87 林から青木へ，1900 年 7 月 19 日，『日本外交文書』第 33 巻別冊 2，386 頁.

88 Izvol'skii to Lamsdorf, 8 July 1900, Ibid., L. 164.

89 青木から林へ，1900 年 7 月 25 日，『日本外交文書』第 33 巻別冊 2，393 頁.

90 Izvol'skii to Lamsdorf, 30 July 1900, AVPRI, F. 133, Op. 470, 1900 g., D. 102, L. 190–191.

91 Pavlov to Alekseev, 31 July 1900, RGAVMF, F. 32, Op. 1, D. 57, L. 47–50ob. 東京大学史料編纂所所蔵ロシア海軍文書館寄贈文書.

92 小村から青木へ，1900年8月15日，青木から小村へ，1900年8月17日，『日本外交文書』第33巻別冊2，700–701頁.

93 『近衛篤麿日記』第3巻，近衛篤麿日記刊行会，1968年，247頁．森山茂徳『近代日韓関係史研究――朝鮮植民地化と国際関係』東京大学出版会，1987年，119–120頁.

94 『山県有朋意見書』262–263頁．森山，前掲書，120頁．横手慎二『日露戦争史』中公新書，2005年，20–21頁は，この部分をもって，山県のロシア観における決定的な変化の現れ，「ロシアが『狡猾』で信用の置けない」存在だとみる見方の出現だとしているが，当をえない.

95 『山県有朋意見書』261, 263頁.

96 Izvol'skii to Lamsdorf, 13 July 1900, Ibid., L. 174–175.

97 『近衛篤麿日記』第3巻，243頁.

98 同上，247頁.

99 同上，251頁．朴羊信『陸羯南』岩波書店，2008年，178頁.

100 「本年七月下旬玄映運ガ杉村通商局長ヲ訪問シタル際対話要領」，「韓国宮内府侍従玄映運来朝一件」，外務省外交史料館，6-4-4-24．海野福寿『韓国併合史の研究』岩波書店，2000年，102頁と千葉，前掲書，75頁はこのやりとりを見落としている.

101 林から青木へ，1900年7月24日，『日本外交文書』第33巻別冊2，391頁.

102 『近衛篤麿日記』第3巻，253頁.

103 この人物は1902年5月に作成された韓国政府雇用外国人専門家のリストにのっている．『駐韓日本公使館記録』24，国史編纂委員会，1992年，151頁.

104 Simanskii, op. cit., Vol. I, p. 274．朴鍾涍編訳『ロシア国立文書保管所所蔵韓国関聯文書要約集』(ハングル)，韓国国際交流財団，2002年，270頁に要約されているある文書にも，トレムレのアイデアで中立化案が生まれたと書かれている.

105 林から青木へ，および青木から林へ，1900年9月14日，『日本外交文書』第34巻，523–524頁．角田は，この電報を引きながら，趙公使は高宗の「密旨を含み日本との提携の強化を企図したが，イズヴォリスキーの威嚇にあって却って韓国中立化を日本から列国に提議するよう申立てるに至った」と書く(角田，前掲書，38頁)のは，驚きである．木村幹『高宗・閔妃』ミネルヴァ書房，2007年，314頁も，中立化案はロシアによって拒否されたと根拠も挙げずに書いている．森山，前掲書，125頁は，趙の中立化案申し入れを検討しているが，「ロシアの出先が朝鮮中立化に反対していたから」として，パヴロフの反対のみを強調している．基本的にパヴロフの反対ばかりを重視するのは，玄光浩『大韓帝国とロシア，そして日本』(ハングル)，先人社，ソ

ウル，2007 年，108–109 頁も同じである．
106 『近衛篤麿日記』第 3 巻，289–290 頁．
107 同上，284–285 頁．
108 Izvol'skii to Lamsdorf, 1 September 1900, AVPRI, F. 133, Op. 470, 1900 g., D. 102, L. 229ob., 228ob., 227ob.
109 Izvol'skii to Lamsdorf, 4 September 1900, Ibid., L. 230.
110 Izvol'skii to Lamsdorf, 14 September 1900, Ibid., L. 243.
111 Allen to State Department, 2, 11 October 1900, *Korean-American Relations*, Vol. III, pp. 69, 71.
112 『近衛篤麿日記』第 3 巻，309–310 頁．
113 戸水寛人『回顧録』非売品，1904 年，2–4 頁．
114 同上，6–8 頁．
115 同上，9 頁．
116 同上，10 頁．
117 千葉，前掲書，78 頁．海野，前掲書，103 頁．
118 『伊藤博文関係文書』6，塙書房，1978 年，404 頁．千葉はいま 1 つ『近衛篤麿日記』9 月 17 日の記述(第 3 巻，316 頁)も援用するが，これは，外務省の杉村局長が同趣旨の電報が林公使から入ったと語るのを聞いたということにすぎない．
119 林から青木へ，1900 年 8 月 25 日，『駐韓日本公使館記録』14，374 頁．
120 林から青木へ，1900 年 9 月 17 日，同上，378–379 頁．
121 『近衛篤麿日記』第 3 巻，330, 337 頁．
122 同上，342 頁．
123 同上，348–349 頁．
124 千葉，前掲書，78–79 頁の記述は当をえない．
125 林から青木へ，1900 年 9 月 26 日，『駐韓日本公使館記録』14，381 頁．森山，前掲書，126 頁にもこの史料は引用されている．
126 Allen to Secretary of State, 20 October 1900, *Korean-American Relations*, Vol. III, p. 72.
127 日本側とアメリカ側の史料からパヴロフの反対論を導いているのは，玄光浩，前掲書，108–109 頁．
128 Vitte to Sipiagin, before 18 September 1900, KA, 1926, No. 5, pp. 41–42.
129 石和静，前掲論文，36, 51 頁が，この案はウィッテにより「創案主導された」と述べているのは，当をえない．この論文はロシア史料を使い，イズヴォリスキーが韓国中立化のために努力したことをはじめて明らかにした．
130 Rediger, op. cit., Vol. 1, pp. 317–318.
131 この会談記録は，2 つのヴァリアントがある．第 1 は 1917 年に作成された朝鮮総

督府の調書『朝鮮の保護及併合』に引用されているもので，『日韓外交資料集成』8，巌南堂書店，1964 年，405-408 頁にある．角田，前掲書，34-35 頁がはじめてこの会談記録に注目し，引用している．第 2 のヴァリアントは『駐韓日本公使館記録』16，372-376 頁にあるもので，「明治 33 年 12 月下旬小村公使帰朝ノ折提出」と注記されている．本書では第 2 のヴァリアントを引用した．言葉の若干の差があるが，文意はほぼ同一である．

132 Alekseev to Lamsdorf, 1/14 September 1900, and Lamsdorf to Alekseev, n.d., KA, 1926, No. 1, p. 34.

133 Glinskii, op. cit., p. 138. Malozemoff, op. cit., p. 152.

134 Korostovets, op. cit., pp. 128–129.

135 Simanskii, op. cit., Vol. II, p. 111.

136 Ibid., p. 112.

137 協定テキストは，Korostovets, op. cit., pp. 129–130. 要約は，Simanskii, op. cit., Vol. II, p. 114. 小村から加藤へ，1901 年 1 月 8 日，『日本外交文書』第 34 巻，100–101 頁．

138 Vitte, op. cit., Vol. 2, pp. 191–193.

139 『日本外交文書』第 33 巻，59 頁．

140 Simanskii, op. cit., Vol. II, p. 56.

141 Ibid., p. 113. Korostovets, op. cit., pp. 130–135.

142 Lansdowne to Scott, 3 January 1901, Inclosure No. 3, *Correspondence respecting the Russian Occupation of Manchuria and Newchwang*, London, 1904, p. 3. モリソンの歪曲については，横手，前掲書，61–62 頁も指摘している．

143 西から加藤へ，1900 年 12 月 30 日，『日本外交文書』第 33 巻別冊 2，371–374 頁．

144 『日本外交文書』第 34 巻，94–95 頁．

145 同上，第 33 巻別冊 2，431–432 頁．

146 Lamsdorf to Izvol'skii, 18 November 1900, AVPRI, F. 133, Op. 470, 1900 g., D. 102, L. 19. さらに，Lamsdorf to Izvol'skii, 26 November 1900, Ibid., L. 22.

147 Lamsdorf to Pavlov, 18 November 1900, RGAVMF, F. 32, Op. 1, D. 57, L. 86–87. 東京大学史料編纂所所蔵ロシア海軍文書館寄贈文書．

148 Pavlov to Lamsdorf, 22 November 1900, Ibid., L. 88–89ob. 同上．

149 Izvol'skii to Lamsdorf, 25 November 1900, AVPRI, F. 133, Op. 470, 1900 g., D. 102, L. 292ob., 291ob., 290ob.

150 Lamsdorf to Izvol'skii, 26 November 1900, Ibid., L. 22.

151 Izvol'skii to Lamsdorf, 1 December 1900, Ibid., L. 298ob., 297ob.

152 Izvol'skii to Lamsdorf, 15 December 1900, Ibid., L. 302–302ob. 石和静，前掲論文，39 頁．

153 「満韓問題ニ関スル日露交渉」，『日韓外交資料集成』8，409–411 頁．

154 Lamsdorf to Izvol'skii, 3 December 1900, Ibid., L. 24–24ob. ニッシュは，イズヴォリスキーの中立化案は彼の個人案で，ロシア外務省から十分な支持をえていなかったことが，彼の交渉力を弱めていたのではないかと見ているが，明らかに正しくない．Nish, op. cit., p. 99.

155 角田，前掲書，40–43 頁．

156 Izvol'skii to Lamsdorf, 17 December 1900, Ibid., L. 26. *Obzor snoshenii s Iaponiei po koreiskim delam s 1895 goda*, p. 15.

157 『日本外交文書』第 34 巻，521 頁．

158 Izvol'skii to Lamsdorf, 27 December 1900, AVPRI, F. 133, Op. 470, 1900 g., D. 102, L. 311ob., 310ob.

159 小村から加藤へ，1901 年 1 月 11 日，『日本外交文書』第 34 巻，524 頁．この意見を，千葉，前掲書，64 頁は満韓交換論だとしている．

160 加藤から珍田へ，1901 年 1 月 17 日，『日本外交文書』第 34 巻，527–528 頁．

161 露国公使・加藤外相会談筆記，1901 年 1 月 17 日，同上，528–529 頁．

162 珍田から加藤へ，1901 年 1 月 25 日，同上，531 頁．千葉は，こののちイズヴォリスキーの提議は個人プレイであったとの印象が内閣・元老の間で共有されたと見る．千葉，前掲書，83 頁．

163 珍田から加藤へ，1901 年 1 月 28 日，『日本外交文書』第 34 巻，536–538 頁．

164 Izvol'skii to Lamsdorf, 9 February 1901, KA, 1934, kn. 2, pp. 13–16.

165 Simanskii, op. cit., Vol. II, pp. 116–117.

166 Ibid., pp. 117–118.

167 Satow to Lansdowne, 27 February 1901, *Correspondence respecting the Russian Occupation of Manchuria and Newchwang*, p. 7. 小村から加藤へ，1901 年 3 月 1 日，『日本外交文書』第 34 巻，170–172 頁．

168 角田，前掲書，61–64 頁．

169 加藤から小田切へ，1901 年 3 月 2 日，『日本外交文書』第 34 巻，174 頁．清国公使・加藤外相会談筆記，1901 年 3 月 4 日，同上，182–183 頁．

170 Simanskii, op. cit., Vol. II, pp. 119–120.

171 Ibid., pp. 120–122.

172 加藤から林へ，1901 年 3 月 18 日，『日本外交文書』第 34 巻，234–235 頁．加藤から井上へ，1901 年 3 月 18 日，同上，235–236 頁．

173 加藤から小田切へ，1901 年 3 月 18 日，同上，236–237 頁．

174 加藤から伊藤へ，1901 年 3 月 12 日，同上，206–207 頁．

175 角田，前掲書，66 頁．Simanskii, op. cit., Vol. II, p. 122.

176 清国公使・加藤外相会談筆記，1901 年 3 月 23 日，『日本外交文書』第 34 巻，261–263 頁．

177 小村から加藤へ，1901年3月23日，同上，264–265頁．

178 加藤から珍田へ，1901年3月24日，同上，270–271頁．

179 珍田から加藤へ，1901年3月26日，同上，286頁．

180 角田，前掲書，68–69頁．

181 『近衛篤麿日記』第4巻，1968年，36頁．

182 同上，38–40頁．

183 同上，65頁．

184 同上，79頁．

185 同上，74–75, 78, 80頁．

186 同上，100–101頁．

187 同上，94頁．

188 同上，98頁．

189 同上，101–102頁．

190 同上，88頁．

191 Izvol'skii to Lamsdorf, 1 March 1901, KA, 1934, kn. 2, pp. 16–18.

192 Simanskii, op. cit., Vol. II, p. 133. "Pravitel'stvennoe soobshchenie", 23 March 1901, *Obzor snoshenii s Iaponiei po koreiskim delam*, pp. 50–59.

193 加藤外相・露国公使会談筆記，1901年4月8日，『日本外交文書』第34巻，340–341頁．

194 角田，前掲書，69頁．

195 加藤から珍田へ，1901年4月5日，『日本外交文書』第34巻，332頁．珍田から加藤へ，同年4月7日，同上，339頁．

196 清国公使・加藤外相会談筆記，1901年4月8日，同上，343頁．盛宣懐から清国公使李盛鐸へ，1901年4月10日，同上，344頁．

197 Lamsdorf to Kuropatkin and Vitte, 22 May 1901, GARF, F. 568, Op. 1, D. 175, L. 2. ニッシュが，このとき駐在武官たちの意見は戦争はありえないというものだったとするのは正しくない．Nish, op. cit., p. 105.

198 Vannovskii to General Staff, 28 March 1901, RGVIA, F. 400, Op. 4, D. 481, L. 75.

199 Izvol'skii to Lamsdorf, 23 March 1901, KA, 1934, kn. 2, pp. 24–27.

200 VIK, *Russko-Iaponskaia voina*, Vol. I, p. 317. Nish, op. cit., p. 106は，Lensen, op. cit., pp. 253–254から，満州に無期限にとどまることを主張したアレクセーエフの3月16日の陸相あて書簡を引用している．日本の側からの積極的措置の可能性を防ぎ，朝鮮での協定を結び，満州での行動の自由を確保するという見通しを述べているのだが，戦争脅威の中での認識とは思えず信じ難い．レンセンは典拠を挙げていない．

201 VIK, *Russko-Iaponskaia voina*, Vol. I, p. 318.

202 Izvol'skii to Lamsdorf, 2 April 1901, RGVIA, F. 400, Op. 4, D. 481, L. 96–100.

203 Lamsdorf to Kuropatkin and Vitte, 22 May 1901, GARF, F. 568, Op. 1, D. 175, L. 2ob.

204 Kuropatkin to Lamsdorf, 25 May 1901, RGVIA, F. 400, Op. 4, D. 481, L. 83–84.

205 Vitte to Lamsdorf, 24 May and 28 May 1901, Romanov, *Rossiia v Man'chzhurii*, pp. 312–313.

206 『伯爵珍田捨巳伝』ゆまに書房，2002 年，91 頁．

207 Sakharov to Lamsdorf, 13 June 1901, GARF, F. 568, Op. 1, D. 176, L. 6–6ob., 9.

208 Agapeev's report, 7 June 1901, GARF, F. 568, Op. 1, D. 176, L. 1–5ob. アガペーエフのことは，Korostovets, op. cit., p. 99.

209 Lamsdorf to Sakharov, 18 June 1901, GARF, F. 568, Op. 1, D. 176, L. 11–13ob., KA, 1934, kn. 2, pp. 29–31.

210 Lamsdorf to Izvol'skii and M. N. Girs, 17 July 1901, Ibid., p. 32.

211 Lamsdorf to Kuropatkin and Vitte, 19 June 1901, Ibid., pp. 32–35.

212 Girs to Lamsdorf, 22 July 1901, Ibid., pp. 35–36.

213 Izvol'skii to Lamsdorf, 25 July 1901, Ibid., pp. 36–37.

214 ウィッテの回答の要約が Glinskii, op. cit., p. 174 にある．しかし，いつの手紙かは書かれていない．この手紙の前提として，外相の問いの手紙の要約もあるが(Ibid., pp. 173–174)，手紙のオリジナルと比べると，不正確な要約である．ウィッテの手紙も，おおよそこのような内容だと理解すべきであろう．

215 Kuropatkin to Lamsdorf, 30 July 1901, RGIA, F. 1282, Op. 1, D. 759, L. 36–43ob. この手紙の要約が Glinskii, op. cit., pp. 175–176 にあるが，それはほぼ正確である．

216 Kuropatkin to Lamsdorf, 12 August 1901, RGIA, F. 1282, Op. 1, D. 759, L. 44–45.

217 VIK, *Russko-Iaponskaia voina*, Vol. I, pp. 192–196.

218 中山裕史「『ムッシュー・フィリップ』と『パピュス』——20 世紀初頭ロマノフ宮廷と 2 人のフランス人」，『桐朋学園大学短期大学部紀要』第 15 号，1997 年，122–126 頁．

219 Nikolai II's Diary, GARF, F. 601, Op. 1, D. 243, p. 50.

220 Ibid., pp. 51, 52–53, 54, 55, 56, 57.

221 Ibid., pp. 58, 59.

222 Bezobrazov to Nikolai II, 24 June 1900, RGIA, F. 560, Op. 28, D. 100, L. 34–35.

223 Bezobrazov to Grand Duke Aleksandr Mikhailovich, 15 July 1900, Ibid., L. 26–28.

224 Bezobrazov's memorandum, 23 July 1900, Ibid., pp. 30–31.

225 Abaza, Russkie predpriiatiia v Koree v sviazi s nashei politikoi na Dal'nem Vostoke 1898–1904, GARF, F. 601, Op. 1, D. 529, pp. 35–37. Simanskii, op. cit., Vol. II, p. 222.

226 Vitte to Sipiagin, 7 July 1901, KA, 1926, t. 5, p. 44.

227 Vitte to Sipiagin, 12 July 1901, Ibid., p. 45.

228 Abaza, Russkie predpriiatiia v Koree, pp. 39–40. Simanskii, op. cit., Vol. II, p. 223.

229 Abaza, op. cit., p. 41.

230 Kuropatkin's memorandum, 24 July 1903, GARF, F. 543, Op. 1, D. 183, L. 98ob.–100.

231 Abaza, op. cit., pp. 41–42. Simanskii, op. cit., Vol. I, p. 223. また Bezobrazov to Nikolai II, 17 June 1901, RGIA, F. 560, Op. 28, D. 100, L. 33–33ob.

232 Simanskii, op. cit., Vol. II, pp. 222–223.

233 山本利喜雄『露西亜史』博文館，1901 年，1–5 頁．

234 同上，421–422 頁．

235 同上，436 頁．

236 アナトール・レルア・ボリュー（林毅陸訳）『露西亜帝国』博文館，1901 年，5 頁．原著は，Anatole Leroy-Beaulieu, *L'empire des tsars et les russes*, Tome I–III, Paris, 1897.

237 同上，1, 3 頁．

238 同上，17 頁．

239 煙山専太郎『近世無政府主義』東京専門学校出版部，1902 年．復刻版が 1965 年，明治文献から出た．

240 内田の経歴は，黒龍倶楽部編『国士内田良平伝』原書房，1967 年．

241 発禁になった内田良平『露西亜亡国論』の第 3 章は『国士内田良平伝』の付録につけられている．引用箇所は，同上，736–753 頁．内田甲『露西亜論』黒龍会本部，1901 年，136, 142 頁．

242 『国士内田良平伝』753 頁．内田甲『露西亜論』156, 157, 159, 162 頁．

243 平塚篤編『子爵栗野慎一郎伝』興文社，1942 年，1, 34, 58, 177, 216, 249 頁．

244 同上，254 頁．

245 同上，254–260 頁．角田，前掲書，105–106 頁は，栗野の主張は「性質上満韓交換論に立つ」ものだが，「単純な満韓交換論」とはいえず，「韓国勢域協定論」だとしている．不明確である．Nish, op. cit., p. 129 は，栗野の意見書は重要な満韓交換論の主張だとしているが，正しくない．

246 『子爵栗野慎一郎伝』267–268 頁．

247 Izvol'skii to Lamsdorf, 6 November 1901, AVPRI, F. 150, Op. 493, D. 906（1901 g.），L. 121–122.

248 『伊藤博文伝』下巻，原書房，1970 年（原本 1940 年），523–532 頁．

249 角田，前掲書，81–82 頁．

250 同上，89–90 頁．

251 林から曾禰へ，1901 年 7 月 15 日，『日本外交文書』第 34 巻，16 頁．林董『後は昔の記他』平凡社，1970 年，333 頁．

252 Sone to Hayashi, 17 July 1901,『日本外交文書』第 34 巻，22 頁.
253 林，前掲書，335-336 頁．林から曾禰へ，1901 年 8 月 1 日，『日本外交文書』第 34 巻，25-26 頁.
254 『小村外交史』257-259 頁.
255 曾禰から林へ，1901 年 8 月 8 日，『日本外交文書』第 34 巻，26-28 頁.
256 林から小村へ，1901 年 11 月 7 日，同上，39-40 頁.
257 林から小村へ，1901 年 11 月 7 日，同上，42 頁.
258 小村から林へ，1901 年 11 月 13 日，同上，47 頁.
259 林から小村へ，1901 年 11 月 15 日，同上，47-48 頁.
260 林，前掲書，342-347 頁.
261 Hayashi to Komura, 18 November 1901,『日本外交文書』第 34 巻，48-49 頁.
262 小村から林へ，1901 年 11 月 20 日，同上，50 頁.
263 小村から林へ，1901 年 11 月 22 日，同上，53 頁.
264 小村から駐露杉村代理公使へ，1901 年 11 月 24 日，同上，53-54 頁.
265 桂から伊藤へ，1901 年 11 月 27 日，同上，54-55 頁.
266 伊藤から井上へ，1901 年 11 月 28 日，同上，55-56 頁.
267 角田，前掲書，103-104, 108 頁.
268 伊藤博文「露西亜皇帝ニコライ二世陛下ニ謁見ノ記」，『日本外交文書』第 35 巻，106-107 頁．Nikolai II's Diary, GARF, F. 601, Op. 1, D. 243, p. 167.
269 Lamsdorf to Izvol'skii, 5 December 1900, KA, 1934, kn. 2, pp. 47-48．伊藤の側の記録は，「露国外相ラムスドルフ伯トノ会見ノ記　其一」，『日本外交文書』第 35 巻，108-111 頁．内容は多少食い違っている．とくに日本側の記録では，ラムスドルフが「朝鮮南岸ニ一小地ヲ露国ニ一任シ，其他ノ朝鮮全部ヲ貴国ノ自由ニスルコトトシテハ困難ナルヤ」と質問したことになっている.
270 「露国蔵相『ウィッテー』氏ト会見ノ記」，『日本外交文書』第 35 巻，111-112 頁.
271 Predlozheniia Ito, KA, 1934, kn. 2, p. 46．日本側の記録は「伊藤侯爵ヨリ露国外相ニ渡セシ書簡」，『日本外交文書』第 35 巻，121 頁．内容は完全に一致している．「助言と援助をあたえる排他的権利」は，日本側の記録では，「助言及援助ニ依リ朝鮮ヲ助クルノ専権」となっている.
272 Lamsdorf to Nikolai II, 22 November 1900, Ibid., pp. 44-46．日本側の記録は，「露国外相ラムスドルフ伯トノ会見ノ記　其二」，同上，118-121 頁．内容は多少食い違っている.
273 閣議決定，1901 年 11 月 28 日，『日本外交文書』第 34 巻，57-58 頁.
274 伊藤から桂へ，1901 年 12 月 6 日，同上，63-64 頁.
275 元老会議に提出された小村意見書，1901 年 12 月 7 日，同上，66-69 頁.
276 井上から伊藤へ，1901 年 12 月 7 日，同上，69 頁.

277 『子爵栗野慎一郎伝』265 頁.

278 林董「日英同盟協約締結始末」,『日本外交文書』第 35 巻, 54 頁.

279 Proekt Lamsdorfa, KA, 1932, kn. 2, p. 48.

280 Ibid., p. 44.

281 Simanskii, op. cit., Vol. II, pp. 162–163. Vitte to Lamsdorf, 28 November 1903.

282 Kuropatkin to Lamsdorf, 27 November 1901, KA, 1934, kn. 2, pp. 49–51.

283 Lamsdorf to Nikolai II, 1 December 1901, Ibid., pp. 52–53.

284 Ito to Lamsdorf, 23(10) December 1901, *Obzor snoshenii s Iaponiei po koreiskim delam*, pp. 74–75. Lamsdorf to Ito, 1(14) December 1901, Ibid., pp. 72–73.

285 林から小村へ, 1902 年 1 月 15 日,『日本外交文書』第 35 巻, 1–3 頁. 小村から林へ, 同年 1 月 17 日, 同上, 3–4 頁. 林から小村へ, 同年 1 月 24 日, 同上, 9–10 頁.

286 日英協約, 1902 年 1 月 30 日, 同上, 19–20 頁.

287 Simanskii, op. cit., Vol. II, pp. 179–180. Lamsdorf to Izvol'skii, 31 January 1902.

288 『小村外交史』297–298 頁.

289 宣言と口上書は "Pravitel'stvennoe soobshchenie", 7(20) March 1902, *Obzor snoshenii s Iaponiei po koreiskim delam*, pp. 76–77.

290 日置から小村へ, 1901 年 10 月 7 日,『日本外交文書』第 34 巻, 403 頁.

291 小村から日置へ, 1901 年 10 月 21 日, 30 日, 同上, 409–410 頁, 413–414 頁.

292 日置から小村へ, 1901 年 11 月 7 日, 同上, 426 頁.

293 Simanskii, op. cit., Vol. II, p. 147.

294 Ibid., p. 185.

295 Ibid., pp. 185–186.

296 "Pravitel'stvennoe soobshchenie", 30 March 1902, *Obzor snoshenii s Iaponiei po koreiskim delam*, pp. 60–65.『日本外交文書』第 35 巻, 229–230 頁.

297 『近衛篤麿日記』第 5 巻, 1969 年, 84–91 頁. 朴羊信, 前掲書, 188 頁.

298 Izvol'skii's memorandum, Tokio, 20 July 1902, GARF, F. 568, Op. 1, D. 179, L. 5–11.

299 Ibid., L. 5–6ob.

300 Ibid., L. 6ob.–6aob.

301 Ibid., L. 7–7ob.

302 Ibid., L. 8–9.

303 Ibid., L. 9–11.

304 Kuropatkin's diary, 2 February 1902, RGVIA, F. 165, Op. 1, D. 1871, L. 67.

305 VIK, *Russko-Iaponskaia voina*, Vol. I, pp. 431, 434. Report to General Staff, 1/14 June 1902, RGVIA.

306 Ibid., p. 437. General Ivanov's report on the Maneuver at the end of 1901, RGVIA. 司馬が『坂の上の雲』の中で, ヴァノフスキーの言葉として書いているのは, このイ

ヴァーノフの言葉である．司馬遼太郎『坂の上の雲』文春文庫(新装版)，3，1999年，96頁．

307 『小村外交史』298頁．

308 Draft of an agreement, proposed by Kurino to Lamsdorf, 22 July(4 August) 1902, *Obzor snoshenii s Iaponiei po koreiskim delam*, p. 78. S. K. Synn, *The Russo-Japanese Rivalry over Korea, 1876–1904*, Seoul, 1981, p. 319. 原文は英語．翻訳は『小村外交史』299頁による．そこには，9月頃提出されたとあるが，ロシア側の史料の日付が正しい．

309 *Obzor snoshenii s Iaponiei po koreiskim delam*, p. 18. シマンスキーは，この案が綿密に審議されたが，「極東問題に通じたわが国の関係者の誰一人として韓国を日本の手に渡してしまうことを考えなかった」と述べている．Simanskii, op. cit., Vol. II, p. 208.

310 Simanskii, op. cit., Vol. II, pp. 209–210. Rozen's memorandum on neutralization of Korea, 12 September 1902.

311 Pavlov's memorandum, Sankt-Peterburg, 10 September 1902, GARF, F. 568, Op. 1, D. 179, L. 12–16.

312 Ibid., L. 12–13ob.

313 Ibid., L. 15.

314 Ibid., L. 15ob.

315 Ibid., L. 12.

316 Simanskii, op. cit., Vol. II, pp. 210–211. Pavlov's memorandum, 25 September 1902.

317 Allen to Secretary of State, 31 May 1902, *Korean-American Relations*, Vol. III, pp. 171–172.

318 玄光浩，前掲書，183頁は，アレン報告のこの部分だけに注意を向けている．

319 Allen to Secretary of State, 20 June 1902, Ibid., p. 66.

320 Simanskii, op. cit., Vol. II, pp. 211–212. Vitte to Lamsdorf, 28 December 1902.

321 *Obzor snoshenii s Iaponiei po koreiskim delam*, p. 18.

322 小村から栗野へ，1902年9月19日，『日本外交文書』第35巻，393–394頁．バックはこの話を本国には8月15日に知らせている．そのときはイズヴォリスキーの案として説明しているようである．S. K. Synn, op. cit., p. 353. Buck to Hay, 15 August 1902, Diplomatic Despatches, Japan.

323 小村から林へ，1902年9月22日，『日本外交文書』第35巻，395頁．

324 同上．

325 栗野から小村へ，1902年9月16日，同上，393頁．

326 研究史上でもこれは3公使による「日露米三国保障による韓国中立化」案として知られている．Synn, op. cit., pp. 332–333. 石和静，前掲論文，47頁．ともにこの案は

米日の反対で消えたとする．石和静は，この案は「ウィッテの政策の延長」とみるべきだと主張している．ニッシュはそういう噂が流れたと慎重に書いているが，大筋は同じである．Nish, op. cit., pp. 135–136. ロシア原資料によって，このような主張は成り立たないことが明らかになった．

327 『小村外交史』298–299 頁．

328 ヴァノフスキーの職務履歴書，RGVIA, F. 409, Op. 1, D. 183718, 150–504(108), L. 269ob. サモイロフは日本に来て日本人女性を現地妻とした．彼は日本語を理解したことが知られているが，日本で学んだのか，日本に来る前に学んだのかはわからない．彼については，P. E. Podalko, *Iaponiia v sud'bakh rossiian. Ocherki istorii tsarskoi diplomaii i rossiiskoi diaspory v Iaponii*, Moscow, 2004, pp. 81–84.

329 Glinskii, op. cit., pp. 189–190.

330 Ibid., pp. 190–242.

331 Ibid., p. 204.

332 Ibid., pp. 213–214.

333 Ibid., pp. 214–215.

334 Ibid., pp. 215–216.

335 Ibid., pp. 216–217.

336 Ibid., pp. 224–236.

337 Simanskii, op. cit., Vol. III, pp. 19–20.

338 Ibid., p. 22.

339 Ibid., pp. 23–25.

340 Ibid., p. 26. また，*Vynuzhdennyia raz'iasneniia grafa Vitte*, Sankt-Peterburg, 1909, p. 61.

341 I. V. Lukoianov, The Bezobrazovtsy, RJWGP, Vol. I, Brill, Leiden, 2005, p. 77. Malozemoff, op. cit., pp. 201–202.

342 Posluzhnyi spisok A. M. Abaza, RGAVMF, F. 406, Op. 9, D. 3, L. 4ob.

343 Dnevnik A. N. Kuropatkina, Nizhporfiz, 1923, p. 12.

344 Ibid., p. 15.

345 Simanskii, op. cit., Vol. II, p. 232.

【略号一覧】

機関名

AVPRI　Arkhiv vneshnei politiki Rossiiskoi imperii　ロシア帝国外交文書館(モスクワ)

AVPR, MID　Arkhiv vneshnei politiki Rossii, Ministerstvo inostrannykh del SSSR　ソ連外務省ロシア外交文書館(モスクワ)

GARF　Gosudarstvennyi arkhiv Rossiiskoi Federatsii　ロシア連邦国立文書館(モスクワ)

IKMGSh　Istoricheskaia komissiia po opisaniiu deistvii flota v voinu 1904–1905 gg. pri Morskom General'nom Shtabe　海軍軍令部1904–1905年戦争海軍行動記述歴史委員会

OPIGIM　Otdel pis'mennykh istochnikov Gosudarstvennogo istoricheskogo muzeia　国立歴史博物館文書部(モスクワ)

RGAVMF　Rossiiskii gosudarstvennyi arkhiv voenno-morskogo flota　ロシア国立海軍文書館(ペテルブルク)

RGVIA　Rossiiskii gosudarstvennyi voenno-istoricheskii arkhiv　ロシア国立陸軍歴史文書館(モスクワ)

RGIA　Rossiiskii gosudarstvennyi istoricheskii arkhiv　ロシア国立歴史文書館(ペテルブルク)

TsGIAM　Tsentral'nyi gosudarstvennyi istoricheskii arkhiv Moskvy　国立中央モスクワ歴史文書館

VIK　Voenno-istoricheskaia komissiia po opisaniiu Russko-Iaponskoi voiny General'nogo Shtaba　参謀本部露日戦争記述戦史委員会

書 名

DKPIa　*Dokumenty kasaiushchiesia peregovorov s Iaponiei v 1903–1904 godakh, khraniashchiesia v kantseliarii Osobogo Komiteta Dal'nego Vostoka,* [Sankt-Peterburg], 1905.

DMAIaR　Doneseniia morskogo agenta v Iaponii A. I. Rusina(1902–1904 gg.), *Russkoe proshloe*, 6, 1996.

KA　*Krasnyi arkhiv.*

RIaV　*Russko-Iaponskaia voina. Iz dnevnikov A. N. Kuropatkina i N. P. Linevicha*, Leningrad, 1925.

RJWGP　*The Russo-Japanese War in Global Perspective: World War Zero.*

SGTSMA　*Sbornik geograficheskikh, topograficheskikh i statisticheskikh materialov po Azii.*

SMVMV　Domozhilov(ed.), *Sbornik materialov po voenno-morskim voprosam,* Vol. I. *Iaponsko-kitaiskaia voina,* Sankt-Peterburg, 1896.